枢纽

3000年的中国

增订版

施展

著

湖南文艺出版社
HUNAN LITERATURE AND ART PUBLISHING HOUSE

博集天卷
CS-BOOKY

图书在版编目（CIP）数据

枢纽：3000 年的中国 / 施展著 . -- 长沙 : 湖南文艺出版社，2023.4

ISBN 978-7-5726-1005-9

Ⅰ. ①枢… Ⅱ. ①施… Ⅲ. ①中国历史—通俗读物 Ⅳ. ①K209

中国国家版本馆 CIP 数据核字（2023）第 011826 号

上架建议：历史

SHUNIU: 3000 NIAN DE ZHONGGUO
枢纽：3000 年的中国

著　　者：施　展
出 版 人：陈新文
责任编辑：匡杨乐
监　　制：吴文娟
策划编辑：董　卉　逯方艺
特约编辑：吕晓如　罗雪莹
营销编辑：傅　丽　杨若冰
封面设计：利　锐
封面题字：不　周
版式设计：李　洁
出　　版：湖南文艺出版社
　　　　　（长沙市雨花区东二环一段 508 号　邮编：410014）
网　　址：www.hnwy.net
印　　刷：北京天宇万达印刷有限公司
经　　销：新华书店
开　　本：680 mm × 955 mm　1/16
字　　数：670 千字
印　　张：37.5
版　　次：2023 年 4 月第 1 版
印　　次：2023 年 4 月第 1 次印刷
书　　号：ISBN 978-7-5726-1005-9
定　　价：128.00 元

若有质量问题，请致电质量监督电话：010-59096394
团购电话：010-59320018

历史哲学写作在今天如何成为可能

拙著《枢纽》初版已逾五年。该书面市后，引发了不少争议。从一个角度来说，这实现了最初的写作意图，该书本就是要突破既有问题域，呼吁人们进入范式反思，重新定义问题，这种努力引起争议，毫不意外。从另一个角度来说，这也并未实现写作意图，因为争议虽多，进入到范式反思层面的探讨却比我期待的少很多。

另一方面，该书问世后不久，世界仿佛按了加速键，进入迅猛的变迁节奏，各种冲突连绵不断愈演愈烈，短短几年时间，很多领域已经面目全非。由于《枢纽》的下篇有较多关于现实的论述，已然面目大变的世界，对书中的相关论述也提出挑战。

我已在再版的末尾增补了一章，将这几年的新思考整合总结了一下。在这篇再版序言中，我想就本书的写作意图再做个简单阐述。实际上，范式反思与现实的疾变，恰是同一个问题的两面。下面先从现实的疾变谈起。

一、现实的疾变

2018 年以来的贸易战，2020 年以来的疫情，2022 年的俄乌战争，将世界裹挟入越来越大的旋涡，每个人都能清晰地感受到，再也回不到过去了。认真挖掘，我们可以发现，这一系列旋涡的生成，都与近年来的诸多失衡有着深层的关联。

　　《枢纽》第七章中提出的"全球经贸双循环"假说[1]内蕴着一个推论，就是该循环结构意味着全球政治空间与经济空间的日益不一致，这就导致了一系列失衡。20世纪90年代，全球贸易当中有70%以上是制成品贸易，不到30%是中间品贸易，大部分产品是在单个国家内部完成生产的；到2018年，全球贸易当中有70%以上是中间品贸易，不到30%是制成品贸易，大部分产品都是横跨多个国家完成生产的，"全球经贸双循环"结构是这一变化的表现形态之一。贸易战通过关税进行，但只有在政治空间与经济空间大致一致的情况下，关税才能达到贸易战所期待的效果；如果两个空间不再一致，则经济活动有各种办法规避关税的控制。

　　政治空间与经济空间的不一致蕴含着风险。诸多国家彼此在经济上有着如此之深的相互依赖关系，一国的内政行为会通过经济过程的传导，对其他国家政治产生深刻影响，即便是经济活动本身也会外溢出诸多政治效应。如果没有一种超国家的政治安排来为这些溢出效应提供必要的缓冲，形成制度保障，便有诱发动荡的可能。

　　《枢纽》在第七章里曾经引用印度经济学家拉詹的一段分析："魏玛德国在20世纪20年代从国外大量举债以维持国内的消费繁荣，缓解困扰本国的潜在社会矛盾；如果没有美国借债让德国保持经济活力，德国的社会和政治不稳定可能造成威胁整个欧洲的严重问题。但是美国和德国之间金融关系的政治基础十分脆弱，因为两国都没有为这种资本流动的潜在政治含义做好准备。美国不愿意为德国商品提供一个开放的市场，而德国商品出口正是德国偿还债务的手段。同时，美国并没有采取任何政府措施来缓解德国在经济上

1　这个假说提出，中国经济的崛起带来了全球产业格局的极大重构，中国与西方国家之间形成广义的二三产业循环，中国与非西方国家之间形成广义的一二产业循环，中国作为全球中低端制造业的中心，成为衔接两个经贸循环的必要枢纽；这样一种解释还可以略作变形，就是随着中国的崛起，全球日益分化为资源国、生产国、消费国三种类型的国家，生产国主要是中国，消费国主要是西方，资源国主要是诸多非西方国家，中国衔接两方。在对拙著的讨论中，曾出现过一种误解，以为我所谈的"枢纽"是说中国已成"世界中心"，但实际上，"枢纽"仅仅是指最新一轮创新经济带来全球产业大分工的时代，中国的一种特定的结构性地位，它衔接着两大循环，但这并不是说它成了中心。该假说在贸易战中似乎受到挑战，但2019年我在东南亚和中国东南沿海进行的深入调研表明，"全球经贸双循环"的结构并未发生实质性变化，只是结构的具体形态发生了调整，相关讨论参见施展《溢出：中国制造未来史》，中信出版社，2020年。

的困境，德国不愿意也不能够做出偿还债务所必需的牺牲。"二战之后组建了几大国际经济组织，如世界银行（The World Bank）、国际货币基金组织（IMF）、世界贸易组织（WTO，其前身为关贸总协定，即 GATT），目的就是回应这个问题，为各国间的经济关系提供政治基础。

这几大国际经济组织是以政治空间与经济空间大致一致为前提而设计出来的，当时运转还算有效，但到今天，现实已经侵蚀掉了它们的基础，各国间的经济关系重新进入缺乏政治基础的状况，风险就浮现出来了。这是近些年各种国际矛盾的深层原因之一。

《枢纽》第七章中以 WTO 为例进行了关于国际治理秩序的讨论，随着近几年我的新思考，里面的一些具体内容可能已经需要迭代，但是其中的基本的方法论仍然是成立的，所以我并未调整正文中的内容，但在这篇再版序言以及最后的增补篇章中做了进一步的讨论。

经济空间的运行脱离于政治空间，政治空间所承载的福利功能便会遇到挑战，因为福利依托于经济；民主政治以既有的政治空间为基础，福利问题就会在民主政治中引发反弹，形成有民粹气质的政治。内政问题会溢出为外交效应，各国的内部困境如边疆困局等，也会在外交上被作为博弈杠杆。

通过这些简单的讨论可以看出，今天的世界正在遭遇整体性的失衡。失衡包括两个方面，一是规范与现实之间的失衡，一是范式与问题之间的失衡；前者相对容易理解，后者需要简单再解释一下。在我们观察世界的时候，问题并不是自动浮现的，它是通过理论范式而被我们把握住的，比如，面对同样的天文观测数据，地心说和日心说两种范式所提出的问题会截然不同；每一种范式都有其适用边界，如果现实已经演化得超出该范式的适用边界，该范式所提出的问题就不再是一种有价值的真问题。所以"范式与问题之间的失衡"，准确来说应该是，随着现实的深刻变迁，范式与真问题之间出现了失衡。

一旦进入到这种失衡状态，就需要提出一种"元问题"，要对范式本身进行反思。整体性的失衡，需要一种整体性的视野才能对其提出真问题，局部性的视野只会让世界变得更加难以理解与把握。范式是对"整体"进行定义的，范式反思天然地要进入一种整体性的视野，这对今天的世界和中国极为重要。

二、范式反思与历史哲学写作 [1]

严格说来，《枢纽》一书的写作并不是历史学的写作，而是历史哲学的写作。我在研究里并没有发现什么新的史实，调用的都是前人已有的研究成果。这些卓越的成果，就像一颗颗散落的珍珠，每一颗都非常有价值，一旦找到一个好的论述框架，把它们串联起来，不仅每一颗珍珠的价值都会被充分表达，而且由于它们进入了一种结构性的观念秩序当中，每颗珍珠具体的意义也可能会发生深刻变化。这种结构性的观念秩序，就是历史哲学。

这种历史哲学式的写作，也带来了本书的两种读法。一是从头到尾读下来，这是由哲入史的读法；一是跳过高度哲学化的"绪论"章，直接从第一章"地理与历史"开始阅读，读完正文再回头来读开篇的"绪论"章，这是由史入哲的读法。后一种读法的阅读体验可能比前一种还要更好些。

有朋友质疑历史哲学写作的价值，在我看来，历史哲学的写作在今天不仅仍然可能，甚至是必须的。因为范式反思的底层，便应是一种历史哲学层面的反思。尤其是对今天的中国而言。因为它处在一种对自我身份的困惑与焦虑当中，无论是在对内还是在对外的层面上；历史哲学的重构，可以为克服这种焦虑提供一些必要的前提。

我在《枢纽》的导言中提到："一个政治共同体的自我身份，要基于两种理论叙事来构建：一是政治哲学的叙事，它会为该政治体确立其所要追求的正义之目标；一是历史哲学的叙事，它会确立该政治体的认同边界，确认何者为自己人，何者不是自己人。两种叙事加在一起，才会带来政治体的精神凝聚力。单纯依靠政治哲学的价值表述，无法回应该共同体的特殊历史处境；单纯关注历史的特殊性，则无法理解共同体与世界之间的内在一致性。"

在这个意义上可知，历史哲学是政治哲学的一种特殊形态，但它又不同于通常所说的政治哲学。对政治的研究与写作，关涉到三种学科进路：历史哲学的写作，政治哲学的写作，以及政治社会学的写作。我想先对后两种进

---

1 由此向下的讨论，有相当部分出自我在《枢纽》讨论会上的一篇回应文章，参见《重述中国：从过去看见未来》（笔谈），《探索与争鸣》，2018 年第 6 期。

路的学科边界加以一定的解释，再返回来讨论历史哲学。

　　政治社会学研究的起点是搁置价值判断，先说清问题是什么，也就是实然研究。而政治哲学则是提供一套叙事逻辑，使得未定型的现实被导入某种规范化的秩序，让各种具体存在都获得统一连贯的意义和判断标准，它并不负责对现实给出一套真实的刻画与解释，却能为现实赋予确定性，也就是应然研究。假如现实的逻辑跟政治哲学的路径不匹配，那政治哲学就只是个理想的目标，但我们没法解决怎么达成那个目标。此时便需要一套政治社会学的分析工具，把现实跟政治哲学联结起来。但因为政治社会学只关注现实，搁置价值判断，有可能导向某种很强的价值相对主义，所以需要政治哲学为它充当一个终极的锚，来锚准这个方向，但这个锚本身并不负责解释现实，否则锚就不稳定了。

　　而历史哲学则同时兼有实然与应然两种气质。它需要在实然层面说清楚历史过程，又需要在应然层面对历史过程给出某种规范性的意义赋予，如此方能在历史叙述中将共同体的身份边界打造出来。所以，在《枢纽》一书的写作中，我尝试以历史哲学的手法来整合政治社会学和政治哲学方面的思考。先把价值判断、政治哲学搁置起来，从政治社会学、历史社会学、政治经济学这一系列角度，从古代到当下，把整个中国历史演进的逻辑尽量完整地梳理出来，然后我才能知道，哪种政治哲学的叙事逻辑有可能驯化这样一种历史逻辑；政治哲学有多种叙事逻辑，诸多派别，没有哪种叙事逻辑能适应所有历史处境。但用这样一种写作方法的代价是，我所调用的实然与应然的不同思考进路有可能会相互影响对方的理论逻辑；以及，在实然与应然之间经常地来回跨越，还会容易让人把我在书中所做的事实判断当成价值判断，形成误读。《枢纽》出版后遇到的很多批评，都是与这种误读有关的。

　　在事实判断与价值判断的二分中，又会有一个新的质疑被提出来：对价值判断的搁置，是否能够成为可能。我的回答是，"搁置"是分层次的或者说分位阶的，在一定位阶上的搁置完全有可能，但这以在另一些位阶上不搁置为前提，否则甚至连提出问题都不可能。因为，对问题的提出，首先要有一个被提问题的对象，而对对象的取舍，已经包含某种价值判断在内了；在给定对象的前提下，在这个层面上，对价值判断的搁置是可能的。

历史哲学中所包含的应然性表达，还会引出一种质疑：它似乎是在寻找一种"历史规律"，但"历史规律"真的存在吗？我对此的回答是，历史哲学的写作不是要发现历史规律，其应然表达会有某种似乎像是"历史规律"的外观，但这只不过和政治哲学一样，是要找出一种精神秩序，对各种特殊性加以某种规范性的整合，从而对价值与方向给出引导与约束。历史哲学所呈现的"规律"并不指向一种实然存在，而指向一种应然判断。

有些朋友也注意到了我的写作是一种历史哲学式的写作，但他们对我采用黑格尔式的哲学框架有不同意见。实际上，我的这种框架选择，与我对中国近代转型历史的理解有关。

近代中国的转型历史极为动荡起伏，付出了巨大的代价，代价发生在对外与对内两个方向上。从对外来说，正是外部世界的压力与冲击，启动了中国的转型历程，这也是一直自视为天下的传统中国逐渐获得自我与他者相区别的边界感，其自我意识在与世界的互动中逐渐生成的过程。值得指出的是，这并不是中国单方向地被动接受的过程，中国的体量决定了，西方冲击中国的过程，反过来也会在西方世界造成改变，因此这是西方、中国各自的自我意识不断地相互激发、相互生成、共生演化的过程。黑格尔在《精神现象学》当中所提到的"主奴关系"辩证法，可以提供一种宏大的视野与格局，对这样一种过程有着强大的整合能力；不至于过多地偏重于抽象价值的表达，从而对历史的某些面相会有一种拒斥。在我们过去的历史叙述中，经常把中国近代史表达为一种屈辱史，然而在黑格尔式辩证法中，正是这段历史为中国的自我意识的不断充实提供了基础。

这样的整合方式，就能不仅仅是从具体的史实层面超越对近代的屈辱史叙述，也从哲学层面超越了它。倘若屈辱史叙述不能被超越，则中国只有与世界在绝对意义上相对抗，才能成就自身，这种叙述在当下直接就会引导出狭隘的民族主义，要把中国与世界相对立起来；而中国正是在加入全球秩序之后才获得了高速的发展，至今仍受惠于此，狭隘民族主义无疑是有悖于中国的利益的。借用黑格尔式的框架，则能够在一种历史哲学的叙述中，直面中国与世界的对抗关系，并从中发现更加具有建设性的意义，这对当下无疑有着重要意义。

从对内来说，中国在转型过程中有着各种血泪、心酸、痛苦与死亡，中华民族在此过程中产生了很多自我撕裂。中华民族要想实现自我和解，此前历程中各种阵营与派别的痛苦与死亡，便都需要获得意义。否则，撕裂就始终无法被弥合，始终会有一部分人被历史性地甚至被现实性地排除在人民的范畴之外，在这种情况下，民族的自我意识便仍有残缺，民族的自我立法过程也就仍未完成。黑格尔哲学的历史辩证法，可以在民族的精神生成史当中，将各种战争与死亡都整合为统一的历史进程，让它们都成为民族精神生成史当中的路标，它们以不同的方式与角度激活民族的自我意识，便都能够获得意义，并上升为牺牲，从而为民族的自我和解提供一个重要的哲学路径。

　　这个民族的内部，无论是宏观还是微观，整体抑或局部，若哪一个层面未曾被整合进来，则民族的精神自觉便仍未完成，它可能仍然面对着自身社会中某种形式的内在对抗性，但这种内在对抗性，却恰恰是不断向更深层次激活民族的自我意识的基础。

三、可欲与可能

　　还有些朋友质疑，我在《枢纽》中所采的政治哲学取向，是一种从权力出发的霍布斯路径，而非从权利出发的洛克路径，但霍布斯路径很容易带来对权利的伤害，为何不从洛克路径出发？后者显然更加可欲。

　　然而，"可欲"与"可能"是两个不同的事情。霍布斯路径与洛克路径，哪一种能够成为可能，有历史处境差异的问题。英美的历史处境与法德这种大陆国家的历史处境是不一样的。英美走的显然是洛克路径，在这个路径里，天赋人权是整个理论架构的基础前提。但是霍布斯曾经提问，在"人对人是狼"的自然状态当中，所谓的"权利"由谁来保障？没人能够保障的话，"权利"就相当于没有。因此，霍布斯所关注的首先是政治奠基的问题，这才能让权利的保障者出现。再一次地，因为内在于人性的一些困境，讨论政治奠基问题的起点就只能是权力。此处还要多解释一句，我所说的政治奠基当中的"政治"，或者说真正意义上的政治，其核心问题是对共同体的打造与健康延续，共同体的打造不仅仅是个权力问题，更是个政治哲学的问题，打造成功之后，权利始获得其基础。法德这种大陆国家，走的就是广义的霍布斯路径。

中国的历史处境更加类似于法德，所以我并不认为"可欲"的洛克路径在这里是个"可能"的选项。

　　说了这么多，还要回答一个更加凛冽的问题，政治哲学／历史哲学层面的理论努力，对历史究竟能有多大影响呢？有很多历史条件的孕育，不是政治哲学／历史哲学的写作所能替代的，于是这种写作颇有些知其不可而为之的色彩。然而，学者的本分也许就是要做这样一种西西弗斯式的努力吧。

序

施展送来他的大作，希望我给他的新书作序。

施展是上海世界观察研究院组织的学术共同体"大观"团队的成员。我2007年应邀担任世观院学术委员会主席，那时我就提议研究院要发现、扶持青年研究人员，组建有持续性的青年研究团队。"大观"团队自2008年开始运行，就一系列课题进行了持续研究，包括重新认识中国的周边世界，重新理解中国成长的世界历史意义。

在这些研究的基础上，"大观"团队近期的研究重点，落在了对中国革命的伟大成果向现代国家转化的历史过程的研究上，开辟了"社会主义改革时期国家理论"这一新的研究领域。"大观"团队的年轻人还提出了这样的观点：未来的世界秩序是由中国加入这个秩序的过程所塑造的，中国的成长与转型只有在这个过程中才能实现。我非常欣赏和支持这个观点，这个观点是符合马克思主义的历史辩证法的，也是符合中华民族近代以来一百多年的奋斗历史的。

施展在"大观"团队中非常用功，多次深入到实际工作当中，览群书，行列国，积累了见识，逐渐形成了有他自己特点的一系列见解。现在，经过一年多的努力，他把这些观点系统地扩展为60多万字的一部专著，值得庆贺。

在此书中，施展试图在一种新的全球史视野下，重新理解传统中国以及以中国为文明核心的东亚世界的历史，并把这个东方世界与西方世界的相遇作为伟大的中国革命的历史背景，考察中国的现代化进程。他指出共产主义革命及其观念从根本上改变了中国的世界观念，促使中国的现代化转向中国特色社会主义道路。改革开放推动着中国高速成长，中国力量正在融入并重组世界秩序。作者在书中详细分析了这个宏大历史过程的内在机理。看得出来，作者有意避开了传统或经典的通史叙述方式，而以政治统治和社会治理的秩序演变为线索，以秩序构成诸要素的分析作为全书的主要内容，形成了气象壮阔的论述格局。当然，这不是一部严格意义上的中国通史，也不是专门的政治学著作；这是这一代青年人在大时代进行大构想的一个可贵的尝试。

无论如何，世界已处于根本变化之中，互联互通，人工智能，亚非几十亿人民蓬勃发展，此长彼消，旧的世界观国家观正在瓦解，新的世界观、国家观正在走上前台，引导全球秩序的新格局。对这种新格局的认识，需要有新的理论努力和勇气。正如傅莹同志在 2017 年的瓦尔代会议上引征施展的观点后所言："超越地缘政治既是中国发展的切身体会，也是世界发展的潮流所向。未来，世界各国应该携手走向人类命运共同体，而不是退回到地缘博弈的格子里去。"[1]

施展在书中提出一系列设问，也提供了相应的回答。其中肯定有很多会引起争议和讨论。我一向支持这样可以引起讨论、争议甚至批判的文章，这样我们的思考才可以精进。当然同时我也希望施展要不断修正、发展自己的思考和理论，因为这部著作的主题甚为宏大，应当在争议、讨论中发展，以虚心求真务实的态度持续研究下去。期待以后还可以看到修订版。

在刚刚闭幕的党的十九大会议上，习近平同志阐述了中国特色社会主义进入新时代这个历史判断。这个伟大的新时代不仅要求执政党提出新的思想、新的方针路线，还向我们中华民族提出了新的理论思维的任务。恩格斯曾经说过："一个民族要站在科学的最高峰，就一刻也不能没有理论思维。"一个民族的新的理论思维就是这个民族青年一代的理论思维。我这一代人，饱经国运沧桑，目睹历史曲折，深感理论思维薄弱，民族尚处追赶途中，容不得半点骄傲与松懈。万望青年一代学者，屏息聆听历史的脚步声，苦思冥想，深思熟虑。伴随着国家强盛，民族也达致理论成熟，这也正是施展在书中所提到的世界历史民族的双重含义吧。

荆棘

---

1 瓦尔代会议是俄罗斯组织的年度国际学术会议，2017 年已是第十四届。普京总统参加了历届会议。2017 年傅莹同志在会上做了题为《要冲突还是要合作？超越地缘政治思维》的发言，并在发言中引征了施展的观点。

十字路口的大国与历史热

　　最近几年，中国兴起了历史热。图书市场上出现了大量从各种视角重写中国史的著作，既有国人的著作，也有译著；既有传统式的史学著述，也有跨学科的历史研究，并且往往都出人意料地大卖。[1]

1　做一个简单的梳理，可以看到如下有代表性的著作与学术努力。赵汀阳先生在《天下体系》《惠此中国：作为一个神性概念的中国》等著作中对"天下"观进行了着力阐发，力图在传统中发掘出现代中国的普遍主义视野之可能性，许纪霖先生也曾在多篇论文中做过相近的努力；但是这些对"天下"观念的再发掘，忽视了塞北、西域等地区并不是由儒家文化主导的，因此对这些边疆地区情况的说服力和解释力可能会遇到困难（近年可看到许纪霖先生有了对边疆问题的大量关注），并且从观念到观念的叙事，也会流于空泛。葛兆光先生在《宅兹中国》《想象异域》等著作中通过对周边朝贡国史料的挖掘，呈现出从周边看中国的不同视角，对纯粹基于中原的秩序想象是一个很大的思想刺激，但这种视角同样将遇到"天下"体系所会遭遇的质疑。姚大力先生、罗新先生的诸多著作，从草原史、内亚视角开启了不同于中原视角的中国史反思；这种反思非常有启发性，但对于内亚与中原的历史共性何在，尚需给出更进一步的解释。王柯先生在《民族与国家：中国多民族统一国家思想的系谱》一书中，对中国内在的多元性给予了充分的关注，但对多元要素的共性基础的发掘还需进一步深入。赵鼎新先生在《东周战争与儒法国家的诞生》等著作中，回溯到中国历史的早期，从战争与政治秩序的生成关系的角度再论了中国史；这种分析角度使用了以往史学研究中较少运用的社会学方法，但是对非中原地区的解释力仍不足。王明珂先生、马戎先生等从人类学的角度，对中华民族的概念进行了全新的思考；这样的人类学思考对历史学是一个巨大的补充，但是过于强调了社会层面的自生秩序，而对政治层面建构秩序的同情式理解似有不足。国外学术界在这方面也有相当多的思考，诸如美国新清史学派对大清帝国的内亚性的探讨，日本京都学派对中国史的重构，以及剑桥的中国史系列、哈佛的中国史系列等等。这些思考都极富启发性，外国学者有他们不同于中国学者的问题出发点，因此更多是他山之石的价值，而不足以成为中国理解自身的基础。此处的梳理只是从有代表性的几个入思角度展开，必定挂一漏万，除此处所列学者之外，还有许多学者做出了大量值得钦佩的研究，我也从中受到许多启发，篇幅所限，恕无法一一列出。

实际上，历史热这种现象在人类历史上屡见不鲜。揆诸世界历史，一个迅猛崛起的大国，其崛起本身会造成所处体系的深刻变迁，过去所习惯的参照系不再起作用，基于该参照系所设定的国家目标也会失效；于是，它无法再说清自己是谁、自己想要什么、自己与世界的关系是什么，往往会陷入一种深刻的身份焦虑。它懵懵懂懂地走到了没有路标的十字路口，不知何去何从。在这个路口，倘若它能够在对历史的深刻反思中，理解到自我与世界的内在一致性，就能够将其庞大的力量转化为对世界的建设性力量，并真正成就自己的世界历史地位；否则，它将浪费自己所经受的苦难。为了真实地理解自己的处境，以避免糟糕的前景，处在十字路口的大国往往都会关注历史，它们渴望通过对历史的重新理解，来廓清当下，构想未来。

这种身份焦虑的化解，无法简单地通过对某种价值理念的表述及追求而完成。一个政治共同体的自我身份，要基于两种理论叙事来构建：一是政治哲学的叙事，它会为该政治体确立其所要追求的正义之目标；一是历史哲学的叙事，它会确立该政治体的认同边界，确认何者为自己人，何者不是自己人。两种叙事加在一起，才会带来政治体的精神凝聚力。单纯依靠政治哲学的价值表述，无法回应该共同体的特殊历史处境；单纯关注历史的特殊性，则无法理解共同体与世界之间的内在一致性。当下中国的身份焦虑，实际上表达着对新的历史哲学或者说新的历史叙事的渴求；人们渴望通过对中国各种特殊性的统合性叙述，来寻找中国通达于普遍性的根基，以化解对内对外的各种精神紧张。简单来说，就是要在历史和现实的双重意义上，回答"何谓中国"这一问题。这样一种新的历史叙事，直观上呈现为对过去的重述，实际上是在勾勒未来的方向；换言之，我们对未来的想象，是基于对过去的理解。在这个意义上，历史学就是未来学。

要构建新的历史叙事，首先需要有对中国历史的特殊性的理解。只有深刻理解这一特殊性，才能把握其在普遍性当中的结构性地位。那么，中国历史的根本特殊性在哪里呢？

本书认为，它体现在两点上：一是中国是一个轴心文明的载体，一是中国的超大规模性。这两点以一种人们经常意识不到的方式相互发生作用，几乎中国历史的所有运动逻辑，理解当下中国问题的所有切入点，都在对这两点的把握里面了。

　　所谓轴心文明，即在公元前 800 年到公元前 200 年之间的轴心时代出现的原生性文明。这个时候出现的中国文明，或许曾受到过其他文明的激发，并且在后续的年代中吸纳了很多其他文明的精神资源，但其内核中一些原生性的东西，作为基本识别要素始终存在。轴心文明的特征在于其普遍主义取向，绝不自囿于一族一地，而是以天下为思考单位；对应地，轴心文明不会设定自己由某一特定族群担纲，它所关注的只是文明本身是否获得普遍传播。轴心文明的这一特征，使得中国的精神结构中天然地有着普遍主义的冲动。在古代，它将自己理解为世界本身；在现代，它只有通过普遍主义才能理解自身与世界的关系，因为单纯的民族主义理念无法提供足够的精神容量，以支撑起它的精神世界。

　　很多轴心文明在历史过程中都丧失了自己的政治载体，但东亚的轴心文明却一直有中华帝国作为其政治载体，并由此衍生出一系列历史效应。之所以会有这种差异，根本上来说，是因为中国的超大规模性。超大规模首先体现在中原地区的庞大人口与财富上，其规模达到如此程度，以至于在第一个千禧年过后，朝廷（中央）以低成本汲取资源的能力超过了任何地方性势力能抗拒的程度，此后中国再无长时期的分裂现象出现，于是就有了国人经常说的"唯一历史未曾中断而延续至今的文明古国"。其延续性的根基并不仅仅在于其文明的韧性，更在于超大规模所带来的军事与财政逻辑。

　　说得更准确点，一个庞大政治体的自我维持与轴心文明的存续，是两个独立的逻辑，并不能相互解释，但是相互有需求。这个文明在其覆盖区域内始终可以找到一个独大的强国作为其载体，该强国则始终可将该文明作为自己的身份识别标志。而在其他文明区域内，由于没有这种超大规模，没有足够的可供低成本汲取的资源，能够压制各种地方性力量的独大的强国就很难持续存在，也因此，若干彼此相持不下的强国便不会将文明作为自己的根本身份标志，以免混同于其他国家。

　　中国轴心文明的担纲者在古代的流转，最终必会落在起自农-牧过渡地带的人群身上——过渡地带分布在长城沿线及东北。因为只有这个群体同时熟稔农耕与游牧两种体系的秩序奥秘，能够带来超越于农-牧的多元治理，使长城南北的紧张关系转化为统一帝国的内部均衡关系。他们对中原的理解能力使其能够调动中原的庞大财富，这是纯粹的草原统治者很难做到的；他们的草原身份又使其拥有超越于中原的广阔视野，有能力统治儒家文化无法直接整合的庞大非中原疆域，这是纯粹的中原统治者很难做到的。因此，这个群体能构建起庞大的多元复合帝国，使得轴心文明所构想的"天下"外化为一个现实的帝国秩序。这种多元复合帝国也带来了中国的另一重超大规模性，即地理上的超大规模性和帝国内部秩序上的超级复杂性。这两个意义上的超大规模性，使得中国在现代转型时面临的任务变得极为复杂。

在担纲者的流转过程中，中国历史经历了复杂的变迁，变迁的主动要素，或者说自变量，来源于社会分工最为复杂的中原地区。相对于非中原地区而言，其分工的复杂性使得内部各种社会要素的均衡关系更为易变。每一次出现有历史意义的技术跃迁，都会给中原带来新的经济资源，并打破此前诸种社会要素的均衡关系，也就是打破原有的社会结构。旧的和新出现的各种社会力量，会在动荡与博弈中走向新的均衡，中原的社会结构就这样经历过几次深刻变迁，从商、周之际的封建社会转化为汉、唐之间的豪族社会，再到宋、清之间的古代平民社会。社会结构的变化，会改变中原地区的财政与军事逻辑、帝国政府与社会之间的相对力量关系、轴心文明的经典阐释框架，以及中原地区与非中原地区的互动模式。

我们可以看到，在今天这片被称作"中国"的东亚大陆的土地上，数千年的历史呈现为一个多元体系的运动过程。这个体系内部包含着中原、草原、海洋、西域、高原等几种主要的自然-社会-经济生态区域，各个区域彼此间有着极为深刻的相互依赖、相互塑造的关系，以至于脱离一方完全解释不了另一方。几大区域构成的多元复合结构里，历史运动的主线是草原、中原、海洋这三大区域的互动关系；西域和高原这两大区域构成副线，它们就像催化剂，影响着主线的发展路径和历史节奏。这样一种深刻的有机联系，让各个区域互为条件，构成一个多元共生体系；所谓"中国历史"，就是这个多元共生体系的演化史。这一体系不断地寻求从多元主体相互对抗的外部均衡，演化为多元复合帝国的内部均衡；中原地区每一次社会结构的变迁，都将打破业已演化出的多元帝国的内部均衡，于是体系会回到外部均衡，前述运动过程在更高一阶上再重复一轮。由此构成了中国历史循环上升的逻辑过程。

经过几轮反复演化，这个多元共生体系在其古代历史中落实为大清帝国，汉满蒙回藏多元主体都被纳入统一的帝国之中，接受其多元的统治。就当时的技术条件而言，一种真正的普遍性达成了。然而，新的困境也就此到来了，它体现在物质和精神两个层面。

就物质层面而言，在内部均衡所带来的和平红利下，中国人口过度繁衍，出现大量过剩人口，导致中国经济陷入一种特殊的困境而无法摆脱。过剩人口带来过于便宜的劳动力，使得以节省劳动力为目的的技术变迁无法出现，因其不具备经济可行性；中国因此便无法内生性地发展起工业经济，因其以新的技术变迁为前提；而不能从农业经济进展到工业经济，便无法吸纳过剩的人口。中国于是自我锁死在一种低水平状态上，有学者称这一状态为"内卷化"。中国由此便有陷入一个恶性循环的危险：因人口过剩导致流民四起而造成的治乱循环，可能会反复上演；这种循环无法像此前的历史那样，带来社会的结构性演化，而只有无变化的重复，不再有任何历史意义。就精神层面而言，朝廷能够从这个超大规模人口的社会中汲取到如此多的资源，以至于社会已不再拥有对朝廷的制衡力量，轴心文明对其信徒所承诺的尊严，也将在政治的压制下逐渐落空，轴心文明的精神内核有可能逐渐枯萎下去。

除非有外部资源注入，否则不可能突破这两重困境。因此，中西之间的相遇便成为中国历史继续发展的一种内在需求，中国在内外各种压力的综合作用下，加入世界秩序，走上了现代转型的道路。

中国的超大规模过剩人口，只有在中国作为封闭经济体的情况下，才会导向"内卷化"的结果，一旦加入开放的世界经济体系，反倒会成为中国的竞争优势。但是，这种优势要想能够真正释放出来，中国必须先完成政治整合。如果没有政治整合就直接加入世界经济体系，中国便有可能被彻底撕裂。这个问题又一次与中国的超大规模相关。

中小规模的国家，仅仅靠外部世界的经济拉动，便可被整体性地拉动起来；而中国倘若只靠外部拉动，仅会被局部性地拉动起来，也就是诸如上海、广州之类的口岸地区，它们和纽约、伦敦的联系，会远远大于它们与几百里之外中国乡村的联系。这就是19世纪后期、20世纪前中期的现实历史。这些被拉动起来的飞地经济与社会，与那些无法被外部拉动的庞大乡村地区，会形成深刻的撕裂；这样的发展是不可持续的，一定会导致剧烈的内在冲突，乃至于内战。所以，中国这种超大规模的国家要完成现代转型，必须先实现政治整合，然后才能让这个国家整体性地加入世界经济体系，并且把中国的巨量人口转化为竞争优势；这个步骤如若走反，就会在内在撕裂中吞噬掉各种局部性的发展。

要实现政治整合，革命就是绕不开的选项；革命的代价巨大，但超大规模国家要实现现代转型，革命几乎无法避免。这就有了 20 世纪中国跌宕起伏的革命历程。

实现了自我整合的后革命时代的中国，在进入开放的世界经济体系后，其超大规模人口终于焕发出巨大的力量，成就了难以想象的经济奇迹，深刻地改变了全球的经贸结构；全球政治秩序、经济秩序乃至社会秩序都在此过程中出现失衡。中国因其超大规模性，对化解这种失衡有着特殊的责任；同时，失衡有可能对全球化造成伤害，中国是全球化的最大受益者，因此在化解失衡上也有着深刻的利益关涉。

正是在这个阶段，我们过往的许多精神资源在解释这种新的格局时失效了；我们过往理解自身与世界时所依凭的参照系，因中国的崛起而发生了巨大变化，也失效了。中国走到了十字路口，发现似乎越来越难以理解自身与世界了。因此，重述中国的历史、重构我们的史观便成为一种必须，如此我们才能获得精神自觉，把握住这一切过程的深刻历史含义，进而构想更加可期的未来。

新的历史叙述必须能够在以下诸方面发现特殊性之上的普遍性和多元性之上的一致性：在空间意义上，发现中原与非中原地区的内在一致性，以及中国与世界的内在一致性；在时间意义上，发现古代历史与近现代历史在精神现象学逻辑上的内在一致性。如此，则内安边疆，外安四邻；如此，中华民族潜意识当中的普遍主义冲动、直观可见的超大规模属性，以及其中所隐含的世界历史民族的潜力，才能真正地获得释放，并通往建设性的方向。

在对中国历史做过如此反思的基础上，本书对"何谓中国"这一问题的回应，可以简单表述如下：中国作为一个超大规模国家，从内部来看，它是个体系，从外部来看，它是现代世界秩序当中的海陆枢纽；中国也正是因其内在的体系性，才成就了其外在的海陆枢纽地位。

现代世界秩序有三大构成性要素，分别是海洋秩序、大陆秩序，以及海陆中介 / 枢纽秩序。作为体系的中国，内在地包含着海洋和大陆等多种要素，它们通过历史的演化与现代的整合凝聚为一个共同体；中国因此得以同时嵌入现代世界的海洋秩序与大陆秩序之中，并作为海陆中介／枢纽，因其超大规模而获得动能，将人类秩序联为一体。这是中国作为世界秩序自变量的真实体现，是中国作为世界历史民族的责任担当。

我与"大观"学术小组的诸位同人共同研究已历八年之久，其间通过激烈的学术争吵而发现真问题的过程，为了理解真问题而进行的各种思想操练，以及因各种机缘而得以参与的实践，实令我受益极丰。"大观"小组的诸位同人各有术业所长，在相互砥砺的过程中，我不断见识到各种跨学科的视野，见识各种思想的张力。本书便是在这八年思想砥砺的基础上完成的。当然，书中如有错漏，文责自应由我承担。

由于本书所要处理的问题的复杂性，本书的叙述无法在任何单一学科的话语当中完成，必须综合地理、历史、哲学、思想、经济、财政、货币、军事、人口、社会、法律、国际政治等各个学科领域的话语，才能对中国这数千年的复杂历史、百年来的成败兴衰，以及这一切与世界的关系，给出统一连贯的解释框架。

我深知，此书所涉问题过于宏大，所触学科过于庞杂，以我的浅陋见识，在各个领域的讨论都只能是浅尝辄止，对任何一个领域的文献的理解与调用也必定是挂一漏万。唯望书中所触及的学科与话题领域的专家，原谅我在专门领域的见识不足，而在我所尝试构建的整体框架上给出更多指教。

我也深知，本书的写作很可能是一个过于大胆的尝试，因此不敢期待书中建构的历史叙述框架能够说服足够多的人。唯愿其中所论或有些许价值，能够真正地打开新的论域，激起一定的讨论，以使我们民族对自身的历史处境形成更清晰的自觉，这大概就是我对本书所能拥有的最大期待了。

施展

2017 年 3 月 1 日于京城

目　录

绪 论

子路曰:"卫君待子而为政,子将奚先?"子曰:"必也正名乎?"子路曰:"有是哉,子之迂也!奚其正?"子曰:"野哉,由也!君子于其所不知,盖阙如也。名不正,则言不顺;言不顺,则事不成;事不成,则礼乐不兴;礼乐不兴,则刑罚不中;刑罚不中,则民无所措手足。故君子名之必可言也,言之必可行也。君子于其言,无所苟而已矣。"

——《论语·子路》

哲学篇:中国历史哲学纲要

中国是谁?它是汉族的,还是超越于汉族之上的?它是一元实体的不断膨大,还是多元体系的不断演化?它与自己的过去是什么关系?它与世界又应该是什么关系?

这些问题迄今并未得到有效回答。对它们的思考,并不是凌空蹈虚的观念游戏,而是切中当下的实践关涉。说不清中国是谁,便无法说清它的利益是什么,无法找到用以衡量具体政策恰当与否的统一连贯之标准。观念与实践,本就是历史的同一个过程。

对此的回答,是一部历史哲学。历史哲学并不是对流逝时间与悠长过往的再现，也不是对宫廷权谋抑或匹夫暴起的钩沉，而是要提供一种精神的秩序，为过往赋予意义，为当下确定坐标，为未来勾勒方向。历史哲学帮助一个民族通过过去看到未来，它会在最深刻的意义上告诉一个民族，究竟我是谁、我想要什么、我应到哪里去。

历史哲学是这个民族的自我意识的表达，为这个民族提供根本的精神凝聚力，使其能够在顺境中行止有度，在逆境中慨然奋起。它是这个民族每一个个体的认同基础，在特定的意义上，可称它为民族的信仰。

那么，中华民族的信仰是什么呢？

一、作为中华民族之信仰的历史

历史，是中华民族的信仰，是中华民族的精神凝聚力所在。

那么，此处的历史何谓？在中国的文化表达中，历史是天命的流转。它始于"绝地天通"[1]。"绝地天通"使得与皇天上帝的沟通渠道被从私家剥离，集中垄断于职业性的"巫""史""祝""宗"之手，"人人皆巫史"的无定型之混沌，遂生成为秩序。可被人们记忆与叙述的历史，由是开始。巫、史、祝、宗负责共同体的祭祀、求祷、仪礼、记录，每一件事情都有着沟通天人之效，正位鬼神之功。中华文明之初期，巫史不分，巫亦史，史亦巫。太史公自谓欲"究天人之际，通古今之变，成一家之言"，盖天人之际与古今之变，原本便是相通的。参天所以晓人事，著史所以明天命，中国的古典史学从来便具有超越性价值。

天命由德堪配天者担当。[2]周人伐商，打破了商人天命降于一族的观念，由周王来领受天命。[3]领受天命的意涵在于化育万民以成天道，[4]万民与天子因

1 《尚书》有云："绝地天通。"《国语·楚语下》解之曰：古者"民神不杂"，天地有序，人各司其正；因蚩尤之乱，以致"民神杂糅"，人人皆巫史，天下秩序大乱。是故，颛顼重新任命司天司地之官，"使复旧常，无相侵渎，是谓绝地天通"。

2 "天子者，与天地参，故德配天地，兼利万物，与日月并明，明照四海而不遗微小。"参见《礼记·经解》。

3 "有周不显，帝命不时。文王陟降，在帝左右。"参见《诗经·大雅·文王之什》。

4 "天佑下民，作之君，作之师……天矜于民，民之所欲，天必从之。"参见《尚书·泰誓上》。

"天命"而联为一体，"天视自我民视，天听自我民听。百姓有过，在予一人"[1]。这是一场伟大的精神革命，周天子因此而成为天下共主，成就"普天之下、率土之滨"的气象。倘若仿照商人的抉择，将天命寄托于周人，则周天子将被周人这个身份所绑架，斤斤计较于小群体的得失，而令更广大的世界视周人若寇仇。这一历史性抉择令周人消弭在天下之中，但也正因此，周人的事功才泽被千载，至今中国仍受其惠。天子不再是一家之私主，而是四海之共主，所承载的不再是一姓之兴衰，而是天下之运数。[2]

担纲天命之天子，必依正统。

中国史家素来强调正统论，孟子谓"孔子成《春秋》，而乱臣贼子惧"，孔子通过《春秋》当中之褒贬，确立了正统性的标准，徒能以力胜而行世之辈，即便幸忝大位，终难逃乱臣贼子之谶。

然而，历史的深处不都是煌煌天命的顺畅流转，不都是垂拱而治的不怒自威，血光与权谋是历史抹不去的底色。但即便是暴虐之辈、权谋之徒，忝登大位之际也必须行受禅之礼。他们似乎在用自己的凶狠与无耻嘲笑天命的暗弱，戏弄正统的威严；但受禅之礼的不可或缺，则在隐隐中表达了天命与正统的不可违逆。倘不行此礼，登大位者无法宣称承受天命，势必"名不正，言不顺，事不成"。正是在一次次看似暗弱的无奈当中，天命与正统反将自己一步步深植于民族的灵魂当中。

故而，君权政治虽以权谋与暴力为底色，却犹重对正统的解释与争夺。欧阳修谓"正者，所以正天下之不正也。统者，所以合天下之不一也。由不正与不一，然后正统之论作"，而"正统之说，肇于谁乎？始于《春秋》之作也"。[3]《春秋公羊传》首篇即谓王者"大一统"。董仲舒进一步阐发：《春秋》大一统者，天地之常经，古今之通谊也。"[4] 然则，大一统不常有，正位亦不常在，在华夏乖离分裂之际，各种托衍之词遂阑入正统论之叙述内，以为偏安之君、篡僭之徒编排正统。

1《尚书·泰誓中》。

2 "诸侯不敢祖天子，大夫不敢祖诸侯。而公庙之设于私家，非礼也。"参见《礼记·郊特牲》。

3 欧阳修：《正统论》。

4《汉书·董仲舒传》。

自秦皇汉武下历千年之后，帝王的统合终战胜了割据豪强的自雄，有宋一代之后再无长期的天下分裂，"尊王"之混一寰宇亦超越了"攘夷"之内外判然。"大一统"在北宋时成为正统论的基础，虽经南宋偏安时期的暧昧，至有元一代确立为正统论的核心，[1]明太祖定宴飨乐章，必奏"大一统之曲"[2]，以示超迈夷夏，清帝更以大一统为正统之基。[3]元明清三代享祚近七百年，大一统理念终超越其他诸种托衍理念，成为规范正统天命观之基本内容，化作中华民族信仰的深层基础。

中国的王朝史历经对正统论的争夺与演化：历史被不断重新叙述，但叙述者并不是天子，而是圣人门徒。依《中庸》之论，圣人至诚，因此亦能配天，[4]故朱子赞之曰："盖自上古圣神，继天立极，而道统之传有自来矣。"[5]

如此，道统与法统发生分离，法统归于天子，道统起自圣人。道统以天道之流转有常，规范着终将沦于尘土的王侯将相。这看似脆弱实则强韧的不绝如缕，绵延数千年，演绎着中华民族的**精神史**。天子依凭王侯将相之拱卫，以法统之在握，主张自己的天命所归。然天命无常，"靡不有初，鲜克有终"，一个王朝的法统，百年之后也灰飞烟灭。新的法统又会崛起，这个天命轮回，演绎着中华民族的**政治史**。

道统所言说者，乃天命之普遍性，不承天命者无资格君临天下；法统所言说者，乃天命之特殊性，主张天命正在吾帝吾朝。法统通过道统获得精神

---

1 "（刘整）曰：'自古帝王，非四海一家，不为正统。圣朝有天下十七八，何置一隅不问，而自弃正统邪！'世祖曰：'朕意决矣。'"见《元史·刘整传》。

2 "大一统之曲"名《凤凰吟》，其文曰："大明天子驾飞龙，开疆宇，定王封。江汉远朝宗，庆四海，车书会同。东夷西旅，北戎南越，都入地图中。遐迩畅皇风，亿万载，时和岁丰。"见《明史·乐志三》。

3 雍正帝曰："且自古中国一统之世，幅员不能广远，其中有不向化者，则斥之为夷狄。如三代以上之有苗、荆楚、猃狁，即今湖南、湖北、山西之地也，在今日而目为夷狄可乎？至于汉、唐、宋全盛之时，北狄、西戎世为边患，从未能臣服而有其地，是以有此疆彼界之分。自我朝入主中土，君临天下，并蒙古极边诸部落，俱归版图，是中国之疆土开拓广远，乃中国臣民之大幸，何得尚有华夷中外之分论哉！"见《大义觉迷录》卷一。

4 "至诚无息，不息则久，久则征，征则悠远，悠远则博厚，博厚则高明。博厚，所以载物也；高明，所以覆物也；悠久，所以成物也。博厚配地，高明配天，悠久无疆。"见《中庸》。

5 见《四书章句集注·中庸章句·序》。

自觉，道统通过法统获得现实的呈现，二者相互对抗又相互依赖，彼此缠绕绵亘不断，演化为中国历史的基因，孕育着中华民族的信仰。

二、历史的精神现象学过程

历史是个运动的过程，人性的激情是其根本动力。

人性当中既有追求普遍性的激情，又有追求特殊性的激情。对普遍性的追求，使人类获得存在的意义；它通过理性转化为一整套思想体系，姑且称之为理想。对特殊性的追求，使人类获得存在的载体；它通过理性转化为一个个具体的谋划，在其未获得反思性的精神自觉时，姑且称其为欲望，获得精神自觉时，则呈现出个体的道德主体性。

普遍性的理想使人成其为人，超越于时间，承载着永恒，但它在彼岸世界，倘不落实在此岸世界，将永远处于虚空中；特殊性的欲望使人获得现实的存在，但倘不通过理想而获得意义，则在历史中转瞬即逝，不留痕迹。理想与欲望，都要求将自身现实化，呈现为人类激情的涌动，无数人的激情不断彼此冲突、互动的过程，最终外化为现实的制度，制度是联系普遍性与特殊性的中介机制。对中国的精神世界来说，作为普遍性的天道，通过制度而表达为现实的秩序安排，作为特殊性的世俗利益，通过制度而获得稳定的规则保障。

人类多向度的激情，推动着人类秩序的辩证发展，这便是人类历史的精神现象学过程，自我意识在此过程中逐渐产生并获得充实。

在欲望所推动的对利益的本能追求与竞争中，人类会因欲望无法被满足而意识到他者的存在，通过他者，人们会反过来意识到自我的存在，**自我意识的特殊性**一面便浮现出来。反思会告诉人们，没有对他者的认识便不会有对自我的认识，自我与他者实际上是互为条件的共在，特殊的自我不过是这个共在关系当中的一个必要环节，**自我意识的普遍性**一面便浮现出来。于是，人类的精神开始超越本能而形成自觉，特殊性也超越单纯的欲望，升华为个体的道德主体性。共在关系在精神当中会发展成一个共同体，对共同体的自觉，实际上已经设定了非共同体之他者的存在，于是自我意识会发现共同体不过是更大的共在关系当中的一个特殊存在，前述循环便在更高层次上又发生一轮。

自我意识在这个过程中一步步充实起来，它以欲望对特殊性的本能追求而起始，以精神对普遍性的自觉意识而告终。这中间会经历辩证发展的多个阶段，最终达到对特殊性最本质的体认，即认识到每一个个体作为区别于他者的独立道德主体与法权主体的存在；达到对普遍性最根本的自觉，即理解到承载着普遍理想的制度安排超越于所有单个主体，是个体的道德实践与法权实践的根本条件。自我意识因此是**普遍性与特殊性的合题**。[1]

相对于普遍性的理想而言，制度是特殊性的存在，因为任何现实的东西都是特殊的。理想一旦外化为制度，它就被建制化，被制度的物质载体所绑架，丧失了其他的可能性；理想成为现实，却因此遭遇异化，丧失普遍性而沦为特殊存在。但理想的本质特征在于对普遍性的绝对追求，一旦开始异化，理想便会寻求自我超越，不惜以今日之我攻昨日之我，摆脱具体制度与载体的束缚，再次自由地启航，继续其追求普遍性的努力。于是道统与法统发生分离。

相对于在历史中现实活动的个体而言，制度又是普遍性的存在，原则上，它要普遍约束制度下所有的人，不得有法外之人。制度为欲望提供了稳定且可预期的活动空间，但欲望对特殊的现实利益的追求，其短期结果可能会损害制度的公共性，其长期结果则可能会改变制度所依凭的社会基础。于是欲望的活动会发生自我否定，因为它在侵蚀自己赖以稳定活动的制度前提。从另一方面来看，制度为欲望所提供的发展空间，正孕育着制度的自我否定，它终将因无法再满足欲望所需而走向瓦解，并有待来日在新的理想与欲望的共同推动下实现重构。

因此可以说，制度是历史的固化呈现，是理想的现实化，同时又是欲望获得可预期性的条件。个体欲望的合力，在短时段内会带来现行制度下的繁荣与发展，在长时段上则会在未来引发混乱乃至导致新秩序的出现；自由的理想会让现行制度获得正当性，但又会超脱现实之外，通过对道统、法统的再叙述，推动、引导新秩序的构建，并且让新秩序获得精神自觉。制度的保

---

1 黑格尔的《精神现象学》是对此辩证发展的最精深阐释。

守性与激情的运动性，两者之间的张力推动着历史的演化，在中国呈现为不断更迭的王朝史。

激情之所以有无尽的运动性，在于人性是自由的。人类自由地追求超越性理想，也自由地追逐现实性利益。这种自由内在于人性本身，不是谁设计出来的，也不是谁改变得了的。激情展开的过程，很多时候并不是和平与令人赞赏的，它更可能充斥着欲望的贪婪与暴力的血污，但人性并不会因此而彻底沉沦。贪婪与血污的现实初看上去全无意义，但它会逼迫人们去反思现实与普遍理想的关系，使得人的精神世界与人的现实存在相分离，这反倒令人类对他者形成更深刻的认识，令自我意识得到充实，令自由变得更加饱满。一如黑格尔所说，亚当、夏娃吃了智慧果，便有了原罪，但正是原罪使人成其为人，"罪恶生于自觉，这是一个深刻的真理:因为禽兽是无所谓善或者恶的，单纯的自然人也是无所谓善或者恶的"[1]。

只有能够作恶，才能够为善，因为此时他才是一个能够用"善恶"来衡量的人;动物只服从本能，无精神自觉，从而无法作恶，也无法为善。道德自由是专属于人的一种天赋，只有人能够不被物质所决定，自主地进行道德抉择;这并不意味着个体不会作恶，只意味着我们可以判断其自主行为为恶，但我们无法判断一只斑鬣狗的本能行为为恶。判断标准的出现，以人类拥有自由选择的能力为前提。对理想的追寻，是人类的一种激情，它使自由得以在贪婪与血污当中被淬炼出来;相反，以对欲望的否弃为前提的理想，往往会带来更大的贪婪与血污。因为，不经欲望之试炼的理想，并不内含着自由，不是真正的道德，因它没有给人以自主抉择的机会，也就让人放弃了对责任的担当，这会在更本质的意义上败坏人性。在某些时候，贪婪与血污反倒是滋养出真正的道德理想所必需的肥料。

因此，人类的激情现实化为制度，这制度不仅仅出于理想，也出于欲望。制度倘若不是出于理想，则无法获得认同，因其无法承载人们对普遍性的追求;制度倘若不是出于欲望，则无法获得存续的动力，因其否定了人们对特殊性的追求。

---

1 [德] 黑格尔:《历史哲学》，王造时译，上海书店出版社，1999 年，第 330 页。

在历史行进的过程中，其大的历史逻辑往往不是局中人能看清的。局中人依照自己内心的价值排序，并进行现实的考量，在特定的情势下自主地做着抉择。有可能历史大势滚滚而来不可遏抑，人们都能直观感受到，既有的秩序已注定走向终结，而新的秩序该是什么样子，一切都未定乃至未知。大多数人都会在现实的压力或吸引下，随波逐流乃至兴风作浪；只有极少数人会基于内心的道德确信，自主抉择逆流而上，其在道德上比那些识时务的利益追逐者更高，其抗争命运的勇气也更具有悲剧色彩。虽然如此，历史大势往往是在"识时务者"手中获得现实化的，因为在秩序未定、一片混乱之际，只有那些对利益关系的变化足够敏感者，才能够清楚地把握特殊性，懂得如何调动起足够多的人群的欲望，进而顺势成事。

但是这种特殊性的成功，倘若不能经过普遍性的洗礼，获得自觉意识，使利益的既得者转变为秩序的担纲者，则他们动员起来的欲望会反噬自身，短暂建立的秩序会转瞬即逝，诸如黄巢、李自成之辈的结局皆是如此。相反，逆流而上的失败者，其道德勇气表达着对精神普遍性的坚持，死亡反倒成就其不朽。他们在生前抉择的具体原因在此已无关紧要；死亡消除了一切特殊性，后人在对其死亡的言说中可以自行萃取出其中的普遍性。这种普遍性不啻是死者留给生者的伟大遗产，可以在构建新秩序的精神自觉中被继承下来。

人们至今仍生活在大汉帝国留下的遗产当中，但少有人会从道德意义上缅怀汉高祖背弃鸿沟之约而进攻楚霸王的作为，尽管这个不光明的手段带来了恢宏的帝国；人们经常吟咏的反倒是"至今思项羽，不肯过江东"，因为这里面蕴含着对尊严的执着与对责任的承诺。至于项羽失败的实际原因，在此已无关紧要，死亡成就了他的普遍性，他已经不再是他，而升华为一个道德理想的象征符号。

所以，历史是在真正的意义上由成功者与失败者共同铸造的。成功者缔造其特殊性的一面，使得具体的秩序得以成立；失败者铸成其普遍性的一面，使得秩序获得其赖以维系的精神价值。

秩序的存续与活力，需要理想、财富、武德这三种要素。理想使秩序得以自觉，财富使秩序得以自养，武德使秩序得以自立。三种要素的担纲群体不一定重合，倘若分立的三者能和衷共济，秩序会充满活力；倘若三者之间发生冲突乃至分裂，秩序就将失衡、瓦解。朝代建立之初，可以看到和衷共济的局面，普遍性的理想也在激励着帝国担纲者；随着时间的流逝，建制化的理想逐渐僵死，对利益的追逐，损害着将三个群体联系起来的精神要素，认同分崩离析，无人再关注帝国的命运，天命渐去，帝国走上末日，整体秩序逐渐瓦解，等待浴火重生。在更具体的历史中，这种种变化会呈现为君主、内臣、贵族、官僚、平民等多种利益主体不断变换结盟关系的过程。寻常的历史叙事会将其表达为各种权谋与搏杀，但在历史哲学的视野里，它们是精神现象学展开过程中的诸多环节，个别的权谋与搏杀，在总体进程中才获得其历史意义。

三、中国历史的空间结构

在不同的社会结构中，诸利益主体的谋划选择空间可能会有巨大的差别；而历史所发生的地理空间，又会约束社会结构的演化路径。精神现象学的普遍性与特殊性之合题，正是在历史的空间结构中具体展开的。

演绎着中国历史的这片土地，占据了欧亚大陆东部和中部的部分地区，其地理结构属于整个欧亚大陆地理结构的次级部分，与其他部分空间相连，一个地方的震荡会通过各种方式一路扩散出去，成为远方的涟漪或巨澜。世界历史以及各个文明地区的历史，其记录与叙述者都是轴心文明的创立者；我们对中国历史的理解，通常也都依赖于中原文明留下的历史叙述，也会不自觉地接受其中的种种偏见。诸轴心文明分散在欧亚大陆相距遥远的地区，都有着对人类普遍秩序的构想与思考，但这些文明区基本都是定居性的（只有定居文明才能积累起巨大的财富，滋养不事劳作而仰望星空的思考者），在古代无从与其他文明直接形成有效的交流，于是其在现实当中又沦为特殊性的存在，其理想当中的普遍性视野只有通过不愿定居、流动于整个欧亚大陆的游牧者及贸易者才能真正打开。所以，中原史只是中国史的一半，还有另外一半中国史发生在草原、绿洲、海洋等地区，两"半"之间还有深刻的互构关系，互为条件、互相生成，倘若在历史叙述中未将这些纳入视野，则这将是一部残缺的中国史。

在这种视野下，基于自然地理与气候，欧亚大陆自北向南、由陆及海的若干层生态－经济－社会空间，也会浮现出各自不同的世界历史意义。

　　欧亚大陆的最北部分是广袤的森林，从远东西伯利亚向西横贯整个俄国，一直延伸到德国平原。西伯利亚的森林地带人烟极为稀少，难有构成共同记忆的历史。

　　森林地带的南部是草原地带，从远东通古斯地区向西横越蒙古高原、中亚，一直延伸到东欧的匈牙利，草原中间或有些沙漠。蒙古与俄国的分界大致就是沿着这个草原－森林的界线。游牧者驰骋在这横贯欧亚大陆的草原地带。他们不固着于特定的地方，草原对他们来说就像海洋一样，一些重要的生态过渡地带的城市，如宣府（今张家口）、大同、北京等地则是港口，多种商品与文化，还有疫病，从港口起航，搭上游牧者的航船远播到他处，大陆各处的定居轴心文明因此被连通起来；草原港口经常也是血腥的战场。贸易和战争共同构成文化与物资传播的方式。

　　草原地带向东，越过大兴安岭，便来到中国的东北地区。白山黑水之间，气候湿润、森林茂密、土地肥沃、人口稀疏，古代的诸多渔猎民族曾经在这里生活，凛冽的气候涵育着他们野蛮的武勇与淳朴的民情。这片土地的北部与呼伦贝尔大草原相连接，听得到草原游牧者的呼啸；南部则多次接受来自中原的农耕力量的统治，得以一窥礼制的文明，同时由于辽西走廊的狭窄，东北地区受中原农耕地区的影响又总是断续的，构成独立的地理－生态空间；再向东，这里还与朝鲜半岛、日本山水相连或隔海相望。草原、农耕、渔猎三种生态－地理要素汇聚于中国东北，构成了东亚秩序的一个地缘轴心。

　　由草原继续向南，则跨过了游牧生态区与农耕生态区的分界线。这条界线在东亚地区大致上与长城的路径相重合，到了中亚地区，则是沿着天山、锡尔河这一条线继续西行，过里海、高加索山脉，直达黑海。就中国境内而言，以河西走廊最东端、今甘肃境内的乌鞘岭为界，以东为外流区域，以西为内流区域。农牧分界线以北，降水量较少，在古代，无法依靠农耕作为主要生活方式，人们以游牧生活为主；农牧分界线以南，在外流区域，依靠季风降水，形成大片的农耕区，是轴心文明的生发地，在内流区域，依靠雪山融水，形成绿洲区，兼营农业和贸易。

　　长城以南的华北地区，是范围广阔且地形平坦的农耕地带。最早提出"丝绸之路"概念的德国学者李希霍芬观察到，黄土的高孔隙性和强毛细管吸收力使得深层土壤中的无机质能上升到顶层，对农作物具有了"自行肥效"的能力。[1]这使得华北地区的黄河流域成为中国古代最容易开发的农耕地区，平坦的地形形成了连绵成片的农作区域，滋养了数量庞大的人口与财富，成为孕育中原文明最初的核心地带。

越过淮河一线进入长江中下游流域，气候转为潮湿溽热，平坦的大地上水网纵横，这里进行农耕的首要需求是排除沼湿地区与湖泊中多余的积水，[2]开发的难度大于黄河流域。直到北方的几次战乱驱赶黄河流域的人口南迁，长江中下游平原才真正开发出来。这里潜力巨大，一旦开发，迅速成为东亚帝国[3]的经济重心所在。

再向南，则是多半为东北-西南走向的江南丘陵、浙闽丘陵与两广丘陵。丘陵地区土地细碎、交通不便，中央的统治力量难以深入，家族力量得以长期保存，成为形构地方秩序的基本组织资源。浙闽丘陵和两广丘陵，更是在浙东南、福建、两广地区与中原内地之间形成地理区隔，并发展为相对独立的经济区。随着因各种原因来此的中原移民日渐增多，以及本地人口的增殖，这些地方逐渐变得地狭人稠，于是越来越多的人到海上讨生活。他们的远航逐渐推动发展起一个环东亚海域的贸易世界，形成了不同于中原地区的乐于冒险、勇于创新的观念意识。这个海洋贸易世界将北至日本、朝鲜，中经琉球、苏禄，南至中南半岛、南洋群岛的广大地域联成一个经济-生态圈，在古代构成了中原文明向东亚其他地区传播的途径，同时也是印度人、阿拉伯人等进入东方的另一通道；在近代，则是西方文明到来的最重要通道。

从华北向西，越过黄土高原，艰难地穿过河西走廊，便进入了中亚。以帕米尔高原为轴，大中亚又可以区分为东西两个亚区域，东部是新疆地区，

---

1 转引自冀朝鼎《中国历史上的基本经济区与水利事业的发展》，朱诗鳌译，中国社会科学出版社，1981年，第17页。

2 转引自冀朝鼎《中国历史上的基本经济区与水利事业的发展》，朱诗鳌译，中国社会科学出版社，1981年，第21页。

3 本书中会经常调用我所造的"东亚帝国"这个概念，所指的实际上就是中华帝国。我使用"东亚帝国"这个自造概念，也是出于某种无奈。因为，中国的历史，实际上是包括农耕、草原等多种经济-社会-生态区的整个东亚大陆的体系史，虽则这个体系并不总是作为一个一统的帝国存在；但是，在通常的话语体系中，一谈到中华帝国，人们常常不自觉地将其等同于中原帝国，而这样一种表述便会将我们的思维再次局限在中原中心主义的视野当中。为了时时提醒我们中国史是一个体系史这样一个事实，我不得不自造了"东亚帝国"这样一个初看上去有些怪异的概念。

西部是今天的中亚五国以及阿富汗等地。以天山－锡尔河一线为界，以北地区是大片的草原，是欧亚游牧生态区的一部分；以南地区是一些不连续的绿洲地区，其中有一系列历史名城。中亚是欧亚大陆各个轴心文明区形成联系的重要通道与必须中介。珍珠般散落在沙漠中的绿洲，构成一个个贸易和信息的中转站，绿洲居民是欧亚大陆古代历史上最重要的商人群体与文化中介群体；伴随着贸易的流动，各大轴心文明的技术与观念也得到了扩散与传播。通常的情况是，内亚的游牧者为商人提供保护，商人则为游牧者提供必要的财政支持以及帮助其谋划对外的征服。战争与贸易，共同促成了人类世界从彼此隔离发展到彼此联系的状态，草原民族与绿洲民族分别是其担纲者，两者行为的边界也并不总是能够清晰划分的。

中亚南缘的青藏高原，向东延伸为云贵一带的横断山脉，向西延伸至阿富汗一带的兴都库什山脉，并与北边的天山山脉在帕米尔高原一带相连，这是世界上海拔最高的地区。海拔令其成为一个独立的生态－经济区；诸多难以通行的高大山脉既阻挡了海洋水汽的运动，决定了中亚地区的自然生态及政治－社会－经济样态，也将东亚的定居区与欧亚大陆的其他定居区更加深刻地隔离开来。

中亚的西界—南界直接联系的定居轴心文明地区，是西亚两河流域的文明和印度文明，它们与更远的古埃及文明、两希文明等，彼此之间没有难以逾越的高山，联系与交流很多。丰富的交流使得这些地方在历史早期的文化演化与技术进步的速度，要快于相对孤立的中原地区和西欧地区，这些地方还能够通过草原、绿洲与海洋三种途径向后面这两个方向传播文化与技术。从另一方面来看，这些地方的财富和文化吸引力很大，周边都对其垂涎欲滴，当地的诸多王朝普遍难以长期稳定地存续。随着战争规模的扩大，中东的文化积累开始遭遇困境，到 10 世纪，过了阿巴斯王朝的巅峰期之后，反不如东西两边的积累更加有持续性。

从上古时代起，途经内亚传来的西亚肥沃新月地带的物产、技术等，陆陆续续进入中原地区。因地利之便而率先接触到这些技术的周人、秦人，在中原的王朝更替中占尽了优势。嗣后的历史中，来自印度和波斯乃至地中海东岸地区的宗教，如佛教、摩尼教、祆教、景教等，也陆陆续续通过中亚传播到中原以及长城以北的草原地区，形成了新的精神凝聚力要素。佛教对中原的原生文化构成挑战，景教和摩尼教以及再后来的藏传佛教则改变了草原上的信仰，这些都带来了东亚的精神和政治转型。8 世纪中期之后，伊斯兰教缓慢进入中亚，带来更加复杂的精神世界，其影响持续到今天。

　　欧亚大陆更远方的西部欧洲，不会面对来自北方的游牧帝国的压力，但是麦金德注意到，"在一千年内，一系列从亚洲兴起的骑马民族，穿过乌拉尔山和里海之间的宽广空隙，踏过俄罗斯南部开阔的原野，取得了欧洲半岛的中心匈牙利；由于反对他们这一需要，于是形成了周围的每一个伟大民族——俄罗斯人、日耳曼人、法兰西人、意大利人和拜占庭希腊人的历史"[1]。这些骑马民族的大规模西迁，其动力很多时候来自中原地区。

　　中原人口众多，接受了通过内亚地区传播过来的文化和技术，将其与本土文化互构结合，发展为庞大的经济与战争力量，再反过来对游牧部落形成压力，逼其西迁。失败的游牧者对西面形成的压力，通过各种人群层层传导进入欧洲，成为一个外生变量，在欧洲内部的演化逻辑上增添了新的动力，间接导致了罗马帝国的衰亡，也在中世纪以后逐步促成了欧洲的自我组织与自觉意识。可以把欧亚草原通道想象为汽缸，游牧部落就是活塞，中原农耕区则是蒸汽动力来源，中原爆发与收缩的节律，长时期地催动着整个世界历史的运动。而西方完成自我更新之后在近代崛起，并通过海洋征服了全球。中国随即经历了一个新的收缩与爆发的历史周期，直到今天。

　　这一系列复杂的地理空间结构还要经受气候变迁所带来的影响。历史上的草原民族南侵中原，既可能是因为寒冷骤至，资源不敷使用，也可能是因为温暖太久，人口繁衍过剩；中原不得不做出一系列的应对，或胜或败，所以历史上长城的修建位置在某些区域曾经南北波动两三百公里。倘把气候变迁视作"天"，具体的地理结构视作"地"，可以说，正是这天覆地载，才搭建起人类历史所赖以展开的舞台，人类的精神史在天地之间逐渐自我发展、充实起来，天地因此也被赋予了不同的意义，为人类的自我意识提供了外部坐标系。

　　在这样一种大的地理空间视野下，我们会发现中国的历史并不是个单一均质空间中的运动，而是一个多元复合体系的演化。这个体系的结构复杂性超过了世界其他任何一个国家，其内部同时包含着多种生态 - 文化 - 经济区域，诸区域内生活的人群在历史上起着各自差异很大又不能相互替代的作用，

1 ［英］哈·麦金德:《历史的地理枢纽》，林尔蔚、陈江译，商务印书馆，1985 年，第 57 页。

彼此间有着深刻的共生与互构关系；脱离开其他区域，单个区域的历史逻辑便完全无法获得解释。[1]

就古代中国历史而言，长城以北武功煊赫的草原帝国拥有横跨欧亚大陆的普遍视野，但因其文治的孱弱，难以获得清晰的文化表达；长城以南文治粲然的中原帝国主张精神的普遍性，却因定居的生活方式而迷失在狭隘的特殊视野当中。中原的普遍性需要通过草原获得展开，草原的普遍性需要通过中原获得自觉。西域和雪域通过特殊的精神输出，刺激着中原与草原在精神秩序上的各种重构；后两者则以其政治力量反向输出，让前两者获得超出小共同体范围的秩序。只有在超越这诸多区域的多元帝国当中，古代中国才真正实现了其普遍性，作为体系的中国，也才获得其精神凝聚力。能够建立起多元帝国的担纲者，不会是来自纯粹农耕或者纯粹草原的任何一方，因为任何一方都无法理解对方的精神世界与治理逻辑；担纲者只能来自农耕－草原的过渡地带，也就是东北地区或者长城沿线。过渡地带的人要想在本地立住脚，便必须能够同时理解农耕与草原，一旦天下大乱，他们是唯一有能力整合两个方向的资源的人群，从而担纲起结合草原的视野与中原的精神的使命，建立一个覆盖大疆域、多族群，实行多元治理的普遍帝国。

因此中国的历史便是一部体系史。这个体系内部的生老病死起承转合，或者说这个体系的演化史，构成了世界历史运动过程中的一个子系统与自变量。"中国"这个体系内部各区域的人群有着一种深刻的、本质性的共生关系，他们以有时对抗、有时合作的方式，联手推动了帝国秩序的形成与自我超越。**各区域有各自的区域性历史记忆，更有因诸区域之共生关系而形成的，超越于单个区域，为诸区域所共享的历史记忆。对这种共享历史记忆的表达，才是真正的"中国"史。**

四、中国历史的时间结构

中国的自我意识的充实与成熟，要在一个时间结构当中逐渐地实现。对

---

1 这种深刻的共生与互构关系的历史逻辑，详见本书第一章中的讨论。

自身作为一个体系的理解，和对自身与世界之相互关系的理解，是中国的自我意识得以充实与成熟的前提。

东亚世界走出封建、形成帝国之初，以中原为核心。[1]帝国会自视为一个普遍秩序，其正当性首先在于对一种普世文明之道德理想的追求与认同，以一个世界历史的使命为自己存在的意义与理由。帝国的吸引力不在于其威慑，而在于其文明；帝国遂行的武力统治从原则上来说，不过是其承载的文明使命的手段与外化。

儒学将中原农耕世界的传统发展为一套普遍主义的伦理表达，规范着东亚帝国的正统与天命。起自中原的农耕"普遍帝国"在面对草原游牧帝国，及至后来面对海洋贸易帝国时，被还原为一个特殊帝国；但儒家的普遍性理想会力图超越这种特殊性的现实，内在地要求一种超越中原区域的普遍治理秩序。苟利天下，成功不必在我，但能得志行于中国，虽夷狄亦可为圣人；[2]东亚帝国的担纲者在中原、草原间流转，此一流转过程构成中国历史时间结构的重要刻度。

只有负载着轴心文明的民族，其精神中才会有这样一种外化为普遍帝国的需求，并会努力将其文明向外传播；而受惠于轴心文明之传播、无此负载的民族，诸如日本、朝鲜、越南等，其精神中则无此需求。所以，在东亚，只有中国才天然地追求成为一个普遍帝国，其他国家则是努力将自己区别于帝国，通过从帝国吸收精神资源，反过来构建属于自己的独立主体性。这形成了中国与其他东亚国家在精神现象学历程上的本质区别。

在这样一种视野下，中国的历史浮现出如下辩证发展的时间结构：

——在混沌抑或混乱当中，逐渐浮现出**普遍的理想**。

---

1 及至后世天下大乱之际，有志问鼎的群雄必也逐鹿中原，否则正统存疑。邓艾攻蜀汉时，曾先致书蜀汉君臣曰："王纲失道，群英并起，龙战虎争，终归真主，此盖天命去就之道也。自古圣帝，爰建汉、魏，受命而王者，莫不在乎中土。河出图，洛出书，圣人则之，以兴洪业，其不由此，未有不颠覆者也。"见《三国志·蜀书三·后主传》。此信实言出国人共享的隐含信念：苟非地据中原，则正统不与焉；出身皇族宗同并不更具优势。
2 孟子曰："舜生于诸冯，迁于负夏，卒于鸣条，东夷之人也。文王生于岐周，卒于毕郢，西夷之人也。地之相去也，千有余里；世之相后也，千有余岁。得志行乎中国，若合符节，先圣后圣，其揆一也。"见《孟子·离娄下》。

普遍理想内生于精神的汪洋恣肆，未受现实物质条件的规训，会有各种天马行空的想象与恢宏磅礴的气度。当然，此时不会有定于一尊的精神霸权——霸权本身是非精神的；而是会有多种奔流于天际的理想在自由地言说，同时纷纷努力将自己外化为现实秩序。此时它们仍是抽象的、单纯的理想，却使得具体的、喧嚣的欲望黯然失色；但往往正是各种欲望主体的彼此对抗，才为精神撑起自由想象的外部空间。

——普遍的理想外化为一个**特殊的现实**，即外化为一个现实的中原帝国。

在中原大地上彼此对抗的各种欲望主体中，精明练达者顺势而为，调动起足够多的支持力量，击败对手，建立起秩序。之后则必须通过某种普遍理想来吸收各种特殊性，实现超越特殊群体的普遍认同，才能达成与对手的和解及融合，使秩序能够持久。于是普遍理想外化为现实的制度，法统就此建立起来。获得现实化的理想会意识到自己遭遇异化，遂从法统叙事中脱出，仍然忠诚于精神本身的自由逻辑，并重构道统叙事；未能获得现实化的那些竞争性理想，将继续自己的精神运动，可能会破坏既存法统，也可能会参与到未来的道统叙事的重构中。

中原帝国的崛起会同时促成草原帝国的崛起[1]，中原帝国被还原为特殊帝国，因此需要再自我超越，以实现普遍性。其过程可能体现为：由于欠缺超越中原－草原的普遍治理，中原帝国将面对来自草原的、表现为战争或迁徙等各种形式的压力，最终导致中原帝国的崩溃，也导致草原帝国的瓦解。现实秩序瓦解了，但获得了自由的普遍理想及其为人们提供的对世界的整体理解图景，正孕育着更大的辉煌。

——特殊的现实自我超越为一个**普遍的现实**，即建立起超越于中原－草原的普遍帝国。

普遍的理想真正地外化为现实的普遍帝国秩序。这个普遍帝国会带来一个远超中原－草原对峙的更宏大的世界视野，这反而让它能在更大的时间空间尺度上发现自我的特殊性。大于普遍帝国的时空尺度，意味着对其他轴心文明的实质性认知。此前曾经片段式地传过来的异域知识，可能只是作为猎

---

[1] 中原统一与草原统一，以及中原崩溃与草原崩溃的联动性，其背后的深层次机理详见本书第一章第二节的分析。

奇性的对象存在；此刻这些知识却铺展为一个宏大的整体宇宙论和世界观，东亚帝国的普遍理想从精神层面上被还原为特殊性。相较于之前因特殊帝国而导致的理想异化，这一次是更为深刻的、真正的精神危机。被还原为特殊性的理想必须重新出发，再去寻找超越于自身与其他轴心文明的理想的更大普遍性。在这种精神重构完成之前，原有的普遍理想及其勾勒的世界图景，无法再获得人们的无条件接受，普遍帝国的精神凝聚力坍塌，各种特殊性小共同体会更加予人以认同。于是，普遍秩序崩溃，再度进入混沌或混乱状态，等待并孕育着理想与现实两个层面的重生。

——进入再下一轮，在**更高一阶**的层次上重复前面的循环。

由此，中国历史的运动过程又呈现为小循环和大循环两种层阶：

小循环是在"普遍的理想—特殊的现实—普遍的现实"过程中的每一次自我超越，这些超越都不涉及普遍理想的真正精神危机，也不涉及社会结构的变化，而主要涉及国体及治理方案的调整。三次自我超越构成一个大循环当中的三个环节，普遍理想在小循环的过程中，为对抗异化而不断进行着量变性的自我扬弃。

大循环则是由于普遍理想遭遇真正的精神危机，以及社会结构发生了根本的变化（导致担纲者阶层发生根本的变化），进而突破上一轮的三段小循环所构成的一阶大循环，进入**更高一阶**的层次，开启新一轮的三段小循环。普遍理想在大循环过程中会发生质变性的自我扬弃。每一轮大循环都大致对应着一种社会结构，不同的社会结构则为各种治理方案划出了可能性边界。在可能性边界内部，治理方案的各种变化与重构，会对应着三段小循环；种种变化与重构的过程，同步伴随该社会结构渐趋均质化的过程，也是发生进一步变化的可能性边界被压缩的过程，这使得特定社会结构下的三段小循环是不可逆的。因此，勾勒大循环的时候，本书便用中国社会结构的变化作为基准。

每一轮大循环的最后环节孕育着混乱，也孕育着新生，与下一轮大循环的最初环节重叠而至。从另一角度看，重叠期也是过渡阶段，其中充满着不确定性，直到过渡完成，新的秩序才会进入相对稳定的阶段，为下一轮的自我超越积蓄力量。

咨诸中国历史，会发现其经历过三轮半大循环：

第一轮是商周的封建社会的大循环；

第二轮是由汉至唐的豪族社会的大循环；

第三轮是由宋至晚清的古代平民社会的大循环；

进行中的第四轮，是由晚清开启的现代平民社会的大循环，它还在循环进程中，仍未完结，所以其未来是开放的，有着多种可能性。

实际的历史过程不会如几何般精确地符合前述时间结构，精神的自由本性也不会允许这样一种几何公式般的历史存在，这个时间结构只能是一种总体框架性的勾勒，我们无法否认大量反例的存在。但反例并不会使总体结构归于无效，相反它更证明了结构的意义（包括反例自身也以结构为基准而获得了新的意义），因为结构为我们提供了一种全新的理解图景，帮助我们重新确立用以理解历史、建构自我意识的精神坐标系。

在这个时间结构当中再来梳理一番中国历史，便可获得一种全新的理解。

在轴心时代，诸侯封建，无有大一统的政治压力，精神遂得以在中原大地自由流淌，绽放出一系列伟大的普遍理想，其中尤为引人注目的是儒家、法家、道家。人性的欲望遵循其自身的逻辑，诸侯争霸的野心动力很快被吸附于法家，天下一统于秦，封建结束。法家诸国的基本生存法则是汲取他者资源以滋养自身，天下一统之后再无他者可供汲取，秦廷只能以黎民为汲取对象，君主遂沦为对抗天下的特殊存在。故而汉代通过整合秦之制、楚之勇、齐之文，综合儒法，霸王道杂之，而超越了秦，达成一普遍帝国。

中原帝国一统之际，北边原本处在无定型状态的草原地区倏然崛起了一草原帝国。中原帝国遂被还原为特殊存在，其需要自我超越，成为横跨中原—草原的普遍帝国。倘不能实现超越，则两边君主的野心会拖垮帝国。汉武帝频频北击匈奴，为筹军费，征敛日重，中原小民不堪其扰，寻求豪族庇护，豪族社会始兴。两汉去古未远，儒术犹重谶纬；豪族在东汉《白虎通》当中获得精神自觉，升华而来的士族逐渐成为帝国秩序的担纲者，其以谶纬之说约制君主的任性妄为。士族在东汉末年的天灾人祸中很快异化堕落，激扬出魏晋风流，却也终致神州陆沉。五胡一时大盛，诸胡政权经过不断失败不断摸索，最终在北朝找到了整合中原－草原的多元治理办法。游牧者主导帝国的军事秩序，定居者主导帝国的财富秩序；以前者为普遍帝国的政治担纲者，以后者为普遍帝国提供赖以凝聚的精神。此秩序一出便迅速外扩，终成为恢宏磅礴、气象万千的隋唐世界帝国。

西域通道因世界帝国而门户大开，胡人胡风一时侵染中原。此前曾经片段式地进入中原并被功利性对待的异域宗教，此时成体系地、纯精神性地进入中华帝国，呈现为一系列新的普遍性精神要素。中原的普遍精神因此被还原为特殊存在，这是一场真正深刻的精神危机，用以凝聚帝国为一统的精神要素解体了。同时，超越中原－草原的多元治理因其未获得精神自觉而被君主遗忘其精髓，帝国也在君主的虚妄、官僚的自私与边将的野心当中轰然坍塌。靠民间宗教动员起来的流民将豪族的最后余脉涤荡一尽，江南因战乱流离的移民而获得开发的机会，帝国的财富腹地始从华北转向江南，平民社会由此进入历史。天下破碎，特殊性的小群体逐渐取代大而无当的垂死帝国，获得人们的直接效忠；中华世界则在破碎当中再一次进入对精神之自我超越的寻找。

宋儒在对各种普遍性精神之反思中，汇通儒释道而成理学，开出普遍精神的新局面；北面的大辽则进入对二元帝国的主动建构，南北两院分治汉人契丹，多元帝国始获得精神自觉。普遍精神与普遍制度在两个特殊帝国当中被孕育出来，为下一轮的普遍帝国准备好了基础。经过元明两个"特殊的普遍帝国"朝代，普遍帝国终在大清实现，汉满蒙回藏多元治理，皇帝以多重身份统合帝国，又以大一统之天命所在来凝聚整个帝国的精神向心力。汉满蒙回藏等诸多群体在这样一个普遍帝国之下，虽各有自己的特定历史记忆，但同时也有着超越于其上的共享历史记忆。**共享的历史记忆有潜力从精神层面上吸收所有特殊群体的身份诉求，在一种普遍秩序中予以安顿；而特殊的历史记忆则构成了普遍帝国获得微观活力的基础之一。**

大宋以来的平民社会对治理的需求远高于封建社会和豪族社会。皇权依凭理性官僚体系对社会进行抽象治理，基于平民社会的帝国逐渐用冰冷的律令规则置换掉了君子大人的鲜活道德人格；而基于封建社会或豪族社会的帝国曾以这种道德人格作为其治理秩序的基本支撑。**中华帝国由此从"伦理世界"进入"伦理－官僚世界"。**在平民社会中，除非个体的道德主体性可以获得一种抽象法权的制度性保障，否则官僚帝国强大的制度性专权将消弭一切特殊性。普遍帝国也因此而不断抽除自己的基础，现实当中的帝国不再是个体心性的化育空间，而成为压制道德主体的机器。个体的道德自觉因此难以开展，其无定型的欲望则肆意扩张，帝国最终沦为"上下交征利"的猎物，无人再对帝国有道德认同。阳明心学高举个体心性的努力也于事无补，最终只带来阳明后学的狂悖乖谬，以致天下大坏。

平民社会中，抽象法权是普遍性与特殊性的合题所在。这样一种法权体系在传统的普遍理想中并无基础，但对它的需求已内生性地浮现出来。普遍理想有着对其信徒的心性完整、心灵安顿的普遍承诺，庞大的官僚帝国对个体心性的压制会使得这种承诺落空。这呼唤着一轮新的自我超越，否则帝国将又一次陷入真正的精神危机，困在没有任何历史进展的单纯治乱循环中蹉跎，其普遍精神也将自我瓦解，帝国最终消失于历史之中。而要实现新的自我超越，依凭现有的精神资源已经不够，必须有新的精神资源注入。

因此，西方的到来，在某种意义上是历史的偶然，但它与中国历史的内在需求有着必然性的关联。西方带来了现代法权观念及法权体系，以及以此为基础的现代经济与现代社会；在坚船利炮的压力之下，在中西方的各种冲突当中，这些新的要素逐渐进入中国社会，使中国的精神获得了再一次自我超越的可能性。

中国历史遂进入第四轮大循环，国人今日仍在其中，循环犹未完成。

五、从奉天承运的天子到普遍均质的人民

在前两轮大循环当中，中原的普遍精神秩序所面对的他者之冲击，或者是来自北族，其武功超凡却无法在文化上挑战中原；或者是来自西域，其在文化上冲击中原却了无军事能力。中原遭遇的挑战始终不是全方位的，所以总能找到办法应对，以某种方式将构成挑战的他者吸收为自己的一部分，同时也重构中原自身，最终使得**起自中原的普遍理想超脱中原本身**，成就为东亚大陆的普遍秩序。但是西方的这次冲击全然不同，它从精神与物质两个层面，对东亚大陆帝国的普遍理想与秩序提出了全方位的、最为根本的挑战，以至于这个普遍帝国从本质上被还原为特殊性的存在。诚所谓"三千年未有之大变局"。

这一冲击促动了一系列全新精神的萌发。明末遗民顾炎武有云："有亡

国，有亡天下，亡国与亡天下奚辨？曰：易姓改号，谓之亡国；仁义充塞，而至于率兽食人，人将相食，谓之亡天下。……保国者，其君其臣，肉食者谋之。保天下者，匹夫之贱，与有责焉耳矣。"[1] 对传统中华文明而言，国家兴亡，肉食者谋之，匹夫无责；天下兴亡，方为匹夫有责。但是，随着中华文明被西方冲击而全方位地特殊化，国人陡然发现，过去以为超越于国家、由儒家文明所表达的"天下"，实际上与中华国家是一体的，于是国家兴亡与天下兴亡便成为一回事。"国家兴亡，匹夫有责"，由是而倏然进入国人的精神世界，以至康有为组织强国会，其宗旨是"保国、保种、保教"，国、种、教被前所未有地联系在了一起。肉食者与匹夫的差别不再存在，唯有同种同源的人民。**对普遍均质人民的打造，成为这个普遍帝国面临的全新历史使命。**普遍均质人民必须包含着对个体法权的普遍承认，否则人与人之间无法获得均质化身份。正是在西方的压力下，中国历史的精神现象学运动中，原本还只是潜在蕴含的对法权体系的需求，开始成为国人的一种主动追求。

此种追求在清末国人的诸多努力中皆归于失败，大清遂终结于革命。帝国的终结很可能会导致不可逆的瓦解，奥斯曼帝国、奥匈帝国皆如此。但大清的终结，虽然将始自清末的分裂倾向变为现实，人们却迅即开始了重建统一的努力。盖因始自春秋时代的"大一统"理念，虽在进入古代平民社会之前经常无法成为现实，但自元朝起被确立为正统性之不言自明的前提，[2] 至民国时已历六百余年，已经完全内化为人们的潜意识，规定着人们的信念取向。由于人们醒觉到过去所想象的"天下"与"国家"实际上是一体的，"大一统"便进一步被收敛为"中华国家"的统一，"统一"成为值得追求的中华民族之历史本体。

这样一种变化，使得中国的自我意识从天下观念进入到"国家理由"（Raison d'État），"大一统"的"王者无外"之伦理意涵被淡忘了，其纯粹政治性意涵凸现出来，国家的政治统一与独立进而压倒了其他的非政治性伦理考量。在此过程中锻造出来的普遍均质人民，将重述道统，重建法统，取代奉天承运的天子，成为历史的担纲者，将自己的意志外化为一个现代国家。

1　顾炎武：《日知录·正始》。
2　正统论在历史上曾经有着比这里的简单表述复杂得多的结构，参见本书第四章第三节第一小节的相关讨论。

国家统一与现代化，由是成为同一追求目标的两个面相，其最终应达成一致，在一个法治国（Rechtsstaat）中，每一个个体都被承认为一个独立的道德主体和法权主体，普遍性与特殊性达到统一。倘不能达到这一点，则意味着现代化仍未完成，历史的精神现象学运动将会继续下去。承认个体为独立道德主体，就是承认个体有道德能力，能够在诸多彼此竞争的普遍理想中进行自主抉择，这意味着现实的政治秩序与普遍理想之间形成分立关系，日常的政治将其活动领域自我节制在世俗层面，从精神层面退出。**普遍理想的外化不再呈现为现实的政治秩序，而呈现为个体的道德抉择；到了这一刻，在前三轮大循环中，普遍理想因为现实化 - 建制化而不断遭遇的异化的命运，才获得最终突破。**

在恶劣的国际环境下，普遍均质人民的打造需要一个高强度的动员与组织过程，于是列宁主义进入了中国的历史进程。列宁主义包含两个方面：一是一种普遍主义意识形态的世界观与历史哲学，一是高效率的动员组织。在列宁主义带来的高强度社会动员过程中，五四运动开启的国民自我意识迅速地向下贯穿到一般民众心中。

在共产国际支持下完成改组的国民党，仅取列宁主义的组织技术，将其作为实现民族主义目标最强有力的工具，并成功实现北伐，却又迅即遭遇来自民族主义内外两个方面的反噬。就内部来说，民族主义应该表达为中华民族主义，但中华民族主义未能完成其理论叙述，在实践中它表现为汉民族主义，边疆地区的少数民族反被刺激出民族主义诉求。这是因为，现代中国继承的是个古老的帝国，而民族主义本身正是要肢解大帝国的，用民族主义来实现帝国的内部动员，其效果很可能是饮鸩止渴——南京国民政府在某种程度上失去了对满蒙回藏诸地区的实际控制。就外部来说，**中国的规模太大，大到成为国际秩序当中的自变量，无论是强是弱，其存在本身都可以某种方式定义国际秩序，从而无法以民族主义的方式获得想要的国际环境。**在强的时候，这里会成为一个权力高地，其一举一动都会产生巨大的外部性效应，民族主义将伤及世界并反伤自身。在弱的时候，这里会成为一个权力洼地，成为全世界的野心与贪婪的汇聚点。**无论中国是弱还是强，民族主义都会将它还原为一个特殊性的存在，而使它始终无法获得其普遍性意义。**民族主义唤起了

中国人的激情，但又使得国人无法如其所是地理解世界与自身。

这些都意味着，中国需要有一种超越民族主义的民族主义。它需要民族主义，以便实现国家的动员与组织，应对险恶的国际环境；又必须能超越民族主义，以便打开世界视野，从世界历史的意义来理解中国的位置，使中国作为自变量参与到普遍均质世界的生成当中去。所谓对民族主义的超越，还需要在两个层次上完成：一是对汉民族主义的超越，这样才能达成中华民族主义，使传统帝国完整地转型为现代国家；一是对中华民族主义的超越，这样才能打开世界视野，实践中国的世界历史使命。悠久的帝国历史使得中国也内在地有着一种精神冲动，要从世界历史的普遍主义格局出发来思考问题。

因此，中国的国家统一与现代转型需要同时完成三个任务，但这些任务在相当意义上又是彼此矛盾的。国民党的民族主义已注定不堪重负：它对汉民族主义的执念，使其无法真正整合边疆；它对民族主义的执念，又使其惑于激情而无法有效理解国际权力结构，以致在革命外交的鼓动中，驱逐易于驱逐的英法利益，之后不得不独自面对日俄这两支更加可怕的力量；普遍主义格局的欠缺，使它无法真正理解《开罗宣言》与抗战胜利的世界历史意义，从而无法通过国际上的胜利来吸收掉国内各种反对力量与特殊性利益，以巩固自己的正当性。

中国需要的是一种包含着巨大内在张力的"普世民族主义"，它必须既是民族的，又是普世的，才能提供一个古老帝国进行现代转型所必需的精神容量。**于是共产主义成为中国达致"普世民族主义"的必要精神介质。**进一步，抗日战争使得中国共产党的各种努力与民族救亡嵌合在一起。

在此过程中，共产主义 – 列宁主义逐渐内在化于中国的政治进程与社会进程当中，并要同时完成那三个彼此矛盾的任务。超强的动员与组织效率，使它能够高效率担纲民族主义所要实现的动员与组织国家的任务；它将一切民族差异都转化为阶级差异，超越了汉民族主义，让各少数民族与汉民族在阶级话语下实现了统一；它又始终将自己的斗争与全世界的阶级斗争联系在一起来思考，一种超越于中华民族的普遍主义视野豁然展开。共产主义因此成为具有多重历史任务的"中华普世民族主义"的一个必要介质，通过它，共产党人内心深处的民族主义激情也获得释放；整个民族由此被彻底动员起来，开始获得精神自觉。精神自觉产生的前提是人与其所处的环境之间形成某种撕裂关系，撕裂使得人在痛苦当中意识到他者的存在，自我意识于是形成，人便有了精神自觉。精神自觉并不必然导向建设性的方向，但它会带来对未来的想象与规划，历史就此进入一种有意识的运动当中，而不再是无目的的漂流。

共产主义革命的正当性叙事，基于其掌握了终极历史发展方向这样一种信念；在传统的天命史观看来，这一信念是反历史的，但由此展开的努力恰恰延续了中国传统史观的基础信念——大一统（其又转化为"统一"）。一个极富辩证色彩的转化就此浮现，作为信仰的历史，其名被抛弃，其实则长存。古代传统史观下的历史必须死，因为中华民族必须生！这个必须生的中华民族，就是那具有超越性之中国历史的道成肉身。

经过这样一番历史哲学的挖掘，一种对 20 世纪中国史的新理解便浮现出来。

作为中华民族之信仰的历史，它超越于具体的特殊性现实，内在地包含着自身的目的，要不断地自我实现。它是其自身命运与方向的定义者，不受个别意志的左右。历史的局中人未必会对此有清晰的意识，但是历史在其精神现象学运动的过程中，会不断地向人们揭示这一点。历史以共产主义革命为其自我实现的必要工具，以打造出一个"普世民族"。之后，又一次自我超越便会成为新的历史使命，中华民族的历史将继续向其内在目的前行。

在正在进行中的第四轮大循环里，也可看到类似于前三轮大循环内部的小循环结构。

从清末的维新变法到北洋的修约努力，背后都贯穿着一种抽象的普遍理想。无论是康有为从儒家的天下观念投射出的"大同世界"，还是北洋政府对威尔逊主义的悦然接纳，两者都是从一种超越于中华国家的普遍秩序角度展开想象的。但在两者之间可以看到巨大的差异。康有为的"大同世界"，仍以中国作为世界秩序的自变量为前提，展开普遍主义想象，试图以儒家话语勾勒出一种现代秩序。北洋时期对威尔逊主义的接纳，却是将中国置于世界秩序的因变量地位，试图融入西方秩序；其对普遍主义的理解，是以普遍秩序下的多元主义为前提的。多元主义是一种隐蔽的特殊主义，它是小国在接纳普遍主义时，为防止自身被大国在精神上吞噬而披的一件外衣；但中国的体量使得它事实上无法作为因变量获得理解。[1] 所以，康有为和北洋时期的秩序想象都落入抽象。前者外在于世界，因为中国并无法依凭传统资源（即使是改造过的）给出可行的现代世界秩序；后者则外在于中国，因为它无法真正理解中国自身，从而无法引领中国完成现代转型。

康有为的普遍理想失败了，而北洋时期的（多元主义）普遍理想继续运动，经历了艰难的国家建构过程，终外化为一个特殊国家，即国民党所建立的中华民国。但此时其所依凭的理想仍无法为中国提供足够的精神容量，以满足古典帝国所遗留下来的普遍主义精神冲动，从而无法在一个足够大的格局下理解内地与边疆、中国与世界的关系。

这个特殊国家终在内外交困中逐渐崩毁，一个（将实现）普遍性的国家建立了起来，即共产党所领导建立的中华人民共和国。这构成了第四轮大循环中的第三段小循环，它本身内嵌着一个更小的精神循环。

共产主义革命运动通过抗日战争而逐渐内在化于中国历史进程，在毛泽东的时代呈现为一种抽象的普遍理想，从革命到"不断革命"，再到全世界的无产阶级大革命，并在中国获得了一个国家形态作为肉身，肉身从属于那个理想，该理想本身一直维持在一种普遍超越的抽象层面上。无论如何，这种普遍主义为再次将中国作为世界秩序的自变量来思考，提供了超级宏大的精神容量，足以满足继承自古典帝国的普遍主义精神冲动，又完全超越了儒家的地理依赖性，通达全球。

1　对此可以再多解释一下。中国的超大规模决定了它是国际秩序当中的自变量，而不是因变量。此处所谓"自变量"，是指其活动会对其所依存的系统造成实质性的扰动；"因变量"的活动则不会对系统造成实质性的扰动。中小规模国家可以采用多元主义的方式，加入大国所主导的普遍秩序，因为它们的加入不会对普遍秩序本身造成什么扰动，普遍秩序可以让中小国家获得更好的外部环境，多元主义则可以反过来保护它们自身的文化主体性。超大规模国家则不同，仅仅因为其规模，它们加入普遍秩序就会重新定义该秩序。这也就决定了，中国这种规模的大国，倘若要以多元主义的方式加入世界秩序（一如北洋时期所为），是难以成功的，即便它暂时还不是个强国也是如此；中国只能通过某种普遍主义的方式加入（并参与重新定义）世界秩序。关于多元主义，可以参见［加拿大］威尔·金里卡《多元文化公民权：一种有关少数族群权利的自由主义理论》（杨立峰译，上海译文出版社，2009 年），该书主要从内政的角度谈论多元主义，但对我们思考外交问题也会很有启发。

　　到了邓小平时代，"四个现代化"成为国家的核心目标。"四个现代化"的主体是中华民族，中华民族主义逐渐清晰起来，而作为肉身的国家（民族主义的特殊国家）终于开始呈现出其自主性，中华民族追求现代化这一内在历史目的获得了现实载体，中国由此迅猛崛起，直到成为世界第二大经济体。

　　到了今天，小循环的第三阶段，普遍国家对特殊国家的自我超越已成为历史的内在要求——实现"普世民族主义"。这一自我超越有待进一步实现，各种可能性均处于开放状态，有待当下的中华民族去勇敢地担当、抉择与创造。

　　这个未来是开放的，它具体会如何发展无法预言；但基于前述的历史逻辑，对其最终的方向又是可以形成一些基本判断的。

　　第一，它会是对中国历史内在目的的一个现实化过程。这个自我超越的内在目的，是中国的精神现象学过程的必然方向，不会因为特殊性的利益而被扭曲，至多不过是其实现被延宕。

　　第二，它会是对以共产主义为中介而为中国打开的全球视野的一个继承。这种全球视野是中国几千年历史上前所未有的一种宏大格局的表达，是传统中国的普遍主义理想的一个升级版——这一理想需要被弃其形而留其神，为中国再次自我超越提供必需的精神容量。

　　第三，它会将源自西方的现代法权 - 价值观念与法律技术内化于中国的精神当中。只有基于这些现代法权，个体的特殊性与普遍性才能实现合题，普遍均质人民的意志才能外化为一个"法治国"。以平民社会为基础的古代帝国所走不出来的困境，终于获得化解。这些现代法权观念与技术，就像千年前的佛教一样，会逐渐内化为中华文化不可或缺的一部分；而西方的文化也在此过程中突破局限，真正获得其普遍性。

　　欠缺对传统的接续，自我身份会陷入一种模糊状态；欠缺普世民族主义的格局，则无法理解自己作为世界秩序自变量的体量，从而无法理解世界与自己；欠缺现代法权观念，则无法捍卫和兑现每个个体的尊严与价值。

六、中华民族的世界历史使命

　　中华民族作为一个轴心文明的负载者，天然地需要成为世界历史民族。

所谓世界历史民族，不在于对世界的征服或控制，而在于该民族能够通过自身的精神运动而把握世界历史的命运，从而引领人类精神的普遍自觉。

这种对历史命运的自觉，并不是基于先验的历史想象，而是由人类激情推动的，各种秩序不断地涌现与瓦解，呈现为一条浩浩荡荡的时间长河；个体的冲动构成长河中的各种浪花，奔腾到下游时，河流的走向被整体性地认识到，历史的意义逐渐浮现出来，最终为人所把握，并表达为一种不断自我超越的普遍性理想。诸世界历史民族，通过自身的精神现象学运动而卷起越来越大的旋涡[1]，并将周边卷入进来，促成文明的普遍传播与发展，而人类历史也从多个文明孤岛逐渐发展为彼此联系的属于全人类的世界历史。一个民族成为世界历史民族，虽并不完全由它自主选择，但是需要它有相应的历史自觉。直到其达成自觉，方可成为世界历史的重要建设性力量。

东亚大陆分为草原游牧、中原农耕、海洋贸易这三个重要的自然 - 社会 - 经济生态区。**在古代世界，中国是东亚秩序的主导者，其中的草原 - 中原关系是秩序的生成线**，帝国的秩序与文明的发展都离不开这个关系；**中原 - 海洋关系则是秩序的传播线**，从南朝开始到遣唐使再到明末遗民朱舜水，大陆帝国的文明源源不断地扩及整个东亚，并刺激着东亚其他国家之主体意识的浮现。**在近现代，中国是世界秩序的参与者，海洋 - 中原关系是秩序的生成线**，现代经济、技术与法权 - 价值观念从海上到来，改造了大陆帝国；**中原 - 草原关系则是秩序的传播线**，因大航海而导致贸易路线转移，内亚世界从文明陷入混乱，终将依靠被海洋重构的大陆帝国来安顿其秩序。秩序的生成与传播的方向，在古代与近现代刚好是相反的，技术的变迁是其中至关重要的一个变量。**草原与海洋都天然以当时技术条件下的全世界为其活动空间；中原则通过对这两条线的分别参与及互构，而突破定居的固化视野，获得其世界性。**

就今天的中国而言，自改革开放加入世界秩序以来，它已经获得了巨大的发展。中国正在以其超级体量重新定义其所加入的世界秩序。但中国的崛起更多还是一种物质层面的崛起，有待精神自觉的展开，最终使中国对世界秩序的冲击呈现出越来越多的建设性效应。

---

1 赵汀阳先生对中国文化所做的"旋涡模式"解释，在此颇有启发性。参见赵汀阳《惠此中国：作为一个神性概念的中国》，中信出版社，2016年。

面对中国的崛起，很多既有的治理秩序已经失效，很多既有的对世界的解释框架也已经失效。因为这些治理秩序和理论框架用来处理中等规模国家的问题比较有效，在遇到作为世界秩序自变量的超大规模国家时，便超出了其适用范围。失却有效的认知框架使得世界在理解中国上遭遇了困境，中国同样在理解世界与自身上遭遇了困境：首先是世界经贸秩序失衡，进而是政治秩序失衡，而这种失衡也会影响中国经济的持续发展，因为中国的经济发展是以世界经济、政治秩序的持续健康发展为前提的。

因此，**历史内在地要求中国的崛起进入一种精神自觉**，主动担当起推动世界秩序再均衡乃至重构的使命。这种自觉要求中国的精神解放，超越民族主义的窠臼，进入普遍主义视野。如此一种精神解放，反过来也将重新定义中国自身，让人们重新理解中国是谁，中国与世界的关系，普遍性与特殊性的关系。中国的现代化转型将进入这样一个内外互动的过程而继续其脚步。

当下的世界秩序由美国主导，因其在现实运作中欠缺对唯一霸权国自利倾向的制衡机制，而使其普遍主义遭受质疑；包括中国在内的其他文明地区在当下所提出的普遍主义主张，则有待进一步完善。真实的普遍主义世界秩序需要在一个开放的未来当中逐渐微观性地打开，这个过程很可能是，几种彼此差异的普遍性理想在持续的交往行为中，逐渐演化出超越于任何一个理想的普遍秩序；交往的行为可能呈现为贸易，可能呈现为外交，也可能呈现为战争。它具体会演化成什么样子，无法预先判断。

从另一角度来看，也正因为这种未知性，才打开了人类未来的无尽可能性。中华民族如何成为世界历史民族，将在这个开放的可能性中自我实践、自我证成。它不是那些追索抽象的普遍价值的人所能够否弃的，也不是那些为实体性的文化特殊性辩护的人所能够建成的。所有这些抽象的观念想象都将在历史的大潮中被超越，中华民族需要，也应当在实践当中证明自己是一个，也配得上做一个真正的世界历史民族。

这一实践过程将会深刻地改变中国，也会深刻地改变美国，改变世界。人类的精神秩序会在此过程中达到真正的普遍性。但这并不是历史的终结，而是精神的普遍运动在宏观上呈现为普遍法权；在微观上的呈现是，作为法律－道德主体的个人自主地抉择各自的道德确信，并在尊重其他人的法律－

道德自主的前提下，彼此间在一种自演化秩序当中无尽地互动。历史不会终结，而是在全人类的普遍性与特殊性的合题当中，继续其运动。

七、历史运动的内生方向

前述的普遍运动是对遥远未来的普遍主义秩序的一种预期，它在可预见的未来仍会呈现为国家间的博弈过程。但历史哲学的功用就在于通过过去看到未来，基于对历史的理解，我们可以相信，对这个遥远未来的想象并非无的放矢。

中国历史的精神现象学运动呈现出两个趋向。一个趋向是，就现实的社会层面而言，微观的行为主体，其单位越来越向个体方向收敛：古代的行为主体是诸侯公卿，中世的行为主体是州郡豪族，中世之后的行为主体则是乡里宗族，近代以来的行为主体进一步收敛到核心家庭乃至个体。另一个趋向是，就超越性的精神层面而言，其气质越来越朝理性化的方向发展：汉儒重神秘主义的谶纬，宋明儒学重近于理性主义的理学，清儒重近于实证主义的朴学和经世实学，到了近代则重自然与社会科学。

这两个趋向在近代的发展，实乃中国历史的精神现象学运动的自然逻辑结果；另一方面，它们又都以对西方文明的兼容吸收为途径而展开。

自地理大发现以来，原来孤立发展的人类历史成为世界历史之后，世界秩序便是西方秩序的外化。西方秩序在其演化过程当中逐渐形成了两种承诺：一是在形式正义基础上的个人普遍法权，法律承认个体是独立的责任主体；一是在实质正义层面的良心自由，从精神上承认个体是独立的道德主体。这两种承诺使得一种内蕴着自由的、具备高度扩展性的自生秩序得以展开，中国逐渐卷入这一秩序当中，而中国的历史运动所需要的要素，也刚好在此过程中到来了。

现代世界秩序从原则上来说是全人类的，但西方的主导又使得其所承诺的形式正义不够"形式"，更使得西方的实质正义对其他文明的实质正义形成一种压制。世界秩序的普世性一面需要被更深度地展开，特殊性一面则需要被制衡。中国卷入该秩序的同时，也因自身体量而重新定义着该秩序，并将形成秩序内部的制衡机制。此一过程推动着世界秩序、基督教秩序以及中国自身的多重自我超越，可称此过程为"让形式正义成为真正的形式正义""让实质正义各得其正"。

这从更深刻的意义上显示出人类历史的精神现象学运动的普遍性特征。中国历史数千年的运动，以及每一次的循环都不是简单的往复，而是螺旋式上升，向着东亚世界的普遍自觉不断前行，为世界历史的展开做着准备。因此，中国历史在本质意义上是世界历史的一个环节，同时，它能够作为担纲者之一，推动超越于自身的世界历史的实现——实现普遍性与特殊性的合题，实现各文明的合题，最终，我们看到的就是世界历史中"人"的自我实现。

整部人类历史，归根结底是人性的运动史，其中的高尚与卑下皆是人性的呈现而已。奇妙的是，人性的高尚带来的结果不必然是善；人性的卑下带来的结果不必然是恶。这部人性的运动史，其方向是锁定的，即自由的普遍实现。自由的普遍实现，不在于理念价值意义上，而在于人类自我意识的普遍实现上。

社会学篇：历史演化的动力机制

一、从欲望到信仰

人性当中的激情，是历史演化的根本动力。激情里面包含着欲望，也包含着信仰，欲望与信仰有着相互生成又相互冲撞的复杂关系。

欲望是人类行动最为直接的动力来源。一方面，人们会有各种生物性欲望，它们推动人们去获取与生命延续相关的现实利益，包括更多的食物、更安全的处所、更好的繁衍机会等，这些欲望往往不餍其足。另一方面，人们也会有各种社会性欲望，它们推动人们去获取那些纯粹是用来满足虚荣与野心的东西，经常也是无有止境的。

所有动物都具有欲望，人类并不因此而显得特殊；人类论力量在动物界中远远不是最为强大的，却站到了食物链的最顶端，超越于一切其他动物之上，其中最关键的原因在于人类能够合作。在合作的群体中，单个个体的欲望可能会受到某种形式的节制，但作为整体，其能力远远大过单个个体的总和，能够形成合作的群体就会在演化竞争当中获得优势。单个个体的欲望虽然受限，不能再任意伸展，却可以通过整体的强大而获得补偿。

有些社会性动物，小如蚂蚁、蜜蜂，大如狮子、大象，也能形成合作，但这种合作基于生物本能，难以超出自然血缘群体之外。人类与它们的区别在于能够超越本能，形成超血缘群体的合作。这种合作之成为可能，在于信仰的出现。

正是通过信仰，不同的人有了共同的信念基础，便能够超越生物本能，形成超出自然血缘群体的认同。于是人们会将拥有同样信仰的人的成功，在相当程度上视同自己的成功，从而愿意进行合作，并相信通过合作可以获得某种（未必直接落实在本人身上的）回报。[1]最初的信用机制便如此通过信仰而建立了起来，因此也可以说，信仰在某种意义上是从欲望当中被淬炼出来的。信仰／观念系统一旦浮现出来，就会有其独立的作用方式，会反过来塑造人们对世界的理解框架，塑造人们对未来的预期以及对他者行为方式的预期，为人们设定值得追求的价值目标，引导人们朝向一种理想的秩序。

合作的过程需要人们以某种方式自我组织起来，形成稳定的秩序结构。只有这样，不同人的行为边界才能得以明确，对有限资源的稳定分配成为可能，更加复杂高效的生产过程才能够出现。这种秩序结构，我们可称其为制度。初民社会的制度是在"日用而不知"的状态中自发形成的，是一种**自生秩序**，与后世基于暴力与战争而形成的**集权秩序**大不一样。

此后人类的演化便不再仅仅是生物层面的演化，更是文化层面的演化。就生物演化而言，各种动物的本能活动都是其体内的基因为了能够最大化地

---

1 涂尔干的宗教社会学理论在这方面极富启发性。可参见［法］爱弥尔·涂尔干《宗教生活的基本形式》，渠东、汲喆译，上海人民出版社，2006年。

自我繁衍而演化出来的。如果一个基因所引导出来的本能行为，不能带来基因更大规模的自我繁衍，这个基因也就在演化过程中消失了。在这个意义上，各种动物，包括人类在内，都是"自私的基因"的奴隶。[1]而人类文化的演化速度远远超过生物演化的速度，（广义的）文化演化包括观念系统的演化，以及制度系统的演化；演化的方向则是让（广义的）文化基因能够最大化地自我繁衍。于是，人类在这个意义上又开始成为"自私的文化"的奴隶。

所谓文化差异，在其最源初的起点上，呈现为以下三种差异，即制度/组织形式的差异，用以对制度/组织形式进行正当性辩护（或批判）的信仰/观念系统的差异，以及用来象征信仰/观念系统的物质载体形式的差异。

起到象征作用的物质载体必定是贵重的东西；而贵重的前提在于稀缺性，稀缺性则取决于不同地区的资源禀赋，在甲处稀缺乃至于被用作文化象征之物，在乙处可能并不稀缺，而在乙处稀缺之物则在丙处相对富集。这就导致了上古时代跨区域、跨文化的贸易行为和战争行为。基于信仰的需求是比单纯的欲望更加强大的需求，即便在可被物化的收益上不划算，它也能顽强地延续下来，因为这会带来巨大的不可物化的收益：各种信仰－合作的秩序获得了维续与自我再生产，乃至于扩大。[2]这使得人类在上古时代的懵懂中便已通过各种和平与战争的方式联为一体。比如，在西域地区的上古考古遗存中发现了很多来自印度洋地区和太平洋地区的贝壳，这种贸易的驱动力就不可能是物化收益。这些跨区域、跨文化的秩序，也是一种纯粹自发演化的自生秩序。

剧烈的战争过程和持续的贸易过程会引起资源富集程度的较大变化，从而破坏具体群体内部的既有均衡。对初民社会来说，要想重建被破坏的均衡，在原有的小规模群体当中很可能已经无法实现，而是需要一个更大规模的群体。于是，人类就从纯粹的自生秩序，开始进入一种有意识地组织起来的政治秩序。

---

1 可参见［英］理查德·道金斯《自私的基因》，卢允中、张岱云、陈复加、罗小舟译，中信出版社，2012 年。

2 马林诺夫斯基对太平洋群岛上部落民之间持续的跨岛礼物交换体系的研究，是对此极为经典的一个田野研究。参见［英］布罗尼斯拉夫·马林诺夫斯基《西太平洋上的航海者》，张云江译，中国社会科学出版社，2009 年。

二、制度的演化

在资源、人口、天气等要素给定的情况下，一个制度内部的诸种行为主体会在反复博弈后达成**均衡**，使得人们的合作关系可以不断地自我再生产，一种较为稳定的社会结构也就建立起来。社会中可供人们支配的资源始终处在动态变化当中，只要资源变化的程度不突破临界点，既有制度便有着足够的弹性，能够承受变化。一旦因为战争、贸易或者技术变迁而带来巨量的新资源，或者是带来更多的人口，抑或是其他的新变量出现，有可能会超出既有制度的弹性承受范围，均衡就会被打破。此时人们需要找到新的制度/组织形式，以便重建合作关系并使其能自我再生产；否则这个群体就会走向瓦解，最终被其他群体所整合。

人类历史的演化历程，在相当程度上就是制度/组织形式的演化历程。制度/组织形式是个相对稳定的存在，而其要整合起来的人口、资源等则是不断变动的存在。这两者之间的张力，构成了历史演化的直接原因。

暨初民社会之后，有意识地组织起来的政治秩序，其起点通常就是可供支配的资源出现巨大变化，这会使得某些群体相对于其他群体，或者是具体群体中的某些部分相对于其他部分，获得了特殊的优势，掌握了更大的力量，有能力推行一种基于暴力的统治。于是，区别于自生秩序的**集权秩序**出现了，制度开始发生演化。[1]

对自生秩序而言，集权秩序是外加的。它无法取消自生秩序，而是给后者的自发演化逻辑中加上了一个新的变量，即集权秩序的干预，它可以在相当程

1　值得提出的是，这里所谓的自生秩序或集权秩序，与自由或专制没有直接关系。今天人们谈论自由与专制这两个概念的时候很容易为它们赋予意识形态色彩，而常常忘了它们都是必须基于某种给定秩序才能够被讨论的。因此，讨论给定秩序的生成机制本身，相较于简单地讨论自由或专制，实际上是更为根本性的。任何给定秩序的生成都脱离不开自生与集权这两种机制的共同运动，本书的讨论只着眼于秩序的生成机制，而不关涉意识形态评价。

度上影响自生秩序的演化方向。但集权秩序也无法不顾自生秩序的逻辑而任性专制，因为集权的力量来自其运用暴力的能力，而运用暴力需要支付成本，这又基于财政过程，财政又基于经济贸易的运行，而经济贸易则无法靠集权秩序，只能基于社会的自生秩序来运行。倘若集权秩序完全不顾自生秩序的逻辑，则会严重扰乱经济贸易的效率，以至侵蚀自己的财政基础，走上自我否定之路。

自生秩序与集权秩序的矛盾运动是制度演化的一个基本动力来源，这种运动更具体地会呈现为诸多行为主体的博弈过程。他们会依据自己在制度中所处的相对位置关系及所掌握的资源类型，来决定其行为策略，以便尽可能地扩展自己的欲望与野心。各种行为主体及阶层群体，包括君主、内臣、贵族、官僚、平民等，会依据情势而变换结盟关系，来扩展自己的行动空间，扩大自己的利益。[1] 这样的博弈过程，只要给的时间足够长，也会改变制度的内部均衡，带来制度的变迁。另一方面，博弈过程本身也会直接影响自生秩序的演化，同时侵蚀集权秩序的公共性面相。这里对自生秩序的理解可以被简化为**经济**与**社会**，对集权秩序的理解可以被简化为**政府**。

集权秩序的演化过程还会带来观念系统的演化。集权秩序不可能是纯粹基于暴力的秩序，因为在财政上不可持续；集权秩序必须落实为更大范围的合作才是可持续的，这需要一种更大范围的认同。于是，反思性的宗教便会出现，它超越具体的小群体信仰，以普遍秩序与普遍价值为其基本关怀。信仰的普遍性程度在相当程度上决定了合作秩序的扩展潜力。只局限在小圈子小群体的信仰所能形成的合作规模也比较有限，最终会败给并融入拥有更大普遍性的信仰群体，因为后者能带来更大的合作规模，拥有更大的力量。[2]

于是，不同观念系统的普遍性之差异，就构成文明之初人类演化中的一个重要变量。哪个部落或小群体拥有更具容纳力的观念系统，它就更容易在与其他部落的竞争当中获胜；还有一种可能是，这个部落的战斗力不如其他部落，被后者征服，但是获胜的部落在精神上却会被前者征服，接受前者的

1　马克斯·韦伯的政治社会学研究在这方面有着基础性的方法论意义。参见［德］马克斯·韦伯《经济与社会》，阎克文译，上海人民出版社，2010 年。

2　涂尔干关于社会发展逻辑的研究在这方面很有启发性。参见［法］埃米尔·涂尔干《社会分工论》，渠东译，生活·读书·新知三联书店，2000 年。

观念系统，以便形成稳定的统治，这同样是"自私的文化"的扩展。这样一种竞争关系，使得人类各大文明区在公元前6世纪到公元前3世纪之间，都发展出某一种普遍主义的观念系统，规定了各自的精神秩序在未来的发展方向。这就是德国哲学家雅斯贝尔斯所说的轴心文明，这个时代被他称为轴心时代。没有发展出普遍主义观念的部落，逐渐被其他部落吸收掉。[1]

普遍性的信仰会不断努力扩展其传播范围，但合作规模的扩展却不是无限度的，或者说政治体的规模不能无限度扩大。因为，伴随着群体规模的扩大，其组织协调的成本会上升，组织带来的边际收益会递减。边际收益递减为零处便是政治体的边界，它于此达成一种内部均衡。在此边界之外的其他政治体与该政治体进行外部互动，各自承担互动的交易成本，在这个过程中双方逐渐达成外部均衡。资源、人口、技术、国际环境等相关要素的变化，可能会改变**组织成本**与**交易成本**的相对关系，于是，既有均衡会被打破，政治体或者瓦解坍缩为更小的共同体，或者扩大其边界，建起更大的共同体。[2]

由于政治体的规模限制，普遍信仰的传播范围与政治体的边界经常是不重合的，比如在东亚地区的儒家观念覆盖了中国、朝鲜、日本、越南等国，基督教和伊斯兰教的信徒更是分布在大量国家当中。于是，在普遍信仰之下，很多地方还会浮现出次级认同，以便形成特定共同体的精神凝聚力。次级认同往往基于诸共同体之间一些非精神层面的差异，但这些差异会被赋予精神性的意义，共同体的自我意识就会浮现出来。这种自我意识可能仅仅有一些

---

1 之所以轴心文明会在这样一个时代开始，一个可能的解释路径是，从气候学来看，那几个世纪刚好是公元前很重要的一个小暖期，暖期的气候很好，这意味着人口能够繁衍众多，资源不敷使用，人们就会开始发生越来越大规模的征战，以抢夺有限的资源。如此激烈的竞争环境，对能够带来更大合作效力的观念系统会产生非常强烈的需求。气候的变化使得东西方的人群差不多同时代产生这样一种需求，轴心文明的普遍主义也就在这个时代展开了。关于气候史的一些简明著作，可参见［日］田家康：《气候文明史：改变世界的8万年气候变迁》，范春飚译，东方出版社，2012年；［瑞］许靖华：《气候创造历史》，甘锡安译，生活·读书·新知三联书店，2014年；满志敏：《中国历史时期气候变化研究》，山东教育出版社，2009年；等等。

2 我在这里的思考深受巴泽尔《国家理论：经济权利、法律权利与国家范围》一书相关分析的影响，当然，从中也可以看到科斯定理的影响。参见［美］约拉姆·巴泽尔《国家理论：经济权利、法律权利与国家范围》，钱勇、曾咏梅译，上海财经大学出版社，2006年。

非政治性的诉求；在特定的情况下，也可能会演化出政治性的诉求，这就构成了后世历史演化的重要线索。

随着跨区域交流的增加，共同体内可能会出现不止一种信仰，人们对同一信仰也会做各种不同的解读，这就形成了很多流派的思想。诸种思想既会努力规范社会的伦理实践，又会努力把自己现实化为一套政治秩序，不断地对制度进行赋形与批判。思想有其独立的逻辑，任何思想的出现都纯粹是因为精神的自由运动；但同时出现的多种思想中，哪一种会成为官方主流的意识形态，则与现实的条件相关。主要的约束条件是现实政治社会当中的组织结构与财政结构。这两种结构是制度赖以运转的基本前提，它们会在相当程度上带来对思想的选择亲和性；至少，与它们的运作逻辑截然相悖的思想，是不会被接受为官方主流思想的。

被官方所选择的主流思想会获得机会，用它的叙事逻辑反过来约束官方的行为逻辑，以及引导社会对正当秩序的想象；同时，它也会不断地自我蜕变，努力对建制化的现实，乃至对"昨日之我"保持一种批判姿态，并与其他那些未被选择的思想持续地相互激发。比如，儒学在西汉中期以后成为官方主流思想，并以其叙事逻辑来约束官方的行为逻辑；但到了东汉中后期，儒士们却在官学之外发展出更加发达的私学，臧否时务，俨然构成独立于朝堂的士林空间，儒学在后来更逐渐与释、道之学相互激发。这样一个过程不断地演化着，构成了一部精神现象学的历史。

从另一角度来分析，我们也可以说，市场是人们形成自生合作的基本机制，合作的主体则是以非市场机制形成的社会单元，诸如家庭、宗族、兄弟会等，这些社会单元又是自生伦理秩序的基本载体。政府的权力无论集中到何种程度，也不可能操控每个单元内部的伦理关系，以及单元之间的合作与互动关系。

市场要有效运转，最关键的是其中的信用机制。我们可以看到，既有内生的信用机制，即货币，它作为中介提高了交易的效率，使市场得以扩展；也有外生的信用机制，即政府，它为诸种市场契约的履行提供外部担保。理想状态下，政府就是作为第三方执行人，对市场机制形成信用担保的组织形式，税收是人们为这一担保付出的成本。现实当中的博弈各方为了自己私利的扩张，会不自觉地推动这样一个市场－社会－政府体系的形成和发展。

市场和社会是用来描述自生秩序的两个概念。市场概念更多地强调其作为交易的条件这一面，市场以价格作为引导人们行为的主要机制，价格的变动则基于资源相对稀缺性的变动。社会概念更多地强调其作为人们形成自生的组织秩序的一面，社会结构是影响这种自组织能力的重要要素。政府则是用来描述集权秩序的概念，对集权秩序的运转来说，财政－军事逻辑是其核心关切；而集权秩序本身的组织技术，以及它所要面对的社会结构，与财政－军事逻辑都有着直接的关联。

在不同的社会结构下，社会抵抗政府的能力会有差异，政府进行财政汲取的能力以及所能动员的暴力资源也会有差异。比如，豪族社会相较于平民社会，抵抗政府的能力更强，而政府汲取资源的能力更弱。不同的政治组织技术也会带来相应的能力差异。比如，传统型贵族共治政府与法理型官僚政府，这两种政治组织模式的行政效率以及与社会博弈的能力都有巨大差异。所有这些都构成政府对社会的控制能力的约束条件，进一步地也影响着诸行为主体的策略选择。诸多差异决定了集权秩序－自生秩序的均衡点所在，决定了它究竟是更偏向政府方向，还是更偏向社会方向。

均衡点的位置未必总是落在一个帕累托最优点上，有时它也可能落在多重均衡[1]当中一个比较差的点上。所谓"差"，有可能是落在了一个稳定性很差的均衡点上，也有可能是落在了一个特定均衡点上，导致部分社会要素无法被有效纳入制度之中，[2]这部分要素沦落为无形态的力量，即流民。流民并

---

[1] 一个系统当中可能会有多个均衡状态，但这些均衡状态的稳定性是不同的，系统进入每一种均衡状态的概率大小也是不一样的，这便是多重均衡。

[2] 凯恩斯最先提出了这种可能性。他认为，在市场的有效需求不足的情况下，供给与需求也能达到一种均衡，但这是一种不充分就业的均衡。这种均衡带来了社会当中的大量不稳定因素，为了克服它，需要由政府进行经济干预，相当于为自生秩序的均衡提供了一个外生变量，以便达成充分就业，并将所有要素都纳入进来的均衡。（参见［英］约翰·梅纳德·凯恩斯《就业、利息和货币通论》第三章《有效需求原理》，高鸿业译，商务印书馆，1999年。）多重均衡的理论用于解释历史当中的一些制度困局时，会有很强的效力。

不一定都是社会最底层，广义上的流民包括一些无法进入规范性秩序当中以获得恰当位置的非底层力量，诸如游士之类。这种群体本来可能具有建设性力量，此时就会转为破坏性力量。一旦流民数量积累到一定程度，便会发生秩序的崩溃。这种不可欲的均衡，很难依凭该秩序自身的能力走出来，除非有外部要素注入，才能改变均衡点，重建一个更优的均衡。比如，南朝的政权便是落入了坏的均衡当中，以致其秩序无法稳定下来，反复倾覆，倾覆后重建的秩序也无法走出困境，只不过等着再次倾覆而已；最终随着北朝力量的进入，这种坏均衡才被打破，嗣后便迎来大唐盛世，南朝被北朝灭亡，其所留下来的礼乐衣冠反倒在新的帝国获得更大的辉煌。

政府是市场的外生信用机制，它的集权能力还要面临内生信用机制（也就是货币机制）的约束。倘若货币的发行权不是政府能够控制的，则政府在财政上的控制能力便会受到社会层面相当大的制约。在中国的历史上，货币始终是政府无法垄断发行的，个别时候政府曾经尝试垄断货币，但这种努力基本上都失败了，这也为社会保留了政府始终无力触及的自治空间。[1] 直到经过 1935 年的法币改革，建立了中央银行，从贵金属本位货币转为信用货币，货币的发行权才归入政府手中，这带来了中国历史上的一次重大转变。

前述历史动力机制及其运动逻辑，构成了我们用来分析中国历史进程的重要理论框架，各种具体的历史过程都可以在此框架下获得连贯的解释。

---

1 具体的历史原因，参见本书第四章第三节第二小节的相关讨论。

上　篇

作为"中国"的世界

第一章
地理与历史

传统中国的历史叙述是在儒家的史观当中完成的，它所叙述的地理范围覆盖了今天整个中国的疆域，甚至还要更多。所以，真实的中国历史，不应被理解为作为一元实体的儒家文明不断扩张从而成就今天的疆域与人口的历史，而应该被理解为东亚大陆的体系史。普遍精神的现实化过程，正是因为这个体系的内部运动，而呈现出其时间结构。

在这个体系当中，大致以长城作为南北分界，以嘉峪关以及湟水谷地作为东西分界，以浙闽丘陵、两广丘陵作为海陆分界，有多个历史行为主体在不断地互动。它们的互动过程，有时表现为准列国体系，这不仅仅是指周代的状态，更是指秦统一中原之后，长城南北定居的中原帝国与游牧帝国对峙、互构，互为条件、互相生成的状态，如汉—匈奴、唐—突厥、宋—辽等；有时表现为超越定居－游牧之对峙的多元帝国，如元、清等。无论哪种样态，中国都是作为一个多元的体系而存在的。儒家地区是这个体系当中文化最高的部分，是整个体系历史的记录者与叙述者，儒家的天下观念也成为笼罩在整个体系之上的正当性基础。但是这个体系的担纲者却不一定来自儒家地区，相反，当这个体系外化为普遍帝国的时候，其担纲者必定来自非儒家地区，其缘由详见后述。

所谓中国历史，就是这个多元体系的演化史。普遍精神的现实化过程，便是这个多元体系不停寻找最适合自己的政治存在形式的过程，其寻找过程会通过战争、贸易乃至移民等方式呈现出来。经常是在一系列战争之后，冲突的各方终于形成均势，整个体系找到了某种均衡状态。寻找均衡的过程可能会持续很长时间，比如从东汉末到隋唐；特定的均衡状态也可能会持续相当长的时间，比如宋辽澶渊之盟后持续了一百多年的和平，或者是作为长寿帝国的明清。

　　这种均衡状态可能呈现为外部均衡，即相对稳定的列国状态，此时是若干个政权彼此对峙，比如汉-匈对峙、宋-辽对峙等；也可能呈现为内部均衡，即相对稳定的多元帝国状态，普遍帝国形成，最典型的便是大清。就体系的演化而言，它有一个特定方向，即朝整个体系的综合成本最低的方向演化。所谓的体系成本，首先是因军事压力而来的财政成本，那么，作为体系史的中国史，其演化方向就是朝内部均衡演化。因为，在外部均衡的情况下，体系内有多个政权对峙，每个政权都得负担一支庞大的常备军，整个体系的综合成本居高不下；内部均衡的情况下，体系被一个大一统王朝所整合，也就只需负担一支常备军，整个体系的综合成本便大幅下降。所以，不考虑外部扰动变量（也就是掌握现代技术的西方）进入的情况下，就东亚大陆的体系史而言，它迟早会演化为一种内部均衡样态，我们在历史中具体收获的这个样态便是大清。至于掌握现代技术的西方在什么时候到来，是个历史的偶然，我们今天所收获的历史，也是这种偶然的结果。更进一步，从《春秋·公羊传》当中所提的"大一统"当有"王者无外"这个意象上来说，通常所说的古代中国统一王朝，还可以分成两种，分别是外部均衡下的"小一统"王朝，和内部均衡下的"大一统"王朝。外部均衡下，中原是统一的，但它仍然面对着草原等方向的"外"，从体系上来说并不是统一的；只不过历史叙述的能力掌握在中原手中，所以它也会把中原的统一称作"大一统"。

　　这也是为什么我们会看到，整个体系的演化在每一次大循环的时间结构中，最终都会向内部均衡，也就是普遍帝国的方向收敛，但是过程多有曲折。而均衡又会因为小冰期、小暖期交替的气候变化，或者技术、经济等的变迁而被打破。冰期到来会导致生产骤减，暖期时间足够长则人口过度增长，这两种情况都会导致人口-资源压力关系发生变化；有政治意义的技术变迁会引入新的经济要素乃至全新的精神要素，进而引发社会结构出现根本变化。这些情况都会导致已经建成的无论何种均衡走向瓦解，体系进入寻求建立新均衡的艰难历程。

　　这样一个复杂的体系，其多元的地理结构形成不同的自然生态条件，会带来各区域不同的政治、经济、社会、文化的运行逻辑，并且这些逻辑彼此之间还会发生复杂的互动乃至互构的关系。进一步地，对任何一个政治体而言，军事能力和财政能力都是其存续所依赖的基础前提，而这两种能力又都与自然地理有着深刻关联。军事能力与地理的关联容易理解，比如北方的骑兵不适于在南方河网纵横之地作战，南方的水军不适于在北方干燥广袤之地作战等。财政能力与地理的关联，则在于地理对经济与社会结构的影响。不同的地理结构与气候条件，会决定何种实体经济是最有效率的，从而决定了不同的税基形式及征收成本；不同的地理结构也决定了政府控制社会的成本会大有差异，比如政府控制山区社会或海洋社会的成本就远远高于平原社会，这决定了政府与社会的博弈能力，以及财政征收能力。这些还会进一步影响政府在意识形态上的选择亲和性方面的差异。所有这些，对作为体系的"中国"而言，都构成了其秩序形成路径及秩序持续能力的约束条件。

因此，对中国历史作为一个体系史的研究，首先需要对不同地理区域的诸运行逻辑加以分析，这是有效理解中国历史的前提。

第一节 中原

中原地区是古代中华帝国的核心地区。这片土地上的人以知"礼"自居，对"礼"的遵从与否是他们用以区分文明与野蛮的基本标准，儒学是对"礼"的系统化表达，并且是中华帝国诸朝代的基本正当性的来源。

区别于基督教、伊斯兰教等宗教，**在转化为人们日常的生活实践及制度安排时，儒家伦理的载体不是个体心灵的皈依，而是一种表达着伦理意涵的人际关系结构。**如三纲五常、三从四德等，脱离开人际关系结构，孤身一人是无法实践的，儒家更无法想象一种荒岛上的鲁滨孙一样的精神世界。这样一种人际关系结构，需要其中的个体都处在相对稳定的定居生活状态，所谓"父母在，不远游，游必有方"；倘若因为个体的高度流动性，父母兄弟常常彼此不知对方所在，儒教伦理则难以展开。

定居的生活状态需要农耕的生产方式，在依赖季风降雨的外流区，农耕有一个硬性的自然约束条件，就是400毫米等降水量线。如果一个地区的年降水量少于400毫米，则人们无法依靠农耕的方式谋生；或者更准确地说，在降水量少于400毫米的地方，即便有人进行农业种植，农耕也无法成为他们用来谋生的主要手段。[1]400 毫米等降水量线的分布北界，基本上就是长城；在具体的历史过程中，中原帝国应该是在农耕地区扩展到其自然极限之处，修建了长城。拉铁摩尔甚至认为，长城的修建起于战国后期以及秦朝，最初并不是为了防范游牧民族，因为当时没有明显的游牧威胁，其目的反倒是用来强化对内地的控制。[2]

　　还需进一步解释的是，并不是可以农耕的地区儒家文化就都能够传播过去。在儒家文化的多年发展中，"中原正统性"成为其潜意识里的一个前提，这在古代带来了中原的崇高地位，但是也相应地限制了其传播空间。文化可以通过武力强行传播，也可以通过其文化吸引力让人自愿"皈依"。离中原过远的地方，即便可以农耕，但其超出了帝国的有效统治半径，帝国也无法用武力使其儒家化；另一方面，如果儒家文化在这些地方还面临与其他文化的竞争，以个体心灵为载体的文化，其传播成本（包括劝人改宗的成本）一定低于以特定人际关系结构为载体的文化。这可以解释为什么儒家文化可以传入朝鲜、日本，因为它在当地不面临其他文化的竞争；也可以传入越南北部，因为中原帝国曾统治其千年之久；却无法传入西域和越南北部以外的东南亚地区，因为不管这些地方是否超出帝国统治范围，它在当地都要面对与其他文化的竞争。[3]

　　由此可以得出结论，儒家文化具有地理依赖性，它因自然生态原因而无法越过长城以北、嘉峪关以西，只能在中原地区展开。但是其世界想象并不会局限在这样一个地理空间当中，它具有一种普遍想象，这带来了后来的一系列历史特性：一方面，它在历史上，会构成超越草原－中原之上的普遍帝国的正当性辩护基础；另一方面，**它也会使得中国在理解超中国的世界秩序时遇到特殊的观念障碍**，从而在现代转型之际遭遇特殊的问题，这与日本等国截然不同。

1　依靠雪山融水的绿洲地区，降水量也不多，但其另有逻辑，不在此处所论之列。关于绿洲逻辑的讨论参见本书第一章第四节。

2　参见［美］欧文·拉铁摩尔《中国的亚洲内陆边疆》，唐晓峰译，江苏人民出版社，2005 年，第 275-282 页。

3　西汉时曾经有过一个小插曲，当时的龟兹国王来长安参拜过之后，觉得汉室依照儒礼而定的皇家仪仗气度非凡，于是回到龟兹之后也仿照着搞了一套仪仗，出门前呼后拥，坐下后山呼万岁。结果遭到西域其他诸国的嘲笑，说他非驴非马，最后这种尝试也就无疾而终了。参见《汉书·西域传下》。

我们还可以进一步解释，为何古代历史上从来没有哪个纯粹的中原王朝或者说汉人王朝能够稳定可持续地同时统治长城南北，能够做到这一点的都是北方入主的草原征服王朝。此处所说的"统治"，是指对方真正的臣服，而不是名义上的朝贡。在古代，所谓汉人并不是基于血统而获得定义的，历次的民族大迁徙导致中原人或多或少会混有北族的血统，更何况在西周时还被视作蛮夷之人的楚人、越人等，进入帝国时代之后就成为汉人的一部分了，在血统上根本无法追溯；汉人是由其遵循的文化定义的，具体来说就是以农耕生活为载体的儒家文化。400毫米等降水量线对农耕的约束，使得人们在长城以北若还想活得下去，就必须游牧化，否则就是死路一条。而一旦游牧化，就意味着必须放弃中原式的人际关系结构、家庭结构等，也就是无法再按照儒家的方式来生活了。

因此，纯正的中原王朝也许有能力派兵远赴漠北驱逐游牧者，却无法实质性地统治漠北。要统治就必须驻军，而所驻之军的后勤补给无法从中原持续获得，因为这超出了帝国的承受能力；军队只能就地取材，通过游牧获得补给，而一旦游牧起来，他们就不再是汉人军队了。即便中原王朝强大时能够扫荡漠北，事毕仍必须撤军南返，这只不过是替草原上的其他游牧者扫清了崛起的障碍而已。

儒家所尊奉的仪礼秩序，最初是一种自生秩序，它源于传统，以贵族制为该仪礼秩序的载体。在周代，这些贵族源自武王与周公对同姓与近臣的分封。诸侯带领本族人到封地武装殖民、建城而居，被称为国人，亦称君子；被征服者则居于城外，被称为野人，亦称小人。在该种秩序下，只有贵族君子可以参加战争，战争的礼仪性质往往也会大于实用性质。宋襄公差不多是这种意义上的贵族的绝唱，他的"不击半渡""不鼓不成列""不擒二毛"，都是贵族精神的体现，任何不符合礼的战法都胜之不武，宋襄公耻之。但这在不讲究中原式贵族精神的对手面前会显得很迂腐，宋襄公遂被楚王打得大败。

嗣后，中原各诸侯国陆续开始变法，诸侯国内部的贵族等级被夷平，传统仪礼秩序的载体不复存在。人们的身份高低不再是基于出身、血统，而是基于军功；平民也可以参战了，甚至可以凭军功升至过去贵族之上的地位。强有力的贵族的存在，可以约束中央政府对社会的资源的汲取；贵族不再，政府便得以建立起远较过去强大的中央财政，形成官僚体系－吏治国家。新近拔擢的平民，正是用来填充官僚体系的最佳人选。他们不似贵族有着独立于王权之外的财务基础，其地位的提升又依赖于王权，平民与王权之间便会形成一种合作关系；这样一个群体进入官僚体系，可使其效率最大化。此时整个国家的财政体系也依照战争动员的逻辑重构了一番，全民战争开始出现，战争的实用性转而超越礼仪性，各国进入了比拼资源动员效率的阶段。

　　一旦进入这个阶段，其逻辑终点就是中原地区的大一统，并且这种大一统从技术上来说几乎是不可逆的，因为大一统首先基于中央财政的大一统，而能够阻挡中央财政大一统的古典贵族社会已经一去不复返了。中原地区连续成片的农耕地区，其人口与财富总量的汇聚度，在古代世界堪称独一无二。如此一种地理，利于大规模作战，而不利于割据自存；如此一种地理，能够养活庞大的人口，帝国政府能从中汲取资源，反过来以此打碎社会自组织能力，从而进一步提升资源汲取能力。一旦过了某个门槛——第一个千禧年过后就差不多过了这个门槛，则不会再有任何区域性的力量能够长久地与帝国政府分庭抗礼。因为中央统治者能够从整个中原低成本调集起的资源已经达到这样一种规模，以至于任何区域统治者都不能与之持久抗衡。像诸代开国之君等成功的反抗者，都找到办法调动起了中原地区大部分的资源，以对抗"仁义不施而攻守之势异也"、彻底丧失民心的原有统治者，但嗣后又无人能够抗衡这个成功的反抗者成为新的大一统统治者了。跨过门槛之后，帝国一旦崩塌，取代它的将是另一个大一统帝国，而不是分崩离析的割据。[1]

---

1 赵鼎新先生认为，促成大一统不可逆的原因在于，人们从春秋的霸主时期开始，便越来越认识到封建割据的体制会引发威胁中央权威的政治危机和战争，这一认知逐渐成为中国政治智慧的一部分，从而形成一种"自我实现的预言"，加速封建的瓦解，形成大一统。参见赵鼎新《东周战争与儒法国家的诞生》，夏江旗译，华东师范大学出版社，2006年，第156-157页。我对赵鼎新先生的这种解释并不同意。毕竟维系大一统的能力，终极还是军事和财政能力，观念会对军事和财政能力的使用方向形成引导，但观念本身并不能维系统一；否则欧洲也不至于在罗马之后再没有统一起来，尽管主张统一的理念在欧洲一直没有消失。赵鼎新先生在该书的前半部分对东周时期的历史分析，从军事、财政与"国家建构"（state building）的"能力论"角度进行了理论分析，给予我很多启发；但是到了解释大一统问题的时候，却放弃了之前的"能力论"而转用"观念论"，导致该书前后的理论方法不统一，是为憾事。

　　欧洲之所以在罗马时代之后形成列国割据状态并维续至现代，就因为欧洲的地理破碎性，它使得拥有一统意图的潜在霸主调集全欧资源的成本非常之高，难以对区域反抗者形成压倒性优势，最终无法建立大一统。而在远东的中原地区，其帝国早早地便走上了集权秩序时代。中原的地理因素是这两种区别的根本原因。

　　中原帝国集权秩序的发展与完善持续了很久，中间经历过较大的变化。在秦汉之际，帝国要建立的是一君万民的秩序，通过官僚体系来管理被人为打成散沙的社会；但是由于此时刚刚脱离先秦封建不久，官僚体系治理技术还未发育完善，以及汉武帝对外征伐无度，对内征敛过甚，以致平民投靠到大户门下躲避官府压榨，因此社会上又逐渐浮现出豪族力量。豪族对君主也能形成一种约束，虽然远不如先秦封建贵族的约束力强，但集权秩序毕竟受到了某种制衡。由于豪族的存在，朝廷相对于社会和地方的力量还未达到压倒性的优势，此时还有可能出现较为长期的割据，比如东汉末年之后以及唐朝中期之后。

　　经过历史的长期变迁，技术进步催生了新的经济资源，君主由此获得新的财政资源，有了新的治理办法，遂消灭了豪族，建立起完全的官僚帝国，这就是日本京都学派所关注的"唐宋变革"，[1] 也就是前文所说的第一个千禧年前后越过的那个门槛。"唐宋变革"后，朝廷相对于社会与地方的力量达到了压倒性的优势，帝国内部"强干弱枝"的结构彻底形成，此后便再无能够长期持续的割据了。[2]

　　"唐宋变革"前后，帝国的社会结构与官僚逻辑有很大差别，但它们与春秋及其以前时代的差别才是更加根本性的，不严谨地说，春秋及其以前的时代，自生秩序是制度演化的自变量，集权秩序是因变量；大一统帝国当中，集权秩序逐渐拥有更多自变量特征，自生秩序则越来越有因变量的特征，自生秩

1　关于技术变迁与社会结构变迁之间的联立关系，以及"唐宋变革"与此的内在关联，详见本书第三章第三节第五小节的相关讨论。

2　直到清朝后期，由于现代经济从外部到来所引起的一系列连锁反应，中国再次出现了"强枝弱干"的结构，孕育了几十年后，在民国初年出现了一段军阀割据时期，但很快又因为新的外部因素的到来，终结了这个短暂的分裂割据时期。相关讨论详见本书第五章、第六章的相关部分。

序不会完全沦为因变量，但其演化过程中受到的集权秩序的干预显然是越来越大了。[1]

集权秩序下的中原帝国，雄才大略的君主能够依凭其调动起的巨量资源，对游牧帝国发起大规模进攻，并经常能够逐其远走，进而冲击到西部的中亚、中东乃至欧洲地区，虽则空出来的草原会迅速被新的游牧帝国所占领。中原帝国因此成为欧亚大陆古代历史当中最重要的能动性力量，由这里发起的动作，一次又一次地冲击着整个大陆，以至麦金德认为欧洲的历史在古代是从属于亚洲历史的。这里面的核心原因还是在于古代世界中原地区庞大财富的唯一性，没有其他任何帝国能够调集如此之多的资源，从而对外形成如此之大的冲击。**以特定的人际关系结构为依托的轴心文明，和基于特定地理而形成的中原地区人口与财富的超大规模性，是中国一系列历史独特性的两大根本前提**。在本书后面的讨论中，我们将反复看到这一点。

大一统的帝国需要一个庞大的官僚体系来支撑其运转，它是帝国首领的工具，首领及其工具都具有公共性，所以这一官僚体系也是帝国的工具。但毕竟官僚体系由具体的人来运作，人皆有自利的欲望，官僚们的自利便会损害官僚体系的公共性。在帝国初建之际，开国首领都是非常能干的，对官僚体系还算能做到有效的约束；随着帝国承平日久，后续君主成长于后宫，昧于世事，其能力经常会逐代下降，约束官僚的能力大不如前，帝国的实际控制权便逐渐被官僚们所窃夺。由于官僚体系才是帝国日常运转的核心，君主并不做太多具体的工作，只需"垂拱而治"，中人之资也能胜任，而帝国本身可用于供养官僚体系的资源又是如此之多，所以帝国一时倒也不至于崩塌。但官僚体系的公共性沦为私人性，上下暌违，于是帝国上下感受到一种普遍的末日心态，帝国便衰朽掉了。这种情况下，一旦遭遇大的气候变化，以至于人口对资源的压力骤增，帝国无力应对，呈现为"仁义不施"的状态，秩序遂瓦解。

1　日本学者宇都宫清吉将这种自生秩序与集权秩序之别，称为"自律世界"与"政治世界"，他认为殷周社会的自律世界与政治世界是一体化的，但是到了秦汉帝国则分裂开来。谷川道雄进一步提出，秦汉帝国的使命就是将这两个世界以新的形式重新结合起来，正是官僚制形成了这个结合要素。参见［日］谷川道雄《中国中世社会与共同体》，马彪译，中华书局，2002 年，第 70-71 页。本书的分析与谷川先生的思路颇为近似。

帝国从初建的朝气到衰朽的暮气,只要几代君王的退化、不过百年的时间,嗣后就是等着秩序瓦解,新开国英雄的出现。对庞大的官僚制帝国而言,这是其无法避免的命运循环。这样一种命运循环,在很多时候需要通过草原上的要素的注入,来使帝国重新焕发活力。这个过程又会带来从"特殊的帝国"到"普遍的帝国"的转型。

第二节　草原

长城以北的草原上有着与中原截然不同的秩序逻辑。草原上降水量不足,人们只能以游牧作为主要谋生手段。这使得草原上无法像中原帝国一样建立起庞大的官僚体系与中央财政。官僚体系和中央财政互为条件,通过官僚征收赋税,通过赋税养活官僚;而且它们的建立有一个必需的前提,即赋税征收的成本必须小于收益,这只有在人口处于定居状态,可以编户齐民的情况下才有可能。游牧者逐水草而居,生活高度流动化,逃避征税太容易了,赋税征收的成本一定会大于其收益。因此草原上无法建立必需的中央财政,官僚体系也无法建立。

其结果就是,草原上无法进行大规模治理,而只能以小部落为单位行动。小规模群体是可以依靠熟人关系完成管理的;但是一旦群体规模超过某个临界点,则它不再是熟人社会,只能靠规则来治理。[1]规则需要专门的执行机构来使其运行,也就是需要官僚体系;但是草原上又无法建立起官僚体系。所以,一旦部落的规模超过临界点,它就会分裂出新的部落,继续以小集群的方式来行动。

---

1 英国人类学家罗宾·邓巴的研究认为,人类的大脑能力决定了个人能够拥有稳定社交网络关系的人数上限是约150人,这被称为"150定律"或者"邓巴数字"。因此,我们可以大致认为,从依靠熟人关系治理,到依靠规则治理,群体规模的临界点就在150人左右。参见[英]罗宾·邓巴《你需要多少朋友:神秘的邓巴数字与遗传密码》,马睿、朱邦芊译,中信出版社,2011年,第22-26页。

如此一来，有个问题就必须获得解释，即何以草原上会出现那种可怕的游牧帝国。要回答这个问题，可能还需先回答另一个问题，即可怕的草原游牧帝国是何时出现的。

在秦统一天下之前，并没有出现过什么强悍的草原民族，历史对其的记述多半都是被中原诸侯国利用来与其他中原力量对抗，比如周幽王"烽火戏诸侯"时，犬戎便是申侯的利用对象。在秦统一之后，蒙恬向北出击，"却匈奴七百余里，胡人不敢南下而牧马"，那时匈奴也并不强悍。但是到了西汉帝国时期，一个强大的匈奴帝国仿佛从天而降，突然耸立在北方。中原帝国的治理需要复杂的官僚组织技术，从二里头文化算起的话，这一技术经历了近两千年的孕育与积累才发展起来，孕育过程中产生了大量令人炫目的历史。何以草原几乎未经孕育，便能建起庞大帝国呢？

答案很可能非常简单：草原游牧帝国的出现，除了必要的技术条件，如马具等技术的出现，最根本的原因，正是中原统一成了庞大的农耕帝国。

草原上的资源有限，除了肉、奶等少数产品，游牧者需要的很多种生活资料都要从南方农耕地区获得。有两种办法可以获得，即战争与贸易，显然贸易是成本更低的办法。问题于是转化为，中原地区是否愿意与草原进行贸易？只要中原没有统一，中原的诸侯国便会竞相与草原部落进行贸易，因为它们能从草原买到重要的战争物品——马匹[1]；不与草原进行贸易的诸侯国在与其他诸侯国的战争中很可能会处于不利地位。如此一来，诸侯国之间的竞争关系会使得草原与中原的贸易条件达到一个大致的市场均衡价格。对草原上的诸多小部落来说，这样一种贸易条件是令人满意的，无须联合起来向中原争取更好的条件；因为人们无法用任何办法获得比市场均衡价格更好的贸易条件，对小部落来说，倘若联合起来，不仅其自主性会受到约束，贸易的利润也会被盟主剥去一层，还不如联合前。但是一旦中原统一，中原帝国就可以用政治手段：或者关闭贸易，或者规定一个远远偏离市场均衡价格的贸易条件。面对这种状况，对草原上的诸多小部落来说，通过战争获取必需品

---

1 可参见［美］丹尼斯·塞诺《内亚史上的马与草场》，载《丹尼斯·塞诺内亚研究文选》，北京大学历史系民族史教研室译，中华书局，2006 年。

会变成一个更有吸引力的选项。要想对中原发动战争，小部落便必须联合起来成为一个大的部落联盟，于是强大的游牧帝国出现了。[1]

联合起来的草原帝国，其人口仍远远少于中原帝国，随同和亲公主远赴匈奴定居的西汉宦官中行说曾对匈奴大单于说，"匈奴人众不能当汉之一郡"[2]，然而其战斗力一般情况下却强过中原帝国。原因在于，一方面，草原军队骑在马上来去如风，有着远超中原军队的机动性；另一方面，草原上生产、生活、战斗的单位是完全合一的，其战斗效率高，后勤压力低，远非中原军队可比；[3]再就是，草原比中原贫穷，对草原帝国来说，战争近乎是净收益，对中原帝国来说，战争则近乎是净消耗，两边的战争收益和欲望大不相同。这一系列原因，使得草原帝国会对中原帝国构成巨大的军事压力。

草原帝国严格来说是一个部落联盟。由于税收成本的原因，联盟的大可汗仍然不掌握基于赋税的中央财政；但是他可以掌握从中原抢来的战利品的分配权，以这样的方式形成一种衍生性的中央财政。不过这点财政能力既不稳定，也不足以支撑其对各个部落民众的直接管理，因此大可汗仍然只能允许各部落的小可汗自治。一旦大可汗带领联盟同中原征战的能力不足，则那点可怜的中央财政也难继续了，于是部落联盟开始瓦解。明朝的北方草原一直没有形成庞大持久的游牧帝国，根本原因就在于明朝的强硬军事政策使得

1 我的相关思考深受拉铁摩尔、巴菲尔德、狄宇宙、格鲁塞、杉山正明、王明珂、姚大力、罗新等人著作的启发。参见［美］欧文·拉铁摩尔《中国的亚洲内陆边疆》，唐晓峰译，江苏人民出版社，2005 年；［美］托马斯·巴菲尔德《危险的边疆：游牧帝国与中国》，袁剑译，江苏人民出版社，2011 年；［美］狄宇宙《古代中国与其强邻：东亚历史上游牧力量的兴起》，贺严、高书文译，中国社会科学出版社，2010 年；［法］勒内·格鲁塞《草原帝国》，蓝琪译，商务印书馆，1998 年；［日］杉山正明《游牧民的世界史》，黄美蓉译，中华工商联合出版社，2014 年；王明珂：《游牧者的抉择：面对汉帝国的北亚游牧部族》，广西师范大学出版社，2008 年；姚大力《北方民族史十论》，广西师范大学出版社，2007 年。我还拜读过姚大力和罗新两位先生的多篇相关论文，恕不一一列举。

2 《史记·匈奴列传》。

3 蒋百里先生在《国防论》当中也提到，"生活与战斗条件一致者强，相离者弱，相反则亡"，"生活条件与战斗条件之一致，有因天然的工具而不自觉的成功者，有史以来只有二种，一为蒙古人的马，一为欧洲人的船。因觅水草就利用马，因为营商业就运用船，马与船就是吃饭家伙，同时也就是打仗的家伙，因此就两度征服世界"。参见《国防论》（商务印书馆，1945 年）第三篇《从历史上解释国防经济学之基本原则》第一章《从中国历史上解释》。

大可汗针对中原的战争多无功而返，无法持续地联合起诸多小部落。[1]当然，对明朝来说这未必是个最优选项，因为战争的成本远远大于管理贸易的成本，持续的大规模战争使得对民间资源的汲取也很过度，强化了皇权专制，弱化了民间的自生秩序，所以明代的民间繁荣远不如宋代。

在作为部落联盟的游牧大帝国，部落盟主无法专断地做决策，小可汗们的意见必须得到尊重，因为大可汗事实上没有强迫小可汗们无条件服从自己的绝对能力，这是游牧帝国当中常采用军事贵族民主制的根本原因。无论是蒙古部落选举大汗的忽里勒台大会，还是清朝入关之前的八王议政会议，都是这种军事贵族民主制的表现。

对草原来说，进一步的衍生结果就是，大可汗必须能征善战才能维系部落联盟的统一，所以草原上的继承逻辑不同于中原。

对中原来说，帝国治理是靠庞大的官僚体系完成的；君主主要起到象征正当性的作用，他不能无视官僚体系的常例化规则而肆行己意，而应当"垂拱而治"。倘若君主总是绕过官僚体系行事，后者将无所措手足，帝国的治理一定会出现问题。君主的能力在这里是第二位的，第一位的是君位继承的稳定性，以便确保帝国正当秩序的稳定性。这要求继承人资格必须是唯一且易于识别而不会引起争议的，所以中原的继承逻辑在各种"立长立贤"的争论中，最终收敛于嫡长子继承制上；只要是嫡长子，小孩子也能作为正当性的象征，其他一切事情交给官僚体系去处理便是。

在草原则不同，小孩子无法确保能征善战，一旦大可汗没有战斗力则部落联盟必会解体；所以其首领的继承规则通常是兄终弟及，而不是父终子及，以确保首领始终是拥有强大战斗力的成年人。但是到了立国可汗这一辈的兄弟全部去世之后，该由谁来做可汗呢？子侄辈里面会有不止一个出来希望继承汗位，由于其父曾为某任可汗，这种继位的主张并非无根据；但又不可能全都继位，于是部落联盟就会分裂，发生内战。这构成了草原帝国周期性的继承危机，它会导致帝国的分裂瓦解。古语云"胡虏无百年之运"，纯粹的草原帝国少有延续过百年的。这是由立国大汗的兄弟一辈的自然寿命所限，这

---

1 巴菲尔德对明代时期的草原给出了这样的解释，很有启发性。参见［美］托马斯·巴菲尔德《危险的边疆：游牧帝国与中国》，第 293-322 页。

些兄弟加在一起也活不过一百年，待他们全都去世之后，下一代便一定会发生分裂。只要草原帝国发生分裂，原本武力上不是其对手的中原帝国便会获得分而治之的机会。可以说，汉、唐对匈奴和突厥的征服，从根本上来说并不是靠武力征服的，而是通过终于等到后者出现继承危机以致发生内部分裂，趁机分化、利用而实现的。

草原上的气候变化无常，其生活有巨大的不确定性，因此游牧者对其借以与长生天沟通的萨满教有着较大的依赖，亦即通过一种韦伯所说的卡里斯玛要素来克服心理上的不安。同时草原雄主必须具有大英雄的特征，否则无法服众。于是，可汗们既需能征善战，也需具备卡里斯玛属性，受命于长生天，这才完整地符合大英雄的要求。史书记载，北族游牧帝国选择可汗时，要将选出的人置于马上狂奔很远的距离，待其从马上颠落，再用白绫缠其颈，用力勒，勒至濒死状态时问他："你能做几年可汗？"这种濒死状态下的回答，便被视作不是他本人的意志，而是长生天的意志通过他的口表达出来，这从一个角度反映出可汗所必须具备的卡里斯玛属性。[1] 在这种状态下，草原帝国内部每个小部落的首领，其权力的终极正当性来源也都不是源自某个上级，而是源自超越于所有人的力量，这是贵族制的一个基本特征。

所以，草原上无法出现以官僚体系为前提的集权秩序，而始终保有其基于传统的自生秩序，保有一种源初性的自由。这里所谈的自由没有意识形态的意涵，它指的是，人们生活于其中的秩序是自生的，而不是外赋的。草原帝国上保留着人类最本真的淳朴与最源初的激情。

普遍帝国的秩序建构需要激情与理性的共同作用。单纯的激情只会带来破坏，单纯的理性则无行动能力。故而激情可提供运作的动力，理性则将激情整合为秩序，引导其方向。中原帝国历经多年的吏治统治之后，军事贵族已消灭殆尽，激情也已被驯化消磨。每逢其衰朽之际，都必须有新激情的注入，这在历史上经常来源于北方的游牧民族；而中原原有的理性已经不足以驯化此激情，否则当初也不至于衰朽，它需要新的理性要素的注入，这在历史上

---

1 北京大学的罗新教授在这方面做过一些非常有趣的研究。参见罗新《黑毡上的北魏皇帝》，海豚出版社，2014 年。

经常来源于西域（或说大中亚）的异种文明。两种新的要素与中原原有的各种要素相融合，才能够催生出新的秩序建构，在这个过程当中，东亚大陆的体系演化也达到新的高度。比如，在五胡乱华以及北朝时期，来自北方的游牧激情摧垮了已衰朽不堪的中原文明，来自西域的佛教等则帮助北魏统治者找到了一种超越于草原－汉地之上的新精神要素。这些新要素与中原文化相融合，才催生了灿烂的大唐帝国，东亚大陆上的人民也获得了较之以往更加普遍的自由。[1]

第三节　过渡地带

从草原到中原有个过渡地带，就是长城沿线；这个过渡地带再扩展一下的话，还可以延伸到东北。过渡地带在拉铁摩尔和巴菲尔德的研究中又被称为"边疆地区"，他们高度重视这个地区，因为这是多元帝国最重要的制度创生地。

巴菲尔德注意到，纯粹的草原帝国如匈奴、突厥、回鹘等，并没有意愿统治中原。游牧者往往是突入中原劫掠一番便返回草原，待中原休养生息后再来劫掠一番，或者以劫掠为威胁对中原进行敲诈，巴菲尔德称此为"外部边疆战略"。他更进一步将此战略总结为一种"榨取－保护"的关系，即游牧帝国需要通过从中原不断榨取财富以确保自己部落联盟的统一，而为了不至于丧失被榨取者，游牧帝国甚至会在中原帝国摇摇欲坠之际主动来保护它，一如回鹘帝国对大唐帝国的反复榨取与保护的关系；一旦中原帝国瓦解，草原帝国往往也就瓦解了，小部落会重新拿回自己与中原诸割据势力自由贸易的权利。[2]

草原帝国在遭遇其周期性的解体危机之后，分裂出来的一支会发展出一种"内部边疆战略"，即与中原帝国结盟，以对抗另一支草原力量。比如南匈奴便离开漠北，迁居到长城沿线的汉朝边疆地区居住，依凭汉朝的支持

---

1 谷川道雄先生对由北朝发展出的大唐时代人民自由精神之伸张，有过非常精彩的分析。参见［日］谷川道雄《隋唐帝国形成史论》，李济沧译，上海古籍出版社，2004年。
2 参见［美］托马斯·巴菲尔德《危险的边疆：游牧帝国与中国》，第11—20页。

与北匈奴对抗。类似的草原内战后世也曾发生多次，而与中原结盟的一方均毫无悬念地赢得了内战。[1] 这种历史过程，其浅层原因是，与中原结盟的一方可以获得中原力量源源不断的支持，其战斗的后劲会好过未结盟的一方；但更本质的原因在于，与中原结盟的一方可以垄断从中原获取的贸易品，未结盟一方的可汗便丧失了用以凝聚本部落联盟的资源，只能坐视联盟解体。获胜的一方接下来便获得了一种战略选择自由，它可以仍然坚持"内部边疆战略"，也可以恢复到"外部边疆战略"，甚至将这两者结合起来运用，全视利益评估而定。所以拉铁摩尔称，边疆地区"可以影响农业世界及草原世界的历史进程。它们不完全与中国[2] 或草原同类，所以它们也不完全具有中国的特点（城池及附属的农村）或草原的特点（氏族或家族部落在有限的区域内要求拥有牧场的权利）。……边疆形态的公理是，它可以对任何历史时期做正面及反面的说明"。[3]

我们在历史上看到的能够稳定可持续地同时统治长城南北的二元帝国，其担纲者都来自这一过渡地带，尤其是来自东北地区。

因为纯粹的草原统治者，其美德在于草原英雄式的酣畅淋漓，他们无法理解儒家的伦理世界和治理逻辑，无法容忍中原帝国官僚体系对皇帝个人意志的约束，所以并没有能力直接统治中原，很可能他们对此也没有多大兴趣，而更乐于选择不劳神的"外部边疆战略"。而纯粹的中原统治者，其美德在于"垂拱而治""治大国若烹小鲜，不可轻扰"的自我节制，唯有如此，官僚体系才能不受干扰地依循常例自动运转，所以中原统治者也不可能具备统治草原的能力与兴趣。

若欲建立超越中原－草原的普遍帝国，担纲者必须是能够同时理解中原与草原的人，这种人只能来自过渡地带。长城沿线自不必说，东北的北边连通着呼伦贝尔大草原，南边是经常接受中原帝国统治的辽东宜农地区，在东北能够站住脚的统治者必须兼通两方，这样，其入主中原之后，便可以建立起一种二元帝国统治。在二元帝国中，统治者同时兼有两个身份：通过可汗的身份

1　参见［美］托马斯·巴菲尔德《危险的边疆：游牧帝国与中国》，第 79-85 页。

2　拉铁摩尔此处的原文是"中国"，这个词在英语里的意涵比较暧昧，既可以用来指今天的整个中国，也可以用来指汉族地区。对此处的"中国"，更恰当的理解应该是"中原"。

3　［美］欧文·拉铁摩尔：《中国的亚洲内陆边疆》，第 272 页。

以部落联盟的方式统治草原地区，这里主导整个帝国的军事秩序；通过皇帝的身份以官僚帝国的方式统治中原地区，这里主导整个帝国的财政秩序。中原之富与草原之雄结合在一起，并因对最高统治者的共同效忠而联结在一起。

来自东北的慕容鲜卑最先开始了这种尝试，来自山西北部长城附近的拓跋鲜卑则成功地依此原则建立了北魏王朝。北魏早期定都平城，即今天的山西大同，正是在农牧交界地带，可以兼制两方。但是北魏王朝并未获得对这种二元政治的足够自觉，它在孝文帝的时候主动南迁洛阳，并命随迁的鲜卑贵族说汉语、着汉服、改汉姓，一力汉化。这样一种努力便是放弃了其草原身份，这对二元帝国是非常危险的，因为它将使得帝国的军事力量不再认同于帝国统治者，所以魏孝文帝去世后不久，便发生了北境六镇军人掀起的内乱，以致亡国。至于孝文帝南迁的原因，绝不是简单地喜爱汉文化，因为在平城并不会影响其学习汉文化，不必非得做迁都这种可能动摇国本的事情；更本质的原因应该是，平城地区也是草原军事贵族的大本营所在，军事贵族对大可汗的约束使孝文帝感觉不痛快，于是力图远离军事中心，摆脱贵族的约束，运用中原地区庞大的财富资源遂行集权秩序，一展己意，迁都洛阳因此便成为选择，但其结果自然是悲剧性的。[1]

直到辽代，统治者才放弃了追求一元化的努力，开始自觉地建设二元帝国，用南北两院分治汉人和契丹人。虽然辽代并未统一中国，但是其二元治理技术流传下来了，清代汲取这些治理经验，建立了二元帝国的完备形态。辽金元清，都是从东北起家[2]，建立二元帝国，并定都北京。[3]因为北京地处长城沿线，又临近东北，便于统御整个东亚大陆。这些二元帝国还会在北京北面的草原地区另设一个草原首都，辽代在上京临潢府（实际上这才是正都），元代在上都，清代则是在承德；通过这样一种首都圈，完成单个首都难以完成的治理任务，

---

1 罗新先生的著作《漫长的余生》（北京日报出版社，2022 年），对这一问题有非常精彩的分析。

2 蒙古帝国不是从东北而是从蒙古高原起家，但是其在中原地区自命为元朝的政策选择，则是拜契丹人如耶律楚材所赐，可以说大元是通过融合了起自东北的政治智慧才完成对中原的治理的。

3 金代算是特例，与其他几个朝代相比，其二元特征并不是特别明显，更有一元化的倾向，这也导致它未能真正统治漠北草原并最终亡国。具体可参见本书第四章第二节第二小节的相关讨论。

真正统治起一个普遍帝国。[1]

注意看一下辽金元清的起止时间，就会发现一个不寻常之处，即这些草原王朝的寿命皆超过百年了。短的金和元（从灭金算起的话）略微超过百年，长的辽和清则超过了两百年，打破了"胡虏无百年之运"的魔咒，这是个需要解释的问题。其根本原因在于，诸征服王朝入关之后的继承原则发生了变化。

草原帝国内部军事贵族民主制的存续，是以大可汗不掌握庞大的中央财政为前提的，他没有能力用中央财政把贵族制赎买下来，于是贵族们对他就有很强的约束力，大可汗也必须勇武善战方能服众，兄终弟及的继承顺序同时伴随着周期性的继承危机。一旦游牧帝国征服了广阔的农耕地区，则大可汗可以将农耕地区的庞大财富转化为自己手中强大的中央财政，军事贵族制便能够被赎买掉了。一如清兵入关之后，曾经对大汗构成现实约束力的八王议政会议就不再起实质作用了，基于军事贵族制的游牧帝国转化为基于官僚制的、超越于中原－草原的帝国，当年的军事贵族都吃起"铁杆庄稼"，不再对最高统治者构成约束力了。[2]只要统治者能够控制中原财富，便能控制草原骑兵，而只要其能控制草原骑兵，便能控制中原，由此形成了一个正向循环。如此一来，统治者是小孩子也没有问题了，对儿子的情感很自然地压倒了对兄弟的情感，兄终弟及的继承关系就此转化为父终子及的继承关系，周期性的继承危机便克服了。这是入关的草原征服帝国得以长寿的根本原因。

过去的主流历史叙述在解释一些入主中原的草原帝国之所以长寿时，说是因为它主动选择了汉化，这个解释并未深入到历史的深层逻辑。以最为典型的清朝皇帝为例，他们当然有接受汉文化的一面，但倘若全盘汉化，则势必难逃北魏的下场。另一方面，通过前面的解释也可以看到，入主中原后的大清帝国，无法单纯地按照其原有的部落逻辑来解释其政治逻辑了，因为中

---

1 杉山正明对元代首都圈的研究，对理解此问题极富启发性。参见［日］杉山正明《忽必烈的挑战》，周俊宇译，社会科学文献出版社，2013年。

2 严格说来，东北的满洲部落并非草原游牧部落，而是森林渔猎部落，但是它有着类似于草原游牧部落的困境，即无法建立独立的中央财政，难以支撑官僚体系，于是其政治秩序与社会秩序等与游牧部落有着非常相似的运作逻辑。而满洲又与漠南蒙古形成"满蒙联盟"，其政治气质当中就有了更加混合性的东西，本书因此未对其做更细致的类型学划分，唯望读者留意。

原的巨额财富已经促成了其部落逻辑的深刻重构。所以，清朝的秩序实际上是对中原、草原乃至高原、绿洲等多种政治生态与文化的普遍吸收，所有这些文化彼此之间相互重构，互为对方的外生变量，打破了各文化区域原来的内部和外部均衡，重建了一种更大的、更具普遍性的内部均衡。大清皇帝作为所有这些文化的最高象征，对它们进行外在超越，象征着普遍性，这才是一个所谓"普遍帝国"的治理智慧所在。[1]

　　清朝在入关前修建的沈阳故宫，其空间结构很好地体现了这种外在超越。区别于北京故宫，沈阳故宫有两个理政宫殿。一个是偏于东侧的大政殿，系仍以部落制为其基本组织逻辑的努尔哈赤所建，按照满洲帐殿式形式而筑，在大政殿外有八旗亭，俗称十王亭，是八旗旗主和左右翼王等商议军政大事、举行重大礼仪的亭式殿；大政殿与十王亭的共存，是部落联盟下军事贵族民主制的鲜明写照。另一个是处于中间方位的崇政殿，由已经主动接受了儒家观念的皇太极所建。他之所以愿意主动接受儒家观念，当与其对集权秩序的追求有关，倘若纯粹依照部落制度，则皇权的集权是不易获得理念和制度支撑的。崇政殿基本依照汉族的建筑规制而建，前后多进院落，诸多宫殿的格局布置也与汉地宫殿非常相似。

　　进入到皇太极这几进院落的后面，会发现后宫的内里仍是纯粹的满洲布置。后妃寝宫里可以看到诸如东北三大怪之一的"养活孩子吊起来"，满式大土炕上面吊着个摇篮；从皇后寝宫的内室套间撩门帘出来，直接面对一个大灶台，这在东北是很常见的一种私人生活空间的布置，但无法想象汉地的皇家会如此。皇太极与皇后的寝宫清宁宫的特点是"口袋房、万字炕、烟囱设在地面上"，宫内设置了萨满祭祀神堂，院内有索伦杆。这些表明，皇太极着力打造的公共空间，已经是通过儒家文化表达的一种秩序的呈现；但其在私

1　我在这方面的思考受到美国新清史学派的很多启发，他们突破中原本位视角的思考非常有冲击力。但是新清史学派当中有一些学者又有矫枉过正之嫌，他们从过去的中原本位视角完全转换成了草原本位视角，其解释力同样存在问题，这只不过是过去纯粹中原视角的镜像物而已。何炳棣先生与新清史代表人物罗友枝之间的论战，差不多就是两种镜像之间的争执。故而我更倾向于采用外部超越的解释框架，说明清朝的普遍帝国不是基于任何一个特殊本位，而是基于对诸特殊本位的外部超越，以达到普遍性。关于新清史的一些核心观点，以及何罗之争，可参见刘凤云、刘文鹏编《清朝的国家认同——"新清史"研究与争鸣》，中国人民大学出版社，2010年。

人空间仍然保留了部落风格。比较起来，儒学更讲求公共性，关外的部落制度则更加认同私人附属关系。沈阳故宫的特色因此可被总结为"内草外儒"，草原性格和儒家性格在这里实现了完美的结合，并实现了一种普遍超越。这种格局为清朝入关之后的持久统治奠定了制度基础。

对中原农耕地区来说，普遍帝国的建立使其获得和平红利。在中原与草原南北对峙的时代，南方的军队自然要靠农耕人民的赋税来支撑，北方的军队要靠从中原抢夺的战利品来维系统一性，事实上也是靠农耕人民的赋税来支撑的，可怜的农民要同时负担两支高强度动员的军队。而草原征服帝国建成之后，农民只需要负担一支中低强度动员的军队，这是康熙可以"永不加赋"的基础所在。税赋压力的减轻使得底层百姓有能力生养众多。过多的人口可能会导致流民四起天下大乱，但在普遍帝国时期，会导致流民四起的人口数量临界点大幅提升，其直接体现是中国人口在乾隆朝连续突破了两亿、三亿大关，后来又突破四亿才达到临界点，以往则常常是人口未及突破一亿便达到了这个临界点。

过去对清代人口猛增的解释是美洲作物的引入，但是据侯杨方教授的研究，在乾隆朝开始积极推广美洲作物之前，人口已经发生激增，大清官员正是因此才被迫开始推广美洲作物，直到 20 世纪初期，美洲作物也没有超过中国粮食总产量的 10%。[1] 那么，人口的激增在这里最可能的解释便是和平红利了。[2]

就精神层面而言，中原王朝因其定居特征而表现出一种内敛性格，这对其所尊奉的儒家普遍主义理想有自我否定倾向；只有在草原王朝，因其远超中原的视野，普遍主义理想才能获得真正的释放。

儒家构筑天下秩序的精神潜力，需以吸纳并超越中原文明的草原民族的统治为前提。这是对我们通常所理解的中原儒家秩序的一种外在超越，是中

1　见李昕升《美洲作物与人口增长——兼论"美洲作物决定论"的来龙去脉》，刊于《中国经济史研究》2020 年第 3 期；李昕升、王思明《清至民国美洲作物生产指标估计》，刊于《清史研究》2017 年第 3 期；侯杨方《美洲作物造就了康乾盛世？》，刊于《南方周末》2013 年 11 月 2 日版。关于清代人口猛增的统计数据，参见曹树基《中国人口史·第五卷 清时期》，葛剑雄主编，复旦大学出版社，2001 年，第 831-841 页。

2　底层百姓的财政压力变化，还有一个原因，即税制的变化。清代人口的激增很可能是和平红利与税制变化联合作用的结果。相关讨论见本书第四章第三节第二小节。

国秩序的另一种表达，甚至是一种更为本真性的表达，草原与中原在这里形成了一种深刻的历史共生关系。到了晚清变局当中，力主改革的洋务派多为汉臣，而力主守旧的理学宗师却是出身蒙古正红旗的倭仁，却提出"立国之道，尚礼义不尚权谋；根本之图，在人心不在技艺"，不啻此复杂性的深刻体现。

第四节　西域

　　从纯粹的地理角度来说，西域是大中亚的一个部分，所以对西域的分析，可以与对中亚的分析一并来讨论。在整个欧亚大陆的视野下，可以看到前述游牧－农耕的历史共生关系大致沿着纬度线分布，在东起中国，西至小亚细亚的土地上被一再复制出现。在东方，此共生结构最后落实为大清帝国，从入关算起，延续了近270年；在西方，最后落实为奥斯曼土耳其帝国，从攻克君士坦丁堡算起，延续了460多年，如果从其崛起于塞尔柱土耳其汗国的遗产开始算起的话，则还要加上100多年。东、西两个帝国都堪称长寿。唯独在中亚，虽然也有这样一种共生结构存在，却几乎没有人们记得起的长寿帝国，察合台汗国、帖木儿帝国都是转瞬即逝，帖木儿之后就更没有值得一提的重要帝国了。

　　这种现象与中亚地理的独特性相关。欧亚大陆上大规模可供定居的宜农土地，集中于东西两端，[1] 而中亚可供定居的宜农土地，都以散落绿洲的形式存在。绿洲地区的农业不可能形成足够规模的物质财富积累，这恰恰是中亚无法形成稳定的大帝国的一个根本秘密。

　　清朝与奥斯曼土耳其两个游牧帝国之所以长寿，是因为大可汗通过对农耕地区的征服，将其庞大的财富转化为自己手中强大的中央财政，军事贵族制被赎买掉，周期性的继承危机也被破除了。反观中亚的绿洲农耕地区，其财富规模太小，游牧帝国的大可汗即便实现了对这里的征服，也无法获得足

1　南亚也有大规模的宜农土地，因此也有那样一种游牧与农耕的共生关系。历史上，印度－巴基斯坦地区长期被自阿富汗南下的游牧者所统治。但它作为一个单独的地理单元，在宗教之外对其他地方的影响不大，所以暂且不过多讨论。

够财富以完成对军事贵族制的赎买。于是周期性的继承危机在这里仍然存在，中亚便没有可以被我们记住的长寿帝国。即便强大如帖木儿，其帝国也在他去世后迅速分崩离析。

统治中亚的帝国崩溃后，会进入一段相当长的动荡期，各路草原英雄纷纷登场，但我们往往只能轮廓性地知道他们登场了，具体他们是如何活动的则说不大清楚，因为中亚帝国忽生忽灭，很难留下可靠的历史记录，经常是通过周边长寿帝国的记述，我们才对其略知一二。所以，中亚的政治史以"失序为底色、有序为插曲"，与欧亚大陆东、西两边的以"有序为底色、失序为插曲"形成鲜明对照。要强调的是，"失序为底色、有序为插曲"用来描述中亚的政治史大致说得过去，而中亚的经济社会文化史则不是这样，很可能要反过来描述才算恰当。在中亚，我们可以很清晰地看到，地理构成了历史逻辑的一个根本约束条件，它就像一条河道，并不会规定历史长河该如何翻腾巨浪，但是作为约束条件，它规定了历史长河大的流动方向。

在中亚地区沿天山－锡尔河大致画一条线，这条线以南是定居地区，兼营农耕与商业，以北是游牧地区，南北两个部分，构成游牧－定居的共生体关系。值得注意的是，这种共生体关系在东亚和中亚的存在方式有着重大差别。东亚蒙古草原的游牧者与中原的定居者，两者的主体部分是分开的，极少有空间上的交错，其共生性要通过一个大陆体系才能展开；中亚不少地方的游牧者和定居者在空间上有着深刻的交错关系，其共生性在微观上也有体现。导致这个差别的最重要原因是山的高度之别。游牧与定居需要很不同的气候－生态，在东亚方向，山的高度不大，气候变化主要与纬度相关，较少与海拔相关，纬度自然地就把游牧和农耕给物理性地分开了，长城就是大致的界线。中亚地区山脉高大，气候变化首先与海拔相关，于是定居者在山脚农耕，游牧者则随着季节变换活动于山坡的南北两侧，游牧与定居两个群体直接相望，经常打交道。[1]

更细致点说，中亚因为有高大山脉阻挡着海洋水汽的流动，所以中亚的

---

[1] 感谢西北大学王建新教授与我在这方面的讨论所带来的一系列启发。当然，我在这里所说的交错共生性，在中亚也不是到处都存在的，比如在南疆地区，以及中亚的阿姆河沿岸，绿洲周边主要是沙漠，很难游牧，也就没有那种交错共生性了。

定居地区不能依赖降雨，要依赖雪山融水，而雪山融水要顺着特定的山形流下来，不可能连成片，就只能形成绿洲。这些山必须足够高，才存得住积雪，能滋养绿洲；中亚也有些山不够高，存不住雪，山脚下就只能沦为戈壁了。那些大山正因为足够高，才确保了气候与海拔而非与纬度的相关性，这样才会形成游牧与定居的交错共生关系。这几乎是只有在中亚地区才能形成的，因为其他地方少有这样高耸入云的大山。[1] 这也使得大中亚的定居者相对于中原定居者来说，更容易理解游牧者的逻辑，于是会有后文提到的中亚人对蒙古草原的深刻影响，[2] 乃至于元朝时来自中亚的色目人与蒙古人形成的密切合作关系。可以说，大山就是中亚的灵魂。

在大中亚的区域中，七河流域值得专门讨论。这个地方得名自注入巴尔喀什湖的七条河流，其大致范围包括今天哈萨克斯坦的阿拉木图州、江布尔州，吉尔吉斯斯坦，以及新疆的伊犁、塔城地区。七河流域之所以重要，在于它是前面所说的那种游牧－定居交错共生的典型地区，[3] 同时其地理位置又处在一种较为核心、便于四出控御的地方。这里拥有世界一流的草原，同时也具备上好的农耕条件，孕育过几个历史名城，如巴拉沙衮、碎叶、伊犁等。由七河流域出发，北可以驭草原，南可以控绿洲，堪称王者之地，所以历史上诸多重要的中亚王朝均定都于此。如早期的西域第一大国乌孙，后来的西突厥、喀喇汗王朝、西辽、察合台汗国、准噶尔汗国等；包括清朝在平定南北疆之后，其统治西域的最高长官伊犁将军，驻跸地也属七河流域，由此统治全疆。

大致以帕米尔高原为界，中亚亦可进一步区分为东、西两个亚区域，西部就是今天的中亚五国所在地，东部是今天的新疆所在地。这两个亚区域虽同属大中亚，但在历史上同时处于同一王朝统治下的时间并不是特别长。帕米尔高原的存在使得跨越高原进行统治的行政成本居高不下，统治便难以持久。强大如西突厥，其重心在西部亚区域，虽则统治中心位于七河流域，却也难以长久地占据帕米尔以东。后来一度囊括几乎整个大中亚的喀喇汗王朝、察合台汗国等，都在统治后不久便分裂为东、西两个部分。重心在帕米尔以

---

1 南美洲地区有这种大山，但是没有马，也就没法形成欧亚大陆这种样式的游牧经济。

2 参见本节后面的论述，以及本书第三章第三节第三小节的相关讨论。

3 这里还有个优势，就是它不仅仅依赖雪山融水，还是大西洋水汽能够到达的最远点，降水相对丰沛，于是较为富饶。

东的准噶尔汗国、大清帝国，则都没有持久地统治过帕米尔以西的中亚地区。可以说，帕米尔高原构成了帝国的天然疆界。高原的东西两边，各形成一个次级的南北关系之游牧–定居共生体。

因此中亚的地理是很破碎的，但中亚的历史哲学意义却正是出自其破碎性。就中亚的游牧地区而言，其无法克服的周期性继承危机，形成了时间意义上的破碎性；就中亚的定居地区而言，绿洲规模都很小，彼此间都被大漠戈壁所隔开，形成了空间意义上的破碎性。

中亚的破碎性带来两个效果：一方面，它使得中亚无法成为轴心文明的孕育地；另一方面，它使得其定居地区无力保护自己，总是需要某种外部力量进入，以在当地形成秩序。外部力量或是来自北部的游牧地区，但是它又会不断遭遇时间破碎性，致使绿洲城市仍处在周期性的失序之中；或是来自更远地方的轴心文明所形成的帝国，如中华帝国、波斯帝国、俄罗斯帝国等，周期性失序或可化解。但是对远方的轴心文明帝国而言，中亚本就遥远，再加上其空间的破碎性，使得它们在中亚的统治成本居高不下，必定是入不敷出的。因此，远方轴心文明帝国对中亚的统治，若欲持续，必定采用间接统治，才能够把统治成本最小化。

由此可知，无论外部力量是如何来的，它都要承认大中亚的亚区域特征，即在政治上有着不同于周边区域的主体性，间接统治就意味着承认了当地进行自我治理的必要性，从而对当地的主体性有了一种承认。这并不是因为周边的轴心文明帝国足够宽容，乐于承认中亚的主体性，而是轴心文明帝国在面对政治地理所带来的硬约束时，不得不接受这样一种统治原则。即便轴心文明帝国派遣自己的人马去征服当地，欲做某种直接统治，前去完成征服的大将军也会迅速地从该帝国中自我剥离出来进行割据，再次形成一种事实上的自治。前秦时期，苻坚曾派大将吕光去征服西域，结果吕光到了龟兹（今库车）就一度不想回来了，意图割据当地，即为一例。[1] 至于帕米尔以西的中亚，被从阿姆河以南而来的轴心文明帝国统治的时间更是有限。公元前 300 多年的亚历山大大帝时期曾经出现过一次，8 世纪初期的阿拉伯帝国时期也出现

---

1 "（苻）坚闻（吕）光平西域，以为使持节、散骑常侍、都督玉门已西诸军事，安西将军、西域校尉，道绝不通。光既平龟兹，有留焉之志。时始获鸠摩罗什，罗什劝之东还。"参见《晋书·吕光载记》。

过一次，这两次的统治时间都很短暂，此后类似统治的再次出现要等到来自北方的俄国征服中亚的时期了。

中亚的地理破碎性不仅使得外部难以持续地统治它，也使其内部始终保留着自由，这在欧亚大陆东、西部的传统帝国当中久已被消弭掉。中亚所保留的自由，在较小的意义上，呈现于中亚游牧帝国的军事贵族制始终未被赎买；在较大的意义上，呈现于中亚定居地区的诸多城市彼此互不统属，也不会长久地被外部世界直接统治。集权秩序在这里难以持续，一个个互不统属的自治共同体，构成了超越单个绿洲城市之上的自生秩序。这不是从政治哲学意义上建构出来的自由，而是一种社会风俗意义上的源初自由。

中亚地区的自由特征天然地适合贸易对自由秩序的要求，可以说，"自由通道"就是中亚地区的世界历史命运，其破碎性成就了它的这种命运。中亚因此有了一系列以经商而闻名的定居城市，如河中地区的花剌子模、撒马尔罕、布哈拉、玉龙杰赤，以及天山南路的喀什噶尔、和田、叶尔羌、库车、鄯善等。

中亚的商人群体要依赖游牧帝国或轴心文明帝国的保护，但这些商人在古代一直到中世纪都大有能量。比如，中古时代最重要的中亚商人群体粟特人，他们先是依赖于大唐，后又依赖于回鹘帝国的保护，但正是他们的商业活动，才使得其保护者的军事后勤运输工作乃至战争融资活动成为可能。在回鹘帝国时期，粟特人成为其最重要的参谋，他们帮助回鹘人制定外交方案，规划军事战略，因自己的商业需求而试图引诱回鹘与拜占庭帝国建立联盟关系以打压萨珊波斯帝国，或是帮助回鹘帝国策划如何压榨安史之乱后国道中落的大唐，等等。[1] 在中亚逐渐伊斯兰化之后，信奉摩尼教、祆教等波斯系宗教的粟特人渐渐淡出历史舞台，继之而起的是中亚的萨尔特人。萨尔特人很可能就是皈依了伊斯兰教的粟特人后裔，当然，他们已经混入了突厥人的血统。据俄国突厥史权威人士巴托尔德的研究，在 11 世纪，萨尔特人形成了庞大的商人团体，其发行的支票甚至比政府支票的信用度还要高，check（支票）这个词最初是在这时出现并作为外来语传入欧洲的。[2]

---

1 参见［法］魏义天《粟特商人史》，王睿译，广西师范大学出版社，2012 年，第 127-168 页。
2 ［苏］威廉·巴托尔德《中亚突厥史十二讲》，罗致平译，中国社会出版社，1984 年，第 134 页。

中亚庞大的商人群体不受这个地区走马灯般的政治变换之影响，一直在进行跨境的商业活动。在丝绸之路上，运输的商品可能很多产自中原，但真正从贸易上控制这条道路的，是中亚商人。这种基于贸易的世界史呈现出政治与战争之外的一种深层结构，让我们意识到轴心文明地区以及游牧帝国与中亚地区之间深刻的相互依赖关系。

从文明传播的角度来讲，中亚有着更加深刻的历史哲学意义。

中亚绿洲地区贸易发达，人均财富量很高，但由于其太过破碎，财富总量很小。因此，它无法成为轴心文明的生发之地，轴心文明只能生发于有大片农耕区域、财富总量很大的地方。但是轴心文明的生发之地又会建立起轴心帝国，形成集权秩序的强大政治力量，反过来对文明本身的发展逻辑构成压制，使得文明的可能性无法被充分释放。中亚地区同样有对文明的需求，伴随着贸易和战争等，各种轴心文明都会传播到作为自由通道的中亚地区，这为中亚带来了世界性的眼光，较高的人均财富量也让中亚人有余裕来思考这些文明所提出的问题。[1] 诸文明在这里各施解数自由竞争，由于中亚无法被强大的轴心文明地区持续地直接统治，因此诸文明在这里都可以在相当程度上摆脱政治性的压力，充分释放出各种可能性，这对人类的文明发展有着至为重要的意义。

比如，诞生于印度本土的佛教，是通过中亚才传播到中国的，而它在中亚的发展却呈现出与印度本土的诸多不同，佛教的更多可能性呈现了出来。这些鲜活的精神要素传入东亚地区，对东亚的影响与改造是全方位的。再如，3 世纪诞生于伊朗高原的摩尼教，在波斯帝国本土命运多舛，无法摆脱与政治之间的复杂纠缠，忽而被捧杀忽而被打杀，始终不得其正。后来摩尼教逐渐传播到中亚的河中地区，在 6 世纪后期，中亚摩尼教宣布与巴格达的总教会脱离关系，独立出去，号称电那勿派[2]，这只有在中亚这种注定自由的地方才有可能。嗣后的摩尼教反倒在东方获得了更大的世界，甚至成为回鹘帝国的国教，当然，这又与政治形成了勾连，但我们还是在中亚看到了另一种可能性。

---

1 值得一提的是，中亚先后流行过佛教、祆教、摩尼教、景教（基督教）、伊斯兰教等，唯独儒学未曾流行，虽然耶律大石建立的西辽曾经努力过，甚至在当地开科取士，但最终还是未能成功。回想到前面曾经提到过的儒学的地理依赖性，此为又一例证。

2 参见王媛媛《从波斯到中国：摩尼教在中亚和中国的传播》，中华书局，2012 年，第 25 页。

最具象征性的是伊斯兰教。它在 8 世纪开始传播于中亚，到 10 世纪形成了较大的影响力，据巴托尔德的研究，世界上最早的独立伊斯兰经文学院，不是出现在作为伊斯兰教大本营的中东，而是出现在中亚。[1] 除了这里在佛教时期便有着经文学院的传统，更重要的一个原因是，它远离伊斯兰教的中心，不受哈里发的控制。哈里发的统治正当性完全系于对《古兰经》的解释，因此他不会容许其解释权外落于他人之手，有可能形成独立解经力量的经文学院便会受到压制，只有官方学院才能成立。此例证再一次表明，只有在中亚这种注定自由的地方，伊斯兰教更加丰富的可能性才会浮现出来。伊斯兰教在中亚的自由发展，结合于此地流传已久的古希腊哲学，孕育了几位历史上最伟大的伊斯兰哲学家，如阿尔法拉比、阿维森纳等。这些伟大思想家的作品后来辗转传入西方世界，对阿奎那等经院神学家产生深刻影响，奠定了后来欧洲文艺复兴的基础。美国学者斯塔尔评论道："在数世纪的文化繁荣中，中亚是世界的知识中心。在约公元 1000 年的前后四五个世纪中，是中亚这个地区触动了世界上所有其他文化中心，走上前台。"[2]

虑及于此，可以说，中亚正是以其无而成其有。中亚虽然不产生轴心文明，但它构成了轴心文明的挪亚方舟，轴心文明的力量在这里真正地获得释放与壮大，并在轴心文明的母邦因帝国的衰朽而陷于颓靡之际，反哺其母邦，为人类的文明重新带来活力。前面曾经提到，中亚的政治史以"失序为底色、有序为插曲"，但是中亚的经济社会史刚好反过来。这一系列历史都是鲜活的脚注。[3]

更有趣的是，作为"自由通道"地区，中亚需要外部的轴心文明帝国帮其提供稳定的秩序；但外来的统治只有在其不表现为直接统治，而是间接统治的时候，中亚对轴心世界的价值才能最大限度地体现出来。其功利性的价值体现在中亚作为贸易通道的高效率上。贸易的高效率依赖于自由的环境，在间接统治的情况下，一方面中亚有了秩序，另一方面也更重要的是，自由

---

1 ［苏］威廉·巴托尔德：《中亚突厥史十二讲》，第 61 页。

2 S.Frederick Starr, *Lost Enlightenment: Central Asia's Golden Age from the Arab Conquest to Tamerlane*，Princeton University Press，2013.p.4.

3 因为中亚绿洲社会的这种贸易和文化特征，巴扎（市场）体系和寺院体系（在今天便是其清真寺体系）构成其运转的轴心；对这两个体系的研究是理解绿洲社会秩序逻辑的基础。感谢黄达远先生在这方面对我的提示，这也会成为我未来的研究内容之一。

才能存续；一旦它被直接统治，自由不再，则其贸易的效率受损，而轴心帝国还得投入大量资源去进行吃力的统治，所有的价值都变成负数了。就非功利性的价值而言，"自由通道"地区可以呈现出轴心文明的更多可能性，这可以反过来构成对轴心地区的文明启示。

在这一点上，中亚与东南亚有着可以类比之处。两个地方都有着天然的地理破碎性，注定要担当起"自由通道"的历史命运，多种轴心文明在此处的延伸与碰撞乃至变化，却可以成为该文明之母国的世界历史意义的某种启示。

第五节　雪域

雪域高原号称地球的"第三极"，由于其特殊的地理结构限制了其政治的发展成熟度，在古代这里形成了中国疆域内独一无二的以宗教为基本统合逻辑的秩序，并因此对蒙古草原世界形成极深刻的影响。

雪域高原上有若干条近于东西走向的巨大山脉。主要是北线的昆仑—阿尔金—祁连山脉，大致构成青藏高原与塔里木盆地的界线；中线的唐古拉山脉，大致构成西藏与青海的界线；中南线的冈底斯—念青唐古拉山脉，大致构成西藏内部的农耕与游牧的界线；南线的喜马拉雅山脉，大致构成青藏高原与印度平原的界线；西北向还有喀喇昆仑山脉，与前述大山汇聚成帕米尔高原，帕米尔高原向东北联系着西域的天山山脉，向西南联系着阿富汗的兴都库什山脉。这一系列庞大的山脉对海洋水汽的输送形成天然的屏障，在本质意义上决定了低海拔的西域、中亚与高海拔的雪域这两种特殊的社会生态。雪域的山间河谷地区构成了海洋水汽进入的若干通道，曲折而至的水汽转化为高山积雪，融雪成为西域绿洲所依凭的水源，也形成一系列世界级大河的源头。

山与水的关系，将雪域高原切割为若干个地理和生态的亚区域，并构成了文明传播通道的约束条件。从大区块上，亚区域分为安多地区、康巴地区和卫藏地区。安多地区主要指今天的青海南部、甘南地区和四川西北，这里是高原上最重要的游牧区域，茶马贸易中的"马"主要来自此地。安多地区还提供了丝绸之路上一个重要的通道，即青海道，由此可抵西域。[1]康巴地区包括今天的西藏东部、青海西南部、四川西部、云南西北部等，属于雪域高原与西南地区的过渡地带，也是从中原进入雪域高原的一个重要通道，尤其是在明清之际，其重要性更形凸显。

卫藏地区是对历史上的"卫"与"藏"以及阿里地区的合称。"卫"是藏语"中心"的意思，意指西藏的中心区域，后来又称前藏，以拉萨和山南地区为中心；"藏"则是后藏地区，以日喀则为中心；前藏后藏都属于东流的雅鲁藏布江流域，阿里则属于西流的印度河流域。冈底斯—念青唐古拉山脉横亘卫藏内部，山脉以南是重要的河谷地区，能够享受到穿越雅鲁藏布大峡谷而来的印度洋水汽，气候相对较好，适宜发展农业；山脉以北，各个方向的大山挡住了海上的水汽，自然条件恶劣。

西北的帕米尔高原则构成了欧亚大陆深处重要的分水岭。帕米尔向西是中亚的河间地区，有一系列内流河；向东是西域的一系列内流河水系；向西南则是通向南亚的印度河水系。就整个雪域高原来看，安多和康巴地区的水系都属于太平洋水系，卫藏地区的水系则以冈底斯—念青唐古拉为界，以北是内流水系，以南是印度洋水系，印度洋水系则又分为东向的雅鲁藏布江水系和西向的印度河水系。

雪域高原的地理特征导致其生态很严酷，地理被分割得极为破碎，交通困难，无法形成大规模的人口聚集繁衍，治理成本奇高无比，这使得雪域地区长期处于一种政治低成熟度状态。另外，整个高原是几大重要水系的分水岭，这些水系河谷不仅会带来对应方向的海洋水汽，还有对应方向的文化之传播；而文化的不同传播路径带来了不同的组织资源，同时也蕴含着各种冲突。这些构成了雪域之历史演化最重要的约束条件。

雪域高原上最早与中原发生较多实质性关联的是安多地区。汉武帝时西逐诸羌，开始了中原帝国对河湟地区的统治，也开启了与西羌的冲突。对汉帝国来说，倘若草原的匈奴与高原的西羌联合起来，将从内亚方向对中原地

---

1 青海道又称吐谷浑道，南北朝时青海地区被吐谷浑占据，南朝主要借助这个通道通往西域，故得名。吐谷浑道联通起河湟道、西蜀道、吐蕃道等路线，与河西道、草原道并行构成古代中原通往西域的丝绸之路的三条主要路线。

区形成战略包围，这对长安有着很现实的威胁；因此，必须控制河西走廊以便切断它们之间的联系，为控制河西走廊，又需要进一步经略西域。这样一种冲突模式与战略谋划，呈现为草原－高原的南北关系与中原－西域的东西关系之间的对峙，构成嗣后两千年历史中非常重要的地缘政治结构，在吐蕃王朝时期、明清帝国时期以更大的规模多次重现。

在卫藏地区进入有文字记载的历史之前很久，阿里地区就有了苯教，这是卫藏最早的宗教，影响力逐渐扩大到全藏。苯教有着高度的萨满教特征，以及多神教的宇宙观，这与多头并存的贵族制社会结构相匹配。在高成熟度的政治秩序发展起来以前，部落制是典型的社会组织形式；在共同体的规模超过某个门槛，以至于统治者可以通过政治手段来实现对共同体的整合之前（所谓政治手段，要以财政－军事手段对社会的压制为前提），整合小规模跨血缘共同体的最根本手段便是宗教，所以部落头领一定同时兼具宗教属性，他们也就是后来的贵族。雪域高原上高昂的交通与治理成本，使得大规模共同体极难建立起来，多头并存之贵族制与多神萨满之苯教的共生关系，便成为高原的基本秩序。阿里地区建立的象雄王朝，也是一种贵族制的政治结构。

6世纪中后期迎来了古代气候周期上的一个重要小暖期，2世纪后期小冰期的冲击所致的中原分裂局面终于结束，大一统的隋唐帝国建立起来。雪域高原上也迎来重要的发展，前藏山南地区的雅鲁藏布江中游河谷崛起了一支力量，迅速完成了对差不多整个雪域高原的征服，建起了大一统的吐蕃。早期吐蕃统治者的谱系湮灭在各种传说中，杳然难考，从松赞干布起，才有了明确的断代纪年。

雪域上的政治秩序之所以崛起自前藏，也与前述的地理结构相关。安多地区临近汉地，能够比较早地从中原吸收文化，但是河湟地区被中原所占，安多地区的土著丧失了对这一重要财富区的掌控，无法建起大规模政治体；康巴地区也相对临近汉地，但是当地的土著无法与低地的汉人相竞争，而且由于横断山脉的存在，太平洋水系的康巴人很难向印度洋水系的卫藏地区进行扩张。阿里地区资源不够丰富，虽然能够从印度和中亚两个方向获取文明，但是难以组织起大规模政治体。唯有前藏的山南地区，地处雪域最适合农耕的地方，人口和资源在卫藏地区是最多、最丰富的，其地理位置又最适合从东亚和南亚两个方向吸收技术和文明。位于雅鲁藏布江上游的后藏日喀则，在这方面远不如前藏有近水楼台之便。

从吐蕃能够飞快地建立起来便可知道，它必定也是一种贵族制政权，而不可能是大一统的官僚政权，因为吐蕃在这么短的时间里根本不可能建立起必要的文书系统。吐蕃到了松赞干布统治时期才开始派人到印度求学，并创立文字，而文书系统是官僚系统运作的前提。贵族制天然地有离心倾向，在这种情况下，维系统一的关键在于最高统治者赞普是否能够持续地从外部攫取资源，能做到的话，赞普在与仅有本地资源的贵族们博弈时，便能拥有竞争优势。松赞干布因此做了一系列卓有成效的努力。他击败吐谷浑，征服象雄王朝，掌握了雪域通往西域和中亚的几条重要通道，并由此可以威胁到丝绸之路从河西走廊到西域乃至中亚的部分路段。这些持续不断的战争带来了大量的财富，带来了赞普对贵族们的优势力量，提升了整合能力；这也构成松赞干布的后继者们持续的战略基础。松赞干布通过与唐朝和亲获得了一种额外的正当性资源，同时他又引入佛教，通过来自大唐的文成公主引入汉地佛教，通过来自尼泊尔的尺尊公主引入印度佛教。佛教是一种普世性宗教，不似多神的苯教，前者更适合一个统一王朝的精神需求。赞普与贵族们的政治冲突，于是又以佛教与苯教之宗教冲突的形式呈现出来。

长久以来，雪域高原上仅有略高于部落秩序的发展水平，松赞干布开启的这一系列努力，奇迹般地建立起一个令人眩目的政治秩序。但这一政治秩序很脆弱，雪域原生的是贵族社会，赞普则高度依赖于这之外的财政来源，这种外部财政可以来自对高原以东汉地的劫掠，或者对高原以北丝绸之路的控制；[1] 因此能够通达这两个方向的安多、康巴与阿里，虽然无法成为吐蕃的政治或文化中心，却对它具有重要的战略意义。[2] 尤其是安多，东可入汉地，北可入西域，对吐蕃至关重要，这也是吐蕃在崛起之后首先要灭掉占据此地

---

1 关于吐蕃与丝路贸易的关系，可参见陈庆英、高淑芬主编《西藏通史》，中州古籍出版社，2003 年，第 66-68 页。

2 吐蕃进出西域的大道主要有三条：东道，出柴达木盆地西北，沿阿尔金山到若羌绿洲，即吐谷浑道；中道，有两条路线，一条是大致经今天新藏公路所经路线，即通过夹在昆仑山和喀喇昆仑山之间的阿克赛钦，另一条是从西藏高原西北的拉达克翻越喀喇昆仑山口等若干山口进入塔里木盆地；西道，绕经大小勃律，即今克什米尔，北上可到中亚吐火罗盆地、费尔干纳谷地等，东北向可入西域。中道与北道都需经阿里才能通达。参见王小甫《唐、吐蕃、大食政治关系史》，北京大学出版社，1992 年，第 21-22 页。

的吐谷浑的原因。**安多与康巴可被视作吐蕃的边疆，它们以特定的方式定义着吐蕃；倘若没有这两个地区，雪域将难以获得其政治秩序，无论这一秩序是如吐蕃时期内生的，还是如元代以后外赋的。**[1] 从长时段来看，这两个地区也构成了使雪域与中原拥有共享历史记忆的地缘纽带。

吐蕃的崛起依赖于各种历史机缘的耦合，无法复制，在它于 842 年（唐武宗会昌二年）崩溃之后，[2] 雪域高原无法内生地恢复普遍性的政治秩序，而只能形成一系列很小的区域性秩序。在这种情况下，**形成秩序的关键要素，不是像中原一样比拼哪种组织模式效率更高——这种比拼以资源丰富为前提；而是要比拼哪种组织模式成本更低——这是高原的资源稀缺状态所带来的一个根本约束。**

在资源稀缺的小共同体中，最低成本的组织模式就是以宗教为核心形成的。各个小共同体的首领只要同时具有宗教身份，甚至以宗教身份为其首要身份，便可形成一种较为稳定的秩序。**雪域高原因此成为古代中国一个非常独特的区域**，它成了唯一一个教权有机会独立于政权之外发展起来的地方。另一个与此有相似性的地方是中世纪的西欧，世俗秩序崩溃，教权作为更低成本的组织模式，遂获得独立发展的机会，形成庞大的教会。两者的差别在于，西欧的资源匮乏不是地理硬约束所致，政治秩序还有内生性地恢复起来的可能；雪域则没有这个可能，只能等着外部世界以某种方式向其提供政治秩序，雪域再以其宗教性与外部世界形成特定的互动关系，并由此获得自己的历史哲学意义。

倘若政治秩序建立不起来，则雪域无法与外部世界形成有效互动，只能永远在匮乏困窘的状态下挣扎；在这个意义上我们可以说，**通过外部世界输入政治秩序是雪域的内在需求**。雪域的秩序输入只能从东亚的帝国方向获得，而无法从印度方向或中亚方向获得，因为这两个方向由于其各自的特定原因，自身也处在一种政治低成熟度的状态，有待通过其他力量输入政治秩序。基于中原帝国与草原帝国的不同治理逻辑，我们甚至可以说，雪域的政治秩序只能通过超越于中原－草原之上的普遍帝国才能获得，而这个普遍帝国也将

---

1 从元到清的历史中，安多地区和康巴地区是东亚帝国向雪域输出政治秩序所必经的地理通道。

2 关于吐蕃的聚与散，其更深层的逻辑详见本书第三章第三节第四小节。

因此真正成就其普遍性。[1] 由此雪域才获得其完整的精神自觉，它也在这个意义上，与中原、草原、西域、海洋等各种生态区拥有深刻的共享历史记忆。

　　松赞干布时期的佛教传入被称为"前弘期"。吐蕃末代赞普朗达玛灭佛，在短短数年间便让佛教遭遇毁灭性打击，尤其是在吐蕃核心区域卫藏地区，佛教沉寂了颇久。到11世纪，皈依了伊斯兰教的中亚突厥人王国反复远征印度，印度的很多佛教徒被迫逃亡，他们顺着印度河谷最便捷的逃亡地便是阿里，就此开启了佛教在雪域高原的"后弘期"。佛教在阿里的复兴是所谓"上路弘法"；吐蕃崩溃之际从卫藏逃到安多的几位僧人留下一些宗教种子，吸引卫藏的人来求法，形成所谓"下路弘法"。[2] 阿里与安多这两个雪域的边缘地区，至此开始从精神上重新定义雪域高原。后弘期的佛教不再像前弘期一样面对一个大帝国，而是必须面对大量部落规模的小群体；由于赞普消失了，当年因赞普与贵族的政治对抗而导致的佛教与苯教的冲突也不再继续。这些小群体秩序的最初形成都是基于苯教，佛教的再次传入顺势与苯教形成一种融合关系，由此，我们可以看到从前弘期的"藏地佛教"到后弘期的"藏传佛教"的转型。

　　这一系列的约束条件使得后弘期的藏传佛教都以家族秘传为传播载体，秘传性必定会导致各传承系统的宗教解释有差别，且不易沟通，藏传佛教因此分化出非常多的教派，几乎一个部落就会形成一个教派。[3] **宗教秩序作为最低成本的组织模式，一跃成为雪域低成熟度政治的基本表达形式，形成在小**

1　关于普遍帝国及其与雪域关系的问题，可参见本书第四章第三节第三小节的相关论述。

2　此处所引的说法都是过去比较通行的认识。但是根据比较新的研究，朗达玛灭佛以及后来的弘法等史事，有可能都是后世通过历史叙述构造出来的，可参见沈卫荣、侯浩然《文本与历史：藏传佛教历史叙事的形成和汉藏佛学研究的建构》第二章《藏传佛教文本的形成及其历史叙事传统的创建》，中国藏学出版社，2016年。对相关问题的深入探讨已经超出了我的学力范围，故在此处姑且采用过去的通行说法，但这种说法并非定论，唯望读者留意。

3　政治发展的低成熟度似乎与这种教派的繁多性有着天然的关联。比如在阿拉伯世界，沙漠游牧的地理结构使得其政治成熟度比较低，逊尼派便形成了极多的派别，也是近乎有一个部落就有一个派别。波斯地区有着悠久的帝国历史，政治发展成熟度比较高，政治秩序与宗教互动的结果是，什叶派的派别相对比较少。政治成熟度的高低与教派多少之间的关联，目前我只能尝试给出这样一个假说，未来这可能是个值得进一步研究的方向。

群体规模上政教合一的结构。教派领袖的势力取代了世袭封建贵族的势力，成为雪域高原的历史动力。各教派的寺院变成了既是经济组织又是政治组织，它们有时互相竞争，有时又结成临时盟友，但始终都保持了自己的独立性。[1]其他秩序都围绕着宗教秩序成长起来。

一些佛教大师不断努力尝试进行改革，以改变令人不满的宗教状况，在这个基础上藏传佛教形成了几个大的教派，按照历史顺序，分别是宁玛派（红教）、萨迦派（花教）、噶举派（白教）、格鲁派（黄教）。[2]由于小群体秘传这一根本前提，每个大的教派下面仍然演化出了大量的分支小教派。

雪域这种独特的宗教秩序终于在蒙古扩张的时代获得了其政治性，高原与草原由此产生极为深刻的联系。高原上的教派冲突与草原上的部落政治冲突，相互缠绕着向前演化，使得高原－草原的联系从元到清经历了复杂的历程。[3]雪域在此历程中获得了超越彼此竞争的诸教派的普遍秩序，这是帝国对雪域的政治秩序输出；雪域则因其宗教性而实现了对帝国的精神秩序输出。元明清三代皆有以藏传佛教的宗教力量进行自我政治整合的做法，雪域高原的政治低成熟度却使得政治高成熟度的东亚帝国获得了某种非政治的（前政治的）精神秩序的载体，以支撑起显白的政治叙事所无法负载的隐微面相。

第六节　西南

雪域山脉向东向南延伸，形成一系列绵延的高山，高山之间是无数的河流，

---

1 参见［意］图齐、［德］海西希《西藏和蒙古的宗教》，耿昇译，天津古籍出版社，1989 年，第 63 页。

2 李安宅先生提出，人们一般将宁玛派称作未改革的教派，萨迦派和噶举派是半改革的教派，格鲁派则是改革的教派。参见李安宅《藏族宗教史之实地研究》，上海人民出版社，2005 年。

3 关于这一复杂的历史过程，可参见本书第四章第三节第二小节的相关讨论。

其中有一些属于亚洲最大的河流之列；这些山和谷的海拔都远高于中原地带，但明显低于雪域。这片地区覆盖了今天云南、贵州、广西的西部和北部以及部分四川地区，也就是通常所说的西南地区，从地理空间上可以被视作"赞米亚"地区[1]的一部分。高山大川导致了赞米亚地区地理空间的极度破碎性，也带来一系列政治与社会特性。

赞米亚地区因地理的破碎，无法形成大规模的农耕经济区，从而无法成为轴心文明的生发地，只能成为文明的传播地。这片土地离轴心文明帝国的统治中心有相当距离，而且当地的道路极其难行，人口稀少，一般来说税收的成本会大于税收的收益，轴心帝国的统治向这里扩张的成本也相当高。因此在近代以前，中原帝国长期对这里保持一种比较松散的"羁縻"，这就使得当地和草原类似，保持着相当的源初自由。

西南地区的居民有两种来源，一种是长期在当地居住的土著，一种是在中原帝国的扩张压力之下逃入深山的人群。两种人群因应着当地的地理特征，都发展出一种斯科特所称的"逃避的社会结构"。他们发展出尽可能分散、流动，并且抵制征收的生存策略，其社会结构也适合分散、裂变和重组，他们展现给外部世界的印象是杂乱无章的生存形态，没有固定的形式。当官僚制社会尝试对其进行统一管制时，却发现在制度上没有明显的进入途径。平原上的人群和山地上的人群代表了两个截然相反的政治领域，一方是集中和均质的，另一方则是分散和异质的，但是每一方都在变化，而且每一方的人口构成中都有在不同时间内陆续从对方那儿拉过来的人力资源。[2]

这样一种地理 - 社会 - 政治结构，使得在前近代时期，任何基于官僚和税收的统治都无法成为可能，无论这种统治是来自外部，还是内生的。相应地，

---

1 "赞米亚"地区是从美国人类学家斯科特的著作中援引来的概念，它在藏缅语系中表示"边远的山地人"。赞米亚地区横跨了越、柬、老、泰、缅等东南亚几国，并且包括了中、印、孟加拉几国的一些边远地区。这一地带分布在海拔两三百米到四千米的山地上，几乎从所有方面看都是边远的地区，远离人口中心，远离经济中心，横跨在八个民族国家和诸多宗教传统及宇宙观的结合带上。参见［美］詹姆士·斯科特《逃避统治的艺术：东南亚高地的无政府主义历史》，王晓毅译，生活·读书·新知三联书店，2016 年，第 17-18 页。

2 ［美］詹姆士·斯科特：《逃避统治的艺术：东南亚高地的无政府主义历史》，第 408-410 页。

外部世界中渴望逃避帝国统治的人也会进入大山，与当地人共同生活，并逐渐同化。在斯科特看来，赞米亚地区的山地社会，在此过程中逐渐形成独特的家族世系的实践、家族谱系的推算、地方领导模式、家庭结构等，甚至识字程度，这些都不是先天的特征，而是经过有意的调整，以便能够成功地躲避国家统治的整合。[1]

因此山地社会的人有了可以不断变化流动的认同方式，并形成相匹配的权利组合，为了躲避官僚系统的统治，可以迅速地调整自己的生存样态，改换居住区位；社会结构分散而又自主，却仍然能够保持自有的生存策略与社会合作机制。如此一来，当地便形成了极大的文化多样性与族群多样性。这种多样性带来了很有趣的结果，就是隔着一座大山，即便仅有几十公里，也可能人们彼此之间完全不认同，但是沿着特定的山川峡谷顺流而下几百公里，可能彼此之间仍然有认同关系存在，这也带来了独特的文化传播路径。赞米亚地区的高山大川形成了极大的生态差异性，外部世界难以进去垦殖乃至改变当地生态，由此这一地区便成为人类极为珍贵的文化与生态多样性的宝库。

在如此高度破碎又极具流动性的社会结构当中，理性主义的信仰结构无法存在，因为它需要有比较稳定而又有组织性的教会结构存在，才能不断地进行自我再生产。赞米亚地区最流行的信仰结构便是万物有灵式的萨满教。极大的生态多样性使得这种萨满教可以有丰富的内容，并形成一系列独特的禁忌，以维系当地脆弱的生态平衡。对萨满教的信仰，也使得具有独特个人魅力的卡里斯玛型人物容易成为当地的领袖。

西南地区大山林立，其地质运动过程当中形成了丰富的矿藏。对帝国政府来说，它们尤其感兴趣的是当地蕴藏的可用于铸币的各种金属。从元代中期开始，云南的银产量便冠于全国，直到清后期；明代，云南的铜矿又发展起来；清代，云南铜矿和贵州铅矿形成大规模开发，向内地大规模运输。由此，帝国政府便有了对西南地区进行直接统治的需求，在雍正朝开始了大规模的"改土归流"。大量汉人为了开矿而向滇、黔地区移民，为帝国在当地设置流官时所需的税收财政奠定了初步基础。

---

1 ［美］詹姆士·斯科特：《逃避统治的艺术：东南亚高地的无政府主义历史》，第39页。

但是，帝国政府的政策改革无法清除地理约束所带来的政治效应。西南的总体经济机会有限，所以汉人向西南移民的总数也是很有限的。流官从移民身上获得的财政的规模始终不大，从土著身上能够收到的税赋则成本高昂，甚至向其收税经常会充满危险，因此流官无法拥有向下贯彻其统治意图的基层官员。以黔西北的彝族地区为例，社会基层的原住民仍然认为地方的土著首领才是自己的统治者，帝国的流官反而缺乏权威，各种征徭与命盗案件只有委托土目，才能顺利处理。[1]帝国对西南地区的直接统治，仍然只局限在若干个点和线上，无法覆盖到面。

但是，帝国力量的进入对当地原有的政治社会生态构成了外生变量，两者开始了相互塑造的过程。仍以黔西北的彝族地区为例，在历史上，当地土著首领的权力继承关系并不遵循父终子及的规则，对应地，当地的家族结构以及世系的记忆，都与这种多样化的继承结构相关联。这与草原上不能父终子及的继承原则有所类似，但并不相同。草原上主要是为了确保首领的战斗能力；山区里更主要的是为了形成更加灵活的家族结构和财产分配结构，以便于迁徙，规避其他统治力量的干涉。随着明帝国统治力量的进入，当地的继承规则从明中期开始转为嫡长子继承的父终子及制度。[2]这意味着土著部落内部的权威结构发生了变化，家族结构和财产分配结构也发生了变迁，从而意味着整体社会结构必将经历改造。过去那样一种灵活的、易于规避外来统治的社会结构无法再持续，帝国力量得以继续进入。

在帝国统治的过程中，君主与平民结盟，以对抗、压制作为社会中间机制的豪族和官僚，又与豪族、官僚结盟，来压制平民的过度反抗，最终形成君主－豪族（或官僚）、平民之间的力量均衡，君主居间进行全局性的操控，这种统治技艺在土著地区被小规模地复制出来了。改土归流之前，黔西南的百姓、家奴等依从不成文的传统，对土目有着高度的服从；改土归流之后，地方官员书面保障家奴的权益，纵容他们适当地背弃主人，禁止土目参与缉捕事务等，原有的不成文惯例的约束被大量打破，土目在地方的权威与控制力大幅衰落。而流官不会任由家奴无顾忌地对抗土目，他们会在打击土目与

---

1 温春来：《从"异域"到"旧疆"：宋至清贵州西北部地区的制度、开发与认同》，生活·读书·新知三联书店，2008 年，第 188 页。
2 温春来：《从"异域"到"旧疆"：宋至清贵州西北部地区的制度、开发与认同》，第 110 页。

不让其完全丧失权威中间寻找一个最佳均衡点，从而使得帝国官员成为当地最高的操控者。[1]

对愿意与帝国合作的土著来说，其在与其他土著的竞争中能获得独特的优势，于是合作者会逐渐呈现出汉化的趋势，以获得帝国系统更多资源的支持。竞争失败或不愿合作的土著则会向大山的更深处，也就是河流的更上游迁徙，以保持自己的原有特征。随着当地原有社会结构的瓦解，秩序的重构过程形成了一种"歧视链"的结构。

以川西北羌族地区为例，到了民国时期，当地的自我认同呈现为：住在河流下游的人自视为汉人，将上游的人骂作"蛮子"；而他们本身又会被更下游的人视作"蛮子"。[2]汉人在自己的历史叙述当中所形成的对汉与羌的界别意识，则伴随着汉人控制地区的不断拓展而不断变化。汉人的自我意识也在与西南族群的互构过程中发生着变化。温春来的研究进一步发现，经过这样一种汉化的过程，土著精英所改变的可能更多是文化认同，而非族群认同，他们在很多场合声称或者伪装汉人的身份，但在内心深处仍然有着土著的认同，他们所认同的是帝国王朝及其所认可的礼俗与正统儒家思想，而非认同于汉人的身份。[3]这意味着文化认同与身份认同的分离。东亚方向的日本、越南等国，在近代早期也陆续出现这种分离。[4]从中可以透视出儒家文化与儒家帝国的传播极限。在边缘地区方可以看出这两种极限有着相当的不重合性，这是非常值得玩味的。

不重合性的体现之一，就是西南地区在历史上持续的自治倾向。虽然帝国的统治通过改土归流深入到了西南，但当地的帝国官员也有其独立于帝国之外的利益，他们会依凭西南在地理空间上的相对独立性，而与帝国中央有某种疏离。无论是唐宋时期的南诏、大理，还是后来的吴三桂，中央政权对西南的控制总是相对薄弱的，更不用说作为大西南地区核心的四川，人皆熟知"天下未乱蜀先乱，天下已治蜀后治"。

1　参见温春来《从"异域"到"旧疆"：宋至清贵州西北部地区的制度、开发与认同》，第 196—202 页。

2　参见王明珂《华夏边缘：历史记忆与族群认同》第十二章《一个华夏边缘的延续与变迁》，社会科学文献出版社，2006 年。

3　温春来：《从"异域"到"旧疆"：宋至清贵州西北部地区的制度、开发与认同》，第 309 页。

4　可参见本书第四章第三节的相关讨论。

西南作为币材矿藏的最重要来源地，当地自铸货币的能力很强，民间私铸钱的数量非常之大。云贵川等省的山区移民大量私自铸币，广西的私铸现象也非常普遍，因为它可以通过水路与云南和贵州相互联系。到乾隆末期，西南地区已经是帝国的私钱中心；铜、铅等币材向帝国中心区运输，以汉口为最重要的中转地，云贵川的私钱也大量地聚集在汉口。[1] 币材的丰富为帝国官僚在西南的自治倾向奠定了财政基础，民间私铸的盛行则使得这个地方的民间自组织能力更加强大。一系列深刻影响帝国命运的历史事件，比如，并称为晚明天下两大患的辽东边患与黔省苗乱，发起于广西的太平天国起义，同步于太平天国的云南动荡，使大清最终灭亡的四川保路运动，乃至清末两湖地区远大于其经济比重的政治影响力，等等，都与这样一种山川风土的地理及人文结构有关。

西南也正因其地理特征，而成为普遍帝国内部一个独特的功能区。在汉末，隗嚣于陇地独立之后，便开辟了与西域的交通，又与蜀地在经济上形成支援，西南与西北通过特定的交通路径互为支撑，以对抗中原帝国。蒙古帝国征服南宋，也是以对西北与西南的联立征服，形成大包围，而得以成功的。嗣后的明清大一统帝国，都通过始自西南的茶马古道，而形成对草原边疆的某种控制机制，一如明太祖所设的"以茶制戎"之策。[2] 帝国的治理因山川走向，而使得西南与西北之间形成了深刻的联动关系。

另一方面，张骞通西域时，就发现当地有来自印度的蜀地产品，这证明在很早以前，西南就已处在将中原与东南亚、南亚联系起来的中介地位。大山耸立使得西南成为土著地区，大川的流动却使其有可能成为东南亚的中心，成为中原帝国向东南亚间接辐射影响力的一条陆上通道。到了近代，法国人将印度支那变为其殖民地，通过西南山川河谷的陆上通道，将自己的影响力辐射到西南地区。因此，西南虽然较之中原地区交通不便，却更得风气之先，

1　参见林满红《银线：19 世纪的世界与中国》，詹庆华、林满红等译，江苏人民出版社，2011 年，第 30-31 页。

2　茶马贸易起自唐宋时期，盛于明清。茶马古道上贩往西北的茶叶，主要来自四川以及陕西汉中。从生态地理上说，汉中也属于广义的大西南，算是西南的最北界。参见魏明孔《西北民族贸易述论——以茶马互市为中心》，《中国经济史研究》2001 年第 4 期。川茶对于治藏的重要作用，可参见本书第五章第二节第四小节的相关论述。

成为一系列现代知识与技术传入中国的重要通道，也成为基督教传入的一条重要通道。云南陆军讲武堂甫一成立，便成为与北洋讲武堂、东北讲武堂并立的三大讲武堂之一，后成为与黄埔军校、保定陆军军官学校齐名的军校，培养出数百名将军。烟土是那个时代的通货之一，因其气候条件，云南拥有质量上乘的"云土"，云南地方军阀由此获得了额外的财政来源，从法属印度支那源源不断地购买先进武器，再加上讲武堂培训出的高水准军官，滇军一时有"精锐冠于全国"之称。

虽精锐如此，但因交通不便，滇军始终只能作为地方性力量存在，难以形成全国性的影响力。这实际上隐喻着西南的政治属性，无论是在古代还是近代，它始终作为中国历史当中的一条支线，虽无法形成全国性的影响力，却也是无法忽视的历史主体。而儒家地区正是通过这样一种从平原到雪域高原的过渡地带的存在，才有了自己的边界意识，能更清晰地认识自身。

第七节　海洋

浙闽丘陵和两广丘陵将中国的东南沿海一带，从浙江东南部开始，一直到两广地区，切割成一连串面积很小又彼此分隔的小平原。平原的背后是不断绵延的山脉，山脉之间是一条条河流。这使得东南沿海地区与中原内地的交通，以及小平原彼此之间的陆上交通，都比较困难，反倒是海上交通更为方便，于是这里发展为相对独立的经济区。东南沿海地区的居民系由当地原有的百越部族与因战乱所迫逐渐迁徙来此的中原人群混合而成。百越先民自史前时代就已在环中国海地区广泛航行，据考古学的研究显示，在公元前 5000—前 3000 年间，从舟山群岛向南，大坌坑文化广泛分布于华南、台湾及印度支那半岛，其中的遗存证明了该文化的居民已经能够建造独木舟并进行深海捕鱼。[1]

在几次大规模的中原人口南迁之前，这个地区的人口一直很稀少，所以

---

1 张光直：《古代中国考古学》，印群译，辽宁教育出版社，2002 年，第 227–232 页。

古百越人的航海至多只是个体性的冒险，并无什么政治性的意义。汉武帝在出兵灭亡东瓯和闽越之后，甚至将本就稀少的人口迁到江淮之间，放弃了原有的土地。在孙吴统治时期以及南朝时期，史书上经常看到征伐山越的记载，其中山越有相当部分分布在沿海丘陵地区。直到安史之乱和靖康之变引发两次大的人口迁徙，东南沿海的人口才逐渐变得稠密起来。到十五六世纪，东南沿海的人口日渐膨胀，本地的农业经济已经无法养活如此多的人口，于是开始了一种具有政治性意义的向海外移民的过程。伴随着这一过程，东南沿海地区与周边环东亚海域逐渐发展为一个广大的贸易世界，形成了大大区别于中原农耕地区的社会结构与精神结构。

黑格尔曾经如此对比海洋与陆地这两种不同的社会结构与精神结构。"大海邀请人类从事征服，从事掠夺，但是同时也鼓励人类追求利润，从事商业。平凡的土地、平凡的平原流域把人类束缚在土壤上，把他卷入无穷的依赖性里边，但是大海却挟着人类超越了那些思想和行动的有限的圈子。"[1] 大海所塑造的社会结构天然地是自由的、平等的、开放的。其根本原因在于，大海作为一个可以通达世界的自由通道，原则上无法被任何人所占领，勇敢的人可以去冒险，获取财富；通过大海，人们也很容易逃避集权政治力量的管制。所以，大海孕育着自由，通过一种自生秩序的方式，人们自我组织起来，摆脱大陆式的集权秩序，去创造自己的命运。

自我组织并不代表无秩序，而只是不依赖外部强加的秩序。自生秩序通常会依托既有的组织资源，对中国的传统社会而言，这种组织资源来源于宗族秩序。相对于中原地区而言，东南沿海地区的宗族秩序更加富有生命力。帝国政府对东南沿海地区的控制力因山脉阻隔、交通困难而大大减轻；沿海地区的这种地理空间，也使其在历史上较少受到战乱波及，因此当地的宗族秩序没有受到过严重的破坏，其对社会的整合力量要远强于中原地区。

对朝廷来说，到海上讨生活的人群很容易脱离帝国控制，因此明清时期长期实行海禁。但这不是朝廷的一厢情愿便能够奏效的，尤其是在明中期之后，帝国内部流通的货币不足，依赖海外白银的输入，这只能通过对外贸易获得，所以朝廷不得不逐渐承认海商的活动，并最终解除海禁。

---

1 ［德］黑格尔：《历史哲学》，王造时译，上海书店出版社，1999 年，第 96 页。

出身于东南沿海的华人海商们，此后逐渐垄断了整个环中国海地区的贸易。日本、琉球、南洋群岛等各处的小王国或贸易城邦等，都需要参与到中国的朝贡贸易当中，这是利润很大的贸易，而朝贡贸易的具体操办者往往就是侨居当地的华人。他们为侨居地的土著王公带来源源不断的财富，从而获得很大的影响力。

在这样一种经济－社会过程中，两广、福建一带的人逐渐建立起一个覆盖整个南洋的社会空间。他们在这个空间里如鱼得水，南洋对他们来说同样是家乡的一部分，并不是远离故土的外国，下南洋也不是离开故国，而是在同一社会空间中的内部移动，这种认知几乎一直延续到 20 世纪非殖民化运动之前。对比一下南宋、南明的末代君主及随同军民的逃亡选择，与同时代两广、福建百姓的逃亡选择，可以很清晰地看出这一点。宋末帝及追随他的非两广、福建出身的军民，在元军追击下逃亡到了广东一带的海面上，虽然仍可以继续往南逃，但他们拒绝了，转而北向并最终殉国；南明永历帝在两广称帝，之后的逃亡方向是云南、缅甸，而不是可能更安全的南洋。因为对这些出身中原的人来说，南洋完全是另一个世界，逃往南洋就意味着彻底放弃了一切，虽生犹死。但是对两广、福建人来说，逃往南洋是个很自然的选择，因为那仍然是自己所熟悉的社会空间，很多人也确实就逃到了那里。[1] 南洋是个社会概念，其特征是通过海洋实现的社会网络构建；帝国则是个政治概念，其特征是军事与政治征服及秩序正统性的担当。两广、福建人如果被迫逃往南洋，最多是丢掉自己的政治身份，但是社会身份不会丢失；他们仍然可以嵌合在一个意义世界里，虽然正统性的感觉会受到伤害，但生活的意义仍得以保留。对非两广、福建的人来说，逃往南洋则政治身份和社会身份全都丢掉了，生活的意义彻底丧失，所以不可接受。

在这里我们可以看到中华帝国的一个常常被人忽视，却非常本真的特征，即它实际上是通过政治手段对若干个社会空间的整合。帝国内部，只有在中原地区，政治空间与社会空间才是重合的，在非中原地区，政治空间和社会空间并不一定重合。因为帝国有一个政治统治有效半径的问题，统治半径由军事和财政逻辑决定，而不由社会空间决定。中原的社会空间全部在这个半

---

1 感谢中山大学刘志伟先生就此与我进行的讨论所带来的启发。

径的覆盖范围内，但是非中原地区的社会空间经常是只有一部分在半径的覆盖范围内。华南地区的汉人社会以极深刻的方式呈现出这一点，它是南洋社会空间的最北端，被帝国政治空间所整合，但这一社会空间仍有很大一部分在帝国政治空间之外。我们过去常常以为中原表达着"中国"的本质属性，但从政治空间与社会空间重合与否这一角度来看会发现，中原实际上是特殊的。咨诸世界历史上其他文明区的伟大帝国，同样可以发现政治空间与社会空间的不重合性，这差不多是帝国的一种常态。由此我们可以进一步意识到，由于这种不重合性，对帝国治理来说，政治秩序和社会秩序便需要各得其正，也就是说，两种秩序需要划定各自的边界，否则很容易相互伤害。我们经常说中国是"多元一体"的，这里的"一体"表达的是政治性统一；"多元"表达的则不仅仅是族群差异，更是一种社会性差异，比如，边疆地区与其他族群混居的汉人群体，就并不因其汉人身份而与中原共享同样的社会空间，反倒可能因为与当地其他族群频繁的日常互动，而与后者共享社会空间。"多元"并不能否定"一体"的政治逻辑，"一体"也不应无视"多元"的社会逻辑。

早期西方殖民者来到南洋之后，很快发现他们在各种经济活动当中，诸如与中国的贸易、从当地征收赋税，以及为殖民城市提供服务等方面，不得不依赖华人。[1] 华人在家乡的时候已经习惯了没有政治权力，所以在南洋也本能地愿意接受土著王公或者殖民者所建立的政治秩序，以为后者服务的方式，获得控制经济领域的机会。

进一步探究会发现，南洋华人政治意识的欠缺，并不仅仅是本乡长期欠缺政治权力的结果，更重要的是其强大的宗族结构的双刃剑效应所致。宗族结构一方面带来了华人的商业能力，一方面压制了华人的政治意识。

对海外长途贸易而言，最关键的便是其信用结构的建立，否则与遥远陌生人的贸易关系是无法建立起来的。海外华人都是东南沿海的移民，他们漂洋过海时，身上带着以宗族关系、方言群体等为依托的信用基础；跨越远距离的信用结构，通过宗族内部诸多个体的远距离迁徙而建立起来。在进入20

---

1 ［美］孔飞力：《他者中的华人：中国近现代移民史》，李明欢译，江苏人民出版社，2016年，第59页。

世纪以前，闽南方言群体、潮汕方言群体、客家方言群体、珠三角的广东方言群体，是南洋最重要的几个华人方言群体，他们各自垄断了一些行业。[1] 以宗族为基础的信用体系带来了华人的商业能力，但是相应地，华人所能够想象的秩序也基本上是基于这种宗族（或拟宗族）的社会结构的。

　　（拟）宗族共同体是一种基于血亲本能之自然伦理的社会和经济存在，而不是一种进行主动创制的政治存在。南洋华人在侨居地形成了大量以宗族共同体、方言共同体为基础的会党组织，这些会党组织一端在南洋，另一端连着故土，可以招募本乡人来到海外，帮助初到海外的人在人生地不熟的情况下落脚，在会党内形成互助关系，包括各种内部融资手段等，还形成会党自身的暴力组织，以此为基础确保对特定行业的垄断，排除其他人的商业竞争。会党的凝聚力来自两个方面，一是拟宗族共同体的认同，一是在侨居地对本乡神灵的共同祭祀。[2] 这些都意味着它必定是封闭的小群体，群体之间，即不同的会党组织之间，都不会有认同感，更遑论建立起一种超越小群体的普遍秩序了。所谓海外中国人不抱团，是在中国人作为整体的意义上来说的，在作为同乡的意义上，中国人相当抱团。

　　会党组织使得华人在近代早期的南洋地区颇有势力，在马来亚的土著内战当中华人曾是令人生畏的民间武装力量。但是，若要拥有政治意识的话，并不仅仅是拥有强权即可。从根本上来说，政治意识需要的是一种主动建构秩序的精神动力，再以此为前提，依据抽象原则建立起普遍行为规则，亦即立法，并以暴力机制确保法律会获得普遍遵守，从而形成超越于熟人群体之上的一般秩序。华人在南洋并不欠缺暴力能力，但是，除了极个别的例外，这些暴力能力都没有转化为建立政治秩序的努力，而仅仅是作为一种对社会和经济存在的护卫而已。更进一步地，华人所建立起来的甚至不是经济秩序，而仅仅是经济事实；所谓秩序，里面一定包含着一种规范性要素，而规范性

1　只有东南沿海的方言才足以构成一种群体认同标志，因为当地方言极多，常常翻过一座山就听不懂了，这样便确保了操同一方言的群体是一个足够小的群体，可以形成有效的类熟人关系身份认同。而诸如北方方言这种使用人口极多的方言，是无法以其为基础形成那种认同的。东南沿海这样一种破碎的方言结构，对应的便是强大的宗族认同，这两点的存在都是因为东南沿海的多丘陵地理。

2　参见［美］孔飞力《他者中的华人：中国近现代移民史》，第 23-47 页。

要素的存在就已经意味着一种政治性了。

　　构成对比的是，西方殖民者的人数远远少于南洋华人，武力也未必强过后者，但是他们来到当地后，能够迅速地以其武力为基础，在当地立法建政，建立超越于当地各种特殊群体之上的普遍秩序。拥有政治意识者，便拥有规范性的力量，成为秩序的主导者；没有政治意识者，便只能拥有偶然性的力量，成为秩序的从属者。客家人差不多是这里唯一的例外。他们在南洋多以经营采矿业为主，建立起了类似于东印度公司的有政治色彩的团体组织，其领袖人物罗芳伯于 1777 年将一"公司"改建，在婆罗洲成立了著名的"兰芳共和国"，这个共和国一直存续到 1886 年。客家人拥有主动创制的政治意识，在于其与潮汕人、闽南人等不同，他们的首要认同是一种基于流散性的身份意识，即便已经世代居住某地，他们却仍然在土客矛盾的冲突中有一种边缘人的身份感。流散意识带来充满张力的生存环境，使其不得不在血亲本能之外去思考更多的东西，由此催生了客家人的政治意识。但遗憾的是，这种意识同样无法超出客家人的拟亲缘共同体，从而仍然难以形成以陌生人社会为基础的政治秩序，国家规模有限，最终无法抵御荷兰人的进攻。

　　西方人所拥有的超血缘的政治意识，与其出于亚伯拉罕系统的一神教[1]精神背景直接相关。基督教有着对"独一真神"的信仰，以地域或血缘为基础的伦理观念，在它看来是渎神的，是道德与秩序的虚无之所。基督教神学最重要的奠基人奥古斯丁说，"宇宙中所谓的恶，只是善之亏缺而已"[2]，上帝的

1　犹太教是亚伯拉罕系统一神教的起始，嗣后从中衍生出基督宗教、伊斯兰宗教，它们相信的都是同一个上帝，只是对上帝的理解不一样。但它们毫无例外地都相信上帝"无中生有"（ex nihilo）地创世，不似盘古、女娲或者古希腊、古罗马神话中以及其他诸多文明的神话中的创世神等，后面这些神明创世的时候都要依托于既有的质料，为未定型的质料赋型便是其创世了；而上帝的创世不依凭任何质料，只是依凭其自由意志，一切便都出现。从而，没有任何独立于上帝之外的质料或者先在的规则可以约束上帝，或者构成对上帝的评判标准，上帝因此是全知、全能、全善的。对上帝的信仰因此也应该是无条件的，即便是自然法、血亲本能的命令，也不能影响对上帝的信仰；如果信仰是有条件的，则人们所信的实际上并不是上帝，而是那条件——《旧约》当中的《约伯记》以一种对非一神教世界来说堪称骇人听闻的方式，呈现出这种信仰的无条件性。因此，自然人性所要求的血亲本能（血亲关系也是受造物），在这里获得了突破的可能性。

2　［古罗马］奥古斯丁：《论信望爱》，许一新译，生活·读书·新知三联书店，2012 年，第 33 页。

救赎，便是以善填满这些虚无之所，所以这些地方是要被征服的对象。基督教因此有着很强的扩张性，并且这种扩张性不以任何特定的地理中心为前提，信徒只受到对全知全能全善之上帝的信仰的激励，这与儒家秩序有很大区别。

　　一神教要求对神的信仰的无条件性，[1]这对基于血亲本能的自然人性有很强的挑战，它要求信众克服这种本能，从而也克服其所带来的狭隘视野；信众要不断与内心深处的原罪相对抗，与自我相对抗，在神的恩典的洗礼下，更新自己的灵魂，在对上帝之普遍性的信、望、爱当中，普爱世人。这样一种信念结构，使得人与自己的生存环境处于一种永恒的紧张关系当中，人要不断地反思自己与世俗世界的关系问题，因此有了摆脱原生的生存状态、主动建构秩序的精神动力，这是产生政治意识的基本前提。当然，并不是说有了这种精神动力，就能够产生政治意识了，政治意识还需要更多因素才能被真正激活；但若没有这种精神动力，政治意识就较难产生，更容易形成的还是基于偶然性的机会主义逻辑。

　　一神教世界与非一神教世界在这里形成了一种深刻的差异。儒家所主导的非一神教世界，很重视基于自然过程而形成的血亲／拟血亲共同体的温情，重视善恶有报的自然伦理。这样一种世界观念充满温情，不会让人处在持续的焦虑当中，而是在符合自然人性的基础上，逐渐累积出秩序。儒家帝国的构建主要不是出于政治意识，而是出于暴力逻辑的结果；帝国也会有其扩张性，但这不是基于一种深刻的精神冲动，而更多是基于现实的物质考虑。就文化的扩展而言，在儒家视野中不存在一神教的那种"善的亏缺"的虚无之地，存在的是由内及外尊卑有序的普遍伦理世界，帝国更重视"远人不服，则修文德以来之"。这从宏观秩序上，已经预设了帝国的地理中心，帝国的扩展半径大致便可以知道，差不多就是秦代所奠立下的疆土。南洋地处帝国控制半径之外，漂洋过海的帝国臣民不会有建设政治秩序的精神冲动。

　　从海上而来的西方人，在其一神教精神的激励下，在其历史传统中的法

1　当然，这里说的是一神教的理想型，现实当中的一神教有各种各样的不同流派，有很多流派，包括天主教在内，掺杂了很多古希腊罗马非一神教的观念内容，并不严格符合这种理想型的描述。倒是一些原教旨主义的派别，比如清教，比如伊斯兰教当中服膺罕百里教法学派的派别等，更为接近这种理想型的描述。

权观念的支撑下，叠合能够不断自我再生产的中国—南洋（印度）—欧洲的三角贸易秩序，其在南洋得以建立并维持政治秩序。这种秩序并不局限在南洋，它是西方人所建立的世界秩序的组成部分，被纳入西方人建立的总体全球经贸秩序当中。在西方人初到海洋上冒险的时候，海洋表现出其非政治的社会性之性格，是一种纯自治秩序；随着现代经济的建立，海洋则呈现出强烈的政治性，它成为全球秩序的基础，政治的意涵于此发生了深刻的变化。

南洋华人最初很自然地接受了西方人所建立的海洋秩序，并作为合作者参与到南洋秩序的发展当中。随着现代经济与技术的发展，西方人对南洋的掌控力越来越强，同时对华人对经济的控制力有了越来越大的疑虑，于是开始了一系列压制华人的政治动作。华人在这个过程中，终于普遍地与自己所习惯的生存环境产生了疏离感，这使得某种政治意识开始形成。南洋华人渴望自己也能拥有与西方人同样的法律权利，渴望能够获得不受政治扭曲的经济活动空间，而为了获得这种空间，他们不得不主动参与到政治建构当中去。

在宗族体系的牵引下，这样一种政治意识不仅仅体现在南洋，更通过南洋及口岸地区而与帝国东南沿海相关联，进而刺激了帝国治下臣民的政治意识。包括整个东亚海洋世界在内的广义南洋，还作为新的精神资源的传播通道，使人们得以重构对母国政治的想象。帝国的精神秩序在此获得了一个巨大的转型契机。

在这个背景下再来看中国所面临的海洋世界，一种全新的视野就会浮现出来。在中国的草原－中原－海洋三种生态－地理－经济环境的历史互动中，在古代，草原－中原关系是秩序的生成线；海洋地区则是陆地的附属物，它是逃避中原帝国统治者的去向，中原－海洋关系也构成秩序的传播线。到了近代，由于西方人从海上到来，大海不再是作为陆地的附属物，而是作为一种独立的要素呈现出来，海洋－中原关系变成秩序的生成线；海洋成为一种最具能动性的力量，中原必须适应从海洋上到来的变化，中原－草原关系则构成了秩序的传播线。

在古代，长城沿线和东北地区是草原－中原的过渡地带，是秩序的创生力所在地；到了近代，人们则会在海洋－中原关系中发现过渡地带，构成新的秩序创生力所在地。此时可以看到一个双重的过渡地带浮现出来，一重过渡地带是南洋，它作为大陆帝国与海洋世界之间的过渡地带，就像大中亚地区一样，作为各种经济要素和文化要素的交错地与融合地，不断地提供对大陆帝国的精神刺激与经济刺激；另一重过渡地带是东南沿海拥有口岸的地区，这里指广义的东南沿海，包括汉口、九江之类有口岸的地方，它作为南洋与大陆帝国之间的次级过渡地带，将各种从海洋上来的精神刺激转化为具体的政治过程，说得更具体些，就是晚清以来各种政治变革的原动力，最初都是从这些地方发起的。

　　海洋与陆地的冲撞在东亚大陆帝国所引发的政治过程，今天仍在继续其运动逻辑。中国与海洋世界的关系，在近代历史上长期从属于中国北方的大陆帝国俄国与海洋世界之间的对抗关系，[1] 中国的历史是这样一个大历史之下的分支过程，从晚清开始到冷战结束差不多一直如此。到后冷战时代，中国作为大陆上的强国崛起了，但这个崛起过程是以中国经济深度嵌入世界经贸秩序即海洋秩序当中为条件的，这跟当年的俄国 – 苏联与海洋世界的关系大不一样。

　　因此，中国是作为一个海洋与大陆之间的中介机制存在的国家，[2] 进入到与海洋国家的博弈进程当中——这种博弈的复杂性超过当年单纯的海陆博弈，其中的政治意涵仍有待人们深入发掘，其各种可能性远未穷尽，仍有待继续展开。也正因此，这里才敞开着更加值得我们去创造的未来。

---

1 "海洋政权与陆地政权的对立被看作是世界历史的起因、发动机和主要内容，即所谓的海洋对抗陆地。"参见［德］卡尔·施米特《陆地与海洋——古今之"法"变》，林国基、周敏译，华东师范大学出版社，2006年，第78页。施米特的这本小册子对海洋与陆地之对抗关系的政治哲学意义的发掘极为深刻。

2 可参见本书第七章、第八章相关部分的探讨。

第二章

第一轮历史大循环：封建社会

第一节 三轮大循环

中国历史并不是黑格尔说的那种"永无变动的单一"[1]，而是有着生生不息的结构性变化。这样一种结构性变化，会使得文明的自我意识与自我存在反复地处在分离状态，自我意识在追求与存在重新合一的过程中，越来越向人们的普遍自觉的方向进展。过程很漫长，有的时候有反复，有的时候需要借助外部要素的注入，但这样一个过程是持续的，成为普遍精神向前运动的具体呈现。

这种结构性的变化，其动力机制就是绪论第二部分所讲的自生秩序与集权秩序之间的张力，它更具体地呈现为在制度当中活动的诸多行为主体的博弈过程。自生秩序来源于社会、经济贸易过程，来源于人们个体性的、微观层面的社会互动过程；集权秩序来源于朝廷自上而下对帝国进行的总体控制。

---

1 ［德］黑格尔:《历史哲学》，王造时译，上海书店出版社，1999 年，第 120 页。黑格尔所说的"永无变动"并不是说中国没有经历长久的时间流逝，而是指虽然经历了这么久的时间，却处在精神的停滞状态，改朝换代不带来精神上的进展，民族的自我意识始终是仅仅基于皇帝个人，未曾向个体的普遍精神自觉进展，这样的历史即便历经长久，也并未脱离上古太远。黑格尔的这个论断肯定是有问题的，但这并不影响黑格尔整个历史哲学理论体系的构筑。这个理论实际上是要为对历史的理解搭建起一个新的、体系性的认知图景，局部的错误并不一定带来对整个体系的否定。

这两种秩序的均衡，落实为某种显性的或隐性的制度安排。在均衡中，如果其均衡点过度向集权秩序的方向偏移，则社会会丧失活力；如果过度向自生秩序的方向偏移，则帝国就会分裂解体。这两种均衡都是不稳定的，最终的制度安排势必落在逐渐磨合出的恰当的均衡点，这样才会形成稳定的秩序。[1]

在中国历史上，这个均衡曾多次被打破，而在均衡重建的过程中，就会发生本书绪论中所论的"普遍的理想—特殊的现实—普遍的现实"的小循环运动过程，以及发生更深刻的危机后所引发的大循环运动过程。小循环运动过程主要涉及国体及治理方案的调整；大循环运动的发生则是由于普遍理想遭遇了真正的精神危机，以及社会结构的根本变化，导致担纲者阶层发生了根本的变化。当然，并不是每一次打破均衡都会引发历史的结构性变化，但把时段拉得长一些，则前述的结构性变化在历史当中是可以被识别出来的。

在大循环当中，均衡被打破的初始动因通常是人口的变化，包括人口数量的变化、人口分布的地理空间的变化、族群分布的变化等；以及技术的发展，包括生产技术以及知识传播技术的变化。人口和技术的变化会引发新的经济要素的出现，将原有诸要素的均衡打破。在古代史上，通常是君主能够率先把握住这个新的经济要素，从而获得一个全新的财政基础，君主会以此来努力扩大自己的权力范围，强化集权秩序；但光有新的财政基础不够，还需要新的人事基础，这就涉及知识传播技术了，君主因此能够借重来自新阶层的人群，压制此前与君主形成制衡关系的社会担纲阶层。最终，经过一段动荡，新的均衡会建立起来。这个新的均衡已经是基于面目全非的社会结构了，而过去的普遍理想已经外在于这种新的社会结构，与存在相分离了，所以普遍理想的自我超越就成为新的需求，它要追求与存在重新合一。

在大循环的均衡重建过程中，君主是其中的主动方，所以新的均衡点会更加偏向集权秩序一方。但这会导致社会丧失活力，甚至导致一些群体无法被纳入新的均衡关系当中，沦为（广义的）流民，成为无序的破坏性力量，

1　也许有读者会质疑，这种说法里似乎隐含了"大一统"是个最可欲的历史目标的假设。实际上我并未做此假设，而是在对历史的分析中，我认为，基于中原庞大的农耕地区与人口，在越过某个门槛之后，"大一统"是个不可逆的结果，不以任何人的意志为转移。参见第一章第一节的相关论述。

这就是秦这种朝代很短命的原因。但短命朝代之后，通常会迎来一个伟大的长寿朝代。因为这个新的朝代会汲取前朝的教训，在一个整体性的框架中，把那些新的经济要素以及被抛离出秩序的人群都纳入进来，完成新均衡的构建。帝国社会因此获得一种前所未有的活力，一个伟大的朝代就会开始。

在新的均衡当中，自生秩序这一面，即社会经济这个层面，会发生深刻的结构性变化，这种变化是大循环的底层要素，定义着历史长河的河床。而集权秩序则是奔涌的河水，一方面它会不断地冲击河床，改变其样态，一方面其大的走向又会受到河床的约束。在这样一个动态过程当中，我们可以看到中国的社会结构在古代曾经有过三次大的结构性变迁，分别是：

一、封建社会[1]，在周代获得完善，终结于秦。终结此一均衡的技术进展在于铁器与牛耕的使用，以及竹简的应用。伴随着这个时代的自我瓦解，精神进入到自我反思阶段，东亚轴心文明在中原大地上展开，思想自由地奔流，百家争鸣。

二、豪族社会[2]，从汉武帝的时候开始出现，终结于唐末。终结此一均衡的技术进展在于水稻复种技术的发展，以及印刷术的应用。随着这个时代的瓦解，精神进入到又一次的自我反思，追求对多种普遍主义精神要素的超越，从而开启了下一个时代更高层次的精神自觉的大门。

---

1 这里取的是"封建"一词的原初含义，即"封土建邦"之意。《诗经·商颂·殷武》有云："命于下国，封建厥福。"《春秋左传·僖公二十四年》有云："封建亲戚，以蕃屏周。""封建"本来指的就是对天下进行分封，封邦内部自治，天子只是作为天下共主存在，对封邦内部事务没有管辖权力；所以，"封建"必然是"割据"的，同时也必然与"专制"对立，因为封建制下，天子根本无能力对天下进行专制。从秦到清这两千多年的历史，是西方历史上未曾出现过的样态，西方语言中自然不会有对这种样态的一个专门概念，目前学界也未对这段历史的社会属性该如何称呼表达成共识，比较多的人愿意将其称为"郡县制社会"。我则将"郡县制社会"进一步地区分出其"豪族社会"阶段和"平民社会"阶段，这是受到日本京都学派提出的"唐宋变革论"的启发。关于"封建"概念的详细讨论，可参见侯建新《"封建主义"概念辨析》，《中国社会科学》2005 年第 6 期。

2 豪族社会自身也有过变化。豪族初起时可能只是地方豪强，后来逐渐获得精神自觉，发展为士族，士族在南朝又逐渐演化为门阀；同时在北朝方向，门阀之外还有一种来自草原的军事贵族，它们在隋唐又共同演化为世家大族。所有这些身份，在社会学意义上都可以起到对君主集权的制衡作用，但起作用的方式又有所区别；同时，在与君主的权力分配关系上，它们又都与平民社会有共同的差异。为简单起见，本文统称此阶段为"豪族社会"，在具体的探讨中再做具体区分。

三、古代平民社会，从北宋开始，终结于第二次鸦片战争。终结此一均衡的技术进展在于西方现代经济与知识的进入；而依凭传统资源已经走到极致的普遍精神，在此时代末期到来的外来精神要素的冲击下自我瓦解，开始其对更大的融合的追求。

两次结构性变化之间可能会有一个相对短暂的过渡时期，是为多重均衡当中的不稳定状态，但它最终会收敛到一个更稳定的均衡上去。而社会的几次结构性变化，是在君主、内臣、贵族、官僚、平民等诸多力量群体不断变换的结盟关系当中具体实现的。

在这之后的又一次社会结构变迁，便是 19 世纪末 20 世纪初开始浮现的现代平民社会，其发展迄今仍未完成。区别于古代的是，这一次新的经济要素不是出现在帝国内部，并让皇帝有能力将其率先整合为自己的力量的，而是出现在帝国外部，并且帝国永远不可能将其进行内部化整合。于是这一轮大循环的起点便不是新的均衡点向集权秩序方向偏移，而是它向自生秩序方向偏移，于是旧的均衡被打破，国家走向解体。之后的历史任务便是将均衡点再向集权的方向回调，重建统一。这是理解 20 世纪革命史的一个基本前提。但革命史只是故事的一半，革命本身接下来也要自我超越，推动中国的现代转型继续向前迈进。而精神的重构与自我超越，很可能是这一轮历史大循环的引领性力量。

第二节　脱于混沌，封建初成

大约 6 万到 7 万年前，现代人类走出非洲后，几经辗转，通过若干条路线迁徙进入到今天的中国这片土地上。据考古学的研究，有三条主要路线：一条路线是从中东经南亚，再经云南广西一带进入中国，之后其中的一支向西上到高原，一支继续北上进入中原；一条路线是从伊朗进入中亚，再途经西伯利亚南下进入中国，西伯利亚曾经比今天温暖宜居得多，在那儿被发现了一系列的上古文化遗存；还有一条路线是走海路，从印度半岛经海路进入南洋群岛，再一路向北跨岛航行，最终进入中国。[1] 人类从这三条路线分别走下来，在历史上花了很长的时间，同时也分别携带着各自的一些文化基因。

到了公元前5000年左右，在早期农业的基础上，这些迁徙者的后代在各自的徙居地独立发展出一系列的原始文化，诸如东北的红山、中原的仰韶、华北的大汶口、江南的河姆渡等，一如满天星斗。[2] 到了约公元前4000年，这些文化区块彼此之间开始发生密切的互动连锁关系，逐渐发展为一个更大的文化相互作用圈。[3]

中原地区有着世界上最大的连成片的宜农区域，由于其自然生态及地理位置，这里发展起更大的人口密度，亦成为各文化区沟通的中介，从而内外交往频繁，这些交往既包括战争也包括贸易。中原遂演化出较其他地区更加复杂的行为规则，这些规则必定具有超越于单个部落体、文化区之上的普遍性，才能构成普遍的交往基础，这就是最初时代的"礼"。随着社会的复杂化，"礼"也日趋复杂化。周取代了商之后，在其分封制下，天下被纳入一种拟亲缘共同体的结构当中，其核心是宗法制，相应地形成了嫡庶之制、祭礼、服制等。[4]基于尊尊亲亲贤贤的原则，一种稳定的秩序浮现出来。王国维先生论之曰："所谓立子以贵不以长，立嫡以长不以贤者，乃传子法之精髓……盖天下之大利，

---

1 可参见美国国家地理网站的一些相关资料。https://genographic.nationalgeographic.com/human-journey/（最后访问时间2017年3月6日）

2 持"满天星斗"说的典型代表之一是苏秉琦先生。他将中国上古的文化区分为六大区块，分别是以长城地带为中心的北方地区、以晋陕豫三省邻接地区为中心的中原地区、以山东及临境地区为中心的黄河下游地区、以湖北及临境地区为中心的长江下游地区、以江浙临境地区为中心的长江下游地区和以鄱阳湖—珠江三角洲一线为主轴的南方地区。这六大区块的文化来源各不相同，都曾对周边地区起到文化大熔炉的作用，而区块的文化类型彼此之间有着明显差异，所以中华文明是多元起源的。参见苏秉琦《苏秉琦考古学论述选集》，文物出版社，1984年，第301-305页。

3 张光直先生调和了苏秉琦先生的满天星斗说及与其对立的中原一元起源说，他认为在公元前5000年左右，中华大地的上古文化确实是满天星斗的状态，但过了约1000年，这些不同的文化区块开始发生连锁互动关系，相互影响相互融合，于是相对而言统一的中华文明出现了。本文取张光直先生的这一观点。见张光直《论"中国文明的起源"》，《文物》2004年第1期。该文是一篇非常好的关于考古学界诸种观点的综述性文章。

4 王国维先生认为这些宗法制度是在殷周革命之后确立起来的，殷商时代的继承关系为兄终弟及，并无嫡庶之制，周则建立起立子立嫡之制，他称此为"中国政治与文化之变革，莫剧于殷、周之际"。见王国维《殷周制度论》，载《王国维论学集》，傅杰编校，中国社会科学出版社，1997年。

莫如定；其大害，莫如争。任天者定，任人者争；定之以天，争乃不生……有周一代礼制，大抵由是出也。"[1]由宗法制确立了一套法统秩序。

所谓"绝地天通"，也在这样一个历史过程中浮现出来。传说中的蚩尤之乱导致民神杂糅，以至人人皆巫史，在真实的历史中则很可能是分布在中国大地上的各种原始文化彼此冲突交战的过程。这种混乱交战在传说中被记忆为多个彼此对抗的部落神之间的冲突，这些冲突只会带来混乱，不会带来正当性的秩序，因为对正当秩序的共识以对神的共识为前提；直到战争结束，获胜者的部落神定于一尊，其他的部落神被还原为附属性的存在，正当秩序才会开始生成。炎黄交战，以及他们与蚩尤的交战，皆是在民神杂糅、人皆巫史的阶段，到战争结束，颛顼帝绝地天通，确立独尊之神，秩序便浮现出来了。这些上古神话是对秩序之生成过程的隐喻。定于一尊的神，必须超越于诸多部落之上，才能获得普遍的自愿认同。这种超越需要一个抽象过程，于是神逐渐被抽象为超越性的"天"，对部落神的祭祀逐渐过渡为对"天"的祭祀。早期对部落神的信仰，使得诸部落之人开始脱离自然，但仍视其他部落之人如野兽；对"天"的信仰，使得他们开始脱离自我（部落）中心，认识到其他的部落是与己相像的一种存在。

《礼记·郊特牲》有云："万物本乎天，人本乎祖，此所以配上帝也。"在"巫""祝""史""宗"主导的对上天与祖先的祭祀中，礼法秩序传承着历史，表达着天意，宗法制的秩序正当性获得了不断重申。因此历史就是天意的时间性呈现，具有了超越性，构成信仰的对象。

武王周公所分封出去的贵族是宗法制的担纲者，通过井田制完成对社会秩序的具体组织过程。宗法制、分封制、井田制[2]，构成西周封建社会的基本制度。在井田制下，依照政治秩序，土地被区分为"国""郊""野"三个部分。"国"是都城，是宗法贵族的所在地，"郊"是随同宗法贵族前来进行武装殖民的国人庶民耕种的土地，"野"则是被征服地的原住民居住与耕种的土地；国和郊也经常被统称为国，以便区分于野，并区分国人和野人。可耕种的土

---

1 王国维：《殷周制度论》，载《王国维论学集》，第 4 页。

2 "井田制"在历史上是否真实存在过，曾经有过很多争论。《西周史与西周文明》一书《井田制与西周社会性质》一节当中对相关研究有较好的综述，本书采取该书的立场，接受井田制的真实存在。参见张广志《西周史与西周文明》，上海科学技术文献出版社，2007年。

地被划分为诸多被称作"井"的单元，每个单元内都被划分成"井"字状的九块。八家共一井，每家分一块私田，八家共耕一块公田，每三年会重新调整一次土地分配。[1]公田又称"籍田"，每年春耕之际，宗法贵族要祭祀天地，行籍礼；籍田上的收获是贵族的主要收入，同时亦用于祭祀，其因此又获得一种宗教属性，以此田制来象征礼法秩序。[2]物理性的划分因此获得了伦理性的意义，并得到了远超物理意义的理解。

西周时期，周天子将刻有铭文的青铜器赠予各诸侯国，铸刻技术被周王朝独自把持，其他各国无法独自将文章刻在青铜器上。[3]文字最初是用于祭祀活动的，所以周天子基于铜铸而进行的文字传播过程，实际上是一个不断向诸侯确认基于天意、以周天子为共主的宗法制度的过程。文字的垄断便是控制这样一种治理秩序的手段。文字本身是个很复杂的发明，对人类早期社会来说，它在经济成本上并不划算，除非是出于祭祀需求，否则这种发明不会出现。以文字进行的祭祀活动，意味着（复杂）宗教已经出现，以（复杂）宗教为认同基础的更大规模的社会合作开始成为可能；只有在这之后，对大规模社会的复杂治理及其必需的技术前提，即文书系统，才会出现。也就是说，文字在早期被垄断于祭司集团及有资格参与祭祀活动的高级贵族的小圈子里，这是超越小群体的大规模社会得以出现的根本前提，文字转化为非宗教性的社会应用是更晚的事情。

在西周时代，去古未远，民风犹淳，尚德之风尚在，奸滑之徒不兴。人们都相信，君子依从古风循礼而行，则小人自化，孔子曰："君子之德风，小人之德草，草上之风，必偃。"人们皆视"礼"为理所当然，在一种前反思的状态中，君子皆有自强不息、厚德载物之心，做礼制与武德的担纲者；小人则甘享"日出而作，日入而息。凿井而饮，耕田而食。帝力于我何有哉"之乐，仅依古来惯例服徭役、交赋税，是财富之所出。故孟子曰："无君子，莫治野人；

1　关于井田制的具体制度安排，学界也还有很多争议，为简明起见，本书只采纳了相对主流的观点，而未做更细致的学术史梳理。

2　依照张广志先生的研究，国和野的田制还有一些区别，"国"中是公田相对集中而形成大片的籍田；"野"中是八家共一井，公田私田并存于一井之内。参见张广志《西周史与西周文明》，第187页。

3　［日］平势隆郎：《从城市国家到中华：殷周 春秋战国》，周洁译，广西师范大学出版社，2014年，第33页。

无野人，莫养君子。"双方互为条件，犹日用而不知。

国人之间彼此有一种血统认同关系，基于此而形成一种战斗共同体。国人则对野人进行基于地域关系的统治与管理。[1]因此，国人获得分配的土地，是为了保持国人间的平等权利，维持他们提供兵役的能力；野人获得分配的土地，则是用以形成一般治理结构，维持其提供劳役的能力。他们被宗法制的秩序赋予了截然不同的意义。在古风流行的封建社会中，唯国人君子有资格、有义务参加战争，野人则无资格参战。君子参战的目的不是杀伤对方，而是恢复礼的秩序。所谓"大刑用甲兵，其次用斧钺，中刑用刀锯，其次用钻笮，薄刑用鞭扑"[2]。"刑"的目的是恢复正当秩序，战争既为大刑，其目的必为恢复天下公认之秩序，即恢复"礼"。

春秋五霸之首齐桓公"九合诸侯，一匡天下"，皆以兴灭继绝为目的，要再复礼的秩序，孔子赞其"正而不谲"。然而，齐桓公毕竟不是天子，"礼乐征伐自诸侯出"，则已为无道矣。齐桓公在恢复封建，却是以否定封建的方式。不过这样一种否定封建的努力，实际上可以向上追溯到西周后期的几位天子。

第三节　封建的巅峰与瓦解

一、周厉王之败

西周立国之际，小邦而承大德，故周天子必须怀柔天下，唯有封建，方能收天下人之心。《诗经·大雅·文王之什》曰："文王在上，于昭于天。周虽旧邦，其命维新。有周不显，帝命不时。文王陟降，在帝左右。"文王作为天命的担纲者，予旧邦以新命，法统在兹，武王继之，天下遂定。武王、周

---

1 杨宽：《西周史》，上海人民出版社，2003 年，第 398 页。
2《国语·鲁语上》。

公将同族、功臣及前朝高门分封于天下，天子与同姓诸侯皆有叔侄关系，与异姓诸侯皆有舅甥关系，诸封臣及其族人即为国人，共御野人。同时，天子近族在朝堂拱卫天子，其中最重要的便是周、召二家。这样一种内、外多重的宗法贵族制度，与上承天命的周天子，将天下共同型构为一种拟亲缘共同体，天子作为这个共同体的至高象征，一种"以德配天、明德慎罚"的伦理秩序便成为人们对天下的理解；赤裸的武力被转化为对礼制的护卫，礼制反过来为人们划定了行为的边界，不得擅自逾越，否则，即便是天子，也会沦为独夫民贼。[1]

天子的"明德慎罚"，不一定全出于天子的自我节制，也在于整个天下秩序的各种力量要素之间形成的力量均衡，包括地方诸侯对周室的约束、朝堂当中的贵族对天子的约束等。各种对抗的欲望彼此之间相互抵消，"罚"变得难度比较大，只能通过对于"德"的强调来使得诸侯自愿遵从，而诸侯在对天意的敬畏下，也乐于遵从德性秩序。但天子与诸侯的行为动机在这个秩序下已经不重要，重要的是礼制为他们的行为所赋予的意义。

随着承平日久，诸侯各自发展起来，天子则为了各种原因经常向外继续分封，以致周室日衰，诸侯的野心开始有所膨胀，间或有不来朝贡者。原本均衡的封建体制开始遭遇挑战，均衡点向不利于周天子的方向偏移。至周厉王，他力图重振王室，遂不顾传统，摆脱"世为卿士"的周、召两大政治家族，任用在王畿没有根基的荣夷公帮助自己理财，行"专利"，将山林湖泽改为天子直接控制，不许国人再依照惯例使用；国人对此极为不满，厉王遂再任用在政治上无有根基的巫师来监督国人，有敢于毁谤天子者，动辄残酷惩罚之，国人不敢言，乃"道路以目"；王室财用日足，周厉王复又对外征战，痛击来敌，一时国威大振。然而，这一切都是因为对国人的强力压制以及对周、召二家的架空，但是厉王所能动员的资源并不足以压制他们的反击，最终发生"国人暴动"，厉王被迫逃亡，周、召二家代表国人代理朝政，史称共和，直到外逃的天子崩于逃亡地，周、召二公共立其太子，是为周宣王，共和结束。逃亡而死的周天子姬胡，身后遂得一恶谥"厉王"。

---

[1] 孟子曰："贼仁者谓之贼，贼义者谓之残，残贼之人谓之一夫。闻诛一夫纣矣，未闻弑君也。"（参见《孟子·梁惠王下》）仁与义的判断标准便是传统的德性秩序。

从事功的角度来看，周厉王是个志大才疏的改革者；从彼时的伦理标准来看，周厉王则是个残贼之君，德堪其谥。他不顾传统及制度的约束，肆意越过自己的行为边界，侵犯国人的利益空间。从更深刻的政治哲学角度来看，厉王与诸侯及国人的冲突，是尊重传统抑或君主独尊这两种政治伦理的深刻冲突；这一冲突并不为中国所独有，它是内在于人类本性的一种终极追问，即，正义的基础究竟属于神还是属于人？在西方的精神世界中，这个冲突表达为"安提戈涅之怨"[1]。但这个冲突并无确定的答案，否则也不会构成一个持续几千年的问题。倘若正义是属人的，那么以什么来约束这个自称正义在握的人？倘若正义是属神的，那么何谓神意？如何确保那自称传达神意者不是在进行其私意的表达，以维护他们自己的私属利益？

在中国的语境下，传统就是神意的表达，所以中国人会有对历史的敬畏，诸侯与国人要求厉王尊重传统，亦即顺服天意；厉王则要求他们服从自己，亦即顺从掌有权力的君主。这里必须指出一个本质性的区别：依照传统，人们也要服从厉王，但此时他们所服从的是"王位"，只不过厉王是这个王位的人格化象征；而厉王所要求的，则是人们对他这个"人"的服从。**传统所要求的是"人"从属于"位"，厉王所要求的则是"位"从属于"人"**。依照传统，有一个超越于所有人之上、不以任何个体意志为转移的正义，它可作为标准，来衡量包括厉王在内每一个人的具体行为；厉王的打算，则是他超越于传统与其他任何人之上，以他的意志为正义的基础，以此为标准来衡量除他之外所有人的具体行为。[2]

但是何谓传统？传统就是经久延续的行为规则，由各种力量博弈均衡得出，而人们会将其上升为一种伦理认同，认同其中承载着神意与天命，传统就此超越了单纯的物质意涵而获得精神意涵。所有个体，无论其身处高位抑

1　安提戈涅是古希腊悲剧作家索福克勒斯塑造的一个形象。安提戈涅要违背国王的命令，遵从神意及传统，为自己因触犯叛国罪而战死的兄弟收尸；国王克瑞翁则禁止她这么做，并将其囚禁起来。最终安提戈涅自杀，国王也落得悲惨的下场。安提戈涅在质疑国王命令的时候说道："我并不认为你的命令是如此强大有力，以至于你，一个凡人，竟敢僭越诸神不成文且永恒不衰的法。不是今天，也非昨天，诸神的律法永远存在，没有人知道它们在时间上的起源！"安提戈涅这个形象因此成为西方思想史上象征人与神的冲突的一个经典隐喻。

2　当然，厉王本人未必真的有过如此清晰的考量，他更可能只是出于政治本能行事。本文的目的是对历史的深层逻辑加以阐发，而不是对当事人的考量给出清晰的回答。

或身份低下，皆能在传统中找到自己的伦理位置，并因此获得尊严；对传统的普遍承认，也会通过其外化出来的制度而约束个体的肆意妄为。

这就意味着，在博弈当中的力量群体的均衡关系未曾有大的变化的情况下，传统及其制度无疑是人们公认的正义基础。但是倘若力量的均衡遭遇严重的失衡，则获得不均衡力量的个体，其欲望将使其有能力冲破传统的束缚，挑战社会的伦理基础，寻求创立新的秩序；此时，他无疑会将正义的基础放置在拥有自主创造能力的人，也就是他自己的意志上，以克服传统对其行为的压制。这种努力并不必然带来秩序，也可能带来混乱，但它无疑是个表征，表明传统已经无法再应对现实了，人们必须突破现实，寻找一种新的秩序。各种努力会持续下去，直到建立新的均衡。

也就是说，除非到了革命[1]性的时刻，否则人们会普遍接受正义的根基是属神、属传统的；而在革命的时刻，正义的根基在于具有自主创造能力的人，这样一种理念会浮现出来。但是倘若不能在革命过程中建立新的属神叙事，构建新的传统，以便为新秩序赋予超越性的意义，使其超越于所有人之上，则那个开创性英雄的欲望将会反噬其自身，在不受到任何约束的狂暴中，终结于所有人对他的反抗。成功地完成对传统之突破的人物，其起点很可能只是个人的野心，但是其努力的结果会是业已失衡秩序的再均衡，倘不能洞察失衡、顺势而为，他也不可能获得成功，而一旦成功，其个体行为会在新传统的叙事中获得新的意义，其行为边界也会获得新的界定。[2]于是，在古老的

---

[1] 汉语里的"革命"一词，最先出自《周易》当中"革"卦的彖辞："天地革而四时成，汤武革命，顺乎天而应乎人。革之时大矣哉！"指的是天命之流转，与现代的革命含义不同。本文用"革命"一词，更多的是强调人们的观念结构及其关联的社会结构的本质变迁，它带来了对正当秩序与正义标准的全新想象；它强调比天命流转更深刻的变化，但不像现代革命一样，基于观念来改造现实。可以说本文所用的"革命"一词的意涵，介于其中国古代与现代的意涵之间。

[2] 黑格尔称这样一种人物为"世界历史人物"。他对此评论道："一切伟大的历史人物——这种人自己的特殊目的关联着'世界精神'意志所在的那些重大事件。他们可以称为英雄，因为他们不是从现行制度所认准的、沉静有常的事物进行中，取得他们的目的和他们的事业，而是取自一个泉源——它的内容是隐藏着的，还没有达到现实的存在，——取自那个内在的'精神'，这'精神'依然潜伏在地面之下，它冲击着外面的世界，仿佛冲击一个外壳，把它打成粉碎。因为他自己具有另外一个核心，而不是这一个外壳的核心。"参见黑格尔《历史哲学》，第31页。

传统下，看上去惊世骇俗、颠倒人伦的各种狂悖之举，却构成了新传统赖以成长的土壤；而新传统的叙事会在一套更具普遍性的叙事中，被接续到古老的传统当中，以获得更大的正当性，否则其**无法从精神意义上终结革命**，则稳定的秩序便仍然未到来。

周厉王虽然失败了，但他在改革中的一系列做法，都是后世诸多试图强化集权秩序的君主的行为策略之预演，其成败逻辑与后世皆有深层相似之处。为了压制朝堂上的贵族，厉王必须去扶植在朝堂当中无有根基之人，这类人于既有的政治秩序并无利益相关，反倒有可能从秩序的变迁当中获得机会，从而愿意为君主所用；而他们由于没有根基，其荣辱富贵遂皆取决于君主的喜恶，君主容易对其形成控制，也就乐意用他们。通过与这类人结盟，厉王便能够绕开周、召等树大根深、不听召唤的贵族，遂行山林湖泽的"专利"之法；并将"专利"所得之财富，一部分用来收买同盟者，另一部分则用来完成自己的其他野心。

贵族们之所以会构成厉王"专利"政策的障碍，在于国人对山林湖泽的权利来自传统，而贵族是传统的担纲者，倘若厉王可以任意破坏传统，便终将威胁到贵族的地位；这也是周、召二公赶走厉王之后，虽代行国政，却并未取王位而代之的原因，倘若他们取而代之，则是对传统的否定，从而也是对自己所有行为的正当性基础的否定，他们也难逃厉王的下场。国人本身有自我组织的能力，所以厉王便用游离于这种组织资源之外的巫师来监督国人，以图破坏其自我组织能力。厉王的所有努力都是直接从国人口中夺食，来培植自己的支持力量。但其可以动员的人力资源只是个体性的存在，并没有形成足够强大的社会基础；相反，国人具有现成的社会基础，既然厉王将自己摆到了对立面，自然便会把他们推到周、召二公一边，国人暴动遂成。

周厉王之所以会做这种尝试，是因为封建制度的失衡已然出现，于是他试图摆脱传统的限制，排斥作为传统担纲者的贵族，颠覆既有秩序；但是赖以建设新秩序的资源并未出现，厉王没能找到新的统治基础，其所有努力不过导致了嗣后的混乱。其子之政号称"宣王中兴"，实则宣王也尝试摆脱传统。他"不籍千亩""料民太原"，皆是对井田制的否定；他滥杀大臣，干涉鲁政，实际上是对分封制的蚕食。宣王未曾走到厉王那么远，但与其父异曲同工；

其根本原因都在于，传统的秩序已然无法整合新的社会要素，故而非变不可。西周最终亡在宣王之子幽王的手上，东周的天子再无西周时期的权势，对非变不可的秩序的革命，虽由周天子开启，最终却无法由周天子来完成了。

二、礼乐征伐自诸侯出

西周时期战争规模很小，原因之一是当时的人口非常稀少，大国的国人总数也不过数千人。当时一个诸侯国只有一个城，不能有两个城，否则人们会担心另一城足与国都抗衡，此所谓耦国，被视作致乱之源。[1] 由于人口稀少，野人能够耕种的土地也不会从郊向外拓展到非常远，所以，国和国之间有大量的荒原，是狐兔出没之所在。但是，到了春秋时期，人口增多，原有的土地已经不够分配，新城建立起来，耦国开始出现。西周时期的分封主要体现在天子对诸侯的分封上，春秋时期则开始出现诸侯在国内对卿大夫的分封。[2] 周天子暗弱，诸侯勃兴，遂将中国历史带入春秋五霸时代。

这是一个封建走向瓦解的时代。

春秋五霸中最有争议的宋襄公，并无如同齐桓、晋文一般匡正天下的武功，却想要做霸主都曾做过的召集会盟之事，以尊王攘夷之礼号令天下。在他召集之际，公子目夷谏曰："楚，夷国也，强而无义，请君以兵车之会往。"[3] 襄公不听，楚成王果然不依礼行事，捉住宋襄公，以其为要挟而攻宋。日后，宋襄公再获机会与楚成王一较高下之际，仍坚持"君子不困人于厄，不鼓不成列"，遂大败于楚成王。对武力并无优势，但是血统有优势——作为商纣王庶兄微子启之封国的继承者——的宋襄公来说，其欲图称霸，唯有以"礼"服人，这是其仅有的选择，但在礼崩乐坏的时代也徒留迂腐之讥；对血统上满是劣势——蛮夷出身——而在武力上有优势的楚王来说，以"力"服人是其仅有的选择，在这种时代却又是简单有效的办法。宋襄公的执着，是贵族战争伦理在这个时代的绝唱；"礼"的遗失，意味着封建制即将被人弃如敝屣。

---

1 史念海：《中国历史人口地理和历史经济地理》，台湾学生书局，1991 年，第 7 页。
2 张广志：《西周史与西周文明》，第 126 页。
3《春秋公羊传·僖公二十一年》。

吊诡的是，这也是个封建走上高峰的时代。

宋襄公绝唱三十年之后，楚庄王伐陆浑之戎，兵锋抵于洛阳。周天子派遣王孙满劳军，楚王竟不避僭越地问天子之九鼎的轻重。王孙满对曰："在德不在鼎……德之休明，虽小，重也。其奸回昏乱，虽大，轻也……周德虽衰，天命未改，鼎之轻重，未可问也。"[1] 这段应对，千古之下犹闻其铿锵之音。王孙满用基于传统的德性这种正义观念压制住了楚子[2]，楚子遂罢兵归楚。楚子虽有僭越一问，却仍接受了"在德不在鼎"之说，这意味着其对周天子所象征的天下秩序终于有了一种主动参与，蛮夷愿意化入分封体系，后秦穆、楚庄、吴王阖闾、越王勾践皆获封为伯，封建秩序外展于同姓及近臣诸侯之外，遂达其最高峰。最高峰同时也孕育着自我终结，分封制向蛮夷的扩展，意味着以周天子为金字塔顶的拟亲缘宗法制开始变得虚空，分封制的伦理基础被抽离而去。

作为经济基础的井田制也开始遭遇废除。公元前594年，鲁国开始推行初税亩，取消古典的井田制，以单个农户为单位，个别地配授农地，然后不再区分公田、私田，要求所有土地普遍交纳田租。鲁国的这种做法可被视作约两百年前周宣王"不籍千亩"的诸侯版。初税亩被讥作"非礼"之政，[3] 因为井田制不仅仅是一种财政与土地制度，它同时内蕴着宗法秩序的伦理。春秋时，不仅天子、诸侯有籍田（公田），所有贵族也都把籍田作为主要收入。[4] 贵族们通过其籍田所得完成祭祀，从而在宗教意义上获得一种主体性地位，证成自己在宗法制当中的独立身份，其虽在爵级上低于君主，但并不依附于君主。井田制的古法（称作助法）被废除，则籍田也被取消，此后，祭祀的开支便由新法（称作彻法）下的赋税收入统一支付。[5] 如此，则贵族丧失了独

---

1 《春秋左传·宣公三年》。

2 "王"系楚君自谓，依礼，蛮夷之君皆称"子"。《礼记·曲礼下》有云："其在东夷、北狄、西戎、南蛮，虽大曰'子'。"

3 《春秋公羊传·宣公十五年》讥之曰："初税亩。初者何？始也。税亩者何？履亩而税也。初税亩何以书？讥。何讥尔？讥始履亩而税也。何讥乎始履亩而税？古者什一而藉。古者曷为什一而藉？什一者，天下之中正也。多乎什一，大桀小桀。寡乎什一，大貉小貉。什一者，天下之中正也，什一行而颂声作矣。"

4 杨宽：《西周史》，第271页。

5 赵冈、陈钟毅：《中国经济制度史论》，新星出版社，2006年，第26页。

立于君主的身份，转为依附者。改助法为彻法，取消贵族的祭祀机会，剥夺了其通过与天神沟通而获得的独立性，这相当于再一次的绝地天通，将政治主体身份统收归于君主。这种变革带动了其他诸侯国的跟进，开启了通向战国时代的大门。

三、技术进步与封建社会的终结

1. 新的生产技术

改助法为彻法，早年的周天子尝试过，终至失败，两百年后诸侯国的尝试却获得了成功，原因在于，随着技术的进步，能够打破既有均衡的新经济要素出现了。在没有新经济要素的情况下，周厉王会被既有均衡击败；有了新经济要素的注入，则既有均衡本身会被击败。

铁器与牛耕的出现，是春秋时期的重要技术进步，到了战国时期开始普遍应用。一方面，新技术使得耕种的效率大幅提高，百姓在井田之外大量开垦私田，乃至从井田逃亡；另一方面，人口越来越多，三年重新分配一次的井田，已经不敷使用，这两个原因都使得井田制开始遭遇困境。反过来，由于新技术的出现，土地耕作制度从西周时代的休耕制开始向连种制过渡，春秋时代是休耕制与连种制并行，到战国时代连种制已经占据主导地位。有机肥的运用在春秋末年、战国时期获得了发展，地力因此更易恢复，能够支持连种制。而对二十四节气的掌握也在战国时出现，这使得人们对农时的掌握变得比过去更好。[1] 深耕细作，不违农时，在战国时成为可能；同时，这个时代的人口增长比较迅速，降低了劳动力的成本，使得需要多多投入劳动要素的新技术具有了经济可行性，私田遂发展起来。

君主可以从私田当中收取税赋，这是一种封建制当中所没有的全新的经济资源，君主再用此一资源来压制此前始终与自己抗衡的国内贵族。而对耕种私田者来说，他们需要安全保护，也需要有力量来帮助组织兴修水利，刚好可以与君主的需求达成互补，于是双方形成了结盟关系。所谓结盟，不是

[1] 梁永勉主编：《中国农业科学技术史稿》，农业出版社，1989 年，第 120-131 页。

说双方进行了明确的意思表达，而是只要在互动过程当中，两种力量的协作关系能够持续地运作下去，就意味着它们之间的互补关系已经形成了正向的良性循环，这便是一种事实上的结盟，里面孕育着新秩序的生成点。

正是通过初税亩政策，贵族抗衡君主的力量开始消弭，诸侯国的内政开始从贵族共和式转变为官僚国家式。这个趋势在战国时期诸国变法当中越发明显，基于血统之不可移易的贵族地位，逐渐被基于君主意志的军功等级制所替代。正义的基础属神还是属人这样一个问题，时代开始给出朝向属人一方的答案。

初税亩之后，诸国的土地逐渐开始转为私有，可以自由买卖。这是对井田制的釜底抽薪，也是对传统宗法制的釜底抽薪。时代朝着君主集权的方向发展，贵族日渐凋零；但也正是在这个过程中，自由的土地制度成为可能，一种更大的秩序取代了鸡犬相闻老死不相往来的传统小共同体。

2. 新的知识传播技术

也是在这个时代，竹简开始获得应用，这意味着周天子通过铜铸而对文字的垄断开始被打破。知识传播的成本急剧下降，文字从仅属于最顶层的宗法贵族的祭祀之用，转为一般贵族子弟甚至运气好的普通国人都能够学习。适逢人口膨胀多年，无有土地的贵族子弟遂转化为游士，各国竞相延揽人才为己所用，游士也都渴望卖个好价钱。传统的宗法忠诚一去不复返，游士正是变法君主们最喜爱的那种在本国无有根基之人。

官僚体系的运转基于文书体系，文字因此摇身一变，成为支撑官僚制度的工具；官僚治国的依凭，首要的是法而不是礼。随着宗法制、井田制纷纷被破坏，西周之"礼"的秩序不再是理所当然，对社会的规范需要通过"法"来进行。郑国正卿子产铸刑鼎是个标志性事件。晋国正卿叔向书于子产曰："昔先王议事以制，不为刑辟，惧民之有争心也……民知争端矣，将弃礼而征于书。锥刀之末，将尽争之。"[1] 叔向代表的是庄正淳厚的三代理想，仍将正义的根基归于传统，他感到"礼"的尊严恰在于其不成文，让人日用而不知；一旦成文，其内蕴的道德意味便会流散，人们只求做到符合条文即可，至于内心的

1《春秋左传·昭公六年》。

庄敬则不可得。[1] 子产复书叔向曰:"吾以救世也。"他意识到,礼崩乐坏的当下,倘再不以法行世,则世事愈发不可为矣。

子产铸刑鼎是个时代象征,将行为规则成文化的努力,意味着礼法分开,政治的自觉开始浮现出来;二十余年后,晋国也不得不铸了刑鼎。"法"的全面展开,使得"礼"的行止有度逐渐被事功的积极进取所替代。晋铸刑鼎后一个多世纪,周威烈王二十三年(公元前 403 年),韩赵魏三家分晋。正应了叔向所说"国将亡,必多制",然大势所趋,非人力所能扭转,历史从春秋跨入战国时代。半个世纪之后,李悝于魏变法,魏国一时横行天下。其他各国遂纷纷跟上,至再半个世纪后的商鞅变法,可谓集大成。变法中,诸侯国内部的旧贵族阶层被一扫而空,血统不再是地位的保障,事功才是上升的阶梯,国人和野人的差异消弭了。战争逻辑也发生变化,战争目的从恢复礼的秩序转换成了杀伤乃至消灭对方。一旦如此,则战争过程的核心便是人员和资源的动员,各国进入比拼资源动员效率的阶段。中原土地广阔平坦人口众多,适合大规模作战,战争逻辑的转换,意味着战争的规模将加速度地呈几何级数上升,大一统成为未来中国不可逆转的方向,新的均衡只有在这个约束条件之下才能形成。

第四节　思想的自由奔流

一、轴心文明思想的开启

许倬云先生认为,殷商是个大邑,可以压制周边诸方国,但殷商的神始终不脱宗族神、部落神的性格;周人作为小邦而成大国,便必须寻找到超越部族范围的至高权威,即天,周的王权也需服从于天命。所以,周人的世界是"天下"而非"大邑",周人的政治权力被铸成一个文化的共同体,中国从

1　故而孔子亦云:"道之以政,齐之以刑,民免而无耻。"参见《论语·为政》。

此不再是若干文化体系竞争的场合，而呈现为统一的华夏文化之世界。[1]

普遍精神的胚芽已经在这里开始孕育了，只待条件合适，它就会成长出来。这种成长意味着一种精神自觉，但精神自觉意味着首先要有一种自我与环境的撕裂，以环境为他者而令自我意识浮现。对周室及各封建诸侯来说，承载着伦理意涵的宗法制、分封制、井田制就是其生存环境，这种环境给了他们确定的尊严与地位，同时也约束着他们的行动边界。封建的解体带来了自我与环境的撕裂。有识之士开始对此前"日用而不知"的一切进行反思，寻找其普遍精神的基础，彼此对峙竞争的诸侯则为思想的自由撑起了必要的外部空间。从史前历经数千年演化而逐渐发展起来的"礼"，到了春秋末年、战国时代，终于进入了精神的自觉，东亚大地进入轴心时代。反思的大门一旦开启，精神的自由奔流则不可遏抑，百家争鸣的时代出现了各种思想的竞争，其中儒家、法家和道家的影响向下贯透千载。

儒家起自古代巫史系统的祭司官员，是礼的仪式过程的具体操作者与记录者。故而儒家对礼进行了普遍的反思，这也便是对秩序进行了普遍的反思。孔子将秩序的根本确认为"仁"，认为其路径是"克己复礼为仁。一日克己复礼，天下归仁焉。为仁由己，而由人乎哉？"[2]。克己复礼不再是慑于传统的盲目顺随，而是充满担当的主动抉择。在礼崩乐坏的时代，这是大勇之举，需浩然之气[3]激荡于胸，方可凛然直面，"虽千万人吾往矣"。这是一种充满英雄气概的理想主义，通过复古实现开新，慨然有澄清天下之志。它要继天立极，为世界定下规范，以天下为一家，而不囿于一族一姓，不惶惶于流俗之讥，不汲汲于功利之途，知其不可而为之。"礼"原本就是中原人行为习惯的一部分，内在于人们长久以来的基本互动方式之中，所以儒家后来很自然地成为中国文化当中的一个核心内容。

但在法家看来，儒家的理念未免太过迂阔。时易世变，倘拘泥古法，不切世事，则天下堪忧。韩非曰："圣人不期修古，不法常可，论世之事，因

---

1 参见许倬云《西周史》（增订本），生活·读书·新知三联书店，1994 年，第 315-316 页。
2 《论语·颜渊》。
3 孟子答公孙丑何谓浩然之气，曰："其为气也，至大至刚，以直养而无害，则塞于天地之间。其为气也，配义与道。无是，馁也。是集义所生者，非义袭而取之也。"（参见《孟子·公孙丑上》）

为之备……今欲以先王之政,治当世之民,皆守株之类也。"[1] 故而,当此乱世,在上者当行法、术、势,以御臣下,令国人以法为教,以吏为师,以斩首为勇,此之谓王资。昧于此者,诚取乱之道也。法家往往在本国是不受欢迎的,反倒建功他乡;因为君主行法、术、势,需要的就是臣下无有赖以对抗君主的根基。脱离了家乡的游士,如漂泊浮萍,孤身一人,最为君主所喜;倘在本乡,则其经常成为君主忌惮的对象。对法家而言,"法不阿贵,绳不挠曲。法之所加,智者弗能辞,勇者弗敢争。刑过不避大臣,赏善不遗匹夫"[2]。贵贱有别的宗法制、源出宗法的分封制本就不值得留恋;贵贱一体的统一秩序,才是事功的追求。事功的极致便是天下一统,此后则吾乡他乡也无大区别。

儒家法家皆出自中原,要解答的是同样的问题:一者复古以图开新,钟于传统;一者非古以图开新,钟于人意,然其以古为坐标则大抵相类。来自荆蛮楚地的道家,无此一坐标拘束,反倒令思绪获得更大开张。其想象奇诡云谲,其视世通透洒脱,其为己飘逸俊飒。道家中有人悟通古今之玄,勘透天地之道;也有人渴望着"逍遥游",不拘世间,一任自然。中原慨叹礼崩乐坏,盖因世间有礼乐;倘若能够抛弃礼俗,"复归于婴儿",则民风自淳,天下自安,"绝圣弃智,民利百倍;绝仁弃义,民复孝慈;绝巧弃利,盗贼无有"[3]。"人法地,地法天,天法道,道法自然。"真能体悟天地者,其内心必通明;真能回复内心者,也必洞彻自然。道家一死生、齐万物,达到了一种消弭一切特殊性的普遍精神。

轴心文明时代,精神大放异彩,在诸种普遍理想的推动下,中原大地的帝国时代已呼之欲出。而未能完成这种普遍性超越的民间信仰,一仍其旧,各祀其私神,诸普遍理想视其为"淫祀"[4]。淫祀一般都是对具体好处的诉求,不对精神的普遍性构成挑战。所以淫祀不再进入君子的视野,但它构成了民间的基本组织资源,一旦天下大乱,则依凭淫祀之动员可能掀起惊天骇浪,这在历史上屡见不鲜。淫祀基于民间私属,无从外化为帝国,无法承担起建

1《韩非子·五蠹》。
2《韩非子·有度》。
3《道德经》。
4《礼记·曲礼下》:"非其所祭而祭之,名曰淫祀。淫祀无福。"

构的大任；但它可将已衰朽不堪的现实扫荡一空，为已经自我扬弃的理想再次外化为现实提供前提，帝国可因此而涅槃重生。

二、史学的勃兴

在轴心文明时代，中国的史学也开始勃兴。古典史学从来不是简单的记录史事，其根本用意在于对史事的评论，通过这种评论勾勒出一种意义框架，将具体的史事安顿在一种整体的正当秩序当中，将思想通过历史表达出来。所以，其中的核心是史观，在中国的语境下，就是对正统的叙述。于是，在春秋及战国时代，各诸侯国均发展起一套历史叙事，以论证本国的正统性。[1]

秦国将本国历史上接于同样起自关中的周，自称为"夏"，而称关东诸国为"蛮夏"，受命于天的"夏"理当继周人之业而征服"蛮夏"。

魏国则将其所处的中原一带称为"夏"，其以继承自晋国资料而撰成的史书《竹书纪年》，顺着诸夏的"大夫以下克上—成为诸侯—最终称王"的历史发展而展开。这种叙事一方面为自己下克上，废除晋君之举正名；一方面又让自己既可以上承周之权威，又能否定现实的周王室，继承与革命并存其叙事当中。

齐国则将疆域旁边的殷商故地与自己的统治领域视作一个整体，称之为"中国"，而将夏之故地称为"诸夏"，其地位略逊"中国"一等。在齐人所作《春秋公羊传》中，东迁之后的周成为诸夏之地，西周故地则沦为夷狄，而春秋时代的"中国"已现"革命"预兆，即田氏代齐之兆。故而最终齐将成为天下之至正。

由白狄建立的中山国，做《春秋穀梁传》。《穀梁传》当中否定了下克上的理论，认为公侯大夫等级分明，不能犯上作乱，否则便为违礼行事，将失去"中国"身份。而原本被视为"中国"的诸侯国接二连三地亡国或被其陪臣所篡，所以最后的"中国"就只剩中山国了。

---

1 下文关于诸侯国的诸种历史叙事的分析，皆转引自［日］平势隆郎《从城市国家到中华：殷周 春秋战国》，第125-163页。

楚国由于其地理所在而无法与夏商产生直接联系，所以它将其正统性向前追溯到祝融，乃至更早的颛顼，以此来否定夏和商的权威。楚王在春秋时代称王，并将先祖追尊为文王、武王，以抗衡东周的至尊地位，自视为继承了周文王之德，应当奄有天下。

从这一系列的历史叙事的构造中可以得出两个结论。一是当时的诸国，无论地处何方，实际上对以正统性为衡量政治的标准已有共识了，其差异只在于正统性的叙事逻辑上。二是中国文化的多元一体特征，在这个轴心时代便已鲜明呈现；其多元体现在多种正统性叙事逻辑的争夺上，其一体正体现在对正统性作为至高标准的普遍认同上。这样一种多元一体的精神结构，向下贯穿整个中国历史，直到今天仍在其范式中。

第三章

第二轮历史大循环：豪族社会

第一节　中原帝国与草原帝国

一、天下定于一

1. 法、道、儒的嬗替与融合

轴心思想大爆发的时代，正是诸侯野心勃发的时代。各国争相变法，在国内废井田开阡陌、废封建改郡县。井田制的温情与节制被初税亩这种"非礼"的新财政技术所替代，血统贵族的荣誉与尊严被计首授爵的军国体制一扫而空。各国君主的贪婪需要靠战争来消化，新铸刑书的令行禁止也需靠人性的贪婪才能最大化其效用，追求事功的法家遂大行其道，迂阔的儒家与恬退的道家则为人所讥。变法诸国必须能以外养内，损他国以自利，否则难以令国内各群体的贪欲得到餍足，其道必败。山东六国竞相变法，力量相互抵消，无从损他者以自肥，形成一种恐怖均衡。唯秦有地利之便，东有崤函之固，易守难攻，西戎、蜀境则成为秦赖以自肥的对象。故而秦变法虽为最晚，却后发先至，一出函谷，六国均衡遂破，天下定于一。

孟子曰：天下唯"不嗜杀人者能一之"。秦国一统天下，再无他国可供自肥，只能损黎民以肥朝廷，朝廷变成统一的天下当中一个特殊的存在，遂"一夫作难而七庙隳，身死人手，为天下笑"，盖因"仁义不施而攻守之势异也"。单凭法家行事，其逻辑走到了尽头。

"楚虽三户，亡秦必楚"，陈胜、项羽、刘邦皆为楚人。西汉帝国最终整合了秦制、楚武、齐文而得享祚长久。汉高祖依凭丰沛集团起家，又联合了秦人以及其他诸侯国，最终取天下。汉朝继承了始皇帝之统一度量衡、车同轨、书同文等政策，也继承了秦朝留下的通晓法律之文吏当国的治理方案。就其法统来说，汉朝继承了三个法统，先是依张楚法统，将自己由芒砀山群盗集团转变为体制内的沛县政权；再是依楚怀王法统，据怀王之约，"先入定关中者王之"，而成为汉王；又依秦的法统，完成从独立王国的政权组织到支配多个独立国家的帝国政权组织的转变。[1] 故而田余庆先生评之曰："一是非张楚不能灭秦，二是非承秦不能立汉。灭秦和承秦，相反而又相成，其间都有楚作为中介。"[2] 而汉高祖"犹命叔孙通制礼仪，以正君臣之位。高祖说而叹曰：'吾乃今日知为天子之贵也！'"[3]。齐之儒学从外在之"礼"的角度规范了汉廷。后来汉武帝接受董仲舒"天人三策"之议，及至再往后刘向父子，乃至东汉《白虎通》，更是将齐儒接引入帝国统治的基础深处。中华大地的多元结构以此而被汉帝国熔铸为一体。

汉初行黄老之治，并非因为汉室源自楚地，遂爱道家，实则一方面汉高祖与丰沛集团共同打天下，集团的核心人物与汉高祖近乎合伙人关系；一方面汉高祖为孤立项羽，不得不向韩信、彭越等巨头出让利益，在这两个约束条件下，皇帝欲专制而不可得。"如果说秦始皇的皇权乃是在消灭王国废止分封之上建立的，刘邦的皇权则是在复活分封保证各国王权之上建立的。"[4] 清静无为故而是最优选择。

相应地，对汉室来说，其首要的威胁者实际上是这些帝国内部的强藩，其首都也就必须选在有地缘战略优势之处。刘邦本欲都洛阳，经娄敬与张良

---

1 参见李开元《汉帝国的建立与刘邦集团》，生活·读书·新知三联书店，2000年，第246-248页。

2 田余庆：《秦汉魏晋史探微》（重订本），中华书局，2004年，第28页。

3 《汉书·礼乐志》。

4 李开元：《汉帝国的建立与刘邦集团》，第250页。

力劝，改都长安，据关中以制山东，在军事地理上形成东西关系。[1]这一选择保证了帝国安然平定七国之乱。汉唐首都不出长安与洛阳，这就形成空间上的东西关系，是以豪族社会为基础之统一帝国的基本空间结构，后文还会有详述。

然而秦制毕竟给汉室提供了强化集权秩序的可能性。经白马之盟，非刘氏不王，排除了异姓王的竞争；又经文景削藩，汉武帝再行推恩令，同姓王也被消解为近乎郡县，而汉初的军功集团之勋臣也已凋零殆尽。汉初分封制的复活遂被终结。武帝终得一展拳脚，讲求无为而治的道家自然不合他的胃口。既然能够抗衡君主的分封力量已然不再，则官僚机器自会成为君主的应手工具，汉初便已建立的文法吏之治更形展开，武帝朝遂有著名的十大酷吏。

同时，武帝也需要新的正当性叙事，以摆脱黄老之治的传统对自己的束缚，因而用董仲舒"天人三策"，决定"罢黜百家，独尊儒术"。但其独尊之儒术，与孔子所追求的克己复礼不一样了。实际上，孔子所意图恢复的封建秩序，在其提出之际就已经不可能了。盖因三代之封建乃基于不可追溯之传统，赖于秉承武德之血统贵族的卫护；传统与血统，皆非人力所能设计，涵育这两大传统的古典土壤肥沃但脆弱，一旦被君主摧毁则不可复建。今人有指责董仲舒为专制辩护，此一批评实在不得门径。汉初封建被消解掉之后，武帝的专制已然是不可逆的事实，无法指望董子如同教皇对待国王一般对武帝进行训斥，便能消解专制。从根本上说，专制的基础在于社会结构，而不在儒者之言辞，儒家能做的，只是另构正当性基础，将正义之根基从君主手中剥离出来，放置到上天手中。

比较法家、道家、儒家三种思想体系可知，法家虽精于治理，利于君王

1　娄敬曰："且夫秦地被山带河，四塞以为固，卒然有急，百万之众可具也。因秦之故，资甚美膏腴之地，此所谓天府者也。陛下入关而都之，山东虽乱，秦之故地可全而有也。夫与人斗，不搤其亢，拊其背，未能全其胜也。今陛下入关而都，案秦之故地，此亦搤天下之亢而拊其背也。"参见《史记·刘敬叔孙通列传》。

张良曰："洛阳虽有此固，其中小，不过数百里，田地薄，四面受敌，此非用武之国也。夫关中左殽函，右陇蜀，沃野千里，南有巴蜀之饶，北有胡苑之利，阻三面而守，独以一面东制诸侯。诸侯安定，河渭漕挽天下，西给京师。诸侯有变，顺流而下，足以委输。此所谓金城千里，天府之国也。"参见《史记·留侯世家》。

之统御，但欠缺超越性关怀，难以作为凝聚人心的基础；道家虽有超越性关怀，却既无外化为制度的方案，也无师承传统，难以做体系性延续。唯有儒家，其在周代首先是作为巫史存在的，关注天意人心，可作为普遍性认同的基础；巫史主导并记录表达天地秩序的礼仪，礼仪做好了，才能"天地位焉，万物育焉"，这样一种神秘而又重要的能力的传承，便有着一种秘传心法式的体系，有着一套师生与经典的传授系统。西汉去古未远，这些传统的存在使得汉代的儒家与谶纬之学相表里，从《春秋繁露》到《白虎通》，汉儒通过谶纬将天意与人间秩序全面联系起来。天意超越于所有人的意志之上，皇帝无法以理性化的官僚体系为趁手工具，来肆行己意治理天下，儒生反倒成为天意的解读者，从而对君主的肆意形成外在约束，这种约束的强度肯定不如封建时代诸侯贵族的约束来得有效，但差不多已是时人能够做到的极致。

孔子死后，儒分为八，汉儒接续的是荀子一脉。区别于宋儒所推崇的、注重心性的孟子，荀子熟悉典章制度，以君子为枢纽来兼综礼法[1]，认为君子掌握礼义治道之本，文法吏则为治道之器，将礼与法安顿在不同的位阶上来构建总体秩序。一如阎步克先生所论："荀子既看到了以'秦政'为代表的专制官僚制化已是不可避免，并积极地顺应和促成这一趋势；同时又力图使儒术、儒者及其所代表的'礼治'传统，重新取得政治支配地位。"[2]

若欲取得这种政治支配地位，儒生群体还需掌握官僚团体。故而董仲舒又建议武帝进一步完善察举制，由地方察举孝廉、茂才、贤良方正等科目，以纳入政府。察举的标准基于"清议"，而乡里"清议"之论多基于地方儒士的口碑。经过察举而入仕者，获得了很大的政治影响力，并能够影响其所出之乡里的后续察举，儒学世家遂逐渐掌握了帝国的人才库。地方的豪族也向他们学习儒学，逐渐与其合流，豪族逐渐演化为士族。荀子所构想的君子与文吏之分，遂在察举制当中逐渐成为现实。

后续的演化是，一方面儒生逐渐与文法吏合流，越来越多的官吏职位由儒生来担任；一方面由于谶纬之学的秘传心法特性，使得儒学难以百姓化，而日益士族化。到东汉时期，士族浮现成为伦理与政治治理的担纲性力量，

---

1 "礼义者，治之始也；君子者，礼义之始也。"（参见《荀子·王制》）"法者，治之端也；君子者，法之原也。"（参见《荀子·君道》）

2 阎步克：《士大夫政治演生史稿》，北京大学出版社，1996年，第207页。

中国的政治秩序逐渐演化为士大夫政治。可以说，汉代儒学的地位是士族与皇帝之间的一种妥协关系：皇帝已经远远较西汉初年强大，可以无视黄老之学的无为之治；士族则通过儒家尊崇皇帝，承认了这一事实，却又将儒家谶纬化，以便对皇帝形成外在约束。葛兆光先生论之曰：汉代施行的是"以经典为依据的道德教育加上以法律为依据的外在管束的所谓'王霸道杂之'的方式，'以吏为师'变成了'以师为吏'，这是一个绝大的变化。它一方面使得中国的政治意识形态和政治运作方式兼容了礼乐与法律、情感与理智，一方面使得中国的知识阶层纳入到王朝统治的范围之内，改变了整个中国知识阶层的命运"[1]。

儒家尚德性，凝聚着理想；法家赏功能，规训着欲望，儒法二途通过士大夫政治而融合起来。先秦诸子所能想象的天下一统之普遍帝国，概不出中原范围，普遍理想通过中原帝国外化为现实。

2. 皇权、内臣与官僚的制衡关系

汉承秦制，商鞅曾有法令"民有二男以上不分异者，倍其赋"[2]，在汉代也被继承下来；秦汉的农村都是杂姓村，不许同姓聚居。这些法令的目的都是要将社会彻底散沙化，将大宗族拆散为小家庭，如此则一方面国家可以掌握更大的税基，一方面民间愈发无法组织起有效的反抗，利于集权秩序的统治。然而，汉代毕竟走出封建不久，其官僚国家的发展远未成熟。继承自战国年间诸国变法所建之文法吏系统，只能适用于诸侯国的规模，还无法有效应对庞大帝国的治理需求，于是，中央只能进行有限的治理活动，大量的治理要分散到地方上去。所以，汉代郡守的权力极大，一郡的财政权、军事权、人事权、行政权，皆操于郡守之手，宛如一方诸侯，郡守与其僚属甚至以君臣相称。为了强化中央控制，汉武帝又将天下分为十三州，各置刺史，对郡守进行监察。刺史与郡守相互之间没有统属关系，刺史直接向皇帝负责，但官秩上远低于郡守。这样，刺史面对郡守时，其依靠力量只能是皇帝，故而不会与郡守合谋；郡守官秩高于刺史，却不似后者有着与皇帝联系的更便捷通道，如此便形成相互制衡，以避免地方尾大不掉。顾炎武曾力赞刺史制度："夫秩

---

1 葛兆光：《中国思想史》（第二版）第一卷，复旦大学出版社，2013 年，第 242 页。
2 参见《史记·商君列传》。

卑而命之尊，官小而权之重，此小大相制、内外相维之意也。"[1]

在中央政府方面，西汉前期，外廷的政务均决于宰相，而非决于皇帝；虽然宰相由皇帝任命，但皇帝并没有太多制度化的途径来干预相权的具体行使，所以就帝国的公共行政事务而言，相权对皇权有着相当大的制约作用。相权受到如此尊崇，这样一种制度得以形成并能持续运转，也有其人事基础。西汉前期，外廷的三公九卿等重臣皆为军功贵族及其后代，皇帝对军功贵族的控制能力相对有限，于是相权对君权的制约力得以维系下来。到了武帝朝，军功贵族的后代逐渐凋零，但相权对皇权的制度化约束仍在；雄才大略的武帝不甘皇权受制，故而大大抬升内廷当中原来仅是皇帝私人秘书班子的尚书台的地位，到了武帝朝后期，许多重要决策都是在尚书台形成的。皇帝用非制度化的机构来对抗制度化的机构，以便绕开官僚体系伸展君主的个人意志，这与地方上用刺史制衡郡守的内外相维之策是同一逻辑。

但是要想能够有效地制衡外廷官僚体系，就需要将这种非制度化的私人僚属逐渐制度化，以提升效率。皇帝的私人僚属在此过程中会逐渐发展为新的官僚体系，对君主形成新的制度化约束，因此皇帝不得不再去打造新的非制度化的私人僚属，稍后我们在东汉就可以看到这样的历史演化。君主以非制度化的私人机构来对抗制度化的官僚机构，然后这个私人机构逐渐公共化、制度化，君主再去构建新的私人机构来对抗之，这样一种官僚制的循环过程，在后世的历史中可以不断看到。而在此循环过程中，由于新官僚体系都是从皇帝家臣的身份发展起来的，官员本身对皇权相当依赖，不像早期的官员，由在皇权面前具有相当独立性的军事贵族组成，于是官僚体系日渐走上了非人格化的道路；官僚体系对皇帝的约束主要不再是基于独立的大人物，而是基于抽象的制度规则，**其对作为个人的皇帝虽有约束力，但在作为制度的皇权面前则逐渐丧失了独立性。**

再切换回地方视角，武帝朝所设置的刺史一职，对君权相当依赖，但随着时间的推移，刺史也逐渐走上了摆脱皇权控制以争取更大独立性的道路。

---

1 转引自阎步克《波峰与波谷：秦汉魏晋南北朝的政治文明》，北京大学出版社，2009 年，第 29 页。

东汉后期，刺史发展为州牧，逐渐变成了郡守的上级，小大相制的制度却演化为更大的地方分立力量；随着黄巾乱起，天下终走上了割据的道路，普遍帝国裂解。

这与北方草原帝国的兴起有关。中原与草原形成互构，改变了各自秩序的演化路径。

二、草原的兴起与中原的豪族化

1. 草原的兴起

在中原一统之前，北方草原上的游牧部族悠然自得，逐水草而居。小部落自由地以肉奶马匹与中原诸侯交易其他必需品，不受统一的单于之管束，也是一种"帝力于我何有哉"。秦国一统天下之后，遂北向出击，胡人不敢南下而牧马，各自分散的小部落不得不联合成一个大部落联盟，以应对中原之压力。秦二世元年（公元前 209 年），雄才大略的冒顿单于弑父自立，建立起强大的匈奴帝国。东亚大陆上农耕帝国与草原帝国的对抗历史就此拉开序幕，其中贯穿的历史逻辑，规定了此后约两千年的中国历史。

依据轴心时代的空间想象，中原的一统，可以说就是普遍帝国的达成。是故，秦始皇君臣皆以此为亘古未有之伟业，合三皇五帝之号于一体，以至尊之"皇帝"为号。[1] 这种称号从时间上将始皇帝之统续接至上古，从空间上表达了普天之下率土之滨的意涵，有往古来今、上下四方唯我独尊之意。但是草原帝国倏然崛起，将中原的普遍帝国还原为一个特殊帝国。汉高祖定鼎未久，挟战胜楚霸王之余威，挥军北上欲破匈奴，却遭"白登之围"，不得不屈辱求和。此后数代汉帝，皆以和亲之策获得与匈奴的和平。汉文帝曾向匈奴单于寄送国书，书于一尺一寸的简牍，辞曰"皇帝敬问匈奴大单于无恙"；

---

1 李斯等奏曰："昔者五帝地方千里，其外侯服夷服，诸侯或朝或否，天子不能制。今陛下兴义兵，诛残贼，平定天下，海内为郡县，法令由一统，自上古以来未尝有，五帝所不及。臣等谨与博士议曰:'古有天皇，有地皇，有泰皇，泰皇最贵。'臣等昧死上尊号，王为'泰皇'。命为'制'，令为'诏'，天子自称曰'朕'。"王曰:"去'泰'，著'皇'，采上古'帝'位号，号曰'皇帝'。他如议。"参见《史记·秦始皇本纪》。

效力于匈奴的西汉宦官中行说指导单于以一尺二寸的简牍回书，其印封等皆以更大尺寸，倨傲其辞曰"天地所生日月所置匈奴大单于敬问汉皇帝无恙"。[1] 依照汉朝的象征性秩序，皇帝致单于书之辞，大致可以类比为皇帝对一个地位略高一些的藩王；但是匈奴将此象征性秩序扭转过来，其统续接于天地日月，即使不是俯视大汉，至少也是平视之。草原英雄以一种挑衅的方式告诉傲慢的中原帝国：你不过是个特殊存在而已。

2. 汉武雄图与中原豪族化之始

然而，为中原王朝提供着正当性的普遍理想，势必要外化为一个普遍帝国。只要还没有以某种方式达成这一目的，普遍理想的叙事逻辑就会引导着皇帝的野心朝这样一个方向运动，未知其结果甚至会是毁掉这个特殊帝国。

文景之治给大汉留下了丰富的积蓄，汉武帝尽此蓄积，北击匈奴凡四十四年，数封狼居胥。匈奴百姓妻子离散，不胜悲苦，然中原人民也未尝好过，"武帝之末，海内虚耗，户口减半"[2]。过半的户口损失，不是因百姓战死沙场，而是因百姓苦于皇帝筹措军费征敛无度，遂抛弃田园成为流民。"元封四年中，关东流民二百万口，无名数者四十万。"[3] 未成为流民者，也托庇于豪族，隐匿其户口，逃避朝廷的赋敛；而堪称地方土皇帝的郡守以及诸侯王等，为了扩大自己的势力以躲避中央的节制，也有与豪族结盟共抗朝廷的动力。中原于是结束了从秦皇到汉武的过渡阶段，开始进入豪族社会。[4]

在这里可以看到草原秩序与中原秩序深刻的互构关系。没有中原的统一，就不会有草原的崛起；而草原崛起形成巨大的军事压力，遂给中原带来巨大的财政压力。这种财政压力在汉武帝时期导致了社会的豪族化转型，在宋代导致了王安石变法，在明代导致了朝廷对社会的压制及至张居正变法甚至民变。中原与草原任何一方的历史脱离开对方都无法获得有效解释，双方互为条件，在对方那里激起的社会历史演化还会不断地反馈回己方，并引起进一

1　参见《史记·匈奴列传》。
2　参见《资治通鉴·汉纪十五》。
3　参见《史记·万石张叔列传》。
4　豪族的最初来源，有秦末汉初的六国贵族后裔，有私人工商业豪富，有汉初军功集团后裔，有豪杰游侠，有地方强宗大姓，等等。参见崔向东《汉代豪族研究》，崇文书局，2003年。

步的社会历史演化。这样一种互动、互构的历史，使得中原－草原双方在更高的意义上成为一个共生体，这是双方在真正意义上共享的历史记忆。

连年用兵，国用日绌，于是武帝听取张汤之策，在元狩四年（公元前119年）将货币铸造权收归朝廷，又行盐铁专卖，以便另开财源。[1] 盐铁专卖起自春秋时期管仲的"官山海"，汉武帝再次施行此一政策，此后历史上时断时续，从唐朝后期开始再次施行专卖，直到近代。盐铁专卖的施行与否，与中央朝廷的强弱有关，强朝廷则有能力行专卖。[2] 而朝廷主持铸钱一事，在秦二世时曾经尝试过，为了给朝廷开辟财源，收天下之钱于咸阳，由朝廷统一铸造为新钱。结果导致民间通货短缺，引发了严重的经济萧条，这是秦二世而亡的重要原因之一。[3] 汉武帝的尝试却并未带来严重的经济萧条，原因在于汉初到武帝统治中期处在人口高速增长阶段，从1500万—1800万增长到3600万。[4] 人口的增长推动了乡村内部对货币需求比较低的短途交易的繁荣发展，使得虽然民间的货币被朝廷收走，但是经济并未陷入严重萧条；而秦二世之际战乱平息未久，人口数量犹未恢复，遂致失败。武帝幸运地避免了亡秦之祸，但盐铁专卖与铸币权的上收强化了集权秩序，反过来压制了社会的活力。对外战争用给无度，即便统收铸币权，仍然国用不足。于是武帝多次改铸货币，使其面值高于实际价值，又发行皮币等。紊乱的币制导致了严重的通货膨胀。[5] 通货膨胀使得民间开始减少货币的使用，反过来更多进行实物交易；豪族兴起，小民投靠之，使得大量的实物交易在豪族势力范围内部具有了更高的效率，货币更被储藏起来。于是，曾经号称"多金"的西汉王朝，在武帝中期之后

---

1 "汉大兴兵伐匈奴，山东水旱，贫民流徙，皆仰给县官，县官空虚。于是丞上指，请造白金及五铢钱，笼天下盐铁，排富商大贾，出告缗令，锄豪强并兼之家，舞文巧诋以辅法。"参见《史记·张汤传》。

2 朝廷的强弱与帝国的强弱是两件不同的事情，帝国强弱是指对外，朝廷强弱是指对内，完全有可能强帝国而弱朝廷，或强朝廷而弱帝国，究竟情势如何，与当时的社会结构相关。譬如初唐是强帝国，但是由于诸多军事贵族的存在，朝廷并不强；中唐之后是弱帝国，但是由于贵族凋零，反转成强朝廷；宋以后，进入平民社会，无论帝国强弱，皆能持续地保持强朝廷。

3 朱嘉明：《从自由到垄断：中国货币经济两千年》上册，台北：远流出版公司，2012年，第42页。

4 葛剑雄：《中国人口发展史》，福建人民出版社，1991年，第113-114页。

5 侯家驹：《中国经济史》上册，新星出版社，2010年，第190-192页。

贵金属流通量骤然减少，皇帝对臣子的赏赐再也不像此前一般出手阔绰。

所有这些，都是汉武帝好大喜功政策的自然结果，但亦可说这是**普遍理想激荡下的特殊帝国**在很大可能上会导向的结果。武帝的努力使得帝国内部的均衡点向集权秩序一方偏移，但是由于上一次的技术进步所带来的新经济资源的潜力已经开发完毕，新的具有政治意义的技术进步尚未出现，武帝的这一系列努力带来了反效果，其雄图大略带来了帝国的辉煌武功，但也埋下了帝国瓦解的种子。武帝晚年下《轮台罪己诏》，痛陈："朕即位以来，所为狂悖，使天下愁苦，不可追悔。自今事有伤害百姓，糜费天下者，悉罢之。"才免于周厉王与亡秦之祸。[1]

三、从豪族崛起到中原陆沉

1. 东汉从中兴到瓦解

武帝之后，均衡点以更强的力度向自生秩序方向反弹，豪族越发势大，小民投入豪族门下求庇，朝廷税基渐渐流失，西汉逐渐走到困境，无法自拔。王莽最终在众望所归当中受禅登基，力行托古改制，皇族刘歆复以其谶纬之学为王莽的各种作为提供正当性。新莽一朝依照《周礼》，宣布土地均属国有，名其为王田，不得自行买卖，奴婢亦不得私自买卖，将盐铁、币制、山川林泽等收归国有，设五均六筦平抑物价，力图以这一系列举措来抑制豪族。但这一系列政策的实际效果，不啻对社会财富的一次大洗劫。

豪族不甘坐以待毙，遂奋起反抗，最后在出身南阳的豪族领袖刘秀的带领下，推翻新莽，建立了东汉。刘秀的统治基础是这些豪族，所以建立政权后他并未脱离豪族的大本营定都关中，而是定都在了洛阳，这种选择符合当

---

1 在田余庆先生看来，汉武帝的作为，有一个从用武到"守文"的治国策略的转换过程。参见田余庆《论轮台诏》，载氏著《秦汉魏晋史探微》。辛德勇先生在新著《制造汉武帝：由汉武帝晚年政治形象的塑造看〈资治通鉴〉的历史构建》（生活·读书·新知三联书店，2015年）一书中，提出不同意见，认为汉武帝的这种"策略转换"，并非历史真实，而更多的是司马光在《资治通鉴》中的一种历史建构。但辛德勇先生也同意，汉武帝较之秦帝，至少是更懂得在必要的时候做战略收缩调整。

时的社会结构和权力分配结构。

看罢两汉，再考察后世隋唐帝都的变化，可以说豪族社会下，帝国的政治地理空间结构呈现为东西关系，两个焦点是长安与洛阳，有主副两条线索的呈现。其主线是君主欲抗衡对自己有威胁的豪族，则与这类豪族分处函谷关两边，西汉是据关中以制关东，隋炀、武周则处关东以远关中；副线是君主与豪族合作，遂与豪族合流同守一处，东汉是守关东，隋唐则是守关中。[1]一般来说，君主与豪族抗衡，会形成强朝廷，君主与豪族合作，会形成弱朝廷；但帝国的强弱与否与朝廷的强弱并无必然关联，帝国的强弱要基于更复杂的社会与历史结构才能获得解释。[2]

东汉与西汉在一系列帝国战略上都有比较大的差异。西汉的政治、军事重心在关中，经济重心在关东，两者并不重合。帝国内部存在着一种张力，这种张力使得帝国有比较强的外向性格。而东汉的政治、军事重心与经济重心大致重合，帝国的性格便比较内向，没有很强的扩张冲动。比如，西汉对西域的经营是国家行为，而东汉对西域的经营，更像是班超的个人行为。西汉北伐匈奴，是靠中原自己训练出来的骑兵，奔突于大漠；东汉北伐匈奴所用的军队，事实上以投奔汉朝而来的南匈奴为主。南匈奴采用了巴菲尔德所说的"内部边疆战略"，一方面对北匈奴保持不败之地，一方面对东汉始终保持战略选择自由。

东汉的这种内向性格，其根源在于豪族的强盛，他们使得帝国的集权秩序受到极大制约，帝国本身的财政能力有限，同时帝国官僚体系又在察举制当中被与豪族合流的士族所垄断，其对帝国的对外征战不会有太多兴趣。因为豪族－士族知道，一方面，征战所需的财政费用会对豪族本身构成压力；另一方面，对外征战并不简单地是一场战争，它同时意味着国家内部一系列治理结构的调整，以适合战争需要，这会导致皇权变得强大。所以，他们不会支持帝国的外向型取向。

---

1 隋唐守关中除了皇室与关陇贵族集团合流，还有另一效应，即制衡关东贵族；所以隋炀帝、武周放弃关中本位，求助于与关东豪族合作，这里的效应很复杂，后文再详述。但是无论其效应如何呈现，都同样是在"东西关系"之下展开的，并不会改变豪族社会下的政治地理空间结构。

2 本书第三章第三节第一小节对此会有进一步探讨。

倘若帝国的政治、军事重心与经济重心不重合，则它更多地会是一个征服帝国，君主带领附属于自己的力量，完成对其他力量的征服，如刘邦与其军功集团共同完成对其他力量的征服，之后又逐渐削平有反抗能力的军功集团。君主以军力控制财富，就是控制富庶的经济地区，以财富滋养军力，**集权性的军事－财政制度是帝国治理的核心要素**；这种帝国同时会有更强的对外扩张的冲动与需求。如果帝国的政治、军事重心与经济重心大致重合，则它更多地会是个内敛帝国（姑且用这样一个有些怪异的名字），君主联合有相当独立性的豪强力量，建立起一个整体性的秩序，如刘秀与其他豪族联手，推翻王莽，实现国家结构与社会结构的再匹配。**君主与其盟友（亦即其统治基础）之间的合作关系是帝国治理的核心要素**。这种帝国会更加偏内敛，较少有对外征战的冲动与需求。因此，西汉定都关中，是皇帝权力相对强大的象征；东汉定都关东，是豪族权力相对强大的象征。

由此，诸葛亮《出师表》所说的"亲贤臣，远小人，此先汉所以兴隆也；亲小人、远贤臣，此后汉所以倾颓也"便可以获得解释。对西汉来说，甫一立国，刘邦的军功集团皆为经历过战争考验的精英，自是贤臣；到武帝时军功集团凋零已尽，社会上的豪族仍未形成势力，武帝可以从民间拔擢异士茂才以为己所用，这些人没有强大的社会根基或豪强背景，不会反过来对皇帝形成太强的制约，武帝尽可用之。因此，西汉的皇帝显得比较亲贤臣。对东汉来说，甫一立国，刘秀也有经历考验的军功集团可用，他们也算贤臣，但这些人已经是累世豪族了；帝国承平日久，豪族会更加发展，通过《白虎通》，儒家文化被建制化为帝国秩序，豪族更加获得精神自觉而成为士族，这是一群有着深厚社会根基、对皇帝有强大制约能力的人。官僚体系起于战国时期变法诸国，原本被用作君主的工具以便对抗传统贵族势力，汉武帝时期的官僚体系便深合此道；而随着士族逐渐掌握了官僚体系，它从君主的工具变为对君主更强的体系化制约。

在这种情况下，皇帝若不想被士族所节制，只能努力扶植自己的内臣或者说家臣，所谓家臣便是外戚和宦官，这两种人尤其是宦官的荣华富贵都依赖于君主的个人喜好，与其有私人性的关联，君主更加信得过他们，以他们来对抗士族所掌控的外廷力量。但是宦官与外戚的利益并不重合，他们常有冲突，并且一旦一方被扶植起来经常还会反过来劫持君主，所以东汉后期的诸多皇帝交替地扶植宦官和外戚。士族面对皇帝的对抗举措，会进一步强化自己以"天下为己任"之形象，试图通过"天下"这一普遍性来压制皇帝的私人性，但这会反过来进一步强化皇帝家臣之行为的非公共性质，他们便被还原为"小人"。历史上的呈现因此必会是"亲小人，远贤臣"，至于贤臣是否真的贤，则是另一个问题了。东汉的"党锢之祸"，也可在此结构下获得理解。党锢之祸中互相对抗的，实际上不是宦官与士族，而是皇帝与士族，宦官只不过是皇帝私人权力的某种延伸而已。

这样一种权力关系的冲突结构，是东汉社会结构所必然导致的，实际上皇帝们若欲伸张自己的意志也无从选择。因为皇权的制度性伸张以能够获得足够的中央财政为前提，并以此财政建立直属于皇权的军队和官僚系统；但是在豪族兴起之后，中央的税基遭到严重侵蚀，皇权无法进行制度性伸张，而只能以"亲小人"的非制度化方式，与豪族之间进行权力争夺。

这种冲突过程会极大地败坏帝国的治理水准，适逢东汉末年小冰期到来，连年天灾，民变四起。士族在朝堂上高谈阔论，民间的疾苦实则无人能够应对。被儒家排斥为"淫祀"的各种民间信仰，构成自生秩序当中的组织力量，犹如沉潜的地火，在不被朝堂注目的地方悄悄地完成了对濒于崩溃的社会的组织。孕育多年之后，终于在连年天灾、皇帝被迫屡次罪己之际，谶纬之说结合于民间淫祀爆发出来，黄巾军起而动摇天下。朝廷无能为力，只能寄望于士族与地方豪强兴兵勤王，但豪强们各怀鬼胎，逐鹿中原的诱惑迅即败坏人心。已无资格再担纲文明之道德理想的大汉帝国冰消瓦解，天下大分裂的时代由此拉开序幕。

2. 庶族对抗士族、集权对抗反集权的绝望努力

乱世是比拼个人能力而非比拼家世的时代。"四世三公"的顶级豪族袁绍，尽诛宦官，后又被个人能力超凡的曹操击败；刘备、孙氏家族也完成类似曹操的功业，各自割据一方。曹操因其养祖父为宦官，不为士族所认同，若欲成就霸业只能到士族以外去寻找自己的力量根基。他收服了青州黄巾军，使其成为自己的武力根底，以此为基础最终击败了士族。为了持续打压士族，曹操必须源源不断地从平民中拔擢人才，故曰"治平尚德行，有事赏功能"。

士族的高贵家世在"月旦评"当中或有意义，可乱世当中唯有事功才有价值，曹操以此打破士庶之分。实际上刘备及其身后的诸葛亮与孙权也在各自割据之地做着非常类似的工作。

于此，庶族天然地是集权秩序的拥护者，士族则是反集权的力量。曹刘孙的努力，相当于失衡帝国中集权秩序对抗反集权秩序（庶族对抗士族）的最后努力。在技术变迁带来新的经济要素，从而形成新的财政与军事组织方案之前，这种努力注定无法成功。所以曹操死后，曹丕篡汉登基，他无其父的卡里斯玛魅力，无法令青州兵听命以压制士族，甚至青州兵险些哗变以致危及曹丕的权力。曹丕不得不接受陈群的建议，行九品中正制，与士族联盟，为士族的回潮打开制度化的大门。但是对士族来说，毕竟曹家出身有瑕疵，且始终对士族有所警惕，并非适格的皇族人选。最终士族的代表司马氏上台取代曹家。从汉武帝开始的豪族社会最终全方位地将自己建制化为一个豪族帝国。

曹操虽然雄才大略，却也无法完全无视豪族。因为天下战乱日久，小民越来越多地托庇于豪族，豪族遂建起坞堡。坞堡规模很大，常以宗族为中心，再结合乡里群众，筑堡自御，大的坞堡中能汇聚数千家之多，俨然一个小城。坞堡本身有三种功能：军事性的防御组织、经济性的生产组织、临时性的行政组织。这三种功能让它变成小的割据单元。坞堡的堡主有时候会追随大的军事集团，成为悍将，诸如曹魏名将许褚等。[1]坞堡内部基本上能够自给自足，以致就整个社会层面而言，货币经济日渐退回到自然经济。

没有了市场过程，就难以征集税收，中央的财政能力越发减弱。曹操也无计可施。他不得不以屯田来养兵，财政上推行租调制，征收户调时以户为单位而不论其内部人丁，这些都是不得不向豪族做出的妥协。就整个中央政权的财政逻辑而言，在西汉前半段还有一些货币财政，后来逐渐向实物财政退化，到魏晋南北朝时期基本完全退化为实物财政。[2]对中央集权来说，实物财政是非常不利的，因为它不可货币化，皇权意志转化为政策过程的效率就

1　参见侯家驹《中国经济史》上册，第244—246页。
2　参见程念祺《国家力量与中国经济的历史变迁》，新星出版社，2006年，第106—112页。

比较差，因此集权秩序无法压制世家大族的反集权力量，帝国内部的均衡点向非集权的方向继续大幅偏移。

3. 理想的异化与精神的反动

从"天人三策"到《白虎通》，历经两朝，大汉帝国的法统叙述彻底完成，儒家也被建制化整合于汉帝国，理想因此异化为现实的应声虫。精神的自由不会容忍此种羞辱，它迅即转身脱离建制，在私学中展开自己的言说，以至在东汉末年压倒了官学。自设私学的马融、郑玄等大儒，一时领袖群伦。

东汉末年，儒学已发展到相当精致的程度，但这并不能阻止政治与社会秩序的天崩地坼，于是，另一种精神的反动，即玄学开始出现，个体的精神浮现出来。但是，这个阶段人们又面临两种选择。一种是高谈阔论谈玄论道，却毫不犹豫地将功名利禄收于囊中，复惺惺作态；一种是看破世间之污浊，自觉无力回天，所以转而贵"无"，以恬退之心不再参与世事，倾心去追觅"桃花源"。第一种选择会进一步败坏世道人心；第二种无助于收拾天下，但它通过对世事的不合作态度，还复了内心的真实，精神的自由因此摆脱了现世的污浊，为未来精神的重生埋下了种子。

魏晋天下大乱之际，在巨大的利益再分配过程中，做出第一种选择的人站到了前台。豪门士族近水楼台，其败坏的速度堪称惊人。魏晋士族本应继东汉清流之踵，言为人表，行为世范，作为道德的肉身化自立于世间，倘不能扶大厦于将倾，则当别开生面再造乾坤。但九品中正制的异化，迅速使得本应进取有为的士族堕入建制化的窠臼，功名利禄唾手可得，举止高洁成为虚荣的外衣，内里实则多有巧取好利之徒。

士族的虚伪化已病入膏肓，终致西晋末年八王之乱，五胡入寇，晋室东渡，神州陆沉。把持朝政而致天下崩毁的清谈领袖王衍，为羯人石勒所擒，犹欲自免，说自己少不豫事，并劝石勒称帝。石勒大怒道："君名盖四海，身居重任，少壮登朝，至于白首，何得言不豫世事邪！破坏天下，正是君罪。"[1] 王衍之辈高居庙堂，天下焉得不乱？五胡涤荡中原，虚浮之士族被汰大半，此诚天谴也。

---

1 参见《晋书·王衍传》。

第二节　塞北的精悍气血与江南的衣冠礼乐

一、塞北的精悍气血

自西汉后期起，匈奴遭遇周期性的继承危机而分裂为南北二部。呼韩邪单于带领南匈奴投奔中原帝国，并被皇帝安顿在帝国北部边境，嗣后数百年间交替使用内部边疆战略、外部边疆战略等，以实现利益最大化。数百年间，不断有其他胡人陆续迁入中原的北部和西北部边境地区居住。到了司马氏的晋代，中原变成典型的"内敛帝国"，高度依赖皇权与豪族间的合作，无人有兴趣向外处理边疆问题，而将边疆完全交付内附的胡族来应对，一旦天下有变，则事不可收拾矣。

王衍之辈的作为已经证明，中原士族已无资格作为东亚大陆上的普遍理想之外化的担纲者。其中无有反省能力的人，自视甚高又目光短浅，只知炫耀辩才与财富；有反省能力的人，也只能在退隐中寻求内心的宁静，而不能担纲武德与天下之重任。历史使命遂落在入主中原的北族肩上，其肩负武德的军事贵族，融合中原的理想与财富，终于建立起超越于中原－草原的普遍帝国。这个过程很血腥痛苦，已经在浮华中彻底丧失了政治能力的中原帝国，不得不在鲜血的涤荡中完成涅槃，与来自塞北的力量共同完成秩序的重构，使普遍理想获得现实的存在。

初出草昧的胡族，倏入中原，野蛮之气难脱，全不知该如何治理天下，目光短浅无法避免。五胡十六国时，所立诸国遂旋生旋灭，继起者或会反思教训，调整策略，逐渐摸索出可行的治理办法。这个过程大致可以分为三个阶段，分别是从刘曜的前赵开始的胡族本位国家，到苻坚的前秦混一胡汉的失败尝试，再到北魏的混一胡汉的二元帝国之成功建制。这样一个过程，就是普遍帝国的自我探索过程，最终，北魏的建制为嗣后的隋唐大帝国奠定了基础。

初时，西晋皇族内部争权夺利，酿成八王之乱。久居中原的南匈奴质子刘渊乘乱而起，回到并州的族人当中，率众外出征伐，并于初有基业后称帝。因汉匈历年和亲，刘渊有一半的汉朝宗室血统，故而他追尊刘禅为孝怀皇帝，并建汉高祖以下诸皇帝的神位进行祭祀，将自己的统续接到西汉，慨然有扫平天下重建汉室之志。[1]然而，毕竟胡人建制无法赢得中原认同，而以复汉为战略目标却会影响到对胡人的动员，所以，在刘渊去世后，经过几番篡弒的短暂过渡，新上台的统治者刘曜将国家定位为胡人国家，国名由汉更改为赵；否则，人口占少数的胡人，将被人口占多数的汉人彻底吸收掉，胡人政权的部落认同感丧失，其赖以为根基的武力也将难以持续。刘曜定都关中，史称前赵；其手下大将石勒在关东裂地，称赵王而自立，史称后赵。前赵后赵时期，胡人统治者严格胡汉之分，视中原人等如奴隶，统治暴虐不堪，水准低劣难当，终致冉闵反叛，推翻石赵，建立冉魏。然而冉闵复对胡人大开杀戒，死者枕藉，比石赵还要残暴，因此冉魏根本不可能建立帝国，不过是胡赵的镜像物而已。冉闵最终败于前燕慕容氏之手。

从刘曜到冉闵，诸多政权的统治之所以无法成功，在于他们无法找到超越胡汉的治理办法，甚至根本没有这种愿望。譬如，石勒对中原一度采取的是草原上常见的"外部边疆战略"，统领其部落军的主要目标在于劫掠而不在于统治；到了其子石虎，发现倘若不治理中原，则无可劫掠了，方不得不考虑建立中原式官僚体系的问题。[2]然而其胡人本位的政策，会将汉人在本质上推到对立面上去，如此敌人便内在于帝国当中；冉魏不过刚好把这个关系掉转过来，但敌人同样内在于帝国当中，这样一种统治是注定失败的。

而击败冉闵的前燕，悄然间在东北发展起一种二元的统治策略。慕容氏早先曾作为曹魏的盟友攻打盘踞辽东的公孙氏，得以趁机了解中原的政治。在西晋初期登上部落首领之位的慕容廆，是第一个建立起兼容中原与部落两种治理的君主。西晋末年，中原动荡，大量汉人逃亡东北，这给慕容廆带来

---

1 "（刘渊属下）刘宣等谏曰：'晋人奴隶御我，今其骨肉相残，是天弃彼而使我复呼韩邪之业也。'渊曰：'善！大丈夫当为汉高、魏武，呼韩邪何足效哉！'宣等稽首曰：'非所及也！'"（参见《资治通鉴·晋纪七》）

2 ［美］托马斯·巴菲尔德：《危险的边疆：游牧帝国与中国》，第 130 页。

了急需的人力资源与人才储备。在汉人谋臣的帮助下，慕容氏逐渐懂得依凭农耕地区的财富来赎买部落中的军事贵族，克服周期性的继承危机，再依凭部落军事力量来控制农耕地区的财富，以形成正向循环的治理策略。这种治理策略可能只是出于现实需求的考虑，但它有着极为深远的政治哲学和历史哲学意涵。它终于克服了胡人国家那种将敌人内在化的困境，而提供了超越胡－汉、超越农－草的普遍治理框架；这种框架为普遍理想的外化提供了一个现实案例，普遍的理想有了获得肉身的可能性，只待此肉身获得精神自觉，便会有普遍帝国的成立。

但前燕还未获得足够的机会发展起普遍帝国，便遭遇了氏族苻坚的前秦。苻坚清晰地意识到胡汉分隔所带来的问题，对他来说，若欲建立帝国的统治，有两种选择：或者强化自身统治族群共同体，一如石赵或冉闵所为；或者打碎任何共同体，形成一君万民的政治格局，由君主来象征超越于一切之上的统一秩序。苻坚决意混一胡汉，绝不偏袒自己的族人。他重用寒族汉人王猛为相，君臣信任关系史上罕有。在王猛的推动下，苻坚进行深刻的政治改革，采纳儒家礼仪、中原官制，抚恤百姓。当苻坚的手下功勋宿将不满于王猛得势，与其发生口角之际，苻坚痛斥"必须杀此老氐，然后百僚可整"。同时，苻坚也清楚，唯有依靠胡族，帝国的军事力量才有保障。于是，各种投奔而来的胡族英雄，苻坚一并收留重用。鲜卑英雄慕容垂，因前燕内乱而投奔前秦，王猛目其非池中之物，劝苻坚早除之，苻坚反说："吾方以义致英豪，建不世之功。且其初至，吾告之至诚，今而害之，人将谓我何！"[1]为示之以诚，苻坚不仅未除慕容垂，反令其带领追随而来的鲜卑部落军，戍守帝国重地。

苻坚超越胡汉的意图无疑是正确的，但是其政治步骤走错了。在打造起一君万民的统一帝国之前，便先放弃了氐族共同体，甚至欲保留关东的鲜卑军事贵族，作为自己对抗关中氐族军事贵族的依凭，却又未能建起独立于共同体之外的直属君主的军队。结果是其他少数民族的共同体仍然很强大，君主能控制的军队却涣散了。帝国的统一遂陷于危险当中，淝水一败竟致国家解体，苻坚只能抱恨而终。

最终，起自东北、已定居长城沿线代地颇久的拓跋鲜卑崛起，其认真总

1《晋书·苻坚载记》。

结此前诸多胡国之成败利钝，终于一统北方，建立北魏。北魏道武帝建元称帝后，其政略屡次为鲜卑军事贵族所阻，这在草原的军事贵族民主制当中十分常见，但是道武帝已经统领中原，获得了外生于部落经济的经济资源，在与贵族的博弈中获得不对称优势，可以中原之财富反控军事贵族。在一次战争胜利后，道武帝即借势推行一种新的政策，"离散诸部，分土定居，不听迁徙，其君长大人皆同编户"。[1]道武帝所离散的不仅仅是其他胡人的部落，也包括其本族的部落，诸部落战士遂成为直属皇帝的军人。但是，道武帝不可能将鲜卑军人变成类似于中原帝国的职业军人，否则草原骑兵所独有的战斗力便会丧失。所以他只是离散掉自然形成的诸部落，而以皇帝的命令将鲜卑各族重新编为八部，设八部大人统领之。这样既破除了原生性的部落共同体对帝国一统、君主集权秩序所构成的威胁，又保留了部落制的形式，确保草原骑兵的战斗能力。这种治理办法极为高明，北魏皇帝的统治基础无疑还是鲜卑人，但皇帝不再以鲜卑人的身份来统治帝国了，纯粹基于草原资源的鲜卑单于是不会有能力重新编制部落的。帝国混一胡汉，打造以中原御草原、复以草原御中原的二元治理架构，皇帝作为均衡力量居于各方之上。

如此一来，草原上的周期性继承危机便被破除了，[2]但君主统治的并不是秦皇汉武所统治的那种散沙状社会，军事贵族民主制的遗风犹在。八部大人对自己的所属还有着一种基于拟血亲共同体的统领关系，比如首领与其属下经常会结成养父养子的关系，这种关系带来的军队的战斗力，君主无法也无意尽除。从而，八部大人作为新的军事贵族，对君主还有一定的约束力，帝国作为君主与贵族共治之政治体存在，一种上下同心的政治秩序建立起来。

1 参见《魏书·外戚列传》。
2 破除周期性的继承危机，须形成父终子及的继承制度；但是东汉的教训是皇帝冲龄即位有可能招致外戚专权。为了克服这些问题，北魏甚至曾经动用过"子贵母死"这种非常残酷的手段。参见田余庆《拓跋史探》，生活·读书·新知三联书店，2003年。

　　近代西亚的奥斯曼突厥帝国也有类似的残酷制度。在前任苏丹去世后，其诸子往往兄弟相残，血溅宫廷。为了破解继承危机以免国家分裂，在争斗中获胜的新任苏丹一登基就会将其活着的兄弟全部用弓弦勒死，为此其辩护的理由是：社稷不安要比死几条人命更糟糕。这种残酷的政策带来了奥斯曼帝国的强大，因为登基者是生存竞争的强者。直到1603年，因为合法继承人是两个未成年孩童，人们无法确保他们都能活到成年，新任苏丹处死兄弟之惯例才被废除。参见［美］戴维森《从瓦解到新生：土耳其的现代化历程》，张增健、刘同舜译，学林出版社，1996年，第60页。

而未曾南渡的中原士族也逐渐进入到北朝的统治机构中，担纲治理重任，其多刚勇矫健之风，能实心用事，非南朝士族可比。北族以其未经修饰的纯然元气，再造中原朴拙之风，久已颓唐的理想，终见其"自强不息、厚德载物"的精神复生，颇有西周古风。

二、江南的衣冠礼乐

1. 秩序均衡的脆弱性

西晋末年主道昏庸，臣下无道，胡族四起，天下大乱，百姓南迁。仓促间，皇族当中名望并不重的一支司马睿，在南渡士族的支持下即位于建康，是为东晋。

东晋皇权对与士族合作的需求更高于西晋，乃至司马睿登基时极力要拉着南渡士族领袖王导与其共坐御床，时谓"王与马，共天下"。南渡的诸侨姓士族彼此之间达成了一种默契，拥戴权力有限的司马氏为共主，作为士族对权力分割的共识基础；但是诸侨姓士族本身并不足以抵御北族南侵的压力，也不足以压制本地吴姓士族的挑战，还需要有南奔的流民编成军队以为倚仗。田余庆先生对此总结为："东晋一朝，皇帝垂拱，士族当权，流民出力，门阀政治才能维持"[1]。田余庆先生进一步区分了士族当中的高等士族和次等士族，前者是真正在朝廷中当权的豪门大族，代表人物有琅琊王氏、谯国桓氏等五族；后者的代表人物有杨诠期、刘裕等人，他们只能各自统领流民军所组成的西府兵和北府兵，供高等士族驱驰；还有孙恩、卢循等人，不满于高等士族把持朝政，而结合民间淫祀的组织力量，掀起叛乱，最终为刘裕所平。

东晋一朝的格局是高等士族与皇权共天下，次等士族与流民共军力，这意味着帝国的政治重心与军事重心在人事意义上并不重合。这种不重合与征服帝国的政治、军事重心分离于经济重心不同，后者的皇权能够有效统领军队，以此压制经济重心并形成帝国的外向性格；而东晋实则为内敛帝国，政治与军事重心的分离，只能是蕴含着内乱的种子。故而东晋一朝的秩序均衡

1　田余庆：《东晋门阀政治》，北京大学出版社，1996年，第349页。

点过度地远离了集权秩序一侧，落在多重均衡当中稳定性非常差的一个点上。不断地有权臣试图取司马氏而代之，而流民军有苏峻之乱等事，也不让人放心，天下惶惶不安。

最终，次等士族刘裕率其北府兵，击败了在建康僭位改号的高等士族桓玄，不久又取司马氏而代之，建立了刘宋，历史进入南朝。此时，帝国在人事意义上的政治重心与军事重心终于合一了，皇权较之东晋获得了伸张，均衡点开始向集权秩序一侧回摆。但是由于具有政治意义的技术进步仍未出现，豪族的大庄园经济不是南朝皇帝克服得了的，所以南朝诸帝国的中央财政仍然很有限，皇帝还是必须与豪门士族之间形成均衡、合作的关系。

南朝的政治稳定性也并未变好太多。盖司马氏虽得天下过于诡诈，[1] 但其正统性历经百年已为人默认，而南朝诸帝由于多系篡僭上台，依照传统的儒家观念来看，其正统性有严重问题；这激发了无数野心家的想象力，人人皆觊觎神器，这还仅是对内的一面。至于对外的一面，北朝已逐渐稳定下来，并且开始有了咄咄逼人的态势；南朝武力不济，却又不能在与北朝的竞争当中认输，因此必须强化自己作为正朔所在的特性，坚持儒家的观念，可这又会放大自己正统性缺失的问题。这种两难困境导致皇朝处在严重的不稳定当中。

2. 文化的重构与传播

南朝的皇帝无法化解现实的困境，所以在纠结中开始寻求新的普遍理想的支持，这在萧梁一朝表现得极为明显。一方面，梁武帝极度佞佛，曾四次舍身同泰寺，并大赦和改元，最后一次舍身时，梁武帝召集僧俗举办大法会，不再回到皇宫。大赦、改元意味着万象更新、与民同庆，梁武帝不以儒家礼仪来行此礼，却以佛教的仪式来做。[2] 这实际上意味着梁武帝力图以另一种普遍理想刷新自己的统治正当性，刷新梁朝的政治意涵，冀图以此来克服自己篡权上台的正当性缺陷，以绝贼子之心。

另一方面，梁武帝极为鼓励中原传统文化的发展，一时江南衣冠礼乐文

---

1 "（晋）明帝时，王导侍坐。帝问前世所以得天下，导乃陈帝创业之始，用文帝末高贵乡公事。明帝以面覆床曰：'若如公言，晋祚复安得长远！'"参见《晋书·宣帝纪》。

2 ［日］川本芳昭：《中华的崩溃与扩大：魏晋南北朝》，余晓潮译，广西师范大学出版社，2014 年，第 146—147 页。

风大盛，涌现出《文心雕龙》《昭明文选》等一系列对后世影响极为深远的作品与文集，甚至跨海影响到朝鲜、日本。因为南朝在军事上的竞争败于北朝，所以将其主战场转移到文化正统之争。以至当时天下军力最强的东魏实际控制人高欢恨恨地说："江东复有一吴老翁萧衍，专事衣冠礼乐，中原士大夫望之，以为正朔所在。"[1]

南朝文化一时成为东亚世界居主流地位的文化，大量向百济、日本传播。其传播路线主要有三条，即直接从长江口到日本、由华南经台湾沿琉球到日本，以及经由百济到日本。[2] 于是，东亚地区的草原－中原－海洋三重结构的世界，**其历史开始呈现为一种总体联动性的发展：草原－中原关系发展为秩序的生成线，其载体是起自长城沿线的北朝；中原－海洋关系则发展为秩序的传播线，其载体是南朝。南朝之所以能够有如此动力向外传播文化，正是因为北方的压力。**

五胡乱华之际，大量中原士人被迫南逃避难，江南才得以发展起来；嗣后北朝强大的军事压力，使得南朝不得不在海外进行文化竞争。咨诸历史可以发现，每一次北族的南侵过程，在中原带来血腥与混乱，同时却也带来江南开发的深入化。中华帝国对南方的统治正是在这样一个过程当中发展起来的。普遍理想并不必然钟爱其中原的发明者，而是恍若"自私的基因"，只会选择最有利于让理想本身得以光大的路径。中原涂炭，反令普遍理想得到更大的传播，历史便如此前行。

3. 朝廷与帝国的强弱之辨

侯家驹先生发现，在南北朝当中，无论南朝还是北朝，都是出身士族者占官吏总数的比例越高的国家，其国势越强；朝代越往后，士族在官僚中所占的比例越低。[3] 他推想这或许是由于当时的社会基础不是个人，而是家族，所以这一比例越高，表示政府受到强宗大姓的支持越多，以至基础越巩固。尤可进一步推知，出身士族的官僚所占比例越多，帝国越无须分

---

1 参见《北史·列传第四十三》。

2 韩昇:《东亚世界形成史论》，复旦大学出版社，2009 年，第 138-139 页。

3 两晋官吏出身士族者占官吏总数的 64.9%；南朝方面，宋为 69%，南齐 59.2%，梁 57.2%，陈 56.6%；北朝方面，北魏 73.3%，西魏北周 67.9%，东魏北齐 58.2%。参见侯家驹《中国经济史》上册，第 253 页。

散精力来对付国内的士族力量；相反，士族自身所具备的组织资源可以为帝国所用，其国势必然强大。但这也意味着皇权受制于士族，不得伸张；朝代越往后，士族比例越低，意味着皇权与寒族官僚结盟以抗士族，皇权的伸张越强。但这只是带来了强朝廷，却破坏了帝国内部的组织资源，导致弱帝国。

这种说法仍太过粗糙，仔细比对可以发现，"南北朝的历史，就是文化士族与军功贵族的历史；南北朝的竞争，就是文化士族与军功贵族的竞争"[1]。而贵族与官僚的结构性关系，在南北朝有着较大差别。南朝的官员，品、秩不一定对应，这意味着南朝官僚的贵族属性更强，官员的身份并不由其官品决定，而基于其文化士族的身份；北朝的官员，品、秩一体化，这意味着皇权的力量较强，军功贵族已经走在官僚化转型的路上。同样，江东的文化远胜北方，但其学校不如北方之盛，甚至还在五胡十六国时，北方的学校就胜过东晋。[2] 之所以江东文化更盛，在于江东君主起自贵族支持，君弱而臣强，贵族是主要的治国者，文化是贵族的身份识别标志之一，江东对官僚的需求较弱，不太需要国家学校；之所以北方学校更盛，在于北朝君主起自武功，相对于江东而言，属君强而臣弱，君主需要官僚治国，以压制军事贵族的独立性，故而要建国家学校培养人才。北方的法制更胜江东，也是同样的原因。

因此，对南朝的国家来说，其朝廷能力的强弱与国家能力的强弱差不多是零和关系，互为代价，根本原因在于**整个国家的建制已经贵族化**，国家是作为贵族合作的非集权秩序存在的，寒族很难获得发展的机会；这种情况下，南朝在多重均衡当中所落入的就是一个稳定性很差的点，并且凭其自身基本无法走出来。北朝的国家相较于南朝而言，其朝廷能力的强弱与国家能力的强弱不是零和关系，有可能互相扶助，并且两种能力的强弱与贵族－士族占据官僚的比例成正比，因为其**贵族制度逐渐走向建制化**，国家是作为君主主

1 阎步克：《波峰与波谷：秦汉魏晋南北朝的政治文明》，第 207 页。
2 前赵、后赵、前秦、前燕、南燕等都有国家学校，学生从数百到上千人不等，其君主也都曾亲临学校，监督学生考核。东晋的国家学校则不过百十学生，且时有时无，管理松散。后赵设有经学、史学和律学等专科学校，史之独立为"学"，竟是羯人石勒之功。参见阎步克《波峰与波谷：秦汉魏晋南北朝的政治文明》，第 209 页。

导下的集权治理秩序存在的，军事贵族的组织资源可直接转化为国家机器所需的组织资源。最终，在南北朝最后时段并存的北周、北齐、陈这三国中，来自北方、士族占官僚比例更高的北周及其后继者隋，完成了天下一统。

三、孝文帝之败与宇文泰之成

1. 孝文帝的集权改革与失败

田余庆先生说："从宏观来看东晋南朝和十六国北朝全部历史运动的总体，其主流毕竟在北而不在南。"[1] 盖因政治秩序的建构，其底层根基毕竟还是武力，而在冷兵器时代，最强大的武力基础便是草原骑兵，这意味着中原鼎沸之后，历史运动的主轴只能转到过渡地带的长城沿线，由兼容农 - 草的人群来完成秩序的重构。对政治来说，武力的运用从来不是问题，问题在于武力的运用是否能够拥有正当性；正当性只能基于一种普遍理想的叙述而被建构出来，而普遍理想只能出自中原，"兼容中原 - 草原"便不仅仅是基于军事的财政需求，更是基于普遍秩序之建构的内在精神需求了：唯有中原能够提供普遍秩序所需的精神内核，唯有草原能够提供普遍秩序所需的担纲者。

到魏孝文帝登基时，北魏帝国已历大半个世纪，其二元帝国的制度建设已颇有气象。但是皇帝仍然受制于两种贵族 - 豪族：一是鲜卑军事贵族，八部大人对皇帝的意志始终有一定的约束作用；一是中原的豪族，他们维持坞堡经济，隐匿户口，逃避租调徭役，令国家的税基不足，中央财政力量不大，这反过来使得皇帝更加依赖鲜卑军事贵族。

于是，魏孝文帝在统治前期推行了均田制与三长制的改革（实际上此时孝文帝仍未亲政，是在文明冯太后的主持下完成改革的）。依照均田令，成丁皆依规定亩数受田，至年老方归还国家，受田者有完成租庸调三种赋役的责任。由于连年战乱，地广人稀，国家有足够的田可授；而受田者会从豪族的庇佑下被吸引出来，成为自耕农，扩大国家的税基。为了让均田制的运转更加有效，又设立三长制，规定五家为邻，设一邻长，五邻为里，设一里长，五里为党，

1　田余庆：《东晋门阀政治》，第 362 页。

设一党长。三长的职责就是检查户口，征发租庸调。北魏以国家能够主导的三长制取代豪族主导的宗主督护制，基层政权也逐渐为国家所掌控。同时整顿吏治，对官吏进行考核，规定其俸禄由国家统一筹集支付，不许自筹。如此，又使得官僚体系也逐渐进入皇权的控制范围内。这一系列的政策强化了朝廷的财政能力，又以在财政上依附于朝廷的官僚体系为工具，强化了朝廷中央集权的能力，皇帝由此可以开始尝试摆脱军事贵族的制约。

孝文帝亲政之后，在第一次改革的基础上，进行了第二次更大规模的改革，就是从平城迁都洛阳，并规定随迁的鲜卑人说汉语，着汉服，改汉姓，与汉人通婚。这一系列改革带来了一个严重的后果，就是北魏在事实上开始放弃二元帝国的政治架构。[1]北魏皇权太轻易地抛弃了鲜卑军事贵族，而未能设计出一种更好的对其进行财政赎买的政策，于是丧失了帝国的内在均衡；这样一种政策要到辽以后才逐渐发展起来，后文会再详叙。未获得自觉的二元帝国又蜕化为一元帝国，北魏因此自毁长城，在孝文帝身后不久便陷入严重内乱，最终分裂为东魏和西魏。

2. 宇文泰混一胡汉

作为对北魏汉化的一个反动，东魏－北齐与西魏－北周的主事者竞相开始了再鲜卑化的运动，着力恢复鲜卑语、鲜卑姓等，以便确保核心的鲜卑军事力量支持自己。两国彼此之间征战不休，东魏－北齐地处关东富庶之地，其人口地利远非西魏－北周可比，后者渐渐不支。这种情况下，东魏主事者高欢没有融合胡汉的迫切需求，他所应用的军事力量主要还是鲜卑的草原骑兵。西魏主事者宇文泰则不得不另辟蹊径，由于西魏人口总量太小，他必须把汉人以某种方式组织和动员起来，而这种组织和动员又不能与既有的鲜卑军制相冲突。所以，陈寅恪先生提出，宇文泰"唯有于随顺此鲜卑反动潮流大势之下，别采取一系统之汉族文化，以笼络其部下之汉族，而是种汉化又须有以异于高氏治下洛阳邺都及萧氏治下建康江陵承袭之汉魏晋之二系统，此宇文泰所以使苏绰、卢辩之徒以周官之文比附其鲜卑部落旧制，资其野心利用之理由也"[2]。于是，在宇文泰治下，开启了中国历史上第二次"复周礼"

---

1 参见本书第一章第三节的相关讨论。
2 陈寅恪：《隋唐制度渊源略论稿》，载《隋唐制度渊源略论稿·唐代政治史述论稿》，商务印书馆，2011年，第140页。

的活动，第一次是在王莽改制时。

宇文泰纳苏绰之建议，行"六条诏书"，曰"治心身、敦教化、尽地利、擢贤良、恤狱讼、均赋役"。对这六条，宇文泰"甚重之，常置诸座右。又令百司习诵之。其牧守令长，非通六条及计帐者，不得居官"[1]。基于六条诏书的理念，宇文泰继续推行均田制，以此比附于《周礼》当中的田制。"在国家、社会的发展阶段与后世相比仍处在未分化状态、祭政合一的社会中产生的《周礼》得以在（华北有大量荒地）这种社会条件下被采用。另一方面，对这个时期的统治者胡族阶层而言，《周礼》的构成和内容都比较原始，因此反而容易被接受。"[2]均田制构成了西魏－北周的基本财政基础，并有机地结合于宇文泰新建的府兵制。

府兵制来源于对北魏旧有军制的改造。在孝文帝迁都之前，北魏六镇的鲜卑军户作为征服者，自视为高贵族群，有着很强的荣誉感，也有着草原部落制之下的那种自由身份；但是孝文帝迁都推行汉化政策之后，鲜卑军户的粗豪习俗反倒成为卑贱的标志，军户沦为贱役一般的存在。这对习惯于源初自由的部落民军人来说是无法忍受的，北魏末年的六镇军人叛乱便与此有关。宇文泰在西魏设立了八位柱国大将军，比附于北魏的八部大人制；但由于一些刻意的人事安排，其中只有六柱国实际分别统兵，比附于周官六军之制。[3]每位柱国下设两位大将军，每位大将军再下设两位开府仪同，共计二十四位开府仪同，组成二十四军，这发展成为府兵制，府兵本身对部落军制也有继承关系。同时，由汉人贵族率领的乡党部队（乡兵）也被吸收成为府兵来源。府兵制由此成为兼容儒草、包纳胡汉的制度机制，是西魏－北周的立国基础。府兵的身份被设定为皇帝的直属侍卫，军人重新恢复了其荣誉感，并因此形成了较之东魏－北齐更大的动员力和组织力。

更进一步，为了将鲜卑六镇军人与其他胡汉人群融合为一个不可分离的集团，除了将他们在物质上置于同一利害环境当中，还需要让他们在精神上

---

1 参见《周书·苏绰传》。
2 ［日］川本芳昭：《中华的崩溃与扩大：魏晋南北朝》，第 255 页。
3 陈寅恪：《隋唐制度渊源略论稿》，载《隋唐制度渊源略论稿·唐代政治史述论稿》，第 140–142 页。

具有同出一渊源的信仰。故而，宇文泰复称西魏所据的关中之地为汉文化之发源地，不以关东或江南为汉文化的中心所在地。[1] 关中为西周兴起之地，基于关中本位，西魏遂成正朔之所在。而可比附于周礼的均田制、可比附于周官的官制及府兵制，与关中本位更形成了彼此相互契合之关系。

由此，起自北魏末年的内乱反倒带来了更大的制度创新，使西魏－北周走向了真正的混一胡汉。"正是由于这场内乱，才使胡族人民开始从贱民走向自由民，同时它还使得汉人贵族从主体上参与到国政中来……参与国政的问题还包含了汉人贵族制社会中的政治自由的问题。由此看来，北魏末的内乱正是胡汉民族各自奔向自由的一大潮流。"[2]

最终，以此一富有想象力的混一胡汉之制为基础，北周征服了北齐，一统华北；旋即隋氏代周，又一鼓作气征服了江南的陈朝。这个过程形成了更加复杂且深刻的融合。西魏－北周更多的是进行了制度的综合创新，而非原创性的文化；就文化层面而言，隋唐接续的更多是在北魏和北齐留存的、通过士族家学传承的中原汉魏文化，保存于河西地区的汉魏西晋文化，以及东晋和南朝发展起来的礼制。[3]

自东汉末年天下大乱以来，除了西晋的短暂统一，已经连续分裂了近四百年的东亚大陆重归统一。这次统一的最终稳定结果是大唐帝国，它克服了大汉帝国面对草原帝国时终致天下崩解的军事－安全－财政困境，把胡汉一体化的原则推及至塞外，超越于草原－中原之上，一如唐太宗云："自古皆贵中华，贱夷狄，朕独爱之如一，故其种落皆依朕如父母。"[4] 草原的视野与武功、中原的精神与财富整合为一体，胡汉混血的隋唐皇室，终于将起自中原的普遍理想外化为一个庄严恢宏、灿烂夺目的普遍帝国。故陈寅恪先生赞之曰："李唐一族之所以崛兴，盖取塞外野蛮精悍之血，注入中原文化颓废之躯，旧染既除，新机重启，扩大恢张，遂能别创空前之世局。"[5]

---

1 陈寅恪：《唐代政治史述论稿》，载《隋唐制度渊源略论稿·唐代政治史述论稿》，第 198 页。
2 ［日］谷川道雄：《隋唐帝国形成史论》，第 8 页。
3 参见陈寅恪《隋唐制度渊源略论稿》，载《隋唐制度渊源略论稿·唐代政治史述论稿》，第 3-5 页。
4 《资治通鉴·唐纪十四》。
5 陈寅恪：《金明馆丛稿二编》，生活·读书·新知三联书店，2001 年，第 344 页。

第三节　普遍帝国及其瓦解

一、关中与关东

1. 地理的东西关系与身份的公私关系

关中本位是北周、大隋、大唐得以一统天下的基础，宇文泰及诸位柱国大将军所由之出的关陇军事贵族集团，也是这几个朝代的核心统治集团。随着天下一统，帝国内部的博弈结构开始发生变化。在统一之前，西魏－北周皇帝的优先目标是一统天下，那么能够带来帝国的组织效率和战争能力的柱国大将军等军事贵族便与皇权的需求一致，双方是天然盟友，君臣同心共赴时艰。待到统一之后，则皇帝的优先目标会转化为皇权的扩张，力图压制住军事贵族对皇权的制衡作用，博弈的首要对象从外部转化到内部，皇帝便会到关陇军事贵族之外另寻盟友。皇帝的盟友可能来自两个方向：地理方向上的关东、阶层方向上的平民。于是，隋唐历史的演化机制当中，关中与关东的关系构成了博弈的轴心；这也正符合此时的人口分布结构，当时全国主要人口都集中在黄河流域，呈东西分布。关东的贵族是皇帝用来抗衡关中贵族的潜在盟友，平民则是用来抗衡一般意义上的贵族的潜在盟友。

在无法拔擢平民进入官僚体系的情况下，官僚体系由贵族所掌控，它无法成为君主意志的延伸以对抗贵族，相反可以构成贵族用以抗衡君主的制度载体；进一步地，官僚体系的运作依赖于常例性制度，这对君主的任性意志也会构成一层约束。一旦可以从平民中拔擢人才进入官僚体系，则官僚体系可以成为君主意志的延伸，贵族很难有效对抗这种效率导向、规模较大的中央官僚权力，战国时期封建制的终结就是这个逻辑，但其前提是有足够的平民可供拔擢，以及有对应的财政能力可供皇帝支配，这就需要一些新的技术进步，安史之乱之后这些技术进步方始陆续浮现。贵族官僚拥有独立于官阶之外的身份基础，平民官僚的身份基础则主要来自其官阶，他们会更强调官僚体系的常例性制度，这是其用以抗衡君主个人的任性意志，并尽量确保自己身份的主要途径。从而，在平民与君主结盟击败贵族之后，平民构成的官僚体系会与君主形成新的抗衡关系，并在此过程中约束君主，让其尽量只呈现公共性的一面；君主的个人意志则会努力摆脱这种约束，由此便会走上以非制度化的个人性对抗制度化的公共性的路径。所以，无论是哪一种官僚体系，君主都会尝试建立官僚体系之外的、直属于君主个人的非制度性要素，如非常设性的"使职"，或者直属于君主的宦官等，以便对抗常例性的官僚体系。这样一种博弈关系从汉代就可以看到，只是唐代在关东—关中这一"东西关系"中，以更加醒目的方式将其呈现了出来。

2. 关中本位与关东本位的博弈

隋文帝一统天下，高度依赖关陇贵族的支持。他曾喜欢上一女子，独孤皇后发觉后暗中杀掉了该女子，史书曰："上由是大怒，单骑从苑中出，不由径路，入山谷间二十余里。高颎、杨素等追及上，扣马苦谏。上太息曰：'吾贵为天子，不得自由！'高颎曰：'陛下岂以一妇人而轻天下！'"[1] 天子尚且不得自由，不是因为对独孤皇后的惧怕，而是对独孤皇后身后的军事贵族集团的忌惮；高颎一语道破真相，不可为此事而"轻天下"！

故而隋炀帝即位后极欲摆脱关陇集团的约束。为此他先把帝国的统治中心逐渐转移到了关东洛阳，这样便可以远离关中军事贵族；他还经常巡幸江南，因其在平陈之后就任扬州总管，相当于江南总督，在江南积累了不少人脉，如此便可从江南获得支持力量。同时，炀帝进一步发展了隋文帝时期开创的科举制，始创进士科。通过科举，可以在贵族之外发掘人才，以充实官僚系统。但是，国家的军事力量府兵制主要还是掌握在关陇贵族手里，倘若不能在他们之外另建军事能力，则炀帝的努力终归是无法成功的。新的军事能力依托于新的财政能力，否则无法供养直属于皇帝的军队，但是此时仍未出现由技术进步带来的具有政治意义的新经济资源和人事资源，这意味着炀帝寻找新的财政－军事能力的尝试无法成功。他不得不对外征伐，试图通过战争，一方面逐步改造国内的政治结构，一方面从外部攫取新的经济资源。但这些尝

1《资治通鉴·隋纪二》。

试都失败了，因其战争过程也无法摆脱对军事贵族的依赖，乃至最终亡于征高丽之举。

隋炀帝的失败尝试给了唐代开国君主深刻警示，他们再次回到关中本位，以便巩固国本。但这意味着皇帝必须接受军事贵族的制衡。唐太宗能够开明纳谏，除了其本人确实宽宏大度，确保皇权无法肆行专制的社会结构才是更根本的保障。而在这样的政治社会结构下，唐太祖、太宗既然主动选择了关中本位，其与属下的柱国大将军们乃至草原部落酋长们便仍是盟友关系，帝国不会发生内耗，而仍有宏大的外向力量，遂建立起空前的世界大帝国，东西方交通商贸、文化传播为之一畅。但是太宗同样在努力用皇权来重新定义贵族。他曾要礼部编修天下谱牒，结果第一等氏族竟是关东崔氏卢氏。太宗不满，要求重排，不再追溯数代以前的血统，仅看当下的官爵高低来决定氏族排序。[1] 这意味着身份的高低不再取决于神意，不再取决于可向前长久追溯的血统 – 传统，而是取决于君主的意志，取决于可由君主决定的官爵。当然，太宗不可能不顾及既有的贵族力量而任意决定官爵，但是事情的起点逻辑已经发生了根本变化。太宗不过是在以更加稳健的方式努力压制贵族，扩展着皇权的边界。

唐代前期的社会与经济获得了巨大的发展，贸易发达、经济繁荣、人口繁茂。几十年后，便出现均田制下土地不敷分配的问题，这反过来开始侵蚀到府兵制的基础。[2] 相应地，关陇贵族余威尚在，但是其实际影响力会因为府兵制的衰败而下降。到武后掌政，关陇贵族虽很不满，但已没有办法实质性地拦阻她了。武后也清楚关陇贵族不会支持她，所以必须放弃关中本位，称帝之后随即迁都洛阳。武周一朝开始大规模地开科取士，力图找到新的人事基础以充实官僚体系。但是由于此时印刷术仍未发展起来，知识传播成本仍然比较高，能够参加科举的人多半也是贵族出身，平民较少。由于贵族在财政上并不依赖皇权，皇帝仍然无法专制，但毕竟科举是向全天下开放的，于

1　侯家驹：《中国经济史》上册，第386页。
2　陈寅恪先生认为，府兵制有过一个变化，"府兵制之前期为鲜卑兵制，为大体兵农分离制，为部酋分属制，为特殊贵族制；其后期为华夏兵制，为大体兵农合一制，为君主直辖制，为比较平民制。其前后两期分划之界限，则在隋代"。陈寅恪：《隋唐制度渊源略论稿》，载《隋唐制度渊源略论稿·唐代政治史述论稿》，第155页。

是武则天得以用关东贵族来制衡关中贵族；为约束贵族对皇权的抗衡作用，又重用出身无赖的酷吏。

武则天的统治终结后，出于恢复正朔的考虑，大唐的首都再迁回到长安，又经历了几年的皇室变乱，最终是唐玄宗父子安定了局面。但这并不是关中本位的回潮，玄宗也极力想要扩张皇帝的权力范围，不给关陇贵族太多机会，而是擢用关东、南方的人才，以至于玄宗时代的名臣很多都是武则天所留下来的。同时，为了绕过官僚体系对皇帝意志的制约，与此前诸帝相比，玄宗又以更大的规模和速度来设置非制度化的"使职"，如经略使、节度使等。从一开始，制度化的律令官制就是在吸收了旧门阀贵族阶层的影响以及贵族理念的基础上形成的，律令体系的动摇实际上意味着旧门阀贵族阶层的社会影响力被剥夺。[1]但玄宗仍然没有制度化的人才选拔通道，很多"使职"，包括律令官僚，都依赖于通过个别关系来选拔。于是，玄宗晚年的一系列乱臣便进入了历史。玄宗还将自己的生日设为千秋节，进一步圣化皇帝，将其完全置于任何贵族之上，以彰显自己的绝对地位。

在这样一个过程中，大唐的文化发展到了极致，同时也呈现出隐忧。

二、海上声教与西域胡风

1. 海上声教之广布

所谓文化发展到极致，主要体现在中原－海洋一线上的文化传播。

大唐文化对外传播最有名的历史，当属新罗、日本纷纷派出遣唐使，前来大唐学习典章制度、文学礼制，唐风一时流布于整个东亚世界，泽被后世。普遍帝国践行着其化育天下的世界历史使命。实际上中国文化从海上向朝鲜半岛和日本的传播有着更深的历史渊源。从东亚教育制度的形成来看，中国文化的传播经历了几个阶段，首先是汉字的传播，其次是随着汉字承载的字义解释，中国的伦理道德观渗透于东亚；在魏晋南北朝时期，南朝与北朝都

---

1 ［日］气贺泽保规：《绚烂的世界帝国：隋唐时代》，广西师范大学出版社，2014 年，第111 页。

竞相向外进行文化传播，儒学开始在东亚国家逐渐泛开；隋唐时代，随着学校制度的确立，儒学在各国居于主导地位，建构以儒学为本的文化形态，并借助教育制度而代代相袭，根深蒂固。从文化形态考察，东亚文化圈完成于唐代。[1]

而从政治上，朝鲜半岛与日本受到的大陆的影响同样值得关注。自5世纪后期起，日本出现了比较明显的中央集权趋势，其表现之一就是日本的雄略王重用因为中原大乱而逐渐来到日本的大陆移民，将分散于各地的大陆移民聚集起来编为若干移民集团，并将其首领拔擢于朝廷以备顾问。中央财政部门的日常事务主要便是由大陆移民来运作。[2] 实际上，这是与大陆上的帝国相类似的内政博弈逻辑。天皇与强大的贵族进行博弈时，需要寻找到在既有秩序内没有根基的人来作为自己的盟友，大陆移民由于在日本没有根基，又有较高的素质与文化，便成为日本内政博弈当中一个重要的外生变量，是天皇的天然盟友。但是，总管中央财政的贵族苏我氏也同样渴望拉拢大陆移民，于是这些移民反倒成为日本内政发展的决定性力量，他们愿意支持哪一方，哪一方便会获得优势。而对大陆移民来说，更优的选项是两边下注，自己始终处在不败之地。所以，君主与苏我氏家族的对抗一直持续到7世纪中期的大化革新。

随着一大批留学隋朝的大陆移民学生返回日本，他们愿意支持朝廷以建立像隋朝一般的中央集权国家。在这些人的支持下，苏我氏终被清除，大化改新遂展开。嗣后663年日本援助百济对抗大唐与新罗，发生了白江口之战，日本大败，百济、高句丽旋即亡国。为了应对大唐可能的入侵，日本接受了大量的朝鲜半岛遗民。这又带来了新的外生变量，新移民出于现实考虑，都愿意站在君主一边以加强日本的国家能力，利于备战。最终，大陆帝国的入侵并未发生，但是日本天皇在这个过程中进一步强化了中央集权，镇压了贵族发起反抗的"壬申之乱"，并大规模派遣遣唐使学习律令制度文化礼仪，成功地深化了以律令制为中心的政治改革。日本建立了以律令为基础的中央集权官僚制国家，并仿照均田制而制定了班田收授法，行租庸调之制。新罗则

---

1 韩昇：《东亚世界形成史论》，第60页。
2 韩昇：《东亚世界形成史论》，第305-311页。

逐渐蚕食了百济及部分高句丽故地，完成了朝鲜半岛的统一，也经历了与日本比较类似的中央集权化过程。

2. 西域胡风之冲击

所谓大唐呈现着隐忧，首先体现在文化层面，它导致了中原的普遍性理想被还原为特殊性；其次体现在帝国治理层面，它最终导致了安史之乱。

就文化层面而言，虽则中原－海洋一线上的文化传播令人炫目，但是转向中原－西域的方向来看的话，随着大唐世界帝国的建立所带来的西域门户大开，从西域传过来的宗教尤其是佛教，以及从西域传过来的各种各样的道德风气，对中原的冲击则是前所未有的，包括来自草原与西域的生活与娱乐方式也成为唐代上流社会的时髦风气。[1] 而中原－海洋一线上向外传播的文化，实际上也多有来自西域者。比如，对日本来说，直到江户时代，朱舜水先生把宋明理学系统性地传入日本之前，儒学和神道在日本一直处于从属地位，佛教势力一直是最大的。[2]

佛教自后汉起由西域传入中土，但这种流传多为断续而至，一直不成系统。至胡族入主，为对抗中原士族对胡族的文化蔑视，统治者遂功利性地高抬佛教的地位，以此种非中原的普遍性理想来确立自身的主体地位。后赵皇帝石虎说："朕出自边戎，忝君诸夏，至于飨祀，应从本俗。佛是戎神，所应兼奉，其夷赵百姓有乐事佛者，特听之。"[3] 而南朝的崇佛，比如梁武帝四次舍身同泰寺，也颇有功利之心，前已述及。自汉末的玄学兴起，儒学颓乱，玄学则沦为士族高门用以区别于寒族的身份标志，其普遍性理想也已衰败。而南朝诸帝皆非高门，出身行伍，其必欲于儒玄二学之外再觅精神基础，以使君统不遭非议。南北朝数百年间由于正统不兴，南朝北朝对于儒学各从其解，颇为混乱，无力进行认真反思；佛学与政治又纠葛不清，其精神面相颇为含糊，所以中国的普遍理想在这个阶段并未因佛教进入中土而感受到真正的震撼。

---

1 "中国上层贵族效仿李唐王室对西北贡献的开放意识。……公元7—8世纪，上层社会的女性都穿西域服饰，他们的伴侍皆着突厥服射猎或打波罗毬——一项来自中亚的运动项目。……在官方仪式中，康国乐和龟兹乐是与唐乐一道演奏的。每当这种场合，都会请到西域识宝商人、技工或表演者。"[法]魏义天：《粟特商人史》，第 87 页。

2 参见何芳川主编《中外文化交流史》上卷，国际文化出版公司，2008 年，第 205-206 页。

3《晋书·列传第六十五》。

直到大唐建立，太宗授命孔颖达成《五经正义》，儒学复定于一尊，儒家试图再正世道人心。但是，太宗对儒学的推崇，亦不过是继承南北朝以来的义疏烦琐之章句学问，高宗、武则天以后则是偏重进士词科，明经者仅限于记诵章句，绝无意义之发明，是中材以下的进取之途。[1] 官方认可的儒学僵化生硬，儒学自己又无力开新，便难以为社会所自然接受。

当是时，玄奘西行归来，在朝廷支持下，积年译经大有所成。此前各种错讹片段的佛学经解，至此获得系统化。佛教于是系统性地、纯粹出于精神目的地呈现于中原士人面前。同时，不唯佛教，其他三夷教（祆教、摩尼教、景教）伴随着西域商人率相进入中土。这些宗教皆为普遍性理想，其志甚至有过于囿于东亚视野的儒学，一系列全新的宏大的宇宙论与世界观铺展开来。其对胡人自然是更有吸引力，他们可以此对抗中原主体文化对胡人心性的压制；但其在世界想象而非学理方面，对中原文明的挑战同样极为深刻。

首先，汉代以来所建立的基于"礼"的天人感应之宇宙与社会思想，曾经拥有无可置疑的正当性与合理性，甚至在魏晋南北朝也未曾受到任何深刻挑战。但是新的宇宙论与世界观，使得此前人们所理解的宇宙天地作为国家与社会秩序的正当性之终极依据失效了。于是，曾经用以理解世界的夷夏、贵贱、远近等意义框架全都失效。其次，各种文明的冲撞与互动，使得以传统中原文明为中心的日常伦理准则也失去了普遍约束力，传统的行为模式渐渐失去普遍的合理性，中原文明在帝国文化当中的优先独占权也丧失了。在这种情况下，需要有一种历史哲学意义上的文明重构，以历史叙述建构中原文明的悠久谱系，来支持人们对中原文明的自信，但这样一种努力完全未曾展开。当时的士人面对迅速变化的社会生活，只能反复地重复"克己复礼""亲政爱民"等早已无效的传统办法。经济的繁荣伴随着伦理基础的丧失，社会沦入道德虚空，奢侈腐化、随性妄为一时成为风气。原来以儒家为内核的主流意识似乎已经对此束手无策，佛教和道教便进入到了知识、思想与信仰的主流世界。[2]

于是，东亚帝国所承载的普遍性理想从精神层面上被还原为特殊性。这

1　参见陈寅恪《论韩愈》，载《金明馆丛稿初编》，生活·读书·新知三联书店，2001年，第321页。

2　参见葛兆光《中国思想史》第二卷，第25—36页。

带来一种真正深刻的精神危机, 既有的理想倘不能完成自我超越, 寻找到更具普遍性的根基以重新表达自我, 则其必将消亡。而其所外化出来的帝国也将因为丧失了精神凝聚力而瓦解, 并且由于人们的秩序想象已经发生根本改变, 帝国也无可能再像此前一样重建起来, [1]东亚的大陆帝国因此将如罗马帝国一般彻底消失于历史当中。

751 年的怛罗斯之战可以被视作一个标志性的事件, 伊斯兰教这种比佛教、摩尼教等更有活力的普遍性理想, 其精神世界在西域向大唐掀开了其面纱。但此时正是盛唐的巅峰时期, 人们陶醉于眼前的绚烂与奢华, 远观着中亚怛罗斯之战的鲜血, 觉得这些危险还只是远方天边的乌云, 未曾留意到东北亚已在隐隐作响的渔阳鼙鼓, 四年后它将带来帝国的天翻地覆。而西域传来的宗教在这个过程中以更深刻的方式嵌入了中国历史的精神历程。

三、安史之乱与西域新命

1. 安史之乱与胡人秩序

从太宗时期开始, 大唐就重用番将。陈寅恪先生注意到, 太宗所用番将皆是部落酋长, 番将统领的是其本部落; 玄宗所用的番将则是寒族胡人, 番将统领的是诸不同部落。[2]这里面蕴含着巨大的区别。

太宗时代之所以起用番将, 盖因彼时府兵的战斗力已开始下降, 故而太宗一朝的东征西战开疆拓土, 多赖番将及其部落之力。太宗兼具汉人皇帝及草原英雄的特质于一身, 与大多数重要的突厥首领建立了个人联系, 他极其熟谙草原上的政治逻辑, 对其运用达出神入化之境; 在依循该一逻辑分化并击溃突厥帝国之后, 他又将突厥部落组织并入唐朝政府机构之中, 让突厥首领成为大唐官员, 突厥人是因为尊太宗为"天可汗"而接受这种官员身份的,

---

1 顾炎武认为, 之所以东汉桓灵之际, 君道倾颓, 权臣阴窥, 豪杰阴窥, 却仍有大致的秩序, 是因为仁人君子心力之为, 亦即《白虎通》所留下的观念结构对人们仍有影响力。转引自侯家驹《中国经济史》上册, 第 294 页。但是在大唐,《白虎通》所勾勒的宇宙秩序不再是理所当然的, 则类似东汉末年那种大致的秩序也就不一定保得住了。

2 参见陈寅恪《论唐代之蕃将与府兵》, 载《金明馆丛稿初编》, 第 300-301 页。

而非因为尊其为皇帝,当然,这与中原式官僚体系里面的官员并不是一回事。[1]
太宗的这种草原视野,是以其与鲜卑游牧军人常年打交道的战争经验为前提
的。从唐高宗开始的皇帝都不具有这样一种战争经验,也不具有草原英雄的
人格;并且大唐定都长安,虽然有着遥制关东的考虑,但是毕竟远离农耕-
游牧过渡地区,从而无法再获得治理草原所需的知识。[2]所以,到了高宗朝后期,
突厥脱离大唐帝国的统治,再次形成独立帝国。

这就是玄宗朝任用番将的时代背景。他为了抗衡关陇军事贵族,又为了
不让身为部落酋长的番将形成独立王国,故而重用在中原了无根基、在草原
也身份不高的人,东北军镇的安禄山、西北军镇的哥舒翰等人皆因此而获得
飞升的机会。关陇集团本融合胡汉文武为一体,多有出将入相的本事,时任
宰相李林甫为了阻止这种人对自己的位置构成威胁,尝上奏玄宗曰:"文士为
将怯当矢石,不如用寒族蕃人。蕃人善战有勇,寒族即无党援。"[3]这刚好与玄
宗的意图一拍即合。但是玄宗并不知道,即便安禄山是寒族胡人,也不意味
着他会有与中原寒族同样的政治逻辑,草原上的秩序另有一种逻辑。玄宗试
图用西北军镇制衡东北军镇,但对军镇内部的政治逻辑却又没有感觉,于是
在事实上便只能将安危系于将领个人忠诚与否之上,这是很危险的。玄宗丧
失了草原视野,[4]终致大祸。

这种视野的丧失,意味着大唐虽建立起兼容中原-草原的世界帝国,却
并未获得相应的精神自觉。因此,世界帝国在精神层面的坍塌是全方位的,
不仅仅是在纯理想方面,也在帝国视野方面,吊诡的是,帝王的野心进一步
加速了精神的坍塌。五胡乱华之际,东亚帝国在精神上仍拥有普遍性,它虽

---

1 参见〔美〕托马斯·巴菲尔德《危险的边疆:游牧帝国与中国》,第178-184页。

2 尤其唐朝处在历史上的小暖期,此一过渡地带较之魏晋南北朝时期大幅北移,长安离
 过渡地带的距离变得更远。关于气候周期,参见竺可桢《中国近五千年来气候变迁的
 初步研究》,载《考古学报》1972年第1期。

3 转引自陈寅恪《唐代政治史述论稿》,载《隋唐制度渊源略论稿·唐代政治史述论稿》,
 第218页。

4 葛兆光先生也注意到,唐朝初期仍以北方为正统,继承北周和隋的统绪,消解了中原
 文明的唯一正统意味,异族天子出身因此也有正统性。但到了玄宗天宝年间,则将唐
 代统绪上接汉代,于是正统便移到了南朝,异族身份被抛弃了。参见葛兆光《中国思
 想史》第二卷,第28-29页。

衰弱，但犹能蓄力；而此刻，一种精神上的自我超越已经成为真正的生死攸关之事。

差不多与安史之乱同时代的，还有同样主要由中亚伊朗系人群发动的伊斯兰革命，革命推翻了此前横扫中东北非的阿拉伯帝国倭马亚王朝，建立恢宏伟大的阿巴斯王朝，将波斯帝国的文化与阿拉伯的信仰融为一体，形成精神超越，开创了当时世界上最先进的文明。[1] 再及远方，伟大的查理曼大帝吸收由西班牙的伊斯兰王朝传来的文化，开启了加洛林文艺复兴，构成西欧中世纪精神史上耀眼的一道闪电。大唐、阿拉伯、查理曼东西几大世界帝国建立，煌煌武功反倒各自唤起了普遍的精神革命。8 世纪到 9 世纪，人类各大文明区的精神现象学进程迈出了同样的一步。

安史之乱并不仅仅是一场险些颠覆大唐的叛乱而已，它牵动了整个东亚乃至内亚的历史进程，其后续影响不仅深刻地改变了中原史，也同样深刻地改变了草原史与西域史乃至雪域史，改变了这些地方的精神世界，它是内亚地区历史联动性的一个典型体现。

差不多在 6 世纪到 9 世纪期间，从小亚细亚以东经中亚到塞北草原的内亚地区，是崛起于蒙古高原的突厥游牧者与来自中亚的东伊朗系粟特商人所主宰的世界，前者建立起连接东西方的草原帝国（此时的西方主要是指拜占庭帝国），后者则在草原通道上主宰着各种贸易过程。突厥人很依赖粟特人的商业能力，以便为自己获取贸易品、管理战争后勤物资的调剂等；因此突厥人会保护粟特商人，并且将其作为政治及商业顾问。所谓的丝绸之路商道，出了中原便进入突厥人控制的地区，其上主要的贸易贩运工作都是由粟特人完成的。[2] 大唐的兴起也在相当程度上借助了内亚的力量，唐太祖曾经向突厥帝国称臣，以换取军事支持来进军关中；而粟特人活跃的商业活动，则降低了大唐军队在西域驻防的高昂成本。

1　日本学者杉山正明敏锐地注意到了这种同时性。参见杉山正明《疾驰的草原征服者》，乌兰、乌日娜译，广西师范大学出版社，2014 年。
2　"粟特人能在中国大规模商业活动中持续保持主导地位，得益于中国行政体制保证下丝绸的持续输出，后者在 550–760 年间，不断将非商业用途的大量丝绸装船运往西方。"［法］魏义天：《粟特商人史》，第 113 页。

陈寅恪先生注意到，在"武后、玄宗朝代，在东汉、魏晋、北朝时代作为中原文化最高之地的河朔地区，即已开始了其胡化进程"。[1]这里所谓的胡化，重要的内容之一就是指粟特人在这个地方的汇聚。陈寅恪先生认为这是由于东突厥在高宗朝复兴，使得粟特人来到河朔地区。但我们还可以进一步推想，粟特人之所以会汇聚在这个地区，正是因为这里是草原－中原－东北的交界处，这种跨生态区的交界处是最重要的贸易汇聚之地，作为中世纪最伟大的商人群体，粟特人自然会汇聚过来。而安禄山本人也是这种汇聚性的一个产物，其父是粟特人，其母是突厥人，其一人的血统就跨越了北方草原与西域。

玄宗用安禄山，以其出身寒族，无法像部落酋长一样形成独立于朝廷的力量，并统帅多个胡人部落。但是安禄山借助朝廷所任命的节度使职位获取了正当性，又依照草原传统，将其统领的某些契丹、同罗、奚人部落约八千人收为养子，号"曳落河"（壮士之意），以为亲兵，进而整合起余众胡人。这些做法都在已经丧失草原视野的玄宗的政治想象之外了。彼时唐朝内地的府兵早已衰落不堪，故而安禄山一起，玄宗唯有借助西北军镇的力量对抗之，再失利后便只好弃长安而走。最终安史之乱的平定，相当于朔方的胡人击败了河朔的胡人，这也意味着，从此以后，唐朝的命运不由自己做主，而由内亚的游牧者秩序做主了。内亚游牧者与中原农耕者的历史互构关系，在此之前便已是一条重要的历史线索，在此之后始逐渐获得精神自觉，进而发展为**游牧者与农耕者共享的一种历史记忆**。

2. 回纥之变

757 年，眼见哥舒翰失利，唐朝被迫转向已在蒙古高原上取代了突厥汗国的回纥汗国[2]借兵，后回纥军队在牟羽可汗的指挥下帮唐朝收复了东都洛阳。此时由粟特人带来的摩尼教正遭受大唐的打压，几个摩尼高僧便主动追随牟羽可汗去到漠北，没有多久，摩尼教就成了整个回纥帝国的国教。这对粟特

---

1 陈寅恪：《唐代政治史述论稿》，载《隋唐制度渊源略论稿·唐代政治史述论稿》，第230 页。不过，在《剑桥中国隋唐史》的研究看来，陈寅恪先生的看法似乎过了，"他的叛乱前的证据所指的不是整个河北，而只是具体地指边境地区；他用的叛乱后的材料——这是他论证的大部分依据——则错误地把一些具体的后果归因于主观设想的文化变化，而不是归因于这一区域取得的事实上的政治自治"。[英]崔瑞德主编：《剑桥中国隋唐史》，中国社会科学出版社，1990 年，第 469 页。
2 该帝国在 743 年初立国之际叫作回纥，788 年改名回鹘，取"回旋轻捷如鹘"之意。

人与回纥人来说是各取所需，回纥人通过具有宏大宇宙论的摩尼教确立起相对于中原的精神主体性，[1] 粟特人则通过对回纥人的皈化，而使后者变成自己坚定的支持者。再后来的草原霸主虽然不再信奉摩尼教，却在佛教（明代中晚期以后又落实为藏传佛教）当中找到了主体性的根基，也是类似的一种历史逻辑。[2] 而正是由于以西域为通道传来的这些宗教不似儒学一样有地理依赖性，才能够形成这样一个结果。

两种（甚至更多的）精神主体性在统一帝国内部共存，这样一种现象从大辽开始、在元清两代获得完整呈现，其必须有超越于诸种精神要素之上的信念，以成为帝国的统一精神要素；正是在这个过程中，**开始了一种寻找新的正统性叙事，构建统一的、具有超越性面向的历史记忆，以作为凝聚帝国之精神要素的运动。**元明清三个朝代对宋辽金史如何编纂的争论，实际上就是对这样一个正统性叙事的寻找过程。[3] 这样一种历史编纂问题，从本质上来说就是帝国的自我定位问题——帝国究竟是中原本位还是北族本位的，抑或它应该是超越于诸构成要素之上的普遍帝国？伴随着答案向后者的逐渐偏移，"大一统"的意涵、儒家文化与政治的关系等也在逐渐发生变化，于是才有我们在今天所看到的庞大中国。帝国的自我定位这样一种问题在以前的朝代中也曾经存在过，但以如此尖锐深刻的方式获得呈现，其最初的动因实可追溯至安史之乱后的各种变乱，尤其是这段历史对草原方面的精神自主性的深刻影响。

安史之乱后的唐朝又遭藩镇割据，国道中落，几欲覆亡，回纥/回鹘汗国成了大唐的保护者，在藩镇对大唐构成威胁的时候还会出兵助阵，目的是维持一个可供不断榨取保护费的对象。粟特人遂帮助回鹘汗国出谋划策，教其如何从大唐更有效率地榨取保护费；回鹘汗国投桃报李，要求大唐在多个重要城市修建摩尼教寺院"大云光明寺"，帮助摩尼教再逆袭回大唐。回鹘汗国又从粟特人那里借来了字母，发明了回鹘文字以取代不敷使用的古突厥字

1　草原部落自有的宗教是萨满教，但是萨满教本身没有普遍性关怀，无法作为基础获得不亚于中原的轴心文明的精神主体性，所以草原部落有"索取"普遍性文明的需求。

2　回纥之前的草原帝国也有信奉佛教的，此处不赘述。

3　参见刘浦江《德运之争与辽金王朝的正统性问题》，载《中国社会科学》2004 年第 2 期。该文对这个正统性叙事之争论的演化过程梳理得非常清晰。亦可参见本书第四章第三节第一小节。

母（直到今天，蒙文、满文应用的还是这种源自粟特文的字母），回鹘汗国走上了一条迅速文明化的道路。[1] 它从大唐榨取了大量的财富，需要找到地方存放，于是回鹘成为蒙古高原上历代游牧帝国当中唯一建筑城郭的汗国。文明的进展，意味着武勇的消退；城郭的建设，则是游牧帝国的一个大忌，因为这样一来，游牧帝国赖以形成令人生畏的战斗力的高度机动性，将被无法移动的城郭所绑定，游牧者兵民一体、生产－生活－战争密切结合的组织特征也将被分化掉，游牧帝国人口不足的劣势便立时呈现出来，遇到危险时难以自保。这些都使得回鹘汗国在840年遭遇黠戛斯人的攻击时几无还手之力，迅即亡国。

亡国的回鹘人分为几支四散逃亡，向南逃入中原地区的逐渐被同化掉了；向东逃入契丹地区的，后来有一支述律氏改为萧姓，世为大辽国的后族，深度影响着大辽国政，塑造着中国历史；但是对后世影响最为深远的，当为向西逃亡的回鹘人。西迁的回鹘人又分成了三支，一支西奔进入七河流域，征服了游牧于当地的葛逻禄部落，建立了喀喇汗王朝[2]；一支投奔"安西"，在今天的哈密、吐鲁番一带建立了高昌回鹘王国（后又称西州回鹘）；还有一支投奔当时尚未亡国的吐蕃，在甘肃、青海一带建立了甘州回鹘王国。

3. 西域新命

回鹘西迁对后世的首要影响是，它改变了中亚的人口结构，使得中亚原本由粟特人所主导的定居区域也开始突厥化了，中亚的历史就此也进入了一种新的节奏。[3] 高昌回鹘转作定居，居于大中亚的最东端，它在8、9世纪曾是摩尼教的世界中心，但毕竟游牧民族一旦定居下来，其人口基数太小的劣势就完全显露出来，只能作为一个受制于人的小团体而存在了。建立了喀喇

---

1 ［苏］威廉·巴托尔德：《中亚突厥史十二讲》，第50-51页。

2 也有学者认为喀喇汗王朝就是葛逻禄人建立的，回鹘人托庇于此而已。相关的学术史回顾，参见魏良弢《喀喇汗王朝史稿》，新疆人民出版社，1986年，第27-51页。魏良弢先生认为喀喇汗王朝的汗族是回鹘人，被统治者则以葛逻禄人为主，本书取此观点。

3 相比于回鹘西迁，经常被提起来的公元751年的怛罗斯之战，即唐朝败于新兴大帝国阿拉伯帝国一战，实际上并不是什么大不了的事，除了造纸术通过战俘而西传，战后的西域该怎样还是怎样，河中地区仍由粟特人主导，在大唐衰败前，他们也还在向大唐朝贡，并且他们改宗伊斯兰教也是嗣后一个很缓慢的过程；锡尔河以北仍是西突厥的领地，大唐通过西突厥保持对当地的间接影响力。

汗王朝的那一支回鹘力量有着更大的历史意义。它的统治中心就在七河流域这片中亚的王者之地，它逐渐征服了除高昌回鹘之外的差不多整个大中亚范围。它在 999 年击败了当时统治中亚的东伊朗系的萨曼王朝，巴托尔德曾就此评论道："当时谁也未必理解到这一永远终结了土著的雅利安人统治的历史事件的意义。"[1]

与匈奴、突厥或是中原王朝对中亚的间接统治不同的是，喀喇汗王朝对中亚进行了直接统治，它本身就是个中亚王国。这个王朝的北部仍然游牧，有足够强的力量，足以自保以防漠北蒙古高原对中亚的征服；而早年在粟特人的帮助下，回鹘人在漠北的时代积累了足够多的知识，懂得对中亚的定居文明该如何治理，从而有能力统治河中和天山南路的定居地区。于是以喀喇汗王朝为载体，中亚进入一种较为完整的自治状态，不为外界所制。这在历史上是很罕见的，以往中亚总是处在某个外部的游牧帝国或轴心帝国的势力范围之内。

喀喇汗王朝的建立，使历史上第一次有了这样一支高度组织化的突厥力量，近乎以帝国中心整体转移的方式入主中亚，并且它的势力范围仅及中亚；此前的突厥游牧帝国对中亚的控制，则从来不是一种有组织性的帝国中心的转移。正是这样一种原因，使得回鹘的西迁有能力令中亚的定居地区也开始突厥化；其他时候的游牧帝国迁徙，则从来不会对中亚的定居地区造成什么实质性的影响。当然，所谓中亚的突厥化，也是中亚的土著雅利安种粟特人与北亚来的蒙古人种回鹘突厥人互相渗透的过程，他们的生活习惯相互影响逐渐趋同，种族间的混血逐渐使得相貌也趋同。

还有一点是信仰的趋同。在回鹘西迁之前，经过阿拉伯帝国以及萨曼王朝等的多年统治，中亚地区已经伊斯兰化了，但是在伊斯兰教历史上影响深远的突厥人，此时虽在中亚来来往往，却仍未信奉伊斯兰教。喀喇汗王朝则开始了突厥人的伊斯兰化进程。喀喇汗王朝的先祖原本被粟特人皈化为摩尼教徒，到了粟特人的老家又被其皈化为穆斯林。就回鹘突厥人来说，在漠北的第一次皈化可能首先是出于对外"索取"文明的需求；在中亚的第二次皈化，则应该首先是出于统治的需求，以便获得治下臣民的正当性认可。虽则回鹘在漠北的时候已经走上了文明化的道路，但毕竟时间太短，作为一个总体秩

---

1 转引自余太山主编《西域通史》，中州古籍出版社，2003 年，第 274 页。

序而言也不那么系统，到了中亚，看到当地伊朗语系人群所传承的高度发达的治理秩序与文明成果，心向往之，则是很自然的事；伊斯兰教本身呈现着较强的秩序性特征，相对容易被回鹘突厥人一并接受下来。在喀喇汗王朝之后、清朝和俄罗斯之前，入主中亚的主要王朝，一个是统治不足百年的西辽，一个是蒙古帝国留下的察合台汗国，以及从察合台汗国衍生出的诸多后续汗国，除了西辽，它们都皈依了伊斯兰教，应该也是出于类似的逻辑。

四、吐蕃的聚与散

雪域高原在松赞干布治下发展为雄健有力的吐蕃，松赞干布又持续不断地通过对外战争获取财富，以形成赞普的朝廷对有离心倾向的贵族们的力量优势，提升整合能力。这也构成松赞干布的后续者们持续的战略基础，无论是权臣当政，如松赞干布重臣禄东赞——他本人及其噶尔家族在松赞干布身后主政吐蕃近半个世纪，还是其他的赞普当政，他们的利益都在于吐蕃中央朝廷的政治集权，以压制贵族，故而都坚持较大规模的对外战争。

但是吐蕃的这种生存逻辑与大唐的帝国战略之间构成了直接冲突关系，两者因此进行了长期的战争。对吐蕃来说，青海与西域（及河西走廊）都是其必争之地，青海更多的是作为对外通道存在，西域（及河西走廊）则是它必需的财政来源；吐蕃与大唐争夺的主战场在青海一带，其在西域大规模用兵的能力势必被削弱，因此在这个方向上便不得不与西突厥乃至后来的突骑施联手。对大唐来说，这样一种南北联盟会让自己在西域遇到麻烦，因此它便在更西的方向寻找到盟友大食（阿拉伯帝国），形成东西联盟。如此一来，汉代的匈奴－西羌的草原－高原之南北关系与中原－西域之东西关系的对峙结构，在大唐时以突厥－吐蕃之南北关系与大唐－大食之东西关系的形式，在更大的地理空间中展开，内亚地区形成一个庞大的地缘战略大十字。当然，吐蕃有时也会与大食联手，以达成别的战略目的。[1] 而大食帝国带来了一种新

1　关于这种地缘战略大十字，可参见王小甫《唐、吐蕃、大食政治关系史》；以及［美］白桂思《吐蕃在中亚：中古早期吐蕃、突厥、大食、唐朝争夺史》，付建河译，新疆人民出版社，2012年。

的精神秩序——伊斯兰教，使得内亚地区的博弈关系由此进入到一种更加复杂而又微妙的情况。

大唐与大食的联手一度让吐蕃陷入很大困境。人们经常谈及大唐与大食在751年发生了怛罗斯之战，实际上此战役并没有那么重要。大食早在很久之前就已进入中亚，长期与大唐有着微妙的竞争又合作的关系；怛罗斯之战后，大食与大唐在中亚的关系，以及中亚诸邦的状况，都没有发生实质性变化。真正实质性的变化来自755年开始的安史之乱，大唐不得不从西域-中亚调军东守，吐蕃获得了天赐良机，迅速攻占大片西域疆土，并随即与刚刚崛起不久的回鹘政权开始了在西域的反复争夺。

吐蕃与外部世界的各种博弈关系，影响着吐蕃内部赞普与贵族群体之间的力量均衡的变迁，在精神秩序的层面上反映为普世佛教与多神苯教之间的命运变迁。开始于松赞干布的佛教"前弘期"，在其身后曾几经波折。在赞普能够引入外部资源使均衡偏向自己时，佛教会处在相对优势地位，比如赤德祖赞与大唐形成和议，大唐派出金城公主和亲，佛教一时力量大盛；而到赤德祖赞去世，其子赤松德赞幼年继位，朝政被贵族把持，遂开始了一场"灭佛运动"；到赤松德赞成年之后，吐蕃在西域力量大盛，力量均衡又转回到赞普一边，他压制了贵族，并推动了又一次大兴佛教的运动。

792年，赤松德赞还主持了一场"顿悟派"的汉传佛教与"渐悟派"的印度佛教的大辩论，并裁定印度佛教胜利。这场胜利意味深远，它预示着数百年后高原与草原在精神层面上形成新联合的可能性。在札奇斯钦先生看来，经过汉文化融合的中原佛教，远不如密宗色彩浓重的印度佛教更合于吐蕃的文化；**印度佛教的密宗气质既可以压制原始的萨满信仰苯教，又能把它融合起来，适合吐蕃游牧民族的信仰。后来的蒙古游牧者选择了藏传佛教而非汉传佛教，原因也在这里。**[1]

赤松德赞之子赤德松赞在位期间，累年对外征服，获得大量财富，帝国

---

1 参见札奇斯钦《蒙古与西藏历史关系之研究》，台北正中书局，1978年，第9页。札奇斯钦先生还援引了元代末帝元顺帝的皇太子听讲学的例子，皇太子曰："李好文先生教我儒书多年，尚不省其义，今听佛法一夜即能晓焉。"这证明了游牧文化与农业文化在对外来文化的取舍上有不同的亲和性，地理距离上的远近反倒不是根本因素。（参见《蒙古与西藏历史关系之研究》，第10页）

内部的力量均衡继续朝向赞普一边偏移。赤德松赞遂对官制进行改革，在政府中原有的众相之上设置僧相一级，力图用与赞普结盟的僧侣官员来实现集权，压制苯教贵族所掌控的众相。下一任赞普赤祖德赞，规定每七户庶民供养一位僧人，并将僧寺附近的土地民庶划作寺产，不向政府纳税，贵族众相所主导的政府进一步被赞普从财政上架空。高度崇佛的背后，隐含着赞普不断集权的努力；吐蕃的政治成熟度倘能继续向前发展的话，从逻辑上说，佛教在未来会被赞普做建制化改造，僧侣官员则会在此过程中逐渐转化为赞普的官僚系统。

但这种逻辑并未获得机会展开，因为一方面，对贵族的压制会带来贵族的强烈反弹，赤祖德赞因此而被刺杀，上台的新赞普朗达玛在苯教贵族的支持下开始大规模灭佛；另一方面，也是更根本的，集权政治所需的政治成熟度远大于分权的贵族制，其财政需求也远高于贵族制，反过来也就意味着，集权政治的脆弱度在其初期同样远大于贵族制；除非有稳定且较大规模的财政支撑，否则集权政治的努力不可能成功。由于雪域严酷的地理特性，治理成本过于高昂，吐蕃的政治成熟度无法内生地发展到能够真正支撑起集权政治的程度，赞普的财政是非常脆弱的。赤德松赞和赤祖德赞的努力，已是吐蕃内生的政治秩序所能达到的极限，这是各种历史机缘的耦合才能达到的高度，一旦这些耦合被打破，则其内生政治秩序也就走到历史终点了。

吐蕃亡于内乱，但更深层的原因是亡于其财政脆弱性。840 年，逃奔吐蕃的回鹘人于甘肃、青海一带建立了一个附庸性的甘州回鹘王国。甘州回鹘所处的地理位置，刚好横亘在吐蕃核心区与丝绸之路的通道上，它在其中略微截流一下，则高度依赖外部财政的赞普马上就会遇到困境。因此，赤祖德赞遇刺，朗达玛还能够继承一个统一的吐蕃；而朗达玛在 842 年遇刺后，吐蕃内部马上陷入大规模混战状态，再无人有能力获得足够的资源以将帝国统一起来。雪域高原在中世纪那令人目眩的帝国事业从此灰飞烟灭，急速回到低成熟度的政治状态。

强大的吐蕃如同流星划过夜空，消失在历史当中，这也为"后弘期"教权独立于政权之外的发展埋下了伏笔。[1]

---

1 关于雪域的教权独立于政权的发展，参见本书第一章第五节的相关论述。

五、技术进步与豪族社会的终结

1. 人口变迁与新的技术应用

安史之乱后，天下藩镇割据，帝国已近名存实亡。玄宗意图压制的豪族，居然通过安史之乱而衰败下去，这从反面说明了唐朝皇室与豪族实际上是共生关系。大唐依靠豪族而建立了世界帝国，但其历史使命也就此终结。帝国治下的和平促使人口滋长繁茂，而可供分配的土地是有限的，曾构成帝国组织基础并带来帝国生命力的均田制势难持续，土地逐渐转为私有制，可以自由买卖，府兵制的基础被侵蚀掉了；皇帝的野心使其欲图离弃豪族，却并没有相应的替代制度来完成帝国治理，于是皇帝会伴随豪族共同为帝国殉葬，此后仍然在位的皇帝只是在等待那缓期执行的到来。

最先开始割据的河朔三镇，所占据的华北地区正是此前帝国的财政来源中心，大唐帝国陷入财政困境。但是**安史之乱意外地促成了江南经济的发展，帝国在这里获得了新的财政基础，并进而促成了中原的社会结构从豪族社会向平民社会的过渡。**

战乱起后，大量人口逃至江南。这次南迁与西晋末年的南迁有很大区别。东汉末年开始天下大乱，到西晋末年已持续了一百多年，中原早已形成坞堡经济；从八王之乱到五胡乱华中间也还是有一定的时间过渡，这两个因素使得豪族有时间组织其部曲、附庸等一同南迁，所以豪族的社会结构并未遭到太大破坏，甚至东晋的豪族门阀较之在江北时还要有影响力。而安史之乱之前，正是中原的均田制、豪族经济已近解体之际，并且安史之乱非常突然，南迁者来不及有组织地行动，只能零散地南奔；安史大军是草原骑兵，淮河以南水网纵横不利于骑兵南下，所以逃难者迁至江南也就安全了，之后在江南所建立起来的基本属于平民社会。

从上古以来直到安史之乱，除极个别时期，中国人口的重心一直是在黄河中下游地区，秦岭淮河以南的人口始终少于以北的。安史之乱前不久，黄河中下游的河南、河东、河北诸道的人口密度大致是淮南和江南两道人口密度的两倍还要多；但是安史之乱后，北方诸道人口损失极大，江南道人口也有减少，但其密度反是河南河北两道的近两倍，淮南道人口甚至还有相当比例的增加，密度达到河南河北道的四倍还要多；到了五代时候，南方人口与经济的发展更是好过北方，中国的人口重心从此不可逆地转移到了南方。[1]

安史之乱改变了淮南、江南地区的人口密度，从而改变了相应区域的生产要素价格。在地广人稀的情况下，劳动力密集型的农业技术，诸如水稻插秧、土地复种制等，都不具经济可行性，反倒是粗放的技术、土地轮耕制更为经济；地狭人稠的情况下，则劳动力密集型的农业技术会变得更为经济。在北魏时期黄河流域即已经存在水稻秧播技术，但是江淮地区一直到唐代前期仍然保持火耕水耨的技术和轮耕制，土地利用率只有50%甚至更低，因为此时土地要素价格远低于劳动力价格。直到安史之乱后，人口大规模南迁，江南开始变得地狭人稠，使得秧播技术及土地连作制在江南获得使用，土地利用率从50%提高到100%。到了宋代，在将冬小麦的种植扩展到江南的同时，人们发展了稻麦轮作制，一年两熟，从而将土地利用率从100%提高到200%。江南的稻麦复种制出现在北宋后期，成熟于南宋时期。正是由于秧播技术缩短了水稻的占地时间，稻麦轮作成为可能。[2]稻麦二熟制不仅使江南的土地利用率提高，并且土地水旱交替使用，使土壤得到进一步熟化和培肥。而人口密度的增高，使得在江南地区修建复杂的水利工程也成为可能，再加上诸如占城稻、双季稻等新稻种的引入，这些都更进一步促进了江南经济的发展。[3]

这样一种发展使得江南一下子成为帝国内部最重要的经济区，成为全新的经济要素，从而为帝国提供了必需的财政基础。韩愈曾说："当今赋出于天下，江南居十九。"此语或略有夸张，但江南已成为帝国的核心经济区是

1　参见葛剑雄《中国人口发展史》，第342-344页。

2　参见韩茂莉《中国历史地理十五讲》，北京大学出版社，2015年，第100-101页。该书进一步提出，唐代的插秧技术盛行于整个长江流域的种稻区，但是入宋以来稻麦复种制则受环境影响主要限于江南地区。因为早稻的生长周期使得稻麦复种制不可行，只有晚稻才行。而晚稻对自然环境的要求，使得其种植主要集中在太湖平原及淮南一带，其他地区都是以早稻为主。将冬小麦种植区与晚稻分布区叠加在一块，两者的重合部分就是江南地区。江南地区因此出产了远超当地人口需求的粮食，从而有大量余粮外运，成为全国的经济重心。（见《中国历史地理十五讲》，第112-113页）

3　参见梁永勉主编《中国农业科学技术史稿》，第401-405页。

无疑义的。

由此可知，所谓技术进步，不仅仅在于该技术是否已经出现，还在于该技术在给定的要素价格下是否具有经济性。就江南农业技术的进步而言，其中的关键实际上是人地关系导致的要素价格变动，只有在劳动力的相对成本下降的时候，既有的技术才能在这里得到规模化应用，并衍生出一系列此前不存在的应用方式。江南地区浮现的新经济要素为皇帝提供了重要的财政基础，使得皇帝可以此努力去对付国内其他反抗力量。

2. 新的财政资源

劫后余生的大唐帝国在这方面做出了虽然不够成功但令人钦佩的努力，以安史之乱为契机努力解决"边陲势强而朝廷势弱"的问题，也解决帝国内部大军团所带来的危机。[1]在这一系列努力中，开拓性的一步首先便是财政改革。780年，在杨炎主导下，大唐废除了因均田制崩溃而早已运转不灵的租庸调制，改行两税法，规定将一切赋役皆折为货币，纳入户、地两税，每年夏秋分两次征收。[2]两税法的税基从人变成了土地，原则上规定必须缴纳铜钱。这意味着帝国财政自东汉末年以来，历经数百年，又从实物财政转成了货币财政，[3]两税法构成了此后中国历代税赋制度的主要基础。相对于实物财政而言，**货币财政使得皇权的意志转化为政治行为的效率大幅提高**，这为帝国内部的均衡点向集权秩序方向偏移提供了可能性。而安史之乱后的江南社会结构是个平民社会，这意味着，一方面，社会当中有可能发展起更加发达的货币经济，使得货币财政的效率更加提高；另一方面，皇权终于获得了与平民结盟的机会，来进一步打击豪族，这使得豪族社会结构的瓦解成为一个不可逆的过程，此后就进入平民社会了，帝国的统治直接面向百姓，而不再依靠豪族提供秩序。因此可以说，从隋炀帝开始的皇权对抗豪族的努力，到了这时终于因技术变迁而获得了政治可能性。

1　李碧妍：《危机与重构：唐帝国及其地方诸侯》，北京师范大学出版社，2015年，第526页。该书对安史之乱后藩镇问题的历史解读有颇多洞见。

2　韩茂莉教授认为，唐代是冬小麦空间扩展的重要时期，在整个黄河中下游地区冬小麦的地位有了全面改变，两税法是在这样一种农业技术背景下才成为可能的。夏税六月、秋税十一月，正是冬小麦和粟的成熟期。参见韩茂莉《中国历史地理十五讲》，第68页。

3　这数百年间，南朝与北朝的财政制度是有差别的，为简明起见，本书不再详加梳理。

杨炎的改革无法拯救苟延残喘的大唐，却开启了"唐宋变革"[1]的大门，但其更早的动力来源，还可以追溯到武后、玄宗那里。那个时代的帝国政治空间结构仍是东西关系，军事贵族－豪族的"类封建自由"之自生秩序与君权的集权秩序之间的对抗关系，是此一空间关系的基本由来。但是在皇帝与平民结盟打垮豪族，民间力量获得发展之后，则自生秩序与集权秩序的对抗关系转而呈现为民间的自由与皇权的专制之间的博弈关系。最终，唐朝崩溃之后，五代与大宋都定都河南，这是民间力量崛起的一个根本标志，关中本位已经不再需要了，此后的帝国首都永久性地定在关东了。对朝廷来说，其最大的威胁不再是内部的豪族力量，而是北方的草原帝国了。所以，此后帝国的政治空间结构便**从东西关系转为南北关系**，即南方的经济－财政重心与北方的军事－政治重心之间的关系。从藩镇割据到五代十国，便是这一转换的关键阶段。[2]

3. 平民社会与海洋世界的浮现

但是光有新经济要素的出现还不够，倘无新的治理能力跟上的话，它仅仅会打破过往的均衡，却不会带来新的秩序，还有可能带来更大的动荡与混乱，这是中唐以后的努力一直不够成功的原因之一。当时的一大矛盾在于，社会结构已经朝向平民化转型，官僚体系当中仍然有相当数量的老贵族家世者占据重要位置。这不是因为他们更为合适，而是因为没有足够的平民能担纲起

---

1 日本汉学界的京都学派在 20 世纪前期提出"唐宋变革论"，代表人物是内藤湖南及其弟子宫崎市定等人。"唐宋变革论"认为唐代仍是贵族社会的余续，是中古的末期；宋代则是平民社会了，是近代的开端；唐宋变革的转型过渡时期就在安史之乱后的中唐到宋初。详参 [日] 宫崎市定《宫崎市定中国史》，焦堃、瞿柘如译，浙江人民出版社，2015 年。陈寅恪先生也曾提到过："唐代之史可分为前后两期，前期结束南北朝相承之旧局面，后期开启赵宋以降之新局面。"见陈寅恪《论韩愈》，载《金明馆丛稿初编》，第 332 页。

2 李碧妍将藩镇时代的历史意义定位为，其见证了帝国从区域本位向中央本位的转变，帝国"从各个地域相对独立，唯政治中心所在地更为突出的地缘结构形态，向各个地域相互依赖、没有主次之分、只有功能差异的地缘结构形态转变。虽然藩镇时代的帝国就表面来看是带有分裂倾向的，但实质上，帝国区域间的联系与依赖却比过去来得更紧密了"。参见李碧妍：《危机与重构：唐帝国及其地方诸侯》，第 533 页。但是，我们显然也可以看到，这样一种转变，意味着帝国朝向内向化的转型，不复睥睨天下的世界帝国之气魄。

新的秩序治理之重任，唐代后期的"牛李党争"便是此一矛盾的呈现之一。

这个矛盾的化解需要有另一种技术进步，使得知识传播成本大幅下降，足够多的平民读得起书，才可能有足够多的平民可供选择进入官僚体系。这个技术进步实际上也不是全新的技术发明，而是对既有技术的新的应用。在五代时，冯道主持了国子监对《九经》的印刷工程，前后坚持了二十二年未曾中断，这是中国历史上首度大规模以官方财力印刷经典，这一工作开启了印刷术大规模使用的先河。

此前的印刷术主要是用来印佛经的，在豪族社会，寺院是印刷品最有支付能力的主顾。五代十国时期逐渐浮现的平民化社会结构，以及此一期间政治上的分裂状态，却极大地刺激了经济的发展，民间社会的商品经济在很多地方的发展都好过以往，更多的平民开始对印刷品有了支付能力。这提供了一个较大的市场，使得印制儒经逐渐变得有利可图。冯道所开启的印刷经典的工作，在此之后转化为一种社会性的商业活动，知识传播成本大幅下降，这才有了宋代科举的大发展。平民社会的官僚体系，终于可以从平民当中拔擢人才来充实。至此，从豪族社会向平民社会转型的过渡阶段基本完成，中国的历史发展从第二轮大循环进入到第三轮大循环的周期。

平民社会的到来，还在悄然中开启了另外一个面向，那就是海洋世界的浮现。始于8世纪中叶的广州的全面繁荣，预示着取代陆路骆驼商队贸易的海上贸易，东西方贸易开始了从陆上丝绸之路向海上丝绸之路的转换。尽管这一势头被黄巢之乱严重打乱过，也被海禁中断过，但它已然预示着平民社会下中国历史发展的一个方向。"如果用位于中国两极的长安和广州的关系来比喻的话，这一变化意味着连接陆上丝绸之路的内陆城市长安的衰落，以及面向南海开放的东南部的兴盛；也意味着历史的天平开始急剧地由大陆的西北部向东方以及东南部倾斜。"[1]

但唐朝末年的庞勋之乱则仍在提示人们，中国是个草原－中原－海洋的多元复合体，社会结构的变化可能会改变多元的作用方式，但不会改变多元本身。庞勋及其追随者系徐州人，因南诏攻陷了交州，为防备再战，这些徐州戍卒被派戍守桂林。朝廷两次不守三年之期的承诺，不许他们按期返乡，

---

[1] ［日］气贺泽保规：《绚烂的世界帝国：隋唐时代》，第269页。

戍卒愤而起事，从桂林一路杀回徐州。巅峰时期庞勋麾下有二十万众，其控制区域刚好扼住江南通往长安的咽喉，朝廷立刻陷入财政困境。最终，大唐不得不依靠驻扎于晋北代地之中原－草原过渡地带的沙陀军击败庞勋。但不到十年之后黄巢又起，沙陀再次成为击溃义军的主力。宋祁在编撰《新唐书》时曾总结道："唐亡于黄巢，而祸基于桂林。"[1] 抛开王朝兴衰的感叹，在这段历史中我们会注意到，桂林（交州）—徐州—代地，刚好是海洋－中原－草原的地理结构。庞勋之乱预示着嗣后中国历史在这多重结构当中的复杂展开。

1　转引自陈寅恪《唐代政治史述论稿》，载《隋唐制度渊源略论稿·唐代政治史述论稿》，第 355 页。

第四章
第三轮历史大循环：古代平民社会

第一节　精神的自我超越

一、普遍帝国与特殊认同的矛盾

大唐是个普遍帝国，对多种异质性要素的兼容使帝国理念变得抽象，以致普遍帝国本身丧失了属民的认同，也丧失了其担纲者，终致帝国瓦解。

这是各种普遍帝国所面临的共同问题，其理念只有变得抽象，才能容纳各种彼此异质的特殊性的共存；抽象性会带来普遍的治理框架，却不一定总能带来认同感，帝国内部的各种特殊性有时会带来更强的认同感，在这种情况下，普遍帝国便会陷入无人肯为其负责的困境。在帝国的扩张期，帝国内部各种特殊群体都会分享到帝国带来的红利，分配不均带来的问题可以通过进一步的扩张而被消化，帝国的共同利益感会超过特殊群体的认同需求，从而上升为帝国的共同命运感，带来认同；但是一旦帝国扩张结束，分配不均的问题只能通过帝国内部的自我调整来解决，各特殊群体(可能会有信仰群体、种族群体、地域群体、阶级群体等各种特殊群体）的认同需求便会开始超过帝国的共同命运感，以便在再分配的过程中为本群体争得更大的份额，帝国则在此"上下交征利"的狂欢中逐渐走向解体。各个伟大的帝国皆走过这样一种命运循环——它只有成为普遍帝国才配得上其所承载的普遍理想，才配得上伟大的称号;但普遍帝国的成功打造就意味着其开始踏上帝国的瓦解之途。

这样一种命运循环是否有可能获得突破?还是人类只能在此循环中经受无尽的兴衰而无法获得真正的进步?获得突破的途径很可能就在于,能够形成基础认同的特殊群体的边界不断缩小,最终缩小到仅略大于自然形成的初级群体[1],诸如乡镇、部落、自治城市等。如此之小的特殊群体,意味着它在一个复杂社会当中必须与他者妥协共存,而无法以损害他者的方式获得自己的利益。只有这样,特殊群体的认同才能被还原为一种纯粹的道德选择,而不会被发展为一种政治决断,超越于各种特殊性之上的普遍帝国才可能突破那种命运循环。

这样一种认同边界缩小的历史过程,却不会是通过自主的理性选择实现的,而很可能是通过一种精神的辩证运动过程来实现的。在普遍帝国变得日益抽象,不再带来认同之际,各种群体的特殊认同便会开始强化。这里面最重要的是普遍帝国内部的主体族群。一般的非主体族群,其特殊认同的强化可能是简单地回复到其旧的认同理念;而对主体族群来说,其特殊认同的强化却并不意味着对其旧有认同理念的简单回归,**因为普遍帝国的历史已经成为该群体的记忆的一部分,所以其特殊认同的强化往往意味着自我反思,意味着一种自我超越的过程**。当然,非主体族群也可能会走上这一过程,但通常会晚于主体族群。这种自我反思与超越,会使旧有的特殊认同理念本身也开始走上抽象化之途,使得基础认同的边界向下沉降,沉降至其内部更小的特殊群体;反过来,这种自我反思与超越却让大的特殊群体本身获得更大格局,从而该群体及其理念也获得能力,以参与到一个更有生命力的新普遍帝国当中去。我们可以观察到这样一个**精神的反思与超越、政治认同的沉降与上升**的过程,在历史当中反复不断地出现,而政治的意涵也在此过程中发生变化。

---

1 初级群体的概念最初是由美国社会学家库利提出来的,是指具有亲密的、面对面交往与合作特征的群体,如家庭、邻里、小的自治共同体等。这些群体是自然形成的,而非人们为了特定目的建立的;初级的意义是多方面的,但主要是指这些群体对个人的社会性和个人理想的形成是最为基本的。相对于初级群体的是次级群体,这是人们为了达到一定的社会目的而建立起来的。次级群体规模比初级群体要大,成员要多,有些成员之间不一定有直接的个人接触,群体内人们的联系往往通过一些中间环节来建立;次级群体既是个人步入社会所必须加入的群体,也是个人社会活动领域拓展和活动能力增强的标志。

所以，普遍帝国瓦解之后，便是普遍理想自我内敛化于特殊群体的一个过程，同时也是其自我反思的一个过程。这个过程会将理想重新外化为一个特殊国家，但终会将其引向更加伟大的普遍帝国。

二、儒学的新谱系与自我超越

大唐帝国走向瓦解之后，儒家的内敛化与自我反思起于韩愈。昌黎先生在《原道》中说："斯吾所谓道也，非向所谓老与佛之道也。尧以是传之舜，舜以是传之禹，禹以是传之汤，汤以是传之文、武、周公，文、武、周公传之孔子，孔子传之孟轲，轲之死，不得其传焉。"他试图重建道统，以构成帝国必需的精神凝聚要素；道统被他直接回溯到先秦，汉儒的道统则被略去，盖因其在唐代已不济事，以致帝国竟欲到佛老之中去寻找精神基础。为此，昌黎先生尤需排佛。他在《论佛骨表》中复言到："夫佛本夷狄之人，与中国言语不通，衣服殊制；口不言先王之法言，身不服先王之法服；不知君臣之义，父子之情。"这样一种弃绝伦常的信仰体系，将败坏天下。然则如何方为正途？昌黎先生认为，佛老之学谈"治心"，其目标却是"欲治其心而外天下国家，灭其天常"（《原道》）；此前不为人所重视的儒家经典之一《大学》中也谈所谓"治心"，"然则古之所谓正心而诚意者，将以有为也"（《原道》），其目的在于"修身齐家治国平天下"。

道统因此而获得了经典的依据，从佛老亦所推重的心性修炼出发，终结于儒家所追求的普遍秩序。这种进思路径大异于遵奉荀子、强调"礼法"秩序的汉儒，而遵奉孟子的"心性"之学，认为普遍秩序首先是心性的外化。

如此一来便可看到，昌黎先生极力排佛，但其思考实际上恰是要回应佛教所提出的问题。佛老之学此时已经在相当程度上规定了士人反思的问题框架，于是，即便是排斥佛老之学说，也已在否定性的意义上融进了佛老的话语，这种问题意识的出现为超越儒释道的精神打开了大门。[1]然则，从另一角度看，这样一种反思努力的起点，却必须将佛教排斥为他者，重建特殊认同以便形成新

---

[1] 陈寅恪先生认为，韩愈的思考受到禅宗相当大的影响。"退之（按：韩愈）道统之说表面上虽由孟子卒章之言所启发，实际上乃因禅宗教外别传之说所造成，禅学于退之之影响亦大矣哉！"参见陈寅恪《论韩愈》，《金明馆丛稿初编》，第 321 页。

的精神凝聚核，事方可为；而这也就意味着对普遍帝国的抛弃，否则认同复将流散。所以精神实现再次超越的前提是先要努力转为内向，其现实化便也会是个有限的特殊帝国，以便对抗普世帝国的衰败所导致的秩序丧失。昌黎先生的努力，已经从精神层面预示了后世大宋与大辽两个特殊"帝国"并立的东亚秩序。[1]

精神反思到了宋儒终于开花结果、大放异彩。宋儒从孔孟到韩愈建立起一个新的思想谱系，他们追随韩愈等人对《大学》《中庸》的诠释，改变了过去以《礼》为中心的政治学经典系统；以《易》为中心，诠释宇宙的终极真理；以《中庸》《大学》为中心，探索尽性的途径；以《春秋》为中心，讨论政治的大义名分。[2]一种本体论儒学建立了起来。

汉儒去古未远，巫的传统犹在，仪式的准确性是沟通天人的基础，所以在汉儒这里，普遍理想以非反思的方式呈现为礼的秩序的普遍性。理阴阳，顺四时，抚四夷，亲百姓，莫不在于礼。谶纬之术是探考礼背后的神秘秩序的一个基本途径，士人可依此来约制已经获得专制权力的君主。由于不受其他轴心文明的精神挑战，本体论问题遂在"日用而不知"当中被消化掉，不被人们所反思。

接续韩愈的宋儒则必须回应佛老之学的挑战，这逼迫着他们做一种深刻的反思，以便寻找到那超越儒释道的终极之"理"；谶纬之学在反思的追问下是无法站住脚的，儒学由此展开了一种理性主义[3]的进思方式。

从北宋五子开始，再到朱熹集大成，一个宏大的理学体系建立起来。宇

---

1 美国学者刘子健先生在《中国转向内在：两宋之际的文化内向》（赵冬梅译，江苏人民出版社，2002 年）一书中提出，两宋的文化转型不仅是个思想史的事件，更与专制权力的扩张及强化有着深刻关系：既然汉唐以来的君权相权相制衡的秩序已经破灭，尤其是到了南宋，君主绝对专制的局面已经形成，则儒家学者为了实现治国、平天下，就只有让君主皈依儒家学说"内圣"的一面，而放弃"外王"的论说，因此中国的文化逐步转向内在。刘子健先生的思考颇有洞见，但有些过于强调制度决定主义了。本书则尝试从精神现象学的角度，对此一文化转型加以解读，以提供另一种视野。

2 参见葛兆光《中国思想史》第二卷，第 162 页。

3 何谓理性以及何谓理性主义，是个极为复杂的话题，再及工具理性（寻找最有效地达到给定目标的方案，以效率为其衡量标准）与价值理性（对目标本身进行价值判断，以基于反思的道德确信为其衡量标准）之分，就使得话题的厘清变得更加复杂，需要一篇专门的文章来解释。本书在此处所用的理性主义，指的是一种基于反思的思考与行动方式，后面具体行文中所谈的理性/理性主义会时为工具理性，时为价值理性，究竟具体何指，相信读者可通过上下文解读出来。

宙万物莫不被纳于"理",如朱子云:"未有天地之先,毕竟也只是理。有此理便有此天地,若无此理,便亦无天地,无人无物,都无该载了。有理,便有气流行,发育万物。"又云:"伊川说得好,曰'理一分殊'。合天地万物而言,只是一个理;及在人,则又各自有一个理。"[1]"理"作为宇宙的本体,通贯天地,规范人心;理学家致广大而尽精微,极高明而道中庸,令整个宇宙呈现出统一的秩序,又落实在个体的心性修炼上。即便佛老,亦脱不出此理去,"天下无二道,圣人无两心。儒释虽不同,毕竟只是一理"。[2]通过对"理"的阐发,整体超越儒释道的新的精神秩序被构建起来,《四书章句集注》成为道统的集中表达;士君子通过八条目"格物、致知、诚意、正心、修身、齐家、治国、平天下"的功夫,而达三纲"明明德、亲民、止于至善"之目的,天下于是德化。中国的精神世界也从神秘主义过渡到理性主义。

儒学一旦完成这样一种自我超越,则佛教就不再是必须排斥的对象了,它可以在儒学给定的观念结构之下,获得其社会影响。大唐时期曾经面临的普遍理想瓦解之危机,就此化解;从韩昌黎开始的"排佛"之叙说,终于完成其再"容佛"的精神运动过程。

到了宋代,由于知识传播的成本大幅下降,士绅的规模日渐扩大。能够入仕者毕竟有限,余者遂成为平民社会自我组织的基本核心,豪族社会因此更是不可逆地结束了。张载的学生吕氏兄弟所订《吕氏乡约》,讲求所谓"德业相劝、过失相规、礼俗相交、患难相恤",为乡村带来基于宗族的基本组织原则和自觉意识,成为后世乡村自治的基本规范。士绅阶层是平民社会当中连接国家与个人的中介,将一君万民的社会结构联系为一个有机的整体;三纲八条目则进一步内化于一般士绅的心性当中,日常的洒扫应对亦可体会天地之理,修身齐家亦有治国平天下之功,理学的精神自觉也因此深入到民间基层。

有着如此之伦理担当的"宗族本来并不存在。因此宋代的这个动向,从现在的观点来看可以称为宗族形成运动"[3]中唐时代一直苦苦寻找而不可得的

---

1 《朱子语类·卷一理气上》。

2 《朱子语类·卷一二六释氏》。

3 [日]小岛毅:《中国思想与宗教的奔流:宋朝》,何晓毅译,广西师范大学出版社,2014年,第206页。

新治理秩序，在官僚制的发展以及民间的宗族化发展当中，获得了其载体。理学关注外在的秩序，同样关注作为秩序之根基的士君子；而士君子作为平民性的宗族社会的凝聚核，使得特殊群体的基础认同向更小的初级共同体方向收敛。这样一种收敛意味着普遍理想的自我反思与超越，也为特殊群体参与到更大的普遍帝国中去提供了精神基础，清代是古代平民社会之普遍帝国的完备阶段，也是宗族社会的繁盛阶段。

北宋五子精神大开张时，不在帝国的政治中心开封，而是与暂时退隐的司马光等人共居在帝国的文化中心洛阳。同样，朱熹也不在帝国政治的核心层面，其学说在生前也未获得官方认可。精神的自由却正是因此而得到保障。宋儒因其政治上的不得志，得以对现实政治保持疏离与批判，在现实之外确立不可移易的伦理标准，以此来格君心，正天下。而士绅阶层对豪族的取代，使得基层社会的自我治理获得了组织资源，也为精神层面的自由言说提供了社会基础。

正是在这样一种自由的环境中，精神的反思才能逐渐触及自我的本质，确立起精神本身的自由性，中国的思想于此焕然一新，造就了文化上美轮美奂的大宋王朝。宋代几位大儒未成一时之功业，却规范了嗣后千载之精神。一如陈寅恪先生所言："华夏民族之文化，历数千载之演进，造极于赵宋之世。"[1]

第二节　特殊帝国及其蜕变

一、从"伦理世界"到"伦理－官僚世界"

1. "伦理－官僚世界"的生成与内在困境

从豪族社会向平民社会的转型，意味着政治的抽象化。此前的豪族社会，对政府治理能力的要求相对简单，豪族会在自己的势力范围内提供一般秩序，

---

1 陈寅恪：《金明馆丛稿二编》，第 277 页。

这是一种高度人格化的治理；同时豪族也有能力排斥政府权力对社会的过多干预，其政府不得不是一个"小政府"。但是进入平民社会，一方面社会排斥政府干预的能力会大幅下降，另一方面由于没有了豪族这种中间机制的存在，社会对政府治理能力的要求变得更高，也就要求着一种理性化、非人格化、工具性的抽象治理能力。

于是，社会结构的变迁牵引着帝国的内涵开始发生缓慢变化，帝国不再仅仅是作为文明的道德理想的现实化，它同时还要进行复杂治理，舍此则普遍理想的外化无法成功；这就意味着帝国需要从**"伦理世界"**进展为**"伦理 - 官僚世界"**。此前对帝国官员的要求首先是其道德文章，官员要拥有"君子之德风"的道德操守；此后则还要求帝国官员有较强的行政能力，官员要能够干练处理各种"小人之德草"的行政事务。这也意味着**儒家伦理与政治之关系的再定位**，政治不再如此前的古典时代一样仅仅是伦理秩序的衍生物，为政者从此必须直面**政治本身的独立逻辑**。日常的复杂治理需要有专业的行政官僚来进行体系化、制度化的处理，此为"官僚世界"；[1] 大中至正的理想则为具体的行政行为提供正当性的衡量标准，并且要将所有的行政行为整合为统一连贯的政治意义，如此方有"伦理 - 官僚世界"。倘若舍弃"官僚世界"，则理想将沦为空虚的高调，秩序也将瓦解；倘若舍弃"伦理世界"，则官僚体系将堕落为小人"上下交征利"的乐园，秩序亦会瓦解。[2]

但如果仅仅是停留在"伦理 - 官僚世界"，则仍是一种不稳定的状态，因为伦理体系的价值理性之逻辑和官僚体系的工具理性之逻辑，并不总是一致的，甚至经常会发生冲突。这种冲突会带来相互的伤害，工具理性的需要倘时时被价值理性的判断打断，则世事将不可为；价值理性的追求倘经常向工

1　行政官僚的重要性，在杨炎推行两税法之际即已浮现。两税法的运行需要复杂的统计、管理、监控和执行能力，远非徒晓道德文章的士君子所能应付的，"以吏为师"重新成为一种可能性，但这次不是君主的强力意志所致，而是社会的现实需求所致。已在逐渐瓦解的大唐帝国虽开启了这样一个前景，却没有能力以此重振帝国了。

2　实际上，这样一种需求，在秦皇、汉武两帝的统治时代之间，豪族尚未兴起之际，也是存在的，但是当时的治理技术、人才储备都不足以支撑这样一种需求。于是，"一君万民"的秩序在当时就是一种稳定性比较差的均衡，故其最终滑入豪族社会，形成稳定性更好的均衡。而到了宋之后，治理技术和人才储备开始发展起来，这种需求方才开始得到满足。

具理性的需要让步，则精神将被扭曲。而且，在这种状态中，普遍理想还是会不断地被建制化，以至于理想本身走向异化，价值理性遭到扭曲，这会进一步令冲突品质劣化。

所以，帝国应该从"伦理－官僚世界"继续向前，演化为**"政治世界"**。政治要从古典时代之伦理精神世界，下降到人间世界；但这并不是说正义的基础就此转化为属人的，而是政治要进行自我节制，为自己划定界限，将自己约束于纯粹属人的事务，而将属神的信仰世界转交给社会来自主抉择，政治就此与伦理相分离了，说得准确些，是有了**独立于价值伦理之外的政治伦理**，这样一种转化过程，其完成形态便意味着**政治的世俗化转型**。[1]而普遍理想因为从政治中抽身而去，也就此摆脱了不断被建制化以致异化的命运，而真正地得到了自由的空间。因此，帝国政治在实践层面的世俗化转型，需要在帝国精神层面也完成政治与伦理的分离，以作为其思想条件。能够完成这种分离并对此形成精神自觉的民族，才成其为一个**政治民族**，拥有政治成熟，[2]政治的世俗化转型也才算真正完成。

精神层面的这种分离，需要诸多精神世界的彼此实质性冲突，才能被激活出来，否则单个精神世界不会意识到自己的特殊性——或者说是其"伪普遍性"。诸精神世界的实质性冲突在政治上是无解的，彼时，政治才能意识到自身的应有边界，精神也才能意识到自己应在政治之外另寻根基。对中国来说，

---

1 施特劳斯所谓的政治从古典时代的"自然正当"，转化为现代的"自然权利"，便是这样一个过程，这是政治世俗化的过程，也是政治自我设限、自我下降的过程；这样一个转化，在马基雅维利和霍布斯那里开始。当然，在施特劳斯看来，此一过程也是对政治当中真正重要的大问题之思考的失落过程，以致堕入相对主义，面对邪恶无能为力，所以要把古典的、有决断勇气的问题意识再带回来。这也构成了施特劳斯与自由派的理论冲突所在。参见［美］列奥·施特劳斯《自然权利与历史》，彭刚译，生活·读书·新知三联书店，2003年。

2 马克斯·韦伯对德意志一直深深焦虑的就是，这个民族一直无法走向政治成熟，以致在面对真正大的政治决断问题时，没有能力做严肃的思考，以做出正确的抉择。关于韦伯对民族的政治成熟问题的思考，详参［德］马克斯·韦伯《韦伯政治著作选》，［英］彼得·拉斯曼、罗纳德·斯佩尔斯编，阎克文译，东方出版社，2009年；亦可参见［德］马克斯·韦伯《学术与政治》，冯克利译，生活·读书·新知三联书店，2005年。中国至今仍远未成熟为一个政治民族，还未走出"伦理－官僚世界"而进入"政治世界"。甘阳先生曾对此问题写过一些短文（甘阳：《走向"政治民族"》，《读书》2003年第4期），但国内的相关思考仍然远远不够。

这样一种实质性冲突, 需要有中原以外的精神要素的进入才能够出现, 那样一种政治世俗化转型也才能真正完成。而在精神层面的政治与伦理之分离尚未完成的情况下, 实践层面的分离仍会出现, 政治从"伦理世界"进入到"伦理－官僚世界"——这是现实的需要——但因伦理体系的价值理性与官僚体系的工具理性有着内在纠缠, 这种分离会遭遇诸多困境。

2. 荀孟之变

进入平民社会时代的中华帝国便遭遇了这样的困境, 大宋率先面临了这一问题。主张兼综礼法的荀子一脉可能更切合"伦理－官僚世界"的需求, 但现实是, 这一脉自西汉占儒学主流起直到唐代, 数百年以降已经颓唐, 无力应对佛老的挑战, 以致儒学的精神世界处于危险当中; 宋儒中走上强调心性的孟子一脉完成了精神的自我超越, 却进入到对"伦理世界"的过度强调, 以致常难切合实事。当然, 也不能说荀子一脉从学理上就无法应对佛老的挑战, 更大的可能性是, 由于荀学在东汉已开始建制化, 故其被政治所绑架而丧失了思想上的自由应对的能力; 于是孟子一脉被韩愈所高举, 到宋代转而成为主流, 发展为理学。但是从元朝开始, 理学也走上建制化之途, 以至到了近代遭遇西方挑战之际, 理学又遭遇了与近千年前的荀学同样的命运, 无力给出建设性的回应, 于是到了19世纪中期荀学又开始复兴。[1]

倘若这段精神史刚好是反过来的, 是孟子被宋儒所排斥, 荀子被其所接纳, 在一个理性主义的精神秩序当中, 是否就会走上良性的政治道路呢? 答案很可能是否定的。因为时代的精神变迁当中不仅仅有荀孟之别, 还有从崇尚谶纬的神秘主义向追求心性反思的理性主义的变迁。神秘主义与理性主义于此有个巨大区别: 在前者的观念系统内部, 诸观念之间不是彼此推导的严格逻辑关系, 两点之间即便有先后关系也未必有因果关系; 而对后者来说, 只要初始的观念是给定的, 则后面的观念差不多是可以用逻辑推导出来的, 从而具有很强的确定性。于是, 对神秘主义的《白虎通》来说, 统治者控制住观念体系中的任何一点或若干点, 都不足以对学说体系的叙事形成总体控制, 道统从而始终可对法统保持一种张力; 而对理性主义的理学来说, 统治者控制住观念

---

1 这次复兴并未带来理学兴起的那种效果, 因为西方的挑战与佛老的挑战是在完全不同的意义上展开的, 单纯依凭对传统进行创造性解释已经无济于事了。所以中国的精神运动迅即转向了更加激进暴烈的方式, 详参第六章的相关讨论。

体系中的一点，尤其是控制住其初始观念的话，则后面的观念体系便可用逻辑推导出来，从而整个学说体系的叙事也会落入控制，道统便会被法统所吸收。

倘若理学未被建制化，则它仍可对法统保持一种批判态度，要求君心该当符合理学之训诫，一如我们所看到的北宋时代的精神自由状态；倘若理学被建制化以至于异化，则一种无法抗拒的制度性专权便会成为理学的外化结果。而荀学的兼综礼法，刚好是要追求精神的建制化的，这意味着倘若宋儒崇尚荀学，便会走上一种严苛的制度性专权，我们从政治运作的气质上大概很难区分宋朝与明朝了。从这个意义上来说，在理性主义开始萌发的宋代，其精神史由荀转孟是个不错的结果，它至少为人们保留了内在精神自由的可能性。[1]

3. 王安石与司马光之争

无论如何，出于现实的需要，官僚系统在宋代开始变得日益复杂。官僚系统的一个基本特征是其行为规则的常例性，这对**作为个人的皇帝**之任性专权可以构成一种**制度性制约**；但是，官僚系统从原则上来说又是**作为制度的皇权**的一个有力工具，一种**制度性专权**因此也成为可能。文彦博曾说皇帝与士大夫共治天下，这是官僚系统约制个人性的皇帝的一面；王安石变法时，豪言"天变不足惧，人言不足恤，祖宗之法不足守"，皇权的范围因新法而大为扩张，这又是制度性专权获得清晰呈现的一面。这样一种争论又将正义的基础之争带了回来。文彦博所说的士大夫，有着从尧舜禹周公孔孟以降的道统在握，所以士大夫与皇帝共治天下，还包含着士大夫以（经过理学重新表达的）传统来制约皇帝的意涵在内，正义的根基是属神（属传统）的；王安石的"三不足"之说，无疑是将正义的基础奠立于皇权的意志之上，是属人的。

宋代的"荀孟之争"在王安石变法的政争当中体现得淋漓尽致。在王安石所代表的新党看来，司马光所代表的旧党无疑是迂腐不切实事之辈；在司马光一派的旧党看来，王安石一派的新党则多有心术不正投机钻营之徒。然而，新旧两党又共享着理性的勃发这样一种时代精神，区别只在于，理性是用在

---

1 刘子健先生注意到："（宋）高宗遗产中最为重要的，是一个倾向于绝对独裁的君主专制权力。从此，知识分子们意识到，政治必须从皇帝的教育开始，别的都还在其次。这正是为什么后来哲学家朱熹会长篇大论地对新皇帝强调诚实地'格物'以'致知'，从而达到'正心''诚意'的重要性。"参见［美］刘子健《中国转向内在：两宋之际的文化内向》，第 94 页。

事功道术层面，着重于治理技术的设计，即工具理性；抑或是用在义理人心层面，着重于理学对心性的开发，即价值理性。

诚然，王荆公并非不讲义理人心，其尝作一文《读孟尝君传》，言道："世皆称孟尝君能得士，士以故归之，而卒赖其力，以脱于虎豹之秦。嗟乎！孟尝君特鸡鸣狗盗之雄耳，岂足以言得士？不然，擅齐之强，得一士焉，宜可以南面而制秦，尚何取鸡鸣狗盗之力哉？夫鸡鸣狗盗之出其门，此士之所以不至也。"可见荆公对政治伦理有着很高的标准。

这种伦理标准使得变法也必须有复古的外观，故而荆公继王莽与宇文泰之后，在中国历史上第三次尝试复周礼，其新法多可通过周礼获得阐发。[1]然而其努力于此注定无法成功。因为宇文泰所面对的是一个多少可比附于周代的军事贵族与门阀豪族所主导的社会，周礼可作为精神资源帮助其整合胡汉。王荆公所面对的则是一个平民社会，诸如保甲法等模仿周礼的对人的齐整管理，无法再呈现出其在宗法制下的伦理面相，只表现为制度性专权；诸如青苗法、市易法这种以金融手段来治理经济的新法，则因一系列必需的法权基础、制度基础的欠缺而导致"与民争利"的后果，并未导向荆公所期待的"民不加赋而国用饶"。[2]这样一种结果自为真正的士君子所不齿，最终，荆公的"伦理－官僚世界"当中的"伦理"，转化为制度性的专权；当中的"官僚"，则转为投机钻营的小人的晋身之途。故在荆公去职后，诸新法多转为奸佞之徒的聚敛之道，新党的理性，也就从为公的事功堕落为谋私的心计。

1　俞菁慧博士做过非常好的案例研究，阐明王安石的保甲法与周礼之间的义理联系。参见俞菁慧《〈周礼〉"比闾什伍"与王安石保甲经制研究》，《中国史研究》2016 年第 2 期。
2　黄仁宇先生对此评论道："王安石之设计一言以蔽之，无非使财政片面地商业化。从西方的经验看来，若要此种举措成功，必先具备司法独立之条件。各个人拥有财产与否，他们的权利义务都需明白规划，于是在法律之前举凡遗传、破产、典当、监守自盗、蒙哄欺骗各种事端，全有应付的办法，全无罅隙，不得虚赖。要做到这地步，先又要国际贸易大量地扩充，使交易的数额在国民经济中占特殊之比重，迫致农村组织改组以适应新环境。倘非如此则只有官僚做主，凭己意将各数字翻来覆去地修订，只有与事实相距愈远，亦即仍是不能在数目字上管理。"［美］黄仁宇：《我相信中国的前途》，中华书局，2015 年，第 111 页。同时他也对此做过充满同情式理解的评论："宋代官僚固然欠缺今日之眼光，无从洞悉金融经济之管制有待于各种预备工作之就位，而此种条件超越了他们所处的时代。然则缺乏这样的眼光，也使他们不敢站在我们的立场，武断地认为新法必不可行。"黄仁宇：《中国大历史》，生活·读书·新知三联书店，1997 年，第 143 页。

　　王荆公变法，初衷在于富国强兵，以应边患。但其结果难免法统对道统的侵蚀，以及官僚团体对法统的再侵蚀，长此以往，事情必不可收拾。故而司马温公力护祖宗之法，以此来对君主及作为君主意志延伸的官僚形成制约。在君主奉天承运的时代，倘社会中再无诸侯或豪族，则传统所代表的天意是制约君主的唯一力量；传统通过士绅阶层世代传承，他们成为理学的政治－伦理实践的担纲者，维护着自生秩序的民间基础。

　　可以说，王安石提供了对国家的抽象治理基础，但是当时的治理技术还跟不上。好的治理技术需要有庞大的财政支撑，这又以发达的民间社会力量为前提。司马光对传统的卫护，保护着自生秩序，提供了发达的民间社会的可能性，却与王安石的治理技术形成了尖锐对立。平民社会在实践层面有着对政治世俗化的需求，但帝国在精神层面的伦理和政治并未分离，这就形成了结构性矛盾。王安石与司马光之间的对峙，实际上就是一个时代的错置。在现代社会，需要有王安石与司马光的并存，但这是以现代经济为前提的，现代经济则以一整套现代法权秩序为其制度前提；而在现代经济能力与现代法权没有到位的情况下，司马光最终必定能够胜过王安石，因为钻营之辈的政策难以贯彻始终，最终稳健的力量会成为各种社会力量的普遍选择。

　　但是在这个选择稳定下来之前，新党旧党之间的政争已经超脱了单纯的政见之争。王荆公、司马温公之政争犹不失君子之风，但其后续者之争则堕入个人意气乃至单纯的争权夺利，政治的水准遂急剧败坏。以致在北境即将出现鼎革巨变之时，中原帝国既无法理解这个新的格局，反而与新兴的强大蛮族女真合作来打倒业已高度接受中原文化、与己和平共处已历百年的大辽；又无政治担当来履行与女真的海上之盟，每每机会主义行径试图占小便宜，被女真揭露后旋即百般遮掩，各种反复无常背信弃义，图小利而蹈大祸。[1]

―――――――――――

1 比如，宋金双方约定了不许从对方占领的土地上招降纳叛，大金占领了大辽的土地之后，大宋却偷偷鼓动那些土地上一些原本是大辽将领的汉人来投降；真的有将领来投降了，大宋显然是违约了，金国来找大宋算账，大宋却矢口否认；待到大金拿出证据，大宋就从军营中找个与前来投降的将领长得相似的人杀掉，把头颅给大金送过去；但大金识破了这个人是假的，大宋又不得不把那个真的降将再杀了送过去。这种做法，让大金不肯再相信大宋的承诺，也让此前早就投奔大宋的辽国汉人将领极为寒心，待到宋金再起冲突，他们很容易就被大金招降了。在北宋末年，类似的昏招数不胜数。可参见何忠礼《宋代政治史》第九章《"海上之盟"及北宋的灭亡》，浙江大学出版社，2007年。

　　这样一种低劣的政治能力终致靖康之变，北宋末代帝室于此近乎咎由自取。南宋朱子言及此段历史亦是抑制不住地愤慨："今看着徽宗朝事，更无一着下得是。古之大国之君犹有一二着下得是，而大势不可支吾。那时更无一小着下得是，使无虏人之猖獗，亦不能安……夷狄犹能守信义，而吾之所以败盟失信，取怒于夷狄之类如此！每读其书，看得人头痛，更无一版有一件事做得应节拍。"[1]

　　但倘非荆、温二公后继者低劣，是否大宋之变法事有可为呢？朱子对此并不看好。朱子"言定靖康之祸，曰：'本朝全盛之时，如庆历元祐间，只是相共扶持这个天下，不敢做事，不敢动。被夷狄侮，也只忍受，不敢与较，亦不敢施设一事，方得天下稍宁。积而至于靖康，一旦所为如此，安得天下不乱！'"[2] 这背后道出一个事实，即单纯从中原帝国本位的角度出发，其富国强兵之途，是进亦败退亦败。进则荆公后继必为蔡京之辈，事情必败；退则传统固然可存，但武功废弛，难以抵御边患。这个二元困境在只统治中原的特殊帝国之架构下是无解的，它使得超越于中原－草原之上的普遍帝国成为历史的内在要求。

二、二元帝国的精神自觉

1. 以财政手段解决军事问题／或曰幽云十六州的历史哲学意义

　　在平民社会时代，草原与中原的关系仍然是东亚大陆帝国的秩序基础。这在五代的时候便有展现。五代中只有后梁作为黄巢余脉是出自中原系统，其余后唐、后晋、后汉皆是来自中原－草原过渡地带之晋北代地的沙陀系统，中间还插入短暂的契丹统治时期，最后一个朝代后周的开创者郭威是河北出身的汉族，但也是沙陀军阀的部下，中原的秩序创生点还是来自过渡地带。赵匡胤是郭威的部下，勉强也算有沙陀系统的影响，但毕竟有了后周作为中介，大宋更多的是中原属性了。

1《朱子语类·本朝一》。
2《朱子语类·本朝一》。

　　豪族社会的帝国统治基础是军事贵族，贵族就是军阀，行征兵制；而平民社会的中原帝国，其统治基础只能是财政国家，朝廷基于财政收入而进行募兵，[1] 对皇帝来说核心问题就是对财政能力的掌控，以及以此为基础对军阀的消除。宋太祖以"杯酒释兵权"解决了这个问题，把将军们高官厚禄养起来，**相当于对内用财政手段解决军事问题**，代价是从此中原帝国军事孱弱。于是，从整个大中国的角度来看，中国的军事中心与经济中心又一次分离：军事中心位于大辽的上京临潢府，经济中心则位于大宋的江淮、江南地区。大宋通过"澶渊之盟"向大辽购买了和平，相当于帝国**对外也以财政手段解决军事问题**。有序的大辽国于是成为大宋的保护伞，由它来解决无序的草原民族对中原的威胁问题。宋辽两国交好百余年未曾发生战争。[2] 直到后来昏君佞臣联金攻辽，中原才又遭兵祸。但是待到宋金和议成功后，基本上南宋又是向大金购买和平，以财政手段解决军事问题；执意北伐的岳飞，其岳家军已近于私属军队，其兵权是必须被剥除的。对帝国来说，重要的并不是岳飞的意图，而是其实力；不能容许任何军事集团坐大，这是平民社会的帝国的一个基本生存逻辑，与从两晋到大唐的豪族帝国是根本不同的。岳飞并不必然要被处死，可大金议和的条件之一就是斩岳飞。于是，对朝廷来说已丧失价值的岳飞最终命丧风波亭。

　　从后世的视角来看，中原帝国选择与草原帝国合作，用财政手段解决军事问题，是个最低成本的选项。中原帝国由此无须面对外部威胁，不需要强大的动员与控制机制，于是其社会层面有着高度的活力。大宋废除了唐代的坊制，市场自由度大为提高，民间贸易高度发达；第三产业兴起，工匠也甚多，形成了工匠行会制度，利于民间社会自生秩序的进一步发展；积极鼓励海外贸易，关税收入成为政府的主要财源之一，南渡之后关税收入占总收入的20%。[3] 而发达的海外贸易刺激中国的海洋地带出现三个大规模贸易港口：

1 宋代主要执行募兵制，明代则有三种兵制：世兵制（军户、卫所）、征兵制（补充逃亡军户之不足）和募兵制。到明中期之后，募兵的数量占军队总人数的一半以上，募兵也较军户更有战斗力，如戚继光的部队等。

2 金庸先生在《天龙八部》中说辽道宗耶律洪基欲图南侵灭亡大宋，实际上是小说家的虚构。真实历史是，在宋仁宗去世之后，宋朝使者去到大辽通告，辽道宗握住宋使的手，泣道："四十二年不识兵革矣。"

3 参见侯家驹《中国经济史》下册，新星出版社，2010年，第550-570页。

广州、泉州和明州（宁波）。宋钱在贸易过程中也大量流向海外，"以接受宋钱为共同特征，以福建南部为基点向东北，从江南向西日本，南面从交趾支那直到马六甲、爪哇的经济空间形成了。这种情况从 9 世纪后半期一直持续存在到 17 世纪末期"。[1] 货币的外流令大宋饱受通货紧缩之苦，由于金属货币不敷使用，为了解决军费问题，大宋又发行了纸币"交子""会子"，及各种以食盐等作为担保的信用票据，皆可作为交易工具流通，以便促进货币流动。这些票据甚至还发展出了二级市场，在开封，宋朝政府允许有官方许可证的商号买卖这些票据，通常还会溢价。在 11 世纪 40 年代，大约有 100 多家这样的商号。[2]

从唐代开始浮现的海洋秩序，在大宋的主动推动下进一步发展起来。中原－海洋关系已经不仅仅是文明传播线了，在某种意义上它甚至有了中原帝国的生命线的意义——通过海外贸易，刺激大宋帝国内部的经济发展，从而转化为帝国强大的财政能力（更不用说来自外贸关税的收入），以此再向草原帝国购买和平保障；中原的社会则在此过程中获得最大的发展空间。大宋在陆地方面转向内在，但是在海洋方面已经颇有进取精神。后世拒绝以财政方案解决军事问题的大明，与大宋正好构成鲜明对照。

而起自东北的大辽，是大宋的前述政策能够有效运转的关键前提。其关键处在于大辽帝国的稳定性。大辽享祚 218 年，是直迄当时的草原帝国中最为长寿的。其得以长寿的原因前文早已述及，帝国皇帝通过对农耕地区财富的掌控，来赎买草原上的军事贵族，从而克服草原帝国周期性的继承危机。因此，对幽云十六州农耕地区的掌控，是大辽得以长寿的关键；幽云十六州的土地面积虽然在大辽疆域内只占很小一部分，其人口却占大辽总人口的六成还要多。[3] 大辽的长寿，使其成为一个大宋可与其进行稳定的长期交易的草

1　[日]黑田明伸：《货币制度的世界史》，何平译，中国人民大学出版社，2007 年，第 134 页。

2　[美]威廉·N.戈兹曼、K.哥特·罗文霍斯特编著：《价值起源》，王宇、王文玉译，万卷出版公司，2010 年，第 73 页。

3　据卡尔·魏特夫（Karl A.Wittfogel）的统计，在辽代后期，帝国内的契丹人口约 75 万，渤海人（农耕渔猎混合经济）约 45 万，渤海人以外的藩部约 20 万人，汉人则约 240 万人。转引自葛剑雄《中国人口发展史》，第 194 页。汉人里有一部分在长城以北农耕（辽代处在小暖期，传统的长城线以北也有农耕区），主体还是在幽云十六州；如果再加上渤海人的农耕部分，则大辽帝国内部的农耕人口比例还会进一步上升。

原霸主，大宋得以用确定的财政方案解决军事问题；倘若大辽是个短命帝国，大宋将面临草原上各种无序力量的冲击，则大宋或者更早地亡国，或者只能选择大明的方案，也就不会有我们后来所知道的基于和平与雍容而成的"造极于赵宋之世"的中原文化了。从这个角度看，被割走的幽云十六州，一方面是大宋的心头之痛，另一方面也是其安全保护伞的必要骨架。

2. 帝国政治地理空间结构的转换与定都方位

大辽从帝国气魄上，相对于转向内向的大宋而言，更像是大唐帝国的继承人。耶律阿保机在大唐皇帝被迫退位后宣布即"帝位"，自视为大唐的继承人。[1] 大辽帝国嗣后东征西讨，一统海东海西、漠南漠北，并深入中原。它拥有宏阔的欧亚大陆视野，将大宋所赠岁币、丝绸转而用于国际贸易，将首都上京临潢府规划变为运营国际贸易的回鹘商人的居住地，通过草原路线成为沟通东西的关键桥梁。在杉山正明看来，在来往行旅、物品、语言及文化等方面，东亚世界在公元 11 世纪首屈一指的国际大都市应当是大辽的南京析津府（即今北京），而非大宋的城市。[2] 这样一种帝国威势，留给人如此之深的印象，以至于在今天的俄语和波斯语里，对中国的称呼仍然是"契丹"。

南京析津府的重要性，从一个角度暗示了帝国的政治地理空间结构的变化。在豪族社会的时代，中原帝国北部的强敌虽然构成对帝国安全的威胁，但对朝廷来说，首要威胁是帝国内部的强藩；进入平民社会之后，因帝国内部已无强藩，所以对朝廷来说，北部的强敌方转为主要的威胁——帝国的安全与朝廷的安全虽本质上不可分，但其侧重点并不一致。于是，**帝国的政治地理空间结构就从此前的"东西关系"转换为"南北关系"**，其首都便也会相应地转移到长城沿线地区——倘此时是个中原农耕帝国，则以此来防备北患；倘是个超越中原－草原的二元帝国，则以此确保同时控御两边。由于二元帝国皆起自东北，这也就决定了首都的选项便只剩下北京，方可形成对中原、

---

1 之所以要给"帝位"加上引号，在于耶律阿保机 907 年登基时的身份是"天可汗"而非皇帝，916 年方以中原的方式称帝建号。罗新先生在其长文《耶律阿保机之死》（载氏著《黑毡上的北魏皇帝》）中，对此一称号变化给出了一个非常值得玩味的解释。考虑到天可汗也曾是唐太宗的称号，从这个角度来看，差不多可以说大辽自视为大唐的继承人。杉山正明在其《疾驰的草原征服者》（乌兰、乌日娜译，广西师范大学出版社，2014 年，第 104、227 页）一书中，简单地说契丹继承大唐帝位，并不是很准确。

2 ［日］杉山正明：《游牧民的世界史》，第 184 页。

草原、东北的多方控御。

所以，从辽代的南京析津府开始，金、元、明、清，皆定都北京。宋、辽、金是第二次南北朝关系，由前文分析可知，南北两朝形成的准列国秩序当中，总的政治中心毫无疑问位于北朝一方的中原 – 草原过渡地带，故而北京可为当时整个东亚世界的首都，上京临潢府与开封都是在北京秩序之下起到各自的功能；元、明、清的逻辑就更加清楚了。从这样一种分析角度来看，东亚大陆的草原 – 中原互构这样一种复杂的历史地理结构，**决定了作为整体的中国，其首都天然只会落在三个城市: 长安、洛阳、北京。**在朝廷防备豪族时，则定都长安（如西汉、隋、唐）；在朝廷依赖豪族时，则定都洛阳（如东汉、魏、晋）；在平民社会，则定都北京。其余诸古都，皆（广义的）偏安朝廷之所在。[1]

3. 大辽的精神自觉

大辽为了区别于大宋，确立自己的精神主体性而高度推崇佛教，其佛教教义学的发展水准相当之高。辽代所建立的一系列巨型佛教建筑，其恢宏威严之气魄极富唐风，与转向内在的大宋佛教建筑之空灵意境截然不同。大辽的高僧学识渊博，尤通密宗，其著作的影响远届国外。[2] 大辽在当时的东亚佛教文化圈中无疑处于中心地位。但大辽实际上也是在儒家的世界观框架下崇佛的，毕竟佛教的出世性无法给大辽的统治以直接的正当性辩护，所以大辽并未放弃对儒家正统性的主张。[3] 辽太宗灭后晋之际，得到了号称始于秦始皇、实则为石敬瑭自制的"传国玺"，大辽历代皇帝都因此宣称上天已承认大辽是正统所在。辽兴宗为科举考试选定的殿试命题，题目即为"有传国宝者为正统赋"。辽代的许多统治者也都将大辽定义为"中国"，其意涵抛除了地理含义，

1　周振鹤先生对首都与王朝地理空间的关系问题给出过更加细致的讨论，参见周振鹤《中国历史上五大都城定位的政治地理背景》，载氏著《中国历史政治地理十六讲》，中华书局，2013 年。另，隋唐时代，朝廷与豪族之间曾经有过更复杂的变换关系，此处笼统而论，未做清晰化处理；更清晰的讨论，可参见本书第三章第一节第三小节。此外，日本学者妹尾达彦对欧亚大陆上政治地理空间与古都位置的选择，也做过非常精彩的分析。参见［日］妹尾达彦《长安的都市规划》，高兵兵译，三秦出版社，2012 年。

2　参见魏道儒《辽代佛教的基本情况和特点》，《佛学研究》2008 年。

3　辽太祖曾问臣僚曰："受命之君，当事天敬神。有大功德者，朕欲祀之，何先？"皆以佛对。太祖曰："佛非中国教。"太子耶律倍答道："孔子大圣，万世所尊，宜先。"太祖"大悦，即建孔子庙，诏皇太子春秋释奠"。转引自刘浦江《辽金的佛教政策及其社会影响》，《佛学研究》1996 年。

专指拥有中华文化之国。[1]

大唐虽然建立起了超越中原与草原的普遍帝国，但其对此并未获得历史自觉，以至有玄宗之败。大辽则在历史上第一次主动地建构起一个采取二元治理体制的帝国，"兼制中国，官分南北，以国制治契丹，以汉制待汉人。国制简朴，汉制则沿名之风固存也。辽国官职，分北、南院，北面治宫帐、部族、属国之政，南面治汉人州县、租赋、军马之事。因俗而治，得其宜矣"[2]。这样一种二元结构甚至体现在皇家内部，辽太宗下令大辽的北面官与皇太后（部族旧制的主要代表）穿契丹服，南面官与皇帝本人则穿汉式服装。[3] 这种安排深刻地体现了大辽皇室自身作为超越于农－草之上的普遍性秩序的象征，它不再是契丹人的帝国，而意图成为一个普遍的帝国。

更进一步地，为了治理多元帝国内部差异极大的地区，辽又在建国后的百余年里陆续设置了多个治理中心。"辽有五京。上京为皇都，凡朝官、京官皆有之；余四京随宜设官，为制不一。大抵西京多边防官，南京、中京多财赋官。"[4] 但大辽的政治中心并不固定在哪一个治理中心，而是在于四时捺钵，即皇帝一年四季游猎所在的四个行营，它们与五京并无重合关系。皇帝巡行到哪里，政治中心即到哪里，以巡游的方式来保持契丹人的游牧尚武精神，日常政治的治理则交由五京的官僚来处理。[5] 多元的治理结构，以及政治中心与治理中心的分离，是中国历史上颇值得玩味的事情。这样一种皇帝巡行游猎的制度，在金、元、清也有某种方式的继承。

东亚世界由此而在大辽第一次获得了普遍帝国的精神自觉，能够将农耕与游牧在一个横跨农－草的帝国内部各自给出一种稳定的秩序安顿。但吊诡的是，这种对于普遍帝国的精神自觉，是在大辽这样一个特殊帝国当中实现的。因此这亦是一个抽象的普遍理想，它仍有待于外化为现实的普遍帝国。东亚大陆上南部大宋、北部大辽这两个特殊帝国，从两个不同的角度吁求着历史

1 ［日］王柯：《民族与国家：中国多民族统一国家思想的系谱》，冯谊光译，中国社会科学出版社，2001 年，第 126 页。

2 《辽史·百官志一》。

3 傅海波、崔瑞德编：《剑桥中国辽西夏金元史》，史卫民译，中国社会科学出版社，1998 年，第 54 页。

4 《辽史·百官志四》。

5 关于五京制，可参见康鹏《辽代五京体制研究》，北京大学历史系博士论文，2007 年。

的继续演化。

4. 大金的历史困局

灭亡了大辽的金朝，并未能担纲起这一外化的历史使命，它在立国之初曾经奉行二元治理，但十几年后便转为接受汉化的一元治理。金人曾明确指出辽金两国国家本位的差异："本朝与辽室异，辽之基业根本在山北之临潢……我本朝皇业根本在山南之燕。"[1]

从金熙宗开始，金朝便开始其汉化道路，放弃了二元治理；到海陵王迁都北京，汉化程度进一步加深。对海陵王完颜亮来说，倘若长居关外，身处军事贵族的大本营，则势必受其节制。金太宗留下过一个堪称金朝诸帝童年阴影的经验，他在登基后，曾因为违背了当年金太祖与军事贵族们盟誓所定下的规矩，擅动国库，而被贵族们杖责二十。这一历史让海陵王意识到，想要一展皇权之专制能力，则必定要迁都，与中原的平民社会相结合以对抗军事贵族。海陵王在历史上的奇怪名声因此也可以获得解释，他一方面被描述为残暴狂傲，淫恶不堪；一方面又鼓励农业，整顿吏政，厉行革新，完善财制。两种矛盾的表现集于一身，而这两方面很可能都是真的，只是因其面对着不同的对象。面对其极力要压制的宗室 – 军事贵族，海陵王自然会表现得残暴狂傲；而他需要从平民方向获得统治基础，故而又必会有励精图治推动改革之举，包括恢复登闻检院，使民间获得与朝廷就政事进行交流的通道，都是其与民间结盟之策。而要获得人数最多的中原平民社会的支持，则非汉化不可，因此海陵王在迁都北京后，曾想要进一步迁都开封。他还领兵继续南下，规划着要征服南宋一统天下，实现所谓"提兵百万西湖上，立马吴山第一峰"之宏愿，南宋当时已危在旦夕。但倘若此举能够成功，则海陵王对国内的专制能力将彻底无人能敌，故而女真军事贵族最终无法再容忍他，发动政变，支持时任东京（今辽阳）留守的完颜雍上台；海陵王则被兵变士兵杀死于长江边，并被金世宗完颜雍夺去帝号。

金世宗完颜雍号称"小尧舜"，尽管他的汉学修为也非常高，但他放弃了南下的战略考虑，也否定了军事贵族所提出的还都黑龙江上京的建议，仍都

---

1 转引自刘浦江《女真的汉化道路与大金帝国的覆亡》，载袁行霈主编《国学研究》第七卷，北京大学出版社，2000 年。

北京，皇权与军事贵族终于大致达成一种均衡。这种内政均衡也决定了其外部能力，大金无力再南下进攻，遂签和约，南宋终于得保半壁江山。

金朝已经深度汉化，女真高层则忧虑其塞外传统的丧失或将导致帝国败亡。所以，金代汉学修为水准最高的章宗一朝却规定在拜礼中，"公裳则朝拜，诸色人便服则皆用本朝拜"。也就是说，在穿着公服，官员呈现其帝国公共面相的时候，不论什么民族皆要依汉礼；在穿着便服，官员呈现其私人面相的时候，不论什么民族皆要依女真拜礼。[1] 虽然极力做了这样一种安排，但金朝草原视野的丧失是毫无疑问的，一个直接的证据便是，它将长城一直修建到大兴安岭北部，将蒙古高原隔离在外，采取了一种保守的姿态。

这种姿态，使得金朝重蹈了类似唐玄宗的覆辙，丧失了理解草原的能力，最终为蒙古帝国所灭。

三、西域的历史伏笔

1. 西域伊斯兰化的历史伏笔

大辽亡于大金后，其皇族成员耶律大石率众逃至漠北，整顿军马又西征，征服了整个大中亚地区，在七河之地重镇巴拉沙衮建都，改称虎思斡耳朵，称帝建号以待东征复国，[2] 史称西辽。耶律大石武功超群，儒家学问也很了得，故而力图依照儒家的办法来治理中亚，包括开科取士的工作他全都做过。但儒家的地理依赖性在这里又一次获得印证，耶律大石可以在政治架构上力图以儒家办法来治理，却无法让已经皈依伊斯兰教的当地人普遍性地转从儒学，因为这意味着生活方式、社会结构、财产观念等的转变，皈化成本远高于伊斯兰教。而大辽在灭亡之后，还能在此前未曾履足的中亚再建一个王朝，只

---

1 转引自刘浦江《女真的汉化道路与大金帝国的覆亡》，载《国学研究》第七卷。

2 耶律大石在中亚休养生息之后，曾派大将东征，出发前誓师曰："我大辽自太祖、太宗艰难而成帝业，其后嗣君耽乐无厌，不恤国政，盗贼蜂起，天下土崩。朕率尔众，远至朔漠，期复大业，以光中兴。此非朕与尔世居之地。"东征大军"行万余里无所得，牛马多死，勒兵而还。大石曰：'皇天弗顺，数也！'"（《辽史·天祚皇帝本纪四》）西辽的东征之念方才不得不作罢。

有大辽这种兼容农耕－游牧的二元帝国才做得到，中原的纯农耕定居帝国是无法做到的。耶律大石在西辽的称号是"菊儿汗"（意为"汗中之汗"），也显示着其在儒家之外另有草原身份的一面。

耶律大石所征服的，是约三百年前西迁的回鹘人所建立的、时已分裂为东西两部分的喀喇汗国。此前的突厥汗国虽然与穆斯林早有交往，但是一直没有改宗。直到喀喇汗王朝的阿尔斯兰汗，才在公元960年率领20万帐突厥人皈依伊斯兰教，并宣布伊斯兰教为国教。人类历史上第一个突厥人的伊斯兰汗国出现了。这一年正与赵匡胤黄袍加身是同一年，不啻是个历史隐喻——**西域与中原在隔离发展的时候，双方都在蓄力，未来的重逢之日，西域将以极为深刻的方式逼问出东亚普遍帝国的政治性。**

前文曾提到，平民社会要求帝国政治的世俗化转型，它进一步要求在帝国的精神层面上完成政治与伦理的分离，作为其思想条件；而这种分离需要有诸多精神世界的彼此实质性冲突，才能被激活。在宋学兴盛之后，佛教已经被儒家文明内化为自身的一部分，儒释二家无法形成那种精神世界的实质性冲突；那么，此种实质性冲突最终必定是在亚伯拉罕一系宗教（包括犹太教、基督教、伊斯兰教）的"有经世界"与非亚伯拉罕宗教的"无经世界"之间展开。经此冲突逼问出帝国的政治性，意味着此后帝国政治能走上自我节制之路，为自己划定界限，将自己约束于纯粹属人的事务，而将属神的信仰世界转交给社会来自主抉择。

只有这样，帝国才能超脱于文化性与伦理性之外，真正获得自己的政治意识。帝国由此转化为一个普遍的容器，为各种人群的自主道德抉择、各种文化的自由发展提供一个外部条件。帝国承认其治下个体的道德自主性，帝国的属神性寄托于每一个个体（或初级共同体）身上。至此，普遍理想也不再力求将自己外化为帝国，以其作为自己的世俗担纲者；而是放弃世俗的政治，摆脱建制化对精神带来的异化，投入到纯精神的世界，让自己的普遍性获得更加深刻的展开。**帝国下降到人间，精神上升到神界。**

近代西方与中国的冲突，当然带来了这样一种实质性的精神冲突；但是回溯历史，我们会发现，**西域的伊斯兰化已经埋下了这样一个历史伏笔，它已经为帝国真正的政治意识的激活提供了一种内在的可能性。**只不过，这种可能性未及释放，便伴随着西方的到来而为人们所遗忘；但是，焉知在伊斯兰复兴的今天，千年前埋下的这一伏笔不会迸发出其最深层的历史哲学意义呢？

2. 神学路径之别与游牧－定居的关系

对这一历史伏笔的细节，我们可以再详加解释一下。突厥人皈依伊斯兰教，并非遭遇征服的结果，而是苦行云游于中亚草原的逊尼派苏菲教士群体的工作的结果。一般认为"苏菲"是阿拉伯语里面"粗羊毛"的意思，意指这是一群穿着粗羊毛制成的衣服的人，他们不追求华衣美服，不追求世俗的享乐，力图通过自己的苦行达到对真主的认知。苏菲是一种修炼方法，而非一个教派。中亚艰苦的自然环境，正好满足这样一群苦行者的需求，所以中亚有很多漫游的苏菲。在将伊斯兰教传播到北非、小亚细亚、中亚和南亚的过程中，苏菲群体可以说居功至伟。[1]

苏菲的基本修行方式是苦行，通过苦行的修炼，他们最终可能走向两种路径：一种是迷醉式的神秘主义，一种是依照律法严苛自律的虔信主义。两种路径差别甚大，但都有一个基本特征，就是拒绝以理性为前提来对待世界。神秘主义苏菲认为人与神之间的关系超越了理性所可以处理的范畴，更多的是一种神秘的关系，个人要通过灵修等方式，以一种神秘体验来获得与神之间的关系的确认。神秘主义苏菲走到极致，就走向其惊人的逻辑终点"人主合一"，这是比较极端的情况，但从中我们可以看到神秘主义苏菲的根本特征。虔信主义苏菲则认为，对神的无条件的信仰，是对世界的一切思考与理解的根本前提；在他们看来，神秘主义居然要通过某种方式来获得对人与神之间的关系的确证，这就意味着神并不是无条件信仰的对象，而是需要获得证明的，这无疑是已经不相信神了，是渎神的。对神秘主义和虔信主义这两种苏菲而言，理性都只不过是个工具，而绝不是思考问题的起点。伊斯兰教也有理性主义的派别，代表是阿巴斯王朝前期的穆尔太齐赖派，它高度强调以理性作为衡量问题的标准，对神的理解也要通过理性来进行衡量，所谓理性，则差不多可以解释为当时的穆斯林学者所接受与发展的希腊哲学。在虔信主义看来，

---

1 ［英］弗朗西斯·鲁宾逊主编：《剑桥插图伊斯兰世界史》，安维华、钱雪梅译，世界知识出版社，2005 年，第 230 页。

这种理性主义的态度无疑也是渎神的，因为后者要通过某种证明才肯接受神；在神秘主义看来，神的伟大远非理性所可理解，理性主义的态度无疑是在贬低神，从而也是近乎渎神的。[1]

由此再进一步，我们会得出一系列宗教社会学的推论。[2] 理性主义的派别，更有可能在建立起了理性官僚制的地方获得统治者的重视，因为其教义的气质与现实的治理秩序之间有一种同构关系。在阿拉伯帝国由波斯人主导的阿巴斯王朝时期，理性主义大行其道，这很可能是与波斯多年的官僚制传统相关联的；在这种背景下出现的伊斯兰四大教法学派当中最早的一派哈乃斐派，也是有着较强的理性主义气质的。

神秘主义苏菲在草原军事贵族占主导地位的游牧地方更有可能获得统治者的重视，因为神秘主义的苏菲对神有着一种个体性的追求——神秘体验只能是个体式的，并且这种体验本身又有着一种卡里斯玛特征，从而与军事贵族的独立性特征及卡里斯玛特征也有着同构性。

虔信主义苏菲需要以特定的组织形式建立起来的教团之存在为前提，因为虔信主义需要有对教义与礼法的严格遵守与监督，这种严格遵守与监督需要通过那样一种教团才能够持续下去。这种教团不会为理性主义官僚制所喜，因为它强调经义的绝对优先性，理性官僚制会受其拘限；同时它也难以在大疆域的草原游牧生活当中维续下去，因为大疆域的草原游牧必定是多元的军事贵族制，贵族都是桀骜不驯的，虔信主义所需的所有人都严格遵守同一套经义解释的规训，他们不那么容易做到。所以，虔信主义苏菲比较有可能在两种地方占据主导地位。一种是在城市里的被统治阶层中：城市里的统治阶层更有可能接受理性主义的派别，一如前面所说的理性主义官僚阶层的取向，但是统治阶层与被统治阶层之间的对峙，有可能使得后者选择虔信主义。虔信主义在其起点上，是弱者反抗强者的重要精神武器，物理上的弱者因其虔信而相信神站在自己一边，有了坚定的信心，反倒成为心理上的强者。

1　值得指出的是，这里所做的分类只是个理想型的表述，现实当中并没有这么干净利落，各种派别的关系要复杂得多。理想型的分析会努力追求与现实有一种大致的近似，其最大的功用是使得分析更为便捷。

2　这里的推论用的基本上是马克斯·韦伯的宗教社会学的方法论框架，其理论已经融汇在文中，故而不再一一标注。再次强调，推论出的结论也只是个理想型的表述。

还有一种虔信主义可能占据主导地位的地方，就是在小规模的游牧群体当中。他们可能因为一位伟大的卡里斯玛人物的到来，而使得整个部落都被一种全新的卡里斯玛精神所贯透、洗礼，从而使得整个部落被纳入一种可称为"万众一心"型的精神－组织状态当中。其组织结构非常简单而又扁平化，但是组织效率极为惊人，从而获得无与伦比的战斗力。阿拉伯帝国刚刚开始其扩张历程的时候即是如此，所有的游牧战士都被同一种新的精神所激励与引导，即使在极为简单的组织架构之下，这种精神所形成的动员效力与组织效率也是极为惊人的。这个阶段的阿拉伯帝国单支部队的规模从未超过一万人，却能够横扫大半个世界。但就构建秩序而言，虔信主义有一个致命的软肋，即它的效率和逻辑一贯性，只有在其以反抗者的姿态行事、尚未掌政时才能够保持，在这种情况下它会从理论和武器两个层面，构成对现实之丑恶的一个强烈批判；而一旦掌政，它就变成了当初自己所反对的东西，为了现实的治理需要，它必须转型为理性主义或神秘主义，倘不转型则必会堕入虚伪的境地。

依照这些理想型分类，我们可以进一步推论：在中亚的草原游牧地区，是神秘主义苏菲的信徒占主导地位；在中亚的定居地区，统治阶层比较可能接受理性主义的教义及教法学派，被统治阶层则更有可能接受虔信主义的教义及其教法学派。

这一推论如果再与中亚的游牧－定居关系的分析结合起来的话，就有更立体的结构呈现出来。在回鹘突厥人入主中亚之前，可以说中亚的游牧与定居的关系主要是突厥人与中亚东伊朗系的粟特人的关系；但是在回鹘突厥人入主中亚之后，这种关系就逐渐地转变为主要是游牧突厥与定居突厥之间的关系。我们可以非常粗糙地说，公元 1000 年之后到大清、俄国入主之前的中亚历史，就是推崇神秘主义苏菲的游牧突厥人与推崇理性主义教义或者虔信主义教义的定居突厥人，作为共生体而共同推动演进的历史。喀喇汗王朝开启的突厥人皈依伊斯兰教的过程，我们可以对其框架式地做这样一个极简描述。

对推崇神秘主义的游牧突厥来说，伊斯兰教与自己过去所信奉的萨满教之间不难兼容，实际上，两者之间有着相当的近似性，都追求通过一种神秘体验来达成宗教意图，甚至可以说他们并不那么严格地区分自己的萨满信仰与伊斯兰信仰。而在理性主义看来，萨满教是一种迷信；在虔信主义看来则更为严重，萨满教是渎神的。萨满教与游牧部落的习惯法也结合在一起，难以清晰区分，于是问题就会变得更为复杂。比如，13、14 世纪中亚伟大的游牧统治者察合台的后裔以及帖木儿，尽管他们都自视为虔诚的穆斯林，但是有人就对他们提出批评，认为他们把成吉思汗的习惯法置于伊斯兰教法沙里亚之上，其虔诚性是大可置疑的；叙利亚这种定居地区的神学权威更是干脆不承认他们是穆斯林。[1]

游牧突厥的信仰虽然与其萨满教传统有着各种纠缠不清的关系，但在其征服过程中还是大有帮助的。喀喇汗王朝皈依伊斯兰教之后，便向天山南路展开圣战以利征服，而圣战的口号对动员本部人群的效力，大概要更优于一般的对外征伐的动员力；喀喇汗王朝在征服东伊朗系的萨曼王朝时，也得到了萨曼王朝内部的伊斯兰教士的支持，教士觉得这样一群突厥穆斯林的生活方式很好，他们可能比萨曼王朝的统治者更有资格统治河中地区，于是萨曼王朝就在人们的普遍淡漠中灭亡了。[2]

喀喇汗王朝对中亚的统治伴随着中亚地区文化的大发展，这些统治者广受西亚中东旅行者的推崇，被称为世上最优秀最明智的统治者。正是在这个时期，中亚突厥人的文化自觉也开始形成了，这种自觉与伊斯兰教有着较为复杂的关系。

3. 自我意识的表达

日本的伊斯兰研究权威人物羽田正曾经做过一个很有趣的研究。他发现，9 世纪后半期到 10 世纪，阿拉伯语地区和波斯语地区分别开始了其世界史的书写。在阿拉伯语的世界史书写中，作者们认为，即使伊斯兰世界在现实中分裂为多个政权，但是仍然有一个完整的"伊斯兰世界"存在，它对峙于"非伊斯兰世界"，两个世界又被称为"伊斯兰之地"与"战争之地"。而在波斯语的世界史书写中，这些作者并不采取横向记录整个"伊斯兰世界"各地区的办法，从未尝试设定包含阿拉伯语文化圈的空间概念，除了从穆罕默德蒙

1　［苏］威廉·巴托尔德：《中亚突厥史十二讲》，第 221 页。
2　魏良弢：《喀喇汗王朝史稿》，第 82-83 页。

天启到阿巴斯王朝建立之间的阿拉伯帝国历史，原则上他们只对伊朗高原及其周边的波斯语文化圈的政治史及王朝史有兴趣。也就是说，波斯语地区的世界历史书写——他们的历史哲学的表达——实际上力图超越于伊斯兰教之外，将伊斯兰教揉入波斯世界的自我表达之中，从而形成波斯世界的主体性叙事。[1] 波斯人作为穆斯林，没有办法脱离开伊斯兰教说事了，但是伊斯兰教于此只不过是波斯人自我意识的表达载体。

　　中世纪的中亚突厥人的行政和文学创作通常使用波斯语，中亚突厥人之主体意识与伊斯兰教的关系类似于波斯人，只不过这些突厥人的主体意识不是通过历史著作形成的，而是通过长篇诗歌的创作完成的。11世纪中期，喀喇汗王朝分裂为东西两个汗国，东喀喇汗王朝定都喀什噶尔，西喀喇汗王朝定都撒马尔罕，这两个地方成为中亚的两大文化中心。喀喇汗王朝的伟大诗人玉素甫·哈斯·哈吉甫，出生于巴拉沙衮，成名于喀什噶尔，他写作了第一部伟大的突厥语长诗《福乐智慧》，献给东喀喇汗王朝的博格拉汗。《福乐智慧》长达13000多行，完整地表达了对正义秩序、政治理想、世俗道德等一系列问题的思考，其中自然有大量诉诸伊斯兰的观念，但是这种种诉诸，都是围绕形成中亚突厥人的自我表达这一意图的。此外，喀什噶尔还孕育了堪称11世纪中亚社会百科全书的《突厥语大词典》，伦理长诗《真理的入门》则完全用喀什噶尔语言写就，同样是以伊斯兰的话语表达中亚突厥人的意识。

　　这些重要著作可以说是中亚地区的自我意识的宣言。但尤为值得注意的是，喀喇汗王朝的统治者自称"桃花石汗"，一说桃花石是拓跋的转音，是当时中亚基于对北魏王朝的记忆而对中国的称呼，是带有"东方与中国之王"或"东方与中国之苏丹"意义的封号。他们自认是中国的国王，与唐、宋的皇帝是甥舅关系，西亚国家和哈里发也都承认他们是中国之王。[2] 喀喇汗朝自我意识的表达是在一个已经抽象化的"中国"意象下展开的。

　　从而，西域地区对未来的大陆普遍帝国之政治性的逼问，便有了加倍的复杂性。一方面，从普遍治理的层面来看，已经获得了自我意识，却也不排

1　[日]羽田正：《"伊斯兰世界"概念的形成》，刘丽娇、朱莉丽译，上海古籍出版社，2012年，第30—54页。

2　余太山主编：《西域通史》，第296页。

斥抽象的中国意象的中亚人群，对习惯了中原或东亚本位的帝国提出巨大挑战；另一方面，这个中亚人群的自我意识又是通过一种普遍性的宗教获得表达载体的，从而内蕴着"有经人"与"无经人"的精神冲突。西域将从政治实践与精神秩序两个层面，对后世的大陆帝国形成最深刻的挑战，令后者最终淬炼出其政治性来。可以说，西域就像一面镜子，大陆帝国正是在这里才得以看清自身的本质。

第三节　大陆普遍帝国及其绝唱

一、元："大一统"抑或"大居正"？

1. 正统论之辨

普遍帝国的实现，却是从"特殊的普遍帝国"开始的。

蒙古帝国横扫天下，结束了从安史之乱后藩镇割据起，东亚大陆持续五百多年的分裂，建立起一个前所未有的普遍帝国。但大元并不等同于蒙古帝国，它是并列于其他蒙古四大汗国的一支，只不过是蒙古帝国的大汗定都于此，有些特殊地位罢了。[1]

因此，就东亚世界来看，大元建立起了一个普遍帝国。但这是个"特殊的普遍帝国"，对蒙古帝国的统治者来说，东亚帝国是其整个欧亚帝国内部最繁荣富庶的一支。以此为基础，蒙古帝国建立起一个横跨整个欧亚大陆的庞大贸易秩序，中原的财富、草原的武力、穆斯林的商业能力，三种要素被整合在一起形成了空前的东西方大交通大融合的局面。"忽必烈及其侧近策士，构思了游牧世界与农耕世界，甚至是海洋世界等三个相异世界的相连，并且

1　姚大力先生在《论蒙元王朝的皇权》一文中，对此一问题做了非常清晰的梳理。该文
　载氏著《蒙元制度与政治文化》，北京大学出版社，2011年。

他还企图以欧亚整体的规模来完成。"[1] 这个帝国并不是以其统治下的某一普遍理想为精神凝聚要素的，而是将各种普遍理想均转化为便利帝国统治的工具。蒙古帝国的统一是基于事功而非精神的，这带来一个很有趣的历史结果，就是它将政治层面的伦理性给剥除掉，简单粗暴地令精神层面上的政治与伦理相分离了；这不是以诸多精神世界的实质性冲突的方式，而是以对各种普遍理想全然采取实用主义态度的方式实现的。

大元修前朝宋辽金三史时所发生的争论，不啻是这一简单粗暴之剥离的深刻体现。自元世祖忽必烈时期起，元廷修宋辽金三史之议，均因正朔义例之争而不得不搁置，其中的核心冲突就在于，究竟是尊宋为正统，抑或是将宋辽金并列为南北朝？

今人看元代对正统论的争执的时候，不是很容易体会到这个问题在当时的复杂性。对当时的人来说，首先，蒙古人和汉人的思考就是不一样的，而蒙古人和汉人各自内部分别又有至少两种不同的本位视角，这就形成了四种视角的区别。

蒙古人对正统性问题的两种本位视角，分别是蒙古帝国的视角和大元帝国的视角。蒙古帝国的视角前面已述，它认为蒙古人所建立的是个庞大的世界帝国，大元帝国是世界帝国下面有特殊地位的一支，蒙古帝国超越了各种古典的帝国和文化，也超越了蒙古自身。从大元帝国的视角来说，蒙古人当然要对儒家的世界观有一种回应，否则无法统治庞大的汉人群体。为前朝修史，这就是个重要的回应；修前朝史并不是草原的传统，而是一个极为重要的儒家传统，新朝力图以此来说清楚本朝如何继承了前朝的天命，从而让帝国的法统获得清晰表达。

既然修史是儒家传统，那势必要考虑到汉人对正统性的理解，但最难解决的争议恰恰发生在汉人内部。因为汉人对此问题也有两种本位视角，这源于汉人内部的两种身份。

大元帝国内部的人被分为四种，分别是蒙古人、色目人、汉人和南人。

1 ［日］杉山正明：《忽必烈的挑战》，第 138 页。杉山正明此书对大元帝国的秩序构建的解释，极富想象力与震撼力。

所谓"汉人"是在公元 1234 年就被蒙古征服的金朝统治下的人,除了通常意义上的汉人,也包括已经汉化了的契丹人、女真人等。到金朝后期,大金全国人口超过了 5000 万,虽然经过蒙古的征战,人口损失严重,但也还是千万量级的,其中契丹、女真的人数占比很少,主体就是通常意义上的汉人。[1]"南人"是直到 1279 年才被大元完全征服的南宋治下的人。也就是说,在今天的语境下我们所说的元朝汉人包括两个群体,就是元朝所划分出来的汉人和南人。为了清晰起见,此处暂且用"广义汉人"这个概念,来指这两个群体,用"身份汉人"这个概念,来指原来金朝统治下的那个汉人群体。"身份汉人"和"南人",对正朔的理解角度有很大区别。

忽必烈一朝最初提出修史之议时,大辽早已经灭亡了一百多年,已无辽国遗民,所以讨论大辽问题还不怎么会触动感情;但大金刚刚被大元灭掉不久,金朝留下的臣民大部分仍在世,也就是早期的"身份汉人",在南宋灭亡之前,这个群体构成大元帝国的主要人口,因为蒙古人和色目人的人口数量并不大。"身份汉人"接受金朝的统治已经百年,无论自身属于何种族群,都早已形成对大金的深刻认同,故而有颇多大金的遗民。[2] 对这些人来说,如果正朔归属大宋,一个很现实的问题就是,是否包括南宋? 如果包括南宋,那大金的统绪该如何安置? 讨论的结果是,大金的地位将和五胡十六国时期的胡人政权一样,只能沦落为宋史角落中的"载记"。"身份汉人"肯定不能接受这种状况,否则大金百年来所有的历史记忆都变成了屈辱史,所以他们会坚持正朔在大金;更何况,南宋在立国未稳的时候,曾经提出可以向大金称臣,奉过大金的正朔,以换取大金不再进攻,由此"身份汉人"更觉得自己的主张有正当性。

但是,南宋所留给大元的"南人"无法接受"身份汉人"的主张。如果大金有正朔,那南宋的统绪又该如何安置? 难道只能沦落为金史小角落中的"载记"吗? 这肯定不能接受。更何况,大金也认同北宋有正朔,而南宋就是北宋的继承人,正朔显然应当在南宋。

"身份汉人"和"南人"在正朔问题上的讨论卡在这里,无法达成共识。

---

1 参见葛剑雄《中国人口发展史》,第 211 页。
2 比如大诗人元好问,其高祖曾祖都曾在北宋做官,他本人则生在金朝中期,并在金朝末期也做了官,大金亡国后,作为大金的遗民,元好问坚决不到元朝政府任职。

要强调的是，这种争议绝不是元朝对几种人的身份划分所导致的，而是宋金对峙百年来两种不同的历史记忆及身份认同所导致的，以至于修史的事情就只能搁置下来。

直到至正三年（1343 年），撰写三史的都总裁官、时任宰相脱脱独断曰："三国各与正统，各系其年号。"议者遂息。[1] 而脱脱所选定的修史官当中，除汉人外，还有畏兀儿、哈剌鲁、唐兀、钦察等族的史学家。这样一种作者架构，在二十四史的写作中也是仅见的。

依照传统的儒家帝国理念，正统只能有一个，它是天命之所在，文脉之所系；正统或可断绝，但不能有多个，多个正统便意味着谁都不是正统却在僭称正统，皆是伪政权，相当于绝统了。[2] 同时，在儒家传统下，史官本身是天命的记录者与叙述者，其必得能究天人之际而通古今之变，否则无从绍述圣人之意，无从体悟天命之正；儒家所钟之圣人、天命，其他宗教并不会有

1　参见刘浦江《德运之争与辽金王朝的正统性问题》，《中国社会科学》2004 年第 2 期。此文亦收录在刘浦江先生的论文集《正统与华夷：中国传统政治文化研究》（中华书局，2017 年）中，该文集对中国古代史上正统论与史观的变迁，及其与政治秩序之间的关系，做了很多极富启发性的探讨。

2　绝统论在传统上并非不可接受。欧阳修在《正统论·下》尝曰："夫居天下之正，合天下于一，斯正统矣。尧、舜、夏、商、周、秦、汉、唐是也。始虽不得其正，卒能合天下于一，夫一天下而居上，则是天下之君矣，斯谓之正统可矣。晋、隋是也。天下大乱，其上无君，僭窃并兴，正统无属。当是之时，奋然而起，并争乎天下，有功者强，有德者王，威泽皆被于生民，号令皆加乎当世。幸而以大并小，以强兼弱，遂合天下于一，则大且强者谓之正统，犹有说焉。不幸而两立不能相并，考其迹则皆正，较其义则均焉，则正统者将安予夺乎？东晋、后魏是也。其或终始不得其正，又不能合天下于一，则可谓之正统乎？魏及五代是也。然则有不幸而丁其时，则正统有时而绝也。故正统之序，上自尧、舜，历夏、商、周、秦、汉而绝，晋得之而又绝，隋、唐得之而又绝，自尧、舜以来，三绝而复续。惟有绝而有续，然后是非公予夺当而正统明。"前引刘浦江先生的文章中也提到，曾有人提出五代期间、宋金并立期间，皆为绝统。但是欧阳修的绝统论有一些内在矛盾，他将正统的标准放在了"大一统"上面，则"大居正"的标准不得不为此让步。这就意味着，他实际上也采用了一种实用主义的立场来处理正统问题。这应该与北宋太祖"黄袍加身"之僭位有关，倘不采实用主义的立场，则宋统不正；故而五代被处理为绝统也就可以理解了。既然正统断绝，宋统不正的问题自然消解，"黄袍加身"之后中原统一，实用主义的大一统便可为北宋再立正统。只要是这种实用主义的立场，实际上政治当中的伦理属性便会开始悄悄被剥离出去。到了南宋偏安一隅之时，北宋的统续已为人接受百余年，所以转用"攘夷"的种族主义立场来为自己的正统辩护，与北宋大不一样了。

同样方式的关注，这就意味着史官倘非儒生，就无资格参与撰史。

但是，脱脱的简单粗暴，直接打破了这两个前提。三国可以各与正统，意味着其正统理念不是一个与伦理性相关的理念，而是个纯粹出于世俗事功的理念。这样一种理念既摆脱了文化层面的束缚，又摆脱了地域层面的束缚，正统与否，与是否地处中原已经没有关系了。而参撰史官当中有着各种宗教的信徒，这也从史观上形成一个巨大的突破。政治与伦理在这样一种历史叙事当中便会被剥离开来，政治的世俗化因此获得一种可能性。

脱脱之所以能够做这样一种决断，非常重要的一个原因是其非中原身份。大元虽然接受了中原撰修前朝历史的传统，但若由此陷入中原史家的正统论之争的话语当中，则大元的身份就有可能变得非常可疑:倘若将正统置于大宋，则大元的草原身份便不正当;倘若将正统置于辽金，则在传统儒学理念上大为不通。大元需要有正统性，需要把中原的史学作为表达载体，却又不能落入中原式话语的窠臼。于是，最佳的办法便是去除正统性本身的文化性，只从其政治事功的角度来考虑，"中国"概念便被抽象化，这样一种抽象的理念完全可以为大元所用，又不会为其所制—— 一如前文所述的波斯人或中亚突厥人用伊斯兰的话语来讲述本群体的故事一样。在这种抽象理念下，帝国的非伦理的"政治性"于是浮现出来。

但事功毕竟不足以对传统的精神要素构成实质性冲击——对精神的实质性冲击只能来源于另一种精神——所以脱脱的决定并未真正平息争论。三史刚刚问世之时，杨维桢就写成《正统辨》一文予以抨击。他认为，正统是核心问题，"盖统正而例可兴，犹纲举而目可备。前代异史，今日兼修，是非之论既明，正闰之统可定。奈三史虽云有作，而一统犹未有归"。因为，"中华之统，正而大者，不在辽金，而在于天付生灵之主也，昭昭矣。然则论我元之大一统者，当在平宋，而不在平辽与金之日，又可推矣"。[1]这样一种正统观，紧紧扣住文化性不放，帝国只有以此才能获得其身份;这种视野拒绝了政治与伦理的分离，脱脱只能选择无视它，却无法给出精神层面的说法来否定它。

于是我们可以看到，即便脱脱与杨维桢都在谈论"大一统"，但他们也是

---

[1] 杨维桢:《正统辨》，载饶宗颐《中国史学上之正统论》，上海远东出版社，1996年，第138-141页。

在完全不同的意义上谈论此事的。脱脱是在用"大一统"的理念表达着一种去文化的政治；杨维桢则是用"大一统"的理念表达着一种作为文化之直接呈现的政治。虽则有着这种深层差别，但单纯从话语表达上来看又是一样的。两种思考进路，其衍生出来的"政治"所能覆盖的人群，也是有着根本区别的。杨维桢的进路基本上只能覆盖中原的族群，[1]但这种进路更有精神韧性；脱脱的进路则打开了一种普遍性秩序的言说与建构空间，但这种进路易令帝国再次落入如大唐帝国一般的抽象化后果，以致最终无人愿意为帝国负责。

最终，大元果然在各种特殊利益的狂欢与争夺中轰然倒塌。脱脱的进路在大明也就被人抛弃了，明代有诸多人进行了重写《宋史》的努力，要将正朔归于大宋，而将辽金贬为夷狄，杨维桢的正统观又回到了政治和历史话语的中心。这种写法在明朝相对容易达成共识，因为金朝至此也已灭亡一百多年，对大金还有感情的人都已不在世；对大部分人来说，"身份汉人"和"南人"这两种身份，都不过是一种行政区分，不再有多少历史记忆上的纠葛，人们差不多是集体性地从元朝臣民的身份进入到了明朝臣民的身份，也就不再有人争执大金的正朔问题了。

但是，新的问题又浮现出来：大元的正统性该如何安置？

大元的统治者本身未必非常重视本朝进入中国历史的精神序列，因为蒙古统治者与大辽的统治者不一样，前者的精神世界在相当程度上仍属草原，其对中原的文化与话语还是有隔膜的。但对中原的史官与士君子来说，大元的统治曾是其必须面对的生存现实，所以必须将大元纳入中国历史的精神序列，以便为中原百姓以及自己的个体生命在元代的经历获得历史坐标，获得存在的意义。从而，大元及其历史获得了独立于此前蒙古统治者本意的历史意义；而宋辽金也在正统叙述的天命流转中获得了新的秩序安排。以"驱除胡虏，恢复中华"为号召的明太祖朱元璋，在即位诏书中犹云："惟我中国自宋运告终，帝命真人于沙漠入中国为天下主，百有余年，今运亦终。"[2]在明初的人看来，明朝推翻元朝而统治中国，其意义不过是实现了一次改朝换代而已，钱穆先生也注意到明初开国诸臣"心中笔下无华夷之别"[3]。时人完全承认了元

1　杨维桢及其支持者皆为"南人"出身，于是其抉择便可以理解了。

2　《万历野获编·卷一》。

3　转引自姚大力《北方民族史十论》，第261页。

朝的正统地位，但这已经是在与蒙古统治者根本不同的意义上对大元给出的历史解释与定位了。

非常有象征性意义的是，进入明朝之后，杨维桢反倒成为元朝遗民，拒绝在明朝政府任职。这样一种选择，同样证明了杨维桢对大元正统性有着认可，其与脱脱的观念对立，只是将大元定位于中原还是超脱于中原的区别而已。

2. 大元的统治术及其陷阱

大元起于武功，金宋两国灭于蒙古，令元朝皇帝对儒学的经世致用之功大不以为然。故元朝帝国内部最受重视的官员并非儒生，而是善于理财的色目人；西域门户大开，可由此征用的财经人才很充足，帝国便也没有通过科举拔擢人才的需求，自灭大金入主中原后，科举七十多年不兴。而儒生也痛感科举之制令人徒耗精力于记诵章句考据训诂，而于理财治国之能大有疏失，以致国家危难却无振兴之策，故而在南宋灭亡后有宋人写道："四海一，科举毕。庸知非造物者为诸贤蜕其蜣螂之丸，而使之浮游尘埃之外耶？"[1]元朝第四帝仁宗时期恢复了科举，其重要性也远远不及此前与以后的诸朝。但吊诡的是，正是在元代的科举中，理学始被规定为经解之正统。在儒学被贬斥的时候，刚刚完成自我超越的理学却被引上了建制化之途，规定了后世的法统叙述之基础。

忽必烈在政权建立后，就以出身中亚的色目人阿合马为首组建了名为"制国用使司"的机构，后更名为尚书省，专管帝国的经济和财务事宜。中央的财源主要依靠通商与专卖，而将依靠土地而得的税收统统划拨给地方财政。[2]中央部门专以理财为务，这在中国历史上是前所未有的，也是实用主义政治的表现。阿合马改革税制、推行专卖、发行纸币，这一系列政策刺激了横跨欧亚大陆的大蒙古国内世界规模的商业流通。

这个时候正是伊斯兰世界白银短缺之际，白银在中亚和西亚的购买力远大于中原地区。于是，元朝统治者通过战争手段以及财政手段，将留存在中原各地的白银集中到大都，这些白银又通过穆斯林商人之手源源不断地流入中亚、西亚地区。元朝汇聚起来的丰富白银，成为横跨欧亚蒙古帝国的货币经济基础，刺激了整个欧亚大陆在中世纪后期的经济发展；而中原地区则遭

---

1 转引自姚大力《蒙元制度与政治文化》，第 235 页。
2 参见 [日] 杉山正明《忽必烈的挑战》，第 210-214 页。

遇货币严重不足的困境，于是大元帝国发行纸币以为通货。[1] 元廷经常对外用兵，财政紧张，遂滥发纸币，导致了严重的通货膨胀。在忽必烈统治时期，物价在二十几年间即上涨十几倍到几十倍，到元朝中后期更是难以控制。滥发纸币导致了两个看上去似乎矛盾的后果：一方面是严重的通货膨胀，货币流通速度加快；另一方面人们不愿意接受没有信用的纸币，又导致货币经济萎缩，经济萧条，遂民变四起。[2] 暴起的民变使得朝廷不得不发行更多的纸币以便筹集军资，这进一步导致经济萧条，最终陷入一种恶性循环，带来了元朝统治的瓦解。

　　元朝君主统治如此庞大的帝国，需要有一套复杂的官僚体系为其所用。但是皇帝又担心自己被官僚体系所架空，于是需要再另外设置一套直属于皇帝个人的机制来制衡它，这通过怯薛制与达鲁花赤制两种制度实现。怯薛是蒙古大汗／皇帝身边的护卫亲兵，其高层经常直接参与帝国大事的谋划，并且往往身兼中书省、枢密院等部门的要职，皇帝以此来确保自己能对中央官僚体系进行制度外的控制。达鲁花赤的原意是镇守者、掌印者，他们是设置在各级地方政府的监治长官，通常由蒙古人或色目人担任。达鲁花赤不做具体的治理工作，但对做具体工作的行政官僚有直接的监督权力，以绕开官僚体系的常例性制度，直接向皇帝个人负责。

　　怯薛和达鲁花赤与大汗之间都有着一种主奴关系，其身份关系通过血统便可轻易地识别出来。元朝皇帝将草原上的主奴关系带入到帝国的君臣关系当中，其中的影响具有双面效应。由于帝国的官僚体系因此在某种意义上丧失了公共性，其对作为个人的皇帝的制约能力遭到严重削弱，皇帝可以肆行己意，个人性的专权能力获得前所未有的提升，但这更多的只有官僚才能够感受到；相应地，怯薛和达鲁花赤作为某种程度上的私人家奴，使官僚体系的常例性运行受损，反过来皇权作为制度性专权的能力也遭到严重削弱，于是，从社会层面感受到的帝国统治反倒是颇为自由的。[3] 从而，大元的统治便是很矛盾地既专制又

---

1 参见朱嘉明《从自由到垄断：中国货币经济两千年》上册，第 144-145 页。
2 参见彭信威《中国货币史》，上海人民出版社，2007 年，第 430-450 页。
3 姚大力先生曾对此问题做过仔细考察，参见姚大力《论蒙元王朝的皇权》，载氏著《蒙元制度与政治文化》。

宽松，以至于朱元璋竟认为大元之所以失败正在于法令过于宽疏。

元朝的精神现象学意义是极为深刻而又复杂的，大蒙古帝国对亚欧大陆的意义同样如此。蒙古帝国就像世界历史上的野火，它将原野上的草木烧掉，各种莠草恶木也通过这种野蛮粗暴的方式被一并消灭，让原野现出自己本来的地形；草木灰烬肥沃了原野，滋养着下一轮的生长，被还原到赤裸裸本来面目的地形也因新的草木而获得文饰，有了新的意义。

二、明：大陆的专权与海洋的兴起

1. 官僚体系与皇权的对抗关系

东亚历史原野本来的地形是，进入到平民社会之后，历史吁求官僚体系作为公器，进行理性化治理，普遍理想的外化由此获得制度基础。大元用自己的失败证明了这一点，其官僚体系的非制度化特征，其对儒学漠不关心的态度，都为大明走上历史舞台提供了机会。

大明崛起于江南，逐元顺帝于漠北，成祖时代又几次深入漠北御驾亲征，令蒙古不再为患。大明鼎盛时北向极边奴儿干都司，西向经略乌斯藏之地，又有郑和七下西洋，威震海外，故大明自夸"混一海宇"，也取大一统为其正统性之基。大明的实际统治范围未及漠北，但自成祖起定都北京"天子守边"，其强悍的武功使得草原上始终未曾形成类似古代的匈奴、突厥一般强大持久的游牧帝国；而明朝国内的一系列制度安排也与北境的安全需求相关，因此这个中原帝国又是基于内亚的草原秩序而获得身份定位的，故为另一意义上的"特殊的普遍帝国"。

始于大元的理学建制化进程，到大明完全实现。明代将朱子学作为官方学说，并规定其为科举的基准经解。理学于是开始异化，法统吞噬了道统，被建制化的理学遂外化为制度性专权。因此，恢复了公器地位的大明皇权－官僚体系，便得以一改制度化不足、宽疏的大元统治；同时，由于大元的影响，宋代所谓皇帝与士大夫共治天下的理想也不再被提及，明代的制度性专权遂获得前所未有的展开。明代实行户制，将人民分作军户、民户、匠户、灶户，户籍世代相传，不得擅改，百姓也不得擅自离开本乡；平民社会因此获得了一种机械组织起来的秩序，朱元璋力图以此来克服流民问题，但明朝社会相较于宋元丧失了自由空间。

这种秩序需要一套强大的官僚体系来管理。明朝后期君主数十年不上朝，帝国却仍能有效运转，明朝官僚系统的能力可见一斑。官僚体系作为一个系统，具有制度意义上的普遍性，对作为个人的皇帝可以形成有力的约束；然而具体的官员却会有充分的动力在政治运作中上下其手，官僚体系本身遂异化而丧失其普遍性。君主既会厌恶官僚体系对其意志的约束，又会担忧官僚体系的异化会绑架帝国，而君主不可能摆脱官僚体系的治理功能，便只能另建一套体系来制衡之。故而洪武朝废除了宰相一职，由皇帝亲自率领百僚，监督其工作，又大肆任用特务机构，确保皇帝的意志被官僚所遵守。后世君主不似明太祖一般精力超凡，便只能任用依附于皇权的宦官，作为一种直属于皇帝个人而外在于理性官僚体系的非制度性力量，来执掌特务机构，制衡官僚。有明一代，宦官为祸之烈，史上罕见，这并非因为皇帝无权力，而恰恰是因为皇帝有权力，宦官的权力只不过是戴着面纱的皇权而已；皇帝一怒，则权势熏天的大太监也随时会被抛弃。反过来看，若非明代的官僚体系如此强大，以至对作为个人的皇帝形成强大的制约作用，皇帝对宦官的需要也不会如此之深。

所以，明代阉竖之祸，实际上是治理的理性化需求，与作为个体的官员以及君主的欲望之间对峙关系的自然结果。这属于制度之普遍性与欲望之特殊性的冲突，但其在发展中逐渐堕落为纯粹的党派冲突，沦为各种特殊性的对抗，皇帝与官员尽皆丧失了历史感，普遍利益在这样一种对抗中沦为博弈的筹码，无人真正在意它。

更麻烦的是，对一个"伦理－官僚世界"的帝国而言，其虽在日常治理当中促成了政治与伦理的分离，有着较高的工具理性，但在帝国话语上会坚持价值伦理的至上性，政治与伦理还是绑定的，也就是说，此时还没有独立于价值伦理之外的政治伦理。于是，日常治理所需的工具理性便无法从独立的政治伦理这里获得支持，时时要受价值伦理的评判与干涉。豪族／贵族时代的帝国仍处在"伦理世界"，它需要这样一种政治与伦理的绑定关系，因为桀骜不驯的贵族已经为社会提供了人格化的一般治理，而帝国需要他们有对帝国的主动担当与认同，与政治相绑定的价值伦理无疑为此提供了精神动力；

平民时代的帝国则会被这种绑定关系所困扰。[1]

这样一种困扰在承平时代倒也无伤大雅，毕竟它也能对官员在行政行为中的上下其手起到一定的制约作用。但是一旦到了需要做重大决断的时刻，这种困扰就会使得任何严肃的决断都难以做出，从而带来严重的政治灾难。这在大明的历史体现便是，在明中期之后的党争中，治理上所需的各种工具性方案，虽然与伦理无涉，却屡屡被对手做伦理性的抨击，本应就事论事的政争堕落为对心性与动机的攻讦。于是官员一边唱着道德高调，一边做着各种与其高调截然相反的事情。到了帝国后期，无论是东林党还是阉党，除了个别人物，基本上都陷于这种低劣的攻讦当中，党派与道德无关，只与结盟的需要有关。适逢此时帝国内外交困，需要做出重大的政治决断，但帝国的决断能力已然陷入瘫痪当中。乃至到了南明时期，由于各种基于道德高调的攻讦，和衷共济以应敌患也近乎做不到。[2]

这样一种冲突以及冲突逐渐劣化的逻辑，出于"伦理－官僚世界"的内在结构性矛盾，在明朝是无解的。到了清朝，皇帝任用自己的族人及包衣等担任官僚，通过满汉的身份差异形成彼此的制约关系，满人及包衣对皇帝的认同，让他们之间有了一种私属性关系，以达到皇帝约束一般官僚的意图；但满人及包衣又都是官僚体系的一部分，从而这制约关系又不会像明朝一样，导致本质上非制度化的冲突。清朝的这种做法有些类似于元朝的怯薛和达鲁花赤，但后者的制度化程度远低于清朝。所以，清朝再无拥有巨大权势的宦官，其治理的水准也好于元朝和明朝。然而，这也是治标不治本而已，因为帝国仍未受到外部世界带来的实质性精神冲突，从而仍然无法从"伦理－官僚世界"再进展到"政治世界"。直到晚清，这样一种精神冲击才从西方到来，但大清已无力对此做出有效的应对了。

2. 货币问题

明太祖将百姓依四种户制做了划分。黄仁宇先生对此评论道，明朝作为中国历史上唯一借着农民暴动而成功的朝代，在创始时便借着农村中最落后的部门为基础，以之为全国的标准。明太祖牺牲了质量以换取数量，才将一

---

1 关于"伦理世界"与"伦理－官僚世界"乃至"政治世界"的区别、政治伦理与价值伦理的区别，以及二者之分离的重要性，可参见本书第四章第二节第一小节的相关讨论。
2 关于明季党争，参见谢国桢《明清之际党社运动考》，辽宁教育出版社，1998年。

个以农民为主体的国家统一起来。中国于是成为世界上最大的农村集团，它大可以不需要商业而得意称心。[1] 这样一种评论是恰当的，但是换个角度来看，也可以说朱元璋建起这样一种准计划经济，除了其视野的保守，也是不得已。由于元朝治下白银大量流向中亚和西亚，明朝立国后面临严重的货币短缺问题，人口锐减，经济凋敝。在这种情况下，市场经济要像大宋一样运转，是做不到的。大元之所以不惧于中原金属货币不足，除了用纸币来补足，更重要的是其以帝国为主导来推动与中亚、西亚的贸易过程，可以让中原经济获得外部拉动。但是大明立国便意味着与中亚、西亚的贸易中断了，没有了外部拉动，则内部经济会立刻陷入困境。如此一来，大明能在立国后不过十年的时间便恢复经济，其重要原因之一，便是搞起了对货币需求量很低的准计划经济。

经济企稳后，大明像大元一样开始发行纸币，但也如同大元一样很快便堕入严重的通货膨胀，以至于纸币信用全无，经若干年尝试后只能放弃。在这种情况下大明的经济仍处于货币严重短缺的状况，直到16世纪，美洲和日本的白银开始流入大明，货币问题终于获得缓解。"明朝在货币经济方面的被动，受制于金属货币资源不足，而解决之道是加快中国经济与世界经济的融合。……16世纪20年代到17世纪初的明代经济，正是国民经济发展和扩张最快的时期。……从宏观历史来看，中国白银货币化进程，市场经济的成熟，与白银的全球性流动，以及'白银世纪'存在互动关系。"[2] 这个时代是西方世界开始向外扩张的时代，也是马克思在《共产党宣言》当中所说的"世界市场"开始形成的时代。中国对此仍然处在懵懂状态，但是其历史命运已经开始日渐加深地与全球历史嵌合在一起了，以至于远在欧洲的战争也会影响到大明的国运。

在17世纪前半段，欧洲发生的三十年战争——这场战争的结果是现代国际政治的起点威斯特发里亚体系的建立——使得贵金属的对外供给受到严重影响。同时，日本政府在17世纪开始控制银矿，日本白银在1639年曾停止对华输出。这些都导致崇祯朝白银流入锐减，白银价格高企，发生通货紧缩，

---

1 黄仁宇：《中国大历史》，第183页。
2 朱嘉明：《从自由到垄断：中国货币经济两千年》上册，第184-185页。本节关于货币史的内容，受到朱嘉明先生相关研究的很多启发。

引发经济萧条；同时铜钱相对于白银发生贬值，又引发通货膨胀。[1]

通缩和通胀这看似矛盾的现象是在两个不同的层次上同时展开的。在中国古代，一直并行着两个货币世界。一方面是大宗贸易以及百姓缴纳税赋时所使用的白银货币，一方面是百姓日常生活的小额交易所使用的铜钱。铜钱不是白银的辅币，而是独立于白银的另一个货币体系，两个货币体系之间有着比价经常发生变动的兑换关系。因为民间有着大量的日常小额交易，用高价值的白银作为货币极为不便，从而产生了铜钱在民间的流转；而商人进行长途贸易或大宗贸易，以及政府进行国用调配的时候，低价值的铜钱运输成本太高，于是便有对白银货币的需求。由于民间的农业经济对铜钱的需求有着高度的季节性波动，民间便有着大量储存铜钱的自生需求。这样一种自生需求，使得朝廷想要控制铜钱的努力始终无法成功，因其无法将铜钱从民间有效地回收上来；而中国本身的白银产量远不敷使用，非常依靠外部白银的流入，所以对白银货币，政府的控制能力也很有限。这就导致铜钱货币与白银货币这两个货币世界无法相互替代，政府也一直无法掌控货币。[2]

白银价格上涨，百姓的税赋便加重；铜钱价格下跌，百姓的生活便困窘，双重负担的叠加使得百姓生活陷入极度困苦。这些问题，再叠合上小冰期，内忧外患同时到来，终于让大明朝崩溃了。

3. 人地关系、财政机制与内卷化经济

随着大明经济的发展，早年的户制以及配套的徭役制度已经越来越不合时宜了。于是，在嘉靖九年（1530 年）便已有人提出并开始在地方上个别应

---

1 参见朱嘉明《从自由到垄断：中国货币经济两千年》上册，第 204-206 页。

2 黑田明伸先生对这样一种双层货币体系的讨论极富启发性。他进一步提出，在中国的货币历史当中，可以看清的基本力学表现是，试图创造和维持空间上的统一性和时间序列上的一贯性的王朝方面的动机，与追求依赖于地区的多样化和状况的可变性的社会一方的动机之间存在拉锯现象。传统中国的特征在于自律的个别性与他律的统一性这两个看似矛盾的向量之间的奇妙统一，传统中国的货币正好是它持续的体现。因时代不同，会有某一方占据优势，但是一定有摇摆反复，而不会出现一方消灭另一方的情况。这两个力之间的均衡点不会不存在，但是这种振动本身会结构性地持续发展下去。（参见［日］黑田明伸《货币制度的世界史》，第 106-107 页。）可以说，正是货币层面的这种民间自律性，使得古代中国王朝政治当中，朝廷一方的集权秩序的扩展始终有个极限，它最终无法取代地方的自治能力。朱嘉明先生在其《从自由到垄断：中国货币经济两千年》一书中也反复讨论了朝廷无法控制货币这样一种情况。

用的"一条鞭法",在万历九年(1581年)终于由张居正统一推广到全国。新法将各州县的田赋、徭役,以及各种杂零税赋合为一条,合并征收银两,按亩折算。[1]这是在两税法基础上的一次重要财政改革,中国的税制由此从以"人"为税基改为以"地"为税基,[2]这给中国历史带来一个始料未及的深刻影响,即提高了中国人口发展的上限——以往的朝代人口极少超过一亿,超过这个数字则会流民四起王朝崩溃,但是明末的人口达到了将近两亿才发生流民内乱。到了清代,塞外民族入主中原带来的"和平红利"[3],结合于其从明朝继承下来并继续深化推进的新税制,即雍正朝的"摊丁入亩"政策,更是使得人口一直发展到突破四亿才发生流民内乱。而人口上限的提高反过来降低了劳动力的价格,使得中国的经济在发展上被锁定在了特定的阶段而难以突破。

这个始料未及的影响首先与古代社会农业经济的运转逻辑有关。过往对朝代崩溃的解释通常是,王朝末年土地兼并导致流民四起,但这个解释当中有一个问题,就是地主兼并了土地并不会任其撂荒却不出租,否则兼并就没有意义了。那么,流民四起的原因首先就不会是土地兼并,虽然土地兼并也确实是存在的,但其中有着更复杂的逻辑。

在古代社会,在地广人稀的情况下,资本投入人力的边际收益更高,地主自营土地的可能性也会因之更高;在地狭人稠的情况下,资本投入土地的边际收益更高,所以地主不自营土地转而对外租佃的可能性更高。[4]对应地,在朝代初年,地广人稀,地主多为自营,有了资本可以用于雇人;而由于获得土地的成本比较低,自耕农便会比较多,地主可雇的人也不多,地主的经营规模相对有限,土地兼并问题也不严重。到了朝代后期,地狭人稠,地主

---

1 值得提出的是,新税法对白银的需求较之旧税法更高,其能够实施,也是因为美洲和日本白银的流入,使大明的货币短缺问题得以缓解。

2 在侯家驹先生看来,这样一种税基的变化与要素价格的变化相关,系因时制宜。从经济学上来看,以相对稀缺,从而相对价格较高的要素作为税基,是更合理的。汉末以来,地广人稀,劳动力有稀缺性,所以要以丁口作为赋役对象;到了明代张居正时代,地狭人稠,土地具有了稀缺性,所以以田地作为课征赋税的唯一对象。参见侯家驹《中国经济史》下册,第643页。

3 关于和平红利的讨论,详见本书第一章第三节。

4 赵冈、陈钟毅在《中国土地制度史》(新星出版社,2006年)一书当中,对地主选择自营抑或租佃的经济逻辑做过很细致的分析;两位在《中国经济制度史论》中也对相关研究有相当部分的讨论。

有了资本便会用于土地兼并，对外租佃更多。这种兼并使得自耕农变成佃农，佃农只是失去了此前可以获得的收入中的地租部分，但仍然可以拥有资本（如耕牛）和劳动所带来的那部分收入。一个朝代承平日久，人口繁衍茂盛，则人力与土地的相对价格便会发生变化。人地压力越大，则地租越高，此时土地兼并的努力便会越来越强，佃农在利润分配当中所占份额越来越小，最终导致份额不足以糊口，或者根本租不到地了，甚至欲为雇农亦不可得，就会出现流民，使帝国秩序濒临崩溃。但是这时由于地狭人稠，投资土地的边际收益很高，朝廷努力抑制土地兼并是不可能成功的，因其违反经济规律，所以必然失败。只能等待朝代崩溃，人口锐减，地权重分，再进入地广人稀的状态，以待下一次循环。

所以，每一次朝代崩溃，关键的问题并不在于土地兼并，而是在于人地压力。只不过对朝廷来说，其直观的感知是土地兼并导致流民越来越多，于是试图通过抑制土地兼并解决问题，但实际上此路不通。至于人地压力发展到何种程度会导致崩溃，其临界点的高低与帝国的财政制度有关。在税基为人的情况下，佃农的财政压力相对于地主来说比较大，临界点就会比较低，历史数据表明人口没超过一亿就崩溃了；一条鞭法改税基为地，以及雍正时代摊丁入亩，全面按地征税，佃农的财政压力相对于地主来说比较小，临界点就会变高，所以到了四亿多人口才出问题。但是人口如此之多，意味着劳动力成本已经变得非常低，任何以节约劳动力为目的之技术都不具备经济性，这样，如无外部变量的注入，则中国经济的发展就会被锁定在一个很低的水平上，陷于一种恶性循环当中无法实现突破——只有新的技术跃迁引发的现代经济才能吸收庞大的人口，但正因为庞大的人口本身，技术跃迁无法出现。[1]庞大人口的超大规模性在此构成了一个极为重要的历史变量，由此可以窥见

1 黄宗智先生用"内卷化"的概念来描述这种无法实现经济突破的历史状况。他在《华北的小农经济与社会变迁》一书中提出这一概念，后来又在《长江三角洲小农家庭与乡村发展》一书中扩大了该概念的应用范围。他指出，中国的家庭农场因为耕地面积过小，为了维生而不得不在劳动力边际回报极低的情况下仍然继续投入劳动，沦为一种纯粹的糊口经济；而这样的一种经济样态，形成了特别顽固、难以发生质变的小农经济体系，处在"内卷化"状况，无法发展。后来以加州大学为代表的若干学者对这种理论进行了系统性的发展，成为中国经济史研究当中的加州学派。

中国历史嗣后的一系列关键逻辑。[1]

由此可以得出结论，**土地兼并与流民四起有共时性，但这个共时性并不是简单的线性因果关系，而是更复杂的传导关系**。里面关键的核心要素还是人地关系导致要素价格变动所致；朝廷的财政制度作为外生变量，则决定了从土地兼并到流民四起的临界点何在。而人地关系变化导致的要素边际收益的变化，是朝廷和平统治的时间长度的函数，只要承平日久，则必定会发生人口增殖和土地兼并，朝廷无论怎么挣扎着抑制兼并都不可能成功。在传统经济时代，经济基本上属于外延型增长，历史便只能如此循环；只有在工业革命带来内涵型增长之后，才能突破此一怪圈。但是**由于"内卷化"的状态，工业革命无法在中国内生性地出现，而只能等待西方力量的注入，这就使得西方的到来在相当意义上成为中国历史的内在需求**。

4. 心学的兴起与传统儒学的精神边界

再看平民社会的精神层面。从根本上来说，帝国需要平民社会拥有精神自觉。这种精神自觉意味着个体在精神层面的自主道德抉择能力，这可以确立个体不依赖于他人的特殊性，又通过个体对道德秩序的参与而令其获得普遍性，帝国作为其道德理想的外化结构，是普遍性与特殊性的合题。

但是一方面，由于理性化的政治走向了最为严厉的制度性专权，使得个体在精神层面的特殊性被制度完全消弭掉，其普遍性便也因此流散，个体丧失了与帝国所代表的普遍秩序之精神联系，对帝国的主动认同弥散而去，使帝国成为外在于社会的无根漂浮物。另一方面，作为一套治理秩序的帝国，其制度性专权所需的如臂使指般的官僚体系控制，却会被丧失责任感的官员的个人贪欲所腐蚀，官僚体系从而又堕落为官员个人牟利的工具，使得帝国本身被彻底异化掉。既然作为普遍秩序之基的个体道德自主无法获得生长空间，则个体欲望这种无定型的特殊性会反噬制度的普遍性，并进一步令理想的普遍性也虚伪化，帝国于是会在"专权——衰朽——专权——衰朽"的循环中沉浮，而无力开出新的局面。除非在精神层面再开新篇，承认个体的道德主体地位，使得个体在特殊性与普遍性的合题当中获得精神自觉，认同并参与到帝国秩序的构造当中去，否则无法走出那种

---

1 本书下篇的六、七、八这三章，会充分展开对中国之超大规模性的历史哲学意义的分析。

无意义的循环。

这样一种精神现象学的需求，通过宋学偏支心学在明朝中期的发扬光大，而打开了一个可能性。王守仁开示曰："吾心之良知，即所谓天理也。致吾心良知之天理于事事物物，则事事物物皆得其理矣。致吾心之良知者，致知也。事事物物皆得其理者，格物也。是合心与理而为一者也。"[1] 被建制化为僵硬秩序的天理，一转为吾心由内及外的开展，通过"致良知"的工夫，而知宇宙即是吾心，吾心即是宇宙。禅宗的顿悟与理学的秩序，由是而连接起来。心学别开生面，一时蔚为大观，从阳明先生而学之人云集，"夜无卧处，更相就席，歌声彻昏旦"[2]。

心学的流行为个体主义的建立打开了可能性，但阳明后学堕入狂悖乖谬之途，心学以更快的速度发生了异化。心学的遭遇也指出了传统儒学的精神边界，它开启了个体心性的道德自主，也指出了普遍性与特殊性的合题之工夫路径，但这种工夫却只能呈现为一种抽象的精神努力，由于欠缺一种纯粹程序正义的法律技术，它无从外化为一种超越于所有个体之上的具备普遍性的制度安排；既有的制度构成心学赖以展开的基础，却又遭到它的嘲弄鄙弃，以致对欲望的任何外在约束都遭遇颠覆。个体主义所需的道德自主并未真的建立起来，反为欲望的奔突打开了大门，"吾心"与"天理"多半在无定型的冲动中化作一堆泡沫，社会因此而愈发散沙化。心学后学中，得其上者能"无事袖手谈心性，临危一死报君王"，犹得不失人格；得其下者则堕入各种结党营私、彼此攻讦，最终于天崩地坼之际作鸟兽散。

5. 雪域与蒙古

正当中原在各种矛盾中苦苦挣扎之际，关外的满洲悄然间打造出一个强大的满蒙联盟，为日后入关定鼎中原准备好了最重要的军事基础。满蒙联盟的建立，基于东北政权、蒙古草原和雪域高原之间一系列复杂的历史互动，其起点是雪域和蒙古的互相重构过程。这个过程让雪域高原的宗教秩序、蒙古草原的精神世界都发生了深刻变化，为大清打造出普遍帝国提供了重要条件。

---

1 王守仁：《传习录·卷中》。
2 王守仁：《传习录·卷下》。

雪域高原在"后弘期"逐渐形成了在小群体规模上政教合一的秩序，教派领袖的势力取代了世袭封建贵族，成为雪域的历史动力。家族秘传的宗教传承机制，使得雪域内部教派众多，各教派的寺院都既是经济组织又是政治组织，教派间时而竞争时而合作，其他秩序都围绕着宗教秩序成长起来。这种低成熟度的政治状态，使得雪域无法形成具有历史意义的秩序演化，来自外部的政治秩序输入已成为雪域的一种内在需求。纯粹的中原帝国有其地理依赖性，[1]难以直接形成向雪域的政治秩序输出，这个历史使命需要转借草原力量才能完成。

蒙古扩张的时代终于令高原与草原形成极为深刻的互构联系。在窝阔台汗时期，阔端便征服了西藏，并与萨迦派有了合作。阔端去世后，忽必烈欲图穿越藏区远征大理，以对南宋形成战略大包抄；若想顺利穿越，他便必须获得藏族首领的支持和帮助，萨迦派高僧八思巴于是被忽必烈奉为上师。在忽必烈称帝后，八思巴更成为国师、帝师，总管天下释教事务。

此时浮现出一个新的问题，即大汗与上师的相互关系该如何安排？最终达成的妥协是，"听法及人少时，上师可以坐上座。当诸王、驸马、官员臣民聚会时，（上师坐上座）恐不能镇服，（所以）由汗王坐上座。吐蕃之事悉听上师之教，不请教于上师不下诏命。其余大小事务因上师心慈，如误为他人求情，恐不能镇国，故上师不要讲论和请求"。[2]这一安排确定了此后的草原征服者与藏传佛教大喇嘛之间的关系，即在私域，宗教秩序超越于政治秩序之上，但是在公域，则是政治秩序超越于宗教秩序之上。

这样一种安排萃取出**帝国的政治性的二阶意义：其低阶意义是，它是个纯粹的政治性存在，只负责对普遍性的秩序安排给出担保，而不承担伦理价值；其高阶意义是，它是对诸种文明秩序的普遍超越，承担了"诸文明的和平共存"这样一种更具普遍性的价值。**当然，这样一种二阶意义，在当时还仅仅作为一个现成事实存在，远未获得精神自觉；对一般意义上"帝国"的二阶意义的精神自觉，要到现代政治的反思中才会浮现。[3]

---

1 关于中原秩序的地理依赖性，参见本书第一章第一节的相关讨论。

2 转引自陈庆英、高淑芬主编《西藏通史》，第 184 页。

3 关于中华帝国的二阶属性，还可参见本书第四章第三节第三小节的相关讨论；关于一般意义上"帝国"之二阶属性，可参见本书第七章第四节第二小节的相关讨论。

基于帝国的力量支持，雪域终于获得了超越于彼此竞争乃至冲突的诸教派之上的一个普遍秩序，这是帝国对雪域的政治秩序输出；而雪域则因其宗教性，反向实现了对帝国的精神秩序输出。元明清三代相继皆有以藏传佛教的宗教力量进行自我政治整合的做法，[1]雪域高原的政治低成熟度，却使得政治高成熟度的东亚帝国获得了某种非政治的（前政治的）精神秩序的载体，以支撑起显白的政治叙事所无法负载的隐微面相。

对雪域来说，帝国的政治整合更促成其超出小群体规模的宗教秩序之发展。比如格鲁派于15世纪初兴起之后，其大寺院都接受了大明封给的僧官职务，并参与到向朝廷进贡的活动当中；朝廷的回赠一定会超出贡品的价值，格鲁派由此能够从外部获得必需的经济资源，以使它建立起来的"寺院－扎仓－康村－米村"这样混合教俗的等级化组织系统和管理机制获得必要的财政基础，形成秩序稳定性，并使它能够扛过敌对教派和势力的多次打击，仍然能够保持和发展。[2]

让格鲁派真正在雪域获得最大教派地位的，是它与已经退居塞外的蒙古的联手；而这一联手过程却导致了蒙古在法统上的彻底分裂。[3]

大元朝廷被大明逐回塞外之后，由于不再有基于中原农耕地区的稳定的财政基础，大汗又与大明之间进行了长期的战争，主力消耗殆尽，大元对诸部落的统合能力大幅下降，部落彼此间征战不休。但是诸部落对汗位的继承有着共识：唯有成吉思汗的黄金家族成员有继承权，在黄金家族内又是元朝皇室的长子一脉有优先继承权，其他人只有在该脉找不到合法继承人的情况下才有继承资格。中间间或有其他不符规则的人偶然夺取了汗位，但没多久汗位还是会回到正统继承人手中；法统的唯一性使得蒙古人的精神世界仍然有一种底层的统一性存在。

16世纪中期，黄金家族的一个小支中崛起了一位英雄俺答汗，他统领土

---

1 元、清皆为内亚征服帝国，明代作为一个中原帝国，能够形成对雪域的政治秩序输出，从中可以看到其秩序深层的内亚特性。

2 关于格鲁派进贡的相关内容，参见陈庆英、高淑芬主编《西藏通史》，第315页；关于格鲁派的等级制结构，参见该书第306页。

3 感谢王策先生在这个问题上与我的讨论所带来的启发。

默特部，凭借卓绝武功几乎统一了漠南地区的蒙古，并将正统大汗所领的察哈尔部排挤到了东蒙地区。察哈尔部的东移改变了东北地区的族群关系，最终在一个复杂的历史过程中促成了女真的崛起。而俺答汗则在向西的征服中，于 1578 年又一次来到青海，并在一个精心安排的场景中，在青海湖边会见了正苦苦进行教派斗争的格鲁派首领索南嘉措。两人相见甚欢，互赠尊号，索南嘉措将忽必烈的汗号赠予俺答汗，认定其为忽必烈转世；俺答汗则将达赖喇嘛的尊号赠予索南嘉措，认定其为八思巴转世，索南嘉措又向前追溯了两代前世，自认为第三代达赖喇嘛。[1] 在此之后，蒙古的宗教逐渐完全接受西藏的传统，不像元朝时藏传佛教并非唯一国教；西藏政教合一的统治机构，则在蒙古人的支持下建立了起来。[2] 格鲁派有了外力支援，在雪域的诸派竞争中获得了优势。

俺答汗作为忽必烈转世，获得远远超过正统大汗的正当性；于是他开始大力推动蒙古人信仰藏传佛教，并打压蒙古原有的萨满教信仰——这在特定的意义上可与当年吐蕃帝国内相互纠结的政治斗争跟佛教、苯教之争做类比。藏传佛教在蒙古草原的传播获得了很大成功，信仰的转换带来了一种深刻的政治效应，活佛对尊号的授予有了正当性。此后草原上一发不可收，有若干个小支的部落首领，乃至非黄金家族的部落首领，都通过成为某个活佛的檀越（施主）而获得了汗号。蒙古的法统由此彻底分裂了，那种精神世界的底层统一性也就破掉了。

这样一种分裂进一步削弱了蒙古对东亚世界的影响力，17 世纪初期即位的正统大汗察哈尔部林丹汗试图扭转这一局面。林丹汗原本信奉格鲁派黄教，也组织人将大量的藏文佛经第一次译成蒙文，如此便可在某种意义上掌控话语权，试图以此来统合基本都信奉黄教的蒙古诸部；统合的过程伴随着战争与集权，林丹汗欲速则不达，反倒驱使很多部落离他而去，投奔了新崛起的女真人。黄教并未给林丹汗带来他所期待的帮助，林丹汗遂两次改宗，最后选择了信奉噶玛噶举派，这使其在蒙古诸部中更陷于孤立。其时，噶玛噶举

---

[1] 关于回归塞外之后蒙古汗系的流转过程及蒙古大致的政治过程，我参考的是赵云田主编的《北疆通史》，中州古籍出版社，2003 年，第 371-413 页；以及札奇斯钦《蒙古与西藏历史关系之研究》一书中散见的相关部分。

[2] 参见札奇斯钦《蒙古与西藏历史关系之研究》，第 717 页。

派与格鲁派在西藏正处于激烈对抗状态, 宗教斗争便与蒙古的政治斗争搅在了一块。在皇太极于 1634 年联合蒙古诸部打败了林丹汗之后, 林丹汗产生了一个极为大胆的想法。他率领仍然忠诚于他的部众逃往青海, 并计划在此与漠北喀尔喀部的一支、曾劝他改宗噶玛噶举派的盟友却图汗会师, 然后攻入西藏, 以千钧之力灭掉格鲁派, 扶植噶玛噶举派, 再挟此精神秩序回到蒙古, 扫平丧失了精神世界的诸部, 一举成为横跨草原与高原的霸主, 同时掌控政治秩序与精神秩序, 雄踞整个内亚世界。

这样一种大胆的战略倘若成功, 将对东亚帝国形成一种巨大的军事压力——当年的汉唐帝国对草原与高原上两支独立的力量形成盟友都会感到紧张, 更何况草原与高原这次还能够结合起精神秩序, 与政治-军事秩序联为一体。林丹汗的冒险因其病亡于青海而告终结, 蒙藏帝国并未获得机会现实化; 林丹汗死后, 其家人回归本部投降了皇太极, 并交出了大元传国玉玺。皇太极于是继承了大元的法统, 登基称帝, 成为满洲人和蒙古人共同的大汗, 满蒙联盟的军事基础就此成立。

大半个世纪后, 准噶尔汗国攻入拉萨, 初步实现了将雪域高原与草原联为一体的野心, 蒙藏帝国看似将要变为现实。大清迅即出兵, 经两次远征, 将准噶尔汗国赶出了西藏, 此后又经几次大的战役, 终于在 1757 年灭掉了准噶尔汗国。准噶尔的失败, 除了它无法取道被和硕特部所控制的青海, 只能从西边的阿克赛钦入藏而成本过高, 还有个重要的原因, 就是在明代中后期, 西域开始伊斯兰化, 并逐渐传播至河西走廊, 这使得草原与高原之间被打入了一个精神秩序完全不同的楔子, 内亚的博弈因此变得非常复杂, 横跨草原与高原的大帝国无法聚起那种可怕的力量。汉、唐帝国曾在中亚地区构建的地缘战略大十字, 在 17 世纪以多种精神秩序之博弈的形式呈现了出来。所以我们完全可以想象, 即便林丹汗真的实现了灭亡黄教的计划, 蒙藏帝国恐怕也难以成功地建立起来。西域因此而更多了一层历史哲学意义。

林丹汗虽然病亡, 其盟友却图汗仍对黄教有巨大威胁, 四世班禅及五世达赖遂在 1636 年邀请漠西卫拉特蒙古的和硕特部前来相助, 扫清却图汗后, 其首领获封固始汗。固始汗又扫平了格鲁派的宗教对手, 支持它建立了甘丹颇章这一政教合一的政权, 确立了达赖主前藏、班禅主后藏的格局; 军事大权则执掌于和硕特部手中, 固始汗以青海为根据地, 平时拥兵坐镇拉萨以北的当雄，主导整个雪域高原。卫藏地方的藏族官员由固始汗任命，行政命令则由他主导、由藏官联署发布。他又与班禅、达赖计议与大清通好称藩。

固始汗的一系列安排从大的格局上确立了此后数百年的雪域秩序，大清的治藏方略是在此基础上进行了若干次改革而成的。东亚世界大陆帝国的汉满蒙回藏大一统格局，于此隐隐露出其样貌。

6. 区域性的海洋秩序及其失败

海洋在这个时代也开始焕发出新的力量。中原农耕区在武力强大时对草原地区的压力，曾经通过欧亚大陆草原通道的传导影响着大陆西部的历史进程；而草原地区对中原的压力，则会反过来促成面向海洋的文化-秩序传播过程。南北朝时期北朝的压力促进了中原文化跨海向朝鲜、日本的传播；宋代，尤其是南宋时期，则因为草原帝国的压力而不得不转向海上贸易。

大明的立国理念中隐含着草原基因，它依凭户制构造其军事能力以对抗草原，这要求人口被固定下来，故大明施行海禁，从而挤压了沿海平民自宋元以来发展起的海外贸易空间，使其转化为走私贸易，并发展为倭寇。整个东亚海域都处在这些武装走私商人的势力范围之内。无论是在官方叙事中的恶棍汪直，还是忠臣郑成功，皆是走私商人起家的东亚海上霸主，他们指挥大船，装备着佛郎机火器，主导着整个东亚地区北自日本、西至大陆、南抵南洋群岛的海上贸易秩序，初来乍到的欧洲商人也要服从其管辖。这样一种纯民间的海洋秩序之生成，隐隐预示着海洋对陆地的反攻，社会的自组织力量对政治的制度性专权的反抗。郑成功与大清的对抗是其最初的预演，但是他最终的失败与汪直的失败实际上是基于同样的原因——倘若海洋秩序不能以全球为其背景，只局限在特定海域的话，则无法获得普遍性。因为海洋秩序是通过贸易过程聚集力量的，而海洋天然是一体的，将全球联系在一起。真正可持续的海洋力量，必须以全球市场为依托，方可反制大陆帝国。如果一支海洋力量只能主导特定海域，则会过度依赖于特定市场；比如郑氏家族只能主导东亚海洋，便过度依赖于东亚大陆市场，清廷在顺治十八年（1661 年）颁布"迁海令"，向其关闭市场，郑氏家族所能动员的剩余资源不足以支撑其与大陆帝国的长期对抗，最终只能失败，而令东亚的海洋沦为大陆的附属秩序。

倘欲将海洋秩序拓及全球，所需要的不仅仅是远洋航海技术和军事技术，更需要复杂的商业技术，尤其是法律技术。它可以明晰产权，明晰法律权责，让各种具体的案例通过一套公认的法律技术之整合而获得统一的法律意义，从而建立起一种可拓及于陌生人当中的信用结构，形成可持续可扩展的贸易网络。这里面更蕴含着对每一个个体作为一个自主抉择、自主负责的道德主体的普遍承认，海洋帝国因此便是一种基于个体精神自觉的普遍帝国。刚好这种法律技术是当时的东亚帝国所缺乏的。这些商业与法律技术若欲外化为稳定的规则体系，还需要以一种具有普遍性的精神体系作为信念基础；但古代中国海商的精神基础是妈祖信仰与儒家宗族观念的混合，这些信仰也构成了中国海商海外贸易的信用基础。但妈祖不具普遍性，宗族观念则使得向陌生人群体的信用扩展变得难度极大。这决定了汪直们与郑成功们的失败——他们的海洋世界只能作为一种偶然性的存在，无法获得精神自觉进而外化为一种强有力、有普遍性和扩展性的秩序。

反倒是在汪直横行海上之际，郑成功崛起前近百年，在东南一隅的澳门，几个葡萄牙人的登陆有着更大的精神现象学意义。万里之外的西洋人，在远东一隅获得一小块落脚点，却以此为基点，与其他若干基点相联系，编织起一个横跨世界的贸易信用体系，这种存在是完全在东亚帝国的视界之外的，无论明清均不具备理解澳门之意义的能力。这块小小的荒蛮之地，蕴积着数百年后的天翻地覆。

至此，我们可以看到，东亚大陆上的帝国，其精神现象学的运动此时走到了一个重要关头。无论是从政治层面上，从经济层面上，还是从法权层面上，它都进入到了一种无法走出的低水平均衡状态。倘无其他宗教在精神层面与儒家文明产生实质性冲突，则帝国无法形成政治与伦理的分离，从而其低水准的治理难以获得突破；倘无外部经济要素的注入，则内卷化的经济也无法获得突破；倘无现代法权的引入，则个体主义也无法获得真正的发展，帝国将永远处在一种飘浮在半空中的状态，无法与个体的精神产生真正的关联。

这一切都预示着，平民社会时代的东亚帝国需要再一次的自我超越，这种超越需要一种外部要素的注入，通过内外的融合，激活原本内在于东亚世界的精神当中，却始终难以现实化的历史过程。在豪族社会时代，这个激活困顿的外部要素来自草原和西域；这一次，外部要素则将来自海洋，这是历史的一种内在需求。但是，在外部要素尚未注入之时，基于中原－草原合题的大陆帝国，其精神现象学的运动还未完结，其可能性仍未穷尽。东亚的大陆帝国最终还将外化出自己的完成形态，这就是大清。

三、清：大陆普遍帝国的绝唱

1. 多元帝国的内在均衡

亚洲大陆进入公元第二个千年以来，各大轴心文明地区的农耕帝国便陆陆续续都被游牧人群所征服。伊朗地区和印度次大陆地区都是自进入公元第二个千年后，便长期由各种突厥系的人来建立王朝的；到 15 世纪，屹立千年的拜占庭帝国被奥斯曼帝国所代替；到 17 世纪，大清入主中原建立起东亚的普遍帝国。至此，游牧者对欧亚大陆的主导，达到了其最辉煌的时代——这些帝国未必有蒙古人统治的帝国那么耀眼，但其统治的稳定性及其精神自觉性远超蒙古人。游牧者将各大轴心文明区的普遍理想纷纷外化为普遍帝国，冷兵器时代的大陆帝国达到了其精神现象学运动的顶点。历史的再次突破只能期待现代经济与热兵器的出现，期待它们的政治学意义焕发出来。

大清在大明的基础上大规模开疆拓土。大明在其晚期的疆域，基本局限在长城以南，大约只相当于收复了幽云十六州的北宋再加上大理国和小半个西夏的领土。大清在 17 世纪 40 年代入关，自带东北与内蒙古，17 世纪 60 年代扫除南明政权，17 世纪 80 年代攻克郑氏台湾，17 世纪 90 年代击败准噶尔汗国收服外蒙古，18 世纪 20 年代再次击败准噶尔汗国收服青藏，18 世纪 50 年代最终灭亡准噶尔汗国，收服新疆。这个历史时段，西方列强正在展开大航海，推动远洋贸易，俄罗斯则正越过西伯利亚奋力向东方不断推进；大清也在亚洲内陆扩展着帝国的疆域，征服了广大而又极为多样化的领土与人口。

统治这样复杂的帝国需要高超的统治技艺。大清继承了大辽开创的二元帝国治理技艺，并更进一步发展，在不同的文化 - 生态 - 经济区采行不同的治理方式，最高统治者也以不同的身份面目出现，东亚大陆多元体系的整合遂达到前所未有的高度。中原地区主导大清的财政秩序，其提供的庞大的中央财政使得大清统治者可以对八旗进行直接管理，将军事贵族赎买掉，从而克服周期性的继承危机，统治者在此以皇帝的身份出现。满蒙主导安全秩序，因冷兵器时代的草原骑兵是最具战斗力的部队，统治者在此以大可汗的身份出现。藏地以其精神力量驯化蒙古，尤其要驯化不是作为臣属而是作为准盟友存在的外蒙古。藏传佛教的信徒一般都会从属于某一个寺庙，牧民可以移动，但寺庙无法移动，于是蒙古游牧民的游牧半径便被寺庙固定下来，从而形成某种意义上的定居化；没有了高度机动性，则其对定居帝国的冲击力就大幅下降，大清以此避免当年大金被成吉思汗击溃的历史重演，所以康熙曾说一座庙胜十万兵。统治者在藏地以文殊菩萨转世的身份出现，并且藏、满方面都曾有人进行"考据"，证明"满洲"一词与梵语"文殊"发音极像，应是同源。回部则提供帝国整体的安全战略空间，因为外蒙古与回部在军事地理上可以说是同一个空间，所以左宗棠在塞防海防之争中，坚定地说"重新疆者，所以保蒙古，保蒙古者，所以卫京师"。**汉满蒙回藏各得其所，各有不可替代的价值和功能：满蒙回藏人数少，但权重并不低；汉族人数多，但权重并不更高。它们通过大清皇帝的多元身份而获得统一，多元帝国实现了内在的均衡。**

　　大清帝国还建立了多元互构、相互依赖的帝国治理结构，将各种中介性因素作为治理的依托。比如在台湾，依托熟番平埔族统御汉人和生番高山族，平埔族即汉人与高山族的中介性要素；[1] 在蒙部，以皇帝直辖的土默特等内属蒙古诸部统御其余诸部，内属蒙古即满洲与外藩蒙古的中介性要素；[2] 通过黄教统御蒙古，却又严令蒙古的哲布尊丹巴活佛和章嘉活佛必须从藏地转世，

----

1 可参见柯志明《番头家：清代台湾族群政治与熟番地权》，台北："中央研究院"社会学研究所，2001 年。

2 内属蒙古与外藩蒙古是两个治理概念，而非地理概念，与地理意义上的内、外蒙古是两回事。内属蒙古，指清代不设世袭札萨克，任命副都统、散秩大臣等官员为旗长进行治理的蒙古各旗；外藩蒙古，指以世袭札萨克为旗长的蒙古各旗。出于治理考虑，内属蒙古既分布在离京畿较近的察哈尔、热河等地，也分布在远在漠北的唐努乌梁海、漠西的伊犁、塔尔巴哈台等地。外藩蒙古又分为内札萨克蒙古和外札萨克蒙古，内札萨克蒙古又称内札萨克或内蒙古，后来成为今内蒙古自治区的一部分。外札萨克蒙古又称外札萨克，狭义的外札萨克蒙古即外蒙古，包括喀尔喀四部；广义的外札萨克蒙古还包括西套蒙古、科布多所属各札萨克旗及青海、新疆的蒙古部落。参见郭松义、李新达、杨珍《中国政治制度通史·第十卷·清代》，白钢主编，人民出版社，1996 年，第 264-277 页。

而不得在蒙古地区转世，以这两大活佛系统作为藏与蒙的中介性要素。中介性要素由于其跨界性的身份，可为两边所认可，但也会为两边所排斥，于是中央对中介性要素的支持，会使得其对中央保持高度忠诚；而一旦任何一边对中央的统治有反抗，则中央可以联合起中介性要素与另一边来压制反抗者，在任何时候都能保持二比一的关系，统治便更稳定。而大清皇帝本身研读儒家经典，水准比中原人士还要高超，同时不忘以骑射为本，也成为满汉乃至帝国的根本的中介性要素。

从整个帝国的层面上来说，帝国以蒙古为中介，西南联雪域，西北治回疆；以满洲为中介，西和蒙古，南并中原；以来自森林和草原的渔猎－游牧者为担纲者，中原的儒学终于外化为冷兵器时代的大陆帝国所能够拥有的最具普遍性的形态，并以此来规范帝国内部各部分的政治意义。[1] **大清皇帝的身份在这里有了二阶属性，一阶是面对中原的身份，一阶是超越于所有各种身份之上的帝国一统性之象征。儒学因此也获得了二阶属性，一阶是作为中原的文化内核与日常伦理实践的基本规范，这一阶从本质上来说是文化性的；一阶是作为整个帝国的精神统一性之象征，这一阶从本质上来说是政治性的。**

儒学及在其正统论之下所形成的历史叙述，成为帝国内部各种文化所共享的统一的精神背景。这一普遍精神背景就像一层薄纱，笼罩着满蒙回藏苗瑶等各个非汉族地区，各区域的文化形态在薄纱之下悠然自在，并承载着其所应担当的功能；而一旦地方有变，则薄纱就会显示出其硬度，它会使得帝国的武力统治，在天命所系的叙述中被正当化，使得特殊性的暴力行为获得普遍性的精神意义。

2. 西域的"政治世界"

乾隆征服新疆后所设置的统治制度很值得关注。东疆哈密吐鲁番一带，

---

[1] 这在一系列帝国礼仪上有很具象化的呈现。譬如，蒙古部落的汗王贝勒等人在过年时来京陛见，理藩院安排其觐见皇帝时，在复杂的礼仪中，先是奏中和韶乐，曰元平之章，曰海宇升平日之章，曰玉殿云开之章，各大王公行礼如仪；乐止后再进蒙古乐歌；蒙古乐止则再进中和韶乐。（参见张荣铮等编《钦定理藩部则例》，天津古籍出版社，1998 年，第 183–185 页。）礼仪是对秩序的象征性表达，通过这些礼仪可以看到，蒙古的精神世界通过蒙古乐歌获得了表达，但又完全被中和韶乐所表达的儒学之普遍精神所包裹，后者作为各种活动的统一精神背景存在。

被纳入帝国统治较早，并且汉族移民较多，所以在这里是以州县制进行统治的。北疆哈萨克与蒙古部落，率皆游牧，采取如同蒙部一样的札萨克盟旗制。比较特殊而值得关注的是南疆，大清在这里设置了伯克制进行统治。伯克是突厥称号，意为首领、头目，原为南疆旧有制度，现被改造为大清的官僚体制。南疆没有统一的伯克，而是各个地区的伯克直接向驻疆大臣负责。《回疆则例》中规定，南疆的贵族伯克（下限为四等伯克）以及忠诚的伯克的子孙，愿意的话可以蓄留发辫，四等以下的伯克则禁止蓄留发辫。对汉族和回族来说，留辫子是个义务；对维吾尔族来说，则成了恩赐的特权。[1] 这样，通过"发辫权"的赐予，帝国统治南疆所需依靠的中介性力量便被构造了出来。

大清也不承认维吾尔社会是个统一的伊斯兰共同体（乌玛）。在南疆，允许阿訇仍然主持各种民事活动，如婚丧嫁娶、遗产分配、调停民事纠纷等，允许阿訇掌握文化教育事业，但是刑法和司法都不允许阿訇干预，新任阿訇由伯克推荐并担保，驻在大臣任命。阿訇被禁止担任伯克，伯克也被禁止兼任阿訇，同时驻在大臣也被禁止与阿訇有私人交往。而伯克是朝廷任命的行政官员，朝廷禁止阿訇、和卓干预行政，也剥夺了他们批评责难伯克的权利。伯克本身则被废除了世袭制，并实行回避制度。[2]

这样一种治理结构，隐然符合了"政治世界"政治与伦理相分离的要求。伯克及驻疆大臣等构成政治世界，政治问题不许阿訇置喙；反过来，社会则被交给了阿訇，关乎公法的法律问题都由政治世界来处理，但是更多的关乎私法的问题，则都交给了阿訇来处理，民间社会的基本秩序正是通过这些私法过程而建立起来的。阿訇虽被迫退出了政治，但也摆脱了建制化的束缚，反倒获得了匡正人心的更大空间。各自蓄力发展了八百余年后，东亚帝国与西域重逢，[3] 西域果然开始逼问出帝国的政治性。这样一种政治性，是通过大清灭掉准噶尔汗国之后又迅即面对的大小和卓之乱而被激活出来的。平定此乱之际，大清发现了伊斯兰社会的棘手性，于是其在西域的统治便形成了政教分离的安排，从"伦理-官僚世界"进入"政治世界"的大门被悄然打开了。

1　参见［美］J. A. 米华健《嘉峪关外：1759—1864 年新疆的经济、民族和清帝国》，贾建飞译，国家清史编纂委员会编译组刊印，第 251 页。
2　参见［日］王柯《民族与国家：中国多民族统一国家思想的系谱》，第 173-175 页。
3　大元时期西域在察合台汗国治下，并不在大元治下。

东疆地区也有非常有趣的例子。这里在州县制之外，还设有几个回王，以哈密的回王府和回王墓为例，其形制对此一"政治世界"是个极佳注脚。[1]哈密回王府是仿照北京皇宫修建的，整体格局是中原王府及园林的样式。王府小花园中设有一个万寿宫，里面陈列着大清列祖列宗的画像及牌位，每年春秋两季，哈密回王及官员都会到这里祭祀；对他们来说，这是个政治行为，而非信仰行为，因此并不涉及伊斯兰教所禁止的偶像崇拜问题。王府内还有三个风格各异的清真寺，回王及官员也会在这里认真地做礼拜，这属于信仰行为，与政治行为处在不同的意义空间里，并行不悖。回王去世后，依照穆斯林的传统安葬，回王及其家人的坟墓，都被笼罩在一个伊斯兰式的高大圆顶陵堂下面；有趣的是，这个圆顶陵堂外面还建有一座融合了满族特色的中原式陵堂，把伊斯兰式陵堂给完全罩了起来。从外面来看，这就是个纯粹的中原式陵堂，进入到里面，则会看到完全的伊斯兰式墓葬。这里有着重要的帝国寓意：中原式外观表达着政治世界的公共空间，象征着帝国的统一；伊斯兰式内里则表达着回王家族的私人空间，象征着个体的信仰自主。帝国的统一通过儒家获得政治表达，但儒家在这里只有政治属性，不包含任何文化属性（儒家在中原地区则同时包含政治属性和文化属性）。帝国撑起了统一的政治空间，并要求政治认同，文化认同则交给个体来自主抉择。[2]

所有这些，都不啻是对帝国精神的巨大启示。"中国"的概念需要被抽象化，[3]才能突破"伦理"对"中国"概念的限定，进入"政治世界"。元朝脱脱

---

1 大清以哈密回王作为治理新疆的重要抓手，其治下之地可被视作从中原到西域的过渡地带。哈密回王的世系最初起自这里的地方领主额贝都拉，他因协助朝廷征剿噶尔丹有功，在康熙三十六年（1697 年）受封为札萨克一等达尔汗；回王从额贝都拉向下传了九代，因协助朝廷征剿大小和卓有功，在第四代晋为郡王品级，后世又晋为和硕亲王，世袭罔替。关于哈密回王的历史，可参见黄建华、苏北海《哈密、吐鲁番维吾尔王历史（清朝至民国）》，新疆大学出版社，1993 年。

2 把哈密回王府和回王墓与沈阳故宫这两种建筑形制对勘一下，对理解作为体系史的中国史会颇有启发。关于沈阳故宫，可参见本书第一章第三节的相关讨论。

3 "中国"概念被抽象化，与前述的帝国被抽象化，不是一回事。帝国被抽象化，强调的是作为普遍理想之外化的帝国，与民众之间丧失了精神性的勾连，以致无人愿意为帝国负责，民众对帝国也了无情感；"中国"概念被抽象化，强调的是中国本身不再作为某种文化或理想的外化，而是变为一种可以容纳各种异质性精神要素的抽象法权体，个体的道德自主性，正是因为国家被抽象化而获得了展开的空间，个体因此对国家有一种认同感。

的正统观，大清在西域的安排，都已经提供了对中原的"伦理－官僚世界"的观念突破，"中国"开始被抽象化为超越于汉满蒙回藏诸区域性文明之上的纯政治性观念。乾隆在为《（钦定）西域同文志》一书所作的序言当中写道："今以汉语指天，则曰天，以国语指天，则曰阿卜喀，以蒙古语、准语指天，则曰腾格里，以西番语指天，则曰那木喀，以回语指天，则曰阿思满。……然仰首以望，昭昭之在上者，汉人以为天而敬之，回人以为阿思满而敬之，是即其大同也。实既同，名亦无不同焉。"[1] 乾隆的这样一种表达实际上已经暗含了这种抽象化的可能性。

可惜西域的力量此时还太弱小，并且这样一种安排也只在西域存在，仍未形成足够的刺激，使得大清从整个帝国的角度来意识到这一点。乾隆没有脱脱那般简单粗暴，而西域的刺激力度又太容易被庞大的帝国吸收掉，在西域方面悄悄打开的大门又在懵懂中不知不觉地被关上了。于是，乾隆的前述表达亦可解读为儒家的普遍理想对其世界想象的塑造，其思考帝国问题的基本认知框架，并未因混一胡汉受到挑战，反而更加强化了。这也是在 1793 年马嘎尔尼访华时发生礼仪之争的深层原因。

中国要走出"伦理－官僚世界"继续迈进，仍然需要有新的实质性精神冲突来激活。这样一种实质性的冲突，里面一定包含着武力上的深刻冲突，否则其中的精神冲突很可能就像西域一样，轻易就被庞大帝国吸收掉了——马嘎尔尼的处境也是一例。这意味着，就古代帝国而言，中华帝国作为东亚大陆的普遍秩序，发展到乾隆朝的阶段，其所能实现的普遍性已经完备了，也走到了自己的尽头；而作为轴心文明的东亚精神世界，其精神现象学的进程，已经为西方带来的血与火的冲击准备好了各种条件，以待从中浴火重生，实现自己的世界历史使命。

还值得注意的是，在对西域的征服与治理当中，帝国在平民社会所撑起的"南北关系"的空间结构下，[2] 隐然又浮现出一种新的"东西关系"。大清在新疆的地区治理，采取的是"以北治南"的方略，伊犁将军府统摄全疆，以

---

1 转引自［美］J.A. 米华健《嘉峪关外：1759—1864 年新疆的经济、民族和清帝国》，第244 页。
2 参见本书第四章第二节第二小节的相关论述。

北疆草原区的军事力量控制南疆的定居绿洲，这是类似于帝国东部的一种游牧－定居关系。但是由于绿洲地区规模太小物产不足，新疆"南北关系"中的南部税赋不足以支撑北部的军事力量，所以大清必须从内地调拨饷银及物资以支撑整个新疆的战略秩序。从 1760 年开始，清政府每年从内地调拨"协饷"200 万至 300 万两白银，充作新疆军政费用。大清治下除了同为边疆地区的若干省区和藩部，其他各省以及诸多海关都要分担新疆所需的财政支出。而大清在新疆的巨额财政收支形成了一个庞大的消费市场，催生了随军进行贸易的"北套客"和"西路客"，开辟出从归化至古城的大小草地长途驼运路线，形成了多层次、多流向的市场流通体系。内地民商在这个市场体系的形成中，起到了重要的纽带作用。

来自全国各地的物资，包括江南的丝绸、纱布、银两，陕、晋、闽等省的茶叶，江西的瓷器，等等，源源不断地或通过大运河，或通过陆路，最后通过"长城－天山"的商路抵达天山南北。在这样一种空间结构中，"长城－天山"一线成为大陆帝国的一条战略命脉，帝国内部的"南北关系"被"东西关系"所超越，中原－草原对立的格局被还原为大陆帝国内部的一个次级结构，东部的游牧者与中原人谁拥有"正统"的问题不再凸显，东部与西域的战略关系成为帝国内部首要的空间关系。帝国的内在整合性，在此过程中从精神上和治理上都进一步深化了。[1]

在这种视野下，我们可以进一步发现，暨帝国内部旧有的"南北关系"被大陆帝国所要求的"东西关系"所超越，清朝很快又遭遇西方世界的全方位到来，大清的生存逻辑遂被整合进一个更复杂的"海陆关系"当中。"海陆关系"既有"南北"的一面，即南洋－租界的新经济文化中心与北方的帝国政治中心之间的张力；又有"东西"的一面，即海洋秩序与内陆秩序的张力。[2]大清的帝国秩序因此进入到一种复杂的、多阶的"东西"－"南北"并行的空间结构中，这种空间结构的并行，既体现在帝国内部的秩序逻辑上，也体现在帝国与外部世界的关系上。如此复杂的政治空间结构在世界上是独一无二

---

1 参见黄达远《"长城—天山"商路与近代中国国家建构的东西轴线——兼对拉铁摩尔的"区域研究法"的探讨与应用》，《新疆师范大学学报（哲学社会科学版）》2015 年第 6 期。感谢黄达远先生与我讨论，在这个方面予以我启发。
2 参见本书第五章第二节第二、三小节的相关讨论。

的，也预示了中国的世界历史意义，它被整合进世界之后，将作为世界整体秩序当中，海洋与大陆之间必需的中介性力量存在。[1]

3. 雪域的帝国隐喻

大清对雪域的治理，在另一个层面上呈现出帝国的"政治世界"。

固始汗统治了雪域之后，即带同达赖、班禅向大清通好称藩，其和硕特汗国构成了大清治理雪域的初始框架。和硕特汗国对雪域的军事与政治主导权，为藏族官员所忌恨，终引来准噶尔汗国将其灭掉。其时准噶尔汗国已经是草原霸主，又控制了雪域，一个蒙藏帝国俨然就要浮现出来。大清迅速出兵，经两次远征，清除了准噶尔在雪域的力量，设置了西宁办事大臣和驻藏大臣，置换掉了蒙古藩王对雪域的统治。

驻藏大臣在早期还是与达赖喇嘛共治，由噶厦政府进行具体的行政工作，到乾隆晚期再赶走入侵的廓尔喀后，依 1793 年的《钦定藏内善后章程》，驻藏大臣的地位上升为统管西藏事务。章程里规定，驻藏大臣在政治上，与达赖、班禅平等；在宗教上，代表皇帝通过"金瓶掣签"之制监管活佛的转世；在人事上，与达赖共同拣选行政官员；在财政上，负责管理财税，监制钱币，审核达赖、班禅的收入与开支等；军事与外交皆统于驻藏大臣之手。

帝国对雪域高原的政治秩序输出，在当时的技术条件下，至此差不多已达最大深度；帝国的二阶属性由此也获得一种自觉。这在六世班禅于 1779 年赴承德朝觐乾隆皇帝时朝廷方面所做的一系列场景安排当中，有着极为微妙的呈现。[2]

承德包括三个中心，分别是由普陀宗乘之庙和须弥福寿之庙组成的藏传佛教中心，由热河文庙构成的儒教中心，以及由热河行宫（即避暑山庄里的宫殿区）构成的帝王中心。乾隆在热河行宫里面宴请班禅时，共同参加的还有蒙古与回部诸藩的要人甚至朝鲜使臣等，宴会本身呈现的是超越于各种宗教、藩属之上的普遍皇权，这是皇帝公共性的一面，班禅在此场景下等同于

---

1 参见本书第六章第四、五节和第八章的相关讨论。

2 以下关于这场朝觐的描述，基本转引自张亚辉《六世班禅朝觐事件中的空间与礼仪》，《中国藏学》2013 年第 1 期；以及张亚辉《宫廷与寺院——1780 年六世班禅朝觐事件的历史人类学考察》，中国藏学出版社，2016 年。

皇帝属下的一个藩王。而在皇帝到须弥福寿之庙熬茶[1]时，皇帝私人性的一面开始浮现，班禅是皇帝的密教导师。但是在这个场景中，一位皇子阿哥扮演起皇帝应该扮演的施主角色，皇帝本人则在整个仪式中成了一个高高在上的旁观者，除了在仪式最后接受班禅的哈达，一无所为。从仪式本身来说，是阿哥们与班禅结成了施主－福田关系；而从仪式目的上讲，它又希望这一关系能够体现在皇帝与班禅之间。

这样一种皇帝既在场又不在场的场景设计非常巧妙，相较于忽必烈与八思巴之间的关系安排，后者呈现得更多的是公共性与私人性二分的二元属性，乾隆的安排（尤其是在其私人空间中的安排）才更加自觉地呈现出帝国的二阶属性。二阶属性显然比二元属性有着更强的有机统一性。[2]

这是对中国的帝国性的一个绝佳隐喻——大清是个超越于其诸多构成部分之上的体系，体系本身既是有主体性的，又是去主体性的。其主体性体现于，作为整体的帝国有其统一的精神表达，这具象化在皇权上；其去主体性体现于，体系内部诸种精神秩序共存，没有哪个精神秩序对其他精神秩序拥有压倒性优势。中国历史作为一部体系史的意义，于此尽显。

4. 朴学与实学的精神逻辑

大清继承大明的理想，将理学规定为帝国的官方学说。相应地，理学建制化所致的制度性专权在大清也达到极致。这带来了治理的绩效，康雍乾盛世延续百余年；也带来了思想的控制，盛世中伴随着各种文字狱，乃至人们在文字言谈中要做各种自我审查。[3]于是，大清的思想运动转向工于考据的朴学。

朴学通过对古典文献的考据，通过对字词句义的分析与把握，谴责宋儒的"理"并无古典根基，并重新肯定"礼"的重要性。但朴学大师们所思考的并不是汉儒所关注的内含谶纬的"礼"，而是用以构建人际关系之行为规则的"礼"。大清的思想控制，反倒使得一种关注程序正义的精神要素浮现了出来；

---

1 熬茶系指喇嘛教中基于施主－福田关系的布施行为。

2 二阶属性是指两者处在一种相互的结构性关系当中，内在地包含着一种有机联系；二元属性则是指两者不同，但并不必然包含着有机联系。

3 王汎森先生对此做过大量的细致研究。参见王汎森《权力的毛细管作用：清代的思想、学术与心态》，北京大学出版社，2015 年。

同时，个体的价值也因此在程序当中获得关注，以至清代朴学大师戴震在晚年批判宋明理学"以理杀人"。

由朴学的兴起反观宋代以来的思想史变化，可发掘出其内在精神逻辑的一条线索。印刷术在北宋大规模使用以来，文化传播的成本大幅下降，君主可与民间结盟，但同时也会改变民间的社会组织机制，乡绅阶层在此过程中崛起。通过宋代理学的发展，可以看到政府与民间在效果与意图上相向的两种努力。一方面，君主制下帝国的观念统一得以推进，包括从北宋开始的禁绝淫祀的各种努力——成不成功是另一回事；另一方面，民间也形成了新的用以约制君主的组织机制，乡绅遵守的严格的族规乡约，便是其组织力量的来源。从这个意义上来说，正因为理学之下乡村宗族组织的顽固性与不通融性，才带来其组织能力，从而让社会获得力量，可以对集权秩序的制度性专权形成某种制衡。倘若宗族组织可以任意通融，则面对集权秩序的压力时，地方无法自我组织，从而无力抗拒。戴震所痛斥的"以理杀人"，很可能是不得不为此付出的代价。[1]

平民社会下会生成庞大的一体化帝国，促成更大规模市场的形成，这是自生秩序的一个自然结果与其扩展需求；而帝国内部民间自治组织的存在，是自生秩序的微观组织基础，没有它，则帝国将堕入专制。更准确地说，个体自由的扩展与自觉，需要在市场中才得以完成，市场本身必须是一体化的、大规模的，这种扩展才有效率，所以国家带来的大规模统一是个人自由得以展开的一个基础；但是同时国家又成了个人自由的一个威胁者，于是自治的民间共同体又成为自由的一个基本守护者。

宋代因此形成了发达的文化与社会自由。对应地，其所依凭的观念结构是理学，理学在不被官方所喜的宋代，构成了对君主的外部制约；但是到了明代，理学建制化了，建制化的理学反过来直接取消了市场的自由空间，于

---

1 这与清教自治共同体的内部严格纪律相类似。人们经常说是清教带来了现代的自由，但若仔细辨析的话会发现，清教所带来的自由是政治层面的自由，其另一面便是社会层面自治共同体对个体的专制。正因为社会层面的专制，才带来了社会足够强的自我组织能力，能够抗拒政治层面对社会的专制企图。一旦社会层面上的这种专制没有了，个体确实会在一般行为上感觉更自由，却不得不面临政治专制这种更可怕的风险。社会专制与政治专制的区别之一在于，面对前者，个体可以低成本地用脚投票，来决定是否接受它；面对后者，个体用脚投票的成本则高得多。

是反倒出现了对自由的压制。不过，只要时间足够长，精神的运动逻辑就会走向悖反。晚明时期心学出现，这是对已经建制化的理学的悖反，构成了晚明自由经济的一个伦理基础。问题是，心学只带来对秩序的解构，却不带来建构；当时的社会若要建构秩序便脱不开理学的基础，但是盛行的舆论风向又在对抗着理学，于是国家出现了精神层面的分裂，帝国终于在各种冲击之下崩溃。到了清代，观念结构方才转向朴学，人们力图重新寻找对君主的约束，以及为个人确立空间，而又不会触及秩序本身。士人们尝试重建"礼治"，以协调"文"与"质"的关系，从质朴的日用伦常中发现"礼"的功能。[1]

到了清中期之后，大清像此前的长寿帝国一样，已经过了其巅峰期，帝国内部一系列隐忧逐渐浮现出来；但大清所面临的隐忧与此前的帝国则颇有些不一样。对内而言，大清达到了历史上未曾有过的普遍性，将汉满蒙回藏统统纳入治下，又接受了儒学的官方地位，帝国内部的多元性是前所未有的，问题的复杂性便也是前所未有的；对外而言，西方人的特殊能力已经呈现在帝国的眼前，这是与历史上所面对的外夷明显不同的一群人，传统的羁縻之术看起来已是不顶用了。一批担心于这些隐忧的有识之士认为，宋明理学所依从的古文经学已经无法应对这些未曾出现过的问题，必须开新才有可能找到出路。

因此，到了清中期之后，在朴学的背景下，今文经学开始兴起。古文经学与今文经学在对待经典的方式上有很大区别，古文经学以《春秋》为史，为记事之书；而今文经学以《春秋》为经，为治事之书。古文经学坚持孔子"述而不作"，六经不过是对先王之制的记载，突出了周公的集大成者地位；今文经学（主要是廖平、康有为）认为六经为孔子所作，《春秋》并非记事之书，而是孔子托古改制的微言大义，孔子，而非周公，才是儒学的集大成者。[2]

可以看出，古文经学的基本取向在于绍述古人，其对孔子的定位也不过

---

1 杨念群:《何处是"江南":清朝正统观的确立与士林精神世界的变异》，生活·读书·新知三联书店，2010 年，第 194 页。此书对中原士林在明清转换当中所经历的极为复杂而又微妙的心理变化，做了非常精彩的分析。

2 参见汪晖《现代中国思想的兴起》上卷第二部，生活·读书·新知三联书店，2004 年，第 498—500 页。

是对传统的叙述与整理者。古文经学力图在超越于所有人的传统的框架下，保持住既存的秩序，抑制在上者的好大喜功以免其残民，抑制在下者的贪欲以免天下失序；其代价则是对传统的过于坚持，导致面对变局难于应对。今文经学的基本取向则在于全面创新，其对孔子的定位是一位伟大的立法者。今文经学力图通过创制打开全新的局面，通过对意义与价值的重新确立，开创出一个系统性的新秩序，以应对前所未有的挑战；但其内在危险则是难以对在上者的野心进行抑制，难以维持能够约束在下者之贪欲的礼法秩序。有识之士感受到前所未有的变局已隐隐在路上，故而力图推动社会的革新，开启了对今文经学的复兴。

　　但是朴学与今文经学的进展最终都遭遇了一种极限。对平民社会的普遍帝国来说，其制度外化最终必须表现为一种普遍的程序正义，才能用一个普遍的秩序容纳所有的个体特殊性。这种程序正义的充分展开还是需要现代法律技术的进入，而儒学已达其极限，无法提供这样一种技术了，但儒学新的精神运动已经为该技术的引入提供了精神前提。西方新观念的进入，提供了平民社会下自生秩序扩展的规则基础。所以从这个意义上来说，西方的法律观念也是为中国准备的，它也是中国的；一如韩愈曾经极力排佛，但实际上其排佛时的问题意识已经被佛教所规定，又过了两个世纪佛教就已彻底内化为中国文化的一部分了，西方的法律观念也必会经历这样一种过程，内化为中国文化的一部分。

　　在朴学和今文经学的思考当中，时人的视角被进一步引入对经世实学的关注。随着大清在乾隆年间平定西北，经世实学中遂发展起西北舆地学，并成为清代学术一大潮流。[1] 在西北舆地学当中，辽金元史获得了不一样的意义，中原学人第一次将视野严肃地投向了草原。儒家的普遍理想之外化，至此终于从草原和中原两个方向获得了精神自觉。大陆帝国的精神现象学可能性，至此终于被穷尽。新的现象可被整合在既有的精神秩序当中获得理解，譬如大清将对俄罗斯的事务安置在理藩院当中，对其进行"羁縻"；这显然是一种理解错位，但在儒家框架下这差不多已是能够做到的极致，这也意味着东亚

---

1 今文经学家龚自珍"以'天地东南西北之学'阐发六经、诸子之微言大义，从而将经学问题与舆地学、天文学和各种社会政治问题密切地连接起来"。（汪晖：《现代中国思想的兴起》上卷第二部，第 505 页。）

轴心文明所外化出的大陆秩序，已经走到了尽头，其精神现象学运动已从各种意义上为现代海洋秩序的进入做好了准备。

5. 海上声教的完成时

从南朝以来，来自草原方向的压力不断地将中原地区的文化鼓荡而出，通过海洋传播到东亚其他国家和地区。大清不啻是草原冲力的最后一波，它再一次将中原的文化向外鼓荡，并因此刺激了此前早已孕育的东亚海洋诸国的自觉意识。

自明朝建立后，这种自觉意识便已开始逐渐浮现，其起点是一种新的经济秩序的生成。宋元两代，中国的铜钱一直在向周边大规模地流出，也刺激了周边海上地区诸多自由商业圈的发展。但是到了大明，朝廷厉行海禁，铜钱的对外流出停止了，这对东亚海洋世界的秩序是个大的震荡。周边地区被迫主动通过政治方案来应对此一冲击，能够成功应对的政权便显示出统一各地经济圈的动向。越南北部地区便完成了从依赖贸易的东南亚型政权向以官僚制、常备军和儒学为基础的中国式国家转型的过程。[1] 永乐大帝曾经征服了这一地区，越南经历了约 20 年的"北属时期"，但最终还是赶走了明朝统治者，建立后黎朝，并发布《平吴大诰》。大诰有云，大越"自赵丁李陈之肇造我国，与汉唐宋元而各帝一方"，明确表达了不同于中原的主体性意识。而日本方面，由于 16 世纪初期发现了规模巨大的银矿，出现了新的经济变量；在 16 世纪中期火枪又由西方从海上传入了日本。新变量的出现使得日本结束了分裂的状态，丰臣秀吉统一了日本，随即发动了侵朝战争，意图"超越山海，直入于明"。虽然战争失败了，但是其独立意识已经表露无遗。

到明清鼎革，明末遗民朱舜水先生将朱子学传于日本，水户学因此而成，德川光圀的《大日本史》便是东洋独立的历史哲学宣示，大清在"华夷变态"之说中沦为夷狄，中华正朔转移到了日本。日本国学派在这之后逐渐兴起，"国学派崛起的背景是一个非常崇拜中国的江户社会，一个企图建立日本主体性的反动"[2]。越南阮朝同样自视为"中夏"，认为中原正朔已绝；这一宣示不过是

1　［日］上田信：《海与帝国：明清时代》，高莹莹译，广西师范大学出版社，2014 年，第 99 页。
2　蔡孟翰：《从宗族到民族——"东亚民族主义"的形成与原理》，载《思想史》第 4 期，台北：联经出版事业公司，2015 年，107 页。蔡孟翰先生此一长文对日本、朝鲜、越南等东亚儒家文化圈国家的民族主义生成之思想渊源，有着非常精到细致的分析。

对两百余年前《平吴大诰》的重申。而与中原帝国关系最近的朝鲜，则在私下里不废崇祯年号两百余年，视大清皇帝为"虏王"。

儒家的天命观与正朔之说仍是这些国家赖以想象世界的坐标基础，但他们通过对天命与正朔的重述，依托儒家完成了独立于中华帝国的自我意识的构造，并推进了本国内部的集权化进程，东亚世界后来的国家政治的结构，于此初现雏形。也正是这些自我意识的浮现，使得东亚的海洋世界被主体国家所分割，此后再无如汪、郑一般治下一统的东亚海洋秩序。如此一来，则东亚的海洋变成了陆地的衍生物，背离了海洋所能涵育的个体主义－普遍主义秩序。

但是，远方的海平面上已经可以看到西方的船帆，一种全新的力量正滚滚而来，几百年前澳门呈现出来的一个点，将转化为完整的一个面，并会进一步呈现为多维的一个系统。西方将会以更加深刻的方式将东亚的精神世界还原为一种特殊存在，进而促成东亚世界的自我重构，并以全新的方式参与到世界历史的进程当中。

中国的历史遂进入了从古代向现代转型的阶段，通过这个转型，中国历史将进入今天仍在进程中的第四轮大循环。

下　篇

内在于世界的"中国"

所有轴心文明的普遍理想，都有着对个体尊严的普遍承诺，东亚世界的轴心文明自然也不会例外。个体尊严的实现，或曰个体精神的普遍自觉，意味着对权利的普遍相互承认，这就必须进入一种平民性的社会结构才能达成——等级性的社会结构下是谈不到对权利的普遍相互承认的。所以，中国历史进入第三轮大循环，进入古代平民社会，是其普遍理想兑现承诺的必须历史过程。但是，如前文所述，古代平民社会的帝国逐渐陷入了一系列困境之中。

一方面，由于在古代平民社会当中，中国发展起超大规模的人口，形成了大量剩余劳动力，遂使任何以节省劳动力为目的的技术变革都不可能出现，中国经济陷入"内卷化"之中无力突破。[1] 这就形成了一个恶性循环，倘若不进入工业革命，则"马尔萨斯陷阱"下大规模剩余人口所带来的流民四起的威胁，在本质上是无法克服的，中国历史便只能一次又一次地陷入张献忠式大屠杀的悲惨循环当中；但正因为大规模剩余人口的存在，通过内生性的技术变革引发工业革命在中国才成为不可能。

另一方面，还是由于这种超大规模人口的平民社会，政府所能从社会汲取的资源规模是如此之大，一种可对社会形成绝对压制力的集权秩序便会建立起来，对权利的普遍相互承认因此而遭遇制度性专权的压制；并且，这种大规模的统一帝国，其中央政府所能汲取的资源对地方是具有压倒性优势的，从而帝国也不会再进入持久的分裂割据状态，多元政治体竞争的格局也不会出现。[2] 轴心文明对个体尊严的承诺，不能指望基于统治者的宽厚而获得实现，而只能基于自生的社会秩序与集权的政治秩序之间的一种相互制衡关系而获得实现；但是在社会完全无力制衡政治权力的情况下，文明对个体尊严的承诺也都将落空。

这样，进入古代平民社会之后，中国历史却从社会经济层面到政治伦理层面都逐渐陷入一种"低水平均衡"的怪圈而难以走出。如此一种困局会令

---

1 关于超大规模人口的发展原因的讨论，可参见本书第一章第三节、第四章第三节第二小节的相关内容；关于中国经济因此陷入"内卷化"的讨论，也可参见本书第四章第三节第二小节的相关内容。

2 关于进入平民社会之后，大一统之不可逆的历史机理，可参见本书第一章第一节的相关讨论。

中国历史陷入全无历史意义的治乱循环当中，眼看着人口膨胀起来，然后在可怕的自相残杀当中消减下去，之后再膨胀起来，再在自相残杀中消减下去……个体的尊严在此种历史循环中荡然无存，辉煌的文明也有沦落为动物性生存的危险。

因此，对这样一种低水平均衡的突破，成为中国历史的一个内在使命。咨诸历史，我们知道，一旦陷入某种无法突破的均衡，则具有政治性意义的技术进步及新经济要素的出现，再加上新的知识与人才体系，是走入更高层次的一个必要阶梯。但基于前述原因，**中国已无法内生性地完成突破，这就使得由西方所开创并承载，但在本质上属于全人类的现代经济与现代政治法律秩序的到来，成为中国历史继续发展、中国的轴心文明兑现其理想之承诺的一种内在要求。**西方到来的过程绝不会是和平的，一定伴随着中国的屈辱与苦难，但这种苦难会内蕴着一种历史意义——不似无任何历史意义的自我屠杀——从中可以淬炼出中国完成自我涅槃的必须要素。

中国的极度复杂性，使得这个转型过程必定是极为复杂而艰难的。中国一方面需要整合内部各种异质性的部分，形成一种民族主义的方案，以对西方的压力进行一种整体性的应对；一方面又需要对异质性本身给以恰当的安顿，以免民族主义引起内部的分离；另一方面还必须超越民族主义，因为中国的超大规模性，以及中国历史留给它的普遍主义精神冲动，使其无法通过民族主义，而只有通过普遍主义才能恰当地理解自身与世界的关系；但普遍主义本身无法带来本国的动员，要实现动员又必须是民族主义才行。这一系列困境，使得中国必须找到一种看上去自相矛盾的"普世民族主义"，才有可能获得足够的精神容量与政略前提，完成现代转型。

现代秩序本身对中国的转型也会构成一系列的约束条件。现代秩序是经济、社会、法律、政治、观念等多个子系统共生的整体，中国因此而实现的转型也必须是全方位的，而不应是片段性的，任何片段性的转型都不可能获得成功。现代秩序天然地是超越于任何单一国家的全球性存在，中国转型的方向因此也要受到现代世界秩序这样一种外部规定性的约束——任何一个国家都会处于这样一种外部规定性的约束之下——从而也不是可以任性妄为的，否则转型必定失败。

中国最终将通过一个史诗般的历程，在血泪与汗水的共同熔铸下，艰难而坚定地、全方位地融入世界，由古代历史上与世界其他部分近乎分开发展的"作为'中国'的世界"，转为现代历史上"内在于世界的'中国'"。它更会因其超大规模性而作为世界秩序的自变量，重新定义其所融入的这个世界，并在此过程中形成自我与世界秩序共同演化的进程。这是中国文明与历史之内在逻辑的自我展开，是它自我实现的必须途径。

第五章

从古代向现代的转型：帝国余晖

第一节　世界市场背景下的诸多新要素

一、外生的技术进步与新经济要素

1. 世界市场对中国经济的超越

在近代早期，无法再由中国内生性地出现的技术进步与新经济要素，乃至新的知识要素，从西方到来了。中国历史上的前两次技术进步与新经济要素，[1] 都出现在帝国内部，帝国的集权秩序的主导者（也就是君主）有机会率先抓住这些新鲜要素，使帝国内部的均衡点向集权秩序一方偏移；这一次的新鲜要素却出现在帝国外部，并且集权的力量永远没有机会把它内部化。换言之，中国在这个过程中加入了世界市场，从此中国经济的波动要受世界市场波动的深刻影响了，进而，帝国的财政能力与统治能力，都同样受到世界市场波动的影响。各个国家之间的战争，以及它们的相对经济实力变化、内政调整等等，都会构成影响世界市场波动的变量，波动又会反作用于诸国内部，这个互动的过程是复杂而又立体多样的，超出任何单个国家的控制力。

---

1 分别参见本书第二章第三节第三小节、第三章第三节第五小节的相关讨论。

对中国历史而言，这带来一个非常重要的影响，在古代平民社会，其集权秩序在内部已无人可以抗衡，因为外部要素的注入，而获得了一种新的被均衡的可能性。从而，普遍理想对个体精神之普遍自觉的承诺，又获得了继续向前迈进的可能性，中国将踏上进入现代平民社会的路程。换句话说，**实现现代转型，成为中国历史之精神现象学运动所内生的目标方向**。这个目标方向的具体内容，也许在历史完全展开之前还说不清楚，但是我们大致可以说出它不是什么了——它不会是对传统的简单延续，也不会是与现代的经济及法权秩序截然对立的。

2."内卷化"经济的困境与机遇

来自外部的技术进步与新经济要素，过程很复杂，本书不拟对其进行仔细分析，只从两个值得讨论的角度做一些要点性的触及。一是"内卷化"的中国经济，因加入世界市场而获得了突破的机会；再一是中国的货币供给受到世界市场和国际政治的影响，进而影响到中国经济的运转，导致了深远的政治与社会后果。中国的命运深深地嵌入了国际贸易与国际金融这两个推动现代世界秩序演化的进程当中。

中国经济内卷化的根本原因是人口过剩，以至于劳动力成本降到极低，极大地压制了消费能力，百姓多半处于糊口的经济状态。据赵冈、陈钟毅两位的研究，从南宋开始，由于人口密度过高，劳动力的价格便开始下降，最低收入水平远在两汉以及北宋水平之下。之后由于治乱变化，人口数量起伏，劳动力价格又有过变化，但再也没有恢复到两汉时期的高水平。到了清朝乾隆年间，劳动力价格更是快速下降；进入嘉庆朝，劳动力的边际收入仅仅只够维生。[1]

在人口压力过大的情况下，城市里容纳不下的新增人口，遂都被农村吸收，农村中的过剩劳动力都被用于农村家庭副业上。这反过来对城市里手工业工场的生存造成严重威胁，只要是技术上可以以个别家庭为单位来生产的手工业产品——主要是在棉纺织领域——农村剩余劳动力的机会成本近乎是零，城市里的手工业工场便没有任何竞争优势。城市手工业工场只有在那些受技术与经营规模所限，农村家庭副业无法生产的项目当中，才能存活。这样一

---

1 赵冈、陈钟毅：《中国经济制度史论》，第 249-250 页。

种经济形式的演化,适合对最大量人口的容纳,却以对技术进步的扼制为代价,陷入"低水平均衡"的陷阱而无法自拔。如何打破这个僵局呢? 有两种途径。一是通过已经工业化的国家的生产技术与组织技术向中国的传入,基于现代技术带来的超高生产效率,最终使得农村副业本身不再有利可图,逐渐缩小以至消失。二是参与到自由的国际贸易当中,由于中国的劳动力成本已经因人口过剩而被压到极低,这反倒成为在国际市场上的比较优势。所以,"过剩人口,对于一个封闭的社会是绝对不利的,但对于一个开放的经济则是相对有利的"。[1]

这样一种观察从一个角度说明,中国问题只有在世界框架下才能有解。而这样一个解的出现,正是因为中国的超大规模体量,使得它在加入世界市场之后,得以有机会反过来重新定义世界市场——无论在积极还是消极的意义上——并因此进一步改变着世界市场中其他国家所面对的外部约束条件。这样一种历史过程从晚清的时候便已开始,在今天变得尤其明显。

3. 国际货币秩序

前文已经述及,16 世纪中期,美洲及日本的白银流入大明,使得大明朝的经济获得了发展,嗣后的财政改革也有了基础。但是,在欧洲发生三十年战争之际,白银的国际流动受到影响,导致了明朝末年的经济大萧条。进入清代,白银流入又逐渐恢复了,尤其是 18 世纪,中国与世界的贸易让白银大量流入,经济一片繁荣景象。在 17 至 18 世纪,日本是中国主要的白银来源地,占到 3/4。但是从 1775 年开始,日本禁止白银大规模出口,主要自用,之后中国的白银遂主要来自美洲。但是不久,发生了法国大革命,西班牙受到剧烈冲击,无法再维持美洲银矿业的发展,嗣后又发生拉美独立运动,以致从 1790 年到 19 世纪 30 年代间,世界金银产量减少了大约 50%,于是白银流入中国的数量也骤然减少。这使得中国在 1808 到 1856 年间遭遇了严重的白银短缺,银贵铜贱的问题再次出现,一度白银与铜钱的兑换比率上升为此前的近三倍。这就再次引发了类似明末的问题,出现了全国性的经济萧条。百姓卖粮一般获得铜钱,再依照市价兑换成白银来交税,税额却是依照此前的官定银铜比价来计算的,相当于大幅增税,导致人们的生活极度困苦;给一般

---

[1] 赵冈、陈钟毅:《中国经济制度史论》,第 13 页。

士兵的兵饷，同样是依照旧有官价计算的银两数来发放对应的铜钱，这意味着士兵的收入也大幅下降，军心也因此涣散。整个过程中，鸦片的流入不是中国白银净流出的根本原因，世界白银供给的骤然减少导致中国白银流入的急剧减少，才是根本原因。[1]

帝国对白银严重短缺的情况很敏感，将其归因于鸦片的大规模流入的强烈反应，遂发动了禁烟运动，并引发鸦片战争。战争的结果是，除割地赔款之外，还要将外贸秩序从广州作为唯一的外贸港口改为五口通商。当时大清主要的外贸商品是茶叶、生丝、瓷器、漆器等，产地在江南、两湖、福建等。在一口通商的时候，出口品需要千里迢迢地运往广州，南岭以南以北皆可通过水路运输，最困难的属翻越南岭的一段路途，这种情况因此养活了一大批广西籍搬运工。五口通商之后，出口品可以就近从上海、宁波、福州、厦门等地出洋，于是广西籍搬运工失业了。祸不单行，适逢银贵钱贱的经济压力，再及人口已经膨胀到临界点，这成了太平天国起义爆发的诱因。起义在很短的时间内席卷了受到这种经济压力最严重的长江中下游地区。

但在 1856 年之后，随着加州和澳洲一些矿藏的发现，以及拉丁美洲秩序的恢复，世界贵金属产量恢复了，白银又开始较多地流入大清，以致虽然此后几十年间鸦片进口数量大于鸦片战争之前，大清却有着持续的白银净流入。这极大地缓解了大清的财政压力，并且让经济开始恢复景气。于是，帝国重新获得了镇压太平天国的能力，恢复景气的经济也淡化了民间对天国的支持，大清才得以绝处逢生。

再之后，西方国家陆续开始实行金本位，主动储备黄金，世界市场上白银的供给开始过剩，白银便更大量地流入银本位的大清，带来了大清经济的繁荣。第二次鸦片战争之后，一方面大清更加开放了经济，国际贸易规模进一步加大，另一方面英国人开始主导大清的海关，关税征收效率大幅提升，大清的财政状况极大改善。而由于黄金相对于白银的比价不断上升，相当于大清货币在不断贬值，一方面刺激出口，另一方面使得西方国家到大清来投资变得相当有利可图，所有这一切的合力，方使得洋务运动欣欣向荣地搞了起来。

---

1 参见林满红《银线：19 世纪的世界与中国》。该书对这一段历史的数据分析非常精到。

这个过程中，东邻的日本由于其白银供给可以自行掌控，所以经济活动未受国际贵金属市场的严重影响。但是，它发现自己无法与经济复苏的大清在海外贸易方面竞争。江户时代在长崎控制出岛贸易的海外中国商人，是数世纪以来所形成的环中国海庞大华人移民网络的一部分，在相当程度上垄断了进入中国市场以及南洋市场的路径。日本商人完全无法与其进行竞争，日本力图扩大与大清的商业关系这一尝试不断失败，最终它不得不选择工业化的道路，以便和大清形成差异化竞争。[1] 而大清则陶醉在其拥有高度比较优势的茶叶和生丝产业的发展中。这使得近代的中日两国逐渐走上了不同的道路。

从这几个简单的例子当中可以看到，大清的经济活动已经完全地成为世界市场的一部分了。而国家的财政依托于经济，政策执行能力则依托于财政。这种连锁逻辑，使得脱离开世界市场与世界政治来讨论大清的问题，变成隔靴搔痒。

二、新的知识与新的人才

1. 新的秩序观与对新机构的需求

1840 年的鸦片战争通常被视作中国近代历史的开端，但实际上，当时的中国并未因为此战而睁眼看世界，战争仍然被放置在传统的秩序观念下来理解。大清曾本能地将东南海疆问题与西北边疆问题做近似处理，这从其用人可以看出来。比如，出身宗室的奕经，西征喀什噶尔回来不久，就被派去宁波打鸦片战争；在喀什噶尔生擒和卓张格尔的将军杨芳，比奕经更早地被派赴广州抵御英人；林则徐在两广总督任上失败，则被贬赴伊犁充军，嗣后太平天国在广西起事，林则徐又从西北被调回东南。在这种视野下，海洋与陆地的区别是不存在的，西洋、南洋与中亚的区别也是不存在的；英夷不过是需要被怀柔的远人，夷狄不知礼义，唯利是图，朝廷赐其通商权利是怀柔的需要，而无法有效处理夷狄事务的封疆大吏则应接受惩罚。

1［日］滨下武志：《中国、东亚与全球经济：区域和历史的视角》，王玉茹、赵劲松、张玮译，社会科学文献出版社，2009 年，第 30-31 页。

这样一种对世界秩序的想象,使得大清无法真正理解《南京条约》的意涵,也没打算拿它当回事,更无法理解英法所提出的修约要求。英法则无法理解大清的天下-帝国观念,无法理解大清的关切。[1]这直接引发了第二次鸦片战争,皇帝避居承德,北京沦陷;在各种彼此不理解当中,战争成了解决争议的终极手段。

战后的和谈进程却让大清官员大开眼界。在历史上,国都沦丧很多时候就意味着亡国之祸。但是未料英法两国并不以灭亡大清为目的,只是希望通过武力压服大清,使其不得不接受英法所主张的规则秩序;一旦依照他们的要求签订了条约,两国居然会依约退兵。两国的军队在圆明园确实发生了抢劫活动,但是抢劫本身居然也是有规则的。[2]一种闻所未闻的国际条约体系从此进入了大清官员的视野当中。"从前被认为是屈辱的条约现在变成了一种用来确定最大让步底线的有用工具,超过这条底线,中国就不予同意,而洋人在法律上也不得逾越这条底线。"[3]洋务从此成为大清用以应对世界、重构自身的必须。

---

1 这样一种争执实际上在第一次鸦片战争前就已发生。一个象征性的事件是,英国在赢得第一次鸦片战争之后,最先摆在中英谈判桌上的要求之一就是禁止清政府在官方用语中使用"夷"这个字,以及其他若干用于表示对手方的贬低性字词也不得使用。若干年后中英签订《天津条约》,这一条被英国人成功写进了条约当中。英国与大清的相关争论,参见[美]刘禾《帝国的话语政治:从近代中西冲突看现代世界秩序的形成》,杨立华等译,生活·读书·新知三联书店,2009年,第38-73页。

2 英国当局在处理军事抢掠及其对军队秩序和纪律构成的威胁这一问题上有着丰富经验,从这些经验中产生出一系列的议会法和军队法,构建了一整套将劫掠品转化为合法的征服成果的程序。这些法律的基本观念是:如果不许诺对抢掠品进行平均分配,军队就会变成没有纪律约束的乌合之众;为了能够平均分配,抢掠品本身又必须化作可被分配的合法财产,于是需要有一整套的规则将抢掠品从法律之外的状态纳入法律状态。规则可以把劫掠过程所带来的破坏性欲望,转化为与法律、私有财产和有序商业构成的道德秩序相吻合的活动。到第二次鸦片战争时,这些规则已经积淀在英国士兵的行为中。从受害者角度而言,这些规则并不能使得劫掠行为正当化;但从另一角度来说,这些规则孕育着新秩序的出现,因此是值得人们(包括受害者在内)认真对待与思考的。关于这一系列规则及其具体表现,参见[美]何伟亚《英国的课业:19世纪中国的帝国主义教程》,刘天路、邓红风译,社会科学文献出版社,2013年,第70-78页。

3 [美]徐中约:《中国近代史》上册,计秋枫、朱庆葆译,香港中文大学出版社,2002年,第249页。

为了应对洋务，传统的军机处加六部、理藩院的制度架构完全不敷使用，一系列新机构必须设立了。先是总理各国事务衙门，它与礼部、理藩院等过往处理帝国与外部关系的机构有着一些根本差异。礼部用来处理周边的朝贡国与帝国的关系，理藩院则是大清的独有机构，历史上可以类比的只有大元的宣政院，是用来处理帝国与内亚地区蒙藏等诸多藩部的关系的，对俄罗斯的关系也在相当长的时间内被放置在理藩院下面来处理，与西洋诸国的关系原本也是由这两个部门来管理的。礼部和理藩院的一个基本原则，便是作为天下共主的帝国与其他的附属国家乃至蛮夷之间是上下等级关系；而总理衙门的基本原则，则是帝国与对手国之间是完全平等的关系。一种**双层外交秩序**于是建立起来，大清与西方之间是条约体系下的平等关系，大清与周边藩属国是朝贡体系下的等级关系，藩属国与外部世界的联系从原则上来说必须以大清为中介。如此一来，一种被包裹在条约体系之中的"天下"秩序，仍可麻醉国人的想象，使他们聊以自慰，认为大清仍是"天下共主"。直到甲午一役，将大清的"天下"秩序彻底打碎，麻醉性的臆想才被颠覆。

接下来是南洋大臣和北洋大臣的设立，这两位大臣分别由两江总督和直隶总督兼任，管理各自辖区内的口岸通商问题。即便是成立了总理各国事务衙门，大清皇帝仍然在想法避免与外国使节直接接触，要在可能的范围内将外交事务还原为一种商务事务，这样就可以假装当年的广州一口通商的状态没有发生本质变化，洋人便无须进京面圣，在南洋大臣和北洋大臣的府衙当中便把问题解决了。如此一来，帝国的外交体系便转化为北京的总理衙门体系与主管通商的上海体系（取代了《南京条约》之前的广州体系）。帝国的外交事务开始破碎化。[1]

第三个重要的机构是海关总税务司。这是由太平天国时期上海租界内的西方商人自发组织起来的一个税收机构，在平乱后便转化为大清的一个官设机构，并雇用英国人赫德（早期曾是李泰国）担任总税务司。赫德工作极其认真负责，通过他的工作，帝国的财政状况极大地好转，带来了"同光中兴"所必需的物质基础。

1　参见［日］川岛真《中国近代外交的形成》，田建国译，北京大学出版社，2012年，第148—153页。

第四个机构是同文馆。帝国官员意识到翻译能力对办理洋务的重要性，以及为了"师夷长技以制夷"，学习西方的技术和法律的需要。同文馆的设置正是为了达成这一目的。

2. 对新知识的需求

洋务派官员们很快发现，西方人之所以有坚船利炮，是因为其背后还有一整套的知识体系，倘无此体系，即便有了坚船利炮也不会用。所以奕䜣、文祥奏请于同文馆增设天文算学馆。但是此一建议引起了保守派的强烈攻击，当世理学大师倭仁因此提出其著名的说法："窃闻立国之道，尚礼义不尚权谋；根本之图，在人心不在技艺。"

这样一种困境正反映了处在"伦理-官僚世界"的帝国的困局。为了应对西方的压力，帝国必须提升自己的治理技术，其中就包括对新的知识体系的引入以及相应的人才培养；但是在没有完成政教分离的情况下，新的知识体系是很有可能与帝国既有的价值体系不相匹配的。任何这方面的改革，便都需要经受帝国的价值伦理的评判，而治理庞大帝国的官僚体系所必需的工具理性，在这样一种评判当中就会遭遇各种困境，以致欲图改革振奋却路途艰难。但绝不能因此而简单地将保守派视作阻碍进步的反动力量，因为保守派所忧虑的"权谋"对"礼义"的侵蚀，毫无疑问是一种现实的风险，北宋末年新旧党之争便是一次例证。在平民社会的结构之下，由于社会的自我组织能力远远弱于封建社会和豪族社会，帝国以官僚体系为载体的集权秩序对社会有着一种强大的压力，倘无"礼义"作为心理堤防，以约束官僚和帝国的专权力量，则百姓只能接受自认刀俎鱼肉的悲惨命运。所以，保守派对"礼义"与"人心"的强调，对仍处于"伦理-官僚世界"的帝国而言，是一种极为重要的社会保护机制。

但是，外部世界的威胁是一种现实存在，"礼义""人心"对内多少能够约制政府对社会的专权，对外却并不能带来抵御强敌的国家能力。帝国因此走入一种困境，倘若不引入新知识，可能会亡国；倘若引入新知识，则可能会亡政。而一旦亡政，散沙状的社会将欠缺自我组织能力，则帝国失去了凝聚核，也有可能会亡国。晚清的改革就在这样一种两难困境中艰难跋涉，以至于在科举当中特设一洋务科的主张，在19世纪40年代即有人提出，但是到19世纪80年代仍未获实行。

　　经常被用来与大清做对照的日本，实际上它所面临的问题要比大清简单得多。从东亚世界的秩序想象来说，大清是个普遍帝国，它必须以对普遍理想的担纲为其存在的终极正当性基础，可以说它正是通过伦理才能识别出自身。普遍理想体现在礼义人心当中，而科举则是伦理帝国之自我再生产的必要途径，倘不能对开设的新科给出一种恰当的伦理性安顿，而只是用事功性的理由来解释的话，则势必会伤害到帝国所依凭的"伦理"，动摇国本。而日本则不需通过普遍理想的伦理便能识别出自身，过度强调该伦理反倒会让日本迷失自身。德川幕府时期的国学派代表人物本居宣长，便曾强调日语的"音"高于书写出来的"汉字"，认为有一个没有受过中国污染的"大和语言"和"大和心"，主张日本需要重新发现这个没受过"汉意"阴霾的日本。[1]

　　对普遍帝国来说，其自我认同的核心识别标准是其"形式"——亦即其伦理道德、礼义人心——任何"质料"都是从属于"形式"的，只要形式不受伤害，则质料的变更并无所谓，所以，统治者的血统并不是其统治资格的限制条件。相应地，任何变革也都不能触及帝国的伦理形式部分，这并不会因为统治者不是满洲人便有区别，否则无法理解晚明的种种政策昏招。而对接受帝国文化辐射的周边国家来说，为了让自己能够从精神上摆脱帝国的文化压力，获得主体性，它们便必须反过来强调"质料"是优先于"形式"的，其本身的质料的特殊性是其自我认同的核心识别标准，在质料不受改变的前提下，则形式的变更并无所谓。所以，日本可以迅速地转向西方的知识体系与政治方案，大清的改革却窒碍难行。

　　普遍帝国要突破这样一种两难困境，唯有从"伦理－官僚世界"进入到"政治世界"，将帝国的自我身份与伦理剥离开，实现政教分离，否则必定无解。这需要有一种根本上的精神转型，是中国历史上从未有过的一种政治观念上的"哥白尼革命"，此种精神转型将会非常痛苦、非常困难。但帝国所承载的普遍理想若欲成就自身，便必须经历这一过程。只有普遍理想摆脱了与政治的结合，摆脱了被建制化的命运，才能够自由地奔流，才能够真正地起到匡正世道人心之功，而不再是不断地被政治所异化。

1　参见蔡孟翰《从宗族到民族——"东亚民族主义"的形成与原理》，载《思想史》第 4 期，第 108 页。

进入"政治世界",从根本上来说,国家的自我认同基础应该是,政治只处理与世俗相关的事务;道德抉择的问题具有属神性,应该将其交给个人来决断,国家承认每一个体作为道德主体的地位。但是一旦进入这一阶段,对满洲人来说一个麻烦就出现了,因为这意味着统治者的血统不再是无关紧要之事。于是大清的转型就此进入到一个更加困难的境地,要同时处理多个彼此矛盾的任务;从事政治的人必须小心谨慎如履薄冰,对各种危险都有清晰的理解。这样一种要求对大清的局中人来说,无疑过高了,不仅仅是满洲统治者没有这种理解力,当时的各种精英也都还没有获得这样的理解力。这样一种理解力,必须在历史的痛苦磨炼当中才能逐渐浮现出来,可以说直到今天我们仍然在路上。

3. 新人才的培养

洋务一开,人才便是重中之重。在没有足够人才可用的情况下,大清只能雇用外国雇员代为办理洋务事宜。但外国雇员良莠不齐,其对大清的忠诚也并不总是靠得住的,所以大清开始陆续派遣留学生出国学习。

但留学生的身份问题是个麻烦,因为帝国公派留学是要补科举之不足,而科举制本为帝国的统治基础之自我再生产的过程。倘若留学生的身份与科举之间无法找到有效的兼容之制,则派遣留学反而会成为帝国的自我瓦解之举。所以一直到1905年废除科举之前,留学的人数始终很少。因其少,既有的秩序对其的吸收就并不困难;但也正因其少,则大清要办洋务人员又完全不敷使用。终于,经历庚子之变后,大清痛下决心废除了科举,学部又于1906年奏定《考验游学毕业生章程》,规定考试列最优等者,赐进士出身,考到优等及中等者,赐举人出身,并加以某学科字样。如此一来,留学生骤然增加。以留日学生为例,其人数在1905年之前每年仅千余人,1905年骤增至8000人,之后便过万并持续上升。[1]

这带来始料未及的后果。一方面,海外留学生逐渐有了新的视野,形成新的世界观,对政治有了新的理解,这与帝国的旧视野很难兼容。另一方面,帝国的经济与社会发展水准,无法为如此之多的留学生提供足够的就业机会,而入仕的机会更是相对有限,前途的极大不确定性,使得与帝国日渐离心的情绪在留学生中传播开来,以致清政府发现,新式学堂里"学子合群,辄腾

---

[1] 参见许纪霖、陈达凯主编《中国现代化史·第一卷 1800—1949》,学林出版社,2006年,第189页。

异说，相濡相染，流弊难防"，惊叹"育才之举，转为酿乱之阶"。[1]

反观国内，旧式读书人因科举废除而丧失了进身之途，无处可去，遂也变为疏离于帝国的力量。在科举制下，普通百姓对传统道德有敬畏，对乡绅有信服，乡绅起着维系传统道德、联系乡村与帝国政府的功能。因科举的废除，这些功能逐渐不再有过去的效力；而新式学堂又只会设在城市，不会设在乡里，于是帝国基层乡村便没有了道德秩序的担纲者，乡村秩序陷入一种溃败状态。[2]

海外留学生对帝国很疏离，但并未形成真正的关于"政治世界"的意识，多数人仍是在"伦理－官僚世界"的框架下思考问题，其对问题的理解，往往不过是帝国的镜像物。又兼清末民初留学生出国之际，早已完成国家建构的西方世界，其思想界和舆论界已经开始进入到对资本主义与国家进行反思的阶段；中国与西方在各自所面对的问题上有着严重的代差，但当时的留学生并没有相应的鉴别能力。**在正面临着严峻的国家建构问题的中国，这种代差便会引发一系列并不切题的政治主张。这些主张使得中国急需完成的要务，看上去似乎反倒成了过时之物，也再一次扭曲了中国转型的路径。**[3]

三、大英帝国主导的新秩序

1. 英国的帝国逻辑

大清转型的外部约束条件便是英国所主导的国际条约体系，它在经济上表现为全球性的贸易与金融体系，在法权意义上表现为国际法体系，在安全意义上表现为大英帝国海军治下的海洋和平。这几个方面，实际上不仅仅规定着大清的转型方向，也在相当程度上规定着包括欧洲大陆国家在内的其他所有国家的转型方向，凡是逆其道而行的国家，多半都走不远。咨诸历史可

1　转引自许纪霖、陈达凯主编《中国现代化史·第一卷1800—1949》，第189-190页。

2　萧功秦先生曾讨论过废除科举与清末社会进入游离态的关系。参见萧功秦《危机中的变革：清末现代化进程中的激进与保守》，上海三联书店，1999年，第226-240页。

3　清末民初的留学生，留学日、德、俄、英、美、法等不同国家的，其所受到影响的方向有较大差别，对20世纪的中国历史的影响也各有不同。参见任剑涛《建国之惑：留学精英与现代政治的误解》，中国政法大学出版社，2012年。

以发现,英国(以及后来接续它的美国)构成了其他所有国家的外部约束条件;而法、德、俄等国,则没有办法约束别人,只能约束自己。几个大陆强国试图封锁英、美的时候,结果都是自我封锁;英、美反过来试图封锁它们的时候,则差不多变成了代表全世界对其进行封锁。这里的原因,是我们理解现代世界秩序以及理解中国近代转型的一个重要入口。

近代世界秩序的兴起,其最初的动力来源是欧洲推动的地理大发现和远洋贸易。在远洋贸易开展起来之前,欧洲处在一种封建割据的状态(有些类似于中国周代的状态),各封建领主彼此之间达成了一种力量均衡。封建邦国军事能力的规模取决于其财政能力的规模,而财政能力的规模取决于其经济规模。在封建庄园经济是主要经济形态的时代,一个领主占有土地的规模便决定了其军事能力。由于诸领主占有的土地规模相去不远,领主间的均衡就比较容易达成,并且很难被打破。直到地理大发现、远洋贸易的发展形成了世界市场,原先被隔离在天涯海角的那些力量在经济意义上连为一体,远洋贸易商人不占有土地却同样能够积累起巨额财富。这种新的财富形式的出现,为领主一方带来了新的财政模式,他们可以从商人那里获得贷款以支付财政之需;新的财政模式催生了新的军事模式,领主可依凭贷款去招募雇佣军;新的军事模式,使得过去所有基于庄园经济的封建割据式的政治组织形式无法再生存,既有的均衡被全面打破,稳定而又停滞的中世纪欧洲陷入了严重的秩序混乱,从而推动了新的政治组织形式的出现。绝对主义君主击败了一直不肯老老实实奉其号令的附庸,近代国家在此过程中逐渐兴起;绝对主义国家的出现,又使得过去基于宗教所进行的政治正当性辩护开始失效,需要新的政治哲学的出现,而新的政治哲学所勾勒的价值秩序又可能进一步引导人们的行为取向。欧洲就在这样一个过程中逐渐地崛起为现代世界秩序的主导力量。[1]

---

1 这是个极简略的叙述,我的相关思考受到一系列西方历史社会学研究的启发。诸如[英]佩里·安德森《绝对主义国家的系谱》(刘北成、龚晓庄译,上海人民出版社,2001年),[美]查尔斯·蒂利《强制、资本和欧洲国家(公元990—1992年)》(魏洪钟译,上海人民出版社,2007年),[美]托马斯·埃特曼《利维坦的诞生:中世纪及现代早期欧洲的国家与政权建设》(郭台辉译,上海人民出版社,2010年),[意]杰奥瓦尼·阿锐基《漫长的20世纪:金钱、权力与我们社会的根源》(姚乃强、严维明、韩振荣译,江苏人民出版社,2001年),[德]马克斯·韦伯《经济与社会》(阎克文译,上海人民出版社,2010年),等等。

　　从这样一个连锁的逻辑当中可以看到，世界市场构成了任何国家内政外交的外部约束条件，而世界市场本身是超脱于任何国家的控制力之外的。因为每个国家试图控制世界市场的努力，都会被其他国家以及非国家行为体的反应动作所扭曲，最终会均衡出一个事先谁也想不到的结果，从而构成所有国家内政外交的新的外部约束条件。所以，世界市场便是国家间关系的自生秩序的一个基本条件。

　　对于世界市场，无法控制，只能顺应，借势而为。但是由于世界市场本身始终是在动态变化的，如何借势，也不是事先规划得了的，任何规划本身都只不过构成世界市场当中的一个扰动变量而已。这就带来一个结果，想要在世界市场背景下主导世界秩序的国家，必须具备一个前提，即其内政与外交层面是高度打通的，这样才能使得外部世界的任何变化都能够比较迅速地反馈为内政层面的调整。或者说，所谓"借势"，并不是事先形成完整的规划，因为规划本身就会使得世界市场发生变化，从而令规划失效；而是其内政机制就像是漂浮在世界市场洋面上的一艘小船，放弃了"固定下来才安全"这样一种思维定式，其起伏高低与世界市场的波动同步，反倒能够驾驭大海。

　　英美之所以能够成为其他国家的约束条件，而不是反过来，根本原因就在于它们的内政与外交是高度连通的，世界市场的波动能够最有效率地反映在其内外两个方面的政策调整上。可以说，英美的这种制度机制，使得其最擅长顺应未知的世界市场的波动方向，以世界市场作为放大器来放大自己的政策效果，最终推波助澜地借势打势，成为其他国家的外部约束条件。

　　之所以只有英美能够做到这一点，在于其制度层面的普通法传统。如果将大陆法系的**立法主导**之法律过程称为**"对法律的发明"**的话，普通法系下**司法主导**之法律过程可以称为**"对法律的发现"**。大陆法系以一些基本的价值理念为前提，通过严格的立法过程而将其外化为一套系统性的法权体系，并以此来规范具体的行为；初始的价值理念是将所有法律整合起来的核心要素，也是具体的行为获得判断的终极标准，对初始理念的抉择，便是该国制宪时刻的政治决断，是"对法律的发明"的开端，从逻辑上来说，**政治先于社会**，法律是对社会行为的一种先在性的规定。普通法系则基于不断的司法过程，将各种案例整合为一套体系化的行为规则，而由于新案例仍在不断地涌现，司法过程需要将新案例与既有案例整合在同一套行为规则当中，法律便始终在发生缓慢的演化，这样法律便是被发现的；由于案例可能来自任何微观个体行为，所以法律的形成过程实际上就是整个社会活动过程的一种规范化表达，除了被整合出来的既有行为规则，不预设其他条件以作为判断具体行为的标准，从逻辑上来说，**社会先于政治**。[1]

这样一种制度特征，使得大英帝国的扩张首先并不是国家行为，而是社会行为。在大航海时代，各种各样的英国商人、冒险家都到海外去冒险，遍布世界的英国商人通过其贸易过程带动着英国法律的对外扩展。这种法律的扩展并不是基于暴力的推广，而是英国商人与异域商人可以遵循各自的法律习惯来界定产权和行为规则，同时他们还会磨合出一个超越于彼此之上、更具普遍性的行为规则，使得双方虽然遵守着两种不同的法律体系，却可以有互动的规则基础。这样一种更高的行为规则体系，在司法过程当中也会逐渐被整合为普通法的一部分。普通法在这里就呈现出两个层次，一个层次是英国人自己的法律，另一个层次是超越于各方之上的更具普遍性的程序规则，它具有极强的扩展性，是扩展性，而不是扩张性。于是，英国的法律随着商人不断往外走而不断地演化。

英国商人在海外逐渐形成的这些利益、拓展出来的贸易空间，通常是由商人自治团体自力保护的，他们也不愿意国家在里面插手。直到自治团体的自力保护无以为继了，他们才会转向国家，要求其出面提供保护，也就是要求国家派遣军队。但军队的出动需要得到英国议会的批准，而议会是各种各样不同利益团体进行辩论博弈的场所，海外商人必须参与到这种辩论过程当中，游说议会投票支持自己的利益。国家可以对外投放的资源是相对有限的，只有在海外有足够大利益的商人群体才会动用足够多的资源来游说议会支持自己的主张。一旦游说成功，此一海外利益就会被界定为国家利益，国家就会派遣军队进行保护；游说不成功，则该商人群体在海外还是自生自灭。被派出的英国军队并不是要来强迫对手方接受它的意志，而是用来保证当初达

---

1 英国普通法宪政传统的这种独特性，是生活于大陆法系传统当中的国人难以体会到的，但这是理解英美政治乃至理解它们对世界秩序的主导能力的核心前提之一。关于英国普通法宪政传统，可参见［英］梅特兰《英格兰宪政史》，李红海译，中国政法大学出版社，2010年；泮伟江《一个普通法的故事：英格兰政体的奥秘》，广西师范大学出版社，2015年；李筠《英国国家建构论纲》，载《大观》第7辑，法律出版社，2011年。

成的共同行为规则获得遵守；倘若对手方拒绝遵守，则军队会强迫其遵守。这一系列共同行为规则是在贸易过程当中逐渐形成的，而现代世界的贸易首要依靠的是海路，统治着海洋的大英帝国海军，就此成为演化中的世界普遍贸易规则的执行人。

英国的国家行为在这里也呈现出两个层次：一个层次是国家层面的行为，英国作为世界秩序中的博弈者之一在活动，这更多的是通过行政部门的行为呈现出来；另一个层次是世界层面的行为，外在于任何国家的世界秩序，通过英国作为执行人而活动，这更多的是通过英国议会内的博弈辩论过程而呈现出来。利益遍布全球的行为者是议会辩论中的博弈主体，英国行政部门在此作为博弈主体之一，参与争夺有限的财政拨款。因此可以说，英国法律跟着商人到来，军队又跟着法律到来，大英帝国就是以这种方式无规划地、追随着国民遍及世界的冒险活动而逐渐成长起来的。所以英国历史学家西利在其《英格兰的扩张》一书中提到过一个很深刻的说法：英格兰是心不在焉地获得了一个帝国。[1]

究竟世界市场的机会在哪里，其波动方向可能是什么，没有谁能够预先判断出来，但是在无数商人的冒险活动中，它会被逐渐发现，于是，通过议会的辩论过程，具体商人的利益会被整合为国家利益，或者被抛弃。区别于大陆法系的国家，国家利益在英国／美国这里不是事先被定义出来的，而是在其无数微观个体的活动、博弈当中，逐渐被发现出来的，并且仍在继续不断地调整、演化。而调整与演化的方向，也无法事先被判断，还是只能在微观个体的活动过程当中逐渐被发现。由于微观个体的活动舞台既在国内，也在全世界，而他们都要到议会中参与同一个辩论过程，于是，英国／美国的内政与外交便获得了最佳的连通性，世界秩序在某种意义上不过是它们内政的一个外化。从而，它们便成了其他国家的外部约束条件。

再一次地，普通法传统成为英国／美国能够做到这一点的根本原因。普通法意味着其政治始终是诸多具体的个别利益的聚合过程，而不是一种抽象的价值理想的外化过程；大陆法系的政治逻辑则刚好相反。普通法是中世纪欧洲诸邦国普遍拥有的，但在近代早期，英国与欧陆国家走上了分岔路，

---

1 J.R.Seeley, *The Expansion of England*, Chicago: The University of Chicago Press, 1971.

只有英国的普通法仍然得以留存，欧陆国家则走上了成文法路径。根本原因在于，欧陆国家所面临的安全环境逼迫其必须建设强大的陆军，而陆军建设起来之后，有着对外与对内的双重效用，国家内部不愿乖乖听话的利益群体便无法再抗拒君主的压力，君主遂得以将政治转化为立法主导的过程。而英国作为岛国，没有建设强大陆军的需求，君主便无力压制国内的诸多利益群体，使得其政治仍然保持着中世纪留传下来的特征，即作为个别利益的聚合过程。

于是，我们可以进一步说，因其地缘环境，大陆国家很难成为世界市场的引导者，而只能作为参与者。现代世界秩序以世界市场为基本动力机制，其霸主历史性地落在了英国和后来的美国身上；而这个霸主的行为特征在于，它不是作为世界秩序的立法者，而是作为世界秩序的司法者存在的，其对外的暴力行为，除了诸如二战这种极端状况，一般情况下不呈现为世界秩序中的战争力量，而是呈现为警察力量，对大家公认的规则进行执法。有生命力的规则本身则不是任何人设计出来的，而是在世界市场的活动过程当中，通过各国不断地彼此互动与磨合，而逐渐被发现出来的；任何人为制定的规则，其生命力与作用方式，也都要在这样一个互动磨合的过程当中才能形成。英美以外的国家，即便力量非常强大也很难成为世界霸主，因为其由立法主导的政治，导致其内政与外交的连通性比较差，无法与世界市场同步波动，统治世界帝国的成本无法与英美相比，从而即便其建立世界霸权也无法持续。但是这些国家倘若体量足够大，则在世界市场上的互动磨合过程当中，可以成为最重要的参与者（之一），从而使得规则的演化方向深深地烙上自己的痕迹，以这样一种方式而获得自己对世界的影响力。

对特定的民族而言，倘若其仍然处在"伦理－官僚世界"当中，便会觉得这样一种命运是种悲剧，必须反抗。这就是19世纪以来法国、德国、日本乃至俄国的历史。在战争的洗礼当中，它们会逐渐过渡到"政治世界"，被承认为道德主体的个体公民，成为其政治的基本元素，国家退居为一种工具性存在。如此一来，对海洋霸主与陆地国家内的个体公民而言，国家命运的区别，只不过是他们各自要去适应的不同存在样态而已，并无本质区别。这时，陆地国家的现代转型才算完成。此后其对世界市场的主动参与，才能在世界秩序当中留下稳定可持续的印记，获得自己能够为人所信靠的世界地位，一如二战后的德国。

2. 大英帝国的"课业"

英国对大清的战争，并不以对大清的占领与灭亡为目的，而是以将大清整合进国际条约体系为目的，如此大清的市场便会向英国开放，英国将因此获得最大的利益。这与英国在 19 世纪 80 年代以前所奉行的"自由贸易的帝国主义"原则相适应。

在这个阶段，英国在海外没有什么实质性的竞争对手，所以它只要有可能，就不占领土地（印度是个特例），除了一些对帝国的海洋交通－贸易体系非常重要的战略据点它必须掌控，如中国香港、新加坡、好望角、直布罗陀等，其他地方都是能不直接控制就不直接控制。英国在其余地方努力扶持当地的统治者，条件是对方愿意加入到英国主导的贸易体系当中来，向英国开放其市场。如此，则英国可尽得贸易之利，而无须付出对殖民地的统治成本。因此可以说，大英帝国包含"正式帝国"与"非正式帝国"两个部分，其进行直接统治的地方属于"正式帝国"，而更多的地方则是融入其贸易体系当中，属于"非正式帝国"。[1]

这样，大英帝国就能大大降低其统治成本——统治成本的高或低，与帝国的规模及帝国的可持续性有很大关系。英国作为一个世界帝国，它的治理对象不是具体的某一个地区或此地的人，**它的治理对象是一套普遍行为规则**。这个规则并不是英国制定的，而是只要其他国家愿意加入进来，就都可以参与到这个规则的演化过程当中，英国则垄断对演化出来的规则的执行权。当然，其他国家也可以不加入进来，但它们就无法进入英国所主导的世界市场，只能在自己的小市场上活动，市场规模较小决定了其经济发展效率会比较低下，在国家间的竞争中就会失败。所以英国很容易就建成了一个全球帝国。

1884 年的柏林会议之后，欧洲列强达成了一个瓜分非洲的协议，开始去非洲、太平洋地区抢殖民地了。此时英国面临的一个威胁是，其余欧洲国家占领殖民地之后，就有可能用政治手段向英国关闭它们的市场，这对英国来

---

1 John Gallagher and Ronald Robinson, "The Imperialism of Free Trade", *The Economic History Review*, August, 1953.

说是不能接受的。于是，英国也开始抢占殖民地，这才在海外建立起庞大的正式帝国。但从另一个角度来看，这与英国原本的帝国原则是相违背的，大英帝国的正式帝国规模因此变大了，但其非正式帝国在这个过程当中萎缩了，最终大英帝国也为庞大殖民地所累而无力维续。

对"非正式帝国"地区，英国要对其进行规训，以便使其能够加入到世界贸易体系当中来，并且助其进行内政层面的改革，使其成为一个更适格的地方统治者，从而为大英帝国提供一个更加稳定、统一而又持续增长的市场。大清便是面对着这样一个境况，在几次战争的失败后，不得不接受来自英国的"课业"。

但是这种"课业"意味着两种秩序观的冲突。在试图"教育"大清官员理解并加入现代国际条约体系的英国外交官看来，"清朝贵族和政府官员所痴迷的是权力的影子而非权力的实质，是表面现象而非实实在在的政治现实，是礼仪形式而不是权力的物质性体现。中国统治者没有能力去区分现象与本质，从而导致他们对未知事物有某种无端的恐惧"[1]。对遵循"国家理由"之道的现代国家来说，它们承认其他国家与自己的对等地位，也清楚国际政治上的权力斗争逻辑；任何无助于权力保持的礼仪，都是反政治的、虚幻的。这些都是国际条约体系的基本原则。

然而，对传统帝国来说，礼仪的象征性作用是帝国正当性的根本来源。传统帝国不承认世界上有与其对等的政治体存在，自视为文明的世俗载体，认为整个世界秩序只不过是文明秩序的外化而已。从帝国中心区向外，形成一个文明传播的圈层关系，越向内圈则文明水准越高，越向外圈则文明水准越低；相应地，不同圈层在世界秩序当中拥有不同的政治地位，这些差异正是通过礼仪差异表达出来。只有在这样一个逻辑下，帝国才能低成本地仅以较少武力便辐射广大区域。倘无礼仪，则帝国将蜕化为单纯的暴力组织，对帝国来说，这种易变的暴力才是虚幻的影子。

在这个背景下，再来看 1793 年马嘎尔尼觐见乾隆时的礼仪之争，便会有不同的理解。乾隆并不是不知道英国的存在，也知道英国海军在西方号称最强，

---

1 〔美〕何伟亚:《英国的课业：19 世纪中国的帝国主义教程》，第 157 页。

在送走马嘎尔尼之后，乾隆还叮嘱臣下，要提防英国对天朝有觊觎之心。[1]即便如此，乾隆也不能在礼仪问题和开放贸易问题上过多让步，因为大清在其华夷秩序当中找不到合适的位置用以安顿英国。[2]假如接受了英国与大清的平等交往地位，则在帝国传统的世界秩序中，无法安顿朝鲜、越南、中亚、蒙古等远较英国为近的地方，这对帝国整体的秩序是一个巨大的挑战。

在乾隆时代，西方的工业革命还没有完成，西方的现代军事技术等也没有发展起来，而且那会儿大清刚刚开始走下坡路，西方也没有能力过来强行要求什么，所以乾隆也有资格以一种故意的鄙夷方式来面对英国使臣。到了第二次鸦片战争之后，大清不得不接受英国强加的"课业"，但帝国精英们仍然如乾隆皇帝一样，认为英国的武力缺乏道德基础。天朝的世界秩序观并未遭受真正的挑战，总理衙门的设立也只不过是一种权宜之计。

这与大英帝国在远东的规划有颇多矛盾之处。英国认为，一方面，可以扶助并引导大清成为一个有能力的政权，作为英国在远东的代理人，以此来确保英国在远东的市场空间；另一方面，一个有能力的大清帝国将在远东牵制俄国的力量，使得俄国不至于威胁英国的利益，并且可以分散俄国在其他方向上与英国进行竞争的精力。这样一种构想，在大清的洋务运动中似乎正在成为现实；但这不过是一种虚幻的外观，与大清的自我理解全然不符。终于，甲午战争和庚子之变让大清的幻梦连续遭到迎头痛击，英国也重新理解了东亚的秩序，在这之后，它就将对东亚代理人的期望转移到了日本身上，而大清则成为它要在这一新秩序下试图加以保全的对象，以便仍然确保英国的市场。

大清的国势在这个过程中逐渐走入了谷底，历史的空间结构的变化在此过程中也彻底明晰了起来：**内亚秩序不再是东亚大陆秩序的创生性力量，海洋－中原关系将成为东亚大陆上新的秩序生成线，而内亚方向将在这一新的历程中成为被规训的力量。**

---

1 ［美］何伟亚：《怀柔远人：马嘎尔尼使华的中英礼仪冲突》，邓常春译，社会科学文献出版社，2002年，第192-193页。

2 蒋廷黻先生也曾注意到，由于中国不承认别国的平等，所以在西方人到来之时，必须要求他们以中国为上国而以藩属自居，这个体统问题使得仪式问题成为邦交的大障碍。参见蒋廷黻《中国近代史》，上海古籍出版社，1999年，第5-6页。

第二节　帝国的中兴与终结

一、帝国均衡的起伏与变迁

1. 财政结构上的大变迁

伴随着现代力量从海洋上的到来，困在低水平均衡当中的大清开始遭遇一系列的困境，先后有几场大的内 / 外战争将脓包捅破，让仍然沉浸在幻梦当中的帝国悚然惊醒。太平天国战争（第二次鸦片战争不过是此间的一个插曲）打破了多元帝国汉满蒙回藏诸要素之均衡，甲午战争打破了东亚世界之秩序均衡，庚子战争将始自太平天国时期的央地关系失衡发展到最深刻的状态，而这还没算上其他一系列小一些的战争。

在这一系列均衡被打破的过程中，我们可以看到政治行为主体从帝国层面逐渐向下沉降到地方层面，最终导致了帝国的瓦解；但这也使得被官僚帝国长期压制的个体之道德主体性获得了发展的可能。在"伦理－官僚世界"当中已经日渐僵死的帝国，在此过程中打开了进入"政治世界"的窗口——当然，这离进入"政治世界"还非常遥远，中国才刚刚进入唐德刚先生所说的近代转型的"历史三峡"，但这是重要的起始一步。

一系列动荡带来的失衡，[1] 就帝国的统治秩序而言，首先体现在财政层面。前文所述的国际货币市场上白银流动的变化，催生了太平天国起义，而帝国财政也正因白银问题处在困窘当中。1848 年，一位御史曾说："国家岁入有四千余万两之额，近日欠款，每年几及三分之一。"在太平天国初起之际的1852 年,帝国岁入甚至仅及 1850 年的 60%。[2] 待到 1853 年太平天国定都天京，

1　当然，更基础性的影响是，帝国人口的膨胀带来的社会动荡，以及西方经济对中国传统经济和传统社会结构的冲击。这些影响分布在本节后续部分的讨论中，此处不拟多谈。
2　转引自林满红《银线：19 世纪的世界与中国》，第 126、130 页。

帝国最富庶的区域大半入其囊中，大清的财政便走到崩溃边缘。

帝国的正规军队八旗和绿营在太平军的攻势下不堪一击，朝廷不得不死马当成活马医，寄希望于曾左李胡等对乡勇的训练。国库也没有军饷可以下拨，只好允许他们在地方征收厘金以为军用。厘金原本是个临时财政手段，但在平定太平天国后，由于国用不济，遂转成为常规的财政收入。这是帝国财政制度的一个巨大变化，**从主要依靠来自土地的税收，开始转向主要依靠来自流通环节的税收。一旦出现这样一种转型，则帝国重农轻商的态度便不得不逐渐做出调整，否则难以获得足够的税收，这也使得近代性的政治和法律转型成为接下来顺理成章的事情。**

为了平定太平天国，帝国政府被迫允许地方政府铸造大钱（高面额铜钱）以便筹集财政费用。各地方铸造局都从本地财政状况出发铸造大钱，带来了地方财权的分立和通货发行的地方化趋势。民间金融机构对地方政府的财政"协力"变得非常重要，其后果便是，民间进一步获得了独立于帝国政府的空间。对地方政府来说，最大的财源是货币铸造。到辛亥革命前夕，统计数据显示，地方发行通货的数额以湖南为最高，其次为湖北，两地铸造规模相去不远；其下的江苏、河北（天津）、广东、浙江、福建等亦较其他省为多，但是与两湖相比都有着数量级上的差异，这带来了地方自主性能力的差异。[1] 前文曾述及，汉口作为滇、黔方面的银、铜、铅等币材向外转运的最重要中转站，曾是帝国的私钱中心，这样一种地理之便同样使得它在地方政府铸钱时有着最优越的位置。辛亥革命首义于武汉，偶然当中也有必然，倘无足够的货币作为军费支撑，首义是难以坚持下来的。

在太平天国即将被平定之际，1854 年在上海设立的海关被设置为大清的帝国海关，政府还依此改造了其他各地的海关，使之成为帝国新的重要财政来源。在乾嘉年间，海关收入只占帝国财政收入的 2%，道光年间也只占约 5%，在 19 世纪 60 年代即上升到百分之十几，到 19 世纪 80 年代上升到约 20%，1887 年之后到甲午战争之前，稳定在帝国收入的 1/4 左右。[2] 但海关对帝国财

1　[日]滨下武志：《中国近代经济史研究》，高淑娟、孙彬译，江苏人民出版社，2006 年，第 68–72 页。

2　虞和平、谢放：《中国近代通史》第三卷，张海鹏主编，江苏人民出版社，2007 年，第 25–26 页。

政来说最重要的地方在于，它提供了一种全新的融资机制。

1867 年，左宗棠西征之际，国用不足无以为军资，他遂在帝国历史上第一次以海关税收为担保，向外国银行借款。此后左宗棠又先后几次如此借款，最终完成了对西部边疆的平定。帝国政府此后也曾多次以类似的借款方式解决财政问题。而外国银行发放的贷款并不是靠自己的本金或存款，而是以在伦敦市场发行债券的方式筹资，挣取息差，再利用大清银价与西方金价在汇兑上的差价来赚取利润。意识到这种汇兑上的损失，帝国政府遂也以类似的方式尝试向中国商人借款。主要通过发行债券的方式，帝国在 1866—1883 年间的此类借款达到 1165 万两，占到军需的 10.8%，超过了商人所纳的无偿捐输的总额。[1]

海关得以成为帝国的财政融资所需的信用基础，里面有两个核心要素值得提及。一是大清在炮舰的逼迫下开埠之后，外贸规模大幅增加，从而使得关税征收额不断走高，得以作为一个足够大的信用担保。倘若关税额仍然维持在乾嘉年间的小规模上，则这个担保物是不存在的。这里面的一个衍生效应是，大规模的进出口也拉动着帝国内部的贸易发展，从而使得对厘金的征收额也大幅上升（在 1901 年约占到帝国财政收入的 18%）。此外，帝国海关系由英国人赫德掌管。赫德以其专业性赢得了帝国政府和西方金融市场的双重信任，才使得以海关收入做融资担保可以获得伦敦金融市场的信任。**以帝国海关为中介，基于多年的远洋贸易和工业革命而发展起来的西方金融市场，与东亚大陆帝国的国运被联系了起来。**这从财政和军事的角度证明，从此之后，**东亚大陆帝国的秩序生成线就是基于海洋－中原关系了**；而左宗棠平疆赖于汇丰银行的贷款，以此为内亚地区提供秩序，也说明了**中原－草原关系就此转为秩序的传播线**。

2. 大陆的海陆关系之变

把视野再扩大一些，就可以发现，随着近代经济的发展以及热兵器时代

---

1 ［日］滨下武志：《中国近代经济史研究》，第 75—80 页。关于左宗棠西征筹饷的过程，还可参见刘增合《左宗棠西征筹饷与清廷战时财政调控》，载《近代史研究》2017 年第 2 期。

的到来，欧亚大陆的流动－定居的共生体关系[1]进入一种更大的尺度与更复杂的结构。俄国取代了历史上欧亚大草原上的游牧民族，构成了对其南方的几个邻居——从土耳其横贯中亚直到东亚——的巨大压力，其流动性主要是通过哥萨克骑兵实现的。这与早前的草原帝国有所类似，但是尺度更大，将整个大陆连为一体了。同时另外一支力量从海上到来，这就是西欧国家的力量向东方世界的扩展，其流动性是通过流动的资本主义经济以及海洋权力实现的，这更是一支全球性的力量存在，绝不限于一隅。

从土耳其直到东亚大陆，这庞大区域仿佛是三明治当中的夹心层，受到两个方向的压力。在这两个方向上，古代那种"榨取财富－提供保护"的共生关系也开始浮现出来。就中国来说，在北方，18世纪前期到19世纪中期之间，中俄两国主要通过恰克图进行贸易，这使得西伯利亚的经济得到发展，并促成了托木斯克、托博尔斯克、伊尔库茨克等一系列城市的兴起；这种种发展反过来又使俄国在西伯利亚的扩张在财政和军政两个层面上变得可持续。英国在鸦片战争之前则以东印度公司为中介，在东南沿海与中国进行贸易，通过中—印—英的三角贸易，东印度公司在印度的扩张行为得以持续下去；这反过来又使得英国在欧洲的争霸行为有了可供汲取的海外资源，促成了大英帝国的崛起。直到19世纪中期以前，东西方的力量差距还不明显，前述的共生关系还表现为一种较为和平的经济关系。

到了19世纪中期，中国终于在西方的现代战争技术面前一败涂地，先是被迫答允英国五口通商，嗣后又陆续开放了更多口岸给西方国家；俄国也趁机在恰克图之外胁迫大清签署了《中俄伊犁塔尔巴哈台通商章程》，直接在中亚方向开展贸易，这为俄国日后进一步进驻中亚埋下伏笔。随着中国与陆上、海上这两大邻居之间经济关系的日益加深，"三明治"的三层之间的利益关系进入一种很复杂的结构，弱势一方的大清于是开始了"以夷制夷"的外交周旋；而出于更有效地榨取财富的需要，各种"夷人"之间的确构成了相互制约的

---

1 前文曾谈及草原－中原－海洋的三重结构关系，其中中原以农耕经济为主，属于定居性的生产生活方式，草原以游牧经济为主，海洋以贸易为主，都属于流动性的生产生活方式。人类历史一直是流动与定居两种生产生活方式以这样或那样的方式形成的共生体关系，在古代以草原、农耕为主，近代则以海洋、农耕为主，当代的金融、制造，则是一种可以类比的流动、定居关系，贸易将两者衔接起来。

关系，以及会时不时地帮助大清稳定国内秩序，从而客观上确实形成了一种对大清政府的"保护"。对奥斯曼土耳其帝国来说，也是差不多的历史情形。

近代的这种榨取－保护关系与古代还有一个根本差异，即"古今之变"的维度。古代的榨取－保护不会有自我否定的逻辑，即该过程不会使得弱势一方的社会结构和道德观念陷入瓦解、崩溃并走向彻底重构，以至于此榨取－保护的秩序走向终结；近代的榨取－保护关系则使得中国的社会结构和道德观念走向了瓦解、崩溃与重构，并终结了过去的秩序。

不过大清也在与英法的几次战争后摸出了一些门道，发现了在国际条约体系下"以夷制夷"来自保的可能性。这种努力的一个基本要求是，要承认与西方国家在条约体系下的平等关系，在此基础上把足够多的利益相关方引入，使其基于利益冲突相互制衡，而令弱势的大清得以保全。为了引入更多利益相关方，大清势必要做出相当的让步。这是其在外交上被迫付出的必需代价，否则很可能付出更多的代价。让利的过程本是大清走上融入世界经济之路的一个必要条件，但其政治成本在当时显得过高了。因为这种让利是一种高度技巧性的活动，它需要对国际格局的深刻理解，以及对国内格局的有效统合，才能维系住各种脆弱的均衡。偏偏大清上下并不具备这种能力——君主层面无力理解世界，重臣们则在君主统御臣下的各种道术之中相互攻讦，无有臣子掌握全局。

这种令臣子相互制衡的统御之术原本是帝国达成内部均衡的必要条件，但在古今之变的外部压力之下，却成了令帝国的自救努力陷于失败的原因。于是，被迫向西方"让利"的努力最终无法呈现出其积极意义，反倒予人以"卖国"的口实，并进一步侵蚀着大清统治的正当性。

帝国至此已经被整合在海洋秩序当中。倘若要更好地应对这种秩序变迁，起自内亚的大清帝国，需要在制度架构、法权结构、价值理念等方面有一系列的改革，但是帝国的脚步迟迟无法跟上。这最终带来了帝国的终结。

3. 人才与观念结构上的大变迁

大清继承了自大辽以来的游牧帝国对农耕帝国的外在超越，但是伴随着海陆关系的变化，此种外在超越也被颠覆了。前文已述，大清帝国的汉满蒙回藏等诸部有着各不相同，彼此又完全无法替代的功能，诸部人数虽大有差别，但权重上并无差别，帝国有着内在的均衡。草原族群对安全秩序的主导与中原族群对财政秩序的主导，是整个帝国内在均衡的核心部分。

　　但是到了太平天国战争中，大清蓦然发现，八旗军队完全不顶用了。真正能够对抗太平军的，唯有曾左李胡的勇营。湘军淮军最终击败太平天国，很是依赖李鸿章所购买的洋枪洋炮。于是，大清的秩序一变为汉人地区既提供财政秩序又提供安全秩序，到了成立海军之后这个特征变得更加明显。

　　这个变化也是与西洋人的到来相关的。西方将人类带入热兵器时代，此前冷兵器时代草原地区基于高度机动性而获得的军事优势不可逆地丧失了。而热兵器战争并不简单地是军事能力的比拼，它实际上是整个社会实现现代转型的系统工程的结果。要想有效地使用热兵器，必须能够生产热兵器，至少是要能够维修，这就需要工业的发展。而工业发展必须基于复杂分工的社会，但复杂分工无法在草原上实现，因其生态环境的脆弱性既无法支持工业经济，也无法支持其所需的人口，只有中原地区才能提供这一切。热兵器，尤其是海军，对财政的要求非常之高，这需要有强劲的经济能力才支撑得起来，所以同样只有中原地区才能提供。热兵器战争当中，肉体意义上的武勇已经不是具体战术层面的关键要素，对热兵器复杂技术的理解与应用，以及对应的严格军事纪律，才是战术层面的关键。再一次地，这与草原骑兵的气质特征无关。所以，热兵器时代到来之后，定居地区相对于草原地区的战争优势是不可逆的。

　　不唯如此，在镇压太平天国时，为了让地方督抚能够迅速应对局面，朝廷允许其便宜行事，在人事方面自行任免、奖惩地方各级军政官员。在战后，督抚任免和保荐地方各级文武官员的权力继续得到保留。伴随着洋务的拓展，地方需要新设各种以往并无定制的行政部门，督抚在地方的人事权得以进一步扩展。湘军与淮军两大系统，也逐渐成为帝国洋务派的核心人事基础。[1] 这带来了两方面的影响：一方面，汉人在人事方面的主导打破了此前的帝国人事均衡；另一方面，帝国内部的地方主义在不断发酵。

　　朝廷也意识到地方主义的问题，所以在平定太平天国之后，开始努力地恢复中央集权。这首先体现在财政上，包括规定厘金中必须有一定比例划拨为中央税收；整顿海关，扩大关税征收范围，并设定新的关税税种"子口税"以代替厘金，借以强中央而弱地方；规定以海关税为担保的借款若没有中央

1　参见虞和平、谢放《中国近代通史》第三卷，张海鹏主编，第32-49页。

政府的认可便不得实行；等等。海关总税务司赫德还进一步地提出帝国应该设定金本位制，常关（地方政府所管辖的关税）与帝国海关应该统一行政等措施，以便强化国家财政。[1]

所有这些努力若想成功，都以帝国政府的威信尚存为前提。但是这里有一个致命的问题：大清统治者很清楚地感受到了帝国内部的各种失衡，他们忧虑的是，一旦秩序倾覆，则满洲人将无容身之地。于是他们做出一种自保的努力，在政策上就体现为极端的保守。在西太后统治的早期，她还比较有自信，但到了戊戌变法之后，她兀然感觉到满洲统治所面临的巨大危险——慈禧的权力就是满洲权力的具象化——于是迭出昏招。最愚蠢的无疑是试图借助义和团的力量，向所有列强同时开战。庚子之乱几乎带来大清的灭顶之灾。这是一种可以理解但也非常愚蠢的保守，它反过来激化了汉人方面的革命倾向，温和派势力逐渐被边缘化，革命最终难以避免。

它也让帝国在洋务运动时期尚且残存的威信彻底扫地，强化中央集权的努力在观念上便不再为人所接受，"东南互保"反倒成为封疆大吏在危急时刻的选项。在嗣后庚子赔款的偿付责任分担上，地方督抚把赔款和借款的返还看作中央的职责，而把负担视作地方的事情，表现出一种立足于"地方"的态度，与19世纪后半期尤其是洋务运动时期李鸿章、左宗棠等人所表现出来的中央观大不一样。[2]

一方面，由于朝廷越来越依赖于地方的自主行动以平定各种动荡，以及随着现代经济以各种方式进入，中原地区好多个省有了各自的财政和人事基础；帝国秩序因此开始呈现为"强枝弱干"的结构，改变了自宋朝以来的"强干弱枝"结构。这也埋下了民国初年军阀割据的种子，短暂地打破了中国自宋代起维系了近千年的大一统。在古代平民社会，朝廷相对于社会的力量优势越来越大，"强干弱枝"是个必然的结果；"强枝弱干"的转型，是从古代平民社会转向现代平民社会的一个必经阶段，分裂割据是这一阶段的副产品，克服分裂的努力则将引发更加激进的革命。

另一方面，随着中原地区在帝国内部越来越占据主导地位，帝国的战略

---

1 ［日］滨下武志：《中国近代经济史研究》，第93-95页。
2 ［日］滨下武志：《中国近代经济史研究》，第59页。

及政治叙事也日益地由汉族来表达。此一过程使得内地人的视野中大清本来所内蕴的多元特征，在边疆地区逐渐模糊了，边疆不再像过去那样以充满主动性的姿态呈现出来，而是在某种意义上开始呈现为一个需要被规训的对象。

二、海洋与过渡地带

1. 太平天国的成与败

晚清时期，海洋上到来的力量，以南洋和东南沿海为双重过渡地带，[1] 从经济到社会再到思想和政治，对整个帝国产生了全面的冲击，最终让帝国走向终结，开启了现代中国之路。这些外来的冲击需要结合帝国内部的困境来起作用。帝国内部最重要的困境便是，人口在清朝的不断膨胀，到了道光年间已达临界点，帝国开始步入传统经济时代的马尔萨斯陷阱，流民即将在帝国掀起滔天洪水。但是洪水从哪里率先涌起，首先与帝国内部的亚区域和外部世界的互动有关系。[2]

鸦片战争之后，英国主导了东亚的洋面，大力打击此前在南海海域、珠江口外横行无忌、影响贸易的海盗，海盗被迫溯珠江而上深入内地，遂在广西形成了大量的河匪。河匪与天地会等帮会有着各种纠缠不清的关系，地方

---

1 参见本书第一章第七节的相关内容。

2 美国汉学家施坚雅对中国经济地理所做的历史人类学研究，对本书在这部分的相关讨论颇富启发性。施坚雅的研究不局限于以地方行政为基础的空间结构，而将视野投向了以市场为基础的区域研究，将中国的经济地理区分为中心地以及地区系统两个层面，并以不同的市场活动内容所形成的不同市场半径为指标，而对地区系统区分出多个层级，提出官僚政治主要集中于中心地，地区系统则集中了非正式的政治和亚文化群。在此基础上，他将中国划分为几个大的经济"地文区"，分别是华北区、西北区、长江上游、长江中游、长江下游、东南沿海区、岭南区、云贵区和满洲区。参见 [美] 施坚雅《城市与地方体系层级》(载施坚雅主编《中华帝国晚期的城市》，叶光庭等译，中华书局，2000 年)。而不同的地文区，在面临来自帝国外部的特定冲击或是面临来自帝国的政策变化，乃至面临气候变化的时候，所遭受的影响可能是很不一样，甚至相反的。这样一种差异会进一步引发帝国内部秩序的深层变化。参见 [美] 施坚雅《中国历史的结构》，新之译，载《史林》1986 年第 3 期（ Compiled in *The Journal of Asian Studies*，Issue 2，1985 ）。

土著居民为了对抗这些河匪与帮会，也自组团练。地方团练又与大量移居当地垦殖、开矿的客家人产生了深刻的土客冲突，客家人也在寻求自我组织起来，天地会等帮会遂成为他们求助的组织力量。洪秀全依凭从西方传来的基督教思想，开创拜上帝教，这是一种能够突破小的血缘群体的信念基础，很快便赢得了众多信徒，尤其是纠结于土客冲突之中的客家人。[1] 而鸦片战争之后五口通商取代一口通商，带来帝国贸易地理的变化，江南的产品不再需要千里迢迢运输到广州再出口，大量的广西搬运工失业，当地原已艰难的生活处境因此进一步恶化。

终于，太平天国起义爆发了。它一方面重复了此前朝代人口过剩导致流民之乱的历史，另一方面又有一系列新鲜要素的出现，其中最重要的便是来自西方的支持力量对帝国存续的重要性。在太平天国运动初起之际，西方人对东方的"基督徒弟兄"充满了同情，而对清帝国有着比较多的厌恶，所以西方国家在这场内战中保持着中立的态度。后来西方人尝试与太平军进行接触，结果发现，一方面太平军的信仰与他们预想的完全不一样；另一方面，太平天国仍然拥有一种天朝上国的秩序想象，将西方国家视作藩属国，这同样令西方人无法接受。而到了1860年，在英法联军的攻势下，大清帝国被迫与列强签订了一系列的条约，承诺给西方一系列条约权利乃至特权，这明显优于从太平天国处所能获得的好处。大清现在看起来更像是个可以与之合作的远东秩序代理人，于是西方的天平倾向了大清一边。最终，大清帝国成为一个罕见地扛过流民冲击的中国朝代，并实现"中兴"。如果没有西方带来的新的经济资源和军事资源，以及国际条约体系对大清的"榨取－保护"关系的话，则这样一段历史是无法成为可能的。

太平天国虽然失败了，但是它预示了此后帝国所面临的挑战具有一系列前所未有的特征。首先，是帝国的精神秩序要面对来自西方的全新精神要素的挑战；但新的精神秩序赖以行动的必要的组织资源，仍是东南沿海以及华中地区一系列与传统宗族秩序有着各种牵连的帮会组织，这决定了其挑战能力的极限——它无法超出传统组织资源的生存逻辑本身。而西方的天平偏向

1　参见［美］史景迁《太平天国》，朱庆葆等译，广西师范大学出版社，2011年，第113-121页。

则决定了帝国的命运前途。反过来，就帝国一方的应对来说，它也需要依靠西方带来的现代军事技术和财政技术，才能够应对这种新的挑战。而帝国赖以自救的新的军事资源湘军，初时招收标准严格，依靠传统乡里宗族道德来形成内在的精神凝聚力，形成战斗力，但是随着战事的扩展，军队规模的扩大，湘军不得不降低招收标准，结果逐渐被哥老会所渗透，后来在相当程度上，哥老会的帮会秩序转化为湘军的组织资源所系。曾左二人皆明了此事，但无可奈何。在左宗棠率湘军一部平西北叛乱之战中，哥老会也就此扩展到西北地方去，并转化为后来同盟会在陕甘地区乃至新疆地区发动革命所依托的组织资源。但是哥老会嗣后的活动与同盟会的理念严重冲突，最终两方翻脸；而努力消灭了哥老会的同盟会，则因此丧失了自己的组织资源，以致在嗣后北洋政治的历程中失却了力量。[1]

这些都说明了古老的身躯与（还远称不上是现代的）新的精神之间的矛盾关系，新的理念倘若依凭的只是单纯的传统组织资源，则会反被此资源所绑架，而无法完全地展开自己的精神秩序，最终失败。中国的转型因此不得不经历更加深刻的社会重构过程，这种过程会充满痛苦，但几乎是这个老大帝国无法避免的历史命运。[2]

2. 租界的寓言

湘军、淮军在西方雇佣军及其帮助生产或购买的热兵器的帮助下，击败了太平天国。西方雇佣军人数不多，却起着极为重要的作用，颇类于大唐平定安史之乱时人数不多却起着极为重要作用的回鹘援军。但是，一个容易让人忽略的重要区别是，回鹘援军是回鹘帝国的国家行为；西方雇佣军主要是上海租界的欧洲人自治组织的产物，国家行为在里面的分量实际上很轻。

上海租界是遍布诸口岸城市的租界中最重要也最典型的一个。它始自1845年上海道台与英国领事签订的《土地章程》，英国人获得了在洋泾浜以北、李家场以南租地建造房屋并居住的权利，嗣后旅沪英国人遂组建了租地人会议，形成自治组织；法国人与美国人也陆续在沪建立租界。旋即太平军起，

1　参见孙昉《西北哥老会与辛亥革命》，中国致公出版社，2011年。

2　邱立波先生在《从湘军到党军（1850—1950）——军事历史－哲学视野下的中国现代国家建构》（载《学术月刊》2014年第9期）一文中，对于这样一种转型的复杂性进行了非常有趣的探讨，我的思考也颇受其启发。

小刀会攻占上海县城，上海地方政府对租界地区的主权行使终止，英法美三租界遂在领事的主持下组建工部局，合并管理三国租界（法租界在几年后退出），积极组织自卫，工部局还取得了组建并指挥警察及陆海军的权力，其组建起来的洋枪队后来成为大清帝国的雇佣军。随着战乱的发展，太平军一度攻到上海近郊，华人也涌入了租界避难，这就涉及租界对华人的管辖权问题，乃至工部局倡议将上海发展为一个"自由市"。这样的过程，颇为类似欧洲自治城市的发展过程。

但是组建"自由市"的想法遭到了英国领事和英国公使的断然否定。1862年，英国领事说："此种计划，租地人不能采用，盖此系中国政府之土地，中国政府仅容许有约各国人有管辖该国国民之权而已，然仍保留其一切对于其土地及人民之权力。"英国公使更强调："中国政府从未正式放弃其对于华人之管理权，英国政府亦未曾要求或明白表示若何愿望以取得保护华人之权。上海的英租界既不是将该处地方转让，亦不是租与英国政府。不过是议定在某地方内，容许英人自便取得土地，俾得聚居的利益。如此取得的土地，依然是中国的土地，要照常缴纳地税。"[1]英国政府依据条约权利承认了租界的主权属于中国，但是这个主权在事实上由于不断的战乱而经常处在悬置状态。具体生活在租界的西人社会必须解决现实问题，于是工部局通过治权上的不断扩大，诸如对租界华人的征税权、警察权、会审公廨的司法权等，推动着租界权力的不断发展。进入民国时期，租界华人援引"无代表不纳税"原则，获得了工部局董事会席位。

这样，在中国的名义主权因为战乱而经常缺位的情况下，上海租界的西人居民形成了高度自治的政治安排，并不理会国家间条约关系的约定，基于现实状况而不断地扩展着其治权范围，进而为此种治权安排获得法权基础，最终将租界发展为事实上的"国中之国"。而为逃避战乱进入租界的中国居民，最初只是作为难民的一种极为被动性的存在；由于上海租界的自治特征高度有利于贸易的发展，很多中国商人在之后主动到来，中国居民在此过程中逐渐萌发出自主的政治意识，主动参与到秩序建构当中。一种从社会层面而非政治层面汇通中西的秩序，在这里浮现了出来。中国与外国的国家行为于此

1　转引自徐公肃、邱瑾璋《上海公共租界制度》，载《上海公共租界史稿》，上海人民出版社，1980年，第33—34页。

的实际参与都很有限，促成汇通的力量从根本上来说是一种普遍的贸易过程，社会自治秩序为贸易过程提供了一种有效率的制度环境。

上海在这个过程中成为连接英国与东亚的交换枢纽，中国商人有着泛及东亚的强大销售网络，英国的工业品搭载英国船只到达上海，却必须依靠中国商人才能分销到中国内地以及长崎、仁川、釜山等地。到19世纪下半叶，以上海为中心的远东商业网络呈现出一种无边界经济的特点。因此，差不多整个19世纪，远东地区的贸易网络，在与全球贸易联系的宏观层面上，是由西方人尤其是英国人主导的；但在微观层面上，则是由亚洲商人尤其是中国商人所主导的。[1] 贸易过程联结起中国与外国，模糊掉两者的界限，如此形成的秩序既不是中国的也不是西方的，但又可以说它既是中国的，也是西方的。这样一种基于自治的秩序，才是真正的现代政治的社会基础，它并不必然否弃传统类型的组织资源，但必须将其整合进一种现代的具有扩展性的法权秩序当中，从而完成传统的现代化。

太平天国的军事冲击，刺激了租界自治的发展；租界反过来又构成了对帝国转型的一种精神刺激。政治与社会的关系在租界地区发生了一个逆转，社会成为能动性力量，而政治则是要在诸多的微观社会过程当中被逐渐发现与提炼出来的。这是一种中国历史上从未见过的政治形式，对传统帝国来说是个绝对的异质性存在，可以说是未来中国的海洋面相的一个预演与缩影——当然，中国本身有着远比其海洋面相更加复杂的秩序结构，但是整个秩序的成立，其中的核心能动性力量却无法脱离海洋面相而获得理解了。

3. 南洋华人的逆袭

太平天国虽然预示了这一系列新的特征，但从另一个角度看，它仍然是传统帝国要反复面对的境内流民问题。它虽然起自近海地区，但随着深入中原，渐渐又浸染上浓厚的农耕气质；而与其对抗的湘淮诸军，也只是用上了近代火器的传统军队而已。另有一个方向的流民，却是下到南洋及远漂海外，这一群体承载了更为深刻的海洋气质，在传统帝国的边缘打开了真正新鲜的可能性。

---

1 参见［法］弗朗索瓦·吉普鲁《亚洲的地中海》，龚华燕、龙雪飞译，新世纪出版社，2014年，第156-167页。

　　依据滨下武志的研究，15—16 世纪以后，在亚洲地区存在着以中国和印度为两轴，以东南亚为媒介的亚洲区域内市场。19 世纪中叶以后形成的近代亚洲市场，并不是在近代西欧资本主义打开闭关锁国的亚洲这一过程中形成的，而是在上述西欧国家加入和改组亚洲市场的过程中形成的。[1] 如前所述，东亚地区的海上贸易圈在微观层面上是由中国商人主导的；而在将印度商品贩运到中国这个方面，在微观层面上发挥中心作用的则是印度的贸易网络，尤其是来自印度的帕尔西商人，这是首批与中国开展贸易的印度人，到鸦片战争爆发之际，中印之间几乎所有的贸易都掌握在帕尔西人的商业网络之中。[2] 东印度公司连接起的中国—印度—英国的三角贸易关系，是基于对既有的贸易秩序的参与和改造而成的；但也正是这种参与和改造，将亚洲的海洋秩序引入了全球秩序，激活了其潜在的世界属性，[3] 使其不再是作为大陆的附属物而存在。

　　南洋的华人世界也有过这样一个变化。自宋代起即有华人远赴南洋讨生活，到了 15 世纪之后，下南洋的华人渐渐形成了规模，主导了东南亚的贸易与经济秩序，并形成了侨居当地多代的土生华人群体峇峇。土生华人与其先辈在中国东南沿海的家乡仍然有着千丝万缕的联系，并形成了复杂的贸易、移民网络，这一网络是东南沿海华人继续向南洋迁徙所依托的管道。到了鸦片战争之后，中国人向海外移民的模式发生了变化。随着西方人在各通商口岸建立殖民据点，香港、澳门成为转运港，外国公司直接进入中国招募华工，外国轮船直接运载华工，外国公司直接雇用华工，西方人建立起一个由他们直接控制的移民网络。[4] 中国的过剩人口，获得了一个出口。

　　这是历史上第一次有如此大量的华人脱离了大陆帝国的统治，他们在南洋进入到一个远比此前的亚洲贸易秩序更加复杂与庞大的贸易体系。南洋地区成为全球贸易一个重要的中介环节，中国香港和新加坡成为各种贸易信用的汇聚点。据研究，中国—印度—英国三角贸易过程中的信用流动，主要不

---

1 ［日］滨下武志:《中国近代经济史研究》，第 280-281 页。
2 参见［法］弗朗索瓦·吉普鲁《亚洲的地中海》，第 175-178 页。
3 "海洋不知道疆界为何物，而且将是唯一的、无须考虑地理情势和邻里关系的统一的空间，这种空间对于和平的商贸抑或是任何国家之间的战争都应该保持一视同仁的自由和开放。"［德］卡尔·施米特:《陆地与海洋——古今之"法"变》，第 76 页。
4 ［美］孔飞力:《他者中的华人: 中国近现代移民史》，第 105-106 页。

是靠真金白银, 而是靠汇票等金融手段完成。所以, 从中国外流的白银并未流向欧洲, 而是大部分留在了南洋, 尤其是新加坡——这也与白银在东方的购买力强于采行金本位的西方直接有关。英国商人用这些白银购买东南亚各地的物产, 同时也用来吸引华人劳工。[1] 被吸引来的劳工, 便是充满血泪史的"猪仔"。这样, 东南亚就获得了一种特殊的发展优势, 它面对着庞大的世界市场, 拥有本土丰富的自然资源, 有着大量流通的货币资本, 有着西方所提供的一整套现代法权和现代经济、技术, 再加上价格低廉又吃苦耐劳的华人劳工, 东南亚发展起一种殖民地经济的畸形繁荣。

华人劳工和庞大的华人贸易网络, 是这种经济繁荣当中不可或缺的要素。而这也是中国历史上第一次, **庞大的流民群体不呈现为破坏性力量——** 一如太平天国——**而是呈现为建设性力量**。他们背井离乡来到南洋, 以及更加遥远的美洲、澳洲等地。由于家乡所面临的"内卷化"问题, 中国劳工能够接受在外人看来非常之低的工资标准和劳动条件, 以至于中国劳工迅速地成为移民地的主要劳动力。

对比前文引用过的赵冈先生的研究, 他提到中国农村的过剩人口导致劳动力成本极为低廉, 这在封闭的社会中是绝对不利的, 但对一个开放的经济则是相对有利的。这里我们可以再引申一下, 在中国本土还未工业化的情况下, 即便是进入一个开放的经济, 低廉的劳动力价格也无法形成中国本土的竞争优势; 这种竞争优势会为外部世界所用, 通过劳工的地理迁移, 而对输入地的劳工阶层形成巨大竞争压力, 并引发一系列排华问题。华人在西方人建立的政治秩序中, 能够感受到现代法权带来的权利和秩序, 并对此非常欣赏; [2] 但是, 排华问题会让他们感受到巨大的屈辱, 其所欣赏的法权秩序里包含着对华人的特殊歧视。这些屈辱会激发出一种民族主义情结, 海外华人渴望着母国能够保护自己, 或者母国也能够拥有这些现代制度。母国的不争气,

---

1 [日] 上田信:《海与帝国: 明清时代》, 446 页。

2 例如, 一位在新加坡的华人移民在 1899 年曾如此写道:"生活在英国、荷兰、葡萄牙、法国或者西班牙的殖民地有一大好处, 就是可以享受这些国家仁慈的保护, 却不用面对贪婪和态度恶劣的官吏。坦率地讲, 在这里发展业务比在中国要容易得多。"转引自 [美] 孔飞力《华人的外迁及回归》, 谭旭译, 载《东方历史评论》第 2 辑, 广西师范大学出版社, 2013 年。

遂将民族主义逐渐引向革命激情，推动母国实现现代政治转型。当然，这个转型过程会很漫长，但是转型过程也会使得母国的工业化进程得以展开；只有待到中国真正地从政治层面上自我组织起来，完成现代转型，其低廉的劳动力成本才能转化为中国的经济竞争优势。

排华运动大致在 19 世纪末期开始出现，而海外华人的民族主义情结也是到了这个阶段，在多种因素的刺激下生成的。在进入 19 世纪后期之前，"中国"这样一个空间概念仍旧从属于"朝代"这样一个时间概念，所以海外华人并无国家意识，对待"中国"的态度含糊不清；但是随着西方的国家概念越来越多地进入人们的视野，受过教育的华人想象母国和想象政治的方式开始变化了。

1900 年前后，康有为、梁启超、孙中山等维新派保皇党或革命党的领袖陆续来到南洋，他们进行了大量政治宣传，将华人对苦难的感知转化为一个答案：一个强大的中国将会保护他们。一种源自外部教育的民族主义意识被激活。[1] 在南洋的帝国边缘之生存体验，反过来也改变着维新派和革命党的政治想象。而在大清一边，帝国的政治想象也在发生变化。到 1909 年，大清颁布国籍条例，建立了一种血统主义的国籍法，规定只要父母双方有一方是中国人，则无论其本人出生于何地，皆属于中国国籍。这造成了作为南洋少数族群的华侨与当地社会和当地政府之间的关系复杂化，华人成为当地秩序中一种身份暧昧的存在，进一步成为被歧视与被排斥的对象。海外华人出于寻求保护的现实需要，以及通过文化自豪感来摆脱屈辱感的需要，进一步地有了民族主义情结，以及衍生出的革命激情。

孙中山的革命努力在海外华人当中获得了大量支持，以至于他称"华侨是革命之母"。而海外华人中的最大部分便分布在包括香港在内的广义南洋地区，其次是在美国。自同盟会在东京设立本部后，其分会以南洋地区的会员最多；南洋地区华人的革命报纸之多，亦为其他海外地区所不及；就起义而言，在中山先生组织的十次起义中，有八次以南洋为支援。[2] 南洋地区对革命既有

---

1 参见［澳］王赓武《南洋华人民族主义的限度 1912—1937 年》，载《东南亚与华人——王赓武教授论文选集》，姚楠编译，中国友谊出版公司，1987 年，第 134-137 页。

2 参见蒋永敬《辛亥前南洋华人对孙中山先生革命运动之支援》，载辛亥革命与南洋华人研讨会编《辛亥革命与南洋华人研讨会论文集》，论文集编辑委员会，1986 年，第 222 页。

人力的支援（黄花岗七十二烈士当中有二十九人直接来自南洋），又有财力的支援，占到中山先生革命募款的近 85%，再加上美国华人的捐款，则占到超过 93%。[1]中山先生所筹集的捐款，大部分并非来自富商，而是来自中下层华人。因为富商多半已经在当地经营多年甚至多代，属于上流社会的一分子，有各种渠道和办法参与到南洋的殖民秩序当中，规避掉歧视性的规定，感受不到太多苦难；而中下层华人则远未进入殖民地的上流社会，是各种歧视性规定的直接针对对象，也没有足够多的办法来应对，所以尤其渴望有个强大的祖国。

　　中山先生的革命理念，需要寻找到将其转化为行动能力的组织资源。内嵌在南洋华人社会当中的会党组织，便是现成的组织资源。中山先生将会党力量充分动员起来，使之成为其发动起义所依托的重要资源。[2]但是，会党的关注范围便也决定了此种革命的极限。南洋华人主要来自广东、福建两省，会党与祖籍地的宗族组织之间有着各种各样的牵连关系，他们首先关注的还是这两省的繁荣。"它不仅是一种有条件的民族主义，而且也是一种肤浅的、具有依赖性的民族主义，它不具有自我运动的能力。它依靠中国来保持人们对它的兴趣，依靠被派到国外的中国人来培养具有民族主义倾向的下一代人。"[3]

　　但是，从另一角度来看，又可以说，这些基于会党与宗族的组织结构，正是地方自治所需依凭的最重要的组织资源。中山先生要用它来发动国家层面的革命，当然是不合用的——后来孙中山与陈炯明的冲突、蒋介石与陈济棠的冲突，在根本上都是国家本位与两广地方本位的冲突所致；但如此大的国家，其现代转型的完成，必须包含着地方自治，否则难以形成良治，所以革命后的政治秩序很需要这些资源的存续。

1　海外华人革命起义捐款，香港占 28.15%，星马地区占 25.86%，安南暹罗占 16.07%，美国占 8.84%，缅甸占 7.07%，荷属各埠占 4.67%，菲律宾占 2.57%，其余都在 2% 以下。转引自陈树强《辛亥革命时期南洋华人支援起义经费之研究》，载《辛亥革命与南洋华人研讨会论文集》，第 255 页。

2　据洪门的一位现任龙头大哥说，黄花岗七十二烈士当中，有六十八位是洪门兄弟（参见许知远、方曌《金山、南洋与离散中国》，载《东方历史评论》第 2 辑，广西师范大学出版社，2013 年）。这样一个数字或许会有所夸张，但是我们完全可以想象，倘无会党力量作为最重要的组织资源，单纯依靠抽象的革命理念，势单力孤的孙中山是无法组织起义活动的。

3　［澳］王赓武：《南洋华人民族主义的限度 1912—1937 年》，载《东南亚与华人——王赓武教授论文选集》，第 152 页。

再向更深层去挖掘的话，会发现东南沿海的地方本位精神当中，有一些内在的矛盾。其地方精神的组织强度依赖于传统的宗族观念，这些观念被儒家所正当化；但是儒家本身在长久的历史积淀当中又有着一种追求大一统的潜意识，而大一统又是否定地方本位的。这样一种自相矛盾的精神结构，若欲兼容其两种要素，需要满足如下两种秩序原则的其中一个：一是帝国本身不以具体的政治动员为目的，而以文化的涵育为旨归，则地方宗族组织作为涵育文化的基层培养皿，并不与帝国的大一统相矛盾，但这有个前提，就是帝国并不面对难以化解的外部挑战；另一是中国概念本身被抽象化，它首先是作为现代社会赖以存续的普遍法权秩序存在的，而不自视为文化的肉身化，则地方宗族组织也可逐渐形成一种现代转化，成为地方自治的基本要素，这是现代国家的基本原则。

这两种秩序原则并不是连续状态，无法平滑地从一种过渡到另一种，而是需要一些新的精神要素和组织资源的激发。这就为 20 世纪的诸多革命埋下了伏笔。

三、西域的命运与陆海大博弈

包括西域在内的大中亚地区，在近代以前，一直是东西方贸易、交通的重要通道，因此积累起丰厚财富，使得中亚地区的文化极为兴盛。[1]但地理大发现扭转了这一切，海洋将东西方直接联系了起来，远途贸易通过海上比通过中亚更有效率，原本在某种意义上还处于世界中心的中亚地区，被剥离到了世界的边缘，伴随贸易而来的滚滚财富不再可持续。随着经济格局的变迁，中亚的游牧－定居共生体的财政逻辑完全变了，这终于使得中亚地区的游牧力量对秩序的建设性意义大幅缩水，不再有如喀喇汗国、西辽一般的文化之盛，中亚的政治、经济、社会都开始进入一种失序的状态，中亚如同回鹘西迁之前一般，又一次需要外部世界帮助提供秩序。而大清与俄罗斯入主中亚，将其重新整合进东、西边两大帝国的秩序当中，便成为嗣后的历史主线。这

---

1 见本书第一章第四节的相关讨论。

样一种变化是不可逆的, 嗣后的任何中亚秩序都必须在这样一个不可逆的新秩序逻辑之下获得理解。

再纳入陆权、海权这两个视角的话, 可以看到, 19 世纪中期以后亚洲大陆上也发生着陆权与海权极其复杂的博弈, 博弈的主战场之一就是中亚, 主角是英属印度、俄罗斯两国, 还有介于主角与配角之间的中国。"大博弈" 甚至已经成了国际关系上的一个专有术语, 专指 19 世纪英(印)、俄两国在中亚的这段博弈。[1] 从这段博弈中可看出陆权帝国与海权帝国的行事差异; 俄国对中亚是步步蚕食, 占住了就不撒手; 英国则担心俄国会威胁到英属印度, 于是向北抵御, 几次入侵阿富汗, 将其变成自己的保护国, 以之为对俄国的缓冲, 在形成对阿富汗的间接统治后便撤回印度, 并不以占领中亚的更多土地为目的。[2]

真正的海权帝国可以说是到近代才出现的, 因为远洋航海技术是近代的事情; 古代的帝国本性上都是陆权帝国, 都是追求对土地的占领。而近代的陆权帝国与古代的陆权帝国也有很大差别, 差别不是在对土地的渴求上——它们都渴求着对更多土地的占有——而是体现在技术进步所带来的各种能力的差异上。古代的陆权帝国由于军事技术和统治技术的落后, 使得帝国中央在相当程度上依赖于地方的自愿服从来实现统治, 单纯依凭军事征服的成本往往高到帝国无法长久承担; 地方的服从意愿通常都是来自宗教观念和传统观念, 这样, 对传统的尊重在古代帝国是统治的要术之一, 地方的权利从而也受到传统习惯的保护。对陆权帝国来说, 出于生存压力, 它必须具备强大的陆军; 到了近代, 随着军事技术和统治技术的进步, 这个强大的陆军可以将帝国中央的意志贯彻到边远地方去, 其对传统的置换便已在技术上成为可能。

这个所谓近代陆权帝国, 我们可以明确地说它就是俄国。德国虽然也是个陆权强国, 但其国家理念是以民族主义为基础的, 并不是诉诸超民族理念

---

1 英国彼得·霍普柯克所著《大博弈》(张望、岸青译, 中国青年出版社, 2015 年) 一书是对这段历史极其精彩的论述。

2 英国对印度的占领, 在某种意义上可以当作对一个特殊岛屿的占领, 因为南亚次大陆是个独立的地理单元, 高山的阻隔使得这里不可能成为蚕食亚欧大陆主体领土的前进基地。

的帝国。俄国则是以东正教作为自己的精神基础，它像古典帝国一样，可以说自己就代表着东正教，从宗教中提取统治的正当性，从而可以追求超民族的帝国，这种帝国追求也构成了这个国家深层次的精神冲动。[1] 由于政治上的破碎性，西欧没有哪个国家能够说自己就代表着天主教或者新教，故无法从宗教中提取正当性，而只能诉诸无普遍主义取向的民族主义了，所以德国只能说是个陆权强国而不能说是个陆权帝国，因其对秩序的想象不是古典帝国式的想象。俄罗斯帝国置换掉"传统对帝国的约束"这样一种可能性，到了苏联时期便完全化作现实了，它建起了一个庞大的中央集权的建构式帝国——如果可以这么说的话——也是一种具有极强现代性的政治方案。

还有另一个大陆帝国便是中华帝国，它在近代以来日渐孱弱，但潜意识当中一直没有放弃古典帝国的秩序想象，近代以来其在中亚也是虽孱弱却不可忽视。而对英美这样的海权帝国来说，它们的岛国处境使其从来不需要一支强大的陆军，从而中央政府向下贯彻自己意志的欲望始终找不到一个可用的工具。英国国王曾为此做过一些努力，但还是失败了。于是，它们更多的是一种基于自治共同体之微观利益的自由联合而形成的自生秩序帝国——与之对应的是建构式帝国。这种自生秩序帝国，当然与传统有着千丝万缕的联系，因为传统就是自生秩序的一个表现。

因此我们可以说，近代以来，中亚的秩序注定是要依靠大陆帝国来建立的，海洋帝国由于其生存原则，不会主动参与到对中亚秩序的构造当中来。理解中亚的另一条线索便浮现出来，这就是中亚的大陆命运；这种命运仍然是由地理条件的硬约束所致，它使得中亚难以参与到海洋帝国的自生秩序当中，海洋帝国也无力深入内陆去做经济之外的事情。

于是，地理大发现以后的中亚，在一种消极意义上对周边的轴心文明帝国构成启示，它启示着**轴心文明帝国必须作为一个能够安顿中亚秩序的大陆帝国存在，如果它不能安顿中亚，则甚至无法成就自己**。左文襄公在塞防与海防之争中谈到的所谓"重新疆者，所以保蒙古，保蒙古者，所以卫京师"，

---

1 我对此问题曾有专文探讨，参见施展《欧亚？帝国？欧亚合众国！》，载《大观》第 3 辑，法律出版社，2010 年。亦可参见本书第六章第二节第二小节的相关论述。

即是此意。倘若不能安顿中亚秩序，则此前以北京为中心而构建起来的东亚大陆多元体系的结构将难以成立，东亚的普遍帝国也难以成就它自身。19世纪70年代大清第二次入主西域，[1] 以及沙俄入主中亚，就是这种命运启示的一个体现。英国在19世纪七八十年代之交打了第二次阿富汗战争，将其彻底变为自己的保护国。19世纪70年代可以看作大陆帝国与海洋帝国划定分界的一个标志性时期，中亚南界就此成了大陆帝国与海洋帝国的边界。[2]

前文曾经述及，中亚以帕米尔高原为界，可以区分为东西两个亚区域；即使在现代治理技术下，这种东西疆界很可能也天然存在。回看19世纪后期，在来自中亚浩罕汗国的阿古柏侵入新疆时，他一路猛进席卷南疆，又侵占乌鲁木齐，即将再席卷北疆之际，俄国人不愿再旁观，在1871年侵占了伊犁，阻止了阿古柏控制这块七河地区的战略要地。但俄国又不曾说是要割走伊犁，而只说是替大清暂时守住伊犁，因为它还有另外一重战略考虑。

这与阿古柏的行为逻辑有关。阿古柏侵入新疆的使命原本只是护送白山派和卓的后裔抢夺南疆，但是他迅速架空了后者，谋得宗教身份，独掌南疆大权，接下来又以圣战的名义攻入由来自陕甘的回族东干人所占据的北疆，指责后者的哲合忍耶派是异端。基于这种宗教热情，阿古柏的力量在南北疆几乎所向披靡。

此时俄国正在努力征服中亚地区，俄国担心，如果阿古柏的宗教热情促使他转向支持中亚，令中亚的伊斯兰力量大盛，则会加大俄国入主中亚的难度。所以它一方面不能让阿古柏占据伊犁，一方面又不愿独自面对伊斯兰力量，一定要把大清拉上，以便分担风险；在它看来，大清收复新疆无望，那么以代管为名做个顺水人情，又把大清拖在这趟浑水中不让它走，便是最佳策略了。正是因为俄国对新疆采取了一种相对保守稳健的政策，大清才有机会在后来又收复伊犁，否则依照俄国人占住了就不撒手的习性，这件事是完全做不到的。

1　第一次是乾隆朝的兆惠平疆，第二次是同光朝的左宗棠平疆。兆惠平疆是在18世纪中期，基本上还是传统的帝国扩张的路数；但是左宗棠平疆与其平陕甘回乱是连续作业，在19世纪60—70年代，其整体的运作逻辑与兆惠就有很大差别了。而俄罗斯入主中亚，也是在19世纪60—70年代，与左公入西北基本同时，两家这才平分中亚，此前俄罗斯只是在中亚的外围晃荡。

2　阿富汗作为一个国际法意义上的国家，正是在这个陆海博弈的过程中被塑造出来的。参见施展《阿富汗的宿命与帝国地理》，载《大观》第8辑，法律出版社，2012年。

　　进一步挖掘的话，我们在这里又可以看到固着性与两种不同的流动性的对比。区别于大陆帝国，海洋帝国的力量来自流动性，如商品的流动、资本的流动、人员的流动、知识的流动、海军的流动等，但所有这些流动都有一个基本的约束条件，就是法权秩序。法权秩序使得所有的流动打破了固着，打破了传统，却并不会产生混乱，而是形成巨大的活力与生机，以及一种有巨大扩展力的现代秩序。而中亚地区有着另一种流动性，但是这种流动性背后没有一套法权秩序来形成约束条件。这使得该种流动性本身不能带来秩序与生机，而是带来混乱。这样一种流动性在古代中世纪也存在，但是那个时候中亚还是世界贸易的中心通道，其绿洲城市地区富裕繁荣，从而有能力在精神上对锡尔河北部冲过来的游牧者进行驯化，让中亚成为高度文明的地方；到了地理大发现之后，中亚沦为世界的边缘，巨量的贸易财富不再，其对游牧者的精神驯化也很难再做到，于是中亚就进入了比较长期的文明退化阶段，并逐渐陷于混乱。

　　这从另一个角度证明了近代以来的中亚无力自立，需要外部世界建立大陆帝国来帮助提供秩序。中亚的混乱流动性需要先被大陆帝国的定居性所克服，形成秩序，然后才谈得到如何进一步地融入现代流动性。而由于伊斯兰这种普遍性精神要素的存在，对深入中亚的大陆帝国来说，另一种样式的"分而治之"——由两大帝国来分别面对它——不啻一个更优选项，如此方可摆脱伊斯兰力量全部针对自己的危险，否则大陆帝国将被卷入一种具有普遍属性又充满了动员力量的反抗当中。

　　对伊斯兰世界来说，一个非伊斯兰的政府统治并不是不可接受的。这种可能性早在公元 800 多年阿巴斯王朝的马蒙哈里发时期就已萌生了。由于马蒙哈里发得位不正，便试图通过对经义的控制来正当化自己的统治，这意味着要用权力来干涉信仰，他为此还进行了大规模的异端审判。异端审判失败了，但是它却带来了意外的影响，在主流的神职人员乌里玛中，此后没有任何集团还想利用国家强化信仰了。[1] 乌里玛对政治干预信仰的拒斥，形成了一种知识的自治，他们确信这种自治是使得信仰纯净的一个前提，他们甚至由此发展出对哈里发权威的质疑。这样，对穆斯林来说，只要允许信仰层面的自治，

---

1 ［英］弗朗西斯·鲁宾逊主编：《剑桥插图伊斯兰世界史》，第 176-179 页。

则外在秩序是一个可以让步的东西。前文曾经谈到的乾隆朝对新疆的统治政策也证明了这一点。

于是，我们就可以说，中亚西部注定是属于俄罗斯帝国的，中亚东部则注定是属于中华帝国的。中亚先被定居性所驯化，然后被整合入大陆帝国，而大陆帝国之所以能够做到这一点，又是依靠着来自海洋的力量的支撑。如前文所述，左宗棠平定西北，是依靠着来自汇丰银行的贷款。就大清来说，在这个时代，尽管其国土的东南与西北仍然在各不相同的治理架构之下，但实则已有着深刻的秩序勾连了，多元的大清帝国面对内忧外患开始呈现一体性的应对。就沙皇俄国来说，其得以入主中亚，也有赖于1861年农奴制改革之后，西方资本进入俄国，刺激其经济发展，从而使其获得了向中亚扩张的财政基础。在这个过程中，大陆帝国以自身为中介，从海洋秩序方面获取力量，以便输出到中亚，安顿中亚秩序，整个世界秩序形成了深刻的一体联动的关系。

四、印度洋的风与大西洋的风

左文襄公平西域时所借用的海洋资源，更容易让我们感受到的是太平洋的风；把视线转向英（印）、俄两国在内亚地区的活动及其衍生影响，则会感受到大西洋与印度洋的风，它们在雪域高原的活动是对此的最佳注脚。这里所说的"风"当然有气候上的意义，但本书尤其要强调的是其政治和历史上的意义。

苦于大清海禁的英国东印度公司，18世纪中叶便开始寻找通过西藏进入中国内地市场的路径，多次尝试都未成功。19世纪中后期，英（印）逐渐扩展到喜马拉雅山麓，终于获得进入西藏的通道；沙俄在这个时期渐渐扩张到中亚，从另一个方向上也接近了雪域高原。从19世纪70年代起，英、俄两国陆续派人入藏考察，并展开了各自进一步的地缘战略谋划。

英国的谋划基于其贸易过程而展开。随着1833年东印度公司被取消对华贸易垄断权，臃肿笨拙的老大公司无力与私商竞争对华茶叶贸易，遂尝试自行组织在印度种植茶叶以便控制货源。印度洋的海风吹拂到喜马拉雅山麓，形成适合茶叶种植的气候，到19世纪50年代，大吉岭发展为重要的茶叶基地。

英国凭借雄厚的资本，组成生产、加工、运输、销售一条龙的庞大公司，中国单家独户的茶农和行商坐贾难以望其项背，华茶的国际市场份额逐渐被印茶大幅挤占。19世纪80年代，遭遇经济危机的英国人急于开辟更多的市场，《泰晤士报》曾发文鼓动要将印茶销入西藏，文中提到"大吉岭百哩（英里）以内，有一个民族每日三顿除茶而外，不用其他饮料，而茶的供应是来自一千二百哩以外的中国"[1]。

一旦印度茶叶入藏，对大清的西藏治理将是个巨大的威胁。大清严禁私茶入藏，在康巴重镇打箭炉（今康定）设置关卡，对入藏的川茶征收税厘，以此笔收入来支付其在西藏的各项开支，是谓藏饷。一旦印茶取代川茶占领西藏市场，则四川茶农将会失业，孕育着动荡；而藏饷难以为继，西藏将在政治和经济双重意义上被纳入英印的势力范围。

英国人的谋划则是，由于西藏与蒙古的政治和宗教联系，一旦对西藏形成某种控制，就意味着取得了影响整个中亚的地位，只有这样才能对抗正在中亚稳步向前推进的俄国人；他们更进一步认为，如有必要，可以用军事手段打开印茶入藏的商业大门。[2]终于，英印军队于1888年攻入西藏，强迫大清在战后签订了《中英藏印条约》，印茶获得免税进入西藏的机会。太平洋水系的川茶被印度洋水系的印茶所取代，大清在西藏的统治能力渐被侵蚀，四川方向浮现隐忧。但是，英国基于其海洋帝国的基本逻辑，[3]并不想真正占领西藏，以免背上统治当地的包袱；让西藏成为一个英国势力范围下的保护区，构成英印与俄国之间的缓冲地带，才是其最优策略。

俄国为了在"大博弈"中获得更有利的地位，对西藏也垂涎三尺；一旦西藏落入其势力范围，则俄国人便可居高临下俯视印度，对这颗"大英帝国王冠上的明珠"构成巨大的战略威胁。俄国难以通过贸易手段对西藏形成影响，它转而利用信仰藏传佛教的布里亚特蒙古人来展开更大的战略。

布里亚特地区在贝加尔湖东岸，位处西伯利亚交通要道，有着较多的俄罗斯移民，近旁还有俄国人在中西伯利亚地区的统治中心伊尔库茨克，因此

---

1 关于印度茶叶发展，参见吕昭义《英属印度与中国西南边疆（1774—1911年）》，中国社会科学出版社，1996年，第123—127页；《泰晤士报》引文出自该书第140页。

2 参见吕昭义《英属印度与中国西南边疆（1774—1911年）》，第129—133页。

3 参见本书第五章第一节第三小节的相关讨论。

布里亚特蒙古人受俄罗斯文化影响较大，又受到由俄罗斯转手过来的西方文明的影响，在大西洋之风的吹拂下获得了现代意识和民族主义意识。其现代意识使得他们对较之大清更加现代的俄罗斯有着较强的认同感；其民族主义意识则呈现为一种泛蒙古主义的意识，并对藏传佛教的故乡雪域高原有着一种特殊的情感。

日本僧人在 1889 年考察西藏后曾记录道，布里亚特喇嘛在几个大寺学经的有 150—200 人之多。布里亚特人巴德玛耶夫在 1893 年向沙皇上"万言书"，提出一整套经营蒙藏的方案，主张应将"蒙古、西藏、中国合并于俄国"[1]。巴德玛耶夫推荐的另一位布里亚特人德尔智，则进入拉萨认真修习，获得最高的佛学学位，并成为十三世达赖喇嘛身边的十名侍读之一。德尔智极力劝说达赖喇嘛依靠俄国，宣称"俄国是世界上最强的国家，英国害怕俄国""俄国不直接同西藏接壤，因而不会像英国那样危及西藏""西藏人要想不落入英国人手中，就必须同俄国建立友好关系"。[2] 十三世达赖喇嘛因此委任德尔智作为其代表，在清末、民初数次赴俄尝试寻求政治支持，以对抗英国的影响力；当英国趁着俄国陷于日俄战争无力他顾，于 1904 年攻入拉萨时，德尔智便护送达赖喇嘛出走至外蒙古库伦，达赖喇嘛甚至曾考虑投奔俄国寻求保护。

沙俄的谋划，隐然呈现出类似于当年林丹汗、准噶尔汗国等试图打造的，覆盖蒙藏的庞大战略空间；但其谋划所依托的布里亚特蒙古，却有着双刃剑效应。一方面，布里亚特因沙俄对其喇嘛教信仰的保护，[3] 而愿意赴西藏为帝国利益服务；另一方面，大西洋之风在布里亚特人中孕育出的泛蒙古主义，又可能对沙皇在亚洲的统治构成挑战。

19 世纪后期，大西洋的风还在克里米亚、伏尔加河流域以及高加索的突厥裔鞑靼人知识分子中，激活出泛突厥主义。地处斯拉夫与突厥过渡地带的喀山大学，有着世界一流的东方学研究中心，也有众多吸收了民族主义思潮、

1　转引自王远大《近代俄国与中国西藏》，生活·读书·新知三联书店，1993 年，第 15 页。

2　转引自王远大《近代俄国与中国西藏》，第 161 页。

3　布里亚特和卡尔梅克这两支沙俄境内的蒙古人，其上层喇嘛很认同沙皇对喇嘛教的保护，尊沙皇叶卡捷琳娜二世为"活佛"，认为此后的历代沙皇都是她的转世，沙皇的像在寺庙中悬挂于众多佛像中的显要位置。参见王远大《近代俄国与中国西藏》，第 138-139 页。

忧心于突厥处境的突厥裔知识分子就读于此，是孕育泛突厥思想的重镇。到第一次俄国革命时期（1905—1907），此一思想已在中亚获得广泛影响。青年土耳其党人的意识形态，也吸引了很多曾在土耳其留学的中亚年轻人，他们在返回家乡后更成为泛突厥主义的积极宣传者。[1] 印度洋的风则在阿富汗激活出泛伊斯兰主义。泛伊斯兰主义的开创者哲马鲁丁·阿富汗尼，出生在被英俄大博弈所打造出来、处在英国间接统治下的缓冲国阿富汗，他在去往麦加朝圣途中，曾在印度居住一年半学习英语，目睹了英国镇压印度 1857 年大起义；他在麦加又与各国穆斯林领袖一起探讨了伊斯兰改革主义问题和建立"伊斯兰大同盟"的问题。这一系列经历，促成了其强烈的反殖民主义、统一伊斯兰世界的思想，形成巨大的影响。[2] 泛伊斯兰主义中有着革新伊斯兰教的主张，其在中亚又被表达为革新主义，与泛突厥主义相结合，有着更复杂的影响。[3]

由于前述力量的存在，俄国构建内亚秩序的努力总是投鼠忌器，反倒成为其战略执行上的障碍。俄国从 19 世纪中后期直到二战结束，一直阻止布里亚特和内、外蒙古合并，就是担心泛蒙古运动伤及自身，一如它担心泛伊斯兰主义、泛突厥主义伤及自身，不会去尝试吞并新疆一样。

英俄两国在中亚的博弈冲突，对大西洋之风的策源地欧洲也构成重要影响。法国为了对抗德国，在 1893 年与俄国建立了协约关系；一直坚持"光荣孤立"的英国面对德国咄咄逼人的挑战，在 1904 年也与法国建立了协约关系。对法国来说，英俄两个协约国处于博弈冲突的状态中，有可能让其精心构建的联盟关系变得无意义，因此它极力斡旋英俄两国关系，试图让它们也达成协约。

《英法协约》的核心文件《关于埃及和摩洛哥的声明》，确认了埃及是英国的势力范围，摩洛哥是法国的势力范围；该声明还附有一项《赫底威敕令》，敕令可从政治和经济上确保外国债权国无从干预英国对埃及的独占，但敕令需要经过法、俄等埃及的债权国同意才能实施，这便构成了法国协调英俄两国谈判的入手点。英俄两国的谈判围绕达赖喇嘛问题、布里亚特人同西藏的宗教联系问题、"科学考察队"问题，以及"西藏的对外交往不受他国妨碍问

1 参见［伊朗］恰赫里亚尔·阿德尔主编《中亚文明史》第六卷，吴强、许勤华译，中国对外翻译出版公司，2013 年，第 158-160 页。
2 参见彭树智、黄杨文《中东国家通史·阿富汗卷》，商务印书馆，2000 年，第 179-182 页。
3 感谢黄达远先生与我在这方面的讨论所带来的启发。

题"等展开,最终在 1907 年两国签署协约,完成了关于西藏以及埃及、波斯等诸多问题的交易。[1]

大西洋的风与印度洋的风,在西域和西藏交织在了一起,中国却因此又一次以中介性的身份获得其地位;内亚地区复杂的精神秩序,以及大博弈的两个主角更复杂的国际政治需求,使得大清成了必不可少的第三力量,它虽然虚弱,却因这一身份而得以保住西部疆域。

西藏的命运与远方埃及的命运在此过程中形成了一种勾连。在某种意义上可以说,汉、唐时候曾反复出现的草原-高原的南北关系与中原-中亚的东西关系的对峙结构,此时在更大规模上展开,呈现为西伯利亚-印度的南北关系与中国-中东的东西关系的对峙结构;以内亚为轴心的地缘战略大十字,在历史上不断扩展着其规模。这也不啻一个历史隐喻,证明了在这个历史阶段,外交,而非内政,才是古老的奥斯曼帝国与中华帝国赖以维系自身的根本。[2]

五、西南的奇迹

西南地区作为中国历史当中的一条支线,是儒家传播极限的一个现成例证。前文曾述及,[3]西南因山川阻隔,官僚难及,曾作为逃避帝国统治之人群的重要去处;又因有水路与山谷通畅,而在近代由印度支那方向得风气之先。到了清末民初的时候,西南俨然成为西方文化在华传播的重镇。英国循道宗传教士柏格理在黔西南大山深处石门坎地区的一系列奇迹般的作为,是这种传播过程最为突出的例证之一。

对多数国人而言,在 1915 年过世、号称"苗王"的柏格理,在今天已是个湮灭无闻的名字。柏格理出生于 1864 年,1887 年放弃了英国公务员的职位,作为循道会的传教士来到中国。艰苦地工作了十几年之后,柏格理传教的成

---

1 参见王远大《近代俄国与中国西藏》,第 249-258 页。
2 我在《伊斯坦布尔的文明转型——土耳其政治札记》(载《文化纵横》2015 年第 3 期)一文中,曾对此问题做过进一步的探讨。
3 参见本书第一章第六节。

效仍未达其初衷。直到 1904 年，因为一个偶然的机会，他来到了极为闭塞、穷困的贵州威宁石门坎。柏格理在这个苗族聚居区学会了苗语，他穿着苗服，在恶劣的环境下与苗民同吃同住，很快赢得了苗民发自心底的信任。1905 年，柏格理在几个通英语的苗民的协助下为苗族创制了文字（今天被称为柏格理老苗文），文字中既有拉丁字母，也有柏格理从当地人衣服上绣的花纹中采集来的图形，他将这多少世纪以来已渗入苗人潜意识当中、包含着文化隐喻的图案转化为苗人进入现代知识的入口。

柏格理用新创制的文字翻译《圣经》，为苗人编写识字课本，并开始建设学校。到民国成立的 1912 年，学校已经颇具规模，柏格理将其命名为"光华小学"，取光复华夏之意。为了让苗人有国家意识，柏格理还用苗文拼出《论语》等儒家经典，以供对汉字感觉吃力的苗人学习。经过柏格理及其后继者的不懈努力，石门坎在民国时期便培养出了不少大学生，还有硕士、博士。而这些走出石门坎的高才生，牢记柏格理的教诲，毕业后绝大部分又回到石门坎，努力改变自己的家乡。

柏格理又将一系列的西方现代文化、现代生活方式引入了石门坎，在学校里修建了体育场、游泳池，对学生和苗民进行体育教育。每年端午节，石门坎会举办全民运动会，到 20 世纪 30 年代，能够吸引周边数省上百支运动队来参加，赶来的现场观众可达两万多人。石门坎的足球队远近闻名，甚至到了 1959 年在男足国家队里面，还有几个出身于石门坎的人。21 世纪到访石门坎的西方人，也曾惊讶地发现当地有操着英语向他秀脚法的苗族老人。

柏格理的这些努力，从根本上改变了石门坎，将其从穷苦落后的闭塞之地，一变为远近闻名的西南文化高地，堪为并立于晏阳初、梁漱溟之乡村重建工作的另一尝试，且成效斐然。柏格理本人，则在 1915 年袭击当地的一场伤寒瘟疫中，把药品全部留给学生使用，自己病倒以至撒手人寰，最终葬在了石门坎这片他深爱的土地上。而他的工作则由其所属的教会继承了下来，教会派其他传教士来到当地，继续推进。[1]

1　感谢陈浩武先生帮助我了解了柏格理，陈浩武先生为柏格理事迹所感动而组织了公益教育基金会，在石门坎地区推动公益事业。关于柏格理的生平，可参见阿信《用生命爱中国——柏格理传》，大象出版社，2009。关于柏格理在石门坎地区的一系列奇迹般的事迹，可参见张坦《"窄门"前的石门坎》，云南教育出版社，1992。

柏格理的人格魅力极为令人折服，但这同时也向我们提出一个更严肃的问题：为什么柏格理能在短短的十几年时间里，便从根本上改变石门坎这个地方？[1]

这种醒目的对比，与亚伯拉罕系的一神教与非一神教之间的区别有着深刻关联。非一神教的信仰有个特征，就是它往往与信徒所生长于其中的特定的自然地理有着关联，比如神道教与富士山，印度教与恒河，道教与五岳，儒家（教）与中原，等等。由于该种自然地理不可复制，于是即便这些宗教有着普世性的取向，它们也会在事实上被还原为特殊性的，难以超过某个传播半径。尤其是在传统社会，非一神教的组织结构，会很容易与其现实的政治－社会结构结合起来，使信仰本身被建制化。原本是令人得自由的信仰，在被建制化之后，反倒与个体自由之间形成张力，发生矛盾。在纯粹的传统时代，一般百姓很可能感知不到这种张力，因为信仰与社会、与政治、与经济等所有这些要素都是嵌合在一起的，对百姓来说，世界理应如此。此时人们对信仰被建制化所带来的变化，是日用而不自知的，这是传统社会的常态。但是当传统社会遭遇新资源的大规模涌入，或者遭遇外来力量的挑战，则其延续经久的政治－社会结构便有可能全方位地崩溃。

这种崩溃在信奉一神教的西方世界率先到来。地理大发现之后，来自新世界的海量资源，远洋贸易积累起来的与土地占有无关的巨额财富，都使得欧洲数百年来已经形成的社会均衡遭遇巨大破坏，形成了卡尔·波兰尼所说的"脱嵌"。[2]宗教不再是社会的引导力量，经济如脱缰野马脱开了各种传统结构的约束，其他要素倘若不依循经济的新逻辑来调适自己，则注定会崩溃瓦解，社会接下来就会进入痛苦的转型阶段。西方世界因此陷入了长期的动荡当中，从16世纪初期开始，一直到19世纪中叶，才算大致完成这个转型期，脱嵌的社会重新入嵌。完成秩序重整的西方世界，其经济与军事力量开始对

1　为何中原做不到，其原因在相当程度上前文已有解释（参见本书第一章第六节），更需要解释的是为何柏格理能做到。

2　参见［英］卡尔·波兰尼《大转型：我们时代的政治与经济起源》，冯钢、刘阳译，浙江人民出版社，2007年。韦伯的"脱魅"、波兰尼的"脱嵌"、吉登斯的"脱域"（参见氏著《现代性的后果》，田禾译，译林出版社，2000年），是理解现代社会的三大重要理论基础。（感谢刘擎教授在这个问题上对我的提示。）

非西方世界发生冲击，并令后者也开始进入脱嵌的逻辑。非西方世界的物质秩序崩溃了，而与物质紧密嵌合的精神秩序，也随之遭遇巨大困境，人们丧失了价值感，丧失了方向，内心充满彷徨，社会道德走向普遍的堕落。

非西方国家因此面临着重建秩序的任务，这通常有两种路径可供选择。第一种路径是通过自上而下的暴力，第二种路径是引入新的精神资源。实际上，很多非西方国家是将这两种路径联立起来推进的。

新引入的精神资源必定与此前建制化的精神表达有很大的内在区别，才能应对现实的精神困境。人们对此最容易做的尝试，通常是对已经散脱的既有精神资源进行再解释。晚清时期一些士大夫如郭嵩焘、徐继畬、王韬等都曾尝试过这种办法。但对传统精神资源再解释的努力，会遭遇一系列的困境。最大的困境在于，进行再解释的时候，无法把传统精神资源从本质上与其原有的建制化结构剥离开；于是那些对原有的建制化结构有着深厚感情的人，会反过来对再解释者进行攻击。这种攻击会获得很多支持，又是尝试进行传统再解释者在本质上无法避开的，于是他们只能痛苦地看着国事糜烂。[1]

柏格理的工作则提供了另外一种可能性，就是从外部引入精神资源，以全面重塑秩序。而能够提供此种功能的精神资源，便只能是一神教了。因为一神教的上帝"无中生有"，凭空创世，上帝在宇宙之外，所有的标准、伦理都是来源于宇宙之外上帝的创造，这就使得道德伦理、正义标准等与现实存在的物质条件没有必然的联系，从本质上提供了非建制化的精神资源的可能性。

当然，这种非建制化的可能性还是必须通过某些条件激活，否则不一定能够现实化，比如在中世纪的天主教世界，精神资源便也建制化了，脱嵌的世界刚好提供了激活条件。由此，一神教对现代世界秩序的塑造，有机会发展成一种普遍秩序的安排。因为一神教本质上既不要求与任何特定的社会或历史结构相勾连，也不与特定的自然地理相联系，所以可以超脱特殊性的限制。非一神教从本质上来说做不到这一点，它未必会被一神教所取代，但它必须在一神教文明所提供的普遍的、形式化的结构之下，逐渐地调试自己；否则它将无法适应现代世界的冲击，最终只能自怨自艾而无法重新站起来。

---

[1] 参见本书第五章第三节第一小节，还有对郭嵩焘式的努力之所以会失败的更进一步讨论。

正是因此，在这么一个转型时期，在无论是苗族地区还是汉族地区都普遍遭遇精神困境的时候，柏格理才可以用短短十几年的时间完成中原政权尝试了千年也完成不了的事情。很久以来，对南亚、东南亚的山地人群和边缘及少数族群来说，保持或采用与国家核心区域人口不同的宗教认同是很普遍的，他们被污名化往往与这种不同的文化有关。在传统崩溃的时候，他们可能会选择皈依基督教，这代表了他们对现代的认同；同时，基督教更可以被特定群体转化为形成身份认同的额外媒介和资源，使得该群体可以在山区支离破碎的族群马赛克当中重新定位自己，重建秩序。[1] 如此一来，少数族群既可以通过基督教获得新的精神凝聚力，又可以此获得与现代秩序的直接关联，反过来甚至能形成对主体族群的心理优越感，因为后者迟迟难以进入现代秩序。从而，一种未必有政治性但深蕴着文化主体性诉求的精神秩序，在艰难转型的帝国的西南边疆生成了；它像西域一样，在精神层面上不断地逼问着帝国的政治性，推动着帝国从"伦理－官僚世界"向"政治世界"演化。

西南地区在古代构成了儒家传播的地理极限，在现代则通过柏格理的奇迹，为在西方冲击下遭遇严重物质和精神困境的中华帝国提供了一个极佳的政治隐喻。另外还有一个隐喻，出现在帝国对角的另一个方向：东北。

六、东北的隐喻

近代以前，大清为保住东北的满洲故地，免除汉化威胁，修筑了柳条边，边外不许汉人移居，以致东北北部长期人烟稀少，沙俄在黑龙江流域的移民推进迅速，甚至一度实现了局部的人口优势，这是大清损失黑龙江以北、乌苏里江以东领土的一个重要原因。到了义和团战争期间，沙俄占领了整个东北，并迟迟不愿退出；日本也将满蒙视作自己未来的生命线，欲图赶走沙俄；英国则希望在远东扶植起一支力量来牵制沙俄。于是，1904 年，英国出军费，

---

1 ［美］詹姆士·斯科特：《逃避统治的艺术：东南亚高地的无政府主义历史》，第398-399 页。

日本出部队，在东北大地上打了一场大清保持"中立"的"日俄战争"。这场战争前后搅进来一系列的国际因素：沙俄大陆帝国因素、大英帝国的远东格局因素、日本的大东亚秩序因素、美国的门户开放与自由贸易因素……东北一下子成为远东最具国际性的地方，成为列强远东博弈的焦点：具有地缘便利的日俄要将东北变成殖民地，进行陆权扩张，进一步经营远东；英美所代表的国际协调力量则要求门户开放。满铁开始运营时即有大量英国资本介入，美国铁路大王哈里曼在当时启动的收购满铁行动也有美国财团的大力支持。在划分北满与南满的势力范围后，日俄签署秘密协定媾和，日美之间的矛盾则进一步加剧。

吊诡的是，由于大清在当地人口稀少，无力主动而为，反倒成为一个次要因素。为了应对东北的险恶局势，大清被迫出台新的政策。张之洞曾在20世纪初连番向朝廷提议让东三省"遍地开放"，使各国尽行商贾之利，矿务工商杂居一应允准。通过这种门户开放形成各国利益的彼此纠葛与制衡，"非此无以慰各国均沾之望，亦无以杜强邻吞并之谋"[1]，方可保东北不失。这种政策的实行使得东北一下子成为大清最具开放性的地方。1905年，大清开始实行政策性的移民实边，中国的人口膨胀遂又在东北获得了一个出口。此后一直到九一八事变之前，虽经历了若干次政权更迭，但大量移民还是使得东北人口迅速增长起来。作为一个移民地区，东北人形成了一种区别于关内汉地的独特身份认同，具有某种边缘性心理特征。比如，东北统称关内地区为"关里"；而到了关里，又以东北地区而非具体省份为首要认同，这是中国唯一一个出现这种情况的地方。

移民地区没有关内旧的社会结构和制度传统的护佑与牵绊，其本身的社会结构就充满了流动性，使得农耕汉地那种坚固难变的定居性易于被冲破。大清被迫施行遍地开放政策，俄国（后为苏联）和日本各怀鬼胎，在东北进行了一系列努力，修建了大规模的现代交通设施，更使得现代经济的流动性成为东北社会与经济结构拓展中的一个基本特征。如此一来，东北奇迹般地迅速成为中国经济发展程度最高的地区，其大豆成为世界商品，被纳入世界

---

1 张之洞：《张文襄公全集》，《电奏十三》，转引自胡赤军《近代中国东北经济开发的国际背景（1896—1931）》，商务印书馆，2011年，第133页。

经济的轨道，以此再促动工业化进程。[1]在20世纪前半段，东北已成为中国工业化程度最高的地区，其经济的商品化程度也达到了巅峰，并且形成了一系列颇具国际性的城市。

九一八事变之前，东北的人口不足全国的1/12，但是其对外出口额占到了全国的1/3，进口额占到全国的1/4，在全国大规模入超的情况下，东北是唯一一个大幅出超的地区。东北的出口对象也不是以日俄为主，差不多2/3的出口都是发往欧洲的，真正做到了面向全球。20世纪30年代初，全国的铁路才13000多公里，东北就占了6000多公里。这个时期，仅就北满地区而言，享受西式教育的学生已达万人以上。沙俄（苏联）控制的东省铁路公司在哈尔滨建立中央图书馆，据统计，1928年的图书借阅量达到63万余次。在这个由列强主导的发展过程当中，中国也在极力争取自主性——首在修路，这从清末就开始了。到九一八事变前夕，由中国建成和直接控制的铁路已经达到1186公里。[2]

可以说，这个时候的东北，因为历史的偶然而带来的普遍开放，在物质层面上加入到世界资本主义经济这样一个普遍秩序的进程当中。然而这个偶然的物质开放，却没有找到一种具有普遍性的精神来匹配它、驾驭它。当然，很可能也正是观念上的欠缺使得物质上的开放更容易展开。此时的东北是个观念混杂的地方，各种谋划与算计彼此冲突，却没有哪一个能够占上风，能够给出一个可持续的制度性安排。儒家传统在这里恢复为更多属私人层面和社会层面的东西，比如人们对儒家家庭伦理的遵循，张作霖在逢年过节的时候会穿上长袍马褂去给教书先生们拜年等；公共政治层面则是另一套运作逻辑。日俄（苏）关系是东北问题的核心，一方面各种公共政治问题要放在这个大格局下来审视；另一方面，奉系在这里虽只是一个棋子，但它也在极力推动工业、军事和教育方面的现代化。

东北就此走上了此前的中国所完全陌生的一条轨道，传统上用来定义中国秩序的所有要素，都要被放在一个新的尺度上，也就是中国与世界的关系

---

1 参见杨乃坤、曹延泗《近代东北经济问题研究（1916—1945）》，辽宁大学出版社，2005年，第24-36页。

2 此处的一系列数据，皆援引自胡赤军《近代中国东北经济开发的国际背景（1896—1931）》一书中的相关各处。

这个尺度上，来重新衡量。前文曾经述及，东北是远东地区的地缘政治轴心，中国历史与世界秩序的关系，在这里会以一种很集中的方式呈现出来。始于19 世纪末的大半个世纪的东北历史，是对这一轴心地位的深刻隐喻。

第三节　从普遍帝国到普遍人民

一、普遍主义的重新想象

1. 外部视野与内部视野

晚清的历史，是中华帝国的世界秩序想象不断受到冲击的历史，最终这一想象内外交困，不得不去寻找新的路径。

冲击首先来自外部世界。从帝国的世界想象受到冲击的角度而言，1840年的鸦片战争并不是什么"三千年未有之大变局"的起点。《南京条约》所要求的治外法权、赔款、开放贸易等，在大清看来，与 1835 年通过条约给予中亚的浩罕汗国在南疆地区的特权大同小异，其所给予英国的最惠国待遇甚至比向浩罕汗国所做的妥协还要小得多。[1] 在战争中，大清同样将在西北征战的战将调到东南应对英国人的进攻，它认为这两种战争也差不多是一回事。对大清来说，对浩罕汗国的条约与对英国的条约，唯一的区别就是治外法权等不是被应用在藩部而是本部，让人有些不大容易接受而已。英夷与其他夷人大概也没有多少区别，"夷性犬羊"，天朝赐其一些恩典，用货殖之利羁縻之可也，此后帝国便可一仍其旧，高枕无忧。

到 1856—1860 年的第二次鸦片战争，大清国都沦陷，皇家园林被焚，之后筹建总理衙门、兴办洋务等，大清的世界想象才真正地受到冲击，不得不承认西方国家是与大清对等的政治存在——虽然它仍不认为其在文化上堪与

---

1 关于大清与浩罕汗国之间的博弈过程，可参见［美］费正清、刘广京编《剑桥中国晚清史·上卷》，中国社会科学院历史研究所编译室译，中国社会科学出版社，2006 年，第 240-247 页。

大清相比，这也意味着大清所受的观念冲击仍然有限。在此之后，大清费尽心力地打造了一种双重外交体系：一方面是在东亚世界，诸藩国仍与大清处在朝贡关系之中；另一方面是大清与西方的外交关系，处在国际条约体系所规范的平等关系之中。大清对自己仍为世界中心的幻觉并未在此过程中消亡，而只是渐淡；对大清来说，总理衙门不过是个临时机构，是与洋人虚与委蛇的权宜之计而已。中间发生过的几次较小的战争与危机，如 1870 年的天津教案、1875 年的马嘉理事件、1883—1885 年的中法战争等，逐渐让大清内部的个别有识之士意识到了深重的危机，但这种意识并未转化为帝国统治阶层的主流意识。大清仍然相信，儒家帝国的秩序优于西洋的条约秩序。

直到 1894 年的甲午战争，东亚世界天崩地坼。大清第一次意识到，传统的帝国秩序已然崩毁，自己东亚霸主的地位已经终结，单纯的洋务运动完全无力拯救帝国。嗣后，东亚格局大变，作为东亚世界真正的秩序主导者的英国，不再认为大清是个值得扶植的东亚代理人，转而去扶植日本。大清的赔款让日本迅速崛起，大清则越来越感受到转型的压力。

变革的呼声遂普遍涌起，并发展为维新运动。但是过激的维新变法并未带来令人欣慰的后果，反倒激起了保守力量的更大反弹，并引发了 1900 年的庚子之乱及八国联军入侵。这是一场彻底将大清打醒的战争，《辛丑条约》将大清的国运压至谷底，若非列强彼此之间相争不下，以至以保全大清为前提的"门户开放"政策反倒成为"最大公约数"，则大清将彻底亡国。1902 年，英国与日本结盟，以便对抗俄国在远东的势力，其在盟约的前言中提到，要维护中国与朝鲜的独立与领土完整以及一切国家在此两国的机会均等。张之洞在给刘坤一和袁世凯的电报中曾痛心地说："至赖人保全，清韩并列，令人痛心。国势微弱至此，更无可说矣。"[1]在这样一种背景下，大清真正地放弃了此前的帝国幻梦，开始了晚清的新政改革，走上了现代转型的方向。

外部的冲击，带来了帝国内部秩序的深刻变化。传统时代内在高度多元化的大清帝国，面对内忧外患被迫开始努力做出一体性的应对。这首先就体现在内部区域建制的调整上，大清开始努力将汉满蒙回藏多元秩序，逐渐纳入统一的行省制度当中。1884 年，将原由伊犁将军府管辖的新疆设置为行省。

---

1 参见［美］费正清、刘广京编《剑桥中国晚清史·上卷》，第 114 页。

1907 年，将原为将军辖地的奉天、吉林、黑龙江也设置为行省。满、回地区皆改为与内地十八行省一样的行政制度。从 1903 年开始，即有人提议将内外蒙古地区也设置为行省，但是由于蒙古地区的游牧习俗，大清驻当地的参赞大臣、将军等对此表示反对，大清故而暂缓在蒙古地区设省之举，但是大力推动"筹蒙改制"，实行"移民实边""蒙地放垦"的政策。随着向内蒙古地区迁移的汉人越来越多，在当地的盟旗之外又有了州县之制。虽然终清之世都未能实行在内外蒙古设立行省的计划，但这却为民国时期在内蒙古地区设置塞北四省奠定了基础。

　　这又带来了一种内部视野的变化，一系列此前不存在的问题便会浮现出来——满蒙回诸部都改为行省建制之后，其与中原地区的关系及区别是什么？普遍帝国的普遍性原本体现在对多元秩序的协和性上，现在它发展到了行政建制上的一体化，这是否意味着要走向全方位的一体化？倘若是，那又是在什么意义上的一体化？一体化之后，则帝国会倏然形成清晰的内外之别，此前多元帝国时代的内外交融关系不再，那么帝国的普遍性又在哪里？倘若它不再是个普遍帝国，那么其承载儒家普遍理想的正当性又在哪里？是否需要重新确立帝国的正当性基础？倘若需要重新确立，那又该是什么？

　　这一系列问题，彼此之间互为连锁紧紧相扣，在晚清的时候是根本来不及回答的，民国时期回答了一些问题，但也遮蔽了另一些问题。由于这些问题的连锁性，以部分回答、部分遮蔽的方式来应对，无异于全无应对。对这一系列问题的总体回答，实则是中国现代转型的核心任务之一。

　　2. 普遍主义的激情与"中国"的渐次抽象化

　　大清所建成的普遍帝国被西方世界还原为特殊存在，但是赋予帝国以历史意义与统治正当性的理想，其内蕴的普遍主义取向并不会因此而被消除。相反，它作为帝国赖以自我识别的基础，会进入帝国国民的潜意识，构成一种普遍主义的激情，引导着人们的各种新的政治想象的方向，甚至扭曲人们对现实的很多认知。这很可能是普遍帝国的一种宿命，它只能通过一种普遍主义的视界才能真正地认识自身，特殊主义的视界则会让它迷失自身。根本原因还是在于这个普遍帝国的超大规模性，也正因其规模，它才成其为普遍帝国；**无论它是强还是弱，都能够以主动或被动的方式成为国际政治当中的一个自变量，中国问题因此天然地构成世界问题的一部分。**倘若不具有普遍主义视野，不通过世界来认知自身，它根本就无法认知自身。但是倘若仍然像传统帝国时期一样，只有普遍主义考量而无特殊主义（民族主义）考量的话，处在困局当中的帝国将无法进行有效的动员，无法自我拯救。

这就构成了一个极为深刻的矛盾——不通过普遍主义认识自身就不可能完成自我拯救，可是普遍主义阻碍着有效的动员，又构成了对自我拯救的阻碍。要克服这一矛盾，很可能需要两个条件。第一，**传统帝国所尊奉的普遍主义理想本身必须被抽象化，对普遍主义留其"神"而弃其"形"**；将其与具体的特殊主义方案安置在不同的位阶上，普遍主义所空置出来的"形"可由特殊主义来填补，但特殊主义的"神"则要从属于普遍主义。以普遍来统摄特殊，以特殊来充实普遍，只有这样，那种深刻的矛盾才可能有解。这样一种方案会是个**充满内在张力的"普世民族主义"**。第二，前述这样一种复杂的精神现象学运动，是不可能通过预先的理性方案设计出来的，它只能在历史的演化中，在无数的失败与奋斗当中，逐渐地演生出来。所以**中国的自我拯救，中国的现代转型，绝不可能一蹴而就；它只能在一个长期的过程中，历史性地完成**。任何试图毕其功于一役来解决此一复杂问题的努力，往往会走到其预期的对立面上去。

晚清以来，在感时忧世者对问题的思考与表达当中，我们可以看到作为普遍理想之具象表达的"中国"这一概念渐次抽象化的过程。而这一过程，也正是构成前述长期历史性运动的初起部分。

这个过程最先表现为对传统的儒家秩序观进行扩大化再解释的努力。1878 年，中国第一任驻外公使郭嵩焘在见识过西方的现代政治与社会、经济之后，曾在日记中写道："三代以前，独中国有教化耳，故有要服、荒服之名，一皆远之于中国而名曰夷狄。自汉以来，中国教化日益微灭，而政教风俗，欧洲各国乃独擅其胜，其视中国，亦犹三代盛时之视夷狄也。中国士大夫知此义者尚无其人，伤哉！"[1]他以"三代之治"来观照西方文明，并将西方文明纳入儒学视野内部来考量。如此一来，儒家的秩序观并未被抛弃，但其适用的范围扩展到了全世界。"三代之治"在西方，而中国本身已经沦为"夷狄"，那么向西方学习就并不是数典忘祖，而是回归到中国本应具备的状态。大清

1　转引自王兴国《郭嵩焘评传》，南京大学出版社，1998 年，第 256 页。

的转型便可因此获得一种可识别的标准，并且不会产生不适的感觉。

这种郭嵩焘式的理解，颇可以代表当时一些真正见识过西方的、思想开明的帝国官员。但是这样一种对传统精神资源再解释的努力，会遭遇一系列的困境。最大的困境在于，进行再解释的时候，无法把传统精神资源从本质上与其原有的建制化结构剥离开，盖因儒家文化与中华帝国已是内在嵌合为一体；于是那些对原有的建制化结构有着深厚感情的人，会反过来对再解释者进行攻击，这种攻击还会因此获得很多支持。翰林院编修何金寿便攻击郭嵩焘"有二心于英国，欲中国臣事之"[1]。排除政争的因素，从纯粹文化的角度来看，保守派认为，在天下大乱刚刚平定之际，最重要的是努力恢复建制化结构下稳定而又充满温情的世界；郭嵩焘却认为建制化结构需要被重新定义，这自会被保守派视作最大的敌手。这样一种攻击极富杀伤力，也是郭嵩焘们在本质上无法避开的。以至朝廷逐渐对曾经颇为信任的郭嵩焘产生疑虑，最终在郭嵩焘的副手刘锡鸿对其发起再一次攻击之后，将其撤回国内。

郭嵩焘只能痛苦地看着国事糜烂，其政治抱负并未能获得实际展开。可以看到大清国内实际在进行尝试的改革逐渐呈现为三种路径，分别是以李鸿章为代表的实用派，以张之洞和翁同龢等人为代表的稳健派以及以康有为为代表的激进派。

李鸿章是洋务运动最重要的推动者，晚清举凡机器制造、铁路建设、轮船招商、煤矿开发、海军陆军的重建、与洋人的诸般交涉，莫不以李鸿章为领袖。然而李鸿章首要关注的是事功而非德性。他曾对人说："我却未见圣人留下几件好算数器艺来。""孔子不会打洋枪，今不足贵也。"[2]对事功的过度强调会改变对政策的评价标准，事功的评价标准是可以被高度物化的，李鸿章以国家的现实利害为鹄，亦以利害驱使人。此种治术可能效率尚佳，但是无法拥有更大的历史视野，无法带来更强的精神凝聚力，无从回答人们的道德质疑，乃至无法将各种不同的力量整合起来勠力同心。乐于参与李鸿章所主持诸般利害之事的人，可能多为有才无德之徒，此辈鱼贯而进，遂让李鸿

---

1 转引自王兴国《郭嵩焘评传》，第 151 页。
2 转引自杨国强《义理与事功之间的徊徨》，生活·读书·新知三联书店，2008 年，第 73 页。

章的洋务努力看起来颇为可疑，也招致了清流的激烈抨击。清流领袖之一翁同龢执掌户部，便因此对李鸿章的费用严加管控。李鸿章的实用主义路数，最终带来的结果是他只能在甲午战争中"以一人敌一国"，其欲不败亦不可得。

因此，李鸿章本人对帝国的命运虽有至深忧虑，对极力变法维新的康梁党徒也暗中颇为赞许，面对风雨飘摇的大清帝国，却也只能做个裱糊匠而已。遭逢"三千年未有之大变局"的帝国，不是单靠事功便能完成自我拯救的；**权术并非政治，倘不能寻找到一种新的理想，以其作为国家的精神凝聚要素，任何基于权术的自强努力都只能归于失败**。梁启超评价李鸿章"不识国民之原理，不通世界之大势，不知政治之本原，当此十九世纪竞争进化之世，而惟弥缝补苴，偷一时之安，不务扩养国民实力，置其国于威德完盛之域，而仅撷拾泰西皮毛，汲流忘源，遂乃自足。更挟小智小术，欲与地球著名之大政治家相角，让其大者，而争其小者。非不尽瘁，庸有济乎？"[1]此说或有强李文忠公之所难，却也不为无当。

以张之洞、翁同龢等人为代表的较为稳健的"中体西用"派，坚持以中学为体，以此匡正世道人心，并为具体的事功确立判断标准；以西学为用，以成国家富强之事功。张之洞尝言："夫不可变者，伦纪也，非法制也；圣道也，非器械也；心术也，非工艺也。"[2]区别于郭嵩焘，他们明确地打出了以中学为体的旗号，实则表明中国本位的态度；区别于李鸿章，他们明确地树立起了事功的道德标准；区别于保守派，他们认同西学在事功层面为中学所不及的效用。张之洞将"体""用"分开的做法，重新定义了文化的内容与边界，给了包括洋务运动在内的改革努力以精神规范，从理念的层面来讲较之李鸿章要更加高明。

但是，这样一种重新定义的努力，无法真正地解决帝国所面临的困境。因为此种体用之分，只是在理论上能够比较容易地做到，一旦进入现实的实践当中，两者相当难以划分，甚至在根本上是无法划分的。作为"体"的中学，

---

1 梁启超：《李鸿章》，何卓恩评注，湖北人民出版社，2004 年，第 7 页。
2 张之洞：《劝学篇》，华夏出版社，2002 年，第 109 页。

在以文化作为基本识别标准的帝国中，不仅仅体现在世道人心层面，更体现在各种日常的建制当中，并且无数人在这样的一种建制当中有着现实的利益关切。于是任何对"用"的改革，都会被人以"体"的名义进行攻击，最终使得改革本身半途而废。因此，"中体西用"之说很容易沦为迂阔之谈，一如张之洞的很多洋务努力，效用并不甚好；而翁同龢则在与李鸿章的政争当中有着更多的迂阔之举，乃至误国。[1]更何况，"中体西用"之说，在实质上仍是对"伦理－官僚世界"的继续，由此难以进入"政治世界"，以此来寻求中国的现代转型之路，即使排除掉"体""用"边界含混的问题，也并不真的走得通。

作为激进派的康有为，则进行了更加大胆的尝试，要对"体"本身进行重新定义。他承继略长于己的廖平从汉儒传统中开掘出来的今文经学，作《新学伪经考》《孔子改制考》，重新界定了孔子及儒学的历史地位。他斥责长久以来占据主流地位的古文经学为伪经，提出孔子并不单纯是古代经籍的编撰者，而是开创性的著述者，其著述六经的目的正是要推进改制。通过对孔子及儒学的这种重新定义，康有为便为变法确立了坚实的道德基础——变法不过是对圣人之行、之学的践行而已。如此一来，体用之分虽仍然存在，但由于"体"本身获得了巨大的再解释空间，便打开了变法的巨大空间。

但是，倘若对"体"可以做任意解释，则精神凝聚力复将丧失；因此，新解释本身需要被定于一尊，在康有为看来，这个"一尊"当然就是他本人了。依据今文经学，孔子是个伟大的立法者，是为万世定规矩的"素王"，康有为自称"长素"，以比附于孔子。但是，无论他通过今文经学为变法打开了多么大的空间，其对政治的理解边界仍然是由儒学确定的，儒学与政治仍处在相互捆绑的关系当中，未进入政教分离的观念结构，无法用"政治伦理"代替"价

---

1 甲午战火燃至辽东，积极主战的翁同龢不得不奉太后之命向李鸿章问策。"同龢见鸿章，即询北洋兵舰。鸿章怒目相视，半晌无一语，徐掉头曰：'师傅总理度支，平时请款辄驳诘，临时而问兵舰，兵舰果可恃乎？'同龢曰：'计臣以撙节为尽职，事诚急，何不复请？'鸿章曰：'政府疑我跋扈，台谏参我贪婪，我再哓哓不已，今日尚有李鸿章乎？'同龢语塞，归乃不敢言战。"转引自杨国强《义理与事功之间的徊徨》，第60页。

值伦理"来对"政治"本身进行评断，也就意味着它无法真正地演化为现代政治。而康有为作为教主的地位，唯有不参与实际政治从而不犯错，才能确立起来；但在现实历史当中康有为深度地卷入了政治，从而使得其所尝试建立的新孔教也为其政治实践所累，最终亦差不多是无疾而终。[1]

　　实用派、稳健派、激进派，这三个政治派别，将"中国"理念递次抽象化，其在引领中国朝向现代政治、摆脱传统建制化的束缚方面走得越来越远。一方面，传统"中国"是作为文化之建制化呈现的，相对于此而言，李鸿章将文化考量搁置起来，只从器物事功的角度来解决问题；张之洞强调"中国"的文化属性，而将与其有着建制化捆绑关系的器物事功剥离；康有为则更进一步将文化本身加以重新定义，去其形而留其神。另一方面，我们也可以看到，这三派与政治实务的关系，也是递次地越来越远，这反过来也证明了政治建制化与精神自由之间的反比例关系——即便捆绑于政治的儒家已经限定了精神自由的极限，这样一种反比例关系也是可以被辨识出来的。

　　这一递次抽象化的过程，是"中国"突破"伦理世界"进入"政治世界"的必须。[2] 晚清的这一系列努力，在儒家秩序内部差不多已穷尽了将其抽象化的可能性，中国的转型，接下来需要突破建制化的儒家秩序，进入真正的"政治世界"了。只有到彼时，政治与伦理、"中国"与"儒家"，方可各得其正。

　　前文已述，进入真正的政治世界，需要有法权技术以便将复杂抽象治理的现代社会建构起来。这些法权技术是中国转型的内在需求，但是中国难以将其内生性地发展出来。西方世界的冲击，为中国带来了这一重要的现代要素。

---

1 萧公权先生也提到，如果康有为在辛亥之后放弃亡清而以共和的拥护者来提倡近代儒学，也许有更大的成功希望；可惜他对清朝太重感情而不能改变政治信仰，又太迷恋王政而不能改变思想立场，他不自知他的忠诚与他分隔儒学与帝制的理论相冲突。如此一来，他的政治活动遂使得儒学运动受损，却又无补于已经倾覆的朝廷。而康有为对古文经学所做的"伪经"断语，则无意间又打开了怀疑整个儒学传统的大门。参见萧公权《近代中国与新世界：康有为变法与大同思想研究》，汪荣祖译，江苏人民出版社，1997年，第109-110页。
2 参见第四章第二节第一小节的相关讨论。

二、法权视野

1. 国际法的冲击

大清对现代法权的接触，是从国际法开始的。这起因于帝国与西方以通商及战争为基础的互动过程。对国际法，从开始接触到积极渴望加入，大清经历过几个阶段。最初是针对特定问题，出于实用主义的考虑，断简残篇式地翻译个别章节以便应付对外交涉所需，林则徐便曾让人如此翻译过片段的国际法。嗣后是传教士翻译欧美国际法著作时期，这以京师同文馆的美国传教士丁韪良和江南制造局的英国传教士傅兰雅为主，尤其是丁韪良所翻译的《万国公法》，对大清精英理解国际法的作用相当大。随后维新变法诸君曾经利用国际法来为变法寻找理据，以"春秋公法"的笔法来比附国际法，表达自己的国际秩序观，从而得出变法的主张。这样一种笔法与丁韪良的《万国公法》对春秋的比附颇有关联。[1]然后是在甲午之后，尤其是庚子之后，中国日渐增多的留日法政学生，将日本对西方国际法的研究与翻译再转译回中国，形成了更加系统、体系化的国际法认知。在此过程中，大清对国际法的理解与接受，经历了从自然法路径向实证法路径的转换，转换过程伴随着大清的自我意识的深刻变化。[2]

自然法路径与实证法路径之别，极粗略地说就是，自然法路径认为，有个先于一切具体法律的正当/正义标准存在，任何法律的正当性首先要经受该标准的检验，法律本身不是自足的系统；实证法路径则将法律视为一个自足的系统，具体实证法律的正当与否，要看它与其他实证法律之间是否可以相互解释，构成一个完整的逻辑自洽系统。大清从自然法路径出发的国际法理解，能够匹配其作为伦理帝国的自我认知，也不会因为对国际法问题的处理而在本质上颠

---

1 康有为甚至曾经以国际法之父雨果·格劳秀斯（时译作"虎哥"）比附孔子，强调其布衣身份尤能"素王改制"，实际上是在比附自己的"长素"身份。参见林学忠《从万国公法到公法外交：晚清国际法的传入、诠释与应用》，上海古籍出版社，2009年，第221页。

2 前引林学忠著作以及赖骏楠《国际法与晚清中国：文本、事件与政治》（上海人民出版社，2015年），这两本著作对晚清时期对国际法的引入以及认知的发展及转型，均做了较为详尽的分析。

覆自己的世界秩序认知; 因为帝国恰恰是以正义在握自期的, 自然法路径可以被大清解释为这只不过是西洋人用普世性的法律, 表达了大清所承载的正当天下秩序。依照实证法路径, 则中国会被还原为一个需要被西方列强的法律秩序所"规训"的对象, 因大清既无这种实证性法律, 又无力抗拒西方将其整合进这种法律体系的活动; 这对大清的自我认知及其对世界的认知会是个巨大的颠覆, 一旦进入这种理解路径, 便意味着大清已经走在了本质性变革的路上。

自然法式的理解, 来自丁韪良对《万国公法》的翻译。该书原系美国著名法学家惠顿的著作, 惠顿在此著作中淡化了格劳秀斯以来国际法的自然法路径, 使用了实证法范式来进行论述。在丁韪良进行翻译的期间, 实证法范式也已经成为西方国际法学界和实务界的主流。但是丁韪良为了让中国人更容易接受, 也为了便利自己的传教工作, 在翻译中对文字进行了删改与调整, 使得《万国公法》一书仍旧呈现为自然法范式。自然法范式便很容易被中国人整合进"天命之谓性, 率性之谓道, 修道之谓教"的经学路径, 认为国际法不过是人类大中至正的性理之外化而已, 故而又称其为"性法", 以便从中国传统的性理之学以及春秋大义来解之。[1] 基于这样一种国际法范式的理解, 中国便可将国际秩序理解为类似于春秋之际的列国秩序, 视自己为仿若周天子的国际共主。于是, 中国的视野扩大到了世界, 但这不过是原有的东亚秩序的扩大版, 中国仍是世界之主。这种情况下, 大清对国际法的应用仍然是一种工具性的态度, 视此为对西方的一种羁縻之术, 利于以国际法为工具来"以夷制夷", 自己则不应受到国际法的约束。在 19 世纪 60 年代, 大清曾以国际法的理据跟普鲁士交涉并获得胜利, 这进一步强化了大清的这种认知。

如此一来, 则天朝上国的帝国秩序便不会受到任何触动, 大清无须进行太多实质性的改革, 仍可有效应对世界。当时的中国人以为《万国公法》就是一部法典, 而没有理解到这不过是一位重要的国际法学家的著作。而国际法在大清也仅仅是在精英阶层有着一种工具性的传播, 并未太多改变人们对世界秩序的想象。作为东亚世界的普遍帝国, 其转型所要克服的惯性太过巨大, 这一点与日本构成了鲜明对比。日本接触国际法较大清为晚, 但是迅即

---

1 参见林学忠《从万国公法到公法外交: 晚清国际法的传入、诠释与应用》, 第 48-68 页; 赖骏楠《国际法与晚清中国: 文本、事件与政治》, 第三章《丁韪良与〈万国公法〉》。

将国际法作为国民教育的必要内容，其对日本国民的世界想象产生了巨大冲击。日本也迅速派人到西方去认真学习国际法，引入了最新的实证法路径的国际法，并依此来改造日本。这形成了大清与日本对国际秩序之理解的巨大差异。这样一种理解层面的差异，与前文曾述及的两国在东亚不同的生存处境与自我理解的差异有着深刻关联。

但是，国事日蹙，大清的自大姿态难以持久。在与西方的长期交往中，众多政治精英与知识精英逐渐意识到，大清只不过是国际均势秩序下的一员而已，大清应该对均势秩序善加利用以便自保；而这样就不得不承认中国与各国的对等关系，这与大清的天朝上国之自我定位发生矛盾。这一矛盾在大清处理朝鲜问题的时候表现得非常深刻。在 19 世纪 70 年代，大清判断自己面对日俄两国的咄咄逼人，无力单独保住朝鲜这个最重要的藩属国，便鼓励朝鲜对欧美开放，以便在这里造成均势，保住朝鲜。这是一种出于纯现实考虑的需求，但是迅即引出了国际法的问题。朝鲜一旦派出驻外使臣，则涉及同一驻在国的朝鲜使臣与大清使臣的相互关系问题。倘若承认两者是平等关系，则朝鲜便已不再是大清藩属，这为大清所不能接受；倘若两个使臣在海外仍是宗藩关系而截然不等，这在国际法上完全说不通，朝鲜无法真正地与西方建立外交关系，则大清所构想的均势政治便无法实现。

这样一种两难困境说明了，大清对国际法秩序的接纳，天然地便会消解其帝国秩序。但更复杂的问题还在于，西方的国际法学转向实证法范式之后所形成的二元外交体系，对大清造成的法理性压制。

2. 西方的二元外交体系

国际法的适用，最初是仅限于基督教国家的，因为这就是基督教国家在不断的战争、商贸等各种互动过程当中，逐渐磨合出来的行为规则。但是随着基督教世界逐渐向外扩张，西方国家力图将国际法的适用范围扩展到非基督教世界去，这就涉及对国际法的基本法理的理解。从最早的关注跨文明之法律问题的西班牙萨拉曼卡学派，到格劳秀斯，国际法的早期巨擘们都承认其他文明地区的政治体为国际法主体，从自然法的角度展开其理论叙述，为国际法确立了最初的法理基础。但是随着欧洲国家之间的国际条约越来越多，法学家们努力在各种条约之间寻求法理的连贯性，这涉及对各种具体条约及国际法的法教义学分析，于是西方世界的国际法理念在 19 世纪中后期逐渐进入实证法范式，凡是不能有效地参与到实证法律秩序当中的国家，便被视作无法有效参与国际法。

仍然取自然法范式的大清对这样一种变化茫然无觉，导致其在与西方打交道时，对国际法的新进展及适用性无法获得有效理解。其一度对西方国家在大清所享有的领事裁判权、最惠国待遇等有损大清现实利益的条约权利不以为意，却对在首都接受对方常驻公使乃至公使觐见皇帝等事情极为抵触。这样一种轻重缓急的划分，自然是与传统帝国的逻辑相符的——领事裁判权等的让与可视作羁縻之道的继续，接受公使则有可能使得帝国的天下秩序崩塌——却根本无法与依凭国际法的西方国家建立恰当的关系，更及大清内部的民刑诸律经常用刑过酷，不符合现代人道主义观念，所以西方国家将大清划入"野蛮人"的国家之列。19世纪后期的世界，西方将各国划分为三种，即文明人（civilized humanity）的国家，这些国家可获得完全的政治承认，享有完整的国际法权利，欧洲和北美国家在此列；野蛮人（barbarous humanity）的国家，这些国家只能获得部分的政治承认，对应地，也只能部分适用国际法，土耳其、波斯、中国、暹罗、日本等国在此列；未开化人（savage humanity）的国家，此处的人只能获得自然意义上的人类承认，可成为国际法先占原则下的文明国领土。[1]

这样一来，不仅仅大清构建了一个二元的外交体系，西方在其国际法秩序进入实证法学范式之后，同样构建起二元（甚至是多元）的外交体系。[2] 只

---

[1] 参见林学忠《从万国公法到公法外交：晚清国际法的传入、诠释与应用》，第216-220页。有的学者还进一步区分出不完全文明人的国家，中南美洲各国在此列。

[2] 大清对国际法学界和实务界的这种范式转换完全茫然无知，日本则因派人到西方认真学习国际法而对实证法范式很清楚，并且努力通过对国内法的改革及国际法的实践来摆脱自己的"野蛮国"身份，进而取代大清在东亚的地位。在甲午战争中，日本不仅在战场上击败了大清，更刻意地将自己在战争中严格遵循国际法的行为通过各方媒体传播出去，又让本国的法学家撰写分析甲午战争之国际法问题的英文和法文的学术文章，在西方进行宣传与传播。依照这些文章的讨论，日本不仅仅已经是国际法的适格的好学生，甚至在战争中还能使新的国际法规范进一步地形成，以供西方人参照及适用。这一系列国际法实践及其宣传，与大清形成极为鲜明的对照。经此一役，西方开始愿意承认日本的"文明国"候选资格，并逐渐取消了领事裁判权等，日本终于在国际法意义上成为列强之一，大清则沦为要被西方与日本共同进行文明规训的对象。（参见赖骏楠《国际法与晚清中国：文本、事件与政治》，第五章《从国际法视角重新看待甲午战争》。）大清也是在此之后，才开始从日本学习到实证法范式的国际法，并逐渐摆脱了《万国公法》留下的"性法"之理解，从而重新定位了自身及其与国际社会的关系。

有文明国之间的关系才适合用国际法来规范，文明国与野蛮国之间的关系则不能完全依凭国际法来规范。在这种二元外交体系中，大清便被置入一种很矛盾的法律境地，它既不拥有国际法的完整人格从而没有完整的国际权利，却又要承担依据各种条约所强加的国际法义务，权责的不匹配本身便违反基本的法理。更根本的问题是，究竟如何才算"文明国"，实际上并无公认的、可操作的法律标准，而只有一套笼统的说法而已。于是，中国是否文明国，便并不是以中国是否依照国际法行事为标准，而只是基于西方人的自主判断；即便大清已告终结，进入了民国时期，国内法律也已经依照西方进行了改革，但是领事裁判权仍未被废除，也就意味着中国在"法理上"仍然不是"文明国"。

如此一来，西方的二元外交体系，在关乎"野蛮国"的问题上，事实上将国际法还原为一个政治问题，而不再是法律问题。政治问题是无法在实证法律框架内获得解决的，相反，它是以对实证法律框架的挑战为其基本特征的。政治问题的终极解决手段就是战争，这包括两个方面的战争：内战（包括革命）和外战。所以，二元外交体系便在法理上走向了一种自我否定，反抗二元体系的革命与战争因此都获得了正当基础。——当然，反抗的对象并非实证的国际法，而是自我否定的二元体系，反抗所欲达成的目标则是国际法的普遍适用。

3. 从通商律例开始的法律改革

可普遍适用的国际法，其来源主要是战争法和贸易法两个方面，贸易法可能会提供更多的国际法实证规范，其演化与发展还会反过来影响到国内法的演化方向。

李鸿章等洋务官僚在 19 世纪 70 年代便提出，需要编纂能够中外通用的通商律例，以便适应与西方越来越多的贸易需要，此后这种主张也不断地被其他洋务官僚所提出。这里面值得我们注意的是，一旦新的通商律例建立起来，则不再仅仅是个贸易规则了。通商的活动紧密关联着人身权、财产权、契约权、自由权等一系列权利要求，倘若这些权利处在残缺不全的状态，则通商过程当中无法形成清晰的交易规则，必定出现各种各样难以处理的纠纷。因此，通商律例的建立，潜在地导向了现代的民法、商法、公司法、刑法等实体法，以及各种诉讼法等程序法的建立。这一系列法律的形成，是个系统工程，是市民社会得到发育所必需的制度基础。但也正因为这种系统工程的复杂性，大清迟迟未能建立起能够适应现代贸易的通商律例。

而大清内部的开明人士也逐渐意识到，西方拥有领事裁判权等损害大清主权的权力，很大的原因在于中国的法律与现代世界的要求相距太远。民、刑不分，司法不独立，刑讯逼供，没有陪审制度等，这一切都使得个体权利在面对官府时所受到的保护很微弱。所以有官员提出："欧洲诸国，其朝廷苟非丧心病狂，盲聋否塞，必不忍以其商民赤子，付诸威福任意之华官……其决不肯从者，以中国无公平之故也。"[1] 而中国若欲进入国际社会成为合格的完整权利成员，则建立完备的法律是必需条件。由此也可以看出，对外贸易过程是法律发生系统性变化的最强大的推动机制和方向引导机制，其在法律技术层面的动力效用远大于战争。

经过庚子之变，人们更加清晰地认识到了这一点。1902 年清廷任命沈家本和伍廷芳为修订法律大臣，开始修改旧律，去除各种野蛮残酷的部分；并制定新律，将实体法与程序法相分离，制定出独立的刑法、民法、商法、诉讼法等。同时大清还推动了司法机构改革，尝试形成司法独立的机制，并改革狱政等。在法律改革的过程当中，还发生了以沈家本为代表的法理派和以张之洞、劳乃宣为代表的礼教派的法礼之争。前文曾述及的"中体西用"里面，体用之分在实践中会遭受的困境，于此争执中显露无遗，张之洞本人奋起而以"中体"攻击"西法"，使得一些制定出来的新法迟迟难以通过。[2]

然而，张之洞的反对也并非颟顸保守。毕竟，他在与刘坤一共同上的《江楚会奏变法三折》[3] 当中，便提出要推动"修法律""恤刑狱"等改革；而张之洞自己也曾列举出三种排斥变法的人，一为泥古之愚儒，一为苟安之俗吏，一为苛求之谈士。[4] 那么他何以反对沈家本的修律工作呢？盖因现代法律系将个体作为独立的权利主体，这与中国传统的超越于个体之上的宗族制度有着很大的冲突，而宗族维系着传统社会基本的财产关系、人际关系，是社会的

1　转引自林学忠《从万国公法到公法外交：晚清国际法的传入、诠释与应用》，第 363 页。

2　参见张海鹏、李细珠《中国近代通史·第五卷：新政、立宪与辛亥革命》，张海鹏主编，江苏人民出版社，2006 年，第 33—37 页。

3　高全喜先生对此奏折的宪制意义曾做过很独到的分析。参见高全喜《试论〈江楚会奏变法三折〉的宪制意义》，《法学评论》2016 年第 4 期。

4　参见张之洞《劝学篇》，第 110 页。

基础细胞；对个体权利的过度强调，将会使得宗族被撕裂，乃至产生严重的负面社会效果。倘若不能找到对法律与既存的社会结构进行有效调和的方案，则现代法律的推行，反倒有可能带来道德败坏的结果。[1] 毕竟，"徒法不足以自行"，除了法律，还需要有与法律相匹配的民情。[2] 对民情的思考不是法律应该观照的，法律应该持守其作为一个独立逻辑系统的自治；但是作为政治，则必须考虑到这一问题。张之洞的"保守"，相对于沈家本等人，显示出其政治性视野；但他的"保守"又可能冲击到作为独立逻辑系统的法律本身的自治。这构成了中国近代法律转型当中的一个关键困难。

这一系列困难的存在，预示着中国的转型绝不会是个简单的一蹴而就的事情，而是要经历漫长的"历史三峡"，在历史过程中逐渐摸索出各种彼此冲突又必须彼此兼容的要素的均衡点所在。无论如何，如上一章所分析的，中国要走出"伦理－官僚世界"，继续向前进入"政治世界"，法律转型、现代法权的引入是必需的条件，这是中华文明完成自身现代化的必经途径。只有这样，才能应对越发复杂的平民社会所必需的抽象治理；只有这样，才能让政治与道德理想各得其正，而不至于彼此伤害，不断异化；只有这样，儒学也才能从古代平民社会当中，作为制度性专权之吹鼓手的压制性力量，转化为现代平民社会当中，张扬充满浩然之气之个体尊严的力量。

前文述及的中国的一系列内在特征，使得这样一种转型很难依凭中国自

1　费孝通先生曾谈到，民国时期现行法律的原则是从西洋搬过来的，与旧有的伦理观念相差很大。中国传统的差序格局中，原本不承认有可以施行于一切人的统一规则，现行法律却是采用个人平等主义。于是老百姓完全不懂得法律该如何应用，乡间认为坏的行为却可以是合法行为，到司法处去打官司的，往往是乡间所认为的败类人物。现行的司法制度破坏了原有的礼治秩序，却并未有效地建立起法治秩序。（参见费孝通《乡土中国》，载《乡土中国·生育制度》，北京大学出版社，1998年，第54-58页。）朱苏力先生在其《法治及其本土资源》（中国政法大学出版社，1996年）等书中，也探讨过类似的问题。

2　孟德斯鸠称此为"法的精神"。他说："我讨论的不是法律，而是法的精神，而且这个精神是存在于法律和各种事物所可能有的种种关系之中……我将首先研究法律同每一种政体的性质和原则的关系。因为政体的原则对法律有最大的影响。""政体的性质是构成政体的东西；而政体的原则是使政体行动的东西。一个是政体本身的构造；一个是使政体运动的人类的感情。"［法］孟德斯鸠：《论法的精神》，张雁深译，商务印书馆，1961年，第7、19页。

身内生性地生成，历史也没有给中国这样一个尝试的机会。从海洋上到来的力量，挟其坚船利炮，强行地打开了中国的国门；但是如果我们从微观层面上具体地观察其互动过程的话，会发现，它提供了中国继续向前迈进所必需的一系列精神要素和制度要素，中国将像千年前将佛教吸收为本身的一部分一样，将这些新的要素也都吸收进来，变成自身的有机组成部分。中国的视界，也需要从"中国的世界"进展为"世界的中国"，并在这样一种普遍性秩序当中，确认自己的特殊性，在对特殊性的深刻把握中，达到自己的普遍性。

三、民族主义与革命

1. 对普遍均质人民的历史需求

区别于西域或者北族，西方世界对中华帝国的普遍精神理想与秩序所带来的冲击，在精神与物质这两个层面上都是全方位的、根本性的，以至于这个普遍帝国在本质上被还原为特殊性的存在，遭遇"三千年未有之大变局"。于是，忧虑于国运者发出"保国、保种、保教"的呼唤。在这一点上，稳健派的张之洞与激进派的康有为并无分别，张之洞在《劝学篇》中曾明确提出"保国、保种、保教"三事一贯的主张，康有为组织的"保国会"更是以"保国、保种、保教"为其基本宗旨。

这带来了一个全新的历史与精神情境。在过去，"教"是普遍主义的理想，超越于具体的时间与空间，不以任何特定的国家与人口为依托，孔子不惮于"道不行，乘桴浮于海"，因为"教"所要传承的"道"，本就是属于全天下的。"国"则是个特殊的存在，它只能存在于具体的时间与空间，显然是无法与"教"相提并论的。至于"种"，所指代的是有着内在同质性的一个人群，在传统时代并无严格意义上的"种"的观念，更多的是"君子""小人"之分，这里不存在同质性的人群，而是一种差序格局，孟子甚至抨击欲图抹平差序、奉行兼爱的墨子学说为无视君父的禽兽。[1] 故而，顾炎武曾区分了"国"与"天

---

[1] "圣王不作，诸侯放恣，处士横议，杨朱墨翟之言盈天下，天下之言，不归杨则归墨。杨氏为我，是无君也；墨氏兼爱，是无父也。无父无君，是禽兽也。"（参见《孟子·滕文公下》）

下"，并在差序格局下提出了不同位置的人所应担负的不同责任："易姓改号，谓之亡国；仁义充塞，而至于率兽食人，人将相食，谓之亡天下。……保国者，其君其臣，肉食者谋之；保天下者，匹夫之贱，与有责焉耳矣。"

但是，西方的冲击使得中华文明全方位地沦入特殊化的境地，国人猛然发现，"教"与"国"实际上是一体的，儒家所想象的天下，差不多也就仅限于中华帝国的范围所及，国家兴亡与天下兴亡从而变为一回事。于是，古人所谓"国家兴亡，肉食者谋之；天下兴亡，匹夫有责"，就转化为今天中国人所熟悉的"国家兴亡，匹夫有责"。国家与天下的等同，就会带来君子／肉食者与小人／匹夫的等同。紧跟着的结果是，君子与小人的差序格局在这种观念的转化当中，被削平为同种同源的均质化共同体，"种"的观念于是浮现出来；如此一来，国家的主人便也不再是"奉天承运"而与平民之间有着质的差别的一家一姓，而是作为整体的"种"（人民）。"保国、保种、保教"在这一过程中融合为"三位一体"的观念。

因此，对普遍均质人民的打造，就此成为中华民族之精神现象学运动的一种自然需求，成为这个曾经自视为普遍的、如今沦为特殊的帝国所面临的全新的历史使命。即便是稳健派的张之洞，也明白地提出："保国、保教、保种，合为一心，是谓同心。"[1]君子、小人的"风""草"之德性差别，在这种"同心"当中自然会被消解掉，转化为一个全新的信念共同体。

而帝国一直用以确认自己"奉天承运"之基础的"正统论"，也会获得全新的表达。（改良派内部的）激进派梁启超便重论正统曰："统也者，在国非在君也，在众人非在一人也。舍国而求诸君，舍众人而求诸一人，必无统之可言，更无正之可言。"[2]"教"体现于"统"，"国"体现于"众人"，教、国、种（人民）在这样一种叙事当中实现了一种有机的融合。

而普遍均质的人民，必须通过一种普遍法权始能获得其形式；亦即需通过对平等的个体法权的普遍承认，方能形成均质化的人民。否则，人与人之间无法获得均质化身份，则"种"无法成立，"国"与"教"便也将沦为虚幻的口号。这也就意味着，通过立宪而达到普遍法权秩序的需求，成为历史的

1　张之洞：《劝学篇》，第 11 页。

2　梁启超：《论正统》（作于 1902 年 7 月 5 日），载《梁启超文集》，陈书良编，北京燕山出版社，1997 年，第 244 页。

必然趋向；舍此则普遍均质的人民根本无法获得其现实形式。如前文所述，[1] 为了突破古代平民社会的困局，对普遍法权体系的需求原本便是潜在地蕴含于中国历史的精神现象学运动之中，但中国单凭自己难以完成这种突破；西方的冲击则构成了一个必要的催化剂，同时西方也提供了一些必要的精神资源，使这种潜在性获得了现实化的可能。

梁启超堪称帝国转型时期最为敏感的观察家，转型帝国潜在的精神现象学需求，通过他笔下的一系列新观念而被表达了出来。他谈道："国民者，以国为人民公产之称也。国者积民而成，舍民之外，则无有国。以一国之民，治一国之事，定一国之法，谋一国之利，捍一国之患，其民不可得而侮，其国不可得而亡，是之谓国民。"[2] 梁任公此段话的核心意思，便是这个国家／国民要通过自我立法而得精神自觉，从而获得其在世界上的自立。

而自我立法的这个国家／国民，需要重新认识自己，认识世界，然后才知道该向何处去。对国家／民族的自我认识与理解，首先在于其历史叙述。故而，梁任公先是反思中国传统史学，评之曰：中国旧史四病，一曰知有朝廷而不知有国家；二曰知有个体而不知有群体；三曰知有陈迹而不知有今务；四曰知有事实而不知有理想。由此又衍生二病：其一，能铺叙而不能别裁；其二，能因袭而不能创作。[3] 传统史学的这种叙事逻辑，对传统帝国来说正应其所需，因为如此叙事所构建起来的正是一种以帝国为中心的差序秩序，而中国的传统文化本就是一种循环论的时间观而非进步主义的线性时间观，"陈迹"正是"今务"的评判标准。但是对亟须变法重构自身的帝国而言，则这样一种历史叙事显然无法为变法提供正当性，也无法为未来给出方向性，以至于变法本身无法获得用以衡量自身正当与否的标准。

故而，梁任公意识到并表达出构建新的历史叙事的必要性。他提出新史学的几条原则：第一，历史乃是叙述区别于往复循环之进化现象的学科；第二，历史所叙述的是群体的进化而非个体的进化；第三，历史要通过对群体进化的叙述，而求得世间之公理公例，故而所谓史学是要以过去之进化，引导未

---

1 参见本书第四章第三节第二小节。

2 梁启超：《论近世国民竞争之大势及中国前途》（作于 1899 年 10 月 15 日），载《梁启超文集》，第 69 页。

3 梁启超：《中国之旧史》（作于 1902 年 2 月 8 日），载《梁启超文集》，第 223-230 页。

来之进化。[1] 依此准则而重写的历史，自然会将人民自我立法的必要性与必然性在历史叙述当中铺陈出来，变法维新因此也有了至高的正当性；过往的中国旧史学将作为构筑新史学必要的素材来源，而新史学将为旧史学的各种记述赋予全新的意义。最终，中国将通过自我立法而实现"新民"之功，令民族获得精神自觉，予旧邦以新命，中国作为人类历史上"四大文明古国"之中唯一文明未曾断绝的国家，而得屹立于世界民族之林。[2] 这样的一套叙述，将民族主义这样一个极为陌生的东西，带到了传统中国的面前。

2. 民族主义之两途

前文曾经述及，[3] 大清帝国内部的汉满蒙回藏诸部，各自起到其他部分起不到的功能，相互依赖相互成就，从而帝国内部有着一种多元的均衡。但是太平天国之乱带来了一个后果，即大清内部的军事秩序、财政秩序、人才秩序全方位地转由中原汉族地区主导。[4] 此外，在天下秩序的差序格局下，帝国内部的多元异质要素可以和谐共存，但西方的压力催生了构建普遍均质人民的需求，则帝国要将异质要素做均质化处理。可是均质化的内涵是什么，却处在一种含糊状态。这些问题都使得帝国的内部均衡被打破，出现了一种失衡状态。同时，依照传统的秩序想象，帝国本应作为文明秩序的制高点存在，外部世界相较于帝国核心区则有着文明落差，渴慕着由核心区向外的文明流溢；但是随着国人对西方的了解越来越多，发现时下的帝国不仅不是文明的制高点，反倒有沦为野蛮之危险，这样一种文明之差序结构倒置的情况，使得帝国的外部均衡也被打破了。

全方位的失衡带来了改革的迫切性，汉人在改革过程中越发地处于主导地位，满蒙贵族就越发地恐惧自己将会在帝国内部被边缘化，乃至大权旁落，无有容身之所。故而有了满洲统治集团越发保守的政策出台，又及端郡王载

---

1 梁启超：《史学之界说》（作于 1902 年 3 月 10 日），载《梁启超文集》，第 231-236 页。
2 "四大文明古国"云云，此类说法也系梁任公的发明。他曾作《二十世纪太平洋歌》（作于 1900 年 1 月 30 日）云："初为据乱次小康，四土先达爱滥觞；支那印度邈以隔，埃及安息邻相望。"对此小节自注道："地球上古文明祖国有四：中国及印度、埃及、小亚细亚是也。"载《梁启超文集》，第 730 页。这样一种说法，在实证史学上或可商榷，但就塑造民族意识的凝聚力而言，毫无疑问是个天才的发明。
3 参见本书第四章第三节第三小节。
4 参见本书第五章第二节第一小节。

漪、大阿哥溥儁父子，趁着百日维新后慈禧太后动了废帝改立的念头，而生觊觎皇位之心，与其党羽在朝堂上刻意挑拨，以至于最终出现了大清向十一国列强宣战的荒唐之举，引发庚子之变，终致国势跌入谷底。这样一种过程，使得改良派的话语空间开始受到压缩，更加激进的革命派则获得越来越大的影响力。

梁启超所引入的民族主义理念，在这个过程中渐被改良派/立宪派与革命派做了两种不同思想路径的阐发。这两种路径对何谓"民族"，中华民族都应包含哪些人，有着截然不同的回答，对20世纪的中国史影响至为深远。两种路径分别是以章太炎为代表的汉民族主义，对民族取本质主义的理解，革命派多取此种路径；以及以杨度为代表的政治国族主义，对民族取政治－历史主义的理解，立宪派多取此种路径。

在章太炎看来，满洲统治者与汉族的差异不仅仅是文化性的，更是本质性的。戎狄从本质上来说便不属于人类范畴，"不爪牙而能言者，古者有戎狄，不比于人，而晚近讳之"。[1] 戎狄可被比附为犬羊禽兽，而不可以人类待之，故而必得将其驱逐，方可令皇皇华夏重新恢复自己的文化与历史。革命成功之后，所建立的该当是个共和国家，这也是中国古代曾有的传统，章太炎在写作中的纪年便是用的"共和纪年"，以公元前841年西周的"共和元年"为纪年起点。光复后的中国，其疆界领土也以这种本质性的种族差异为基准，"故以中华民国之经界言之，越南、朝鲜二郡，必当恢复者也；缅甸一司，则稍次也；西藏、回部、蒙古三荒服，则任其去来也"[2]。如此激烈的本质主义民族观，对革命派来说会有巨大的动员效力，其主张上接朱元璋"驱除胡虏，恢复中华"之意，又加入了革命的诉求，在同盟会的纲领中被表达为简洁铿锵的"驱除鞑虏，恢复中华，创立民国，平均地权"。于是，革命史观与汉族中心主义的史观，在此过程中便被有机地融合在了一起，这样一种主张在《江苏》《浙江潮》

1　章炳麟（太炎）：《訄书》，华夏出版社，2002年，第69页。章太炎的思想前后经历过多次变化，因此他多次修订《訄书》。第一版当中的反满情绪并不如此激烈，经历庚子之变后，章太炎的反满情绪激烈起来，此处引言便是出自庚子之后章太炎修订的第二版，这也是后来影响最大的一版。

2　章太炎：《中华民国解》（原刊于《民报》第十五期，作于1907年），载张枬、王忍之编《辛亥革命前十年间时论选集》第二卷，生活·读书·新知三联书店，1960年，第738页。

等革命派刊物上影响很大——更不用提章太炎做主编的同盟会机关刊物《民报》了，[1] 成为 20 世纪的革命中国自我意识建构当中一个下意识的话语前提。

区别于章太炎，杨度则采取了一种更加现实主义的态度，不以预设观念为出发点，而以现实的政治秩序为出发点。在杨度看来，现实当中的"中国之政体为专制之政体，而其政府为放任之政府故也。何谓放任之政府？……一言以蔽之，则曰不负责任之政府也"。[2] 因此，中国必须立宪以建立责任政府制度。对责任政府来说，君主立宪抑或民主立宪，并无本质差别，皆不过是一种政治形式而已，咨诸西方世界的政治实践，便可知晓。所以对中国来说，究竟该选择何种宪政形式，"不当以理论决，而当以事实决"。对中国的事实来说，满蒙回藏诸部文化与汉人不同，汉人的军力又不足以覆盖蒙回藏地区，故而倘若采行民主立宪，抛弃君主制，"则汉人组织共和国家，满人无复有土地之可守，必以反抗而尽败灭；蒙回藏之人，则必以民族主义而各离立。……是其时必以汉蒙回藏四族，分为四小中国。此四小中国中，其始终能立国者，惟汉人，而蒙回藏皆不能。若有一不能者，而为强国所并，则世界诸国中所倡支那领土保全、各国势力均等主义，必被其所破坏，而生各国之纷争。于时俄必得蒙与回，英必得藏，法德日本等必下手于二十一行省，其影响遂波及汉人之国，亦就灭亡。以内部瓜分之原因，而得外部瓜分之结果，此皆欲成民主国所必至之符也。是一言立宪，则以就现有之君主立宪为宜，而以汉满平等，蒙回同化，以实行国民统一之策焉。故吾人之所问者，不在国体而在政体，不争乎主而争乎宪"。[3]

1　相关的时论文章皆可散见于前引《辛亥革命前十年间时论选集》三卷当中各处。同时革命派也与立宪派就此发生激烈争论，比如革命派早期的宣传健将之一汪精卫便针对此批驳立宪派道："今国民已有指挥政府之权力乎？而敢腼然言立宪乎？况今之政府，异族之政府也，非我族类，其心必异，彼惧其族之孤，而虞吾之逼，乃为是以牢笼我，乃遽信之乎！"汪精卫：《民族的国民》（作于 1905 年），载张枏、王忍之编《辛亥革命前十年间时论选集》第二卷，第 97 页。

2　杨度：《〈中国新报〉叙》（作于 1907 年），载张枏、王忍之编《辛亥革命前十年间时论选集》第二卷，第 869 页。

3　杨度：《〈中国新报〉叙》，第 871–872 页。革命派为了宣传自己的主张，也针对类似于杨度的这种说法撰文进行反驳，如汪精卫发表于《民报》的《驳〈新民丛报〉最近之非革命论》《驳革命可以召瓜分说》《驳革命可以生内乱说》。相关文献亦见于《辛亥革命前十年间时论选集》第二卷。

是故，杨度认为，基于现实的考虑，不能采行民主立宪制，而应当采行君主立宪，以君主为纽带构成一个身合国，以维系内部尚未均质之诸部的统一，并引导其逐渐走向均质化。因为汉满蒙回藏各族的发展程度不同，所以立宪之后，蒙回藏"虽在宪法范围之内，然不可不以特别制度行之，以促其程度之高，使与汉满同等，而收蒙回同化之效"。[1] 此处所谓同化，指的是国民发展程度之同化，而非文化之同化。至于此一立宪的君主是满是汉，也无所谓，因为君主不过是一国家机关而已，国家机关易人或不易人，对民族主义来说没有任何关系。

章太炎与杨度表达出两种不同的民族观，反映出的是转型当中的帝国普遍会遭遇的一种精神纠结。传统帝国本身不以动员为基本诉求，而以文化之超越性理想的世俗担纲者自居，所以在未遭遇生存危机的时候，可以用传统文化的伦理秩序观作为帝国正当性的基础；倘若帝国遭遇传统型的生存危机乃至被倾覆，在废墟上建立起的新帝国的正当性原则也不会有什么大的变化，所以人们并不会有一种难以化解的精神焦虑。但是在西方国家的现代性冲击下，帝国所承载的文化可能遭遇解体，帝国治下的人群会遭遇一种特殊的精神焦虑。帝国的主体人群渴望通过民族主义实现有效的政治动员，以便应对恶劣的国际环境，但是又会恐惧于民族主义对多民族帝国的肢解效应；为此他们又会尝试另一种办法，就是以现行的帝国为前提尝试进行民族建构。但是这样一种建构往往难以成功，因为它实际上是要对传统帝国的正当性理念进行置换，这种置换的努力本身是否正当，会遭遇质疑；并且，要表达出一种全新的民族理念，以构成不同族群的认同基础，需要很复杂的理论建构，难度相当高。

这种精神焦虑与纠结不是大清帝国所独有的，欧亚大陆西部的奥斯曼土耳其帝国也曾遭遇类似的困境。其有识之士曾经尝试构建以现有帝国为基础的奥斯曼主义，以伊斯兰教为基础的泛伊斯兰主义，以及以突厥族群为基础的土耳其主义，但每一种尝试都会遭遇特殊的困境。最终，土耳其通过战争与革命重构了这个国家的统治基础，基本上放弃了奥斯曼帝国的非突厥人地

1　杨度：《致〈新民丛报〉记者》（作于 1907 年），载张枏、王忍之编《辛亥革命前十年间时论选集》第二卷，第 875 页。

区，也并未寻求统治其他的突厥人地区，而是在现实力量所及的前提下打造出一种政治秩序，又重构了其史观，重新界定了何谓土耳其人，也为此秩序获得历史正当性，终于选定了一条可行的现代转型之路。[1]

大清帝国的转型，在左右蹒跚之中，逐渐地也走上了革命之路。革命后的国家究竟是什么样子，并不是理论建构能够预先规定的，而是要在现实的力量博弈的格局中逐渐地演化出来；而新国家的自我理解，多半也是此前各种（有可能彼此矛盾的）理论努力在不同层次上的某种综合——在中国的转型当中，实际上就是章太炎与杨度的某种综合，在本书后面的论述中会逐渐地看到这一点。

值得注意的是，章太炎与杨度的民族主义理论建构中，同时又都有着普遍主义的取向。比如，章太炎对西方的文明理念有着高度的认可，并将其与中国做比，"如欧美者，则越海而皆为中国。其与吾华夏黄白之异，而皆为有德慧术知之氓。是故古者称欧洲曰大秦，明其同于中国，异于荤鬻、獯戎之残忍"。[2]杨度也谈道："我中国者，以东洋文明之固有，而得老大之名，以西洋文明之将来，而得幼稚之名，乘此迎新去旧之时而善用其老大与幼稚，则一变而为地球上最少年之一国，夫岂难耶？"[3]他们对"民族"的理解虽然相去甚远，但对政治转型的方向实际上有着相似的定位，即以象征着文明的现代政治为旨归，并认为这样一种转型，在相当程度上是对中国的一种自我回归。

于是，一种超越于传统帝国的全新的普遍主义理想开始了其孕育过程。两种初看上去差异很大的理论努力，对中国的转型却勾勒出了相近的任务与方向，即以普遍秩序为参照系而认出中国的特殊，通过对特殊的自觉而意识到自身与普遍的关系，从而进至于普遍。在这样一种特殊与普遍的辩证关系当中，还能看出他们的一种深刻期许，期待着中国成为世界普遍秩序中的构成性力量。这种期许来自中国传统的普遍主义精神，它使得中华民族精神结

1　关于奥斯曼帝国的这种困境，参见昝涛《现代国家与民族建构：20世纪前期土耳其民族主义研究》，生活·读书·新知三联书店，2011年。

2　章炳麟（太炎）：《訄书》，第69页。

3　杨度：《〈游学译编〉叙》（作于1902年），载张枬、王忍之编《辛亥革命前十年间时论选集》第一卷，第248页。

构的深处始终保有一种普遍主义的精神冲动，即便在国运困窘的时期也不例外。

中国作为普遍帝国的历史记忆，使得它天然地就在世界历史的层面上来思考问题，从而需要一种有巨大精神容量的观念系统，才能承载中国的转型。这样一种精神结构，在未来的中国转型当中，同样应被融入新国家的自我理解当中。中国与世界、特殊与普遍，于此便达成了合题。这个合题中所勾勒出的中国，是民族主义的，也是世界主义的，必须通过一种"普世民族主义"才能获得表达。普遍帝国若非走向瓦解，而是走向现代转型，便只有走上如此一条合题的道路，才能真正理解自身与世界的关系，完成转型。

这样一种新的融合了特殊与普遍的理想，需要继续其精神运动，将自己进一步充实化；还要努力将自己外化为现实，其途径很可能是革命与战争，一如过往的历史中所看到的。野心、欲望、理想、激情，各种人类情感的汇聚与冲撞，会带来精神外化为现实的结果。中国历史的精神现象学运动就此开始进入其第四轮大循环。

第六章

进行中的第四轮历史大循环：现代平民社会

中国走入第四轮历史大循环的途径，是革命与战争。这个有着伟大历史记忆，也背负着沉重历史包袱的民族，在自身内在困境的逼迫下，在现代世界秩序的冲击下，以一种最为激烈的政治表现形式，推进着其内在历史需求的现实化过程。

中国历史在 20 世纪呈现为革命与战争，与此前历次王朝变迁的本质性区别在于，它内蕴着一种具有历史哲学意义的精神自觉。这种精神自觉不可能马上给出恰当的历史方向，但是它使得这个民族不再甘于顺从时运的摆布，而是渴望着更加积极的自我实现，开启了一种尝试主动创造、把握自身命运的努力。自法国大革命以来，后进国家往往要经历激进的政治转型，中国革命史是对此逻辑的一个延续。法国大革命持续了十年，如果算上拿破仑战争，则是持续了二十五年，在西方被称为"史诗般的"革命。而中国追求自我实现的艰难历程，时长数倍于法国大革命；过程中的牺牲之巨，更是数倍于法国大革命；其中所呈现的深刻历史意义，在相当程度上亦甚于法国大革命。20 世纪中国的革命与战争，将人性当中最伟大的牺牲与最卑劣的算计，统统在一个超大规模的场域中呈现了出来；它将一个占了人类四分之一人口的古老民族从沉滞的历史中惊醒，为其赋予了现代的激情，并因其超大规模性，而在 20 世纪中后期对整个世界带来巨大的冲击。这种巨大冲击的历史意义，还有待这个民族以更加深刻的历史自觉去理解与把握，如此才能真正将其引领上建设性的方向；但更深刻自觉的前提，无疑是对 20 世纪革命与战争历史的理解与把握。

我们之所以还需更进一步的精神自觉，在于 20 世纪的革命与战争还给中国历史的进程带来一个深刻的矛盾。老大帝国渴求着现代转型，应当借助外部的助力，从已绵续近千年的"伦理－官僚世界"进展到"政治世界"；但是其转型有赖于革命，而革命本身的强度，却正有赖于革命理想对这个民族的精神世界由内及外的贯透能力。于是，古代的文明理想被现代的革命理想所置换，这个民族从古典的"伦理－官僚世界"，一转进入到一种更具笼罩性的现代的"伦理－官僚世界"。它一方面在 20 世纪中后期乃至 21 世纪初期实现了远超前人想象的成就，一方面却加深了转型前的某些困境。

这样一种深刻的矛盾，预示着 20 世纪中国历史的壮阔波澜，但这只是中国现代转型的开场；还有更加深刻与伟大的时刻尚未到来，需要这个民族通过更加深刻的精神自觉，在未来将其现实化。

第一节　革命与战争的正当性

一、政治经济学视角

大清在西方的压力下被动地加入到全球秩序当中，走上转型之路。近代以来的全球秩序，其底层的动力机制是国际贸易体系，以斯密、李嘉图等人为代表的英国古典政治经济学，为此一体系赋予了伦理意义。但这一体系当中，内蕴着革命与战争的动因。

英国古典政治经济学的自由贸易理论，以微观经济学当中的个体为单位来讨论经济问题，从个体直接过渡到全球经贸体系，中间没有国家环节的过渡。这就带来一个结果：它忽视了经济当中的分配问题。当然，从另一个角度说，这些思想家并未忽视这一问题，而是认为：一方面，分配问题不应由政治来干涉，而应由市场自动完成；另一方面，随着全球自由贸易的充分发展，"由于增加生产总额，它使人们都得到好处，并以利害关系和互相交往的共同纽带把文明世界各民族结合成一个统一的社会"。"只要资本能自由流向运用最为有利的国家,利润率就不会有任何差别。"[1] 世界经济会在自由贸易当中形成均衡,最终将使得所有人普遍受益,分配问题于是自然被消解掉。

但更进一步的问题也就来了。一个问题是,这种均衡究竟需要多久才能达成呢? 英国古典政治经济学家对此并未给出明确答案,但他们无意中提供了一种辩护策略,就是任何国际贸易失衡以及社会经济的分配失衡,都是因为时间仍不够久,均衡仍未达成。这样一种解释当然逻辑自洽,但凯恩斯为反驳此论曾经说过:"从长久来看,我们都将死去。"倘若全球经贸秩序的均衡结果被推到过于久远以后才能实现,在实践中,相当多数人就会拒绝接受。一方面,长久无法实现的理论的可靠性有多大呢? 另一方面,没有理论可以证明下一代人就比这一代人更有价值,因此这一代人应该无条件地忍受痛苦而为下一代做牺牲。另一个问题是,如果有国家利用政治手段制造对自己有利的世界经济不均衡,虽则从长期看这种手法不会有用,但从短期看它确实可以获益,那么又该如何呢?

一旦考虑到这些问题,则政治－国家的重要性就会被提出来。这可能会通过两个角度呈现出来。

一个角度是类似于 19 世纪初期的德国政治经济学家弗里德里希·李斯特的主张,他基于对斯密等人的批判,形成了"国民经济学"理论,提出:"政治经济或国家经济是由国家的概念和本质出发的,它所教导的是,某一国家,处于世界目前形势以及它自己的特有国际关系下,怎样来维持并改进它的经济状况;而世界主义经济(指斯密的理论——笔者注)产生时所依据的假定是,世界上一切国家所组成的只是一个社会,而且是生存在持久和平局势之下的。"[2] 这种角度认为国家－民族是一个不可被取消的本质性存在,国际秩序的行为主体首先是国家－民族,个体的活动只有在这一框架下才成为可能。其理论结果自然会是对充满古典德性的战争的赞许,对民族与民族之间的命运斗争的关注;国家内部的分配问题并不是其首要关注,除非该问题会影响到国家的综合能力的提升。经济政策要从属于国家的政治目标(甚至可以说是国家的政治神学目标)。

---

1 [英] 大卫·李嘉图:《政治经济学及赋税原理》,载 [英] 彼罗·斯拉法主编《李嘉图著作和通信集》第一卷,郭大力、王亚南译,商务印书馆,1962 年,第 113、115 页。

2 [德] 弗里德里希·李斯特:《政治经济学的国民体系》,陈万煦译,商务印书馆,1961 年,第 109 页。

另一个角度则不会将国家－民族做本质主义理解，而是从全球贸易的收益分配问题出发，来提出政治－国家问题，认为国家的重要职能在于调节经贸过程所致的不均衡。

从不是"足够长"的时段来看，并非所有国家在全球贸易过程当中都同等受益；就特定国家内部来看，也不是所有群体都同等受益。在远洋贸易，尤其是工业革命在西方国家率先发展起来之后，人类获得了从未梦想过的经济发展速度，人类财富极大增加。但就国家间关系而言，沃勒斯坦所说的"中心国家"与"半边缘国家"以及"边缘国家"或"边缘地区"，在全球贸易过程中所获得的利润分配是相当不公平的；有些不公平是由正当性存疑的政治、规则壁垒所致，有些不公平是由"时间不够长"、均衡尚未达成所致。就特定国家内部而言，其社会结构急剧变化，新财富的分配问题遂成为一个严峻的政治问题。在传统的农业社会当中，财富分配虽然很不平等，然而拥有财富的贵族，其财富上附着有很多的社会义务，穷人因此能够分享到财富的好处，社会不至于产生撕裂，但是这样一种财产权制度的经济效率不高。依照现代法权所重新界定的财产权，财产上附着的社会义务都被剥除，其经济效率更高，但穷人因此丧失了在过去时代所能获得的财富使用的分享机会，社会于是开始产生了阶级对立。倘若放任贫富分化发展下去，会出现严重的社会伦理危机，经济发展不可持续，严重到一定程度，就会走到发生社会革命的地步。

这两种分配上的不均衡本属经济问题，但倘若无法通过经济途径获得解决，人们就会尝试用政治途径来解决它：对内，这会导向革命；对外，这会导向战争。这样的战争或革命，虽然不一定有助于解决前述问题，但它们有着深刻的伦理基础，这一点是不能否认的；它们也经常能够动员起宏大的社会运动，构成人类历史中的宏阔篇章。

二、政治哲学视角

英美所主导的现代世界秩序，起于经济过程对人类多种多样的生活世界的抽象，如此才能获得一种跨国家跨文明的、超越于各种差异性之上的普遍规则体系。

但这里也蕴含着一种危险，即"人"在此过程中也会被高度抽象化，被还原为一种单向度的经济性存在，人的复杂多维度的诉求被抽象掉了。卡尔·波兰尼便谈道："将劳动与生活中的其他活动相分离，使之受市场规律支配，这就意味着毁灭生存的一切有机形式，并代之以一种不同类型的组织，即原子主义的和个体主义的组织。"[1]如此一来，市场经济的高度发展便伴随着巨大的社会代价。个体被剥离于传统的温情秩序，进入一种高度非人格化的冰冷秩序当中；生产的效率大幅提高，但是生产不一定是为"人"的，文化的多样性也可能在这样一种经济的抽象中被稀释掉，以至于一些真正的价值会因此弥散。所以李斯特曾经抨击斯密的理论："这个学说不过是一个价值理论，不过是一个店老板或商人个人的理论；它并不是一种科学的学说，并没有说明，为了国家的文化、福利、权力、存续与独立自主的特殊利益，怎样使一个完整国家的生产力得以产生、增长并得以继续保持。"[2]

现代复杂治理必须有一种对人类现实秩序的抽象，但基于经济的单向度抽象只能帮我们理解和处理特定领域的问题，这是远远不够的。其对"人"的尊严、对社会的健康都会带来伤害，并最终反噬由此建立起来的秩序本身。英国作为现代经济的先行者以及直到二战前的世界霸主，可以在全球贸易过程当中较之其他国家占据更加有利的位置，获得更多资源以缓解本国所遭遇的相关困境，但这很可能是以其他国家的利益为代价的。这也就为其他国家对英国秩序的反抗提供了一种政治哲学的正当性基础。

在近代西方的争霸战中，英国作为离岸平衡者，不断地在欧陆诸国间变换盟友，以便打造欧陆的均势秩序，使得欧陆诸国之间彼此牵制，英国则可以放手在海洋上获取自己的利益。最终英国成为海上霸主，并主导了全球的贸易和金融秩序。这就带来了一个结果，由于全球秩序的法权化表达——国际法——在相当程度上是依靠条约、案例的累积而逐渐形成的，国际法的演化对国际活动当中的先例便会有某种路径依赖，即便这些先例是在特定情境下形成的，但国际法后续的演化逻辑仍然会依赖于该路径的展开。对先行国家来说，这会有助于保持自己的国际优势；而对后进国家来说，这样一种国

---

1 [英]卡尔·波兰尼:《大转型：我们时代的政治与经济起源》，第140页。
2 [德]弗里德里希·李斯特:《政治经济学的国民体系》，第293页。

际法在道德上和法理上都是可疑的。所以施米特会抨击它，认为现行的国际法不过是"将一系列可疑的先例普遍化，这些先例多半是基于偶然性的或者全然异质性的情境，结合于或多或少被普遍认可的规范；而这些规范越是被普遍地、积极地'认可'，它们在具体案例中的适用就越容易产生争议"[1]。

在英国的普通法视野下，先例的特殊性并不会使其变得无效，普通法当中的先例几乎都是特殊的。因为，倘若非得从普遍法理出发才能形成法律的话，那么，该依凭何种法理呢？对普遍法理的定义权的争夺会带来更糟糕的结果，并往往以专制告终。[2] 在英国国内法上是这样，在国际法上也是类似的逻辑。依此叙事逻辑，则"大英帝国治下的和平"（Pax Britannica），正是以经贸过程为先导，打造出一种普遍秩序；维护此一普遍秩序的战争则从法理上转化为警察行为，大英帝国（及后来的美利坚帝国）对世界秩序尤其是世界海洋和平的垄断与维护，实际上是代表人类对普遍秩序的一种维护。

但是换到大陆国家的视角，则可以说，先例的特殊性正决定了其适用范围的有限性，除非该先例所引导出的国际法原则可以经受深刻的法理审核，否则不应任意扩展其适用范围；而那种警察行为化的战争实际上是对诸多可疑先例的强化，这会取消真正意义上的战争，取消古典战争对价值的深沉承诺，用貌似中立的技术替代政治，模糊掉对价值的理解与追求，[3] 并在实际上固化先行国家对国际秩序的垄断地位，这是特殊性对普遍性的一种绑架。于是，真正的战争就在这样一种质疑中获得了正当性的基础——不是在现行国际法意义上的正当，而是在更本质的伦理意义上的正当。

真正的战争，不是基于对给定普遍秩序的维护，而是要将这种普遍秩序

1　Carl Schmitt, *The Nomos of the Earth*, trans. by G.L.Ulmen（New York：Telos Press Publishing），2006, p. 238.

2　梅特兰认为这正是英国法的优点："从爱德华统治开始，英国法变得越来越孤立，英国的法律家们对于本土法之外的其他法律则变得越来越全然不知了。于是，英国法避免了被罗马化的结果；因此，我们丧失了很多，但另一方面，我们也获得了很多。我们丧失的是法律方面的：如果我们的法律家们懂得更多的罗马法，那么我们的法律（尤其是地产权法）可能将永远不会像今天这样变成一座令人无法捉摸的迷宫。而我们所获得的则是宪政、政治方面的：罗马法迟早会给各地带去专制主义。"参见［英］梅特兰《英格兰宪政史》，第15页。

3　施米特在《政治的概念》一文中，便对这一问题做出了极为深刻的反思。该文载［德］卡尔·施米特《政治的概念》，刘宗坤等译，上海人民出版社，2003年。

的"伪普遍性"击破，将战争转化为一个民族对自身命运的勇敢决断，对人类的世界历史命运的主动担当。这种意义上的战争，同样可以说是一种革命，一种对国际秩序的革命。

三、内部革命与外部革命

1. 两种革命

因此，后进国家的现代转型可能会伴随着两种革命：内部革命与外部革命。这两种革命都会具有政治经济学意义和政治哲学意义。它们不一定都呈现为暴力形式，关键的是我们可以从中看到革命性的变迁，看到整体的叙事逻辑与正当性基础的更新。

所谓内部革命，就是指通过革命而实现对传统的差序社会格局[1]的突破，实现普遍均质人民的自我塑造，从而从君权神授的政治走向人民主权的政治。对应地，在这样一种新的正当性基础上，会形成一些新的法律原则和政策，它们对社会财富的分配会形成一种规范性作用，使得现代经济给转型社会所带来的撕裂效应得到某种缓解。——当然，这是理想状态，在现实当中并不是总能实现这种理想状态，因为现代政治并不仅仅涉及正当性基础的问题，还涉及对复杂社会的抽象治理能力问题，这不是一场革命就能带来的，而是需要时间来积淀的。

所谓外部革命，则是指对既存世界秩序、对"伪普遍性"的冲击与挑战。对欧洲的后进国家，诸如德国、俄国来说，这意味着对英国所主导的"商人秩序"的挑战；对非西方国家来说，则意味着对西方基于"文明"与"野蛮"之分而成的二元外交体系的挑战，以及对"中心－边缘"的国际经济格局的挑战。令人遗憾的是，这些冲击与挑战的直观呈现，往往都走向了其最初的政治哲学承诺的反面，这里面深刻地反映着人性的有限性；但其政治哲学对既存秩序所提出的问题并不因此沦为伪问题——虽则实践者给出的经常是坏答案——而是有着值得深刻反思的内涵存在，实际上人们对这些真问题的反

---

[1] 各种文明下的传统社会都是差序格局的，只不过不同的文明对差序本身的伦理意义的解释有所不同。

思，已经融入世界秩序的演化进程当中了。无论从现实秩序角度还是从正当性标准角度来看，我们都可以清晰地感受到，今天的世界已经与二战前的世界大不相同，更不用说 19 世纪的世界，而这正是与这一系列给出过坏答案的努力相关的。这些努力并不是历史当中会被轻易抹去的痕迹；它们逼问出真问题，让人不得不正视，也暴露出人性的有限性，让人不得不自省，可以说它们以消极的方式同样影响着甚至定义着这个世界。

2. 民族主义与政治成熟

革命与战争，是一个民族以一种最激烈的方式来进行自我确认。伴随着该民族内部的自我组织过程，民族会以自我确认的方式来形成自我意识；通过外部世界识别出他者，民族又会意识到自身的特殊性，再从外部来强化自我确认。但民族的自我意识的生成过程，并不必然导向精神自我封闭的狭隘民族主义的结果。它完全可以导向意识到自己与世界互为条件，意识到自己的世界历史责任，在与世界的互动、互构过程中，实现其民族自我意识的不断成长与丰富。此时的民族主义便不是对世界主义的排斥。这样一种开放而又节制的成熟心态，便会达成民族与世界的特殊性与普遍性之合题。

而要达成这样一种成熟心态，需要有这个民族的政治成熟。所谓民族的政治成熟，体现在民族的自我意识的担纲者群体身上，他们必须拥有一种政治成熟，一如韦伯所说："所谓'政治成熟'就是指这些（担纲者）阶级能够把握本民族长远的经济政治'权力'利益而且有能力在任何情况下把这一利益置于任何其他考虑之上。"[1] **何谓本民族的"长远利益"？这只有在与世界的互动过程当中才能被逐渐地发现出来**，因为任何民族的发展都是以世界为条件的，脱离开世界则民族的发展将成无源之水、无本之木。所以**对民族长远利益的理解，就意味着对世界大势的理解。这不是精神封闭的狭隘民族主义所能够做到的，相反，这种狭隘是以拒绝对世界的理解为前提的，它必将在最深的意义上损害民族的长远利益。**

因此，所谓政治成熟，需要这个民族的精英阶层拥有宏阔而又长远的眼光，对历史、世界、人性，有着一种深刻的理解与把握能力。这也是对世界历史

---

1 ［德］马克斯·韦伯：《民族国家与经济政策》，甘阳等译，生活·读书·新知三联书店，1997 年，第 98 页。

民族提出的一种必须的要求。

3. 政治与社会的意义转换

在这样一种双重革命的基础上所建立起来的将是一个现代国家。这里将会出现政治与社会的意义转换。

在过去的传统帝国，对伦理秩序的维护属于最大的政治关注，因为帝国不过是通贯天地之伦理秩序的现世呈现而已。至于具体的治理和法律过程，则属于社会的自生秩序过程，只要帝国能够维系整体的伦理秩序，则民间自化，无须帝国过度干预。而在革命后的现代国家中，具体的治理和法律过程属于政治关注的范畴，它给出了各种不同人群、不同文化赖以共处的抽象规则空间。至于伦理秩序、道德确信，则属于社会层面，交由民间自主抉择，国家不会去干预，否则既会伤害伦理秩序，也会伤害国家的正当性本身。政教分离因此而形成。这样一种转换需要通过革命来实现，但最终又必须通过对革命的超越，才能真正实现。

第二节　远东的力量格局

20 世纪前半段，中国历史通过革命开启其现代平民社会建设的历史，外部世界的压力与刺激是中国历史走上这样一条道路的极为重要的动因。直到二战结束，在远东的力量格局当中，可以看到盎格鲁 – 撒克逊国家的海洋秩序、俄罗斯（苏联）的大陆秩序以及日本的亚细亚秩序这三种谋划的对峙与冲撞；这三种谋划在一战前与一战后，都有着深刻的变化。作为弱者的中国，只能在这诸种强国谋划的夹缝中艰难地推进自我的重构。

一、盎格鲁 – 撒克逊国家的谋划

1. 英国的秩序想象

自 19 世纪中期以来，英国是远东秩序事实上的主导者；这一地位自进入

20世纪开始缓慢下降，到20世纪中期，逐渐被美国所替代。两个国家对秩序的主导，都以其对国际贸易秩序的主导为基本的动力机制。

亚当·斯密在《国富论》中阐明了普遍自由贸易的原则，他极力批评当时的英国通过殖民地贸易垄断制度来积累财富的做法，谴责这种制度破坏了英国产业部门间的自然均衡。在他看来，最终的均衡甚至不是一个国家内部的均衡，而是依托于一个具有普遍开放性的自由制度，全球作为一个统一大市场达到的普遍均衡。他进一步提出，全球普遍市场的运行，最终会展开为一个世界历史过程。通过不断的商业交互与技术传播，包括向亚洲、非洲等地落后民族的传播，"使世界上各地的居民，有同等的勇气与实力。只有这样，才可引起相互的恐惧，从而威压一切独立国的专横，使它们能相互尊重彼此的权利"。[1]这将带来人类对自由的普遍享有。斯密的论证使得后来英国所推行的自由贸易获得了高度的伦理正当性，其支撑的全球普遍秩序被承认为一个可欲的秩序。

然而，英国政府却并未马上理会斯密的说法，仍长期采行保护贸易的政策，因为彼时英国的政治精英主要是贵族地主阶层，保护贸易利于其所经营的农业。在工业革命当中诞生的工业家阶层不断抗争，终于通过议会改革而在政治上有了更大的声音，推动着英国经济政策的缓慢转型。以1846年废除《谷物法》、1849年废除《航海条例》为标志，英国终于完成政策转型，实行了自由贸易，这时距离《国富论》的出版已经过去七十余年了。一旦开始自由贸易，英国就走到了极致，实行单方面自由贸易，即无论其他国家是否向英国实行自由贸易，英国都向它们实行自由贸易。

英国的国家利益却正是在这一初看上去极为理想主义的政策中获得了最大的实现。彼时的英国是全球唯一的工业国，它进口的是原材料和粮食，出口的是制成品。自由贸易使得英国制造业从原料成本和粮食价格决定的劳动力成本两方面获得了最强的成本控制能力，从而放大了自己的工业优势，其他国家除非出现英国无法匹敌的技术革命，否则将无法与英国的工业进行竞争，只能作为原材料殖民地和产品市场存在。自由贸易令英国积累了巨额财富，

---

1 ［英］亚当·斯密：《国民财富的性质和原因的研究》下卷，郭大力、王亚南译，商务印书馆，1972年，第195-196页。

并成为国际金融中心；英国得以操控全球的金融和贸易规则，并以其海洋霸主身份作为规则执行力的终极担保。波兰尼提出，从19世纪后期到一战前，世界秩序是建立在政治、经济相互渗透互为支撑的四个机制之上的，它们分别是均势体系、国际金本位制、自我调节的市场，以及自由主义国家。英国支撑起来的金本位是这四个制度中具有决定性意义的，而金本位的源泉和基体是自我调节的市场；金本位制是把国内市场体系扩大到国际领域的尝试；均势体系是金本位基础的上层建筑，并通过金本位来运转；自由主义国家则是自我调节的市场的结果。[1]

在此分析中我们可以看到英国的国家利益与其世界主义取向的深刻关联，这也是真正的霸主国的关键所在——只有将一己之私包纳在一个普遍秩序当中，才有可能真正实现自己的国家利益。这样一种包纳，会自然形成霸主国运用其力量时的自我节制，因其力量只有用来维护此一普遍秩序，才最符合其国家的长远利益；从而，其他国家对霸主国运用力量的方式可以形成相对有效的预期，并对其形成信任，这种信任不是基于对霸主国的善意的相信，而是基于对霸主国能够识别其本身的长远利益之能力的相信。这些国家从而不会与霸主国处于本质性的对抗关系中，后者因此可大幅降低统治世界的成本，使其霸主地位可持续。

2. 直迄一战的英国远东战略

切换到远东来看，便可知，英国在这里的谋划势必要以远东最大的市场——中国的普遍开放为其基本目标，其在远东的经济、政治、军事战略等的设定都是围绕此一目标展开的。若欲中国市场普遍开放，则维持一个统一而又适度繁荣，并且接受英国"规训"的中国，是最符合英国利益的。让中国有能力在英国的主导下自我统治，英国便既无须承担治理的责任，又能获得全部的贸易好处；倘若中国被列强瓜分，则其他列强可能会向英国封闭其瓜分部分的市场；倘若中国过于贫穷，则不可能拥有对英国商品的消费力；倘若中国太过强大，英国又会无力对其进行控制，中国的市场则未必能为英国所占有——这样一种政治逻辑，与我们在历史上看到的草原帝国对中原的"榨取－保护"的关系如出一辙，只不过是其中的行为主体和经济逻辑发生了变化。

1［英］卡尔·波兰尼：《大转型：我们时代的政治与经济起源》，第3页。

　　因此，英国最初的政策是扶助大清，对其进行"规训"，将其引导进入现代世界体系，从而成为自己的庞大市场；同时要通过对大清的扶助而形成远东的均势体系，与俄国形成相互制衡，使得英国仍然能以一种离岸平衡手的超然姿态，成为整个格局的主导者。但是甲午战争证明了大清并不是个合格的远东代理人，英国不得不将眼光转向日本。反过来，英国对大清则更多地寻求一种对其进行有效控制的策略，在《马关条约》之后大清努力筹钱支付对日赔款的时候，英国极力推动大清向英国的汇丰银行借贷；大清为了"以夷制夷"的考虑，也向其他列强进行了大量借贷，英国遂进一步胁迫大清，令其同意海关总税务司一直由英国人来担任，以此来掌控帝国财政。由于大清向各国的贷款及分期支付的赔款基本都是以关税作为担保的，英国因此获得了相对于其他列强的对华优势。

　　到了19世纪末20世纪初，英国的相对国力下降，面对德国在海上的挑战、俄国在亚洲陆上的挑战，英国渐渐有些力不从心。故而被迫开始放弃其"光荣孤立"的政策，寻求结盟，1902年的英日同盟遂构成此后英国远东政策的基石。但英国的结盟政策，仍然是确保其普遍经贸利益的手段而已，其中很重要的一点仍然是确保中国这个巨大市场的统一与适度繁荣，以及确保英国对其的控制。正是在这一原则的引导下，英国赞同美国在19世纪末所提出的"门户开放"政策，在庚子之变后，会同美国重申此一政策，力图借助美国的力量来保证中国不被肢解。

　　而在当时美国的外交决策层及其智囊团看来，世纪之交的时代正面临着世界金融中心从伦敦和巴黎向外转移的契机，它或者向东移至柏林和彼得堡，或者向西移到纽约。这个重大问题最终将取决于由哪一方控制亚洲市场，海洋民族和非海洋民族将会展开竞争，所以英国和美国这种海洋民族应该结盟对抗非海洋民族的俄国人和德国人。[1]这样一种战略规划，也是后来美国能够顺畅地接过英国的海洋霸主地位的原因之一。

　　英国的远东战略一直延续到一战结束，并未因辛亥革命而发生什么太大

1　参见［美］孔华润主编《剑桥美国对外关系史》上卷，周桂银、杨光海、石斌、刘飞涛译，新华出版社，2004年，第452-453页。关于美国的相关战略思考，还可参见［美］阿尔弗雷德·塞尔·马汉《亚洲问题及其对国际政治的影响》，范祥涛译，上海三联书店，2007年。

变化。在辛亥革命后，英国很快主导并带同其他列强向袁世凯发放了"善后大借款"，力图以此扶植起一个有能力在中国维系基本统一局面、保证市场繁荣的政权；同时，通过五国银行团的协同行动，将其他列强也捆绑在同一利益格局当中，以确保英国所主导的远东格局不受挑战。英美两国的这种政策取向，是中国在最衰弱的年代得以"以夷制夷"，不至于彻底遭到瓜分的重要原因——当然，这并不是出于英美的善意，而是出于它们对自身最佳利益的判断。

3. 一战及其后的英美转掖

第一次世界大战是现代历史上的一件大事。它不仅仅是让列强关系彻底洗了牌——美国和日本都崛起为强国，英、法两国遭到严重削弱，德意志帝国、奥匈帝国、沙俄帝国、奥斯曼帝国全部崩溃；还带来了人类在国际秩序观上的深刻变迁，即，从现实主义转向理想主义。

一战前的国际秩序观是由欧洲列强主导的现实主义。这种理念认为，国际秩序以国家实力为前提，脱离开实力对比的理想是没有意义的。但现实主义对实力的讨论并不是为了战争，而是为了和平。它认为，和平的基础是大国之间的力量均衡，因为战争的目的是实现政治目标，力量均衡将使得各国无法通过战争来实现政治目标，而只能通过大国间的和平谈判来实现。只有这样，和平才是有保障的；试图简单地通过各国间的善意来实现和平，这种和平是没有保障的，因为我们无法确认其他国家的善意是否可靠。为了确保大国之间的力量均衡以便保障和平，必要的时候便要牺牲弱小国家和民族；牺牲弱者也谈不上什么正义不正义，现实世界本来就不是理想的。[1] 这套国际秩序理念，保障了从拿破仑战争结束直到一战之前大约一百年的和平；期间虽然有过一些战争，但规模都不大，基本上就是为了调整力量均衡。

但是第一次世界大战让现实主义的逻辑说不通了。一方面，现实主义完全没能阻止一战的爆发；另一方面，一战打到后来呈现出极大的荒谬性，人们几乎都忘记了为何要打仗，只是在战争惯性下咬着牙坚持，这使源自古希

---

1 国际政治大师汉斯·摩根索对现实主义的讨论,堪称经典。参见［美］汉斯·摩根索《国家间政治：权力斗争与和平》,徐昕、郝望、李保平译,北京大学出版社,2006 年。

腊、古希伯来的西方政治哲学和神学传统中的"正义战争论"[1]遭到巨大挑战，所有的正义性都在毫无意义的血腥厮杀当中被还原为梦呓。[2]

这样一种荒谬的战争，不啻对19世纪以来洋溢在西方世界的理性主义乐观精神的巨大嘲弄；除非能够找到一种新的政治叙事逻辑，为战争本身重新确立正义基础，否则这场战争有可能彻底毁掉西方的精神和伦理世界。而一旦找到这样一种新的叙事逻辑，就意味着第一次世界大战本身将被重新定义，战争的起因及其最初的目标都已经不重要，甚至会被人们刻意遗忘掉；战争的目标会被重新定义，战后的秩序安排也会因此获得一种规范性的方向引导，西方的精神世界也因此获得新生的机会——虽则这种机会不一定会成功，但原有的精神世界肯定是会失败的。因此，在一战末期，出现了理想主义的理念，认为大国之间的力量均衡并不能保障和平，一种符合道德的、公正的国际秩序才能保障和平。此时有两种主要的理想主义理念：一种是时任美国总统威尔逊提出的，被称为威尔逊主义，另一种是列宁主义。两人都反对现实主义，但是究竟什么样的国际秩序才算符合道德，他们的主张区别很大。[3]关于列宁

---

1 关于"正义战争论"在西方精神传统中的传承与流变，可参见［美］迈克尔·沃尔泽《正义与非正义战争：通过历史实例的道德论证》，任辉献译，江苏人民出版社，2008年；［美］理查德·塔克《战争与和平的权利：从格劳秀斯到康德的政治思想与国际秩序》，罗炯等译，译林出版社，2009年；林国华《西洋正义战争学说简述：从奥古斯丁到维多利亚》，《学术月刊》2015年第2期；等等。

2 现实主义同样是坚持正义战争论的，由此还会转化出一种现实主义的理性乐观精神；只不过在理想主义看来，现实主义对"正义"的界定可能是有问题的。但理想主义的这种批判对现实主义没有实际杀伤力，因为这是两种正义观之间的争论，无从找到独立的标准来判断孰是孰非。现实主义的承诺在一战中的落空，才是对现实主义真正有杀伤力的。

3 简单说，威尔逊认为，之所以会爆发世界大战，根本原因就是大帝国以建立力量均衡为名，压迫弱小民族，引发内外各种矛盾；因此，为了确保世界和平，便应保障各民族的平等，允许弱小民族独立建国。归结为一句话，就是"民族自决"，各个民族要自己决定自己的命运，也懂得尊重其他民族的命运，和平便有了保障。列宁则认为，之所以会爆发世界大战，根本原因是帝国主义国家内部的阶级矛盾发展到了最深刻的阶段，统治阶级要向外转移矛盾，战争便爆发了；就算战争打完了，帝国主义国家内部的阶级矛盾仍然存在，还有对外转移矛盾的需求，所以未来还会爆发大战。要保障世界和平，唯有各个国家都发生无产阶级革命，之后，作为阶级统治工具的国家消失，阶级矛盾便得到消除，人类实现大同。归结为一句话，就是"全球革命"。这两种理想主义理念，嗣后从不同的角度都对中国的历史产生了极为深刻的影响。

主义，留待后文详叙，此处先展开谈一下威尔逊主义。

威尔逊主义一经提出，便迅速占据了整个国际政治界的道德制高点。英法两国即便很讨厌威尔逊主义的不切实际，却也不得不在名义上接受它。因为从荒谬的战争中挣扎出来的两国，要想获得精神救赎，让数百万死者和伤者的巨大牺牲获得意义，接受威尔逊主义便是其为数不多的机会。依照传统的战争伦理，德奥两国只是战败国，却无罪责，德国的领导人之所以肯接受投降的要求，也是基于这样一种传统的预设；但威尔逊主义要想成立，必须有一个道德上的敌人，所以也只能将战争归罪于战败的德奥，[1] 使其背负起一种伦理枷锁。可以说，因为西方世界作为一个整体需要获得救赎，德奥两国便不得不成了新的道德祭坛上的祭品。

威尔逊主义是一种普遍主义的逻辑，其所主张的"民族自决"原则虽然被西方人限定在了"白人世界"，但这种限定并无足够强的理论根基，相反，突破白人世界而达致全人类，才能让该原则真正获得逻辑自洽。所以，到了巴黎和会上，该原则迅速获得所有弱小国家的热情支持，"民族自决"原则遂也构成约束战后秩序安排的规范性原则。很多人都热望着这一次和会将是人类永久和平的开始，力图让第一次世界大战变成一场终结一切战争的战争。威尔逊主义内生于西方世界的精神需求，却进一步打破了西方在近代基于"文明""野蛮"之二分而成的"二元外交体系"，[2] 将其法权秩序从西方世界的禁脔拓展为属于全人类的公共善，在规范意义上，它从一种特殊秩序自我实现为一种普遍秩序。

但是，威尔逊主义作为一种理想主义的主张，也遭遇了一种尴尬的困境。

---

1 马克斯·韦伯也思考过相关问题，意识到传统的战争观已不足以解决为一战赋予意义的问题，必须重新设立战争观及责任观。但是作为德国人，他只能对外归责，同时这个责任的识别也必须基于可获得普遍性认同的理由。所以他认为："唯一一个只有通过一场侵略战争才能实现其目标的力量，就是与俄国统治阶级的帝国主义态度融为一体的沙皇制度。沙皇统治负有真正的战争责任，而同盟国则是未能'以任何体面的方式避免军事冲突'。'沙皇统治构成了各民族以往从未设想到的最可怕的奴役制度——它一直存在到这个和约出现为止。'德国人民 1914 年'团结起来毅然决然投入战斗'，'仅仅是一场抗击沙皇统治的防御战'。"（参见［德］沃尔夫冈·J. 蒙森《马克斯·韦伯与德国政治：1890—1920》，阎克文译，中信出版社，2016 年，第 316 页。）

2 参见本书第五章第三节第二小节的相关讨论。

它的实现实际上需要国际层面的深层合作，但是由于"囚徒困境"的存在，不合作反倒是单个博弈者的理性选择，深层合作很难出现。要打破囚徒困境，有两种途径，一是多次的反复博弈，另一是有第三方执行人机制的出现，使得违约的成本远大于违约的收益，合作便会成为更加理性的选择。[1]多次博弈以破除囚徒困境，其有效性很依赖于博弈主体对历史经验的体会，行为主体的持续参与是基本前提；令人遗憾的是，国际政治层面上的多次博弈，往往是以数十年为时间单位，经常一两代人就这样过去了，参与博弈的行为主体事实上已经换人了，而人类从历史教训当中学到的往往很有限，以前吃的亏到了后代人经常还会再吃。以多次博弈来破除囚徒困境，在国际政治上成本很高，效率很低。打破囚徒困境效率更高的方式还是第三方执行人机制的出现，通常这就是一个超越于各博弈国之上的霸主国。

　　但是这里又有新的困境。一方面，这个执行人本身的中立性如何确保？唯一的可能性在于，作为第三方执行人的身份本身，对霸主国来说蕴含着巨大的国家利益，它愿意为此保证中立性，并且愿意节制自己不以此自肥，否则会损害其长期利益，但这种保障并不总是够牢靠。另一方面，姑且假定它能够认识到自己的长期利益，从而愿意自我节制，但如此承担起第三方执行人的责任，相当于输出秩序，这同样是需要财政输出来作为支撑的，而财政输出则需要在本国内部进行政治博弈，那么该国内政的博弈结果是否能够形成这样一种政治意志，以便完成财政与秩序的输出？这种输出还必须让输出国能够有效地从过程中收租，事情才是可持续的；而收租过程只能通过一种经贸过程来完成，倘若输出国在需要其作为执行人的地方却无足够的成比例的经济利益，则它在事实上不会向这里输出秩序。所有这些条件加在一块，就意味着以第三方执行人机制来破除囚徒困境，也是个高度困难的事情。

　　这一系列困难的存在，意味着威尔逊主义所需要的那种深层合作是非常难出现的，它需要一系列苛刻的条件。因此，威尔逊主义作为理想主义的口号可以喊得很响，但在实践中经常难以落实，反倒会让它显得很虚伪。而倘若明白拒斥威尔逊主义，仍然坚持过去那种现实主义的话，又很容易使拒斥

---

[1] 关于囚徒困境以及对囚徒困境的破解，可参见［美］罗伯特·阿克塞尔罗德《合作的进化》，吴坚忠译，上海人民出版社，2007年。

者在国际上陷入道德困境。这一种两难格局，是一战后的世界秩序陷入一系列困境的根本原因所在。

这种困境在巴黎和会上关于远东问题的处理当中呈现了出来。为了拉拢日本在大战中站在自己一边，英法等国向日本承诺了在战后让其继承德国在山东的权益，这在现实主义的国际政治行为当中是常见的利益交换。但是巴黎和会上威尔逊主义对现实主义的置换，使得该承诺丧失了正当性；而英法倘若不接受威尔逊主义，则其无法以现实主义将这四年的荒谬战争正当化——这一场战争的代价已经超过了任何现实主义所能容忍与辩护的边界——反过来会让本国遇到更多的麻烦。所以英法便不得不对威尔逊主义虚与委蛇，但这又使其在兑现当年对日本的承诺时变得很尴尬；更及英法仍然坚持在远东的殖民利益，这更使得其口头上的威尔逊主义变得虚伪。

美国当然愿意采行威尔逊主义的外交原则，它高度鄙弃老牌殖民帝国肮脏的现实主义政治。但是美国在内政层面上并无法形成足够强的政治意志，以至于可以用强力来担保其理想主义的秩序原则一定会落实，所以美国对中国只能表达一种道义上的支持，而无法给出实质性的支持。这让当初对美国抱有巨大希望的中国极度失望。

日本则认为自己对山东的主张是有着较为充分的理由的，因为段祺瑞执政府曾在"西原借款"当中承诺，以山东的路矿权作为抵押品。但是日本也愿意支持威尔逊主义，因为它从威尔逊主义当中进一步引申出"种族平等"的主张，要求黄种人与白种人的平等。这样一种理想主义的主张或许会吸引中国的支持，但日本面对山东问题时的现实主义态度与理想主义自相矛盾，反而在中国受到巨大的敌视。

各种自相矛盾的困境，差不多都是以中国的利益为代价来交易与化解的，德国的山东权益最终还是在列强的妥协中被交予了日本。中国在巨大的希望中迎来更加巨大的失望，于是在国内爆发了轰轰烈烈的"五四运动"，它将新文化运动的精神成果，以剧烈而又深刻的方式扩散于中国社会，民族主义由此焕发出巨大的动员力量。辛亥革命只影响到了中国的精英阶层，五四运动才将精神自觉灌注到一般市民阶层当中，寻找现代中国的精神历程由此展开。但是这也开启了后来历史上所能看到的各种思想分歧与对抗，它们都构成后来中国的民族主义展开过程当中的重要因素。

巴黎和会的各种权宜之计与虚与委蛇，是不可能真正带来和平的，它带来的只不过是二十年的休战而已。第二次世界大战真正终结了欧洲列强的旧秩序，战后的美国相对于西欧国家在各个领域全方位地形成了压倒性的优势，于是欧洲各国欲形成合作所需的第三方执行人终于出现了，战后欧洲踏上了统一的进程。美国的强大国力与其强大的政治意志，在远东获得了同样清晰的体现，英国终于从远东霸主的地位上彻底退了下来，将远东的主导权让渡给了美国。

此时的美国仍然坚持其理想主义的逻辑，但是由于其强大的国力带来其全球性的利益，其秩序输出所需要承担的国内政治成本大幅下降。对外输出秩序，成为全球秩序的主导者，——成为可能，美国的理想主义秩序置换掉了英国的现实主义秩序，成为远东的海洋要素的政治呈现，并构成了嗣后冷战中至关重要的一个精神动力机制。

二、俄国的谋划

1. 俄国的秩序想象

俄国的秩序想象与东正教及其所孕育出来的弥赛亚主义有着深刻关联，由此衍生出一种深刻的帝国情结，在这里面可以发现一条从沙皇俄国到苏联的精神线索。

东正教的拜占庭帝国在 1453 年倒在了奥斯曼武士的铁蹄之下，帝国末代皇帝的一个侄女逃到了俄罗斯，在 1472 年与莫斯科君主伊凡三世结婚，后者从此开始自称"恺撒"，其俄语发音近似于"沙"，这便是沙皇制度的起源。伊凡三世又将拜占庭帝国的双头鹰标志添加到自己家族的圣乔治标志上，从此，沙皇俄国自视为东正教的帝国。

任何一个宗教都会认为自己才是唯一正确的，于是这个帝国也就会自视为世上唯一正宗的帝国，是文明的唯一寄托所在。

1510—1511 年间，费洛菲伊修士上书沙皇："所有的王国都将因信仰不纯而被淹没，而新的俄罗斯的王国将成为东正教的顶梁柱……所有信奉基督正教的王国聚集在您的帝国，在普天下您是唯一的基督教沙皇。您可知道，虔敬上帝的君主，所有的基督教王国都统归于您，两个罗马先后衰落了，第三罗马（莫斯科）正屹立着，第四个罗马不会再有。您的基督教王国不会落入他人之手。"[1] 第三罗马的意象被构造出来之后，俄罗斯便将自己与更加久远的历史、更加伟大的文明联系在了一起，它进一步自视为人类文明使命的真正担纲者。这一使命的道德意义，当然是来源于东正教。

区别于西部欧洲有着理性主义气质的天主教，东正教有着更强的神秘主义传统。它不认为人类可以依凭自己的理性去探究神的意志，更反对理性对世界的统摄作用——当然，这不是反对理性，而是反对以理性为世界的根本尺度。它对上帝创世的神秘意图有着一种深刻的信仰，坚信人类终将通过弥赛亚获得拯救。获得拯救的途径毫无疑问是正确的信仰——东正教信仰，信奉东正教的俄罗斯帝国从而便是属于人类的帝国，俄罗斯民族便是这个世间的弥赛亚民族。耶稣基督是上帝派到世间的弥赛亚，他通过自己的苦难而使人类获得救赎；俄罗斯这个弥赛亚民族也将模仿耶稣基督，通过自己的苦难而帮助全人类获得救赎。于是，第三罗马的信念进一步地演化为弥赛亚帝国的精神结构。

由于这样一种深层次的精神结构，我们便可以看到俄罗斯一系列非常独特的历史呈现。这个民族承受着深重的苦难，而且苦难遍及从底层到上层的整个社会——苦难首先不是一种物理事实，而是一种自我体验。帝俄时期，底层的农民在贫困、愚昧当中挣扎，其苦难体现在物质层面；以托尔斯泰为代表的贵族阶层面对底层人民的这种苦难而承受着深刻的心灵折磨，其苦难体现在精神层面；具有反抗精神的贵族被流放至西伯利亚，承受着物质和精神双重层面的苦难；甚至沙皇本人也时刻有着一种深刻的苦难意识，末代沙皇尼古拉二世相信，只有通过自己经受的苦难，才能使俄国获得拯救，进而使欧洲与人类获得拯救。

但是对俄罗斯人来说，忍受苦难并不是目的，通过苦难的磨炼并战胜苦难，才能证明自己作为弥赛亚民族的独特命运。苦难在俄罗斯人的眼中被审美化，它并不是一种悲惨的命运，相反，它可能是一种珍贵的礼物，只有通

---

1 郭小丽：《俄罗斯的弥赛亚意识》，人民出版社，2009 年，第三章《"莫斯科—第三罗马"说——俄罗斯弥赛亚意识的文本符号》。

过它，俄罗斯民族的意义才能真正获得呈现。于是我们可以看到，俄罗斯每每能够在逆境中奋起，在绝望中获得胜利。无论是 1812 年击败拿破仑的战争，还是两次世界大战的经历，俄罗斯都是在极度的困境当中，焕发出一种超拔的勇气与力量，最终战胜困境，进而证成自己的独特命运。

对这个帝国来说，它相信自己是世间独一无二的，其他的虚假帝国终将臣服于自己。但是这种以东正教信仰为前提的确信，难以在斯拉夫民族之外找到共鸣，此一弥赛亚帝国便沦为自说自话，无法获得普世性的意义。一战带来了一个机会，布尔什维克革命因战争而成，它有着一种普世性的指向。

仔细考察布尔什维克革命，会在其中发现与东正教弥赛亚帝国极为类似的精神结构。它也深信苦难对人类的净化作用，相信人类的救赎寄托于贫苦的无产阶级之中，堕落的资产阶级是苦难的来源，是需要被克服的对立面；它深信俄国的特殊命运，这在列宁所提出的"资本主义的最薄弱环节"这一概念当中获得体现；它相信通过俄国的革命，将引起连锁反应从而使人类获得终极解放。布尔什维克革命对东正教帝国的精神结构所做的一个重要改变是，它不再将帝国的基础奠立在宗教信念上，而是奠立在无产阶级的正义品性上；无产阶级也并不局限于斯拉夫民族，它由生产资料的占有方式来定义，从而有一种真正普世的属性在内。这样，布尔什维克革命继承了弥赛亚帝国的精神结构，但将其扩展潜力突破于斯拉夫民族之外，一种真正的普世帝国就此在精神层面获得了证成。

与苦难相伴生的，是俄罗斯民族性格中深刻的不安全感。这种不安全感首先来源于它的地缘结构。俄罗斯诞生于东欧大平原，周围没有任何自然屏障，因而在历史上屡遭入侵。从 13 世纪蒙古人的入侵到 16 世纪波兰人的入侵，这种种历史记忆，给俄罗斯民族带来了不安全感，但它们又通过转化为苦难意识激活了俄罗斯的大国情怀，两种情感的叠加，促使俄罗斯在 16 世纪开始了大规模的对外扩张。它要用庞大的战略纵深来克服欠缺自然屏障的问题。

通过扩张，俄罗斯征服了当年的征服者，这给俄罗斯人带来了新的不安全感——帝国的人口、宗教不再单一，内部充满冲突；帝国疆域庞大，易受外部攻击的方向变得更多。这种不安全感促使俄国去征服更多的疆域，这刚好与帝国所承载的宗教之普世性传播的需求相同构，两相叠加就进一步促成了俄国的扩张欲望，表现为强烈的帝国冲动。

帝国是要为世界定规矩，而非被世界所规矩的，所以我们常能看到俄罗斯外交行为中高度的自我中心性——它只以自己的利益判断为基础，而不会过多地顾虑他人的观感；它不会屈服于强者，但也不会怜悯弱者；它行事强硬，又往往出人意表。倘若按照一种僵化的方式去理解俄罗斯，必会陷入困惑。

2. 直迄一战的远东战略

如此一种帝国精神长期地构成了俄国对外战略的驱动力。这种驱动力极不同于盎格鲁－撒克逊国家乃至于法、德这样的国家，其对外扩张对俄罗斯而言呈现为某种道德使命，而不仅仅是商业利益的获取；道德使命不像商业利益，是不能折价计算的。这是俄国区别于西欧国家，有着对土地的特殊贪婪的底层精神动力。

此种精神动力在远东，便呈现为沙皇俄国的"黄俄罗斯"战略，它极力想要将中国东北地区（在较弱的意义上也包括朝鲜）纳入帝国疆域之内，这样做不仅可以获得大片领土，还可以获得一个太平洋方向上的不冻港；它在其余的大清所属之内亚地区的战略，则是要将蒙、疆地区分离出去，或者至少是构成自己的势力范围。其在新疆地区的对手主要是英国和伊斯兰力量，这构成了中亚"大博弈"，前文已有论及；在东北地区的对手主要是日本和英国。

19世纪末，英国与美国在中国推动门户开放政策，这与英国的自由贸易政策也是相一致的。而俄国时任财政大臣维特伯爵则主张俄国在东北地区通过运价和关税特权实行门户关闭政策，而期望英国在长江流域实行门户开放政策，允许俄国势力进入。[1] 这样一种政策当然无法获得英国的同意，但是它居然会被提出，显然是因为"黄俄罗斯"战略让沙俄基本上将东北当成准俄国领土了，即便是维特这样一位有着相当自由主义倾向的重臣，也会提出这种初看上去很不合逻辑的政策。这也反映了大陆帝国与海洋帝国的两种不同战略选择：前者渴望着尽可能多的土地，将此定义为自己的根本利益，贸易是从属于土地的；后者则追求着更大的贸易机会，并努力通过对海洋航道的控制以及对贸易规则的输出来获取利益，土地是从属于贸易的。

虽然海洋帝国并不在乎对土地的占有，但它不会愿意接受大陆帝国对原

---

1 马勇：《中国近代通史》第四卷，张海鹏主编，江苏人民出版社，2006年，第47页。

本开放的土地的封闭——这将剥夺其贸易机会。故而英国支持日本打败了俄国, 让其 "黄俄罗斯" 的梦想破灭; 而日本此时正极力想要证明自己在国际秩序当中是个适格的好学生, 它会愿意接受英国在中国东北开放贸易的要求, 大清也不得不为了保住东北而吸引尽可能多的列强利益进入, 以便形成相互制衡, 东北于是成为大清最开放的地方。

3. 一战后的战略扩展

一战后沙皇俄国变成了苏联, 苏联的远东战略从属于其整体的共产主义革命战略, 其内在逻辑由列宁的革命理论演化出来。列宁认为无产阶级革命有可能在帝国主义链条的薄弱环节即俄国率先展开, 这基于他对近代以来国际无产阶级革命的领导权之流转的逻辑分析。他提出: "革命无产阶级国际中的领导权暂时 (自然只是在一个短时期内) 转到俄国人手中去了, 正像它在 19 世纪各个不同的时期中曾先后掌握在英国人、法国人和德国人的手中一样。"[1] 这个流转过程是递次地从发达国家向次发达国家的转移, 因为只要发达国家发展起来, 则其工人阶级的领导者就很容易蜕变, 被资产阶级所收买; 所以革命无产阶级国际的领导权便会转移到已经有了一定力量的无产阶级, 却又还没有被资产阶级所收买的国家去, 这样一种次发达国家便是帝国主义链条当中的薄弱环节。[2]

这样一种薄弱环节的主张, 与马克思关于无产阶级革命应该在资本主义最发达的国家率先发动的理论是不一致的。马克思的理论系基于对历史发展规律的阐述, 得出共产主义是人类的普遍历史发展目标的结论, 当然应该是最发达的国家最先走到共产主义阶段, 革命作为通向这一目标的关键一跃而获得正当性; 列宁的理论独创性则在于其作为一种关于革命策略的理论, 使得革命获得了一种现实可操作性。但是, 列宁的革命策略与马克思的历史目

---

1 列宁:《第三国际及其在历史上的地位》(1919 年 4 月 15 日), 载《列宁选集》第三卷, 中共中央马克思恩格斯列宁斯大林著作编译局编译, 人民出版社, 1995 年, 第 793 页。这篇文章写于十月革命之后, 但其中的很多逻辑早在十月革命之前便已形成。

2 准确说来, 依照无产阶级国际革命理论, 这种所谓领导权的转移并不是转到那个次发达国家去, 而是转移到那个次发达国家的无产阶级身上去。但这个无产阶级群体本质上不是作为该国家的无产阶级来运动的, 而是作为全世界无产阶级的领导者来运动的, 无产阶级本身是不应受到国家观念的限制的, 国家观念不过是资产阶级的产物, 是要被无产阶级所推翻与超越的。

标的载体不同，这里出现了张力，列宁为了调和这一张力，进一步论述道："与各先进国家相比，俄国人开始伟大的无产阶级革命是比较容易的，但是把它继续到获得最终胜利，即完全组织起社会主义社会，就比较困难了。……要继续社会主义建设工作，要把这种工作进行到底，还需要做很多很多的事情。文化程度较高、无产阶级的比重和影响较大的国家所建立的苏维埃共和国，只要走上无产阶级专政的道路，就有一切可能超过俄国。"[1] 也就是说，俄国只是全球无产阶级革命的导火索，由此引发最发达国家的革命，从而实现全球普遍革命，则策略与目标的张力到时自然消解。共产主义作为一种天然的普遍主义，也一定是以全球为单位的。

但是，布尔什维克党人在革命后很快便发现，最发达国家的普遍革命并未真的被连锁性激发起来。依照列宁的革命策略理论，很容易便会得出结论：这是因为西欧的工人阶级上层被资产阶级收买了，他们陷入了机会主义路线；而资产阶级之所以有能力收买工人上层，"是因为先进的国家过去和现在创造自己的文化都是靠了能剥削 10 亿被压迫的人民（指广大殖民地和半殖民地的人民——笔者注）这样的条件。这是因为这些国家的资本家掠夺来的东西，大大超过了他们能够从本国工人身上榨取的利润"[2]。只要从中拿出一小部分，便能完成收买工作。

广大殖民地本来只是帝国主义的剥削对象，就此又转化为新的帝国主义链条的薄弱环节，成为世界革命的根本所在；为了推动先进国家的普遍革命，不得不先推动殖民地人民的革命。而先进国家内部未被收买的无产阶级政党，也要对此有明确的态度。

"在资产阶级占有殖民地并压迫其他民族的国家里，党在殖民地和被压迫民族的问题上必须采取特别明确的路线。凡是愿意加入第三国际的党，都必须无情地揭露'本国的'帝国主义者在殖民地所干的勾当，不是在口头上而是在行动上支持殖民地的一切解放运动，要求把本国的帝国主义者赶出这些殖民地，教育本国工人真心实意地以兄弟般的态度来对待殖民地

---

1 列宁：《第三国际及其在历史上的地位》（1919 年 4 月 15 日），载《列宁选集》第三卷，第 793-795 页。

2 列宁：《关于国际形势和共产国际基本任务的报告》（1920 年 7 月 24 日），载《列宁选集》第四卷，第 270 页。

和被压迫民族的劳动人民，不断地鼓动本国军队反对对殖民地人民的任何压迫。"[1]

于是，第三国际的任务就此又向前推进为在广大落后国家和地区推动革命。中国作为最大的半殖民地国家，自然会被纳入共产国际的整体规划中，并占有重要的分量。为此，共产国际成立了远东局，负责中日朝三国事务，努力推动这些地方的革命工作。列宁又明确提出，在落后国家和地区，一方面，其无产阶级远未发展起来，另一方面，其资产阶级同样受到帝国主义的压迫，所以不像先进国家的资产阶级一样是反动力量，而是革命力量，因而，在这些地方的革命并不一定是无产阶级革命，而可能是资产阶级领导下的民主运动，更准确地，应该被界定为"民族革命"。[2]所以，苏联－共产国际在远东的行动并不必然呈现为对共产主义革命的推动，它同样可以呈现为对民族主义革命的推动。对苏联来说，两种革命殊途同归，都可以达到促进西方帝国主义国家进入普遍革命进程的作用。

前述革命的推动与谋划，是基于苏联的全球战略谋划而展开的。这种谋划与威尔逊主义一样，是一种基于理想主义的秩序想象。这样一种新的道德理想，同样可以为一战赋予传统的现实主义秩序观所无法赋予的意义；但与威尔逊主义不同的是，这个新理想所寻获的道德上的敌人，不是德、奥这种具体的敌人，而是抽象的敌人，是人类过往的诸种制度、传统、伦理观念等，从而形成一种无限诉求。

无限诉求在现实当中是无法被满足的，它在实践中一定要收敛在一些具体的约束条件上，也就是要被实际上的势力均衡所约束。这样，苏联的对外战略谋划会迅速地被势力均衡当中的博弈逻辑所塑造，其对外扩张就同时呈现为两个面相，一方面是输出革命的理想主义面相，另一方面是现实主义－帝国主义面相。

两次大战之间，苏联在远东所面临的格局是，盎格鲁－撒克逊国家通过其普遍贸易的政策，仍然在不断地从中国汲取资源以收买本国的无产阶级，

---

1 列宁：《为共产国际第二次代表大会准备的文件》（1920 年 6—7 月），载《列宁选集》第四卷，第 253 页。

2 参见列宁《民族和殖民地问题委员会的报告》（1920 年 8 月 7 日），载《列宁选集》第四卷，第 275-280 页。

日本则在亚细亚主义的激励下不断扩张其在中国的势力，并有可能以此为基地威胁苏联远东地区。苏联要在这样一种格局下，依照自己的谋划而在中国内部寻找可靠的合作者，它并不事先设定意识形态上的一致性，而是进行了广泛的尝试，既支持民族主义的冯玉祥和改组后的国民党，也支持共产党；其意识形态的多重面相，一方面会在中国打开超越民族主义的宏大视野，一方面也会激活更深刻的民族主义。这里面的多重复杂性，是我们理解前冷战时代苏联远东政策的关键，也是理解中国在那段历史中进行现代转型所遭遇的复杂环境的关键。

三、日本的谋划

1. 日本的生存困境

与英美两国以及俄国不同，日本的任何秩序想象都处在某种普遍性秩序的精神压制当中，无论此种秩序是如早期的来自中国还是如后期的来自西方。这是日本始终面对的一种生存困境，从精神现象学的角度来看，它的所有努力差不多都是要与当时所面临的精神压制相对抗，但是这种努力又受制于其本身的体量而难以成功。近代以来的日本史，其深层的线索皆在此中。

由于日本没有内生的轴心文明，所以它在早期对精神压制的回应，基本都是通过从东亚大陆传来的文化而迂回展开的，而这在嗣后形成一种精神上的路径依赖，到了明治维新之后也仍然如此。儒学在江户时代早期成为日本的主流思想资源，"华夷之辨"就此进入日本人的思考之中。儒学中有着隐含的中原正统性之意，在这种观念下日本只能成为夷狄。当时有日本儒生记录道："吾国儒书甚为流行，多少阅读儒书者，皆以唐为中国，以吾国为夷狄。更有甚者，以自己生为夷狄而悔恨痛哭。"[1]

为了克服中华帝国所带来的这种精神压制，在明清鼎革之际，日本发

---

1 松本三之介:《近代日本の中国認識》，转引自李永晶《日本精神史论纲——近现代日本的自我意识分析或中日关系的思想史解读》(未刊稿)。

展出"华夷变态"论，认为大陆上的帝国已经不再是"中华"，"华夏变于夷之态"，沦为"夷狄"，日本才是真正的"中华"。[1]如此一来，日本便通过儒家的观念而构建起独立于中华帝国之外的主体性。然而，这样的一种主体性，便意味着对大陆秩序的拒斥而孤芳自赏，虽然是通过有着普遍主义取向的儒家获得表达，却在事实上被还原为特殊主义的。也就是说，日本地处儒家所重视的中原以外，却依照儒家的理念自居"中国"，这在实际上已经是自我否定了；可日本又无法放弃儒家理念，因为没有可替代的轴心文明内核，于是它就落入一种自相矛盾的困境。普遍与特殊的张力不仅未能真正获得化解，反倒陷入更加纠结的境地，从而仍然无法克服中国的精神压制。

2. 从克服中国到克服西方

直到西方的到来给日本提供了一种全然不同的精神秩序，它终于获得了将其特殊主义的日本"中华"想象转化为普遍主义，以实现对中国的超越的可能性。明治维新之后，日本除了迅速引入西方的一系列制度器物，还大规模引入国际法，并依照国际法的要求来改革国内法权秩序，经过不懈努力，终于在甲午战争后被西方人承认为"文明国"。[2]而日本并未因此放弃自己的儒家秩序想象。明治二十三年（1890年），天皇颁布了《教育敕语》[3]，表达了日本国家的自我身份确认。其中的核心精神实际上是儒家理念的一种表达。[4]如此一来，日本差不多就完成了对中国之精神压制的克服——它仍然奉持儒教秩序，并有效地加入了现代秩序，日本仍在儒家的基座上，却一下子获得

---

1 类似于华夷变态的观念，不仅仅出现在日本，也同样出现在朝鲜、越南等国。葛兆光先生的《宅兹中国：重建有关"中国"的历史论述》（中华书局，2011年）一书在这方面做出了很有趣的研究。

2 参见本书第五章第三节第二小节的相关论述。

3 《教育敕语》全文如下："朕惟我皇祖皇宗肇国宏远，树德深厚，我臣民克忠克孝亿兆一心，世济其美，此我国体之精华，而教育之渊源亦实存乎此。尔臣民孝于父母，友于兄弟，夫妇相和，朋友相信，恭俭持己，博爱及众，修学习业以启发智能，成就德器。进广公益，开世务，常重国宪，遵国法。一旦缓急则义勇奉公以扶翼天壤无穷之皇运，如是者不独为朕忠良臣民，又足以显彰尔祖先之遗风矣。斯道也，实为我皇祖皇宗之遗训，而子孙臣民之所当遵守。通诸古今而不谬，施诸中外而不悖。朕庶几与尔臣民俱拳拳服膺咸一其德。"

4 感谢蔡孟翰先生提示我对此一问题的关注。

了一种世界主义的视野，实现了普遍化，这是中国远未做到的。或者说，过去日本之所以尊奉儒家，是因为这是当时所知的文明的唯一标准，日本实际上是在尊奉文明，结果就不得不仰视中国；现在西方提供了一个似乎更高的文明标准，日本便发现了克服中国精神压制的机会，即，如果自己能比中国更快更好地学习西方，进到更高的文明之域，则即便自己并未放弃儒家，也无须再仰视中国，而可以平视甚至俯视它。

然而，依托西方来克服中国，反过来又必会落入西方的精神压制。这种压制在甲午战争后"三国干涉还辽"之际便成为日本人挥之不去的一个情结；但彼时日本正亟欲获得西方尤其是英国的"文明国"承认，所以高度遵守国际法，并因此节制着自己进一步肢解中国的欲望。在一战后的巴黎和会上，日本人抓住威尔逊主义的新秩序观念，力主在国联章程当中加入一"种族平等条款"，如此则其所受到的西方精神压制或可化解。但是这个主张被英法拒绝了，因为一旦接受了这个主张，它们便不再有理由统治自己的殖民地。为了安抚日本，英法两国答应支持日本对山东的要求；但对日本来说，这是性质完全不同的两件事，无法替代。这次外交挫折让日本人形成了一种认知，就是现行的国际法秩序仍然不过是西方列强压制有色人种的工具，依照白人的游戏规则，有色人种永远没有获得真正平等的机会。西方世界的"二元外交体系"，将西方的普遍性还原为一种特殊性，或者说堕落为一种伪普遍性，日本对此的反抗因此获得了一种伦理基础。

这种反抗最终会呈现为更大规模的战争，但日本在战争前便已在苦苦寻找战争的伦理意义。这种寻找逐渐发展成为"亚洲主义"，日本要将自己的战略规划以亚洲为单位展开，构成一个超日本的框架，将有色人种普遍地组织起来，以此来对抗白人世界的压制。最终要粉碎种族压迫，打掉伪普遍性，实现各民族的普遍平等，日本将成为这样一个历史使命的担纲者。如此，日本在完成对中国的超越之后，又完成对西方的超越，实现对西方所催生的近代世界的"超克"，从而获得最大的普遍性。

这样一来，日本所发动的侵略战争就在其秩序想象中获得了一种至高的"正当性"辩护。1937年日本全面侵华战争爆发后，日本朝野谴责中国政府的着力点，不是任何意义上的国家利益之争，而是中国政府对日本志向的不理解；他们谴责中国政府通过煽动民族主义来对抗日本。[1] 这种看上去匪夷所思的谴责，只有在亚洲主义的框架内才能获得理解。在日本看来，征服中国正是亚洲秩序乃至世界文明秩序的重建过程。

但是倘若战争只局限在对华的话，所谓亚洲主义便说不通，对华战争看上去只不过是重复着帝国主义的老路，这种道路只会呈现为对弱者的欺凌，于是日本对西方世界的反抗便没有任何伦理基础，最终一切努力也都会在更强的强者到来之后灰飞烟灭。一旦从对华战争进展为对英美的战争，则战争的意义便转化为基于亚洲主义而对西方霸权的反抗，对华战争的意义也会因此而获得全新界定。所以在 1941 年 12 月 8 日天皇颁布对英美的宣战诏书之后，知识界当中的亚洲主义者非常兴奋。著名的亚洲主义者、鲁迅研究专家竹内好先生在《大东亚战争与吾等的决意》一文中欢呼道："历史被创造出来了！世界在一夜之间改变了面貌！我们目睹了这一切。我们因感动而战栗着，我们在战栗中用目光追随着那如同彩虹般划破天空的光芒，追随着那光芒的走向，我们感觉到从自己的内心深处涌出某种难以名状的、摄人心魄的震撼之力。十二月八日，当宣战的诏书颁布之时，日本国民的决意汇成一个燃烧的海洋。"[2]

然而，日本的这一系列努力是注定要失败的，因为它在本质上无法克服那种普遍性与特殊性的张力。中日两国的规模对比，使得日本面对中国时天然地就会被还原为一个特殊存在，这与两国的强弱无关，即便在日本相对于中国最强的时候，它也无法统治这个国家，而只会激发出中国强大的民族主义。日本军部曾经组织一批学者进行研究，并结集成书《异民族统治中国史》[3]，试图从中获取统治中国的经验。但军部忽略了的是，那些入主中原的草原民族，都不是崛起于一个民族主义的时代。在古典帝国时代，统治者的血统不是根本问题，统治者是否承受天命才是根本问题；但日本在 20 世纪试图征服中国，

1　这在天皇对英美的宣战诏书中也有所表现，其中有一段如此表达："今兹不幸与美英两国肇启兵端，洵非得已，岂朕本愿哉。前者，中华民国不解帝国之真意，妄自滋事，扰乱东亚之和平，终使帝国操戈而起，于兹四年有余矣。幸而国民政府有所更新，帝国与其结善邻之谊，互相提携，而重庆之残存政权，恃美英之庇荫，兄弟阋墙，罔知悔改。"

2　[日] 竹内好：《大东亚战争与吾等的决意》，载氏著《近代的超克》，孙歌编，李冬木、赵京华、孙歌译，生活·读书·新知三联书店，2005 年，第 165 页。

3　可参见 [日] 东亚研究所编《异民族统治中国史》，韩润棠、张廷兰、王维平等译，商务印书馆，1964 年。

则是在一个民族主义的时代，此时统治者的血统是根本问题。这就意味着，在民族主义的时代日本不可能有机会征服中国；但倘无西方带来的民族主义，日本也不会迅猛崛起；而在民族主义时代，日本又受到西方的精神压制，欲克服之，便又必须征服中国大陆。

这背后的连环套逻辑，意味着日本只有将视野转移出亚洲大陆，才有可能真正找到其普遍性的基础；倘若视野局限于亚洲大陆，则其任何战略都无法摆脱失败的命运。但《教育敕语》当中的儒家秩序观，意味着其所有的普遍性视野都是以对亚洲大陆的理解与克服为前提的，也就意味着它的这些战略都是注定失败的。

3. 认识论的突破

克服中国与克服西方，在这里构成了互为条件的双重任务，实则一种循环论证，这令日本的自我意识形成前所未有的格局，同时也进入前所未有的虚妄。但是，日本的这种努力所逼问出的问题是个真问题，即构成日本之生存困境的普遍性与特殊性关系，究竟如何才可能化解？

最初意识到这个真问题的，是日本的马克思主义者。马克思主义的理论，使得循环论证的双重任务以及各种杂糅终于获得击穿，一种全新的视野于是展现开来。击穿的力量来自马克思主义对文化与种族的去魅能力，它将这些皆还原为某种意义上的阶级压迫的产物。它虽则未能真正地解决问题，但打开了一种真正的普遍性视野。

在这种视野下，日本思想界意识到了问题的根本首先在于对中国的恰当理解，一切身份纠结都源自日本与中国的关系，倘若清晰于此，则双重任务便会被合并为一个任务。日本的马克思主义学者三木清在1940年便谈道："妨碍支那独立的是帝国主义列国。日本的行动的意义被认为是将支那从白人帝国主义中解放出来。没有这种解放，东洋的统一就无法实现。但是，如果日本取代欧美诸国而对支那进行帝国主义支配，那么东亚协同体的真正意义就无法实现。在驱逐白人帝国主义这一口号中，应该驱逐的是帝国主义，而不是白人。……以东亚协同体建设为目标的日本，自己不能成为帝国主义。"[1]

1《三木清全集》，第312–313页，转引自李永晶《日本精神史论纲——近现代日本的自我意识分析或中日关系的思想史解读》（未刊稿）。

于是，日本思想界通过马克思主义者的视野，形成了对中国民族主义的认知，这是留给战后日本的一份重要精神遗产。马克思主义早在 19 世纪末便传入日本，其在日本思想界有着重要影响，并且构成了中国对马克思主义之理解的最初来源，乃至对中国共产党的成立与发展也有着重要影响。[1]

一种复杂的精神史就此呈现出来，日本的普遍主义理念——亚洲主义，在中国激活了民族主义；日本借以认识到中国的民族主义问题的马克思主义理念，在中国激活了超越民族主义的普遍主义——共产主义。

这样一种复杂的精神史，实与中日两国对彼此的历史意义的巨大差异相关。对日本来说，认知中国是其认知自己的首要条件；对中国来说，认知日本并不一定是其认知自己的首要条件。于是，在日本试图以其普遍主义克服中国，亦即从军事和政治上压制中国时，日本反倒成了中国认知自己的首要条件，民族主义就此被激活了；在日本的有识之士认知到中国的民族主义，并表达出善意时，中国的视野则会在一种相对从容的状态中再度回复到普遍主义格局当中；但中国的这种普遍主义倘无对日本民族主义的恰当理解，则日本仍然无法摆脱那种精神压制，前面所述的各种精神纠结会继续构成其国际战略上的动力，这带来了近年来日本的一系列外交谋划。中日两国的精神纠缠，正是我们理解 20 世纪中国精神史以及日本精神史的核心线索之一。

第三节　民族主义的外与内

一、民族主义与外部世界

在古典帝国的时代，中国以为自己就是全世界，视野中没有可以与自己并立的对象。直到外部世界的压力使得中国开始形成自我意识，形成民族主义。民族主义本质上不过是一种动员机制，这种机制又会被表达为政治叙事，

1　参见［日］石川祯浩《中国共产党成立史》，袁广泉译，中国社会科学出版社，2006 年。

具体的内容则是与其所欲应对的外部环境相关。由于面临外部世界在远东的多种谋划，中国的民族主义便被激活出多种方向。

1. 盎格鲁－撒克逊国家的影响

辛亥革命后建立的北洋政府，并无强烈的民族主义性格。它只不过是重构国家内部政治叙事及政治组织架构，并在"五族共和"的名目下完成对国族本身的重述。与晚清时候相比，除了统治者精英有一定变动，整个国家及社会并无断裂性的变化。

这样一种政治特征，与英国在辛亥革命后的远东谋划有着直接关系。英国不会因为意识形态而对革命政权或传统政权有特殊偏爱，它最关注的还是究竟如何才能确保政治的稳定，以便获得统一与稳定的市场，并确保英国对中国仍然有足够强的控制力。所以，1912 年英国时任驻华公使朱尔典在致外交大臣格雷爵士的信函中如此评价袁世凯，他说：袁世凯正确地把财政问题摆在他计划的最前面，并坦率承认需要通过外国资金才能满足行政所需。这与 1912 年 2 月 3 日两人的另一封信函中朱尔典对南京革命党人的评价恰成对照，他说：南京临时参议院的教条主义原理与他们的实际活动之间的对比，足以使人们对管理中国的那些新人物的能力产生严重的疑虑。[1]

革命派热情有余，政治能力与经验不足，革命后各个地方的乱象已经让英国人对自己的商业利益产生忧虑了。而袁世凯以及愿意支持他的立宪派，则多是清末重臣及地方实力派，看起来远较革命派更有能力安定秩序。出于此种考虑，英国选择了站在袁世凯一边，而不是革命派一边。汇丰银行等向北洋政府发放了善后大借款，用以稳定革命后的局势，从而确保中国仍然为英国的稳定市场；英国政府对北洋政府施加的压力则为这些金融资本提供了安全性的政治担保，以此保障英国在革命后的中国的利益诉求。而在革命后的中国，谁能找到办法解决财政问题，谁就能掌握政治主导权。因此，英国的选边站从根本上决定了辛亥革命的成果一定会被北洋系所收割。

一战后的巴黎和会是一个大的转折点。《凡尔赛条约》对中国山东问题的处理激起了五四运动。辛亥革命迅速被立宪派的政治活动所吸收，并未带来

1　分别见胡滨选译《英国蓝皮书有关辛亥革命资料选译》（下册），中华书局，1984 年，第 564、543 页。

国民动员，但是五四运动带来了深度的国民动员效应，民族主义从此真正地进入中国的政治舞台。[1] 前文已述，日本对山东的主张，是有英法等国的暗中承诺的，因此可以说，英国的外交终于还是以曲折的方式激活了中国的民族主义，而未能让中国保持在英国所希望的保守状态。嗣后未久，英国直接动手导致的 1925 年"沙基惨案"、1926 年"万县惨案"、1927 年"一三惨案"等，使得中国的民族主义不断激化，并且染上了越来越重的反西方色彩。在一战前的国际道德秩序观之下，英国这几次的动手在中国引发的反响未必会朝向民族主义方向；但是一战使得国际道德秩序观从现实主义转换为理想主义，评判具体事件的参照系发生了变化，英国的传统外交战略走到其逻辑尽头，它的现实主义战略终于在中国激活了一种理想主义（民族主义）的后果。

理想主义国际秩序观的始作俑者美国，却在一种技术性层面上刺激着中国，为其民族主义催生了一些必需的制度条件。

前文已述，[2] 中国的货币发行权自古以来都不是由政府垄断的，政府不得不接受社会自生秩序对货币供给的调节作用。这样一种效应，随着地理大发现使得中国的货币供给进一步受制于世界货币市场的波动，并因此引发了中国的朝代兴衰与动荡。这一状况一直到 1929 年世界经济大危机时仍未改变。而在经济大危机初起之际，实行金本位的世界各国为了保住本国金融系统的稳定性，开始纷纷暂停兑换黄金。这引发了人们的恐慌，他们开始想方设法囤积黄金，导致黄金价格的上升；这相应地又带来通货紧缩，进一步恶化了经济危机。[3] 中国是当时主要国家中唯一的银本位制国家，金价的上升带来了白银价格的下跌，相当于中国货币贬值，刺激了对外出口，于是在世界经济大危机期间，中国反倒享有了所谓"黄金十年"的发展期。当然，其间也有

---

1 罗家伦先生曾谈到，受过五四潮流震荡的人，纷纷投身于国民革命，孙中山先生迅速把握住了这个趋势，1924 年的国民党改组，从五四运动里吸收的干部是最多的。转引自 [美] 周策纵《五四运动史》，陈永明等译，岳麓书社，1999 年，第 356 页。

2 参见本书第四章第三节第二小节的相关论述。

3 参见 [美] 巴里·艾肯格林《资本全球化：国际货币体系史》，彭兴韵译，上海人民出版社，2009 年，第 70-73 页。

过几次经济波动，其中一次影响深远的波动便是由美国的政策带来的。

　　白银价格的下跌，使得美国中西部各州的白银生产者集团受到损害，他们与农业州的院外集团联手，推动罗斯福在 1934 年 6 月签署了白银购买计划；农业州与白银州加在一块，是参议院中相当有实力的政治力量，罗斯福不得不妥协，以便换取它们支持自己的其他新政立法。[1]白银购买计划规定，美国财政部要在远高于市场价格的基础上收购白银，直到市场价格达到该计划的预期为止。白银生产者集团宣称银价的上升会提升中国的购买力，从而有利于中国。但事实是，美国财政部的高收购价格吸引了中国市场上的白银大量外流到美国，引发中国严重通缩，经济急剧萧条。南京国民政府与美国的交涉完全不得要领，不得不在 1935 年推动了法币改革。

　　法币是以国家信用为基础，而非以贵金属储备为基础的不可兑换纸币，这是中国历史上第一次由中央银行垄断货币发行权。过去的贵金属本位货币使得政府财政实际上受制于社会，而信用货币则让政府获得了巨大的财政操作空间。法币的发行能够打破通货紧缩的经济困境，但是很快日本发动了全面侵华战争，加之抗战结束后持续打了四年的内战，使得国民政府陷入严重的财政困境，不得不通过滥发纸币来解决财政问题。这引发了严重的通货膨胀，连带着作为货币之担保的国家信用破产。当然，即便没有美国的白银购买计划，南京政府很可能迟早也要走到发行信用货币的路上去，但是在那种内外交困的情况下，多几年缓冲时间可能会相当大地影响历史的走向。

　　朱嘉明先生认为，从货币视角来看，法币改革才是中国真正的现代转型，南京国民政府与北洋政府在这个意义上是断裂性的，反倒与 1949 年之后有着某种连续性。他提出，通过法币改革，南京政府提供了两个重要的历史条件：一是通过信用货币而让中央政府获得了相对于地方势力的不对称的财政能力，消灭了地方势力的军事割据；二是通过废除银本位而初步建立了国家资本主义。完成这两件事情，需要组织和动用巨大的经济和社会资源。这些成本是由国民党政府预支的。[2]弗里德曼也提出，南京政府的恶性通胀，不仅帮助共

1　农业州之所以愿意接受白银生产者集团的联手主张，帮助通过白银购买计划，在于它们希望借此刺激出通货膨胀，使得农产品价格上升。参见［美］米尔顿·弗里德曼《货币的祸害：货币史片段》，安佳译，商务印书馆，2006 年，第 151 页。

2　参见朱嘉明《从自由到垄断：中国货币经济两千年》上册，第 440-441 页。

产党人夺得了政权，而且在战争过去之后，还能让共产党人借助消除恶性通胀巩固其政权。[1]

共产党人之所以能够找到办法消除通胀，与中国的社会经济结构相关。在 20 世纪 40 年代，中国仍然是城乡割裂的二元经济结构，国民党的统治基础是城市，受货币经济影响极大；而商品化经济程度不高的广大乡村，在恶性通胀下受到货币经济的冲击却远远小于城市。在抗日战争时期，大片国土沦于敌手，敌占区的法币遂涌入了越发狭小的国统区里，进一步恶化了国统区货币的通胀状况。而共产党在自己开辟的根据地则另辟蹊径，非常典型的是在胶东抗日根据地建立的北海银行，以物资为储备来发行北海币，并根据农业周期来调整货币发行数量，随着物价涨落，通过根据地工商局吞吐物资来调整货币流通数量，保持币值稳定，因此北海币在其流通领域中的信用远远好过法币和汪伪政权发行的伪币。[2]

北海银行的实践之所以能够成功，原因之一是其物资储备来自农村自产，受外部世界的影响相对较小，货币机制与农村经济相匹配，几乎可以无缝对接计划经济。而国民党的法币机制是应用于市场经济的货币，但中国的二元经济结构使得这种货币机制显得过于超前，无力应对农村经济的问题，国民党又在剧烈通胀中丢掉了城市的支持，最终只能接受统治失败的苦果。

但是，国民党开创的信用货币制度，确实为后来中国再次走上市场经济道路形成了预备性的制度建设。现代国家的经济都高度受制于世界市场的波动。对小国来说，实力有限，只能随波逐流；对大国来说，则必须对经济有某种自主掌控力，才能在一定程度上缓冲世界市场的经济波动在本国所导致的社会问题。倘若不能形成这种缓冲，则其社会问题可能会带来严重的政治和经济问题，并在世界市场上传导出去，让小国所面对的环境也陷入更大的

1　参见［美］米尔顿·弗里德曼《货币的祸害：货币史片段》，第 173 页。

2　共产党根据地的经济官员甚至因此总结出了关于北海币的"物资本位"理论、纸币流通条件下物价与货币发行同步变化的规律、纸币流通中不是"劣币驱逐良币"而是"良币驱逐劣币"的规律，以及通过控制纸币发行进行宏观调控的政策等。这些理论和实践的发展在今天看起来尤为令人惊叹。关于北海银行所进行的"货币战争"历史，参见《薛暮桥回忆录》，天津人民出版社，2006 年，第 163–174 页；以及山东省钱币学会编《北海银行暨鲁西银行货币图录》，齐鲁书社，1998 年；《北海银行五十周年纪念文集》，山东省金融学会，1988 年。

不确定性。

中央银行正是非常重要的缓冲机制。1929 年大危机之后，西方各国逐渐意识到，必须建立拥有自主货币政策的中央银行制度，通过诸如信贷紧缩或扩张等手段，将国际市场的价格变动所带来的冲击在整个社会中平摊下去，从而缓和经济冲击。"完全货币化了的共同体无法承受价格突然变动所产生的毁灭性影响，而这种变动又是保持一种稳定汇率所必然会产生的，这就要求价格变动所产生的震荡必须由独立的中央银行政策来缓冲。如果缺少这样一种机制，那么对任何发达国家来说，坚持金本位制而不对其福祉造成毁灭性损害都是不可能的，不管这种损害是在生产、收入还是就业方面。"[1]贵金属本位的货币机制必定会受制于世界市场的波动，拥有自主货币政策的中央银行制度则经常要对冲世界市场的波动，两者是相矛盾的，所以各国迟早都要走到信用货币的路上。

一旦走到这条路上，则大国因其体量，经受得住世界市场波动的短期冲击，国家信用相对有保障，货币便会相对坚挺；小国的体量难以经受世界市场波动的冲击，国家信用保障性较差，于是它们多半会采取本国货币绑定大国货币的政策，以大国货币作为本国货币的信用之锚。因此，信用货币时代便是天然的大国主导的时代。大国由于其体量规模，是世界市场的自变量，本质上无法以其他国家的信用作为自己货币的锚，而只能以本国的经济作为货币信用的担保，为世界市场提供信用之锚，小国则绑定在大国的船上。这内蕴着大国所必须担负的世界责任；相应地，也构成大国巨大的国家利益。

中国天然是个大国，其在国民政府时期建立的中央银行运行机制及信用货币体系，虽然由于民国本身的经济状况糟糕，又遭遇各种内忧外患，而致货币信用破产，但这实际是建立现代国家时所必需的制度。民国时期的相关实践，在技术性的制度层面上开启了中国国家建构的道路，该种制度的浮现脱离不开国际大环境的压力，同时也为现代平民社会的有效运转提供了必要的制度工具；从长远来说，也是作为大国的中国所必须担负的世界责任的一个抓手。

2. 苏联的影响

晚清时期，很多人认为只要立宪了，中国所面临的很多问题便都能够获

1［英］卡尔·波兰尼：《大转型：我们时代的政治与经济起源》，第 169 页。

得解决。然而，北洋政府完成了立宪，却并未解决中国所面临的一系列问题，在军阀混战的局面当中，情况似乎变得更糟。一战之后，中国成为战胜国，以为威尔逊主义的公理主张可以保障自己的利益，巴黎和会却未带来人们所期待的结果。各种屈辱与愤懑叠加在一起，终于爆发了轰轰烈烈的五四运动。人们不再认为一场简单的政治革命就能解决中国积重难返的问题，开始寻求通过文化革命和社会革命来从根本上解决中国的问题。而要进行这种深层次革命，需要对民众进行有效的动员。苏联的影响，正是在这样一种背景下到来的。列宁主义政党技术以及一整套的世界观进入了中国，激活了中国现代史上最为深刻的社会与政治变迁。

1919 年 7 月，苏联发布了第一次《加拉罕宣言》，宣布废除沙俄与中国及其他协约国家所签订的秘密条约，放弃沙俄夺自中国的领土和特权等。伴随该策略的是一整套的意识形态叙述，对政治秩序给出了全新的解释框架，帝国主义的行为在该框架中被揭示为邪恶与虚伪的，受苦阶层的自我组织与反抗则在该框架里获得了一种根本的正当性论证。国人刚刚在巴黎和会上感受到帝国主义的欺侮，自视为国际社会上的受苦阶层，因此一下子对苏联产生了巨大的好感。

同样是在 1919 年 7 月，早于《加拉罕宣言》几天，胡适先生在《每周评论》上发表了《多研究些问题，少谈些"主义"》一文，掀起了中国现代思想史上很重要的"问题与主义之争"。胡适批评过度关注"主义"的人，他们无视现实所面临的真正问题，认为只要寻获一种主义，就找到了包治百病的妙方。左翼力量的代表李大钊先生则在《再论问题与主义》一文中针锋相对地提出："一个社会问题的解决，必须靠着社会上多数人共同的运动。那么我们要想解决一个问题，应该设法使他成了社会上多数人共同的问题。要想使一个社会问题，成了社会上多数人共同的问题，应该使这社会上可以共同解决这个那个社会问题的多数人，先有一个共同趋向的理想、主义，作他们实验自己生活上满意不满意的尺度（即是一种工具）。那共同感觉生活上不满意的事实，才能一个一个地成了社会问题，才有解决的希望。不然，你尽管研究你的社会问题，社会上多数人，却一点不生关系。那个社会问题，是仍然永没有解决的希望；那个社会问题的研究，也仍然是不能影响于实际。所以我们的社会运动，一方面固然要研究实际的问题，一方面也要宣传理想的主义。这是交相为用的，这是并行不悖的。"[1]

暂且把这场争论当中双方的政治话语放在一边，从争论中可以看到中国现代转型历程的一个关键奥秘，即倘若不能完成社会的普遍动员，则任何具体的努力都只能产生非常局部性的效果，终将被庞大而又沉滞的中国社会所吞没湮灭，而无法真正促动中国的政治与历史进展。之所以会出现这样的后果，在于中国的超大规模。对中小规模国家来说，局部性的改变，相对于其整体而言，占比可能已然不小，从而能外溢出全局性的效果；对中国来说，任何局部性的改变，相对于整体而言都太过微小，会被吞没掉。倘若不能完成普遍性的动员，则对于具体"问题"的解决，其结果很可能是外在于中国社会与中国历史的，甚至局部的解决反倒加剧国家整体的撕裂，并引发更大的问题；而对于内在差异如此之大的国家，要实现整体性的动员，则几乎不可避免地要通过"主义"来对社会进行全新的解释与动员，赋予全新的意义，才能生成内在于中国历史的运动。

在这种视野下来看"问题与主义之争"，可以说，胡适先生的说法指出了发现真实问题的重要性，却忽略了中国最大的真实问题正是其超大规模；李大钊先生意识到了进行社会普遍动员的必要性，却容易陷入理念之争。然而，从另一角度来说，超大规模国家的转型之难，使得它几乎无法找到两全的办法，只能在历史的试炼当中艰难前行，任何事先的规划，也一定会在超大规模国家的现实运动中演变得远离初衷。自由主义本身也是一个"主义"，但由于其对"主义"的拒斥而走上了"全无主义的主义"（a doctrine of no doctrine at all）[2]的道路，反倒让自己进退两难，终外在于中国的政治与社会、历史；左翼则基于其对"主义"的理解而走上了对政治与社会的直接参与之途。在1920年提倡了"多研究些问题"之后，自由主义者只有很少加入了社会调查工作或劳工运动；反倒是很多社会主义者及其同路人开始走入工人和农民群中，研究他们的生活状况。

中国若欲实现普遍动员的现实需求，会受到中国的二元经济社会结构以及农村人口与城市底层人口占据人口绝大多数等现实条件的约束，因此必须

---

1 《李大钊选集》，人民出版社，1959年，第228页。
2 [美] 周策纵：《五四运动史》，第324页。

提供一种具有普遍性的、能够整合起社会底层的理念。这样的理念大概率具有左派色彩。因为自由派的方案不以普遍动员为其诉求，更不认为社会动员是解决底层问题的好办法。苏联对外传播革命的需求，恰好提供了一种左派的理念及组织技术。这两种需求之间形成共振关系，所以苏联成为中国民族主义运动的一种特殊催化剂。五四运动之后的中国历史，始终有苏联的直接和间接影响作为其背景。自由派对英美两国的理念有亲近感，但英美主要基于贸易考虑而制定对华政策，反倒有可能会进一步强化中国的二元经济社会结构，使得沿海口岸地区与世界的联系越发紧密，而与内地的差别越来越大，恶化已有的社会撕裂。这也是自由主义虽然在 20 世纪前半段获得不少中国精英界人士的青睐，却难以对这段中国历史产生内在的深刻影响的原因。又逢 20 世纪初期，英国也正是费边主义等民主社会主义派别影响力大盛之际，即便是从英国学成归来的人，也颇有一些对左翼思想的亲近感，于是苏联的影响进一步获得了空间。

列宁的理论思考以全球为单位，大开大合，大陆国家从未有过如此视野，故而苏联通过共产国际在远东展开的谋划，也呈现出大空间大格局的战略想象力。一方面，它紧盯着中国的亲日派别，扶植其对手，以免日本在华影响力过大以致威胁苏联远东安全，因此它可以同时从西北的冯玉祥与华南的孙中山着手，以对抗皖系奉系等亲日军阀。苏联并不忌惮这些力量的民族主义诉求，因为在列宁的理论结构里，落后国家的资产阶级民族革命，正是先进国的无产阶级普遍革命得以发动的前提；并且，通过孙中山一系中国本位的民族主义诉求，更可以形成对区域本位的奉系等亲日军阀的压制。另一方面，苏联在中国支持共产主义运动，指导中国共产党的革命，以此在中国实现更加普遍化的动员，形成对西方帝国主义国家在华力量的冲击；并鼓励共产党员以个人身份加入国民党，以确保国民党的民族主义保持在左翼的倾向上。[1]

在苏联的支持下，国民党于 1924 年实现改组，采用了列宁主义的组织技术，但拒绝其意识形态。至少部分国民党右派更加认可英美的意识形

1　关于苏联对中国的民族主义与共产主义运动的多重支持，可参见沈志华主编《中苏关系史纲：1917—1991 年中苏关系若干问题再探讨》，社会科学文献出版社，2011 年，第 23–32 页。

态，列宁主义政党技术不过是他们用以实现该理想的趁手工具而已。但列宁主义的组织技术和意识形态有着相当深刻的表里关系，在实践中要想将其剥离开分别对待，很难清晰划出边界。这导致了在北伐过程中国民党左派的一系列激进行动[1]，并且由此强化了国民党右派反共的意识，及至发动"四一二政变"。

北伐时期，国民党左派及共产党人与国民党右派有着各自的普遍主义秩序想象，其宏观战略唯一的交集便是中华民族。因此在现实活动中，民族主义的动员功能被无限放大，各种普遍主义的面相则相互抵消，形成了激进的民族主义革命外交。最典型的是北伐时期对汉口、九江英租界的收回。[2]但民族主义无法用来理解一个作为自变量的大国与世界秩序的关系，它对外国在华利益会不加区分地排斥，英法的在华利益与日俄（苏）的在华利益的区别与冲突，处在其视野盲区当中。这会导致虽为大国但力量较弱的中国无法构建恰当的列强在华制衡机制，以便为自己获得赖以生存的夹缝。

在苏联的影响／左派的动员机制当中，实现了对民众的普遍动员，而英美的影响／右派的理念则并不诉诸一般民众的动员，而只诉诸（右派）精英群体。于是，精英层面与民众运动的历史社会学差异也浮现出来。（右派）精英可能是有普遍主义视野的，但其对民众不具有很强的动员效果；民族主义能够很有效地对民众实现动员，但会让中国难以获得恰当的视野，这就形成了一种深刻的张力。

由此，中国革命的问题就转化成如何找到一种具有普遍主义视野的动员机制，或者说，如何找到其"普世民族主义"的形式，以便既克服民族主义困境，又形成内在于中国历史的政治努力；否则，将导致政府的政策原则和动员逻辑不一致，于事实上无法完成本国的政治重组，也会让本国政府的正当性受到伤害。事实上国民党无法完成这一点，这是它始终面临的巨大困境；最终反倒是被国民党"清除"出来的共产党，摆脱了国民党的民族主义拘束，得以成功地实现了动员逻辑与政策逻辑的一致性，其完整的效应在抗日战争

---

1 毛泽东在《湖南农民运动考察报告》当中所提到的农村的一系列过激行为即是在国民党左派的领导下做出的。

2 参见李恩涵《北伐前后的"革命外交"（1925—1931）》，第二章《激烈型"革命外交"之收回汉口、九江英租界：1927年1—2月》，"中研院"近代史研究所，1993年。

中逐渐浮现。

另一方面也可以看到，国民党力图实现对国民的普遍动员，其动员起来的力量绝非区域性的力量可以抗衡，所以地方主义的军阀纷纷失败了，无论是老派军阀如吴佩孚，还是新派军阀如陈炯明。但是由于前述的困境，国民党在本质上无法克服地方主义，因此北伐之后，桂系、粤系等又形成了地方实力派。从长远来看，地方主义的重新浮现，对超大规模国家来说是一个必需，以便形成多元治理；但是在国家重组完成之前，地方主义将带来阻碍，这也构成国民党后来失败的原因之一。

3. 日本的影响

日本大概是对中国民族主义影响最深刻的国家，两国的生死相搏在相当程度上规定着中国的秩序想象。18、19 世纪之交的德意志，是在受到法兰西的军事征服之后而被激活民族主义的。这与中日之搏有着某种相似性，但也有很大区别。法国、德国都自有充沛的精神资源以构建自身的精神主体性，中日关系则完全不同于此。日本虽对中国有武力压制，但相对于中国而言，却没有自足的精神资源以构建自身的精神主体性，因此两者都无法完成现代民族主义的理念建构。

日本认为，唯有对中国进行彻底的征服，才能实现反制；但是这种彻底征服在实际中无法实现，于是中日战争进入一种无限状态。对日本来说，无限战争在亚细亚主义中获得"正当性"辩护，使得对华战争转化为对白种人战争的一个部分。亚细亚主义的论证有着儒家"王道"政治的理念基础，这在中国引发了极为复杂的情感。其儒家色彩在某种意义上消解着中国的民族主义，尤其是那些不满于革命的现实、渴望回归传统秩序的人，更可能被它所吸引。但亚细亚主义在理论与实践上有着巨大差距，使其在实践当中蜕化为完全的虚伪，因此，它又在更大的意义上激活着中国的民族主义。一如法国的政治民族主义，本来是具有普世取向的。法国在大革命中对德国的入侵，内含着从诸多封建主的统治下解放德国人民的意味，因此获得了很多德国人的拥护；但是法国在德国的作为与其承诺完全不同，于是反倒激活了德国的文化民族主义。

日本的全面入侵，让国民政府与各种地方实力派以及不同党派的矛盾，都被民族矛盾所超越。蒋介石在《庐山抗战宣言》中铿锵有力地说道："如果战端一开，那就是地无分南北，年无分老幼，无论何人，皆有守土抗战之责任，皆应抱定牺牲一切之决心。"一种普遍均质的人民及其所处的政治空间，在以日本作为绝对他者的前提下，获得了自觉的表达。同时，这种自觉又与过往的历史时间有着一种生命性的勾连。"我们固然是一个弱国，但不能不保持我们民族的生命，不能不负起祖宗先民所遗留给我们历史上的责任，所以到了必不得已时，我们不能不应战。至于战争既开之后，则因为我们是弱国，再没有妥协的机会，如果放弃尺寸土地与主权，便是中华民族的千古罪人！那时便只有拼民族的生命，求我们最后的胜利。"时间、空间、精神的三位一体，形成了民族主义的全面表达。

但相应地，问题也就此浮现出来。对他者的理解，决定了自我的视野。中国在古典帝国时代一直以天下自居，视野中根本就没有他者，普遍主义的视野格局笼罩着整个东亚；在北洋时期乃至国民政府前期，中国一直努力要加入西方主导的现代世界秩序，但仍以整个世界作为自己的参照系。直到抗日战争时期，从国民政府的角度来看，中国的视野逐渐被压缩，与其生死相搏的日本近乎成了唯一的他者；尤其是在亚细亚主义的笼罩下，日本将中国作为一个有待征服，并将在征服后消除其自我意识的纯粹客体来对待，这是中国在面对西方列强时也从未有过的遭遇。这激发了最深刻的民族主义，同时也以最大的力度压缩了中国的视野。它使得中国当时的最高统治者在一种非常局促的格局之下思考问题，无法站在足够的高度上来理解中国与国际秩序的关系。

譬如，1943 年 11 月份召开的开罗会议，曾为当时的中国打开了近代历史上从未有过的机会窗口，但要想把握住这种机会，需要有对世界秩序的宏观理解能力，而不能囿于民族主义的狭隘格局当中。可是我们来看看，在那前后国民政府的一些作为所展现出来的格局。

蒋介石曾在 1942 年 2 月访问印度，试图调解印度民族主义领袖尼赫鲁、甘地等人与英印当局的矛盾，以便共同对抗日本，但其努力遭遇英国出于帝国主义考虑的一系列掣肘。[1] 于是，宋美龄在 1942 年底开始的访美活动大获

---

1 参见陶文钊、杨奎松、王建朗《抗日战争时期中国对外关系》，中国社会科学出版社，2009 年，第 354-365 页。

成功之后，居然拒绝了英国国王的访英邀请，又拒绝在美会见丘吉尔，反倒公开发声要求英国释放尼赫鲁，后来还访问了英国殖民地加拿大。这种民族主义的赌气行为，与时任驻英大使顾维钧的建议正相反，让这位起自北洋时期、对世界格局有着深刻理解的资深外交家不胜惊愕。而蒋介石在 1943 年发表的《中国之命运》，将自己推到了国内与国际反共思潮的最前端，给自己的内政和外交都带来极大的被动。[1] 这些具体的抉择，反映出的是最高统治者对中国现实和国际大格局的无力理解，以至于开罗会议提供的机会窗口未能转化为国民党政府在国内整合各种力量、在国际争取更多支持的契机，大好局面生生被其浪费。

另一方面，《庐山抗战宣言》的民族主义宣示，虽然表达出了一种精神自觉，但国民党的政策选择将其变得抽象化，因为国民党逐渐放弃了对底层人民的动员与关注。而中国的底层人民占人口的绝大多数，无论是税赋资源还是人力资源，都对底层人民有着巨大的依赖，他们是这个民族的根本质料。放弃底层，只会让自己的民族主义努力变得抽象，变得外在于中国社会与历史。

正是在这一点上，国民党与共产党形成了巨大差异。这种差异在第一次国共合作之际，已隐然显现。当时，国民党员着重于上层的工作，共产党员着重于下层的工作，构成了一种上层国民党、中层共产党和下层民众的层级格局。在国民党右派发动"四一二政变"彻底清共之后，国共的深刻差异完全显示出来，乃至于国民党认为中共在国民革命过程中隔断了它与下层民众的联系。清共后，国民党认为自己完成了革命，该走上"建设"的道路了，因此对民众运动采取防范和遏制的政策，从未真正寻求与下层民众的联系。[2]

而这个时候的共产党，仅仅在自己的控制区拥有力量，还无法真正实现对底层民众的普遍动员与新观念的灌输；抗日战争则提供了一个历史机遇，终让共产党的革命运动内在于中国社会。

---

1 参见张振江《二战期间的中国大国地位：现实与神话》，载《大观》第 7 辑，法律出版社，2011 年。

2 王奇生：《党员、党权与党争：1924—1949 年中国国民党的组织形态》，华文出版社，2010 年，第 153 页。

　　通过比较国共双方在抗日战争中所面临的情境，可以看得更清楚。一方面，作为民族领导者的国民党政府，因为各种原因，对日本的态度一度很暧昧；而对各种力量与理念的整合能力的低下，也使其既难以抑制内部的腐败，又难以有效对抗日本的军事压力。国民党的民族领导者地位逐渐令人质疑。另一方面，国民党试图建设现代的党务／政务官僚体系，这种官僚体系运作效率的基础之一，就在于上下层级之间信息传递的顺畅无碍，以及基于信息反馈而建立的内部监控机制，以便确保组织目标不在执行过程中被扭曲和丢失。倘若信息无法在层级间有效传递，则其下层将无所措手足而散沙化，上层则失去了行动的抓手而空心化，组织目标的确保根本无从谈起。日本占据了交通线和大城市，但无力深入控制沦陷区的基层社会；而这些基层社会与国民政府的联系被切断，当地的党务／政务官僚体系很容易便瓦解掉了，国民政府也同样丧失了这些地方。

　　共产党的组织机制与国民党有着巨大区别。它通过共产主义的意识形态而获得了整个组织的精神统一性，又通过整风运动由内及外地刷新了几乎每一个组织成员的世界观和伦理观。这样一种组织机制，使得组织中每个微观个体都对宏观的事业有着一种理解与忠诚，从而对上下层级信息传递之顺畅无碍的需求便远远低于国民党。即便没有足够的信息传递，组织的目标也会深深刻在成员的内心，使之不容易迷失；即便基层组织各自为战，远离上级，也会基于共同的信念基础而能够低成本地实现总体协调。由此，国民党的统治已经瓦解掉的沦陷区基层社会，反倒成为共产党发展自己的敌后组织和抗日力量的基础，这些地方形成了大量的共产党根据地，它们成为后来共产党赢得政权非常重要的基础。正是在这个过程中，原本外在于中国社会的共产主义理念，以民族主义为中介，而内在化于中国社会与历史。从党员人数的变化，也可以看到共产主义内在化于中国社会的发展。抗战初期，中共党员人数由1937年的4万猛增到1940年的80万，几乎与国民党同期的普通党员人数持平。而国民党的党员发展及管理极其松散无规矩，共产党则有严格的纪律；考虑到这方面的差异，共产党实际上相对于国民党已有了巨大的人数优势和组织优势。[1]

_____

1　参见王奇生《党员、党权与党争：1924—1949年中国国民党的组织形态》，第340-364页。

二、民族主义的内部困境

1."排满"的民族主义

对存活到近代的古典帝国来说，民族主义是个令人左右为难的东西。古典帝国一般都是内部有着甚大差异的多元聚合体，这些差异既有族群意义上的，也有地域意义上的，还有其他一些意义上的，都可以构成简明的身份识别标志，但这些差异在近代以前通常并不具有政治性意涵。基于这些差异，现实性地会形成不同的政策需求，到了近代，争取差异政策的努力很容易就转化为一种局部动员过程，并通过那种简明的身份识别标志而转化为一种政治性的诉求，甚至借助于从法、德的近代政治中发展起来的民族主义理念，**将本属偶然性的身份差异建构为一种本质性的身份差异**，从而形成明确的民族意识，表达为独立的诉求。[1]

于是，民族主义就对古典帝国构成了一种肢解作用。而古典帝国面对外部世界的压力，需要找到一种办法来完成内部的动员和整合，这也会表达为某种民族主义。但帝国对自身进行民族主义建构，难度远远大于内部特殊群体的类似工作，因为帝国找到简明身份识别标志的难度远远大于内部特殊群体。这就带来一个深刻的困境：如果不转向民族主义，帝国难以形成内部动员以应对外部压力；如果转向民族主义，则动员过程会反噬自身，将帝国解体。中国的近代转型就是在这个困境中艰难前行的。

前文已经谈到，[2]清末的民族主义有两种取向，一是以章太炎为代表的具有种族性的汉民族主义，一是以杨度为代表的具有现实考量的政治国族主义。政治国族主义要在异质性的多元之上建构起一个统合性理念，这个工作比种族性的汉民族主义之建构更为艰难。现实当中的多元身份标识，与理念当中

---

1 因此，民族是一种基于现实诉求而被打造出来的"想象的共同体"，并非一种实体性的存在，只不过是民族主义的理论把它表达得似乎是一种实体性存在一样。关于"民族"作为一个"想象的共同体"，可参见［美］本尼迪克特·安德森《想象的共同体：民族主义的起源与散布》，吴叡人译，上海人民出版社，2005年。

2 参见本书第五章第三节第三小节的相关论述。

的统一国族身份并不同构；汉民族主义的身份标识与民族理念有同构性，其在现实当中的动员效率远高于政治国族主义。这是杨度一直强调中国应该实行君主立宪的原因所在，因为倘若有个君主存在，则对君主（所代表的理念）的共同效忠可以形成统合性的身份标识，政治国族主义才有更大的机会落实为现实实践。

因此，政治国族主义的现实实践，关键是君主（及其支持者）也愿意参与到政治国族主义的建构以及配套的必需政治改革当中；晚清的君主却难堪此任。于是，汉民族主义遂成为最具动员力的理念，中国的民族主义首先表现为"排满主义"。

2. 从"驱除鞑虏"到"五族共和"

排满主义的口号是"驱除鞑虏，恢复中华"。这个口号简洁明了，可以构建起清晰的身份认同和动员机制，易于动员起革命。对应地，较为激进的革命派对革命后国家的想象，就是以内地十八行省为基础的（也有说二十二行省者），武昌革命军所用的旗帜也是"十八星旗"，以象征内地十八行省。

武昌革命军的首义成功有着很大的偶然性，仅凭其军事实力并不足以对大清构成实质威胁；在袁世凯重掌朝枢之后，北洋军队很快对革命军形成巨大压力，汉阳遂失守。武昌革命军更多代表的是一种象征意义，其奋起激起了所有对清廷立宪改革已经绝望之人的反抗之心，各地起义一时风起云涌，其中很重要的一波是长三角的立宪派所建立的江浙联军。近乎在汉阳失守的同时，江浙联军攻克了南京，革命的重心就此转到了立宪派实力雄厚的江浙地区。

立宪派更倾向于杨度式的政治国族主义，故而革命的整体基调不再是激进的"驱除鞑虏"，而开始转向"五族共和"。于是，江浙联军所采用的旗帜"五色旗"被南京临时参议院选定为中华民国国旗。作为激进革命派的孙中山也认识到了立宪派对革命形势的主导，于是接受了五族共和的主张，并在 1912 年元旦的《临时大总统就职宣言书》中强调："国家之本，在于人民。合汉、满、蒙、回、藏诸地为一国，即合汉、满、蒙、回、藏诸族为一人。是曰民族之统一。武汉首义，十数行省先后独立。所谓独立，对于清廷为脱离，对于各省为联合，蒙古、西藏意亦同此。行动既一，决无岐趋，枢机成于中央，斯经纬周于四至。是曰领土之统一。"[1] 中华民族的理念遂从以中原汉地为基础的汉民族主义转为以大清疆域为基础的中华民族主义，看起来是杨度的理念战胜了章太炎的。

但是困境也随之浮现。中华民族主义应该是超越于汉满蒙回藏、统合多元要素的理念，由于不再有君主作为超越于多元之上的统合性象征，因此需要一种足够好的理念建构，才能吸收现实当中的多元身份标识。但这样一种理念建构并未实现。北洋时期继承了清末以来的地方分裂倾向，军阀割据当中根本无人有兴趣认真思考这个问题。国民党改组之后，意在通过统一的政党组织作为领导，来建设统一的国家，这就必须有清晰的理论表达以便作为政党的意识形态指导。孙中山在国民党一大之后花了半年时间做了十几场演讲，系统表达了其三民主义理念。中山先生谈到了他对民族的认知，认为民族的来源有五大基础，分别是血统、生活、语言、宗教、风俗习惯，"就中国的民族说，总数是四万万人，当中参杂的不过是几百万蒙古人，百多万满洲人，几百万西藏人，百几十万回教之突厥人。外来的总数不过一千万人。所以就大多数说，四万万中国人，可以说完全是汉人。同一血统、同一言语文字、同一宗教、同一风俗习惯，完全是一个民族"。[2] 这样一种表述，是在中华民族主义的名义下，采纳了汉族中心主义的立场。杨度在表面上战胜了章太炎，但章太炎暗度陈仓，又在实际中塑造了民族叙事。

抗日战争给国民政府的民族视野带来一个巨大变化。在抗日战争全面爆发之前，国民政府的核心活动区域在长江中下游地区和东南沿海，政府中的主要人物也多来自这个地区，边疆对他们来说是一个比较抽象的存在。虽然自 1927 年国民政府就开始酝酿西北建设，但在 1931 年之后才开始进入具体的实施操作阶段；1932 年 3 月，国民党四届二中全会通过决议，决定以长安为陪都，定名为西京，并在嗣后的若干年中修建了相当数量的基

1　转引自张永《从"十八星旗"到"五色旗"——辛亥革命时期从汉族国家到五族共和国家的建国模式转变》，《北京大学学报（哲学社会科学版）》2002 年第 2 期。该文对革命基调的转变梳理得较为清晰，本段文字颇受其惠。

2　孙中山：《三民主义》，《民族主义·第一讲》（1924 年 1 月 27 日），北新书局，1927 年，第 7 页。

础设施，推动经济建设；到了 1935 年，随着中央军尾随长征红军而进，川滇黔也被纳入国民政府治下，西南遂与西北并重，蒋介石与龙云谈话时曾提到："对倭应以长江以南与平汉线以西地区为主要阵线，而以川黔陕三省为核心，甘滇为后方。"[1] 但这些工作更多是出于对日战争的军事地理考虑，对西南与西北的建设仍是一种工具性的安排，并未引发其对民族问题的认真反思。

抗战迫使国民政府迁都重庆，西南与西北成为国民政府的统治重心。此时，边疆与少数民族对国民政府开始成为具象的存在，"五族共和"的口号由此才开始走出抽象状态。此间一个最具象征性的事件是成吉思汗陵西迁。

日本在内蒙古策动德王成立了伪蒙疆联合自治政府之后，兵锋直逼包头，离伊金霍洛的成吉思汗陵（衣冠冢）仅有咫尺之遥了。成吉思汗陵是蒙古族的至高精神象征，日本意图将成陵迁到自己的控制区，以便更有效地控制蒙古族地区。护陵的伊克昭盟（今鄂尔多斯市）盟长兼成陵主祭沙克都尔札布（沙王）遂在 1939 年初前往重庆，向国民政府提出将成陵西迁至安全地区的申请。国民政府极为重视，不仅细致安排了迁陵路线，还安排了沿线的军政长官迎送致祭，妥善保护。1939 年 6 月开始迁陵，沿路每到一个城市，都会举行盛大的祭祀大典，国民党陕西省党部还印发了纪念册《中华民族英雄成吉思汗》，称"其雄才大略可为我中华民族生辉，秦皇汉武唐太宗之后一人而已"。国民政府和护送迁陵的蒙古族同胞都将元代远征日本之事与当下的抗日战争联系起来，将成吉思汗塑造成对日作战的先驱。护送的蒙古族同胞对沿途汉族地区的盛大祭祀大为感动，发誓要拥护中央，抗战到底，复兴中华民族；途经黄帝陵时，又主动提出"黄帝为我蒙汉共同之始祖，今日机缘巧合，拟往拜谒"[2]。到 7 月 1 日成陵停于甘肃兴隆山，蒋介石亲赴兴隆山举行大祭。祭

1　转引自李云峰、曹敏《抗日时期的国民政府与西北开发》，《抗日战争研究》2003 年第 3 期。该文对国民政府开发西北的相关历史有较为清晰的梳理。
2　相关历史过程，可参见储竞争《英雄崇拜与国族建构：国族关怀下的成陵西迁及祭祀》，《青海民族研究》2014 年第 1 期。

词起首便言道:"致祭于我元太祖成吉思汗之灵。"[1]

在嗣后直到 1949 年成陵停于兴隆山期间,每年国民政府都会派人前去祭祀,而且每次都是先用政府所定祭礼祭祀一番,再用蒙古传统祭礼祭祀一番。如此,则既将成吉思汗定位为整个中华民族的英雄,又承认了其蒙古族身份,中华民族与内部族群的二阶结构,在这样一种祭祀安排当中获得了表达。

国民政府超越于汉族之上的国族视野打开了,其政治实践对后世也有重要启发。此一国族视野进一步打开了一个超越于中原的内亚视角,它需要有一个更大的对欧亚大陆秩序乃至世界秩序的想象力,其打开的视野才能转化为一种匹配得上中国的体量格局的秩序安排,形成对东南海洋秩序与西北大陆秩序的整合性秩序。想象得是否靠谱是另一个问题,首先是想象的格局不能自我设限。但是,国民政府对民族主义(即便是中华民族主义)的坚持,让它难以获得足够大的格局。在日本的压力下,国民政府被动地打开了内亚视角;但日本的压力也让国民政府丧失了更广大的世界性视野。这样一种矛盾性的后果,构成了国民政府在整合国家方面的一个隐忧。

3."中华民族是一个"

学界也以另一种方式展开了对中华民族的讨论,傅斯年、顾颉刚等人的"中华民族是一个"的主张非常典型。对此曾有一场规模很大的学术辩论,有颇多学者参与进来。

顾颉刚开创的"古史辨派",对中国的旧史学体系是一个巨大的冲击。

---

1 祭词全文如下:"维中华民国三十年十一月三日国防最高委员会委员长蒋中正,特派蒙藏委员会委员长吴忠信,以马羊帛酒香花之仪,致祭于我元太祖成吉思汗之灵而昭告以文曰:医我中华,五族为家,自昔汉唐盛世,文德所被,盖已统乎西域极于流沙。洎夫大汗崛起,武功熠耀,马嘶弓振,风拔云拿,纵横带甲,驰骤欧亚,奄有万邦,混一书车。其天纵神武之所肇造,虽历稽往古九有之英杰而莫之能如。比者虾夷小丑,虺毒包藏,兴戎问鼎,豕突猖狂,致我先哲之灵寝乍宁处而不遑。中正忝领全民,挞伐斯张,一心一德,慷慨腾骧,前仆后兴,势殄强梁。请听亿万铁马金戈之凯奏,终将相复于伊金霍洛之故乡。缅威灵之赫赫兮天苍苍,抚大漠之荡荡兮风泱泱,修精诚以感通兮兴隆在望,万马胙而陈体浆兮神其来尝,尚飨。"转引自巴拉尼玛等编《千年风云第一人:世界名人眼中的成吉思汗》,民族出版社,2003 年,第 226–227 页。

古史辨派运用近代的科学知识与方法，疑古辨伪，推翻臆造的古史体系，力图重建科学的古史体系。通过对经书等古书本身的形成历史进行研究，顾颉刚先生得出结论："古史是层累地造成的，发生的次序和排列的系统恰是一个反背。"[1]时代越往后，则传说中的古史期越长，其中心人物也越放越大。因此，历史是有其时代功用的，今人的历史研究，"要依据了各时代的时势来解释各时代的传说中的古史"。[2]此一新的史学观念，其具体研究得出的特定结论是否正确已经不重要，重要的是它开启了这样一种努力，即，通过对传统史观的突破，重新划定中国作为一个现代共同体的心理认同边界。

传统史学的路径，呼吁重归三代之治。三代虽非信史，但在传统的帝国时期，却是必需的政治参照标准，人们以此标准形成对具体历史与人物的褒贬臧否，它承载着传统中国的道统观念。但是，在传统史观的审视下，革命、民国、民族等多半都是历史正当性成疑的东西。为此，现代中国必须重构自己的史观，否定掉非信史，以此打掉传统的正当性标准，为新的正当性基础扫清障碍。顾颉刚先生提出，在推翻非信史方面，应该具备以下诸项标准：一、打破民族出于一元的观念；二、打破地域向来一统的观念；三、打破古史人化的观念；四、打破古代为黄金世界的观念。[3]

如此的诸多打破，极大地打开了史学家的视野。顾颉刚先生与其他几位学人在1934年创办了《禹贡》，以此为平台展开对中国地理沿革史的讨论，亦堪为清代舆地之学的延续。他们对此事的认知是："这数十年中，我们受帝国主义者的压迫真够受了，因此，民族意识激发得非常高，……民族与地理是不可分割的两件事，我们的地理学既不发达，民族史的研究又怎样可以取得根据呢？"[4]1938年底，顾颉刚先生又为《益世报》创办副刊《边疆周刊》，在发刊词中谈到，"要使一般人对于自己的边疆得到些认识，要使学者们时时

---

1 顾颉刚：《古史辨自序》，载刘梦溪主编《中国现代学术经典·顾颉刚卷》，河北教育出版社，1996年，第467页。
2 顾颉刚：《古史辨自序》，载刘梦溪主编《中国现代学术经典·顾颉刚卷》，第479页。
3 参见顾颉刚《答刘胡两先生书》，载刘梦溪主编《中国现代学术经典·顾颉刚卷》。
4 参见顾颉刚、谭其骧《〈禹贡半月刊〉发刊词》，载刘梦溪主编《中国现代学术经典·顾颉刚卷》。

刻刻不忘我们的民族史和疆域史""更要促进边疆人民和内地同胞合作开发的运动，并共同抵御野心国家的侵略"。

此时日本侵华战争风头正劲，日本军部酝酿已久的满蒙政策已基本实现。东北地区已经完全被肢解出来，建立一个傀儡政权，内蒙古中西部也成立了三个傀儡政权，并在1939年联合成为"蒙疆联合自治政府"，日本的势力遂已西进到包头地区，即将深入到回部地区。日本军部还有着更加深远的筹划，在1934年建立的善邻协会的基础上，于1939年成立了"兴亚义塾"。[1]兴亚义塾的学生分为蒙古、回教两班，意在培养精通蒙古、藏传佛教、回教等文化的人才，令其毕业后分赴内蒙古、新疆、西藏等地进行深入的调研与潜伏，以备未来策动当地脱离中国之需。[2]日本国内学界也展开了呼应国家战略政策的研究，诸如其对阿尔泰语系诸民族的研究，从历史叙述上将满蒙回藏地区剥离于中原地区的历史，论证其从来不是中国的一部分。此种研究从历史哲学的角度，在学理上支撑了军部所谋划的肢解中国战略。依照该战略，应在满蒙回藏地区建立亲日的"泛阿尔泰语系国家群"，日本于此也被归并在阿尔泰语系族群，[3]愿意支持阿尔泰语系的兄弟族群实现民族自决。如此，则可对国民政府尚能控制的中原地区形成大包围的战略态势，从而强迫它不得不接受"大东亚共荣圈"的安排。这是极为凶狠的战略构想，对中国的边疆地区势将构成极为严重的挑战。

彼时，不唯日本已肢解走东北与内蒙古，沙俄早已肢解走外蒙古，新疆地区也已成为苏联事实上的附庸地区，英印则对西藏地区虎视已久，英、日等国又都在大谈中国西南夷与东南亚缅、泰等人群的同源关系。一时间中国东南西北各向的边疆皆在风雨飘摇之中，边疆地区人心浮动，多有借助外力自立之可能性。

1　转引自丁晓杰《日本善邻协会兴亚义塾始末述论》，《内蒙古大学学报（人文社会科学版）》2007年第5期。此文中有一些兴亚义塾毕业生的具体案例介绍，读来颇为惊人。

2　这一系列的工作在客观上留下了对这些地方很扎实的调研成果。可参见房建昌《日本兴亚院蒙疆连络部与蒙古善邻协会西北研究所始末及其对西北少数民族的调查研究》，《西北民族研究》2002年第3期。该文对相关的调研成果列出了较为详细的目录。

3　实际上，日语是否属于阿尔泰语系，在语言学上有很大争议。但对当时的日本而言，认定日语属于阿尔泰语系，会更有利于它的叙事建构，所以也就采纳了这个于己有利的说法。

所以，傅斯年先生看到顾颉刚的《边疆周刊》发刊词极为忧虑，致信曰："有两名词，在此地用之，宜必谨慎。其一为'边疆'……其次即所谓'民族'。""吾辈正当曰'中华民族是一个'耳，……但当严禁汉人侵夺番夷，并使之加速汉化，并制止一切非汉字之文字之推行，务于短期中贯彻其汉族之意识，斯为正途。如巧立名目以招分化之实，似非学人爱国之忠也。""当尽力发挥'中华民族是一个'之大义，证明夷汉之为一家，并可以历史为证。即如我辈，在北人谁敢保证其无胡人血统，在南人谁敢保证其无百粤苗黎血统。"[1]这是对他在1935年"华北自治运动"甚嚣尘上之际发出"中华民族是整个的"的说法的重申。[2]

这封信在顾颉刚那里获得了积极的回应，他为此专门撰写一文《中华民族是一个》，发表于《边疆周刊》。文中提出："我们从来没有种族的成见，只要能在中国疆域之内受一个政府的统治，就会彼此承认都是同等一体的人民。'中华民族是一个'，这话固然到了现在才说出口来，但默默地实行却已有了二千数百年的历史了。""现有的汉人的文化是和非汉人的共同使用的，这不能称为汉人的文化，而只能称为'中华民族的文化'。……以前没有中华民族这个名称时，我们没有办法，只得因别人称我们为汉人而姑且自认为汉人，现在有了这个最适当的中华民族之名了，我们就当舍弃以前不合理的'汉人'的称呼，而和那些因交通不便而致生活方式略略不同的边地人民共同集合在中华民族一名之下，团结起来以抵抗帝国主义的侵略。"[3]所谓汉满蒙回藏五大民族、中国本部等说法，顾颉刚先生认为皆会招来中国瓦解之祸，因而是需要抛弃的说法。

顾颉刚的文章发表之际，与国难时局相互震荡，反响很大，许多报纸刊物都进行了转载，也有很多学者参与到相关讨论中。白寿彝先生等支持顾氏

---

1 傅斯年：《致顾颉刚书》，载《傅斯年全集》第七册，联经出版事业公司，1980年，第107、108页。

2 参见中国社会科学院近代史研究所民国史研究室、四川师范大学历史文化学院合编《一九四〇年代的中国》，社会科学文献出版社，2009年，下卷，第1046页。该书的第五章最后一节为《民族意识与国家观念——抗战前后关于"中华民族是一个"的论争》，对这段学术争论的梳理比较完整，我颇受其惠。

3 顾颉刚：《中华民族是一个》，载刘梦溪主编《中国现代学术经典·顾颉刚卷》，第775、777页。

文章的学者，指出顾氏文字中还遗留有"不少疑似的、矛盾的、艰难的专门问题"。而费孝通先生和翦伯赞先生则是形成了不同意见的两派之代表。顾颉刚强调的是各族群间的一体性和"团结则生，不团结则死"的时代压力；费孝通等人则认为中国境内除了汉族，其他少数民族也成其为民族，不能以否认其存在来维护统一，他们更看重各族间的多元性，向往"和而不同"；马克思主义学者翦伯赞则有着政治经济学的视角，认为问题的关键在于各民族间经济和政治的平等。[1]

顾颉刚又作一文与费孝通辩论，但傅斯年认为费孝通是受其老师吴文藻指使而写作此文。吴、费两人皆受中英庚款董事会资助，故而傅斯年直接致函中英庚款董事会董事长朱家骅和总干事杭立武，批评吴、费两人不同意"中华民族是一个"的说法，主张西南诸夷皆是"民族"，并且唱高调云"为学问做学问，不管政治最可痛恨者此也"。傅斯年痛斥此种学术观点"将一切帝国主义论殖民地的道理都接受了"，进一步提出："夫学问不应多受政治之支配，

---

[1] 费孝通于1939年5月在《边疆周刊》发表《关于民族问题的讨论》一文，基于一系列英文概念的辨析，认为顾颉刚混淆了民族与种族的区别，顾氏所谓"民族"和通常所谓"国家"相当，其所谓"种族"则和通常所谓"民族"相当。费先生认为中国内部确实有多个民族，倘若它们确实能够拥有共同的利害，则完全能够团结为一个政治团体；倘若有些民族受到不公待遇，甚至被其他民族所剥削，则被剥削的民族必会提出民族问题乃至采取政治行动。因此，谋求政治上的统一，不一定以消除各族的差异界限为基础，而是要消除这些界限所引起的政治上的不平等。"若是空洞的名词就能分化的团体，这团体本身一定有不健全的地方。"故而不能基于政治考量而否认事实，"惟有从事实上认识边疆，我们才能保有我们的边疆！"费孝通先生的这些观点，可被视为他在1988年提出的"中华民族的多元一体格局"的先声。（参见费孝通《中华民族的多元一体格局》，载《费孝通学术论著自选集》，北京师范学院出版社，1992年。）

　　1940年，马克思主义史学家翦伯赞先生发文讨论，认为顾颉刚先生把中华民族当作一个问题而提出是非常重要的，但是顾氏的讨论却陷于抽象名词的讨论，而不曾把中华民族的形成与作为世界革命之重要组成部分的抗日战争这一现实斗争关联起来，于是问题无法获得正确的解决。翦伯赞接受了马克思主义的观念，认为民族是资本主义上升时期的产物，中国在资本主义入侵之前是没有民族主义而只有种族主义即大汉主义的，所以顾颉刚认为自秦代以来中国受到同一个政府统治，便是一个民族，这是将民族与国家混同起来；因此顾氏的"中华民族是一个"的命题中包含着对少数民族之存在意义的否定，与客观事实相悖。翦伯赞认为解决问题的关键在于承认各民族之生存乃至独立与自由发展的权利，在民族与民族之间建立经济的、政治的乃至文化的平等关系。

　　相关论述参见黄天华《民族意识与国家观念——抗战前后关于"中华民族是一个"的论争》，载《一九四〇年代的中国》下卷，第1044-1061页。

固然矣。若以一种无聊之学问，其想影响及于政治，自当在取缔之列。"[1]

傅斯年素以刚直风骨著称，参政而不从政，任国民参政员时炮轰先后两任行政院长孔祥熙、宋子文，并将其赶走，自己则从不做官。如此傲视权力的人，居然会提出对某些"为学问而学问"的学问应当取缔，要求用政治来干涉学术。这样一种矛盾，实际上不过是转型中国的新史观之纠结困境的一个折射而已。

傅斯年对顾颉刚的古史辨之疑古思潮，在初期给予了非常高的评价，后来则逐渐与他产生分歧，而提出基于诸如殷墟考古等各种新资料的发掘以重建古史的必要。这种转变的原因在于，新的政治秩序必须有新的史观对其进行历史正当性的辩护，传统史观倘若不被打破，则民国的历史正当性无从建立，古史辨正是有助于打破传统史观的重要方法；但是"破旧"并不是目的，目的是"立新"，倘若不能有效立新，"破旧"的价值便大打折扣，甚至会带来新的问题。傅斯年所谓"上穷碧落下黄泉，动手动脚找东西""史学便是史料学"等观点，是对他在德国所受到的兰克史学训练的一个反映。兰克史学的实证主义态度，不是说不要史观的建构，而是要打破基于传说的史观，以实证资料为基础，重建新的史观。史观本身并非可实证的，它是一种精神建构的结果；通过史观而完成对史料的整合，以重建共同体的心理边界，打造认同。

傅斯年意识到了这一点，写作"中华民族是一个"的顾颉刚也意识到了这一点，他们的思考背后贯穿着对国家与时局的深沉忧虑，但是其理论结构当中的深刻纠结也都反映了出来。他们都意识到了汉民族主义的巨大问题，强调应有超越于汉民族的中华民族，但是中华民族究竟何谓？他们不自觉地又将其转化为汉族的某种延伸，这样的叙事便从另一角度继续了中山先生的民族主义理念，[2]并未真正形成超越于汉族之上的完整叙事，也未必能够真正从精神上统合边疆地区少数民族。

譬如在关于"中华民族是一个"的辩论中，有苗族人士提出苗族不是官

---

1 傅斯年：《致朱家骅杭立武书》，载《傅斯年全集》第七册，第105-106页。

2 齐思和先生在1937年4月发文对孙中山的民族主义理论提出批评，认为其主要缺点是忽略了种族与民族的区别。民族之构成是精神的、主观的，种族则是物质的、具体的。所以汉满蒙回藏五族之分，是以种族划分的结果，而非民族，不应适用于"民族自决"原则。参见《一九四〇年代的中国》下卷，第1047页。

媒及名流们所经常说的"黄帝子孙"，而是"三苗子孙"。顾颉刚则提出，汉人是黄帝的子孙，苗人是三苗的子孙，"实在都是上了古人的当"，应该改正。[1]这是对古史辨之疑古方法的扩大适用，黄帝是传说，三苗也是传说，同样应该被置于非信史之列而不足以构成史观的基础，顾颉刚的此种主张在逻辑上是自洽的。但是相对强势的汉人与相对弱势的苗人，他们的诉求是不一样的，汉人关注的是如何构建新的历史正当性，苗人关注的是如何改善自身相对于汉人的不利状况。对前者来说，疑古自然是个有用的方法；对后者来说，则必须拥有将自我组织起来的力量，才有改善境遇的机会。而三苗传说，正是苗人用以实现自我组织的精神资源，因此这对苗人来说并不是一种迷信，而是非常重要的"观念真实"[2]。"中华民族是一个"的说法，并不能真正消解这个问题。

　　因此可以说，傅斯年、顾颉刚提出了中华民族的问题，却无力给出好的答案；吴文藻、费孝通指出了现实的存在，却有可能招致有违初衷的政治结果。这一切都反映着中国的转型之难，也反映着以民族主义来统合现代中国所会遭遇的难以克服的内在困境。

三、民族主义的格局欠缺

1. 边疆何以成为问题

　　关于"中华民族是一个"的争论，起自一代学人对边疆的关注与思考。但是，民族主义的格局并不足以处理边疆问题。这里涉及一个更根本而且需要首先理解的问题：究竟何谓"边疆"？边疆身份的意涵，在古代与现代有着很大的区别。

　　在古典帝国的视野下，世界秩序首先不是政治秩序，而是文明秩序。帝

1　参见《一九四〇年代的中国》下卷，第 1055 页。
2　所谓"观念真实"，是指该观念并不一定以一种可实证的物理存在（即"物理真实"）为载体，但由于该观念被特定群体所普遍接受，于是会影响该群体当中个体的行为逻辑，引导群体的行为方向。这种影响与引导的后果是真实存在的，也是我们在历史上可以反复看到的。

国是文明之道德理想的世俗担纲者,其眼中的世界秩序呈现为中心—边疆—蛮荒的差序格局。帝国中心区是文明的制高点,边疆既是一个地理概念,更是一个文明概念,正是通过边疆,文明从帝国中心不断向外扩展,传播向蛮荒之地,边疆是文明向外扩展的前沿。在这种差序格局下,诸区域的等级高低是从中心向蛮荒逐层递减的。但是,虽然边疆的地位比中心要低,却并不会使得边疆的尊严被剥夺。相反,在整体的秩序结构中,每个部分都起着各不相同、彼此无法替代的功能,都不可或缺,其各自的尊严都来自这种不可或缺性。等级差异所带来的不是尊严的区别,而是责任的区别。[1]在这种情况下,只要帝国中心肯承认边疆应有的尊严,边疆是可以接受自己相对于中心的次等地位的。在古典帝国的视野下,个体的意义与价值也必须在超脱任何个体(包括君主在内)的整体秩序当中才能获得体认,整体秩序是世界的根本意义框架,是思考政治正当性的出发点。

但是,在现代国家中,那种对世界秩序的差序性理解被普遍的平等置换掉了,思考政治正当性的起点也从整体秩序转换为个体的主体性。在现代国家的叙事结构中,不再有什么基于等级差异的比例性尊严,尊严是寄托在每一个平等个体身上的,基于个体彼此之间对对方主体性的普遍承认。从国家的空间结构角度来看,古典帝国时代,帝国中心不认为边疆有独立于自己之外的主体性,边疆只有通过中心才能获得自己的价值和意义;到了近代一系列革命之后,不管个人还是国家,不需要通过任何人做中介,每个人和每个国家都拥有自足的价值和意义。[2]

正是经历了政治正当性的这种"古今之变"后,边疆开始成为一个问题。由于现代叙事中预设了所有人、所有地区的平等,故边疆不再像古典时代一样首先是文明概念,而是被还原为一个纯粹的地理概念。边疆的主体性应该是自足的,国家的政治叙事也承认这一点,从而在文明意义上不再有边疆;但是由于各种历史与现实的原因,国家的中心区对边疆享有各种优势,以至

---

1 美国学者洛夫乔伊对这样一种差序格局下的整全性伦理秩序,曾经做过非常精彩的观念史梳理。参见[美]阿瑟·O.洛夫乔伊《存在巨链:对一个观念的历史的研究》,张传有、高秉江译,商务印书馆,2015年。
2 列奥·施特劳斯曾对这样一种古代与现代的秩序观念的差异做过极为深刻的讨论。参见[美]列奥·施特劳斯《自然权利与历史》。

于中心区在政治实践中总是有着不自觉的对边疆的居高临下之感，那种有着等级之分的边疆又隐性地继续了下来。

可以说，在古典时代，是有边疆、无问题，边疆在整体秩序当中的地位名实相副，对边疆来说不存在什么生存困境。在现代性诞生之后，则是无边疆、有问题；与中心地区有着高低之分的边疆在理论上不存在，在实践上却隐性存在。理论的承诺与现实的体验之间的张力，在现代世界构成了边疆地区的一种生存困境。这种生存困境并不是物理意义上的，而是精神意义上的：边疆地区的主体性，在现代国家的政治叙事和历史叙事当中，虽在原则上被承认了，却在事实上迷失掉了。

对大国来说，边疆的存在是一种必然，但倘若边疆不能在国家的叙事当中获得一种主体地位的承认，则前述的生存困境将无法获得化解，而国家对边疆的治理也很有可能会措置失当。民族主义的观念结构，会直接形成对这个问题的遮蔽，更遑论解决问题。

2. 普遍主义与民族主义的冲突

中国作为一个超大规模国家，无论它是强是弱，都构成世界秩序当中的自变量；相应地，其现代转型过程也必须从世界秩序的层次，而不能从民族国家的层次来理解。另一方面，作为轴心文明，中国的儒家文明是普遍主义的，结合于超大体量与悠久的帝国历史，使得中国人在理解世界的时候，天然地有一种普遍主义的倾向，这已经是内在于中国人的精神世界的一种潜意识。因此，能够支撑转型后的中国之精神世界的理念，必须具备足够的精神容量，以便支撑一种真正世界主义的想象，否则必定无法恰当地理解中国与自身及中国与世界的关系。[1]

北洋时期的一段外交史公案是中国人此种潜意识的一个绝佳呈现。20世纪 20 年代初期，北洋政府与暹罗谈判，试图签订平等条约。两国对一般条文相对容易达成共识，暹罗唯提出一个在北洋政府看来不大容易接受的要求，即条约草案关于暹罗元首的称呼。其英文版是 King，中文版对应地写作"国王"，但是暹罗方面要求中文版应仿效日本与暹罗的条约，写作"皇帝"。北洋政府极不愿接受这一要求，甚至提出不要中文版，只要英文版的

---

1 感谢李筠先生在讨论此问题时对我的启发。

建议，但暹罗方无法接受此种建议。双方在这个称呼问题上耽搁了半年多，条约谈判没有任何进展。直到后来北洋政府发现南方孙中山的广州政府也在与暹罗进行外交交涉，出于正统之争的考虑，才不情愿地接受了写作"皇帝"的要求。[1]

这段公案背后透露出的是中国人的普世帝国情结。倘若接受了小国暹罗的"皇帝"之称，则中国人会有一种难以言表的挫败感。中国所面临的困境是，普世帝国情结需要靠一种帝国主义的秩序想象来支撑，但近代中国是帝国主义的受害者。再回想一下傅斯年痛斥吴、费师徒的理论为"帝国主义论殖民地的道理"，别有一番内心曲折在里面；而吴、费师徒对彼种理论的欣然接受，也未尝没有普世帝国情结的潜意识的影响。民族主义完全不具备足够大的精神容量来支撑那种普世帝国的潜意识，也同样无法支撑起一个超大体量的国家所需的外交格局。正是在这种情况下，另外一种指向普世帝国秩序的观念体系——共产主义，对这个民族形成了特殊的吸引力。

在古典帝国时期，天命降于某姓君主；对欲完成现代转型的中国来说，天命则降于普遍均质的人民，而这个承受天命的人民必须是自我超越的。这里的自我超越有双重意涵：一是汉民族必须实现自我超越，以便成就为中华民族；一是中华民族必须自我超越，以便成就为世界历史民族。从另一角度来说，双重超越也可表达为双重放弃：一是汉民族必须放弃自身，作为中华民族的条件而存在，这样才能成就自身；一是中华民族必须放弃自身，作为世界秩序的条件而存在，这样才能成就自身。这是因为汉民族是中华民族当中的自变量，中华民族则是世界秩序当中的自变量。自变量必须有一种超越自身的全局性考量，通过放弃自身，才能成就自身。

中华民族必须在现代国家秩序的基础上打开一种真正具有普遍主义的视野，对前述这一切形成精神自觉，才能真正完成这场伟大的现代转型。也就是说，它需要一种"普世民族主义"作为自己的精神结构。这样一种具有极强内在张力的精神结构，内生于中华民族的复杂而又多元的历史要求中，它以天然具有普遍主义取向，同时又有强大动员效率的共产主义为中介，而进入了中国的历史。

1　参见［日］川岛真《中国近代外交的形成》，第 369-374 页。

第四节　共产主义对民族主义的超越

一、斯大林的民族理论与国体建构

1. 民族理论的重新建构

马克思开创的共产主义理念超越于民族主义之上，直接指向一种以全人类为单位的普遍秩序，具有超级宏大的格局；其实践工作是在列宁和斯大林的手上完成的。十月革命因第一次世界大战而成，它虽然推翻了国内、国际旧秩序，但同时面临着威尔逊主义"民族自决"理念的挑战。

"民族自决"理念的基础是民族主义。民族主义源起于法国大革命，革命者主张所有认可同一部社会契约的人便构成一个"民族"（Nation），民族应当自我立法、自我建政，此即所谓"政治民族主义"。在法国革命对外扩张的冲击下，德国出现了"文化民族主义"，后者主张民族的基础并不在于一种共同政治意志的表达，而在于共同的历史与文化传统，以此将自己区别于法国人。以德国浪漫派为代表的民族主义者进行了一番非常成功的理论建构，将"日耳曼民族"这个意象打造出来，并最终推动了德国的统一。由此，文化民族主义也成为嗣后各国民族主义的主要原型。"民族"本质上是理论建构的结果，成功的建构将打造出一种"想象的共同体"，并因此得以形成拥有巨大动员效力的政治－社会运动。[1] 这就意味着，倘若布尔什维克能够对何谓"民族"进行一种新的理论建构，则有可能找到办法应对威尔逊主义的挑战，并进一步展开一幅更加宏大的普遍主义世界秩序的图景。布尔什维克通过斯大林对

1　关于政治民族主义与文化民族主义之别，可参见［英］埃里·凯杜里《民族主义》，张明明译，中央编译出版社，2002 年。

民族理论的建构，[1]完成了这一工作。斯大林的民族理论打通了政治上的内政与外交之分，它既是民族理论，又是普世帝国理论，其理论结构极富内在张力，对中国的共产主义革命历程有着深刻的影响。

斯大林首先重新定义了何谓民族，提出："民族是人们在历史上形成的一个有共同语言、共同地域、共同经济生活以及表现在共同文化上的共同心理素质的稳定的共同体。只有一切特征都具备时才算是一个民族。"[2]这种定义，一方面把民族与固定的领土相联系；另一方面把民族与共同的经济生活相联系，其对共同经济生活的表述是："需要有内部的经济联系来把本民族中各部分结合为一个整体。"[3]如此一来，所谓共同的经济生活就是工业经济，从而便可将民族界定为完全属于资本主义阶段的一种政治现象，其在前资本主义时代并不存在。因此，布尔什维克可以用共产主义对资本主义的超越来超越民族主义。斯大林将语言和文化化为精神要素，将经济以及地域化为物质要素，认为是物质要素决定着精神要素的根本，从而决定着民族的属性。这种化约，与其民族主义属于资本主义的理论界定直接相关。

对民族与土地的本质性关联的强调，促使斯大林提出了民族自决的理念，区别于奥匈帝国的社会民主主义者鲍威尔所主张的民族文化自治。[4]斯大林提出："工人所关心的是使自己所有的同志完全汇合成一支统一的跨民族的大军，使他们迅速地彻底地摆脱资产阶级的精神束缚，使任何一个民族的兄弟们的精神力量都能得到充分的和自由的发展。因此，工人现在反对、将来还要反对从最巧妙的到最粗暴的各种各样的民族压迫政策，同样要反对各种各样的

---

1 在托洛茨基看来，斯大林的民族理论实际上是出自列宁的思想。（参见［俄］列夫·托洛茨基《斯大林评传》，齐干译，东方出版社，1998 年，第 222 页。）事实上，列宁与斯大林的民族理论的确颇为相似，但托洛茨基承认："斯大林对于布尔什维克理论武库所贡献的唯一严肃的马克思主义的著作是关于民族问题的论文。"（见前引《斯大林评传》，第 502 页）斯大林作为托洛茨基绝对意义上的政敌，其民族理论能获得这样一个评价，是相当难得的。

2 ［苏］斯大林：《马克思主义和民族问题》，载中共中央马克思恩格斯列宁斯大林著作编译局编译《斯大林选集》上卷，人民出版社，1979 年，第 64 页。

3 ［苏］斯大林：《马克思主义和民族问题》，载《斯大林选集》上卷，第 62 页。

4 关于鲍威尔的民族文化自治理论，参见［奥］奥托·鲍威尔《民族问题和社会民主党》，载中共中央马克思恩格斯列宁斯大林著作编译局资料室编《鲍威尔言论》，生活·读书·新知三联书店，1978 年。

挑拨政策。因此，各国社会民主党主张民族自决权。"[1]

由此还可进一步得出如下推论：是资产阶级发动了民族运动，但这个运动是为了一己的阶级利益，无产阶级反受其害；现在，无产阶级为了充分发展自己的精神力量，应该推动民族自决政策，实现民族独立。而且，此种民族运动应该由无产阶级来掌控，而不能交由资产阶级，否则无异于前门驱狼后门入虎。这样一来，将会建立一系列的无产阶级民族国家，而无产阶级民族国家代表着人类历史的前进方向，最终要超越资本主义阶段，从而也就超越因资本主义发展而形成的民族主义，最终走向普遍融合。这预示了苏维埃社会主义共和国联盟得以建立的理论基础。斯大林的民族理论从民族自决出发，重新定义民族，将民族用土地固化下来，可为治理结构的具体载体；同时又在未来无产阶级对资产阶级的超越之中，实现对民族的消解，走向对民族自决的超越。

鲍威尔的民族文化自治，将民族差异确认为一种永远不可能消解的本质性差异，使得均质化的治理遭遇否定——治理是属人的（基于民族属性）而不是属地的（基于生活空间）——与现代国家的治理逻辑背道而驰。斯大林的民族理论则是用历史性克服了空间性的民族，民族差异是一种可以消解掉的非本质性差异；在民族差异未完全消解之前，治理的基础仍是属地的而非属人的。值得指出的是，现代政治除了其正当性叙事与古代有着巨大差异，[2]还有个巨大差异是治理的复杂性——治理是与意识形态无关的纯粹技术性安排，而属地治理是其基本原则之一。

2. 欧洲与中亚：民族国家与国家民族

斯大林的民族理论是在 1912 年帝俄时期提出的，此时布尔什维克仍处在积极策划革命的阶段，高扬民族自决理论有助于布尔什维克鼓动一切可动员的力量支持革命。然而到了革命成功，乌克兰、白俄罗斯、高加索诸国纷纷独立，斯大林便发现民族自决这个议题并不简单。他在 1922 年 9 月 22 日致列宁的一封信中提出，如果允许诸民族苏维埃共和国以独立的身份与俄罗斯

---

1 ［苏］斯大林：《马克思主义和民族问题》，载《斯大林选集》上卷，第 73—74 页。
2 古代的正当性叙事基本上都来自宗教，现代的正当性叙事则是意识形态。"意识形态"这个词是大革命及复辟时期的法国思想家德斯蒂·德·特拉西最初使用的，其原意就是"观念学"（idéologie），指基于一整套的观念系统来对现实进行分析。

联邦并立，可能会带来不可忍受的混乱与危险，所以应该令其以自治共和国的身份加入俄罗斯联邦。[1]值得注意的是，斯大林提出此一主张，并未放弃区域自治，他只是拒绝这些共和国与俄罗斯并立罢了。斯大林为此提出相应草案并在 9 月 24 日获得俄共（布）中央组织局委员会的通过。

但是列宁坚决反对斯大林将民族苏维埃共和国合并于俄罗斯的意见，主张应该使它们与俄罗斯一起组建一个更大的"欧洲和亚洲苏维埃共和国联盟"。而在一些苏维埃共和国中也有人反对斯大林的意见，时任乌克兰共产党（布）中央委员会、乌克兰人民委员会主席的拉柯夫斯基在 1922 年 9 月 28 日致斯大林的信中提出："独立共和国的形式使我们有可能对所有的边疆地区乃至国外，最大限度地产生革命的影响。通过独立的阿塞拜疆、布哈拉、希瓦和其他共和国，苏维埃联邦有可能向东方最大限度地进行和平的革命渗透。通过独立的苏维埃乌克兰，苏维埃联邦有可能向加里西亚、布科维纳、比萨拉比亚进行同样的革命渗透。否则，我们将在没有任何重大必要性的情况下使自己失去这一武器，反而给予波兰和罗马尼亚资产阶级一种同我们斗争并加强其民族政策的新武器。"[2]

通过独立共和国的形式向东方和西方渗透革命，是一种重要的斗争策略，一旦成功，布尔什维克通过俄国革命促动世界革命的远大理想便可实现。在对多种因素的考量下，俄共（布）中央委员会最终承认了乌克兰、白俄罗斯、外高加索作为独立民族国家的身份，它们与作为独立民族国家的俄罗斯联邦共同组成苏维埃联盟。

苏维埃联盟是个值得注意的事物，它并不是一个民族国家，而是一个具有普遍性旨向的帝国结构。民族国家的原则是内在均质；帝国则是内在多元，因其组成部分对一种具有普遍性的道德理想的追求与认同而内在联结。在苏维埃联盟内部，每一个加盟共和国都是内在均质化的，符合现代政治治理原则；整个联盟因对共产主义理想的共同追求而内在联结，联盟内部的多元化因这样一种共同理想而被超越。这样一个帝国，区别于以中心－边疆为结构原则的古典帝国：因其承认各个加盟部分的主体性，故无所谓边疆；而每个主体又

---

1 沈志华主编：《苏联历史档案选编》，社会科学文献出版社，2002 年，第五卷，No.07308。

2 沈志华主编：《苏联历史档案选编》第五卷，No.02423。

是内在一致的，更无边疆可言。但它也大不同于一般的内在均质化的民族国家。苏联就是一个现代帝国，它以实现全世界的共产主义革命这一历史使命作为存在的意义与理由。

1922年12月16日俄共（布）中央委员会颁布《欧亚苏维埃社会主义共和国联盟成立宣言》，缔约国有俄罗斯苏维埃联邦社会主义共和国、乌克兰苏维埃社会主义共和国、白俄罗斯苏维埃社会主义共和国和外高加索苏维埃联邦社会主义共和国（格鲁吉亚、阿塞拜疆和亚美尼亚）。宣言称，国际环境的敌视态度以及国内经济的凋敝现状，"所有这些情况无条件地要求各苏维埃共和国联合成一个联盟的国家，这个国家既能保证外部的安全和内部的经济繁荣，又能保证各族人民的民族发展自由。各苏维埃共和国的各族人民都举行了自己苏维埃的代表大会，一致通过了成立'欧亚苏维埃社会主义共和国联盟'的决议，各族人民的这一意志就是一个可靠的保证，它保证这个联盟是各个平等民族的自愿联合，保证每一个共和国有自由退出联盟的权利，保证现有的或将来产生的一切苏维埃社会主义可以加入联盟。新的联盟将是反对资本主义的可靠的堡垒，是各族人民和睦共处和兄弟合作原则的辉煌现实"[1]。旧帝俄欧洲部分少数民族问题终于以"民族国家"的形式在苏维埃联盟的框架下获得解决。

1922年之所以尚未提及中亚的民族问题，是因为当时中亚的布哈拉、花刺子模等共和国尚未完成土改，仍在实行封建经济，无法在社会主义之名下联合，故暂存而不论；如今的哈萨克斯坦地区在当时则是俄罗斯联邦内部的一个自治共和国，未被激活出民族国家这样一个问题。到了1924年，布尔什维克腾出手来决定处理中亚的民族问题时，在这里发现了新的敌手——泛伊斯兰主义和泛突厥主义。布尔什维克灵活地应用了斯大林的民族理论，在中亚通过建立"国家民族"的手段消解了这个对手。

民族-国家的理念是用"自然"（传统-血缘——nation）来统摄"创世"（立国——state），用"民族"来定义"国家"。如果要坚持理论的一贯性，则布尔什维克不能在中亚建立民族国家，因为依照斯大林的民族理论的定义，当地远未进入资本主义经济阶段，还没有"民族"。因情势所需，布尔什维克

---

1 沈志华主编：《苏联历史档案选编》第五卷，No.07806。

索性反其道而行之，通过土改，"反对大土地占有制、农奴制和专制独裁的可汗和埃米尔制度，实行'要反对的不是资本，而是中世纪的残余'的任务"[1]。以这种方式把中亚的土著人群拔高，使其从封建阶段直接进入资本主义阶段，并向社会主义过渡，这既可以使中亚具有形成斯大林意义上的"民族"的可能性，又可以体现社会主义跨越式发展的优越性。

在此基础上，1924 年，布尔什维克开始提出在中亚进行民族划界的问题。它可以通过划界而在中亚硬性地建立"民族国家"。虽然此中的所谓"民族"不过是刚刚塑造出来的，但这种塑造足以令布尔什维克绕过理论障碍，先把土地划分开来，确立 state。一旦 state 确立了，那么新的利益结构与叙事结构将会打造出新的认同结构，从而建构出 nation，通过"人""地"联立形成稳定的现代治理结构，消解泛突厥主义的威胁，并在中亚形成分而治之之势。所以，布尔什维克在中亚是先建立国家，依照国家来定义"民族"的，此所谓"国家民族"。布尔什维克中亚局在 1924 年发布了一个宣传提纲，强调在中亚进行民族领土划分的过程中，"要给予那些弱小民族和落后民族最大的关注"，"每个共和国和州都应该充分保障少数民族的利益"，[2]以此来为中亚划界获取更大的正当性。划界工作迅速完成，1925—1929 年，中亚陆续成立了五个民族苏维埃社会主义共和国，并加入苏联。

斯大林极力夸赞在中亚进行的民族国家划界工作。他说："在革命以前的时代，这两个国家（土库曼斯坦和乌兹别克斯坦——笔者注）被分裂成许多小块，建立了好多个不同的大小国家，成为'当权者'实现剥削诡计的方便场所。现在时机到了，现在已经有可能把这些被分裂的小块**重新联合**成独立的国家，使乌兹别克斯坦和土尔克明斯坦（土库曼斯坦）的劳动群众和政权机关接近并且打成一片。……既然这些国家后来愿意加入苏维埃联盟而作为它的平等的一员，那么这只是说明布尔什维克找到了一把能满足东方人民群众强烈愿望的钥匙，说明苏维埃联盟是世界上唯一的不同的民族劳动群众的

---

1 ［苏］苏科院历史所：《苏联民族—国家建设史》上卷，赵常庆、鲁爱珍、邢万金、简隆德译，商务印书馆，1997 年，第 237 页。

2 M. 瓦哈博夫：《乌兹别克社会主义民族的形成》，塔什干 1961 年俄文版，第 391 页。转引自丁笃本《中亚通史·现代卷》，新疆人民出版社，2004 年，第 152 页。

自愿联合。"[1]

这段话清楚地显示了中亚划界的意义。一方面通过以国定族,击破"双泛"力量,"把中亚民族划分清楚,发展它们各具特色的'民族文化',有利于消除泛伊斯兰主义和泛突厥主义的影响"[2]。另一方面,通过"国家民族"实现"民族自决"的中亚可以起到示范作用,作为苏联对外输出革命的重要基地。从而,中亚由苏联面临双泛势力威胁的软腹部一变而为扩张苏联势力范围、经略亚洲问题的前哨。以中亚为基地,对东方问题的解决将会实现俄国全球战略的目的。斯大林说:"共产主义的任务就是要打破东方被压迫民族数百年来的沉睡,用革命的解放精神来感染这些国家的工人和农民,唤起他们去反对帝国主义,从而使世界帝国主义失去它的'最可靠的'后方,失去它的'取之不尽的'后备力量。"[3]在此前提下,中亚作为战略枢轴的重要意义就体现出来了,"不久以前举行的穆斯林共产党员代表会议关于加强在东方各国即在波斯、印度和中国的宣传工作的决议,无疑地具有深刻的革命意义"[4]。

3. 党建工作：以专政来统摄联盟

十五个加盟共和国组建成一个苏维埃社会主义联盟;宪法规定,每个加盟国有自由退出的权利。然而,"宪法规定苏联是一个联邦制国家,而包括列宁在内的苏联领导人认为联邦制不过是走向最终单一制的过渡形式。可是,苏联后来的实践证明,苏联的联邦制连这种'过渡形式'都不是,而是直接的实实在在的单一制"[5]。这种实际上的单一制保证了这个联盟不会解体,其奥秘在于苏联共产党的党建工作。

党建的理论基础,还在于布尔什维克理论提出的苏联的历史使命:以苏联为基础,将共产革命扩及全球,最终实现一种普遍超越,实现人类的终极大同。民族加盟共和国的组建,以及在此基础上苏维埃联盟的成立,不外乎实践该历史使命的必要步骤。

1《斯大林全集》第七卷,中共中央马克思恩格斯列宁斯大林著作编译局译,人民出版社,1958年,第116页。

2 丁笃本:《中亚通史·现代卷》,第161页。

3〔苏〕斯大林:《不要忘记东方》,载《斯大林选集》上卷,第128页。

4 同上。

5 丁笃本:《中亚通史·现代卷》,第145页。

从理念上来讲，无产阶级政党在具体的革命实践中，必须胸怀天下。"苏联无产阶级的'民族'任务和国际任务融合为一个共同的任务，即从资本主义压迫下解放各国无产者的任务；我国社会主义建设的利益和各国革命运动的利益完完全全融合为一个共同的利益，即社会主义革命在世界各国的胜利。……因此，把某个国家无产者的'民族'任务与国际任务对立起来，就是在政治上犯了极严重的错误。……确认一个国家无产者的利益和任务跟各国无产者的利益和任务的一致性和不可分割性，这是各国无产者的革命运动获得胜利的最可靠的道路。"[1] 所以，在布尔什维克党内"如果不打败形形色色的民族主义倾向分子，我们就不能用国际主义精神来教育人民，就不能保住苏联各族人民伟大友谊的旗帜，就不能把苏维埃社会主义共和国联盟建立起来"[2]。

依照布尔什维克的理论，最终的超越是唯一正确的前景。这里包含了两个层面。一方面，该前景是唯一的，所以，领导各族人民去到这个前景的党也应当是唯一的。"党是阶级的一部分，是阶级的先进部分。几个党，也就是政党自由，只有在有利益敌对而不可调和的对抗阶级的社会里……才会存在……在苏联没有几个政党存在的基础，也就是说没有这些政党自由的基础。在苏联只有一个党，即共产党存在的基础。"[3] 苏联共产党是苏联的唯一合法政党，各个加盟共和国的党只能作为苏共的支部存在。

另一方面，该前景是正确的。其正确性需要有对历史意义的深刻把握才可被理解，也就是说，一般人是需要引导的。所以，"党应当站在工人阶级的前面，应当比工人阶级看得远些，应当引导无产阶级，而不应当做自发运动的尾巴。……只有采取无产阶级先进部队的观点、能够把群众的水平提高到认识无产阶级的阶级利益的党才能使工人阶级离开工联主义的道路，使它变成独立的政治力量"[4]。由此得出的推论便是，无产阶级政党自然地应当超越起于资本主义上升阶段的民族意识，超越一般工人阶级的认识，突破民族国家

---

1 ［苏］斯大林：《再论我们党内的社会民主主义倾向》，载《斯大林选集》上卷，第514-515 页。

2 ［苏］斯大林：《〈联共（布）党史简明教程〉结束语》，载《斯大林选集》下卷，第621 页。

3 ［苏］斯大林：《对宪法草案的修改和补充意见》，载《斯大林选集》下卷，第408 页。

4 ［苏］斯大林：《论列宁主义基础》，载《斯大林选集》上卷，第261 页。

的限制, 自觉地联为一体, 承担起工人阶级的历史命运。这更进一步地证实了苏联只能有一个党, 并且从理论上来说, 该党是属于全人类的党, 各国共产党只是其支部, 共同地担当起人类的历史命运。斯大林的这一套论述, 在逻辑上是高度自洽的。

接下来很重要的一点是党的组织原则。高度的纪律性与组织性是列宁主义建党的核心原则, "党不仅是党的各个组织的总和。党同时还是这些组织的统一的体系, 是这些组织正式结成的统一的整体, 有上级的和下级的领导机关, 有少数服从多数的原则, 有全体党员所必须执行的实际决议。没有这些条件, 党就不能成为能够有计划有组织地领导工人阶级斗争的统一的有组织的整体"[1]。

党的执政基础是无产阶级专政, 其根本在于中央集权的统治。"如果没有一个因为本身具有团结性和铁的纪律而强有力的党, 要争得和保持无产阶级专政是不可能的。可是, 如果没有意志的统一, 如果没有全体党员行动上的完全的和绝对的统一, 党内铁的纪律是不可思议的。"[2] 由此, 又更进一步从理论上排除了加盟共和国"自由退出"的空间, 因为阶级专政是超越民族意愿的根本。"应当记住, 除了民族自决权以外, 还有工人阶级巩固自己政权的权利, 自决权从属于后一权利。有时候会发生自决权同另一个权利, 即同最高权利——执政的工人阶级巩固自己政权的权利相抵触的情况。在这种情况下, ——必须直截了当地说——自决权不能而且不应当成为工人阶级实现自己专政权利的障碍。前者必须向后者让步。"[3]

在具体的政治活动中, 则要更加体现党作为正确引导者的地位, 由各级党委对各级政府的工作进行具体指导, 每个加盟共和国的党的领导完全由苏共中央指派, 以确保国家的统一性。作为无产阶级先锋队, 党的地位要高于平行的政府机关。从而, "通过层层管理机构的每一级, 从克里姆林宫一直到中亚最边远地区的区行政部门, 党都保持着这种超越一切的地位"[4]。如此一来,

---

1 [苏] 斯大林:《论列宁主义基础》, 载《斯大林选集》上卷, 第 264 页。

2 [苏] 斯大林:《论列宁主义基础》, 载《斯大林选集》上卷, 第 269 页。

3 [苏] 斯大林:《俄共(布)第十二次代表大会——关于党和国家建设中的民族问题的报告的结论》, 载《斯大林全集》第五卷, 第 215 页。

4 [美] 迈可尔·刘金:《俄国在中亚》, 陈尧光译, 商务印书馆, 1965 年, 第 108 页。

通过对"人"的掌控，斯大林从根本上掏空了基于"人""地"结合的民族独立的可能性。这保证了从理念上来说担当着重大历史命运的苏维埃帝国的一统性。

如果我们将无产阶级专政称作某种意义上的政体，苏维埃社会主义共和国联盟称作某种意义上的国体的话，便可以说苏联是用政体的一统来克服国体的多元乃至分裂的可能。苏联以政体作为国家的本质，以国体作为工具形式，与通常国家的政治逻辑大不相同。理解它的关键在于斯大林的民族理论。斯大林的民族理论服从于他的总体政治架构，通过一系列的理论与实践，布尔什维克构建起一个庞大的帝国机体。该帝国既有着超越性价值，又有着现实的策略，以一种现代性的极端方式回应着现代性的挑战。同时，该帝国的秩序又有着巨大的扩展力，原则上来说，可以在不改变宪法结构的情况下，将社会主义共和国联盟扩展至全球。[1]

二、中华民族的自我超越

现代转型当中的中国同时面临着三重任务：第一，要实现高强度的社会动员，以便应对日益险恶的国际安全环境；第二，要实现对汉民族主义的超越，以便统合整个中华民族；第三，要实现对中华民族主义的超越，以便恰当安顿中国与世界的关系。这三重任务彼此矛盾，却又要同时解决。国民政府在三重任务的彼此纠葛当中，未能完成引领中国现代转型的任务；共产党则提供了另一种重要的尝试，该尝试部分借助了斯大林的民族理论，部分满足了转型中的中国所需的足够大格局的精神容量，同时完成了三重任务，但是又面临着新的困局。这里面复杂纠结的历史结构，构成了理解中国共产主义革命史的一个重要背景。

---

1 斯大林的理论中有着各个部分复杂的相互牵制关系，对其的改革如若没有对此种复杂性的深刻把握与理解，再在此基础上相机而动，便有可能带来国家的灭顶之灾。戈尔巴乔夫在20世纪80年代所推行的新思维改革，在党的机构中进行权力下放，又使党从对政府工作的干涉中退出，恰好把斯大林用以维系联盟不至于解体的中央集权制政党去掉了。此种政治幼稚病使得苏联的解体不可避免。

1. 以时间克服空间：超强动员效力的实现

共产主义意识形态带来了超强的动员效力。要理解这种动员效力，需要先简单分析历史上的政治时间－空间结构的变迁。所谓政治时间－空间结构，是该时代主导的政治叙事对世界秩序的想象与表达。任何秩序得以成立，都离不开暴力对其的底层支撑；但暴力本身是纯工具性的，它无法内生出目标，是政治叙事为其赋予目标，并以此构成暴力行为正当与否的判断标准。

古典帝国时代，世界的政治空间结构是一种连续、渐变的差序格局，没有被硬性割裂为彼此不可通约的政治空间；整个世界朝向一个历史目的前行，历史目的则由帝国所承载的文化给出，超越于任何具体个人的意志之上。指向彼岸的、统一的历史时间，整合了世界上多重却并不割裂的政治空间。原则上来说，帝国覆盖所及，是文明有序的区域；帝国不及之处，是野蛮无序的区域。政治的意义就在于用秩序来克服无序，将文明扩展到全世界；帝国的敌人是无序，而不是具体的某个群体。

进入近现代民族国家时代，世界被纵向割裂为一个个彼此不可通约的政治空间，也就是一系列的国家。国家通过宪法获得其表达，原则上来说，一部宪法会将自己视作永久性的，而不会为自己预设一个终止日，从而时间要素就被屏蔽在此种政治想象之外，世界也永久性地处在这种割裂格局中。政治的意义就在于识别出谁是具体的敌人，从而能够有效地确立自己这个共同体的心理边界，打造认同；在共同体内部，则基于宪法展开稳定可预期的法律秩序。

共产主义意识形态下的政治空间，则塑造了一种可被时间所克服的空间结构。民族国家式的纵向割裂的空间结构，在共产主义看来不过是一种阶级统治的工具，政治的意义不在于对这种阶级统治工具的认同，而在于通过阶级斗争，完成终极的普遍解放；阶级是通过生产资料占有方式获得定义的，这种识别标准与血统、信仰、种族等都没有关系，从而政治的空间结构就基于贫富关系而变成了一种横向割裂的格局。它打碎了纵向的政治空间内部的统一性，同时击穿了诸纵向空间彼此之间的分隔物（民族意识），通过横向空间的分隔物（阶级意识），识别出自己的敌人。敌人一方面是在国家内部（本国的统治阶级），一方面也在国家外部（其他国家的统治阶级）；但所谓外部敌人并不是其他国家，因为国家概念本身要被阶级概念击穿，各国的无产阶级因共同的阶级身份而成为天然的战友，各种统治阶级则是无产阶级的共同敌人。

阶级关系无国界，由此政治秩序也突破了任何国家界限，天然地以全球为单位，是无产阶级国际（international）对（无论是国家的还是国际的）资产阶级的普遍战斗。斗争的终结是一个伟大的终极历史时刻的到来，是共产主义对资本主义的超越。这将使得资产阶级时代的"民族"消失，或者说纵向划分的政治空间消失；由于从此进入无阶级社会，横向政治空间也将因此消失，整个人类世界进入一种普遍均质的状态。这便是用时间克服了空间。

从另一角度来说，在这一终极历史时刻到来之前，纵向的政治空间仍然存在，在已有国家的地方，表现为资产阶级所主导的阶级统治，在还没有国家的地方，表现为资产阶级所主导的民族自决；而横向的政治空间也一直存在，表现为普遍的阶级斗争，并作为历史演进的动力机制。一旦有了对这样一种终极历史时刻的理解，有了对历史规律的把握，人们便可以通过主观能动的行为来推动时间对空间的克服加速到来，这便是无产阶级革命。至于这一终极历史时刻何时到来，在哪里到来，在不同的地方分别以什么节奏到来，则有赖于革命领导者的判断。

这带来一个衍生结果，就是革命领导者可以基于其判断，而以各种方式来利用不同的政治空间结构，对给定空间结构进行各种击穿，并创建必需的新的空间结构，由此浮现出可以打交道的不同政治对象，革命领导者可以视情况所需变换政治结盟关系，并能对此进行逻辑自洽的正当性辩护，形成具有极大的政治弹性与灵活性的政策方案。而用来为纵向空间的国家政治进行正当性辩护的各种观念系统，在横向空间的阶级政治当中是否仍然具有正当性，则取决于革命领导者对历史时刻的判断，但即便其仍然有正当性，也是一种工具性的正当性。阶级政治有自己的一套正当性观念系统，它超越于旧有的观念系统之上，统领并视情况调用各种观念系统。

在这样一种时间－空间结构下，一切空间性的东西都被相对化，非终极的、日常时间性的东西也被相对化，它们都不具有绝对的价值和不可通约的差异，它们都将被那个终极历史时刻所超越，它们的意义也都通过那个终极历史时刻而获得识别。在终极历史时刻的观照下，一种终极命运审判式的精神结构建立起来，一切日常的禁忌都被打破，一切现实当中的魅惑（enchantment）

都被祛除，一种无比宏大的世界观念被建构起来。以一种比喻的方式来说，这是一种不仅突破了"地心说"，也突破了"日心说"，甚至突破了"宇宙中心说"的时空叙事，任何以其他模式生成的历史目的，都会被它消解掉。它以前所未有的方式打开了想象力的空间，对世界秩序拥有超级的思考格局。

但超级格局还对应着另外一重面相。所有的这些超级格局，都以终极历史时刻来正当化自身，终极历史时刻在本质上类似于一种信仰。古典帝国也有其终极时刻，由宗教给出，将实现于彼岸世界；对该终极时刻的教义解说，会被转化为一种法理化的讨论，其在日常时间－日常政治中转化出一种具有可预期性的法权秩序。共产主义的终极时刻基于对历史规律的理性把握，将实现于此岸世界，对它的解说倘若被法理化，便与此岸世界的资产阶级法权难以区分，所以它会拒绝法理化的努力；这就让日常时间－日常政治本身的可预期性遭遇困境，一种稳定的日常法律秩序难以建立起来。这样一种复杂纠结的状态，必须通过革命领导者的临机决断而获得突破；于是，革命领导者就会转为共产主义革命的肉身化呈现。共产主义革命历史当中的一系列复杂难解的困境，也隐藏在这一重面相中。

在这种超级格局下，中国共产党获得了远高于中国国民党的动员效率。国民党及国民革命军基于列宁主义的组织原则而获得了新的军事动员效率，但是此种组织原则与其道德原则并不足够匹配；更准确地说，国民党试图用列宁主义的组织原则实现三民主义的理想，但三民主义是一种政治性的理念，而非伦理性的理念，只能为政权进行正当性辩护，并不能起到规范世道人心的作用。于是，强大的组织原则便会喧宾夺主，置换掉道德原则对组织目标的定义能力。北伐的过程中便发生了一系列过激行动，对传统社会秩序与伦理形成巨大的冲击，也令组织目标本身陷入混沌。

因此，蒋介石在1932年便提出要用"礼义廉耻"来"挽救堕落的民德和人心""改造革命的环境""确定我们革命的基础"。1934年春天，他更进一步将此主张具化为"新生活运动"，以他重新解释过的"礼义廉耻"之四维作为基础道德原则，同时吸取一系列现代理念，以整肃国民日常生活、改良社会风气为目的，力图达到国民生活的军事化、生产化、艺术化的目标。礼义廉耻不能抽象地谈，它需要具体的社会载体。在乡村而言，就是以乡绅阶层作为该道德秩序的担纲者，他们与一般的底层民众之间形成一种微观道德共同体的共生关系。而乡绅阶层只要存在，便对乡村人群具有组织能力，从而与政府从乡村汲取资源之努力形成抗衡；而国民党又不可能取消乡绅阶层，因为这与新生活运动本身的逻辑相悖。这就使得国民党政府在乡村地区进行资源动员的能力相对有限，其在财政上更多地要依靠江浙财阀以及外国贷款的支持。

对共产党来说则不存在这样一种障碍。在阶级斗争的话语下，乡绅阶层与底层农民之间在传统时代的等级共生关系，被转化为一种阶级斗争关系。共产党作为底层受压迫的劳动者的代表而存在，它引领底层劳动者反抗那些剥削者，敢于抗拒的人便是土豪劣绅，会被镇压；而对他们的镇压，在终极历史时刻的时间维度上会获得高度的正当性。这就是共产党所领导的土改过程，土改打破了传统的乡村社会结构，带来强大的人力和物力资源效果。共产党由此所获得的乡村资源动员能力，远非国民党所可比拟。

但是这种资源动员手法有一个约束条件，即因为如前述，可预期的稳定的日常秩序在终极时刻的照临下变得不稳定，日常的经济运转会大受影响，所以它会使得该手法很快走上自己的逻辑终点。除非，它或者能够持续地通过本身的高效动员而从外部汲取资源，或者能够统治足够大的区域，从而通过庞大的规模来消化掉日常秩序受到的扰乱，仍然维持自己。[1] 倘若不能满足其中的至少一点，便需要改变政治策略，重新定义当下的政治时间与政治空间，以便革命能在特定的时空条件下继续；随着时空条件的改变，策略也可以无阻碍地转变。政治策略的各种改变，同样能够在终极历史时刻之下获得正当性辩护。这便是统一战线政策能够有效实施的政治哲学基础。

在国际安全环境较好的情况下，国家对动员效率的需求并不会很高，稳定的政策与日常秩序的需求是第一位。一旦国际安全环境变得很糟糕，则国家对动员效率的需求就会变得很高，甚至会阶段性地压倒国家内生的历史目的。抗日战争时期，国家的安全环境越发糟糕，于是，共产党获得了特殊的历史意义。它通过其极为灵活的策略、极其宏大的格局、极其高超的效率，将敌后的乡村社会转化为共产党的根据地，并将自己从外在于中国历史与社

---

1 黄道炫先生对中央苏区的研究，在这方面很有启发性。参见黄道炫《张力与限界：中央苏区的革命（1933—1934）》，社会科学文献出版社，2011 年。

会发展为内嵌于中国历史与社会。

2. 对汉民族主义的超越

中国共产党的早期活动区域主要是在汉族－中原地区,边疆与少数民族问题只是被抽象地谈及过,在早期并未进入共产党的认真思考当中。直到后来共产党转战陕北,长征一路上所走的多半是少数民族地区,陕北也是地处汉蒙回交界地带,倘若少数民族问题处理不好,会让革命遭遇巨大困难。正是在这种处境下,共产党开始认真思考少数民族问题。这个过程与国民党从中原到西南－西北的视野转换过程有类似之处,但共产党以斯大林的民族理论为基础,对少数民族问题的思考与处理有着与国民党大不同的路径与格局。

1937 年 7 月开始,中国共产党在陕北针对少数民族问题成立了一系列工作委员会,并专门成立了民族问题研究室。研究室在 1940 年起草了两份有关少数民族问题的指导性文件,成为党中央的正式文件。这两份文件分析了少数民族所面对的三个基本矛盾: 第一是回、蒙民族和日本帝国主义的矛盾; 第二是回、蒙民族和汉族的矛盾; 第三是回、蒙民族内部的民主力量与封建势力的矛盾。[1]

最重要的是第三个矛盾,它析解出少数民族内部的阶级斗争关系,国家内部的民族矛盾便被阶级矛盾所击穿; 第二个矛盾实际上并不是回、蒙民族与汉族的矛盾,而是两者与汉族统治阶级的矛盾。依照共产主义的叙事,蒋介石所代表的汉族统治阶级并不能代表汉族,只能代表资产阶级,必须被打倒,由中国的劳动阶级自我统治。这就需要革命,革命的领导者必须代表中国的劳动阶级,因为劳动阶级才是真正属于中国人民的力量。只有中国共产党才能代表中国的劳动阶级,所以越是共产主义,才越是民族主义。在一种复杂的时空结构变换当中,普世的共产主义被转化出民族主义的意义,民族主义又自然地从汉民族主义被上升为中华民族主义。普世民族主义的样貌于此也隐然浮现出来了。

共产党带领劳动阶级推翻汉族统治阶级的革命,实际上就是消除国家内部的民族矛盾,使少数民族与汉族获得平等地位的过程; 而获得解放的少数民族也要在共产党的支持下完成自己内部的民主革命,由其劳动阶级来自主,

---

1 李维汉:《回忆与研究》下册,中共党史资料出版社,1986 年,第 455-456 页。

最终形成普遍均质的人民。整个过程中，汉族劳动阶级的革命是核心的能动力量,它会引发整个中国内部的连锁革命,并通过阶级斗争消解一切民族矛盾,共产党则是超越于各民族之上的统合性力量。在阶级斗争的话语下,不再有汉族与少数民族之分,而只有阶级之分。

在此逻辑下，还可进一步击穿第一个矛盾，即少数民族乃至汉族与日本帝国主义之间的矛盾，这是国际层面的阶级斗争，日本帝国主义并不代表日本人民，中华民族应该与被日本帝国主义统治者所压迫的日本人民联合,[1] 推翻国际层面的反动派，并最终实现全球普遍革命。对回、蒙古之外的少数民族问题的解析基本上是在同样的理论结构下完成的。这是对斯大林民族理论的一种本土化应用，纵向的民族政治空间与横向的阶级政治空间在这一叙事中被以各种方式调用，最终在一个复杂的时间结构中，实现对各种矛盾的逐层消解。

在这样一种时空结构的叙事逻辑下，我们可以看到类似于苏联处理民族问题的政策过程。共产党在纵向政治空间的结构下,承认少数民族的主体地位,典型的象征性事例体现在对成吉思汗陵西迁的处理上。在成陵途经延安之际，共产党也安排了盛大的迎灵和祭祀活动，祭文起首语与国民政府的类似:"延安党政军民学各界，谨以清酌庶馐之奠，致祭于圣武皇帝元太祖成吉思汗之灵。"[2] 但文中所呈现出的政治空间结构与国府大不相同。嗣后，共产党又在陕

---

1 中国共产党人在延安的"日本人民"的意识形态想象本来可能仅仅停留在想象层面，但是共产国际派了日共的野坂参三（化名林哲）来到延安，使得"日本人民"有了一个具象化的载体，支撑着超国家的国际阶级斗争的秩序想象一直持续到战后，并使得中华人民共和国的对日外交在相当长的时期内保持着"日本人民本位"。其效果极为复杂，是理解战后中日关系的重要切入点之一。参见刘建平《战后中日关系:"不正常"历史的过程与结构》，社会科学文献出版社，2010 年。

2 共产党的祭词全文如下:"维中华民国二十八年六月十八日，中国共产党中央委员会代表谢觉哉，国民革命军第八路军代表滕代远，陕甘宁边区政府代表高自立率延安党政军民学各界，谨以清酌庶馐之奠，致祭于圣武皇帝元太祖成吉思汗之灵曰:日寇逞兵，为祸中国，不分蒙汉，如出一辙。嚣然反共，实则残良;汉蒙各族，皆眼中钉。乃有奸人，蜂然附敌，汉有汉奸，蒙有蒙贼。驱除败类，整我阵容，抗战到底，大义是宏。顽固分子，准投降派，摩擦愈凶，敌愈称快。巩固团结，唯一方针，有破坏者，群起而攻。元朝太祖，世界英杰，今日郊迎，河山聚色;而今而后，两族一家，真正团结，唯敌是挞。平等自由，共同目的，道路虽艰，在乎努力。艰苦奋斗，共产党人，煌煌纲领，救国救民;祖武克绳，当仁不让，大旱盼霓，国人之望。清凉岳岳，延水汤汤，此物此志，寄在酒浆。尚飨。"

甘宁边区成立蒙古文化促进会，在延安建立成吉思汗纪念堂和设立蒙古文化陈列室，每年春夏两季分别举行两次成吉思汗大祭典，毛泽东、朱德曾亲自发起公祭。[1]

但是，这样一种纵向空间的民族政治，又必须从属于横向空间的阶级政治。国共内战时期，内蒙古率先解放，在 1947 年 5 月成立了内蒙古自治政府，其施政纲领明确规定：内蒙古自治政府以内蒙古各盟旗为自治区域，是中国的组成部分；自治政府是实现高度自治的区域性的民族政府；区内各民族一律平等，建立各民族间的亲密合作团结互助的新民族关系。此前的东蒙等地曾经有过一些由蒙古族建立的"自治政府"，意在进行民族自决，乃至与外蒙古合并；但是苏联及外蒙古出于对国际关系问题的考虑，都拒绝了合并的建议。这些尝试遂渐次失败，其中很多领导人物被新成立的内蒙古自治政府所整合。新的自治政府成立的时候，几个东蒙背景的领导人物旧话重提，认为内蒙古的社会状况和内地不一样，还没有无产阶级，成立共产党没有阶级基础，不能由中国共产党来领导革命。

与乌兰夫一同从延安被派赴内蒙古领导当地革命工作的刘春（曾任西北工作委员会民族问题研究室的负责人）则坚决驳斥，提出正因为内蒙古的无产者规模实在太小，不足以形成一个独立的无产阶级，内蒙古的蒙古、汉等各民族无产者才必须与全国其他各民族的无产者一起，以形成足够的规模并成为无产阶级，也就是统一的中国无产阶级。因此，内蒙古的无产阶级革命只有作为中国无产阶级革命的一部分，才能获得成功。中国共产党是中国无产阶级的政党，并不是哪一个民族的党，所以争取包括蒙古族在内的中国各少数民族彻底解放的中国革命，只能由中国的无产阶级政党——中国共产党来领导。[2] 刘春的这套叙述，同样获得了乌兰夫的支持。乌兰夫提出，内蒙古长期发展的历史，尤其是近现代的革命斗争历史，早已证明蒙古族人民和全国各族人民是紧密相连的，内蒙古革命斗争也是中国革命斗争的一部分，不能脱离开中国革命的总轨道；中国共产党并不是汉人的政党，而是超民族的无

1　李维汉：《回忆与研究》下册，第 463-464 页。

2　参见刘春《内蒙工作的回忆》，载内蒙古自治区政协文史和学习委员会编《内蒙古文史资料》第五十辑，内蒙古政协文史书店发行，1997 年，第 81-84 页。感谢齐群博士与我的讨论中在这方面的提示。

产阶级政党，内蒙古的工人阶级是中国工人阶级的一部分，当然应该由中国共产党来统一领导。[1]

这样一种叙述，其政治空间的结构变换极为高超，在终极时刻的背景下，将少数民族地区的政治主体性与中华民族的大一统格局进行了一种有机结合。如此的政治空间观与格局感，使得共产党在少数民族政策上有着远远大于国民党的灵活度与吸引力，最终在整体战略形势不如国民党的情况下，反倒收获了蒙古族的人心，率先统合了内蒙古地区，将其变为自己可以依凭的极为重要的战略后方。[2]

同样，在新疆，也呈现出类似的政治空间结构变换。作为一个在民国时期在新疆政坛已有重要地位的维吾尔族精英，包尔汉在其回忆录中曾多次谈到，民国时他与其他维吾尔族政治精英交流时会反复强调，新疆不能走独立的道路，那会让它落入帝国主义的魔掌，就像印度、朝鲜和中国东北一样；但是国民党无视新疆本土人民意愿的统治也不能被接受，所以要追求的是在中国的框架下实现新疆的自治。在帝国主义的魔掌等富于意识形态色彩的话语下，可以看到包尔汉更深层的思考。他于1948年在新疆学院（新疆大学前身）对全校师生发表演讲，驳斥东突主义者："新疆两千多年以来就是中国的一个组成部分，新疆不是一个民族的新疆，而是各民族的新疆。正如中国不是一个民族的中国，而是各民族的中国一样。如果说新疆只有维吾尔族一个民族的话，在新疆范围来说就是犯了大民族主义的错误；在全国范围来说，就犯了地方民族主义即狭隘民族主义的错误。"[3]他明确意识到，脱离开中国的新疆是无力自立的，它很可能会进入一种很悲惨的混乱当中；但是他也明确提出，新疆的主体性必须在某种政治方案下获得承认。

1　参见刘介愚《内蒙古自治运动的必由之路：纪念"四·三会议"五十周年、记述原国家副主席乌兰夫的忆述》，载内蒙古自治区政协文史和学习委员会编《内蒙古文史资料》第五十辑，第226-227页。相关论述亦可见于乌兰夫《乌兰夫回忆录》，中共党史资料出版社，1989年，第212-214页。

2　关于共产党与国民党在内蒙古地区的人心争夺，以及共产党的一系列灵活政策过程，可以参见李国芳《中共民族区域自治制度的形成——以建立内蒙古自治政府为例》，《近代史研究》2012年第6期。

3　参见包尔汉《新疆五十年：包尔汉回忆录》，中国文史出版社，1994年，第330页。

　　包尔汉的这种认知可谓真正的洞见，他对新疆以及维吾尔族命运的忧虑及思考，都直指真问题。对他来说，在当时的历史情境下，共产主义是无法避免的选项。包尔汉是从民族的生存困境出发，可以说他是民族主义基础上的共产主义者；而内地的共产党人则是共产主义基础上的民族主义者。新疆和内地以两种不同的路径出发，在共产主义上发生了交集，由此新疆问题找到了一种政治解决方案。在这种方案之下，维吾尔族、哈萨克族、汉族之间的所谓差异，都被阶级差异消解掉了，它将民族矛盾转化为阶级矛盾，从而实现了对汉民族主义的超越，上升为中华民族主义。

3. 中华民族主义的法理基础

　　革命时期的中共党员，很多是出于民族救亡的考虑而加入中国共产党的。中国在帝国主义的压力下国势日蹙，国民党的救亡努力很快被其内部的派系斗争与腐败所消解，此时的共产党充满朝气，于是很多人投奔了延安。因此，共产党人多半是共产主义基础上的民族主义者，如前述，这个民族主义的内涵是中华民族主义。

　　在解放战争末期，这一点逐渐清晰地浮现出来。由刘、邓两人领导的中原野战军改编而成的第二野战军，在渡江战役之后转向进军少数民族众多的大西南，1950年初解放了除西藏之外的西南全境。进军大西南后不久，中央就民族问题向二野发出指示："关于党的民族政策的申述，应根据人民政协共同纲领中民族政策的规定。[1] 又关于各少数民族的'自决权'问题，今天不应再去强调，过去在内战时期，我党为了争取少数民族，以反对国民党的反动统治（它对各少数民族特别表现为大汉族主义）曾强调过这一口号，这在当

---

[1]《共同纲领》中的相关规定主要在第六章《民族政策》，其中规定："第五十条　中华人民共和国境内各民族一律平等，实行团结互助，反对帝国主义和各民族内部的人民公敌，使中华人民共和国成为各民族友爱合作的大家庭。反对大民族主义和狭隘民族主义，禁止民族间的歧视、压迫和分裂各民族团结的行为。第五十一条　各少数民族聚居的地区，应实行民族的区域自治，按照民族聚居的人口多少和区域大小，分别建立各种民族自治机关。凡各民族杂居的地方及民族自治区内，各民族在当地政权机关中均应有相当名额的代表。第五十二条　中华人民共和国境内各少数民族，均有按照统一的国家军事制度，参加人民解放军及组织地方人民公安部队的权利。第五十三条　各少数民族均有发展其语言文学、保持或改革其风俗习惯及宗教信仰的自由。人民政府应帮助各少数民族的人民大众发展其政治、经济、文化、教育的建设事业。"

时是完全正确的。但今天的情况，已有了根本的变化，国民党的反动统治基本上已被打倒，我党领导的新中国业经诞生，为了完成我们国家的统一大业，为了反对帝国主义及其走狗分裂中国民族团结的阴谋，在国内民族问题上，就不应再强调这一口号，以免为帝国主义及国内各少数民族中的反动分子所利用，而使我们陷于被动的地位。在今天应强调，中华各民族的友爱合作和互助团结，此点望你们加以注意。"[1]

这段指示当中有一系列值得从政治叙事上深入分析的内容。其中最核心的是它确认了一个全新的法理来源——所有的民族政策都要根据人民政协共同纲领中的规定。《共同纲领》颁布于 1949 年 9 月 29 日，其序言明确表述："中国人民解放战争和人民革命的伟大胜利，已使帝国主义、封建主义和官僚资本主义在中国的统治时代宣告结束。中国人民由被压迫的地位变成为新社会新国家的主人，而以人民民主专政的共和国代替那封建买办法西斯专政的国民党反动统治。中国人民民主专政是中国工人阶级、农民阶级、小资产阶级、民族资产阶级及其他爱国民主分子的人民民主统一战线的政权，而以工农联盟为基础，以工人阶级为领导。由中国共产党、各民主党派、各人民团体、各地区、人民解放军、各少数民族、国外华侨及其他爱国民主分子的代表们所组成的中国人民政治协商会议，就是人民民主统一战线的组织形式。中国人民政治协商会议代表全国人民的意志，宣告中华人民共和国的成立，组织人民自己的中央政府。……"

一个极为复杂的政治空间结构在这段序言当中呈现出来。《共同纲领》用阶级政治置换国家政治，被压迫的中国人民推翻了作为阶级统治工具的国民党政权；但是在这个阶级政治当中，所有曾经的弱者都联合在了一起，其中包括了复杂的阶级结构，这要求其必须具备一种超阶级的认同基础，从而又

1《中共中央关于少数民族"自决权"问题给二野前委的指示》(1949 年 10 月 5 日)，载《建国以来重要文献选编》第一册，中央文献出版社，1992 年，第 24 页。中共的这样一种政策变化，也与苏联依照自己的民族政策经验以及其对国际政治的考虑，而在 1949 年 2 月米高扬访问西柏坡时向中共提出的一系列建议相关。相关内容亦可参见李国芳《中共民族区域自治制度的形成——以建立内蒙古自治政府为例》，《近代史研究》2012 年第 6 期。

形成了国家政治对阶级政治的再置换；而此时的国家政治是由阶级政治所领导的，所以它不是对过去的国家政治的简单重复。少数民族也是政治协商会议的参与者，它在前述的政治空间结构当中，被阶级政治和国家政治从两个方向吸收：从被阶级政治所吸收的角度来看，汉族与少数民族的差异被消解；从被国家政治吸收的角度来看，汉族与少数民族共组为一个大的中华民族。如此复杂的政治空间结构，在终极历史时刻的照临下，各种差异被统统吸收，中华民族成为一个普遍均质的存在；人民政协则代表全国人民的意志，进行了一个建国立政的政治决断。

中华民族就此借助共产主义所打开的超级想象力，同时完成了对所有矛盾的克服，超越于一切差异之上，从而表达出了自身。从政治宪法学的角度来看，《共同纲领》具备制宪权行使的根本特征，相当于中华人民共和国的建国宪法，是中华人民共和国嗣后一切政治活动的根本法理基础。毛泽东在1949年10月1日站在天安门城楼上宣布"中华人民共和国中央人民政府已于本日成立了"，是以中央人民政府主席的身份做此宣示的，但这个主席的身份并不是因为他的这一宣示行为而成立，而是依照《共同纲领》规定进行的选举而得以成立的。[1]

中国共产主义者的民族主义内涵，在这样一种复杂的政治空间结构当中呈现了出来。通过阶级政治与国家政治的反复变换，它吸收掉了边疆地区的民族政治，超越了汉民族主义，上升到中华民族主义。

区别于国民政府在成陵祭典当中所表达出的中华民族主义，共产主义基础上的中华民族主义，基于其阶级政治的底色，还有着一个远远超越于中华民族主义之上的对欧亚大陆秩序乃至世界秩序的超级想象力。这样一种视野，使得中国的精神结构得以在古典帝国之后再次进入到大陆帝国的视野，并在特定的历史情境下，有了进一步突破大陆帝国视野的可能。中国获得了足够的精神容量来继续自己的现代转型。

---

1 参见陈端洪《第三种形式的共和国的人民制宪权——论1949年〈共同纲领〉作为新中国建国宪法的正当性》，载氏著《制宪权与根本法》，中国法制出版社，2010年。关于新政协的制宪会议地位及《共同纲领》的建国宪法属性，亦可参见高全喜、田飞龙《协商与代表：政协的宪法角色及其变迁》，《华东政法大学学报》2013年第5期。

三、大陆帝国的自我超越

苏联的共产主义"帝国"，以普遍阶级为理解政治秩序的基础；美国的清教－自由主义帝国，以个体的普遍权利为理解政治秩序的基础。它们构成了两种超越民族主义的普遍主义秩序想象，或者说两种现代帝国。科耶夫以其深刻的洞察力提出，两次世界大战证明了，起于法国大革命的民族国家不再是世界秩序的构成性力量，战后秩序必定是帝国的世界。[1]美苏两大帝国在冷战中的对抗，是历史上海洋帝国与大陆帝国的对抗在现代的呈现形式：苏联以其意识形态实现了对沙俄留下的大陆秩序的整合乃至升级，美国以其意识形态实现了对英国的海洋秩序的继承乃至升级。

传统中国的现代转型，必须拥有一种超越于中原视野之上的内亚视角，才能完成对帝国遗产的整合，安顿自己的边疆秩序，而这以普遍的大陆视野为前提；进入现代秩序的中国，以其超大规模的人口与资源在世界市场中拥有独特的竞争优势，这种优势需要通过全球普遍贸易秩序才能获得充分释放，而这又必须以对海洋秩序的参与为前提。从历史哲学意义上来说，中国因此成为连接大陆与海洋，联通全球大秩序的中介性力量，也在这样一种意义上成其为"中"国。此一中介性地位非陆非海，又亦陆亦海，充满内在张力；对此地位的历史哲学理解，同样需要一种具备内在张力的精神结构。共产主义在中国现代转型历程当中，作为中国通向"普世民族主义"的中介而具有的精神史意义，以及共产主义理念自身的发展，都要在中国对这样一种张力精神结构的需求中获得理解。

1. 大陆帝国与"普世民族主义"

共产主义为中国带来了前所未有的想象力格局。远在共产党掌握政权之前，这种格局就已呈现出来。李立三担任共产党总书记时，在1930年努力发动了一系列大的罢工与武装暴动。李立三当时的努力，是以他对中国革命与

1　参见［法］亚历山大·科耶夫《法国国是纲要》，载邱立波编译《科耶夫的新拉丁帝国》，华夏出版社，2008年。

世界革命之关系的理解为前提的。在他看来，中国是帝国主义统治最薄弱的地方，也是帝国主义矛盾最尖锐的地方，所以中国必定会是世界革命首先爆发的地区。中国的革命会带来残酷的国内战争，并因列强的在华利益之冲突，而引发残酷的全世界的阶级战争。故中国革命乃至一省或数省的革命胜利，就是世界革命的开始，而中国革命的最终成功又取决于世界革命的成功，所以中国革命与世界革命是同一过程。[1]更进一步地，李立三把忠实于共产国际的指示与忠实于中国革命等同起来，甚至以忠实于中国革命作为忠实于共产国际的衡量标准，从而推导出，既然世界革命爆发在即，中苏两党同属共产国际，有着共同的目标和利益，中共可以为保卫苏联而战，那么苏联也同样应该为争取中国革命胜利而战。[2]

　　李立三的这套逻辑将列宁的"帝国主义薄弱环节论"引申运用到了极致，在普遍主义的视野当中走上了中国本位主义。这种新的政治意识具有极强的内在张力，其在普世中强化了民族，民族又通达普世，"普世民族主义"以共产主义为中介而悄然浮现出来。这种政治意识在很多其他共产党人的身上也显示了出来，表达着中华帝国留存在中国人潜意识中的普遍主义冲动，同时又将其收敛在一种民族主义的载体上。

　　前文曾谈到过，[3]在中国的现代转型进程中，传统帝国所尊奉的普遍主义理想本身需要被抽象化，对普遍主义要留其"神"而弃其"形"；将其与具体的特殊主义方案安置在不同的位阶上，普遍主义所空置出来的"形"可由特殊主义来填补，但特殊主义的"神"则要从属于普遍主义，以普遍来统摄特殊，以特殊来充实普遍。**"普世民族主义"便将"形"与"神"安顿在了不同的位阶上，一种具备极强内在张力的自我意识，就此通过共产主义进入到中国的精神结构当中；而朝向大陆帝国与海洋帝国的两种精神出口，也全都悄然埋了进来。**

1　李立三对中国革命与世界革命之关系的这样一种理解，与列宁对马克思的革命理论的改造异曲同工，实际上是在列宁理论的基础上，顺着同一逻辑继续向前推论的结果。关于列宁的相关理论，参见本书第六章第二节第二小节第三小小节的讨论。

2　参见杨奎松《"中间地带"的革命：国际大背景下看中共成功之道》，山西人民出版社，2010 年，第 219、230 页。

3　参见本书第五章第三节第一小节的相关论述。

在毛泽东这里，"普世民族主义"形成了一种更加体系化的表达。抗日战争时期，毛泽东等领导人全靠观察国际局势来分析国内政治，在全球阶级斗争的大格局下，反观内政问题。这种观察背后所透露出的秩序想象力的宏大格局，是中国历史上前所未有的。抗日战争结束后，毛泽东继续以其大格局的想象力来勾勒中国的前途。他在与美国记者谈话时提出，"美国和苏联中间隔着极其辽阔的地带，这里有欧、亚、非三洲的许多资本主义国家和殖民地、半殖民地国家。美国反动派在没有压服这些国家之前，是谈不到进攻苏联的"[1]。

毛泽东相信中国就处在这种中间地带，对国际秩序中间地带的发现，已隐含着他在20世纪70年代所提出的"三个世界"理论的原型。在同时期的一系列谈话中，可以进一步看到他对自己所领导的中国革命之历史重要性的高度重视。他认为由于包括中国在内的中间地带的牵制，美国不可能直接发动对苏战争，因此中国共产党人不必因担心第三次世界大战而受到美苏关系的束缚，不敢继续对国民党的革命；而以中国为代表的中间地带的革命，其实直接影响着美苏双方的力量对比，甚至美苏关系的未来走向。[2]中间地带被哪一方掌握，哪一方便会在对抗中获胜；因此，倘若中间地带被激活其普遍的精神自觉，则它们的战略抉择便会决定世界秩序的发展方向，从而在这种意义上成为世界秩序的定义者。这样一种秩序想象，直接给出了中国革命的世界历史意义：在此格局下，它不是世界秩序的被动性存在，而直接就是一种构成性的力量。

也正因为这样一种秩序想象力，在抗战后期，毛泽东及中共与来到延安的美国观察组打过交道之后，曾有过一段时间对获得美国的承认与援助抱有很大期待。毛泽东更是在与赫尔利打交道产生不快、想法受阻后，曾通过其他管道尝试向华盛顿传话，愿与周恩来去华盛顿与罗斯福总统面谈中国问题。但这并不是说中共当时放弃共产主义意识形态，毛泽东更大的期望是像铁托那样，拿英美的援助，打共产党的天下。[3]在阶级政治的视野下，区别于美国

1　毛泽东：《和美国记者安娜·路易斯·斯特朗的谈话》（1946年8月6日），载《毛泽东选集》（合订本）第四卷，人民出版社，1964年，第1193页。

2　参见杨奎松《"中间地带"的革命：国际大背景下看中共成功之道》，第517页。

3　参见杨奎松《毛泽东与莫斯科的恩恩怨怨》，江西人民出版社，1999年，第六章《毛泽东想做亚洲的铁托？》。

政府的美国人民，也是某种意义上的中间地带，是进步的力量，当然可以成为中国共产党的盟友。

　　但是美国的亚洲政策完全不符合中共的期待，美国国内的进步力量未能占据上风；因此在夺取了国内政权之后，毛泽东领导下的中共选择了"一边倒"的战略，站在国际无产阶级阵营一边。但在与苏联谈判同盟条约的时候，中苏之间的利益冲突呈现了出来。在中苏两国结盟的问题上，毛泽东与斯大林有着一致的愿望，但是斯大林希望与新中国的结盟不会破坏雅尔塔体系以及苏联在中国东北的既得利益，毛泽东考虑的则是如何树立新中国独立自主的外交形象，以及在条约中如何保证中国的主权和经济利益。两国在谈判中有着艰难的拉锯过程，最终以苏联做出更多的让步而告终。中国作为中间地带，其战略选择空间从原则上来说反倒大于苏联这个超级大国，以致苏联不得不让步。这一过程也让斯大林对毛泽东产生了不信任感。[1]

　　从这段历史中可以看出，虽然毛泽东本人仍然坚信自己是共产主义者，但在其秩序想象中，（普遍性的）阶级政治的表层下，有着（特殊性的）国家政治的考量；而这种（特殊性的）国家政治，却又是以（普遍性的）阶级政治为其参照系的。中共的秩序想象中有两种政治空间结构的交叉关系（实际上在苏联的秩序想象中有同样的空间交叉关系），是由共产主义而导出的"普世民族主义"之内在张力的自然结果。这使得新中国的对外关系暨晚清之后又一次出现了二元结构，即与社会主义国家之间以政党外交为基础的"内层外交"，及与其他国家之间以国家外交为基础的"外层外交"。[2] 二元外交下，内政与外交的界线变得很模糊，对国家利益的识别也变得模糊；尤其是在终极历史时刻的观照下，各种界线与权责都被相对化，难以纳入稳定且可预期的秩序当中。它带来了超级的秩序想象力，带来了极为灵活的外交政策，让

1　参见沈志华主编《中苏关系史纲：1917—1991年中苏关系若干问题再探讨》，第二篇第一章《同盟条约的签订及中苏利益冲突》。实际上，这种不信任感有着更深的历史渊源。在延安时期，共产国际驻延安联络员弗拉基米洛夫曾向莫斯科报告，认为毛泽东的共产主义信仰似乎比较可疑，更像个机会主义者。毛泽东及中共在延安与美国人的大量交往，也让苏联方面深感疑虑。参见［苏］彼得·弗拉基米洛夫《延安日记》，吕文镜等译，东方出版社，2004年。

2　相关讨论，亦可参见于向东、施展：《中国外交的形式主义与神秘主义——世界格局视野下的中国外交》，《文化纵横》2012年第4期。

中国获得了一种宏大格局，也让"作为国家的中国"成为"作为帝国想象的中国"的工具，难以锁定国家利益。

在新中国刚刚成立之际，"普世民族主义"还未获得足够的精神自觉；对毛泽东与中共来说，共产主义的阶级政治还是优先于民族主义的国家政治的。中国毅然出兵朝鲜让斯大林对毛泽东与中共终于放下心来，随后苏联从军事到经济再到技术、培训，从各种角度给了中国大量援助，帮助中国奠定了国家能力的基础。[1]

从另一角度看，出兵朝鲜是中国对其国家身份的一次决断，中国拒绝了海洋秩序，义无反顾地选择了大陆秩序。这样一种决断使得中国在一个更大的大陆秩序下，顺畅地完成了对满蒙回藏等边疆地区的整合。在当时，中国在大陆秩序中居于从属地位，但这种从属地位无法满足中国的精神结构当中那种潜在的普遍主义需求，它要求中国应该作为秩序的独立定义者（之一）存在。斯大林去世之后，赫鲁晓夫的能力完全不足以让中国人信服，他在1956年的波匈事件之后也颇依赖于中共的支持，这让毛泽东及中共开始寻求大陆帝国主导者的地位。但这与苏联的主导地位发生了不可调和的冲突，两国遂逐渐交恶。[2]

一个精神现象学过程于是展开了。就综合国力而言，苏联是大陆帝国当仁不让的主导者，苏联的存在让中国无法真正以大陆帝国自居；因此，因苏联这个他者存在而长期被意识形态叙事所遮蔽的普世民族主义，开始形成精神自觉。"普世民族主义"当中的"普世"一面仍然由共产主义所支撑，所以中国与苏联之间发生了激烈的意识形态争论。中共发表了著名的"九评"，指出苏联为修正主义，中国才是共产主义的正统。但两个共产党执政的国家之间的这种争执，使"普世民族主义"当中"民族"的一面又开始浮现出来。中苏之间原本作为"内层外交"的政党关系，被转化为（差不多是）"外层外交"的国家关系，国家政治在阶级政治当中浮现出来。苏联也逐渐对中国施加外交压力，采取撤走专家、陈兵百万等举措，唤起了中国人对近代以来帝

[1] 参见沈志华、李丹慧《建国初期苏联对华经济援助的基本情况》，载氏著《战后中苏关系若干问题研究：来自中俄双方的档案文献》，人民出版社，2006年。

[2] 参见沈志华主编《中苏关系史纲：1917—1991年中苏关系若干问题再探讨》，第二篇第五章至第九章的相关内容。

国主义压迫的记忆。

意识形态之争开始呈现出某种虚幻性，中国需要独立于意识形态来判断国家利益。与大陆帝国的冲突，迫使中国需要在海洋帝国方面获得某种对冲。这样一种战略变迁在越南战争当中悄然浮现出来。

2. 从"中间地带"到"三个世界"

越南的地缘位置在东南亚处于一个极为特殊的地位。东南亚分为大陆部分和海洋部分两块区域，这两块区域围绕着中国南海，在历史上构成了一个悠久的秩序共生体，作为连接东西方最重要的海上通道。二战后，大陆和海洋两个部分的命运出现了微妙的差异，越南与印度尼西亚两国的反殖斗争可以构成一个有趣的对比。越南的胡志明和武元甲在军事上要比印尼的苏加诺和哈达更为成功，但是印尼从荷兰人手中获得了完全的独立，越南独立同盟会则因在从法国人手中夺取最后胜利时受到阻挠，而不得不接受让越南落入南北分治的局面。在这两种情况下，决定殖民帝国结束方式的是更广泛的国际问题。[1]

从整体上来说东南亚属于海洋秩序，但更具体来看，印尼毫无疑问地属于海洋秩序，越南则处在某种过渡地带。对美国来说，面对苏联在东南亚民族主义运动中的影响（民族主义需要形成对国民的普遍动员，左派在这方面有天然的优势），它必须让荷兰退出印尼，以免海洋部分落入大陆帝国的掌控；而在越南这个过渡地带，美国可以容忍它的北半部纳入大陆帝国秩序，以安抚当地更加强大的反殖军事力量，但必须将南半部纳入自己的海洋秩序，否则整个东南亚的海洋属性可能会遭遇巨大挑战。这是1954年《日内瓦协议》中越南被南北分治的一个国际政治根源。

但是北部的越南民主共和国拒绝接受这样一种命运，南部的越南共和国统治者又极其不得民心，于是越南民主共和国在斯大林的民族理论所提供的战略灵活性下，以一种仿自中国的民族区域自治政策，获得了老挝、柬埔寨的支持，得以开辟并维持了"胡志明小道"，使自己在越南共和国发展的游击队组织得以生存并壮大，以各种方式对越南共和国发起攻击。[2]这对美国来说

---

1 可参见《剑桥东南亚史》（［新］尼古拉斯·塔林主编，贺圣达等译，云南人民出版社，2003年）下卷，第297-298页的相关讨论。

2 感谢北京大学张健先生在越南的民族政策之效用这个问题上与我的讨论带来的启发。

是无法接受的，越南共和国是海洋帝国与大陆帝国的根本缓冲地带，在海陆大博弈的格局下，是整个国际秩序的枢纽点，必须保卫；这也是美国对海洋世界之承诺的可信性的一个基本标志。因此，美国从 1961 年开始介入越南的战争，1964 年的北部湾事件之后，美国的介入大规模升级。

此时中国的态度值得玩味，一边援越，一边通过各种途径向美国传达中国不会主动挑起对美战争的信息。时任外长陈毅还刻意告诉苏联驻华大使拉宾："不仅美国政府知道中国不会挑起对美战争，而且中国人也知道美国人将不会进攻他们。"中美双方紧锣密鼓地互发信号，反映了两国都在谨慎克制地行事，竭力避免发生直接的军事冲突。而对于美国对中国的态度，中国方面实际上也是心中有数的。此后，美国明知中国在大规模援越，中国支援部队在越作战，也并未做出什么反应。约翰逊政府决定让美军卷入越战，在南方的越南共和国发动地面战争，对北方的越南民主共和国实施空中袭击，与此同时，也规定了一条明确的底线，即不允许美国的战争行动越过中国所划出的界限。[1]

从这样一种值得玩味的态度中，可以看到中国的战略转型，同时也是自我意识的转型。中国基于其意识形态，仍然有着大陆帝国的精神冲动，愿意承担起本国之外的国际责任；但它在另一个大陆帝国的压力下，也意识到了自己与海洋帝国的共同利益，于是打开了与海洋帝国的合作空间。初期这还仅仅是两国心照不宣的默契，后来尼克松访华，便直接发展为非正式的盟友关系。

其中还有一重必需的条件，即海洋帝国对中国区别于苏联大陆帝国的独特地位的理解。中苏分裂后，对美国来说，新的战略空间已打开；[2] 此后美国

1 参见李丹慧《中苏在援越抗美问题上的矛盾与冲突（1965—1972）》，载章百家、牛军主编《冷战与中国》，世界知识出版社，2002 年。前文陈毅引语亦出自该文，见该书第 377 页。

2 实际上，美国内部一直有声音主张要对不同的社会主义国家做区分，鼓励那些更具民族主义色彩的社会主义国家从苏联集团中分裂出来，中国在美国人眼中一度也在此列。但是朝鲜战争让美国的主流放弃了这种看法，转而认为社会主义国家没有区别，最好的办法是对苏缓和、对其他国家施压，使得其他国家对苏联的求助最终超出苏联的承受力，而致共产主义阵营分裂。中苏分裂后，有人以为是这种策略奏效了。但随着对中国理解的加深，美国决策层对中国形成了更复杂的看法。参见［美］约翰·刘易斯·加迪斯《长和平：冷战史考察》，潘亚玲译，上海世纪出版集团，2011 年，第六章《分化对手：美国与国际共产主义，1945—1958》。

决策层逐渐对中国形成更进一步的理解。基辛格在初次访华与毛、周打交道时便形成这样一种印象，即，中国基于其悠久的历史，有独特而又宏大的时间感和空间感，不惧于把"自力更生"变为一种武器，因此中国更愿意将与其他国家的合作视作因双方看法一致而进行的互助，而不愿将合作变成一种迫切的需求。[1] 这就意味着，美国可以在完全不同于冷战之二元对峙的空间结构下与中国打交道。美国愿意将中国理解为一个不同于苏联大陆帝国的独特存在，中国也做了对应的表态，周恩来向基辛格解释，不管中国给了越南什么样的支持，都是出于历史的原因，而不是出于意识形态或者战略的原因。[2]

　　抛开意识形态的束缚，中国对"中间地带"的理解也发生了深刻的变化。二战后，毛泽东长期认为"中间地带"包括除美苏两个超级大国之外的所有国家，并认为美国力图把所有中间地带国家都吞下去。直到 20 世纪 50 年代末期与苏联闹翻之前，毛泽东仍然是差不多的看法。[3] 这是毛泽东从大陆与海洋两大帝国二元对抗的角度来理解世界秩序的结果，此时中国作为国际秩序的构成性力量的意义仍然不够清晰。

　　进入 20 世纪 60 年代，与苏联闹翻之后，毛泽东开始经常谈论"中间地带"的内部差异了。比如在 1962 年与日本友人谈话时他讲到，有些中间地带的国家有着强大的垄断资本，有些作为殖民地刚刚独立或仍在争取独立；[4]1963 年和 1964 年他又在不同场合反复讲"中间地带有两个"，区分了欧、日、澳等国与亚、非、拉诸国。[5] 在中间地带内析解出穷国、富国两种国家，意味着毛泽东已经开始思考中国作为独立于美、苏两强之外的第三力量，需要有自己的外交基本盘的问题了。毛泽东这个时候开始将"中间地带"称作"第三世界"，并且强调第三世界也分成两个，[6] 之后他不再提"中间地带"的概念。1965 年，

1　参见［美］亨利·基辛格《论中国》，中信出版社，胡利平等译，2012 年，第 248 页。基辛格在此书中曾反复提及中国的悠久历史使得中国人在理解世界时所拥有的大尺度。

2　参见［美］亨利·基辛格《论中国》，第 245 页。

3　参见毛泽东《在第十五次最高国务会议上谈国际形势》(1958 年 9 月)，载中华人民共和国外交部、中共中央文献研究室编《毛泽东外交文选》，中央文献出版社，1994 年。

4　参见毛泽东《中间地带国家的性质各不相同》(1962 年 1 月 3 日)，载《毛泽东外交文选》。

5　参见毛泽东《中间地带有两个》(1963 年 9 月、1964 年 1 月、7 月)，载《毛泽东外交文选》。

6　参见毛泽东《赫鲁晓夫的日子不好过》(1964 年 1 月 17 日)、《中法之间有共同点》(1964 年 1 月 30 日)，载《毛泽东外交文选》。

毛泽东开始将欧洲等发达国家剔除于"第三世界"之外，[1]1970 年明确提出包括英国在内的帝国主义怕第三世界。[2] 这表明与美国在越南问题上达成默契之后，毛泽东对中国作为独立的第三力量越来越有自信。终于，1974 年，在与赞比亚总统卡翁达谈话时，毛泽东明确提出了我们今天所熟知的"三个世界"理论。[3]

此时可以说，"普世民族主义"的精神自觉已经以一种曲折的方式在实践中打开。毛泽东挥洒自若地将世界格局做了划分，并将中国设置为第三世界的领袖，中国获得了自己明确的外交基本盘，成为并立于海洋帝国与大陆帝国的第三支力量，既可以构成对二者的制衡，又可以是二者的中介。中国的外交格局在 20 世纪 60 年代一度处于极度困窘危险的状况中，多个方向同时受敌：西南方向面对印度，沿海地区面对美国，整个北方则面对苏联；但是到了 20 世纪 70 年代，中国转而成为整个世界秩序当中至关重要的构成性力量，构建起"中美苏"大三角，并在其中成为战略灵活度近乎最高的一个。也正因为中国的这种中介性地位，无论它自己如何表达"战"与"和"的观念，以及无论它在局部性的地区做何种动作，从全局的角度来看，都在事实上成为美苏两大军事集团之外的一个根本性牵制力量，成为世界和平的基础。

如此一种宏大的普遍主义格局，是中国历史上从未有过的。它高度依赖于共产主义意识形态对中国视野的打开，将中国的精神结构当中那种最深沉的普遍主义诉求现实化了。到了 20 世纪 70 年代，经过与苏联的一系列争论、林彪事件等，意识形态沉淀之后所留存的真实收获，是一种前所未有的宏大视野。对六七十年代的国人而言，即便是偏僻的乡村，也会在日常话语中出现诸如美苏争霸对世界的影响，巴拿马、古巴、坦桑尼亚、阿尔巴尼亚等国家对中国乃至世界的意义……所有这些闻所未闻的东西都以共产主义话语为载体，而进入到中国人的观念当中；倘若是在民族主义话语下，它们根本不会进入一般国人的视野。它们所呈现的并非真实的世界秩序，但一种宏大的视野以这样一种方式打开了。

从一个普世帝国向现代国家转型，要同时满足多个复杂的要求，其精神

---

1 参见毛泽东《同斯诺谈国际问题》(1965 年 1 月 9 日)，载《毛泽东外交文选》。
2 参见毛泽东《帝国主义怕第三世界》(1970 年 7 月 11 日)，载《毛泽东外交文选》。
3 参见毛泽东《关于三个世界划分问题》(1974 年 2 月 22 日)，载《毛泽东外交文选》。

结构需要既是"民族"的，又是"普世"的；这样一种复杂甚至自相矛盾的精神结构，通过共产主义为中介而浮现出来，早期中国共产党人作为共产主义基础上的民族主义者的身份本质，至此也获得真正呈现。共产革命初起之际，共产党人以其对终极历史时刻的信念，奋力推动着一场伟大的事业；经过了革命史这样一番时空结构变换，中华民族内生的历史目标重新浮现出来，以共产主义革命作为一个必要的历史过程，中华民族的现代转型这一历史目标得以展开。

回顾历史上的中国，在魏晋南北朝之际，中原帝国衰朽不堪，精神世界因此颓靡；最终通过北族带来新的激情，由西域传来新的理性，两者都有着不被中原地理所局限的视野，结合中原的旧有基础，经历了艰难复杂的整合过程，最终绽放出一个豁然开朗的局面。大清是中华普世帝国的绝唱，中华帝国的末年衰朽不堪，精神颓靡。共产主义通过其终极历史时刻照临的观念结构，形成一种深刻的使命感，带来了全新的激情与武德，同时又提供了中国历史上未曾有过的宏大的普遍视野。共产主义一方面为动员对象给出了更加清晰可见可触的敌我关系，另一方面，它又为中国所面临的内外多重复杂问题给出整体的解决方案。所有这一切，结合于中国的旧有基础，促成了类似于北族入主一般的秩序重构。中国历史的几轮大循环，冥冥中形成了一种共振关系。

但是，同样由于终极历史时刻的照临，日常政治和日常活动被相对化，难以转化出稳定可期的法权结构，政治的运作高度依赖于革命领袖的超凡想象力与临机决断力。倘若不能进入日常政治，革命的成果便无法被固定下来，难以被收获，因此大陆帝国也内在地需要突破这一困境。对海洋秩序的参与，成为实现这一突破的必要途径。在毛泽东晚年经历了一番大开大阖的中国，整合自己大陆帝国的一面，同时又为向海洋帝国敞开大门做好了准备。

3. 从融入海洋秩序到视野的萎缩

"三个世界"的秩序勾勒为中国打开了一片全新的外交天地，中国更加努力地向第三世界提供公共品。这种工作实际上在20世纪50年代便已开始。但这里存在着两个问题，一方面，在当时毛泽东及中共的秩序想象当中，横向空间的阶级政治与纵向空间的国家政治是不间断地彼此交错的，国家利益事实上无法被有效识别。另一方面，对外提供公共品的过程，倘若不能与本国之间形成一种正向的经济循环，则是一个纯消耗的过程，它将使得提供公共品这件事情变得不可持续；而在毛泽东时代，中国的经济与世界处在近乎隔离的状态，任何援外都是纯消耗。政治利益上的收获并不足以弥补此种消耗，更何况，此时的政治利益有很多是在阶级政治的视角下才存在的。而国内持续的"非常政治"状态让中国的经济也走到了崩溃的边缘。

因此，到了毛泽东身后，邓小平及中共开始认真思考加入海洋秩序的问题。有趣的是，中国的再一次身份决断，是通过与越南的一次军事冲突完成的。

1975年4月底，北方的越南民主共和国占领了西贡，灭亡了南方的越南共和国，并在1976年初宣布将南北越统一为越南社会主义共和国。越南统一后，与中国关系逐渐交恶，与苏联的关系则逐渐加深。越南除了与苏联签订了军事同盟条约，还在1978年6月加入了经互会，从经济上融入苏联的大陆帝国。此时的越南军队身经百战，在1978年底攻入柬埔寨，推翻了红色高棉政权；苏联又依照同盟条约当中的规定，在1979年租借了越南的金兰湾海军基地，海军威胁能力直逼马六甲。一时间苏联主导的大陆帝国秩序控制了整个印度支那地区，直有继续南下攻略整个中南半岛的势头，中国感受到了一种南北包夹的危险。

据李光耀回忆，在1978年11月，越南还未侵入柬埔寨之际，邓小平访问新加坡，曾与其深入探讨过越南问题。邓小平谈到，越南一旦入侵柬埔寨，成功控制整个中南半岛，许多亚洲国家将失去掩蔽。越南主导的中南半岛联邦会逐渐扩大影响力，成为苏联南下进军印度洋的环球战略的一步棋。李光耀则直截了当地问道：一旦越南真的进攻柬埔寨，中国是否会任由泰国脆弱无助地自生自灭，最后被迫靠向苏联？李光耀很希望中国届时会有所行动，他认为泰国的一系列表态证明它也非常希望中国如此做。[1]李光耀的这种态度意味深长。越南在东南亚的咄咄逼人态势，掩映着苏联大陆帝国的扩张锋芒，令东南亚的海洋秩序受到了深刻的威胁；按理说，应该由海洋世界的盟主美国为东南亚提供保卫力量，但美国好不容易才从越南抽身，不能指望它会再回来蹚浑水，那么唯一能指望的就是中国了。但是中国需要表明自己不是另一个凶恶的大陆帝国。李光耀对此实际上是有信心的，他理解到了中国与苏

---

[1] 参见李光耀《邓小平决策对越自卫反击战内情》，《看世界》2009年第3期。

联对国际秩序之构成性作用有本质区别，才会提出这样一种要求。

李光耀的理解无疑是正确的，在中美两国刚刚建交一个半月之后，中国便对越南采取了军事行动——中国对建交时间与出兵时间的安排，也是有过精心策划的，力图在国际层面达到一种最佳效果。在出兵之前，邓小平在访美之际向美国总统卡特通报了准备军事行动的考虑，虽然并未获得美国的首肯，但在嗣后的战争过程中，可以看到美国在事实上对中国的配合。[1] 这一仗彻底粉碎了越南称霸东南亚的梦想，保证了东南亚的海洋属性不被大陆帝国所侵蚀，也象征着中国的又一次身份决断——加入海洋秩序。

回顾历史，会发现新中国的两次身份决断是通过两场战争完成的；这两场战争的发生地都是海洋与陆地的过渡地带，彼时是整个国际秩序的枢纽所在。中国作为国际秩序当中的陆海中介性力量，在这两场战争的地缘空间格局当中也隐隐显露出来。而两次身份决断，看似相反，实际上可以视作同一决断的两个阶段。作为非陆非海、亦陆亦海的中介性力量，中国需要先以大陆帝国的方式来凝聚自身，继承古代帝国的遗产，然后投入海洋秩序，才不至于造成类似晚清民国时期的二元飞地经济，以及撕裂自身。此步骤不能走反，也不能省略，否则难以安顿国家的秩序。**因此，中国的身份决断应该在一段绵延的"历史时间"中完成，不似一般国家可以通过非绵延的"历史时刻"而完成。**

邓小平时代完成的第二阶段的国家身份决断，有着毛泽东时代在第一阶段留下的出口。[2] 在毛泽东时代，民族目标还隐含在意识形态话语之下，在邓小平时代，民族目标则通过重新定义党的位置而获得了更加清晰的表达。在

---

1 可参见樊超《合作与共赢：蜜月期的中国与美国》，世界知识出版社，2016年。第三章《"间接同盟军"》第一节《"联美反苏"战略的意外开启》。

2 邓小平说："从这次自卫还击战的国际反应来看，绝大多数人是从心里同情我们的。现在可以看得更清楚，毛泽东同志在他晚年为我们制定的关于划分三个世界的战略，关于中国站在第三世界一边，加强同第三世界国家的团结，争取第二世界国家共同反霸，并且同美国、日本建立正常外交关系的决策，是多么英明，多么富有远见。这一国际战略原则，对于团结世界人民反对霸权主义，改变世界政治力量对比，对于打破苏联霸权主义企图在国际上孤立我们的狂妄计划，改善我们的国际环境，提高我国的国际威望，起了不可估量的作用。"参见邓小平《坚持四项基本原则》（1979年3月30日），载《邓小平文选》第二卷，人民出版社，1994年，第160页。

十一届三中全会刚刚结束之际，邓小平谈的还是"中央提出了把全党工作的重心转到实现四个现代化上来的根本指导方针"[1]，行为的主体、进行目标设定的主体，仍然是党，但是目标的内容已经发生了巨大的变化。经过这一短暂过渡，几个月后邓小平进一步谈到，"为了实现四个现代化，我们必须坚持社会主义道路，坚持无产阶级专政，坚持共产党的领导，坚持马列主义、毛泽东思想"[2]。"四个现代化"本身即为独立的目标，"四项基本原则"是实现这一独立目标的必要手段。"四个现代化"的主体当然是中华民族，党由此转化为"中国现代转型的引路人"的身份。因此可以说，邓小平在这种表述当中将党的历史哲学意义进行了重新定义，或者更准确地说，他将此前中国共产党人潜意识里隐含的民族主义面相清晰地表达了出来。[3] 如此，则中华民族内生的历史目标[4]——"完成现代转型"，重新成为统合中国政治与历史的一个基本参照系。

邓小平完成对党的这一重新定义，表达出民族的目标，却并未就此落入民族主义的窠臼，而是将中国共产革命历史所开创出来的普遍主义视野做了新的表达。1979 年底在与日本首相大平正芳谈话时，他强调："所谓四个现代化，就是要改变中国贫穷落后的面貌，不但使人民生活水平逐步有所提高，也要使中国在国际事务中能够恢复符合自己情况的地位，对人类作出比较多一点的贡献。"[5] 这已不是邓小平第一次表达，也不是他最后一次表达中国要"对人类做出比较大的贡献"这一观点了。这种观念背后贯穿着一种世界责任感，反映了他心底里的普遍主义激情，也是普遍存在于当时中国人内心的一种意识。对彼时的人而言，共产主义所打开的普遍主义视野，已经通过革命史而进入到人们的潜意识。

在与大平正芳的谈话中，邓小平进一步对何谓"实现四个现代化"或者

1　邓小平：《解放思想，实事求是，团结一致向前看》（1978 年 12 月 13 日），载《邓小平文选》第二卷，第 140 页。

2　邓小平：《坚持四项基本原则》（1979 年 3 月 30 日），载《邓小平文选》第二卷，第 173 页。

3　邓小平也曾在若干场合反复强调，四个现代化的目标是在毛泽东、周恩来在世时确定的。

4　关于这一历史目标的内生性，可参见本书第五章第三节第二、三小节。

5　邓小平：《中国本世纪的目标是实现小康》（1979 年 12 月 6 日），载《邓小平文选》第二卷，第 237 页。

说"小康社会"给出了量化的标准，就是到 20 世纪末达到人均国民生产总值 1000 美元，后来这一标准经常在各种场合以各种方式被提及。这种可以量化的标准非常重要，因为它的出现带回了日常时间，让日常政策有了一个具体可操作、可量化、可被程序性考核与争辩的基准，不再因终极时刻的时时临在而被彻底相对化。革命终于有可能转向建设，革命的成果终于有了被稳定收获的可能性，日常政治的可预期性也终于成为可能。当然，这只是说一种可能性由此打开了，离可能性被现实化还有很远的距离。很现实的是，对外开放就此成为可能，社会主义国家对市场经济的禁忌也因此而被打破。[1]

"完成现代转型"这一历史目标原本只是潜在于中国历史内部，它能够变为整个民族持续不断的现实努力，源于西方世界在近代以来带来的巨大压力。西方的强大基于其现代经济、现代政治、现代法权秩序、现代理念等一系列要素，它们使西方获得了强大的竞争优势。倘若中国不能在这些方面奋起直追，现代转型势难成功。"现代转型"的需求虽内生于中国历史，其方向却不是中国能够自行定义的；当然，也不是西方能够单方面定义的，必须在中国与西方国家的互动过程当中被逐渐发现出来。因此，对外开放，加入海洋秩序，在其中发现方向，就成为中国完成现代转型的一个必须；加入海洋秩序，意味着中国作为海陆秩序之中介的历史身份的全面展开，中国在重整自身之后加入了世界。中国一旦加入世界，其超级规模的体量会重新定义世界秩序，而中国自己也会在此过程中被重新定义。中国与世界都不再会是过去的样子了，一如历史上游牧者入主中原之后，草原与中原也都不再是过去的样子。[2]

但另一个悖反性的精神现象学过程又浮现了出来。在改革开放与市场经济中获得了巨大发展的中国，"普世民族主义"却似乎坍缩掉了其"普世"面相，只剩"民族主义"，因为那"普世"的一面本来是靠共产主义的话语体系

---

1 "实现四个现代化必须有一个正确的开放的对外政策。我们实现四个现代化主要依靠自己的努力，自己的资源，自己的基础，但是，离开了国际的合作是不可能的。应该充分利用世界的先进成果，包括利用世界上可能提供的资金，来加速四个现代化的建设。"邓小平：《社会主义也可以搞市场经济》(1979 年 11 月 26 日)，载《邓小平文选》第二卷，第 233—234 页。

2 参见本书第一章第三节的相关论述。

及世界想象来支撑的。这就使得当年（阶段性地）通过共产主义获得整体解决的很多问题，在狭隘的民族主义格局下重新浮现出来。对内，边疆再浮现为严肃的问题；对外，今天已经是世界头号制造业大国，一举一动有着巨大外部性效应的中国，对自己世界责任的理解却仍有巨大提高空间。这些都是违背中国的国家利益的。

中国似乎正在忘却它的世界历史意义，一种新的精神纠结于是又进入到中国人的精神世界当中。共产主义革命史所留给中国的宏大精神格局，是这百年历史最重要的精神遗产之一。如果我们不能正确理解这段历史，则中国将浪费它这百年来的巨大苦难而结晶出来的收获；对民族苦难的浪费，是人类历史上所能想象得到的最为令人心痛的浪费。

因此，中国必须实现一种精神层面的解放，去除精神层面的扭曲，也去除精神层面的狭隘，再次打开中国历史所内在地需要的"普世民族主义"这样一种视界。

第五节　从宪法制到宪法典

一、宪法的形式与质料

从非常政治进入日常政治，意味着这个民族完成了制宪，其通过制宪时刻所做的自我身份决断，进入到一种宪法秩序当中。此后的任何行为都要在宪法所框定的法律范围内展开，这些行为因其合法性（legality）而获得可预期性，日常的社会与经济生活得以有序地自发展开。所以，成功的现代转型，一定以该民族的自由制宪为标志。

立宪是从清末开始大量仁人志士的追求。但是面对日蹙的国势，先行者们内心难免操切，以至对立宪形成了一种工具性的理解，他们似乎认为只要立宪，中国就能强大，就能抗御外侮。立宪派高呼，日俄战争的结果是立宪国战胜了专制国，蕞尔小邦日本居然在开国后仅仅三十几年便能够连败清、俄两大国，皆拜立宪所赐，故而中国也必须立宪方能自强。待到革命后真正立宪，人们却发现，现实离当初的期待甚远，甚至背道而驰。于是人们继续寻找新的强国之策，对宪制问题本身的思考退居次要地位。[1] 这带来了 20 世纪中国宪制历程上一系列令人遗憾的历史。

反思这段历史，可以看到先行者们对宪制的理解过于简单化：它并不仅仅是制定一部宪法这么简单。汉语的"宪法"一词在诸多先秦典籍中均可读到，该词在清末被国人用来对译西文中的 constitution。在西方，constitution 也不是一个现代词，古希腊的哲人们便已经常讨论 constitution 的问题，比如亚里士多德在《政治学》一书中，考察了 158 个城邦，观察其中的 constitution。但彼时的"宪法"与近世西人所谓"宪法"，意涵上差别非常大。

自古希腊一直到法国大革命前期，constitution 首先指的是城邦或者共同体的内部结构，此一内部结构的稳定运作与持存，会形成一种基于政治与社会实践的法律规范，结构与规范都会获得理解与表达，正是它们定义了这个城邦或共同体。"城邦不仅是许多人的（数量的）组合；组织在它里面的许多人又该是不同的品类，完全类似的人们是组织不成一个城邦的。……组成一个城邦的分子却必须是品类相异的人们，各以所能和所得，通工易事，互相补益，这才能使全邦的人过渡到较高级的生活。"[2] 这些彼此相异的人互为条件，形成了城邦的有机结构，虽然对结构与规范的表达不一定是成文的，可能经常是不成文的，但是大家都知道这样一个结构，知道自己在这个结构中所处的位置。每个位置在结构中都会有一种功能性的作用，处在该位置上的人能够按此功能性的要求做到极致，那么他就是一个有德性的人；其德性之完美

1　金观涛、刘青峰两位对以清末民初数十份有影响力的报刊为基础的数据库进行统计，所得的定量研究结果显示，1900 年之前，"立宪""宪法""宪政"三个词在公共讨论与写作当中的使用次数都不多；1900 年之后开始增多，1906—1910 年间达到一个高峰；1915 或 1916 年之后大幅下降，乃至一年只有十余次。（参见金观涛、刘青峰《观念史研究：中国现代重要政治术语的形成》，法律出版社，2009 年，第 513-517 页。）这个使用频率的区别，大致对应为：戊戌变法之前，立宪问题并未真正进入国人视野；庚子之变后国势跌至谷底，人们开始更多地讨论立宪问题，尤其是日俄战争之后，五大臣出洋考察，人们对立宪问题的讨论达到高峰；但是到了袁世凯称帝，民国屡遭玩弄之后，国人的关注点便转移了，立宪不再是关注的核心要素。此间的变化节奏，与国势的起伏以及人们对国势的认知，呈正相关关系。

2　[古希腊] 亚里士多德：《政治学》，吴寿彭译，商务印书馆，1965 年，第 45 页。

度并不因功能的差异或位置的高低而有差异，那些无关乎功能履行的私人行为也不会影响到德性的完美度，今人所说的私德并不在其关注之列。每个人各司其职、各安其位，整个城邦或共同体就拥有了一个完美的 constitution，能够引领其成员共同趋向于至善。[1]

因此，古典意义上的宪法，其所统合的是基于功能分化而被视作内在异质化的人群，此人群作为一个有机的整体被理解。这种宪法的"形式因"（被表达或理解的结构 – 规范）与"质料因"（异质化但有机一体的人群、土地、资源等）有着一种共生关系，或者说，其政治观念与现实存在是一种共生关系，彼此匹配。这种意义上的 constitution 或可称作"宪法制"。

近代以来的 constitution，首先体现为一部成文法典。对最高权力的分配，对权力的正当性来源，对个体的权利保障等，会有很多具体条目，彼此互为解释，形成一个完整、有机的体系，用成文的方式确定下来。这种意义上的 constitution 或可称为"宪法典"。区别于古代的宪法制，宪法典预设了其所规范的共同体是内在均质化的，是由一个个彼此独立的个体组成，每一个体在宪法看来都是同样的道德主体和法律权利主体（个人私德因此才会成为被关注的内容），所有这些人因为对共同价值观的认可而结为一个共同体，并表达出共同的意志，即宪法（典）。

宪法典，不再像宪法制那样从人们事实上的功能及身份之分化的角度出发，而是从人们的共同意志角度出发来讨论 constitution 问题，政治观念与现实存在不再是共生的；观念本身作为一个独立的系统被建构出来，现实则是另一回事，形式因与质料因是否匹配，成为需要单独讨论的问题。

如此一来，宪法典意义上的宪制便有一重特殊的要求。原则上来说，社会当中的所有成员（质料因）都应该拥有自觉的政治意识，由此宪法典（形式因）才能成为共同体之共同意志的表达。否则，形式因与质料因相分离，宪法典便只能作为漂浮在社会之上的一纸虚文，无法真正成就宪制。而对古典的宪法制来说，共同体当中的成员是否有自觉的政治意识并不重要，只要

1　"每一自然事物生长的目的就在显明其本性（我们在城邦这个终点也见到了社会的本性）。又事物的终点，或其极因，必然达到至善，那么，现在这个完全自足的城邦正该是（自然所趋向的）至善的社会团体了。由此可以明白城邦出于自然的演化，而人类自然是趋向于城邦生活的动物。"［古希腊］亚里士多德：《政治学》，第 7 页。

他们能够完美履行自己的功能性责任即可；某种意义上，普遍的自觉意识甚至不值得追求，因为它可能使得人们对自己所处的功能性位置不满意，提出可能会颠覆整个城邦／共同体结构的要求，结果反倒伤及那些弱者——强者总是有更多的办法规避风险，弱者则对共同体的存续有着更大的依赖性。这便是为何柏拉图在《理想国》当中谈到要讲一种"高贵的谎言"，通过讲述神用不同的材料来造不同等级的人的神话，让人们各安其位，以便确保城邦的安全。[1]

在世界已经祛魅，人口与信息流动性大大增强的现代社会，那种"高贵的谎言"难以存续，"宪法制"式的 constitution 一定会被"宪法典"式的 constitution 所置换。这种置换始于法国大革命（美国革命在这方面还不明显），其后在西方国家陆续展开。成文的宪法典在相当意义上是观念先行，基于制宪的政治决断，而不是在现实当中缓慢生长而成，[2]因此这些国家在有了形式因（宪法典）之后，必须开始寻找形式因与质料因（人民）的匹配。这个过程可能呈现为一系列的革命，各个国家的民众也是在这一过程中开始进入历史，获得精神自觉的。

所谓精神自觉，用另一个概念表达，就是获得自我意识；自我意识的本质特征，在于意识到了自我与他者的区别。"他者"在过去可能构成了"自我"日用而不知地生存于其中的环境，自我处在一种顺从命运的前反思状态，彼时的自我意识还没有形成；直到自我开始反思乃至质疑环境，自我与环境相分离，形成独立于环境之外的诉求或者称为理想，则自我意识开始形成。自我意识所要追求的理想未必靠谱，但只要个体感受到现实与理想的差距，就会愿意开始行动，努力争取理想的实现。当社会中有足够多的人主动进入这种情境，这个社会的质料因便发生了变化，它将摆脱传统时代未经反思的秩序，追求一种新的形式因。这个过程带来的不是物理意义上的时间流逝，而是历史时间的流逝。此时，一般国民普遍地进入历史，

1　［古希腊］柏拉图：《理想国》，郭斌和、张竹明译，商务印书馆，1986 年，第 127–129页。孔子所说的"民可使由之，不可使知之"，也可从同样的方向来解。

2　盎格鲁－撒克逊普通法国家是特例，这也是普通法国家的革命总是比大陆法国家更加和缓的原因之一。因此，我还要强调一遍，此处所说的宪法典是大陆式的成文宪法典。关于两者的政治宪法学与政治社会学差异，我在第七章第二节还将有进一步讨论。

形式因与质料因的匹配也在此过程中逐渐形成，并通过政治性的活动而经常自我更新。

对于非西方国家，在面对西方列强的压力时，更加复杂的情况出现了。很多落后国家与地区的社会、经济在西方的冲击下出现二元分裂的状态，若干个大城市与世界市场联为一体，成为本国庞大的传统社会之侧的若干飞地。一般来说，传统社会当中的人未形成自觉的政治意识，仍在传统宪法制[1]之混沌中生存乃至挣扎；经济飞地上的人则已被外部世界激活出自觉的政治意识，成为革命者。这种情况下，即便革命者建立起了宪法典，用以重构本国，但由于大多数国人仍未形成政治自觉，国家的形式因与质料因完全不匹配，宪法典只能是外在于这个社会，无法形成真正的宪制。对这个国家而言，此时的任务是激活大多数人的自觉意识；之后，这个民族的主体部分才能进入历史，而不再是简单的生物性生存。

紧接着的问题是，倘若一个社会已经形成普遍的精神自觉，人们将不再满足于一成不变的给定位置，而是会产生改变现状的需求，这意味着社会需要有更多的资源以供分配。倘若社会没有足够的资源可供分配，人们的需求无法得到满足，这个社会便会处在高度的不稳定状态。为了获得足够多的资源进行分配，它不得不尽力发展经济。但经济的发展一方面会受到世界市场的影响，一个国家并不能全然自主；另一方面，即便经济发展了，倘若在分配上存在严重问题，社会也不会稳定。这两个约束条件决定了宪法典本身的一些基本存活条件，倘若其中的制度性设计无法有效回应或对冲世界市场的波动，无法有效处理生产与分配之关系问题，则宪法典也会变成漂浮于社会之上的一纸虚文。[2]

这一系列的约束条件，使得现代的宪制建设中，形式因与质料因的匹配变得很复杂，远远不是创立了宪法典就能拥有宪制这么简单。20 世纪中国宪制历程中的一系列困境，都与此相关。

---

1 从宪法制的角度来讲，任何一个传统政治体，都会有其 constitution，中国也不例外，因为此时它指的就是这个政治体的内部结构。但这与我们今天通常所说的宪法完全不是一回事。

2 关于宪法典与其存活条件之关系的问题，可参见包刚升《民主崩溃的政治学》，商务印书馆，2014 年。

二、从《清帝逊位诏书》到无产阶级专政

中国的共和宪制史，始于中华民国的建立。中华民国的法统有两个来源，可以用两个历史文献来代表，分别是 1912 年 3 月 11 日颁布的《中华民国临时约法》，以及 1912 年 2 月 12 日颁布的《清帝逊位诏书》。

辛亥革命后不久，革命者在南京组建了临时参议院，制定出《中华民国临时约法》（下文简称《临时约法》）。《临时约法》的第一章明确提出，中华民国由中华人民组织之，民国的主权属于国民全体，其领土包括二十二行省、内外蒙古、西藏、青海。这份文献的重要法理意义是，它从根本上扭转了中国的正当性来源，使之不再是来自君主的奉天承运，而是来自人民的自我决断；以后人民的各种政治决断（新的制宪行为），其正当性的根基都可以追溯到这里。《临时约法》是中国人民作为主权者的意志表达，他们要采行一种新的国体以自我组织起来，在“五族共和”的理念下，完整继承大清的所有政治身份。但是《临时约法》有两个先天不足，一个是，临时参议院当中的议员代表，只来自十七个行省，这使得其代表性不足；另一个是，临时参议院的权威很难获得满蒙回藏地区的公认，因为这些地区原本是通过对大清皇帝的共同效忠而与诸行省联系起来的，《临时约法》取消了大清皇帝，而满蒙回藏也并未参与到临时参议院当中，则民国很难简单通过一纸法令便获得它们的效忠。

这就有了第二个法统来源，即《清帝逊位诏书》的必要性。《清帝逊位诏书》的颁布从时间上还早于《临时约法》，从具体的历史过程而言，清廷颁布《清帝逊位诏书》自然是无奈之举，并非出自情愿；但从政治宪法学的角度来看，《清帝逊位诏书》构成了后续一系列事情之正当性的法理来源之一。[1] 诏书写道：“前因民军起事，各省响应，九夏沸腾，生灵涂炭。……今全国人民心理，多倾向共和。南中各省，既倡议于前，北方诸将，亦主张于后。人心所向，天命可知。予亦何忍因一姓之尊荣，拂兆民之好恶。是用外观大势，内审舆

---

1 高全喜先生对《清帝逊位诏书》的政治宪法学意义的研究，在国内颇有开创性意义，我的思考深受其惠。参见高全喜《立宪时刻：论〈清帝逊位诏书〉》，广西师范大学出版社，2011 年。

情,特率皇帝将统治权公诸全国,定为共和立宪国体。近慰海内厌乱望治之心,
远协古圣天下为公之义。……总期人民安堵,海宇乂安,仍合满、汉、蒙、回、
藏五族完全领土为一大中华民国。"

诏书中的这些说法,确认了民军起事、民心所向是清帝逊位的原因,武
昌首义遂从针对清廷的叛乱转换为人民的政治决断。这为袁世凯继承清廷与
南京临时政府的双重法统来源而成立中华民国政府,提供了基本的法理正当
性;但是这种双重法统来源,也为民初的正统性来源之争埋下了伏笔。[1] 诏书
明确提出了"合满、汉、蒙、回、藏五族完全领土为一大中华民国",这使得
民国对大清全部疆域的完整继承获得了法理基础,为"中华民族"的观念提
供了法理基础。[2]

《清帝逊位诏书》和《中华民国临时约法》均是在立宪派的主导下完成的。
立宪派多半是清末士绅阶层出身,早期的北洋政府是立宪派与北洋系合作的
结果。这些人在传统社会的宪法制中,处于"劳心者治人"的地位,他们作
为统治群体,对激起精英以外"治于人"的"劳力者"的自觉意识本就没有
兴趣。北洋政府在 1914 年 5 月 1 日颁布的《中华民国约法》[3],从气质上可以
说是一种精英主义的(准)宪法,与后来的国民政府以及中华人民共和国的
宪法很不一样。《中华民国约法》只有 60 多条,每一条的内容都非常简单;
而国民政府的 1947 年宪法,整部宪法有 175 条,每一条内部的复杂程度更是
不可同日而语。

这带来一个意料之外的结果,就是北洋宪制的形式因与质料因的匹配度
是比较高的。《中华民国约法》作为一部精英共和宪法,而不是一部民主宪法,

---

1 郭绍敏在《大变局:帝制、共和与近代中国国家转型——〈清帝退位诏书〉的宪政意涵》
　(《中外法学》2011 年第 5 期)一文中,对中华民国的这种双重法统来源做过比较细致
　的梳理。
2 章永乐先生在《多民族国家传统的接续与共和宪政的困境——重审清帝逊位系列诏书》
　(《清史研究》2012 年第 2 期)一文中,对逊位诏书与五族共和之间的法理关系也有过
　论述。
3《中华民国约法》一直被应用,直到后来被 1923 年 10 月 10 日颁布的《中华民国宪法》
　所替代,但这部新的宪法还未实际起作用,便被段祺瑞推翻,嗣后北洋政府离寿终正
　寝也不远了。因此,北洋时期的宪法值得做一历史分析的主要还是《中华民国约法》。

近乎对传统政治秩序做了某种成文化、宪制化的表达，国家由精英进行父权式的统治，百姓处在混沌的状态中接受牧养。晚清的士大夫、立宪派等实现了精神自觉的群体，将自己的政治主张转化为现实的政治秩序，精英之间建立了共和的政治结构；其他没有产生精神自觉的人群，就不主动去动员他们。这与晚清一些保守派拒绝洋务，主张君主不能与民争利，要"养民"，有着相似的逻辑。在传统的经济和技术条件下，一旦把民众动员起来，却没有能力满足他们的需求，就一定会天下大乱。保守派的顽固当然有问题，但问题不在于他们恐惧民众，而在于他们对新的技术、新的经济没有感觉。帝国面对外部压力必须加强动员，但动员有可能无法满足民众的诉求；只有依托现代经济与技术，才能摆脱这种困境。在这种困境始终萦绕人们心头之际，尽量少地刺激与动员民众，是一个很自然的政治倾向。

《中国民国约法》不以民众动员为诉求，而一般民众在此宪制中也并未进入历史，真正进入历史的是那些精英，包括士绅立宪派、一些海归知识精英、一些北洋军阀精英等。就参与共和的精英来说，人数很少，易于动员，诉求相对容易聚焦；再者他们都是经传统文化熏陶出来的，传统宪法制对他们的道德约束力都还在，一些基本的道德共识也相对容易达成。北洋时期的宪政，尽管有很多问题为人所诟病，诸如曹锟贿选玩弄宪政之类，但毕竟他还愿意贿选，而不是把枪一挥，直接解散掉国会，这意味着他还认可宪法的权威性；故而可以说，当时的精英们都还有某种宪制精神，或者更准确地说，他们仍未丢掉其宪法制的本能，根本原因在于北洋时期的政治形式因与质料因相匹配。

单纯从宪法典的角度来看，会认为这样一种宪制并不是真正的宪制。但揆诸历史会发现，一直被认为是宪制国家范本的英国，在其宪制历程当中的很长时期，其民众也未进入历史。比如《大宪章》，实际上就是几十个贵族家族与国王之间斗争与妥协的结果；之后几百年的英国历史，差不多就是在《大宪章》给出的规则基础上，百十来个贵族家族与国王继续斗争与妥协的历史，始终是精英共和，而不是一个民主国。英国的稳定宪制为包括18世纪法国启蒙思想家在内的欧陆人所羡慕，羡慕它有宪制有自由，但很多艳羡者未必注意到一个事实，即英国宪制之所以运转良好，是因为其形式因与质料因有着很好的匹配度。这种匹配性当中会发展出一种基于自生秩序的自由。但"基于自生秩序的自由"与"人民普遍进入历史"并不一定是一回事。随着社会的发展，工业革命的进展，越来越多的英国人脱离了传统秩序，产生自觉意识，终于推动了1832年的议会改革，之后又经历了近一个世纪的议会改革，英国民众才拥有普选权，人民才普遍进入历史。而工业革命带来巨额财富，英国便有能力满足那些被激活了自觉意识的民众的需求，自觉的民众与发达的经济互为条件共同发展，其宪制便可运行无碍。

视野再放大一些，可以看到，在不同国家的历史进程中，民众比较普遍地获得精神自觉，主要有两种途径。一种途径是贸易。当人们越来越多地与异己的对象打交道，就会形成对更加具有普遍性和容纳力的制度环境的需求，但从传统时代继承下来的法律和政治环境往往与此不匹配，人们开始主动寻求改变现状，精神自觉于是形成，一个现代宪制的过程逐渐展开。英国走得更多的是这样一种途径。对于包括中国在内的很多大陆国家，由于安全环境不理想，民众的精神自觉更容易通过另一种途径被激活，即战争。战争意味着会有大量的人从熟悉的环境当中被剥离出来，进入到一个很异己的处境。然而，中国历史上战争很多，倘若没有伴随着新观念的进入，民众面对死亡与流徙，其向往的更可能是尽快回到熟悉的旧秩序，而很难形成对新秩序的想象与追求，也就无法真正激活精神自觉。20世纪中国所遭遇的几场战争，正伴随着新观念的进入，伴随着一些全新的动员和组织手法的进入，人们对未来产生了不一样的期待，并愿意去追求，民众才开始以某种方式进入历史。

北洋时期中国安全环境的不断恶化，一战后巴黎和会上中国人过高的期待与过大的失望所带来的刺痛感，终于激起了轰轰烈烈的五四运动，中国大城市的一般民众在运动中被动员起来。被组织和动员起来的民众，即便他们对想要追求的新秩序未必有明晰的意识和主张，还说不清自己究竟想要什么，但都对当下秩序表示了拒绝，知道自己不想要什么，故精神自觉已开始浮现，精神自觉的起点不是"我是谁"，而是"我不是谁"。梁启超先生在20世纪20年代初期曾说过："国民对于政治上的自觉，实为政治进化的总根源。这五十年来中国具体的政治，诚然可以说只有退化并无进化，但从国民自觉的方面看来，那意识确是一日比一日鲜明，而且一日比一日扩大、自觉。觉些什么呢？第一，觉得凡不是中国人都没有权来管中国的事。第二，觉得凡是中国人都有权来管中国的事。第一种是民族建国的精神，第二种是民主的精神。"[1]

随着外部安全环境日益恶劣，为了增强动员效力，运动的组织者必须以某种方式向民众灌输一些和过去完全不一样的东西，以及使用一些完全不一样的组织手法。前文已述，列宁主义在这样一种处境下进入了中国的历史。用列宁主义组织起来的国民党，在组织和动员效率上完全压制了北洋政府，通过北伐战争很快就击败后者，建立了南京国民政府。国民政府的政治逻辑与北洋政府大不相同，原则上来说它诉诸民众的共同意志。一旦诉诸民众，宪法便不能如北洋时期的约法那么简单了。宪法必须对个体的权利、义务，对不同政治部门与层级的权责划分，对中央与地方的关系等等，进行非常复杂细致的规定，并且各种规定彼此之间应该能够互为解释，构成一个体系。所以国民政府时期的诸多宪法性法典，以及后来的1947年宪法，都远远复杂于《中华民国约法》，成为很正规的宪法典了。

但是，国民政府的很多政策选择，使得它的动员效力只能及于城市，无法深入乡村，某种意义上还会强化乡村的传统状态。这意味着，国民党仍然难以将中国最多数的人群带入历史，中国的二元撕裂状态会因此而加深，国民政府越努力，反倒离均质化的人民越遥远。这导致国民政府的立宪努力的形式因与质料因非常不匹配，其宪法典成为漂浮在社会之上的一种抽象存在。

共产党则进入到对乡村的普遍动员当中。抗日战争使得这些实践一下子与民族自救挂钩，民族主义超越了公民主义；尤其是列宁主义的超级组织与动员效率，再加上国民党政权的腐败所形成的对比效应，使得中共所推动的革命逐渐内化于中国的政治进程与社会进程。在抗日战争与列宁主义的耦合当中，民众与其所处环境的撕裂变得更为巨大，中国人民以更加深刻的方式开始普遍进入历史，并最终导致了国民政府的终结。

---

1 梁启超：《五十年中国进化概论》（1923年2月），载陈书良选编《梁启超文集》，第438-439页。

又一个复杂的精神现象学过程于此展开了。转型中国要极力打造的普遍均质人民，其形式因与质料因在共产主义革命的过程中逐渐走上更加匹配之途。其形式因最终表现为无产阶级专政，其质料因则通过社会主义改造将城市与乡村齐一化，而在特定意义上打造出来；政治与社会的多元复杂结构，在此过程中都在特定意义上被夷平。它从根本上改变了中华民族。深刻的苦难会带来人们与环境更加深刻的撕裂感，在此过程中，中华民族作为一个均质化的整体而获得普遍精神自觉开始成为可能。这为基于宪法典的宪制建设打开了一个可能性，堪与匹配的质料因在此过程中逐渐出现。此时的精神自觉仍是不完全的，它仍在寻找自己的形式因，但这一寻找行为的主体，在中国历史上第一次被锻造了出来。虽然于今天的中国社会，质料因的均质性仍在继续锻造的路上，但这样一种普遍存在的对理想状态的追求（即便对理想的理解差别很大），在中国历史上是前所未有的，它意味着一种普遍的自觉，普遍地表达着"我不是谁"。

继续寻找形式因与继续锻造质料因的过程仍然是漫长的，一如唐德刚先生所说的"穿越历史三峡"。这种穿越不可能转瞬完成，任何对转瞬完成的期待，都会让宪法典本身再次沦为漂浮于社会之上的抽象存在。咨诸历史，自由也从来不是简单地被给予，它只有在一个缓慢的过程中，一个艰困的环境中，才能获得其真正的坚韧，而不是脆弱不堪风雨的被品鉴之物。

再做一个非历史的假设，假如北洋政府或国民政府一直存续下来的话，中华民族是否也能普遍地进入历史呢？这种假设意味着国人的普遍精神自觉要通过与世界各地发生的普遍贸易过程来实现。这对小国来说没有问题，它可以通过贸易过程被拉动出整体性的精神自觉，因为小国在世界市场上可被视作一个单一单元，其诉求单一，本就有整体性的基础。但对作为世界秩序之自变量、内在多元的大国来说，其诉求高度复杂，贸易过程便较难完成如此巨大的历史使命；仅仅依凭贸易过程更可能发生的是，在整体性的精神自觉被拉动、激活出来之前，国家便已在巨大的精神内战当中走向瓦解。历史没有给中华民族这样一个机会去尝试，由于大陆国家的安全困境以及大陆帝国转型任务的复杂性，这个民族最终以一种代价大得多的方式来获得普遍的精神自觉。

三、共产主义法理学分析

共产主义革命的历史，通过一系列复杂的时空结构变换，为转型中国给出了一种整体性的方案，也锻造着转型中国所必需的均质化人民这一质料因；但也正是这一系列复杂的时空结构变换，使得其形式因宪法典要面对一种特殊的情况。宪法典起源于近代西方革命，在其政治空间想象中排除了时间这一维度，但是共产主义意识形态正是通过将时间维度引回来而完成其整体叙事的。这里面的时空结构，构成共产主义法理学的基础，也构成了转型中国寻找形式因时的一种特定约束条件。

共产主义法理学的叙事逻辑起于马克思的唯物史观，中间又经过了列宁的一次创造性转化，其中的关键在于对"国家"问题的处理上。[1]

在马克思看来，国家本质上是阶级统治的工具。生产力的发展导致生产关系的变迁，人类从原始社会一直发展到资本主义社会，这时的国家就是资产阶级的统治工具。资产阶级通过宪法使国家获得其法权形式。"资产阶级无国王，资产阶级统治的真正形式是共和国。制宪国民议会的'伟大的根本性工作'就是造出这个形式，拟定共和宪法。"[2] 由于资本主义的内在矛盾，它最终必将为共产主义所超越；资本主义的发展会带来生产力的普遍发展，并形成在各国普遍存在的无产阶级，民族属性便为阶级属性所超越，从而带来共产主义革命的普遍性。"只有随着生产力的这种普遍发展，人们的普遍交往才能建立起来；普遍交往，一方面，可以产生一切民族中同时都存在着'没有财产的'群众这一现象（普遍竞争），使每一民族都依赖于其他民族的变革；最后，地域性的个人为世界历史性的、经验上普遍的个人所代替。不这样，（1）共产主义就只能作为某种地域性的东西而存在；（2）交往的力

---

1 我在这一问题上的思考深受许小亮先生相关研究的启发。参见许小亮《从无产阶级专政到全民国家——共产主义制宪权与苏联宪法的演变》（未刊稿）。

2 马克思：《1848 年至 1850 年的法兰西阶级斗争》，载中共中央马克思恩格斯列宁斯大林著作编译局编译《马克思恩格斯选集》（第二版）第一卷，人民出版社，1995 年，第 408 页。

量本身就不可能发展成为一种普遍的因而是不堪忍受的力量：它们会依然处于地方的、笼罩着迷信气氛的'状态'；（3）交往的任何扩大都会消灭地域性的共产主义。共产主义只有作为占统治地位的各民族'一下子'同时发生的行动，在经验上才是可能的，而这是以生产力的普遍发展和与此相联系的世界交往为前提的。"[1] 共产主义革命的成功，意味着阶级差异被普遍超越，阶级统治也不复存在，"阶级统治一旦消失，目前政治意义上的国家也就不存在了"[2]。

因此，在此叙事结构下，共产主义革命意味着最终对国家与宪法的取消，这是人类的历史发展规律。在这样一种时间维度的视野下，资产阶级宪法所打造出来的一个个独立的国家空间终将被超越，走向消亡。故而，布尔什维克发动革命时鲜明地提出，俄国革命只不过是掀起整个世界（至少所有先进国家）的普遍革命的导火索。待到这些普遍革命完成，资产阶级法权基础上的国家与宪法也都将消亡。

革命后，布尔什维克很快便发现，资本主义国家的连锁普遍革命并未出现，在可预见的未来似乎也不会到来，布尔什维克的共产主义政权及其治下的人群不得不与资产阶级国家在相当长的时期内共存。这带来一个很严肃的问题：布尔什维克政权及其治下的人群，究竟要以什么国际法身份与资产阶级国家共存？以党的身份显然是不行的，因为党并不是个国际法主体。

因此，布尔什维克不得不再建立一个国家；一个更大的理论困境也就出现了：布尔什维克的使命本是发动普遍革命，取消国家。为了克服这一理论困境，列宁在十月革命前夕撰写的小册子《国家与革命》中，曾提到过一个关于无产阶级国家的概念，其重要性便显现了出来。列宁写道："恩格斯（在《反杜林论》中）说，无产阶级将取得国家政权，'这样一来也消灭了作为国家的国家'。……恩格斯在这里所讲的是以无产阶级革命来'消灭'**资产阶级**的国家，而他讲的自行消亡是指社会主义革命**以后无产阶级国家制度**

1　马克思、恩格斯：《德意志意识形态》（节选），载《马克思恩格斯选集》（第二版）第一卷，第 86 页。

2　马克思：《巴枯宁〈国家制度和无政府状态〉一书摘要》，载《马克思恩格斯选集》（第二版）第三卷，第 289 页。

残余。按恩格斯的看法，资产阶级国家不是'自行消亡'的，而是由无产阶级在革命中来'**消灭**'的。在这个革命以后，自行消亡的是无产阶级的国家或半国家。"[1]

也就是说，资产阶级国家不会自行消亡，需要通过革命来消灭；但是革命将会建立起一个无产阶级国家，而这个无产阶级国家是会自行消亡的，或者说，它成立的目的就是为了消亡。因此，无产阶级专政的国家，既是一个国家，又不是一个国家。[2]说它是一个国家，在于它有着阶级统治的属性，是无产阶级对资产阶级的专政，并且在特定的时间内呈现为一种空间性的存在；说它不是一个国家，在于它越成功地实践自己的使命，就越取消自己的存在基础，最终会令一切将人与人分隔开的国家空间全部消失，以时间克服空间，达到一个全球均质的状态。布尔什维克因此可以，甚至应该建立一个国家，但它一定是个无产阶级国家，或者说"半国家"，作为消灭资产阶级国家的工具。

这样一个无产阶级国家，为了获得自己的法律形态，需要制定其宪法典，但这只能是"半宪法"。它区别于资产阶级国家的宪法典，后者唯有国家政治的纵向空间维度，前者则是一种阶级政治的横向空间维度，并且会有时间维度作为其终极背景，也就是说，这个半宪法的制定，就是为了其消亡。终极历史时刻是掩映在这一切背后的根本背景，无产阶级的国家与宪法都是为了这个终极历史时刻的到来而准备的，它们所支撑起来的空间性也都在时间维度中被相对化；该历史时刻未必会在宪法中获得特别清晰的表达，但它是界定宪法之根本意义的"高级法"背景。日常的政治和社会实践通过终极历史时刻而获得意义，在其中应该被解读出历史使命；而历史使命本身需要一个具体的担纲者，唯有作为无产阶级先锋队的无产阶级政党有资格成为这个担纲者。从而，无产阶级政党因为肩负历史使命而超越于一切日常政治与社会

1 列宁：《国家与革命》（1917 年 8—9 月），载中共中央马克思恩格斯列宁斯大林著作编译局编译《列宁选集》（第三版）第三卷，第 124 页。引文中的加粗为列宁所加。

2 凯尔森对列宁的"半国家"理论做过较为细致的分析，参见［奥］凯尔森《共产主义的法律理论》，王名扬译，中国法制出版社，2004 年，第 64-66 页。

实践。[1]

共产主义的法理学结构因此在中国的现代转型当中带来一种新的张力。前文已述，以共产主义为中介，中华民族获得一种实现了多重超越的整体方案，落实为极为复杂与宏阔的历史实践。中华民族所苦苦寻找的"形式因"，却因那种张力的牵引，而始终无法获得一种稳定的空间形态。这使得日常政治中的具体政策丧失了正当与否的评判标准，这些政策无法在真正意义上被否定，同样无法在真正意义上被肯定，使得中国的精神世界难以获得有效的表达，也难以形成有建设性的成果。

于共产主义法理学而言，基于其对终极历史时刻的理解与把握，一切空间性的东西被相对化，中华民族作为一种空间性存在也被相对化，无法作为一个自在的存在被理解。但我们反思中国历史再来看当下，可以发现，在中华民族精神现象学进程的几轮大循环中，有着内生的历史目的——实现一个古老帝国作为超大规模国家的现代化转型，作为世界历史与世界秩序的构成性力量，推动全球秩序的演化，使人类各大文明获得条件，能够各自兑现其对诸种价值的承诺。这样宏大的内生历史目的，需要普世民族主义才能给出足够大的精神容量，将该目的从潜在发展为现实。共产主义革命作为中国通向普世民族主义的一个中介，展开为一段惊心动魄的历史；之后，中华民族内生的历史目的将超越于既往的历史之上，浮现为一种精神自觉。

宪法典叙事是对时间维度的取消，共产主义叙事则是对空间维度的取消，而真实的历史是在时间与空间的双重维度中展开的。这两种进路的相互对峙与相互激发，能够把历史感重新带回来。因此，共产主义法理学所蕴含的巨大内在张力，有潜力激发出一个更加深刻而伟大的历史过程，中国的精神世界将完成再一次的自我超越，表达出这个民族对其世界历史意义的精神自觉，

---

1 日常政治是指在宪法给定的规则框架当中的政治行为，其正当与否的判断标准，就是宪法；而宪法是主权者意志的表达，主权者行使其意志的时刻便是制宪，这种时刻属于非常政治时刻，制宪行为打造出日常政治运行的空间，非常政治时刻随之结束。主权者因此高于宪法，其意志提供对日常政治的判断标准，并通过宪法而使主权者意志获得稳定性，使判准本身变得可操作化。但主权者本身并不被判断，或者说，能判断它的，才是主权者。霍布斯在《利维坦》(黎思复、黎廷弼译，商务印书馆，1985年)一书中的理论建构，开创了主权论的叙述，也构成了现代政治学中对日常政治与非常政治之区分的初始理论来源。

表达出其形式因，作为一个世界历史民族，实现此自由民族的自我立宪。这一更加伟大的历史过程，内蕴在中国历史的精神现象学结构当中，也内蕴在当初共产主义革命的潜在历史逻辑当中；共产主义革命的历史意义将通过自我超越而自我实现，获得其真正的历史地位。[1]

1　周林刚先生与翟志勇先生对中华人民共和国诸部宪法所做的法理学研究，在这方面极富启发性。周林刚提出，从 1954 年宪法到 1975 年宪法、1978 年宪法，再到 1982 年宪法，内在地包含着一种时间性。不是说这些宪法前后相继呈现出的时间性序列，而是说中国的制宪过程本身应该是在一个"历史时间"中完成，而不可能是在一个"历史时刻"中完成。这四部宪法的前后相续，呈现出的是这个统一的历史时间的过程，四部宪法只是四个环节而已。这个"历史时间"在当下呈现为一个民族通过一个普遍的阶级完成自我锻造，它在未来指向一个自觉了的人民的自我制宪。这样一种理解，与我在前文（第六章第四节第三小节）谈到的——中国在 1949 年之后的身份决断是通过海、陆方面的几场战争，在一种绵延的"历史时间"中，而非在一瞬性的"历史时刻"中完成的——是从不同角度走向相同的结论。参见周林刚《中国宪法序言正当化修辞的时间意识》，《中外法学》2016 年第 3 期；《我国宪法上的专政概念与平等原则》，《中国法律评论》2016 年第 4 期；《基本法的理念：论中国社会主义宪法传统》（未刊稿）。翟志勇则在一个系列论文里，对中华人民共和国的诸部宪法的内部法理结构，做了极为清晰的梳理，并在此过程中隐隐呈现出这样的一个"历史时间"。参见翟志勇《八二宪法的生成与结构》，《华东政法大学学报》2012 年第 6 期；《人民主权是一种法权结构与公民行动》，《学术月刊》2013 年第 10 期；《最高国务会议与"五四宪法"的二元政体结构》，《政法论坛》2015 年第 1 期；《国家主席、元首制与宪法危机》，《中外法学》2015 年第 2 期；《宪法序言中的国家观与世界主义》，《探索与争鸣》2015 年第 5 期。

第七章

中国经济的崛起与世界秩序的失衡

随着经济的发展，中国在物质层面上以前所未有的深度嵌入到一种普遍主义的机制当中，新的普遍主义视野得以展开的可能性于此浮现。然而，这种可能性无法仅仅通过技术性的经济过程而现实化，仍需某种政治意识对其加以激活。

中国经济的崛起引起了全球政治经济秩序的深刻变迁；伴随着冷战的结束，这些变迁更在全球秩序当中带来一系列失衡，诸失衡结合于"文明的冲突"，进一步对既有的全球治理秩序形成挑战。这些挑战同样深刻影响到中国的国家利益，因为中国极大地受益于全球化进程；对这些问题的理解与应对，需要中国拥有超越于经济之外的政治性的视野与想象力，需要中国有一种普遍主义的格局，否则便只能汲汲于眼前的经济利益，而丧失对真正长远利益的把握。

有趣的是，这些挑战，正在将关于"政治"问题的真正深刻严肃的思考，带回到日益"去政治化"的西方世界的议程中；当然，它们同样有可能构成对中国所急需的政治意识的一种刺激，从技术性的经济秩序中激活出中国的普遍主义视野。

第一节　中国经济崛起的奥秘

改革开放以来的中国经济，以一种任何人都想象不到的方式实现了崛起，经常被人称作中国奇迹。这个奇迹般的发展，终于让中国在物质层面上拥有了世界普遍性，使得中国的世界历史意义有可能超出抽象的观念运动，而获得一种现实的物质基础。

从 1978 年改革开放到 2013—2014 年，除了个别年份的波动，中国经济基本上保持着 8% 到 10% 的增长速度，差不多是一个斜率不变的线性增长速度。过去人们对此高速度给出的解释是，这主要是因为中国的劳动力与土地成本便宜。这个解释对于 20 世纪 80 年代也许是有效的，但如果仔细观察中国经济内部结构就会发现，进入 21 世纪，在线性的 GDP（国内生产总值）增长速度内部，中国的制造业部门却进入非线性的高速增长，中国也正是在这个时间段内成长为"世界工厂"的。2000 年时，中国的劳动力和土地成本比 20 世纪 80 年代已经高出很多，为什么这个时候制造业却能以更快的速度增长？这个问题无法简单地用要素价格这个原因来解释。

从政治经济学的角度来看，中国的经济奇迹是因为两个或者三个条件的时间耦合。第一个条件是中国加入 WTO，因而得以顺畅地进入到全球市场。但对经济奇迹来说，加入 WTO 很可能并不是最重要的条件，只是起到了一个锦上添花的作用。真正重要的是另外两个条件：一个是西方世界进入创新经济的时代，带来了制造业流程的大规模外包，使之在全球范围内寻找能够承接外包的对象；另一个是中国的土地财政，让中国以一种令人意外的方式获得了最为强大的承接外包能力。这两个条件的时间耦合才能够解释中国为何在 21 世纪初能有如此之快的制造业发展速度。但这些条件的耦合完全不具有可重复性，所以它不足以成为一种其他国家可复制的模式。中国的制造业发展，结合于西方的创新经济，给全球经贸格局带来了极为深远的影响，进而对各国的经济和政治秩序也产生深远影响。近年来一系列引人注目的国际政治、经济变化，都可以在这里面找到深层原因。

一、创新经济与土地财政的时间耦合

1. 创新经济时代与大规模外包的需求

中国的经济崛起，高度依赖于西方国家创新经济的拉动，因此也可以说是又一轮（世界层面的）技术跃迁，促成了中国的经济和社会结构的进一步变化。这一轮的技术跃迁，主要是信息技术，它伴随着创新经济时代的到来，促成了一场管理革命，带来企业组织形式的变迁，使得生产上的大规模外包成为可能与必须。历史上的大国经济崛起，制造业中心的转移，都伴随着企业组织形式的变迁。19世纪的英国经历了工业革命，本土性的制造业企业兴起，区别于此前的霸主荷兰，后者的企业主要是通过海外贸易和大规模融资发财。19世纪的大半时间，英国的经济模式是大进大出型，它从全世界吸纳原材料，再向全世界输出制成品。只要英国是全球唯一的制造业中心，它便不怕外国会用政治手段禁止英国产品进入其市场。直到19世纪后期，若干个国家实现了工业革命，尤其是美国和德国，它们开始用贸易保护政策为其他国家的产品进入本国所能控制的市场设置障碍，同时本国的企业组织形式也开始发生变化，以应对别国的相应政策。大规模的跨国托拉斯由此兴起，将一条产业链从上游到下游完整地整合在一个大托拉斯当中，公司布局横跨多个国家，可以绕过其他国家通过政治手段所设置的贸易壁垒，以及寻求成本洼地。这种大规模的跨国上下游整合，使得其成本控制能力远超一般公司，能够大规模地以价格低廉的同质化产品来满足人们的需求。这样一种公司组织形式跨越了二战时代。[1]

　　经历了二战后几十年黄金时间的高速发展，世界上多数人口已经超越了简单维生的经济阶段，基本需求获得有效满足。所谓"基本需求"是随着经济和技术的发展而变化的，比如移动电话在今天已成为基本需求。传统大规模制造业所生产的品质趋同、品种单一、廉价耐用的产品，此时无法再满足人们的需求，产品的全新创意才能赢得更多消费者。跨国大托拉斯由于产业链漫长，面临着巨大的决策风险，无法有效参与到创新当中。它们在其所在行业的基本需求尚未被满足的时候，或者说它们处于特定意义上的"短缺经济时代"的时候，能够生产那种流水线产品来占据最大的市场份额，却难以应对"后短缺经济时代"瞬息万变的市场需求，它们越有效地满足人们的基本需求，就会越快地走上自己的逻辑终点。于是，能够将制造过程外包，自己轻装

---

[1] 关于从荷兰到英国再到美国的经济霸主转移，与企业组织形式变迁的分析，详见［意］杰奥瓦尼·阿锐基《漫长的20世纪：金钱、权力与我们社会的根源》。该书对近代史上霸权转移逻辑的分析极富启发性。

上阵致力于创意与品牌打造的企业，将有更大的机会占据价值链的顶端，这就是类似于苹果这样的公司成功的秘诀。而一旦开始进入创新经济时代，企业就必须持续不断地拼创新，否则很容易被淘汰。于是，除非其行业本身不适合外包，西方众多世界大公司都将其制造过程外包，不愿外包的大公司有不少遭到淘汰。

大规模生产外包至少有两个技术性前提：一是大规模数据的处理能力，二是高速的信息传递能力。满足这两个技术前提才能让发包方不至于对生产过程处于无知状态，以至没有能力根据市场讯息迅速调整自己的外包任务；两个前提刚好因 20 世纪末 21 世纪初信息技术的大发展而获得了解决。于是，新技术使得这场管理革命成为可能，发包方与承包方构成了工业链条的两端；大规模外包使得人类历史上出现了一个新事物——生产过程与价值增值过程在某种意义上分离了。

问题就此转化为，谁能够承接起这种外包任务。对承包方来说，有两个条件必须同时满足。第一，生产过程必须有效率，否则不会有机会承接到发包任务。有效率的前提是专业化，但高度专业化以后，风险会变得很大，因为承包方没有办法迅速转型，上游发包方的创意一旦发生变化，承包方就会死掉。因此，承包方又得满足第二个条件，即生产过程必须有弹性，有弹性的前提是不能专业化，而不能专业化会使得生产的效率欠佳，一开始就根本不会有机会拿到订单。这两个条件必须同时满足，但它们又是彼此矛盾的，这就带来了一个结构性的问题。

要想解决此一结构性问题，唯一的办法是把弹性与效率这两个条件放到不同位阶上来满足。即承包方的制造业企业不能大而全，必须是大量小而专的企业，每一家企业都专业化到极致，近乎就是专攻某种高度标准化的零件，其产品的通配性反倒会特别好；这些企业彼此之间就可以组成各种各样的相互配套关系，从而形成一个动态互联的供应链网络。通过网络内部每一家企业的高度专业化确保效率；随着发包任务的不同，企业间的相互配套关系可以不断动态重组，以此来确保弹性。也就是说，对效率的需求，在单个企业的层面上获得满足；对弹性的需求，在大量企业共同组成的供应链网络层面上获得满足。所以，供应链网络的存在，是有能力承接大规模外包的一个重要前提。供应链网络内部不断动态重组的配套关系，一定是分布式决策、分布式运转的，绝不是一个中央集权式的大脑能设计得出来的。因为创新经济时代市场的变化速度超出了任何中央集权式的处理能力，供应链网络的运转便只能是基于自然的市场均衡过程。

2. 供应链的成立与土地财政

前述意义上的供应链网络若要成立，在其起始阶段，一定要有足够数量的、分工足够深的企业近乎同时成长起来，形成一个具有自身运转能力的供应链网络；倘若专业化分工如此深的企业不能近乎同时成长起来，就谁也存活不下去。该网络成长起来之后，其内部的企业会不断新陈代谢，这个过程可以进一步优化供应链网络对创新经济的适应性调整能力。这么多企业近乎同时成长起来的一个前提要求就是，是否有足够多建设得非常好、规模很大、基础设施已经非常到位的工业开发区（这也可归为广义上的城市化），而且里面没有相应的工业能力进驻。换句话说，即是否有大量近乎空白的开发区等着企业进驻。只有这样的地方存在，供应链网络才能生长起来，而且可以想见，其分布式的生长速度一定是前所未见的。

这意味着（广义的）城市化要先于工业化，但这与通常的工业化拉动城市化的历史节奏是相反的。之所以会有那样一种通常的历史节奏，在于城市对公共服务的要求远高于乡村，好的公共服务能力依赖于城市财政，财政依赖于经济，而假如没有足够多的工业能力发展起来的话，城市便无法获得相应的财政能力，以及进一步的公共服务能力。所以，需要通过工业化引导城市化，经济发展使得财政能力先具备了，城市才最终成形。

中国刚好走了一个反向的历史节奏：（广义的）城市化先于工业化发展起来。其根本原因在于中国的土地财政，土地财政的发展与1994年的分税制改革直接相关。

在分税制之前，财政制度是地方财政包干，其具体方案从1980年直到分税制改革之前，经历过若干次变化，不同省份的方案也有所差异，但总的逻辑是，在地方预算收支核定以后，保证中央财政收入的前提下，地方超收和支出的结余都留归地方支配，地方不足和超支的部分，中央财政也不再补贴，由地方自己形成财政平衡。这种财政制度充分刺激了地方的积极性，在中央层面的改革不容易迅速推进的情况下，地方的各种创新对改革旧体制起到了重要作用。但是，随着地方活力的充分释放，发达地区上交中央财政的部分占其地方财政的比例变得越来越小，中央对这些地方的影响力开始变小；不发达地区则需要国家层面的财政转移支付，以支持当地的发展，而中央没有足够的财力来做这些事情。中央财政收入占全国财政收入的比例在 1984 年以后明显下降，到了 1993 年，即分税制改革前一年，地方财政收入占全国财政收入的比重为近八成，形成一种"强枝弱干"且"枝"很不均衡的格局。

为了改变这种情况，经过中央与地方的艰难谈判，终于在 1994 年推行了分税制改革，基于不同税种而在中央与地方之间进行了划分。分税制改革当年，中央财政收入占全国财政收入的比重，从上一年的刚刚超过两成上升到近六成。国家主要部分的财政收入上收于中央，中央再依照地方的财政支出需求向下进行拨付，以此确保中央对全国经济与社会的调控能力。对地方政府来说，事权并未因为财权的变化而减少（以其财政支出规模作为衡量指标）；对地方官员来说，其晋升机制也并未发生本质的变化，经济发展仍然是重要的考核指标，需要通过各种方面的投资来实现。可是投资的自主决策权力，已经因为分税制被收走了，这就刺激着地方官员去寻找其他的财政来源。[1]

土地财政正是在这样一个过程中发展起来的。分税制将城市土地有偿使用收入、土地增值税、房产税等与土地增值相关的税种全部划归地方政府，除金融、铁道等跨区域经营行业之外的服务类行业的营业税也划归地方政府；增值税变为中央地方共享税种，中央分享 75%，地方分享 25%。制造业企业应该交增值税，但地方政府在其中所得有限，于是在 20 世纪 80 年代曾经兴盛一时的以制造业为主的乡镇企业，不再获得地方政府的支持，开始萎缩；而建筑类企业缴纳的是营业税，归属地方，建筑业对土地有大量需求，由此产生的财政收入也归属地方。因此地方政府开始鼓励建筑业的发展，这些构成了广义的土地财政。之后，地方政府又以土地为基础构建起发达的融资机制，土地金融成为比土地财政规模更大的资金体系，城市开发和基础设施建设获得了更大的动力。[2]

1　这被研究中国经济的学者称作中国经济发展当中的"锦标赛机制"，又有学者称之为"县域竞争"，相关研究已有很多。比较有代表性的，可以参见张五常《中国的经济制度：中国经济改革三十年》，中信出版社，2009；张军、范子英、方红生《登顶比赛：理解中国经济发展的机制》，北京大学出版社，2015 年。
2　分税制对中国地方政府的财政逻辑和经济发展逻辑的影响，相关研究也有很多。比较有代表性的，可以参见周飞舟《以利为利：财政关系与地方政府行为》，上海三联书店，2012 年。

正是这个过程刺激了中国（广义）城市化的大发展，包括大量开发区的建设，21世纪初期初见成效。同时也带来了中国与一般国家相反的历史节奏：城市化远远地先于工业化。但这样一种城市化的发展，倘无足够的工业能力进驻，势必无法持续，最后会因为土地财政的融资机制崩溃，引发极为可怕的经济危机。这已是当时中国经济当中的一个深层危险。

但是一个巨大的历史机遇正在这个时候到来。在土地财政初见成效、败象未露之前，西方国家生产流程大规模外包的需求出现了。远远超出于工业发展水准的城市化进程，刚好提供了大片已开发好却近乎空白的工业开发区，大规模外包所必需的供应链有了成长的可能性。很多进驻开发区的大型制造类企业，如富士康之类，成为实际上的组装企业；与其配套的中小规模民营企业自发成长起来，它们数量巨大，极为专门化地生产各种配件，形成一个庞大的供应链网络。这些中小民营企业经营极其灵活，远非决策机制沉滞的国有企业可比；它们基于供应链的逻辑而分布式地成长起来，形成一种非线性的增长速度。再加上此时中国加入了WTO，几个因素叠加在一块，使得中国经济的制造业部分以一种无法想象的速度崛起了，并且拉动整体经济的高速发展。而原本可能到来的经济危机，在这个过程中被消弭于无形。

因此可以说中国的经济奇迹，完全是依托于世界大势而成，中国的自主决策在其中有一定作用，但更多的是一种时间性的耦合，中国顺势而为。中国的经济崛起深刻地内在于世界经济秩序的发展过程之中，可以说，中国的经济崛起和西方经济的转型，是同一个过程。我们无法外在于世界经济秩序来讨论中国问题；同样，随着中国的经济崛起成为现实，我们也无法脱离开中国的影响力来讨论世界经济秩序的前景。

二、供应链网络的规模效应

供应链网络一旦形成，其规模就成了一个至关重要的变量。供应链网络的规模越大，内部的节点就越多，互为配套组合的可能性就越多，网络的弹性越好；其中单个企业专业化分工的深度就越深，效率也越高。每个企业都与极大量的其他企业互为配套关系，即使它只生产非常专门的东西，也能够达到世界级的量产,这在过去是完全不可想象的。同时,供应链的规模足够大,就可以养成一个庞大的工程师蓄水池,即使有上万家企业倒闭了,失业的工程师也能马上找到下一份工作。只有这样,才会有源源不断的工程师被培养出来,供应链网络也才运转得起来。

中国作为超大规模国家的优势于此尽显。改革开放这些年,尤其是实行土地财政之后的这些年中国建立起大量的基础设施,超大规模国家的物流潜力得到充分释放;中国超大规模的人口资源,其中的绝大部分个体在这几十年的过程中进入了历史,有着改变生活改变命运的强烈欲望,这些个体构成了中国庞大的工程师队伍和熟练工人队伍的来源,使得供应链网络能够运转起来。进一步,就外贸领域而言,中国所承接的上游发包公司都是面向全球销售的,这就使得作为下游的承包方,也是面向全球市场生产的;就内贸领域而言,网络平台、电商的出现,结合中国的超大规模市场,"长尾理论"[1]的效应得到最大呈现,此前根本不可能出现的分工也能够出现,供应链网络的效率和弹性继续放大。这种内外贯通的市场规模进一步催生了供应链网络的规模,其中单个企业的分工专业化程度可以达到匪夷所思的程度,这在珠三角、长三角的实体经济中有诸多例证,阿里巴巴 B2B (business to business,企业对企业) 平台上也有非常直观的呈现。

实际上,这个供应链网络的范围已经超出中国,是以整个环中国海地区的东亚为单位的。中国从其他东亚、东南亚国家和地区大量进口零部件、半成品,在中国完成总体组装再向全世界出口,整个东亚被整合为一个巨大的制造业集聚区。[2] 这种规模的供应链网络,结合互联网技术,使得分工深度进一步加大,弹性进一步增强。中国以"世界工厂"而闻名,实际上,"世界工厂"这一名头冠于整个环中国海的东亚地区头上会更合适,这个大的制造业集聚区已经有能力满足整个世界对一般制成品的需求。

---

1 长尾理论是对网络时代商业特征的表述。基于网络平台,商家对商品的展示成本和顾客对商品的搜索成本都急剧下降,边际成本近乎为零。在这种情况下,几乎任何以前看似需求极低的产品,只要有人卖,都会有人买;相应地,只要有人买,也都会有人卖。这些需求和销量不高的产品所占据的共同市场份额,和主流产品的市场份额相当,甚至更大。参见 [美] 克里斯·安德森《长尾理论》,乔江涛译,中信出版社,2006 年。

2 更多详情,可参阅 Mona Haddad, "Trade Integration in East Asia: the Role of China and Production Networks", World Bank Policy Research Working Paper 4160, March 2007。

在这个背景下，所谓中国对发达国家大规模的贸易顺差，实际上是中国代表整个东亚制造业集聚区而形成的顺差，其中包含着中国从诸多东南亚国家和地区进口零部件、半成品而形成的大规模逆差。近年来部分制造业从中国向东南亚转移，并不是真正意义上的转移，而是东亚制造业集聚区的供应链网络内部结构性重构的过程；零部件、半成品的生产地、流动方向发生变化，中国倒闭的部分企业，其中的资本、人力会被本土新建起来的其他类型企业所吸收，这是个自然的新陈代谢过程。没有哪个东亚国家会因为供应链的结构性重构过程而退出这个庞大的供应链网络，此时真正有效的分析单位不再是国家经济，而是微观层面的企业经济，以及超国家层面的供应链经济。在这种分析视野下，我们会看到各种企业在微观层面上改变自己的节点位置甚至地理布局，但供应链网络本身作为一个整体，不会受到本质性的影响，而中国在这个供应链网络当中相对于其他国家的压倒性规模，使得供应链的重构始终会以中国为中心。[1]

供应链网络的重要性浮现出来之后，定性地说，它很可能在相当程度上改变了制造业的成本构成结构。传统经济学认为经济的成本包含土地、资本和劳动三个要素，通过观察要素价格来讨论成本问题；制度经济学则引入了交易成本这个变量。供应链管理能力的重要性，使得交易成本的内涵以某种方式被深刻重构，它以一种目前很难量化的方式令成本控制的关键发生了变化，假如不能有效地实现供应链管理，成本控制将无法做好。当然，这里的所谓供应链管理，不是中央集权式的自上而下的管理，而是指一个制造业企业是否能把自己有效地嵌入到供应链体系当中。一旦有效嵌入，这个供应链将自动运转起来满足企业的需求。把供应链管理能力这个要素纳入进来之后，我们会发现劳动力、土地的价格事实上已经不是制造业成本中最为决定性的要素了。这也是中国在劳动力和土地成本较之 20 世纪 80 年代已经大幅上升的 21 世纪，制造业却能更快速发展的原因所在。

在此基础上，我们甚至可以大胆假想，伴随着中国经济的崛起，中等收入陷阱这个问题可能已经被取消了。所谓中等收入陷阱，只不过是对 20 世纪中后期以来拉美、东南亚等一系列发展中国家经济发展过程的经验性总结。

---

[1] 2018 年的中美贸易战，其结果并不如各方最初的预期，实际上也是这一供应链逻辑的反映。本版末尾增补的一章有进一步的相关讨论，更完整的讨论可参见我在 2019 年深入越南调研后出版的著作《溢出：中国制造未来史》，中信出版社，2020 年。

这些追求现代化、工业化的发展中国家，其制造业过程都是以国家为单位，每个国家自己搞一摊，各国的成本构成结构都是一样的。在这个背景下，一旦某国达到中等收入，此时其劳动力价格上涨，土地价格一定也会上涨，总成本就会相应上涨。而其他还没有达到中等收入的国家，它的总成本仍然比较低，制造业自然会转移到那些地方，于是中等收入陷阱就出现了。而东亚制造业集聚区的出现，却使得生产不再以国家为单位展开，集聚区内诸国家之间大规模的半成品贸易，意味着生产已经进入工序性的跨国分工层面；这个制造业集聚区的形成又以西方创新经济的拉动为前提。如果我们把创意、生产、分销等环节视作价值增值过程当中的工序的话，它们也都进入了工序性的跨国分工乃至全球分工，这是历史上从未有过的。中等收入陷阱这个问题的前提已经被取消。

　　供应链的规模效应会带来一个结果：在可预见的未来，除非出现了某种今天完全无法想象的新技术，否则没有什么新的制造业集聚区能够崛起而与东亚制造业集聚区进行全面竞争，更加可能的是现有的东亚制造业集聚区的规模进一步扩大。可以说，中低端制造业向以中国为中心的东亚制造业集聚区的转移，[1] 在这个意义上是终局性的，进得来出不去。之所以会出现这种终局性，有两个原因。一方面，现有东亚制造业集聚区的制造能力，已经能轻易满足全球的需求，新崛起的地方很难与东亚就制造业进行竞争。另一方面，其他地方若想重复当年中国承接制造业外包的历程，必须也有已建好但又近

---

[1] 要强调的是，东亚制造业集聚区的供应链网络所能承接的主要是中低端制造业，高端制造业很难转移过来。高端制造业在本质上不是一种工业现象，而是一种文化现象。因为高端制造业的成功，需要两个条件来满足，一是制造过程的超级精密性，一是生产工人特定的职业荣誉感。高端制造业的精密性基于严格、一丝不苟的操作规程控制，这种严苛的规程只有在一种毫不通融、恪守规则的文化下才能被有效遵守；而太容易通融的文化，则其操作工人及监控机制都难以确保操作规程的一丝不苟，故难以确保其产品的精密性。而就职业荣誉感来说，它需要确保，一个工人即便一辈子只做一件事，他若能把这件事情做到极致，也能获得社会的高度认可，从而获得极大的职业荣誉感；古典等级制文化中，对这样的差异性尊严是很重视的，恰好适合于这里所需要的职业荣誉感，所以，对古典等级制气质留存得更多的文化，就更容易让工人获得这种职业荣誉感，该种荣誉感会进一步促成其操作流程中的精密性。从这个意义上来说，高端制造业很难从德国、日本这种仍然保有某种等级制气质、热爱秩序、恪守规则的国家转移出来。

乎空白的现成开发区，否则供应链体系无法成长起来，无法满足效率与弹性兼备的需求。而此类开发区的建设，以土地没有私人产权为前提，这便决定了它在中国以外是不可能被重复的。

若说有什么类型的制造业能够从东亚制造业集聚区转移走的话，只有对供应链要求不高，并且对远距离物流成本敏感的制造业，才有这个可能性。对远距离物流成本敏感的产品，适合就近生产原则，即靠近市场所在地生产。而一种产品对远距离物流成本敏感与否，衡量标准之一就是单位重量的产品售价，如果售价比较高，则不敏感，售价比较低则敏感。诸如玻璃、低标号水泥、粗陶瓷等，这种制造业是能够向东亚制造业集聚区以外转移的，面向远处市场的生产部分也应该转移走；但它面向本地市场供应的生产部分不会转移。近年来我们已经可以看到此类产业的转移，不仅仅包括向墨西哥等国家的转移，甚至还有向美国的转移。但这与世界制造业中心的转移，在根本上是两回事，因为该种产业的转入无法拉动转入地工业的体系性演化。至于从中国向东南亚的转移，则如前述，是东亚制造业集聚区的内部结构性调整的过程，它只会进一步强化东亚集聚区在制造业上相对于其他地方的优势。

第二节　世界秩序的变迁与失衡

一、从"中心－边缘"结构到"全球经贸双循环"结构

1."全球经贸双循环"结构及其对国际经济秩序的影响

因为供应链网络的规模效应，中国的经济崛起带来了全球经贸格局的深刻变化。

首先，前述的供应链逻辑，造成了中低端制造业在全球转移的终局性。中国经济崛起的经验，其他不发达国家难以复制，它们已经很难通过工业化而实现现代化，除非是能够有效地参与到以中国为中心的庞大东亚供应链网

络的东南亚国家。[1]

　　在此基础上，中国的经济崛起在国际经济秩序当中所可能带来的最深远变化，是国际经贸结构从沃勒斯坦的世界体系理论所说的"中心－边缘"结构逐渐向"全球经贸双循环"结构的转型，即中国与西方国家之间的经贸关系构成一个循环（第一循环），中国向西方国家出口制成品，从西方进口技术、资金以及各种高端服务业贸易；中国与其他非西方国家之间的经贸关系构成另一个循环（第二循环），中国向发展中的亚非拉国家出口制成品，从后者进口原材料等，两个循环通过中国而联系起来。当然，具体的结构还有更复杂的细节，但是可以框架性地做这样一种粗略勾勒。[2]

　　沃勒斯坦认为难以克服的"中心－边缘"固化结构因此获得了被打破的可能性。"中心－边缘"结构之所以难于被打破，在于经济与政治的连锁关系。沃勒斯坦提出，现代世界体系的两个主要构成成分是，"一方面，资本主义世界经济体是以世界范围的劳动分工为基础而建立的，在这种分工中，世界经济体的不同区域（我们名之为中心区域、半边缘区域和边缘区域）被派定承担特定的经济角色，发展出不同的阶级结构，因而使用不同的劳动控制方式，从世界经济体系的运转中获利也就不平等。另一方面，政治行为最初产生于国家结构之内，而这些国家由于它们在世界经济体中的作用不同结构也不同，中心国家中央集权化最甚"。[3]发达国家构成中心区域，不发达国家和地区构成边缘区域。中心区域由于在近代率先发展出现代国家形式，凭借先发优势得以形成对全球的经济、法律、资本等各种秩序的掌握，并可以政治、军事手段强化之，在国际格局当中获得对边缘区域的不对称竞争优势，全球贸易的红利会不成比例地流入中心国家；而边缘国家由于后发劣势，永远没有机会进入到中心国家的圈子，或者说，永远没有机会成为发达国家。

　　沃勒斯坦及其开创的世界体系学派所做的这种结构性分析，为直到20世

1　这一变化带来了对经典现代化理论的深刻挑战，相关讨论亦可参见于向东、刘苏里《世界秩序中的中国》，载《大观》第9辑，法律出版社，2012年。

2　关于"全球经贸双循环"结构的相关讨论，亦可参见于向东、施展《全球贸易双循环结构与世界秩序——外交哲学对谈之四》，《文化纵横》2013年第5期。

3　［美］伊曼纽尔·沃勒斯坦：《现代世界体系》第一卷，尤来寅等译，高等教育出版社，1998年，第194页。

纪末期的经济史所证实，这期间除了日本是个例外，其余确实没有哪个成规模的边缘国家进入到中心国家的圈子；个别成功挤进这个圈子的，都是自由港规模的国家或地区，其规模的上限就是韩国。自由港国家／地区的政策如果正确，是能够借助世界大势，通过中心国家的经济拉动从而发展起来的；但是更大规模的国家则无法被如此拉动起来。世界体系学派勾勒出了这种令人不快的格局，但无法给出一个走出这种格局的可能性，最终只能走向对该格局的一种道德批判。

中国以一种沃勒斯坦完全无法想象，也是任何人事先都无法想象的方式实现了经济崛起，催生了"全球经贸双循环"结构。虽然这个正在浮现的新结构还只是一个次级结构，仍要服从于美国所主导的全球资本秩序，但它无疑有着越来越大的影响。它目前的力量主要体现在商品贸易的数量规模上，但它也在向其他贸易领域进化，如中国在最近几年对亚非拉国家的投资增长得很快，便是由"全球经贸双循环"结构下的商品贸易拉动起来的。这一结构转变的过程，使得中国从旧结构当中的"边缘"地位，转换为新结构当中的枢纽地位。[1]

在"中心－边缘"结构下，西方国家曾经直接与发展中国家进行制成品与原材料的贸易；但是随着全球制造业秩序的转型，西方国家由于经济结构的升级，已经难以对发展中国家的经济形成有效的拉动作用。例证之一便是，在20世纪80年代的货币主义革命之后直到20世纪末，西方国家的经济曾有过一段很好的发展；但是对许多发展中国家，尤其是非洲国家而言，这恰是它的经济、社会乃至政治全方位滑坡的一段时间，与六七十年代不同，这段时间我们无法看到它们与西方国家的经济发展之间的正相关关系。原因在于，原材料产业只能对接于中低端制造业，很难对接高端制造业，遑论高端服务业。于是，20世纪80年代之后西方国家经济结构的产业梯次与非洲国家的距离日益变大，两者在经常项目下的经贸规模变得非常小，无法形成经济拉动关系。

---

1 需要强调的是，中国转换为新结构中的枢纽地位，并不是说中国从此成为世界的中心，而是说中国作为中介，使得全球经贸循环得以完成；但中国并未因此成为全球经济的首要发动机。在可预见的未来，全球经济的首要发动机仍然是以美国为主的西方世界，它拥有最强大的创新能力，也提供最重要的市场需求；但是这个首要发动机要拉动全球经济，却需要以中国作为一个必要中介。

　　直到 21 世纪初中国经济崛起，其中低端制造业进入非线性速度的增长，对原材料形成了巨大需求，发展中国家才重新开始了其经济增长过程。[1]中国由此成为全球经贸循环过程当中重要的枢纽性存在，其作为世界秩序的中介性力量，作为"中间地带"国家，至此开始有了一重经贸层面的意义。"全球经贸双循环"结构的形成可以说还在进行中，还未完全取代过去的"中心 - 边缘"贸易循环。但无论是其中发达国家之间的贸易、发展中国家之间的贸易，还是发达国家与发展中国家之间的贸易，都开始受到这个由中国成长所推动的"全球经贸双循环"结构的影响。

　　或者换一种思考角度，我们可以说"全球经贸双循环"结构使得"中心 - 边缘"结构下的"中心"发生了裂解。过去的"中心"是提供资本、技术、法权秩序和制成品的西方国家，边缘提供原材料，国际贸易的利润分配偏向于中心国家；"全球经贸双循环"结构出现，资本、技术和法权秩序仍由西方国家提供，而制成品由中国提供，原材料仍由发展中国家提供，但流向中国。第一循环近于过去的"中心"，第一循环作为一个整体与第二循环的关系近于过去的"中心 - 边缘"。"中心"的内在裂解，使得沃勒斯坦所观察到的"中心 - 边缘"结构中，边缘的永久性悲惨地位有了突破的可能。裂解开的制造业秩序和资本、法权秩序会形成一种制衡关系，中国与西方国家的积极博弈，使得发展中国家在国际经济秩序中有了一种不同于以往的权重；博弈的双方会竞相从边缘地区争取盟友，这在未来应该会逐渐呈现为一系列的国际贸易谈判进程，以及新的国际贸易规则安排，使得边缘国家在贸易红利的分配当中获得更大的份额，从而获得新的发展空间。

　　此外，还有一个蕴含独特力量的支流同时影响着所有国家，那就是能源的流动。能源的地理分布处于高度不均衡状态，而富含能源的地区恰恰是安全秩序有问题的地区；由于资源诅咒，能源国家的其他产业往往相对孱弱。于是，它们从肯定性的层面和否定性的层面都对世界秩序产生独特而又巨大的影响力。

　　完全可以想象，在未来相当一段时间内，世界产业格局会处于一种大致

1　我们可以说这个阶段很多发展中国家，尤其是非洲国家的经济，是有增长而无发展的。但是在本章的讨论中我们已经隐含地提出，随着中国经济崛起对世界经贸秩序的改造，发展的概念也需重新理解。

固化的局面。西方发达国家，尤其是美国，会将更大的精力置于价值链的上游，通过品牌渠道与知识产权保护，通过发达的金融市场，来获取高额利润；同时，美国仍然引领世界的法权秩序和金融秩序，掌握世界货币，规定着世界的安全秩序，并且是创新能力最强的国家。这些都使得美国有能力支撑"美利坚治下的和平"，领导人的更换及其政策的改变，并不足以与全球经济秩序的内在逻辑相对抗，只会形成一些微调。东部亚洲国家，尤其是中国，会着重于制造业的发展，对接上游的发达国家。能源国家则通过其能源产业的发展，获得在国际政治当中的发言权。这三种经济样态，也即发达国家、泛亚洲国家和能源国家，大致勾勒了可预见的未来的新政治经济秩序。其他国家将会被整合到这个或那个经济圈里。[1] 中国处于泛亚洲国家的领导地位。这里的所谓泛亚洲并不能由地理概念来定义，而是由经济运行的耦合程度来定义。诸多发展中国家由于其原材料生产这一比较优势，构成生产流程上的制造业上游环节，与制造业环节之间有着深刻的相互依赖关系，也应被归入泛亚洲国家的类型，而泛亚洲国家间的经济循环差不多就是第二循环。

在目前的"全球经贸双循环"结构中，可以识别出两个引擎力量在共同推动它的运行。一个是美国，它拉动着第一循环；一个是中国，它拉动着第二循环。第一循环是第二循环的条件，或者说在这双引擎里，美国是主引擎，中国是副引擎。在理想状态下，发展中国家（包括目前的能源国家）还应有（若干个）第三引擎的出现，如此会更有利于国际经贸秩序的良性发展，但这个第三引擎还未出现。而如何调试主副引擎之间的关系，以及如何促成第三引擎的出现，乃至如何进一步处理诸引擎间的关系，将其均导入一种规范化的秩序当中，将是未来的国际贸易谈判进程当中非常重要的内容。

---

1 对这三种经济圈的划分，是我参与的"大观"学术小组在几年来的系列研究中逐渐得出的结论。我们注意到还有一些经济学家也得出了类似的结论，比较典型的就是国际货币基金组织前任副总裁朱民，此处对三种经济圈的命名就是借用了他所提出的概念。朱民先生在"2013亚洲金融论坛"上曾提出，目前世界上国与国之间不是简单的线性关系，而是一个拓扑关系图。第一个"国家群"是欧洲和美国，而且两者之间的联系较以往更趋紧密；第二个"国家群"是泛亚洲国家群，其特点是由供应链垂直整合形成，中国及其他发展中国家就在此列；第三个"国家群"为能源供应国，比如俄罗斯、阿拉伯国家等，它们的能源政策大同小异，相互之间的关系也正在发生变化。参见《证券时报》2013年1月16日。

在双引擎格局下，"全球经贸双循环"结构又可以从两种角度获得理解。可以把它理解为一个上中下的三层结构：发达经济体在上，中国在中，欠发达经济体在下。在这个视角下可以看到一个类似于传统秩序的差序结构，中心国家获得不成比例的贸易红利的结构仍然存在，中国在其中差不多是处于"半边缘"的地位。但也可以把"全球经贸双循环"理解为在平面上展开的"8"字形结构，中国居于中间结合位置上。在这个视角下可以看到新兴贸易体系的内在逻辑，包含着一个更具竞争性的、动态的贸易利益分配过程。如中国国家开发银行以及中国进出口银行在非洲和拉美倡导的"资源－贷款－基础设施"的合作方案等，都是非常好的例证。[1] 这类合作方案的前提是，中国从第一个循环中积累大量的贸易盈余，再在第二循环中向发展中国家进行转移，具体途径是通过国际大宗商品价格上涨的方式。这个过程使得以资源为担保的开发性金融的融资机制能够建立起来；而开发性金融使得中国国内丰富的工程能力得以向以非洲为代表的不发达地区投放，并有可能促成当地从长线来看的经济发展。这样一种开发性金融的实施过程，还可为人民币国际化的进程提供一个重要出口，相关研究表明此种构想是具备实践可行性的。[2]

非洲国家有可能被促成的发展，将不会是基于其工业化的进程。供应链网络的逻辑使得这条路已经很难再走通，非洲国家内个别工厂的建立与工业化是两回事；所以，其发展更可能是基于基础设施的建设，刺激当地市场化导向的农业等第一产业，带来足够多的就业，并通过特色农业提升附加值，然后直接跨越到服务于本地第一产业以及服务于国际的文化、旅游等需求的特色第三产业。这样的产业结构，必须依赖于一个稳定的外部贸易环境以及相对有利的贸易条件，它无法独自运行，"全球经贸双循环"结构是其前提；非洲国家没有第二产业，意味着一定要进口制成品，国民福利的水平，取决于它的出口与进口的利益差。

---

1 更多信息，参阅 Henry Sanderson, Michael Forsythe, *China's Superbank: Debt, Oil and Influence-How China Development Bank is Rewriting the Rules of Finance*, New York: Bloomberg Press, 2013, 以及［美］黛博拉·布罗蒂加姆《龙的礼物：中国在非洲的真实故事》，沈晓雷、高明秀译，社会科学文献出版社，2012 年。这些著作对中国的政策性银行在海外的开发性金融活动有很好的研究。

2 相关研究可参见谢怀筑《人民币在南部非洲实现国际化的战略构想及方案设计》，载《大观》第 12 辑《在非洲发现中国》，广西师范大学出版社，2015 年。

这样的区域经济也有一些前提条件，包括几个方面：一是如何发展出基于生物多样性、有效指向细分市场的农牧业经济，二是如何发展出复杂的旅游和服务业，三是原材料出口利益如何转化为有效的国内区内投资，四是人才及知识的流动，等等。这些方面都是异常艰难的工作，而且也不是非洲能够独立完成的。例如原材料出口利益的善用，取决于国家政治生活的改变。

这样一种发展模式当然会充满曲折，是个长期工程，但它在非洲是有例证的，博茨瓦纳经济与政治的成功是一个值得仔细研究的案例。中国、西方国家及国际组织、非洲国家在这方面完全可以形成一种多边合作机制，以促成非洲国家相对健康的政治发展。

这种发展需要有非洲国家相对良性的自生财政能力作为基础，而这又以这些国家在"全球经贸双循环"结构下与中国之间的经贸循环为前提。自生财政能力本身需要作为国家财政而非政客的私人钱袋存在，这就需要政治层面的机制设计，并且该机制设计需要与国际法权秩序乃至道德秩序之间有匹配性，还需要有比较丰富的地方性知识做背景，以便懂得如何组织当地资源，如此设计出来的机制才是可持续的。中国在这方面的知识和经验的储备仍有很大提升空间，而西方国家及很多国际组织乃至 NGO（非政府组织）在这方面有着非常丰富的经验，但其没有足够的经济资源及经济拉动能力使其方案设计落实为现实实践。比如世界银行为一些非洲国家设计的重建方案，经常因为缺乏资金而难以落实；但它们与中国在这方面的合作，可以相互取长补短又相互制衡，使其中的负面效应尽可能受到约束，正面效应尽可能获得释放。这种发展可以让非洲国家逐渐进入一种较为健康稳定的秩序，从而在长线上保证中国拥有稳定的原材料供给，这也构成中国重要的国家利益。同样，就基础设施建设而言，何种基础设施才最适合于这种发展模式，中国与非洲当地可能都没有足够的经验，而各种国际组织、NGO 等在当地多年的工作积累，结合于西方国家的殖民历史所获得的地方性知识，可以在这方面提供足够好的咨询工作，这也是西方国家现在所擅长的高端服务业的一种类型。如此一来，以中国的活动为中介，西方与非洲等不发达国家之间能够重新形成经济联系，中国、西方国家和非洲国家同样能够在这个过程中形成一种深刻的合作共赢关系。

这样一种发展路径现在还处在纯粹的乌托邦状态，中国的开发性金融也未做过如此的战略设计，但该种战略的可实践性是值得认真对待的。[1]

2. 互联网时代与中国的经济创新

前述的发展逻辑要想运转起来，现有的两个引擎都必须能够强健有力地运转。中国经济必须强健有力，才能够可持续地从第一循环中积累贸易盈余，这需要美国经济的强健有力来拉动第一循环，进而中国才可以拉动第二循环的经济运转，这意味着中国的制造业必须持续地保持竞争力。

在以中国为中心的东亚制造业集聚区这个背景下来谈论"中国"的话，制造业竞争力的持续性在中短期内还是能做到的。但正在为全球生产的中国也在为全球排污，其代价可能是中国遭遇严重的环境危机和资源危机，这在当下已经体现得非常明显了。因此，从长期角度来考虑，中国必须提高自己的创新能力，改善自己在第一循环当中的贸易条件。所谓创新能力很广泛，并不限于技术创新，还包括商业形式、交易模式上的创新，或者说是表现于整体经济活跃程度的创新，它甚至可以是一家小饭店、小超市在社区服务上的创新。这些创新汇聚起来，才有一个灵活而生动的经济体，才可在全球贸易中确保有利的利益分配格局，并形成激励。

近几年能看到中国经济的下行现象，这与全球经济有关。由于中国的经济崛起，第一循环的引擎美国经济遇到了一些麻烦（后文详述），以致爆发了金融危机，嗣后西方经济复苏缓慢。第一循环的需求下降，中国经济自然会受到冲击。然而这几年中国经济下行的阶段，也可被视作中国经济转型的节点到了。改革开放以来一直有人在谈中国的产业结构不健康，第二产业比重过重，第三产业不发达；但中国作为成本黑洞般的世界工厂，在不断地从全世界吸纳工业能力的过程中，第二产业比重过重是必然的。对一个超大规模国家而言，真正发达健康的第三产业一定是基于发达的第二产业。在第一循环引擎乏力，中国的第二产业已经超过全球市场的吸纳能力之后，中国经济

---

[1] 我曾参与一些开发性项目的方案设计，在此过程中对该种战略的实践可行性有过深刻体会；我在海外访学时就这些话题与西方学者进行过相关探讨，他们也对此表现出极大的兴趣。这个话题过大，本书无法再展开；对相关问题的思考，可参见施展《从"贫困的形式"到"精神的解放"——"世界历史视野下的非洲与中国"会议发凡》，载《大观》第 12 辑《在非洲发现中国》；以及于向东、施展：《全球贸易双循环结构与世界秩序——外交哲学对谈之四》，《文化纵横》2013 年第 5 期。

差不多就走到了转型节点上。依据国家统计局发布的中国经济数据，2015 年中国的第三产业占 GDP 的比重首次超过了一半，达到 50.5%，其对 GDP 的贡献率也首次超过第二产业，达到 53.7%，发达的第三产业已经在路上了。[1]

中国势头强劲的第三产业，是通过充满创新活力的互联网经济拉动起来的，在中国经济分行业增加值的统计数据中也可以看出这一点。这些有想象力的互联网创业大潮，使得中国经济获得了一个更强大、更加有持续性的发展动力，并为未来打开了更多的想象空间。它们在过剩经济时代重构了市场的需求端，并以此为基础引发着供给端的重构。

能够最有效率地站在这种意义上的创业大潮之潮头的，一定是民营经济，而不会是国有经济。因为只有民营经济才能有如此之高的创新效率，国有企业因其冗长笨重的决策机制以及各种其他原因，是无法如此打开想象力以及对市场做出迅速反应的。国有经济也因此应该被重新定位。有些国有企业掌握着关乎国家战略安全的东西，那么它们不应该以营利为目的，而只应该以安全为目的。而其他一些提供诸如电信接入服务的国有企业，则应转型成某种意义上的公益企业，成为互联网经济时代最重要的管道工，为互联网提供最便捷的通道，为中国丰富、蓬勃、拥有巨大活力的，由互联网引导的全方位、健康的经济转型，提供准公益性的基础设施，如此中国经济的创新效率才能够真正展开。

我们能看到大量制造业企业在近年的破产，但这并不必然意味着大量的长期失业，因为会有伴随需求端重构而来的大量新的服务业企业出现，于是就业结构也进入转型的过程。当然这其中一定会出现一些结构性失业，失业者很难再就业，这种失业应该用某些社会再分配的办法来应对；但结构性失业不会是最大量的，最大数量的一定是短期的摩擦性失业，并在未来伴随着中国经济结构的转型而获得消化。从经济统计数据中也能看到，中国的第二产业就业人口数自 2012 年以来缓步下降，而第三产业提供的新增就业机会则远超第二产业的下降数。[2] 在未来几年中，我们仍然会看到中国经济的下行状态，可能还会看到更多的制造业产业的破产，因为经济转型需要一些时间，

---

1 数据皆来自中国国家统计局网站。
2 数据来自中国国家统计局网站。

但它很有可能正预示着中国经济的下一轮机会。

在这个意义上，互联网并不仅仅是一个技术，更是对人类秩序之演化逻辑的一个技术模拟。在人类秩序中，我们可以看到两种路径，一种是自下而上分布式生成的自生秩序，还有一种是自上而下集中式生成的建构秩序，但任何一个建构秩序都要在与其他多个建构秩序彼此之间不断的博弈、磨合的过程中展开，磨合出来的结果仍然是一个自生秩序，建构秩序只不过是这更大的自生秩序内部的参与者之一。所以在这个意义上，人类社会的秩序在本质上而言就是一种分布式决策、分布式运动的过程，通过各种各样的分享、互联、重组等，聚合为世界秩序。互联网刚好就是对人类秩序这种演化逻辑的一个非常漂亮的技术模拟，并且这种技术的出现，可以大幅加快人类秩序的演化节奏。

未来世界的经济转型与发展，必定依托于互联网（以及人工智能）的时代大潮，能够存活的传统产业一定是以互联网为载体被重构过的，否则将难以获得行业本身的效率，以及进入市场的渠道。互联网压缩掉了时间与空间，使得各种资源的配置效率达到了前所未有的高度。它正在以极为深刻的方式重构各种产业的逻辑，重新定义着成本，重新定义着竞争力；这是大势所趋不可遏抑，人们只能顺势而为，而不可能在实质上扭转趋势。各种传统产业在这个时代都获得了新的"形式因"，那就是互联网。

互联网的两个根本要素是技术上的创新和网络的规模，就技术创新而言，效率最高的无疑是美国，就规模而言美国也有优势，但最有优势的无疑是中国，这进一步锁定了未来世界经济的两大引擎国家。截至2016年，世界前十大互联网公司，只有中美两国的公司，不是无原因的。

中国的经济创新与转型，正在经历一场深刻的互联网式重构的过程，这个过程需要是高度地分布式展开的，而难以是集中式展开。任何试图集中式对其进行控制的努力，都只不过会为转型过程徒增阻力；甚至不那么强调控制的努力——我们姑且称之为集中式的引导，也不可能成功，而只会徒增摩擦。因为分布式演化的一个基本特征就是其方向不可预知，任何一种有计划的努力，都会在一个更大的分布式网络当中被转化出事先预想不到的结果。尤其对中国这样一个超大规模国家来说，其内部本身便构成一个庞大的体系，更是无法被简单地计划——小国在可计划性上还大于大国。所以，为了能够让中国经济的转型尽可能地平滑，以便尽量平稳地渡过转型过程中的各种危机，其条件反倒是政府要尽可能地减少管制，放手让民间去干，同时提供一个尽可能公平的规则平台，让每一个参与者对规则都能够形成稳定预期，对其商业前景及财产安全性形成稳定预期，这样才能让经济转型更加有效率地展开。而这个规则平台本身，也要在互联网式的分布式过程中，逐渐地演化出更适合动态需求的规则秩序；这意味着初始的规则平台本身就需要有一种开放性，以便容纳规则演化的过程，否则初始平台会在动态演化的过程中被人遗忘。

简单说就是，让经济的回归经济、社会的回归社会、政治的回归政治、法律的回归法律，中国社会自会内生性地涌现出各种可能性，带给我们各种想象力。此时便可以看到，中国的经济崛起深刻地改变了世界经济秩序，而被改变了的世界经济秩序，作为外部约束条件，也约束着中国经济进一步的改革方向；中国在这里面有着巨大的机会，也必须有意识地担负起巨大的责任。

二、世界秩序的失衡与金融危机

西方进入创新经济拉动了中国的经济崛起，这个过程也造成了全球秩序的严重失衡。由技术变迁导致的秩序失衡乃至政治变迁，在历史上曾经出现过多次，从这个意义上说，这次失衡并不新鲜；但就技术变迁所致的失衡样态及可能的解决之道而言，这次与历史上又有很大不同。

大航海与远洋贸易的发展带来了马克思所说的"世界市场"，全球化的进程轰轰烈烈地展开。在这个过程中，西方国家通过三角贸易完成了资本的原始积累，最终发生了工业革命，从而一举站到了全球的最高端位置。工业革命让人类获得从未梦想过的经济发展速度，人类财富极大增加，社会结构急剧变化，西方世界从农业社会变为工业社会。在此过程中，滚滚而来的财富的分配问题遂成为一个严峻的政治问题。在传统的农业社会当中，财富分配虽然很不平等，但是拥有财富的贵族其财富上附有很多社会义务，穷人因此能够分享到财富的好处，社会不至于产生撕裂。但是在工业社会当中，现代法权意义上的财产权建立起来，财产上附着的社会义务都被剥除，穷人因此丧失了在过去的时代所能获得的财富使用之分享机会，于是社会开始产生了阶级对立，严重到一定程度就会走到发生社会革命的地步。社会主义的理念正是在这样一个过程中浮现出来。

　　但是，西方社会的分配问题，在 19 世纪并不是通过社会主义运动，而是通过经济的发展解决的。这种经济发展的基础是技术创新、工业革命，它们使得经济发展的效率变得更高，并且西方世界对外征服的能力也变得更强，让西方拥有了更多的财富可供内部分配。财富分配的主要途径不是通过政府的二次分配，而是通过技术革命拉动出新的产业部门，创造更多的就业机会，工人阶级便能够获得更多的收入。比如，在第一次工业革命当中，蒸汽机的发明让采矿业和冶金业有了更大的发展，拉动了铁路事业的发展，拉动了远洋贸易的发展，等等。或者，在第二次工业革命当中，内燃机的发明拉动了汽车产业的发展，橡胶业、石油化工产业的发展，公路建设的发展，等等。如此一来，创新部门可以在此过程中获得超额利润（依照熊彼特的"利润"概念[1]），而其他被拉动出来的部门至少也可以获得平均利润，并提供大量就业机会，西方社会滚滚而来的新财富的分配问题因此获得解决。至于非西方世界因此所产生的分配问题，以及政治与社会动荡，则在西方国家的对外扩张与征服当中被压制住。这一压制过程反过来也激发了非西方世界的自我意识与革命精神，方才有了一战之后开始的民族解放运动的风起云涌。

---

1 在熊彼特看来，我们通常所说的利润并不是真正的利润，通常所说的超额利润才是真正的利润。依照他的理论，日常状态下的经济循环，每一个支出都为一个收入所补偿，每一个收入也都对应着一个支出；在这循环过程中，通常所说的"利润"只不过是包括出资人在内广义经营者的劳动所得，并不是经济循环中真正被创造出来的部分。这是经济的一种稳态均衡，但也是没有发展的状态。所谓经济发展，来源于企业家的创新，他或者是通过某种方式把购买力从原有的经济循环中抽出，或者是通过信贷手段而创造出新的购买力，从而打破原来稳态的均衡循环，企业家也在此过程中真正创造出了新的财富，因为这是在日常的经济循环之外凭空创造出的、不会被支出所抵销的收益，这才是真正意义上的"利润"。经济在此过程中有了实质性的发展，而不是简单的循环，便出现了繁荣周期。随着竞争的展开，其他企业开始学习该企业家的创新，于是利润逐渐弥散掉，社会再次进入一种稳态均衡，经济进入一种萧条周期，但是社会的总财富变大了；下一次的创新会让社会再次进入繁荣周期。经济发展就是在这样一种波动式的过程当中展开的。可参见［美］约瑟夫·熊彼特《经济发展理论》，何畏、易家详等译，商务印书馆，1990 年。

二战之后，西方世界又发生了以原子能、航天技术、电子技术等为代表的第三次工业革命，继续用创新的办法来拉动新的产业，全球化的进展可以给它们提供更大的市场，所以它们会是全球化的鼎力支持者。而非西方国家在"中心－边缘"的格局下，并未在这个过程中获得很多的收益，所以对全球化并不热心；这些国家在全球有比较优势的产业，通常是矿业、种植园等第一产业，往往处在一种飞地经济状态，与西方世界的联系比与本国经济的联系更加紧密。这样一种经济结构，会在非西方国家的民间社会引发较强的反全球化冲动，这是左翼政权在这些地方一直很风光的一个重要原因。[1]

但是，进入20世纪末21世纪初，全球经济格局出现了一个全新的变化。西方世界进入了又一轮的创新周期，这一次的创新已经超越了以往的工业技术创新的阶段，而进入到一种不太容易清晰进行产业划界的创新，诸如苹果、谷歌、脸书、特斯拉等模糊了第二产业与第三产业界限的产业创新。此种类型的创新，在观念层面的创新远远大于生产层面的创新，因此必须能够迅速地用各种全新的创意来不断地否定自己的既有创意，于是就有了前文所述的生产流程大规模外包过程，并促成了中国经济的崛起。此轮创新经济带来了一个历史上从未出现的结果：**它仍然能够拉动大量的产业发展，但是被拉动出来的产业并不在本土，而是在中国。**这为中国提供了大量的就业机会，却并未让西方本土的工薪阶层同样受益。因此，美国经济在20世纪90年代以来的复苏，被前任IMF首席经济学家拉詹称为"失业型复苏"，尚属有力的增长却无法提供足够的就业。

创新经济本身的超额利润仍然存在，西方国家的经济从宏观数据上看仍然很漂亮，但是仔细看其内部的分配结构，会发现社会的贫富分化正在拉大。据统计，排在美国前1%家庭的收入占当年国民总收入的比例，在1976到

1　这中间还有过一段插曲，那就是东南亚国家在20世纪60年代以来，基于日本"雁阵模式"的拉动，发展起中低端制造业，走上了工业化的道路，也引发了社会结构的变化，大量人口进入城市。但是20世纪80年代中国开始改革开放之后，中低端制造业又向中国转移，东南亚国家则陷入中等收入陷阱。在东南亚国家，此前的工业化吸引了大量人口进城，制造业的转移让他们丧失了就业机会，但他们又不愿回到乡下，而东南亚国家也未曾来得及演化出更加成熟的政治结构以应对这种社会结构的变化，结果就导致了之后频繁的社会运动。直到中国经济演化为供应链网络模式，供应链反向扩张回东南亚，才让这些国家再度进入相对良性的社会状态。

2007 年间从 8.9% 上升到 23.5%。[1] 西方社会的精英阶层在全球化过程当中继续大量获益，通过在全球寻找工业生产的成本洼地，本土的创新经济源源不断地获得动力；而草根阶层无法参与到这种财富的分配当中去，甚至不断地有受损感。可以说，这一轮创新所带来的社会不均衡大不同于以往的几次创新，它大概很难通过衍生出来的产业拉动的方式，在西方国家内部通过经济途径完成财富分配上的再均衡。

　　既然经济手段不奏效，政治手段就会被提上台面，以对冲掉经济过程所带来的问题。这在历史上也不是第一次了。波兰尼在《大转型》一书中曾谈到过，工业革命之际，西方国家的保守力量如何通过政治和社会手段来对抗工业经济所带来的社会失衡问题。可以说，正是自由主义与保守主义在 19 世纪的共同作用，才有了我们后来所看到的欧洲发展；自由主义发展经济，保守主义保护社会，两者保持着恰当的均衡，现代政治当中的"权利"才得其正。但两种"主义"得以良性均衡，以经济发展在本国有普惠性为前提，当下这一次创新经济的问题，其普惠性不发生在本国，于是政治对冲手段的结果便走上了一条扭曲化的路径。这是 2007 年以来的金融危机的世界经济背景。

　　美国的政治对冲经济的过程典型地呈现了这种扭曲性。克林顿和小布什政府为了让本国低收入者的处境看起来不那么糟糕，努力推动"居者有其屋"的政策。低收入者的信用资质不佳，政府便推动早在 20 世纪 30 年代大危机时期就成立了的房利美、房地美等旨在帮助穷人获得住房抵押贷款的公司，帮助这些低收入者获得次级贷款；"两房"则将这些风险系数相对较高的次级贷款打包并证券化后出售，完成融资过程。由于"两房"发行的次级贷债券有联邦住房管理局的担保，相当于联邦政府对其做了隐性的政治背书，高风险的次级贷于是披上了一件低风险的外衣，吸引本国与外国的各种机构与投资者大规模购买，风险随之弥散。可以看到，政治的逻辑于此扭曲了市场的逻辑。出于改善底层民众状况的考虑（底层民众同时也是最重要的票仓，选举考虑与道德考量在这里混在了一块），政府做的隐性担保扭曲了次级贷债券的市场价格，不当地放大了风险。这里的风险还在于，整个融资机制都以美

---

1 转引自［美］拉古拉迈·拉詹《断层线：全球经济潜在的危机》，刘念、蒋宗强、孙倩译，中信出版社，2011 年，第 9 页。

国的房地产价格处于上行曲线为前提，一旦房价下跌，整个融资机制便会破掉，这近乎是个庞氏骗局。实际上，不只美国，很多欧洲国家的政府也鼓励居民负债消费，发达国家的居民融资需求，通过复杂的金融衍生品操作，转化为一系列的债券售出。[1]

这些债券最重要的海外大买主便是世界头号外汇储备大国中国。中国依托全球产业格局变迁而获得经济崛起，这种经济逻辑意味着它必须是个出口导向型的经济体。很多其他新兴国家也是出口导向型的经济体，其成长依托于外部世界（主要是西方）的需求，但这些新兴国家规模相对较小，其出口容易被外部世界所吸收，不会引起严重的经济失衡；中国的经济规模则太过庞大，它的出口导向必定意味着外部世界会遭遇严重的经济失衡。为此，中国通过出口积累的外汇储备，其中部分不得不用来购买西方国家的债券，为其融资，以便使其对中国的出口拥有持续的消费能力。如此规模的外储流入债券市场，更加压低了西方国家的利率，使得美国的房价保持上行状态，欧洲的借贷消费看上去日子还不错。但是这进一步扭曲了那些债券的市场价格，风险被继续放大。积累在一块的风险最终爆发了，形成了一场世界性的经济危机。[2]

经济危机使得西方各国在内政层面尝试的政治对冲多半失败，在没有一个超国家的国际框架来对冲掉全球经济失衡的情况下，西方国家转向了外交层面上的政治对冲，力图通过某种自我隔离来解决失衡困境。于是我们可以看到，在 20 世纪曾经是全球化大力推动者的西方国家，近期却陆续走上反全

1　欧洲还面临着更复杂的问题。欧元区的货币政策统一，而财政政策不统一，这里包含着严重的政策风险与道德风险，并使得欧元区内部逐渐产生严重的失衡。这些风险，叠加于欧洲购买"两房"债券的风险，再加上日趋老龄化的人口结构，其长期经济形势不被看好，终于让欧洲陷入比美国更加糟糕的经济危机。

2　2007 年以来的经济危机，与中国崛起所导致的全球经济秩序失衡有着很深的关联。朱小平和拉詹的著作都对这种深层次的机理有过很精到的分析。参见朱小平《金融危机中的美国、中国与世界》，新星出版社，2009 年；［美］拉古拉迈·拉詹：《断层线：全球经济潜在的危机》。拉詹在书中分析了导致金融危机的更复杂的三重"断层线"：第一重是美国国内政治的压力，战胜了为抑制金融膨胀而建立的制衡体系；第二重是发达国家与新兴国家之间的贸易失衡；第三重是英美的合约基础上的透明、公平的金融体系，与其他国家不透明的金融体系之间的相互融资，导致了风险的传导，使得两种体系各自的内在防范机制失效。

球化的路径，无论是英国退欧，还是美国特朗普上台，再及欧陆国家极右势力的抬头，都是例证；而中国等出口导向型的新兴国家，则成为全球化的大力疾呼者。这在十几年前都是完全无法想象的。

三、"不可能三角"与世界秩序

1."不可能三角"的逻辑

西方国家力图在深度全球化的背景下，通过国家政治手段来对冲经济问题，这个过程中的一系列政策变迁与纠结，正反映了一种"不可能三角"的逻辑。

"不可能三角"先是在货币理论方面被人讨论的。克鲁格曼在蒙代尔模型的基础上提出："宏观经济管理者们有三个目标。他们需要灵活的货币政策，以应付经济衰退和通货膨胀的威胁。他们需要稳定的汇率，使商业活动不至于面对太多的不确定性。他们还需要让国际商业活动自由进行，特别是让人们自由地买卖货币，以维持私有经济的精髓。各国不可能同时达到上述三个目标，它们最多可以达到两个目标。"[1]也就是说，资本自由流动、汇率稳定和货币政策独立性这三个目标不可能同时达成。罗德里克则将其适用范围进一步拓展，提出了世界经济在政治上难以三全其美："我们不能在拥有超级全球化的同时拥有民主制度和国家自主权。我们最多能在三者中取其二。如果我们想要超级全球化和民主制度，我们就要放弃国家主权。如果我们想要保住国家主权，也想要超级全球化，我们就必须放弃民主制度。如果我们想要将民主制度和国家主权结合在一起，我们就要和超级全球化说再见。"[2]

---

1 ［美］保罗·克鲁格曼:《萧条经济学的回归》，朱文晖、王玉清译，中国人民大学出版社，1999年，第148页。

2 ［美］丹尼·罗德里克《全球化的悖论》，廖丽华译，中国人民大学出版社，2011年，第167页。张笑宇博士在与我就罗德里克的这本书进行的讨论中，对"不可能三角"做了另一种表达：资本自由流动、主权国家能力、阶级矛盾，这三个目标，除非在一个普遍帝国体制之下，否则只能同时解决其中两个。这种表达与罗德里克异曲同工。

这两种"不可能三角"的三条边，都可以归结为如下三种要素：内部秩序或说特殊性（货币政策独立性／民主政治），外部秩序或说普遍性（资本自由流动／超级全球化），内外关系或说内外界面（汇率／国家主权）。内部秩序的基础是国家政治结构，外部秩序的基础是世界市场，内外关系则呈现为政治行为的经济效应，或者说经济活动的政治约束。全球化以世界市场为单位来形成资本的流动，资本的自由流动／超级全球化对国家内部不同群体的影响是不一样的，会影响到国家内部的财富分配情况。民主制度下选民会要求调整分配，结果势必要以国家政治的手段来反制全球化；如果不愿放弃全球化，则势必要以国家政治的手段来压制民主诉求。**政治秩序的单位（国家）与经济秩序的单位（世界市场）天然地不一致，于是人们在这三种要素中只能同时选择其中的两个，另一个只能听任其发展。**因为任何一个要素的调整，都会影响到其他要素的均衡关系，它会在第三要素方面产生非预期后果。"不可能三角"因此也呈现出经济与政治的深刻内在关联。

要同时有效调控这三个要素，除非是建立起一个普遍帝国秩序，政治与经济的单位合一化，届时也就无所谓内部秩序、外部秩序之别了，但这在可预见的未来根本是不可能的，并且很可能是不可欲的。罗德里克谈到，普遍帝国的方案（他称之为"全球性治理"）是选择民主制度和超级全球化而放弃国家主权，但其合理性很成疑问。因为世界各国的不同点太多了，很难把一套共同的规则硬套到它们头上，即便这一规则是由民主方案产生的；为了在民主过程中获得正当性，全球性治理只能是一种大家都能同意的最低标准，这种标准在事实上是不可能有行动能力的，也就意味着不会再有人负起治理的责任。[1]而现代复杂社会是不可能脱离治理而存在的。

所以，"不可能三角"提示着人们，人类的政治努力（国家）面对普遍的自生秩序（市场）必须有所节制，知道主动的政治行为的极限何在，否则便是封闭了任何秩序的可能性；想要同时达到三个要素的努力，不是理性的勇气，而是意识形态的狂妄。政策乃至国家基本战略的制定，在这个意义上就会体现为，决定在这三个要素当中选择调控哪两个要素的组合，而坦然地接受第三个要素的意料外后果。政策乃至国家基本战略的调整，会

1　参见［美］丹尼·罗德里克《全球化的悖论》，第 169 页。

体现为对选定组合的调整——这可能是重构组合，也可能是重新设定选定要素的政策权重，以寻找政治的集中秩序与市场的自生秩序之间新的均衡关系。现实的政治实践中没有哪个要素的逻辑将被贯彻到极致，相反人们政治博弈的过程会决定某要素的逻辑会被推进到多远，这就是要素的政策权重。

在这样一种背景下，现实中能够成立与运行的世界秩序，应该是有一套超越于各国之上的普遍规则框架，因为在各国经济都已融入世界市场，没有谁能自外于此的情况下，超国家治理是必需的；普遍规则的执行力则基于若干超大规模国家的支持，因为国家才是拥有国际行动能力的真实载体；超国家规则框架的内容，会随着诸国（尤其是大国）基于内政需求所做的政策调整而缓慢演化。这是一种有限全球化，它既有着对普遍规则的追求，又承认普遍规则本身的有限性；它有着对国家主权的接受，承认国家主权的正当性来源于内政的民主性，又要求对国家主权形成某种超越；至于这种超越的具体意涵，也会在具体的历史过程中被缓慢地演化出来，它必须面向未来开放，为世界提供更多的可能性空间。

主权不被承认，则世界秩序将落入虚妄；主权被过度强调，世界秩序也将落入虚妄。"不可能三角"中的三种要素都是理想型，真实的历史则是这几种理想型要素的妥协。罗德里克称此为一个轻量级的全球化，认为这会使得布雷顿森林体系（他称为"布雷顿妥协"）以某种方式再现。

2. 凯恩斯的预言

布雷顿森林体系这种国际治理模式的最初构想，来自凯恩斯对巴黎和会的反思，重温这段历史对我们理解当下会大有帮助。凯恩斯曾作为英国财政部的首席代表参加巴黎和会，在会议中途他知道了几大强国的巨头们决定让德国承担巨额战争赔款。他清晰地看到，这样的决定将给欧洲带来一种黯淡、可怕的前景，便决定"逃离这场噩梦"，中途离会。和会后不久，他完成了一本重要的小册子《和约的经济后果》。

从19世纪中期到20世纪初，英国主导下的世界秩序逐渐走入了深刻的全球化。到一战前，整个欧洲再加上美国已经形成一个巨大的共同经济区，各国在经济层面上有着极其深刻的相互依赖，一荣俱荣，一损俱损。因此凯恩斯指出，《凡尔赛和约》通过向德国索取巨额赔款来从经济上彻底毁灭德国的企图，将导致整个西方世界的经济遭受重创。此外，该条约还包含着深刻的自相矛盾。如果希望德国支付赔款，则必须容许它大规模出口以便获得支付能力；但是德国的大规模出口所挤占的正是战胜国的市场份额，德国越有赔款支付能力，战胜国受到的市场冲击就越强，到德国赔款支付完毕之日，也就是战胜国灭顶之时。那么，战胜国只能寄望于德国没有出口能力，但这就不可能获得赔款，对巨额赔款的要求，便只剩下对德国的差辱，没有任何实际意义。如此缠杂不清自相矛盾的和约，不可能带来和平，而只会带来新的战争，带来西方文明世界的倾覆。凯恩斯在小册子中的可怕预言，为随后二十年的历史所证实。

为何和会上的巨头们看不清凯恩斯所预言的这些前景？在协约国彼此之间的三角战债的压力因素之外，还有一个更重要的原因是，各国因为内政的变化而对"不可能三角"当中诸要素的权重做了巨大调整。在这一场全球化刚刚开始推动之际，欧洲国家都还不是民主国家，全球化对各国社会所带来的冲击，会在诸国政府的对内政治压制下被承受过去；但这种压制不是无限度的，随着工业化的展开，工人阶级对经济的影响力越来越大，从而对政治与社会的影响力越来越大，各国陆续走上了民主化的道路。对民主制度以及国家主权的过度强调，只能以牺牲全球化为代价。大众政治大大压缩了政治领袖们在国际舞台上的转圜空间，也压缩了他们的秩序想象的视野。

凯恩斯如此评述战胜国四强的首脑："战后赔款是他们在经济领域的主要议题，而他们把赔款作为一个神学问题、政治议题和选举手段来解决，他们从各种角度来看待这一议题，但是恰恰漏掉了他们所掌握的各国经济未来这一角度。"[1]作为神学问题的赔款问题，实际上就是大众政治下民族利益至高无上的另一种表达；全球化被牺牲，意味着经济被牺牲，但已经没有哪个国家的经济能够脱离于世界市场运转。故而新的政策偏向必会受制于"不可能三角"的逻辑，令各国的民主政治反噬自身，最终导向新的战争。

和约蕴含着可怕的前景，人们却犹然不觉。为了克服和约带来的危险

---

1 ［英］约翰·梅纳德·凯恩斯：《和约的经济后果》，张军、贾晓屹译，华夏出版社，2008 年，第 158 页。

后果，凯恩斯提出了一系列补救办法。他提议，应该提高国联的作用，在其框架下成立一系列超国家的机制。赔款委员会应当取消，如果仍有职责需要它来执行，则应放到国联下面作为其附属机构存在，其中应该包括德国和中立国家的代表，从而，德国赔款对欧洲总体经济所可能带来的影响，可以在一个超国家的机制中获得考虑，这是赔款不至于拖垮欧洲乃至世界经济的一个前提。还应该成立一个协调欧洲内部煤炭和钢铁生产的委员会，也置于国联框架之下，欧陆国家以此协调自己的工业运行。凯恩斯又提议应当在国联框架下成立一个自由贸易联盟，联盟的国家不能对其他联盟成员的产品征收任何保护性关税，以此使得国际贸易秩序运行在一个超国家的普遍规则架构下。要做到这一切，还要使饱受战争折磨、储备严重不足的欧洲国家能够从沉重的战争债务中摆脱出来。为此，凯恩斯建议协约国之间应该完全取消债务，相应地，美国也应该取消协约国所欠的债务，以使协约国糟糕的财务状况能够得到喘息机会。从商业角度来说，借贷当然应该追讨；但英美不应将战债视作一种商业贷款，而应看到其政治性，故而放弃追讨并不伤害商业正义。在此之外，还应建立一个提供国际贷款的机制，欧洲所有交战国，无论是否曾经敌对，都应同样地有机会从这里获得购买外国产品的信用贷款。相应地，还要有一个国际保证基金，以此来整顿各国的通货，稳定汇率。[1]

　　这一系列政策建议，相当于提前二十余年勾勒出了类似于马歇尔计划，欧洲煤钢共同体，以及关贸总协定、世界银行和国际货币基金组织这三大国际经济组织的原型。通过三大国际经济组织和欧洲煤钢委员会，来为超国家的经济治理寻找到一种政治安排；通过美英两国免除战债，来换取其在国际经济组织当中的影响力，使其成为全球治理的执行力所在。凯恩斯拥有一种超越国家政治的普遍视野，又将其构想的普遍秩序落实在主权国家的框架上，以回应民主政治的要求。在凯恩斯后来对央行货币政策和对就业问题的关注中可以非常明显地看到这种内政考虑，他所构想的是一个以主权国家的多元共存为基础，诸国融洽于一个共生秩序当中的结构；各国之间有着共享的国际规则空间，但也有各自独立的政治空间，从而，国际政治经济秩序不是一

1　［英］约翰·梅纳德·凯恩斯：《和约的经济后果》，第 184-199 页。

个无缝平滑过渡的连续空间结构，而是一个"断点连续"的空间结构。[1]对"不可能三角"的三条边，凯恩斯都表现出一种恰如其分的分寸感。可惜，当时的世界仍然沉浸在民主政治与国家政治的喧嚣当中，无人真正理睬凯恩斯的这些建议，它们要到二战后才为人们所重视。

拉詹曾回顾20世纪二三十年代的国际经济秩序：魏玛德国在20世纪20年代从国外大量举债以维持国内的消费繁荣，缓解困扰本国的潜在社会矛盾；如果没有美国借债让德国保持经济活力，德国的社会和政治不稳定可能造成威胁整个欧洲的严重问题。但是美国和德国之间金融关系的政治基础十分脆弱，因为两国都没有为这种资本流动的潜在政治含义做好准备。美国不愿意为德国商品提供一个开放的市场，而德国商品出口正是德国偿还债务的手段。同时，美国并没有采取任何政府措施来缓解德国在经济上的困境，德国不愿意也不能够做出偿还债务所必需的牺牲。在没有凯恩斯所设想的国际治理机制的情况下，各国受制于民族主义激情，在正常时期的合作基础都很脆弱，在危机时期更走向一种以邻为壑的政策，世界最终跌入可怕的深渊。

在国际秩序当中，经济与政治是紧密联系在一块的，经济行为从来都有深刻的政治含义，政治决策亦有深远的经济后果。"不可能三角"要求国家在国际政治经济环境中的抉择必须保持有节制的分寸感，一种超国家的政治经济治理秩序也因此而成为必须。其对大国在这方面的要求会尤其高，因为一方面，大国是国际治理之所以获得行动能力的基础；另一方面，大国因其政治经济体量巨大，在这种普遍治理当中的利益相关度也是最高的。

1　凯恩斯对不考虑国家内政问题的经济学主张批判道："当经济学者们一如既往地颂扬既存的国际经济体制，说它能提供国际分工的果实，同时又能调和各国的利益时，他们掩盖了一个不那么美好的作用。常识和对实际事务的正确理解使政治家们相信，如果一个在传统上为富裕的国家忽视市场的争夺，那么，它的繁荣会衰落并以失败告终。但如果各国都能学习到用国内政策来为它们自己维持充分就业（而且，我们还必须加上一句，如果它们也能使它们的人口趋向保持均衡），那么，就不会存在重要的经济原因来使一国的利益和它邻国的利益相对立。在如此的条件下，仍然存在着正当的国际分工和国际借贷活动的余地。"（[英]约翰·梅纳德·凯恩斯：《就业、利息和货币通论》，高鸿业译，商务印书馆，1999年，第395页。）如果通过实行以国家为单位的财政、货币政策，各国都能创造充分就业的话，国际的和平便能得以维系，国际的贸易和金融也都会顺利展开。

中国的经济崛起所带来的世界秩序失衡，已经造成了深刻的"断层线"（拉詹语）。既有的国际治理框架都是基于旧有的国际政治经济结构而形成的，已经无法有效应对深刻变化了的当下；而中国有时倾向于从民族主义的角度出发来理解问题，无法恰当地理解自己的崛起，以及自己与世界的关系、自己的世界责任。

倘若人们不能识别出经济失衡背后所蕴含的深刻政治影响，则世界秩序会再度陷入危险境地当中。拉詹回顾美、德当年的悲剧，是为了警醒当下。在他看来，消费着中国输出的产品的诸多国家，通过向中国融资来获得消费力，但这种经济过程背后并没有稳定的政治基础，以便治理在此过程中形成的失衡，以至于国际社会在经济上丧失对中国产品的购买能力之前，可能会先丧失掉对中国出口的政治容忍度。目前的全球需求模式在金融和环境上不可持续，而由于各国对长远问题的思考不足，其国内政策眼下又难以改变，世界正被夹在这中间，左右为难。[1]

第三节　全球治理秩序之变迁

现有的全球治理秩序被称作 Pax Americana，它源自二战后美国对英国霸权地位的继承，以美国的海洋霸主地位和超强经济实力作为终极支撑，以人权理念作为正当性基础，以三大国际经济组织作为基本的治理抓手。从一个角度来看，面对陷入失衡的世界秩序，这一治理机制在理念层面、具体的制度安排层面都遭遇挑战；但从另一个角度来看，它又有着非常强的适应性，可以逐渐地演化以适应新的格局。这种适应性，与盎格鲁－撒克逊国家基于普通法逻辑而形成的内政外交的贯通性有着很深的关联，前文曾有论述，[2] 此处不赘；重要的是，顺着这种适应性的逻辑，正是理解中国如何能够担负起

1　参见［美］拉古拉迈·拉詹《断层线：全球经济潜在的危机》，第 263-264 页。
2　参见本书第五章第一节第三小节、第六章第二节第一小节。

其世界责任的路径。之所以如此，在于这一治理机制虽然是美国所主导的，但从原则上来说它又是超越于美国之上，为作为权利主体的普遍意义上的"人"而存在的；它提供了普遍的规范性，需要有普遍的执行力与之匹配，而这一普遍执行力并不必然由美国所垄断，实际上也无法为美国所垄断，它有着更大的演化空间。

全球治理秩序在不断地演化，其动力机制一方面来自贸易过程的变迁，一方面来自政治均衡的变迁，它在后冷战时代以引人注目的形式呈现为"文明的冲突"。而中国作为国际秩序的自变量，在这里面有着深刻的利益关涉与国际责任。

一、贸易过程的时间维度与国家政治的空间维度

当代全球治理机制的日常政治层面，首先是对国际经贸秩序的治理。交换和贸易是人类的本性，也是人类社会活动的主要形态和主要内容，因贸易需求而生的社会规则最容易被普遍接受，这是所有社会治理规则持续稳定的心理基础。[1] "全球经贸双循环"结构从原有贸易体系中生成，这一过程所引发的变革是当前国际社会的主要议题。今天人们所关注的新兴市场国家问题，很大一部分其实就是这个问题，比如"二十国峰会"机制、世界银行和国际货币基金组织投票权改革、新启动的各种自由贸易协定谈判、区域贸易自由化、双边自由贸易协定等都是如此。这些改革旨在适应新的商业循环的冲击，其中一部分是防守型的安排，例如知识产权、产地认证、制造过程可追溯原则等；一部分是开创型的安排，例如几大国际治理机构和治理机制的国际化条款。

还有一些探讨以更大的方式打开了人们的想象力。例如，在国际贸易谈

---

1 规范国际贸易的商人法同样构成国际法最重要的两大来源之一（另一是战争法），国际法之父们，诸如西班牙萨拉曼卡学派的维多利亚（Francisco de Vitoria, "On the American Indians", compiled in *Political Writings*，《维多利亚政治著作选》[剑桥政治思想史原著系列（影印本）]，中国政法大学出版社，2003 年）、格劳秀斯（格劳秀斯：《论海洋自由：或荷兰参与东印度贸易的权利》，马忠法译，上海人民出版社，2005 年），都是基于对财产权、贸易权的论证及保护而展开其国际法论证的。

判中，有人提出新的原则，主张对企业或个人赋予更大的权利，使其可以对主权国家进行民事诉讼。这种原则虽仍未成为现实，但此种考虑中包含着一种重要的努力，即，以微观经济体为载体的贸易过程，通过其自我演化，来超越主权民族国家所割裂的空间结构，将被遗忘已久的时间维度带回到政治视野中。这种演化性的时间观因其基于具体的微观实践，故而也不同于纯粹基于理念的时间观。这样一种带回时间维度的努力，虽然由于国际政治的原因暂时被压制了，但从长线看，它是个必然的演化方向。

类似的诉讼权利的安排，在 WTO 已初显端倪，从 GATT 到 WTO 再到前述新原则的探讨，可以看到这样一种越来越明显的演化方向，即，以微观经济行为为基础的国际贸易规则日渐深入地穿透着国家主权，并在相当意义上推动着国家主权的内涵及其行为边界的演化。

比如，《WTO 协定》的第 16 条第（4）款要求每一成员国"应保证其法律、法规和行政程序与所附各协定对其规定的义务相一致"。[1]《WTO 协定》的各个部分相互内在关联，彼此解释，形成了独立的法律世界，在运转中它会依照其内生逻辑自发地向更广阔的议题上扩展，并穿透成员国的主权，在相当程度上构成成员国相关国内法的高阶参照系。[2] 这些条款关注的是贸易行为本身应当尽量排除国家主权的强制性力量的介入，贸易合同本身要具备自我实现、自我保护的能力，不被外在力量强制。当然，从另一个角度来说，贸易行为是不可能完全排除国家主权的介入的，因为贸易的效率基于法律对财产权、契约权等的保护，而法律的有效性来自政治权力对其的执行；但 WTO 的条款更侧重的是贸易行为当事者的意愿在契约中应当是最高原则，政治权力对法律的执行应当以此为前提。

WTO 设计理念所遵循的"规则导向方法"，是贸易过程所引导的治理机制演化的一个重要途径。"'规则导向方法'（Rule-Oriented Approach）的核心是将争端各方的注意力集中到规则上来，集中到预测由公正的法庭对规则的执行做出的判决上来。这样做的结果反过来又可以促使成员各方更加密切关

---

1 转引自［美］约翰·H.杰克逊《国家主权与 WTO：变化中的国际法基础》，赵龙跃、左海聪、盛建明译，社会科学文献出版社，2009 年，第 147 页。
2 国内有一批法学家从法律全球化的过程中公法与私法互动的角度对此做过不少研究。可参见高鸿钧、鲁楠、余盛峰主编《法律全球化：中国与世界》，清华大学出版社，2014 年。

注条约体系的规则，而且能够带来更大的确定性和预见性，这对国际事务的处理，特别是对由市场引导的分权决策原则驱动的、有数以千万的企业家参与的经济事务而言，是至关重要的。规则导向意味着对'规则'的遵守不是僵化的，而且还具有一定的灵活性以适应现实情况。"[1] 民族主义的国际秩序观念遵循的是"实力导向"（Power-Oriented）的逻辑，这与 WTO 的逻辑差别巨大。"规则导向"内蕴着一种自我演化效应，在各种具体的贸易活动与争端解决过程中，规则被不断地充实，规则系统内部潜在的、未展开的逻辑也由此逐渐现实化。

WTO 的争端解决机制受到高度评价，有人甚至将这一机制誉为 WTO "皇冠上的明珠"。它拥有强制性的专属管辖权，做出的争端解决报告几乎可以自动通过，其管辖范围几乎已经潜在地触及经济管制与经济政策的每个方面，在国际法和国际制度中，这都是独一无二的。如今，在所有的国际法司法机构中，WTO 的争端解决机制应当被认为是最为重要和权力最大的司法体制。而且，WTO 的法理中有着一种非常强的先例影响，形成了一种司法主导的倾向。[2] 换句话说，其法理逻辑与司法实践，呈现为一种司法过程所引导的规则积累与演化；成员国的个别意志在司法过程中会被普遍规则所超越。这与"实力导向"的秩序安排不一样，后者的秩序更多地受制于参与方的个别意志，难以形成有效的规则积累，其自我演化的能力便较差。

WTO 的司法治理特性提供了普遍规则的演化基础；其对国内法的穿透力，又使普遍规则的演化超越了国家单位，落实在具体的微观基础上。但司法治理又会受到诸成员国的谈判进程所形成的成果的约束，国家主权在这个层面上获得了其影响力的基础。从长线来看，随着国际贸易规则的演化与不断充实（未来是否仍以 WTO 为载体是另一个问题），国家主权会逐渐隐退幕后；贸易过程演化出的规则，直接规范着每一个主权国家内部的微观经济行为主体，微观主体的反馈会推动贸易规则的继续演化。国家政治的空间维度被贸易过程的时间维度所穿透与重构。

---

1 [美] 约翰·H. 杰克逊:《国家主权与 WTO: 变化中的国际法基础》，第 106 页。
2 [美] 约翰·H. 杰克逊:《国家主权与 WTO: 变化中的国际法基础》，第 160、208 页。

从近代早期促成了西方资本原始积累的"三角贸易"，到"中心－边缘"体系，工业力量起了最重要的作用。但这个工业力量恰恰是凭借民族国家体制下的国家主权力量，以国家主权的名义做出一系列于己有利的商业安排，通过政治手段获得不成比例的商业优势，才构成了我们熟悉的所谓西方主导的"世界秩序"。它在国家政治叙事上强调其空间结构而排除古典帝国的时空联立关系，如此形成的国际秩序从原则上来说是多元平等并立，但事实上又是歧视性的"中心－边缘"空间结构，此种空间结构的国际法原则是主权者凌驾于商人及商业契约之上。它一方面在"战争与和平"的张力下对主权者进行差序安排，并以相似的商业结构作为自己的物质基础；另一方面，那些边缘国家的统治者很容易发现，在这个差序结构下，统治者同时参与商业行为的话，会带来巨大的个人利益，因此他们会积极地加入到这个结构中去。边缘国家统治者因此有着政治与商业双重身份，这带来了严重的社会不公，对边缘国家的普通商人来说，更是面临着来自中心国家和来自本国统治者的双重压制。所有这些不公引发了大量的革命，但没有一次革命曾经靠拢过革命者宣称的目标，到头来只是又复制了这个结构。

只有通过以微观商业活动为基础的贸易规则演化将时间维度带回来，才能克服这样一种歧视性的秩序。于是，我们可以再次从中发现"全球经贸双循环"结构持续下去的正当性，即它有可能帮助实现全球贸易利益的更加均衡的分配。这个更加均衡的分配只有通过无数商人自主加入并执行的贸易契约才能实现，它不可能一劳永逸地由若干国际会议和那些雄辩滔滔的主权者所给定。

因此，从国际／国内商业领域的日常活动中排除国家主权的侵扰，保障商业活动的自治性，应该成为一种新的国际法原则，也应当成为"全球经贸双循环"结构的国际法原则。它将在新的全球贸易谈判中展开，这种谈判过程会持续很久，有可能是数十年，但我们可以看到它已经启动。它将在两个方面促进"全球经贸双循环"的发展。一方面，它可以提供一个正当而又自然的过程，使那些期望屏蔽主权者对商业活动的干扰的商人，能够更加积极自由地参与商业创新活动；另一方面，该国际法原则作为外在约束力量，又可以使边缘国家那些兼具商人身份的政治统治者从政治领域退出，因为双重身份会损害他们作为商人的利益，从而为产生出有效的国家治理者，也即为这些边缘国家的政治发展提供条件。"全球经贸双循环"结构的又一潜力因此浮现出来，即它会不断地提出并创制新的国际规则，在政治、法律和国际贸易活动方面都是如此。[1]

在此背景下再反观中国，它对参与 GATT 与 WTO 一事的理解与实践，也经历了从"政治入世"（作为恢复联合国席位的伴随行为，在 20 世纪 70 年代提出恢复 GATT 席位的要求），到"经济入世"（看中加入 WTO 的经济效益），再到"法律入世"（意识到了改革国内法律以适应 WTO 要求的必要性）的发展过程。[2] 这个过程意味着中国对国际经济组织的理解，经历了从抽象到具体、从力量到规则的变化趋势。于是，在物质层面，中国不仅仅是作为世界工厂获得普遍性，更是在不自觉中在贸易规则的层面上进入到一种对普遍性的追求。革命时期对普遍视野的打开，纯粹基于理念，是抽象的；而市场经济的转向和继续进展，又为普遍视野的回归提供了一个不再抽象的物质基础。

二、从摩尼教秩序到奥古斯丁秩序

我用摩尼教秩序指一种善恶二元对立的秩序，善与恶都是实体性的存在，以消灭对方为目的；用奥古斯丁秩序指一种以秩序对抗无序的状态，它并不承认善恶二元对立，认为未被正当秩序覆及之处并非实体性存在的另一种秩序，根本上是一种有待克服的无序；[3] 下文还会用到多神秩序这个概念，指多种文明并存乃至冲突的状况。因其冲突性，它不一定总能构成秩序，有时只是一种现成状态而已，此时更应当称之为"多神世界"。下文间或也会用到"多神世界"这个说法，强调的便是其未浮现出稳定秩序这个面相。从冷战时代到后冷战时代及至未来，我们可以看到世界秩序从摩尼教秩序到奥古斯丁秩序（内嵌着多神秩序/多神世界）的结构性变迁。

---

1 我的这一系列思考深受与于向东先生的相关讨论的启发。

2 参见鲁楠《作为世界经济宪法的 WTO——中国入世之路的回顾与展望》，《文化纵横》2012 年第 4 期。

3 "'恶'不过是缺乏'善'，彻底地说只是虚无。"［古罗马］奥古斯丁：《忏悔录》，周士良译，商务印书馆，1963 年，第 44 页。

1. 从摩尼教秩序到奥古斯丁秩序

第二次世界大战的战争规模，以及原子武器的出现，使得民族国家彻底退出了世界主导者的地位，19世纪的秩序不可逆地终结了，战后的世界由美、苏两大普世帝国主导。这两大帝国各自有一种普遍主义的价值观念体系，形成了远超本国的动员效力，也组织起冷战时期的两大帝国集团，民族主义的观念体系及政治秩序完全被其所吞噬。这两大集团都承认对方是真实的秩序存在，但也都认定对方为邪恶的秩序，最终必将被自己代表的历史方向所终结，己方的秩序终将成为人类的共同秩序。这显然是一种摩尼教式的秩序。

对这两大帝国来说，其秩序逻辑都可能面临这样一个困境，即：其理念是普遍性的，要求覆盖全人类，但帝国的扩展半径在事实上是有限的；理念与现实之间存在着结构性矛盾，这会使得理念的正当性遭到质疑，而帝国正是以理念的正当性来获得吸引力的，于是帝国本身也会遭遇质疑。所谓扩展半径的有限性，不是指帝国的扩展会遭遇其他帝国的抵制，而是指这个帝国所整合的物质秩序，受到其生存原则所限，有一个扩展极限。

对美国的普世人权政治来说，它预设着各国对人权的普遍承认与保障。但是，任何承认与保障都是需要付出成本的。说得更清楚些，现实的法权秩序需要被具体化为一种财政方案才能落实，这是一重经济成本；而财政方案以税收为前提，税收问题往往与选票相关，这又构成一重政治成本；同时，保障人权与应对国际安全这两个问题，可能会在一个国家内部争夺财政资源，这构成第三重成本。普世人权观预设正常国家都会在本国付出这些成本，但事实是，不是所有国家都有能力及意愿付出所有这些成本的。于是，处于主导地位的霸主国，原则上来说便应代为付出这些成本，以作为外部世界对其主导地位之承认的补偿。但是除非霸主国与这些其代为付出成本的国家之间有着正向的经济循环，输出秩序之事可以形成一种自我循环自我支撑的财政过程，否则霸主国根本无力持续地代为付出成本，因为一个纯消耗的过程是不可持续的。也就是说，美国的海洋帝国秩序的扩展极限，是美国能够与其形成有机的正向经济循环的区域，除此之外，海洋帝国无力可持续地扩展下去。

对苏联的普遍阶级政治来说，它预设所有的无产阶级专政国家都有同样的革命理想，及对历史方向的同样认知。如果在其帝国范围内，某个国家的认知与其不同，就意味着它背离了革命的正确方向，需要校正；对那些保持着正确革命方向的国家，它则进行鼓励，帮助其保持正确方向。这在赫鲁晓夫和勃列日涅夫时期发展为"社会主义大家庭"说，勃列日涅夫强调社会主义大家庭"是一个不可分割的整体"。这就意味着苏联不仅仅要对外进行财政投放，还需要在其帝国范围内拥有实际的军事控制能力，以确保革命方向的统一性。这种大陆帝国的扩展极限，是其军事投放能力与相应财政支撑能力的均衡点所在，除此之外，它也无力可持续地扩展下去。

冷战的摩尼教秩序当中，美国海洋帝国势力范围所及，是麦金德的地缘政治学意义上的内、外新月边缘地带，[1] 它们都能与其形成正向经济循环，超出此范围则较难形成正向经济循环，这刚好就是其扩展的极限。苏联大陆帝国势力范围所及的东欧与中亚地区以及部分中东地区，也是其军事投放能力与财政支撑能力的均衡点所在。阿富汗因其极度复杂的地理结构，已超出这种均衡点，这是苏联后来在阿富汗栽了大跟头的原因。[2]

因此，摩尼教秩序初看上去对两大普世帝国似乎都是不理想的，因其并未能够实现自己的普世扩展愿望，但事实上它刚好是两大帝国各自达到了其现实可行的扩张极限之后的均衡结果。在这种情况下，对自己扩张极限之外的地区，帝国无须承担任何责任，却可以指责对方在这些地方构建邪恶秩序。这也让它们各自都能达成逻辑自洽，而不至于被人指责虚伪。一个历史的吊诡因此浮现：美、苏两大普世帝国的逻辑自洽，恰恰是以其摩尼教敌手的存在为前提的，这可以帮它们轻松地卸下理念的普遍性与扩展范围的有限性之间的矛盾。

在这个秩序当中，也可以看到冷战时期中国的特殊地位，它是社会主义国家，却在苏联大陆帝国的扩展极限之外；它地处内新月边缘地带，却并不在美国海洋帝国的扩展范围当中。中国作为世界秩序的中介性力量，在这里隐隐显露出来。

冷战以苏联的解体而告终，继承苏联国际法地位的俄罗斯，不再有普遍主义的帝国秩序之想象，摩尼教秩序当中的一方退出了舞台。世界由摩尼教秩序进入奥古斯丁秩序，苏联的势力范围内留下了大量的秩序真空，只待海

1　这种地缘结构的划分，参见［英］哈·麦金德《历史的地理枢纽》，第68页。

2　相关讨论，亦可参见施展《阿富汗的宿命与帝国地理》，载《大观》第8辑，法律出版社，2012年。

洋帝国的秩序扩展于此，通过有序对无序的克服来实现人类的普遍史。

一个逆向的进程就此浮现。对海洋帝国来说很尴尬的现实是，苏联留下的秩序真空之地，有很多无力自主支付人权保障成本，又难以与海洋帝国之间形成正向经济循环的地方，即便海洋帝国愿意将秩序扩展于此，这里也超出其扩展极限了。这些地区，有的是彻底的失序之地，诸如索马里；也有些是有着一种秩序，诸如一些穆斯林威权国家，但其对人权的认知并不与西方一致，从而对西方国家来说难以接受。从奥古斯丁秩序的角度看来，两者都是有待克服的虚无。西方国家近年发起了对伊斯兰世界一些统治者的打击，从法理上可以视作它们推广普世人权、输出秩序的努力。但西方似乎并没有深思熟虑，人权输出反倒令这些地方陷入普遍的失序。为了重建秩序，以及在当地建立切实的人权保障，西方世界需要代为付出更大的成本，但它们显然不愿，实际上也无力承担如许成本。由此西方的普世人权观处于被质疑的境地，乃至其价值承诺也有可能堕入虚伪之中，这种虚伪性正可为反西方的力量提供理据。

大陆帝国的解体，使得"海洋""大陆"的意涵也需要被重新理解。海洋世界可以重新被理解为那些充分参与到全球化进程的国家，这些国家的内部规则与正在出现的全球性的政治、法律秩序以及自由市场接轨，从而可以保证产品、资本、信息、人口等的有序流动；大陆世界则可重新被理解为那些未能充分参与全球化的国家和地区，如中东、中亚、非洲、中美洲，以及安第斯山脉诸国等，这些地方资源丰富，却多半陷入失序或者秩序脆弱状态。[1]海洋世界不可能无视大陆世界的动荡而独善其身，近年来欧洲的难民危机，伊斯兰国对全世界的挑战，美洲猖獗的毒品经济对外部世界的冲击等，都是现成的例证。

动荡的大陆世界需要外部世界帮助其重建秩序，相应地也就需要外部世界在失序的大陆地区进行相当的财政投放，否则任何重建的秩序都无法真正存活。前文已提及，这种秩序／财政输出，若要成为可持续的过程，一个重

---

1 我在这里的思考颇受美国学者托马斯·巴尼特的启发，可参见他的两本著作：《五角大楼的新地图：21世纪的战争与和平》，王长斌、汤学武、谢静珍译，东方出版社，2007年；《大视野大战略：缩小断层带的新思维》，孙学峰、徐进等译，世界知识出版社，2009年。

要前提是投放者与投放地之间要有正向的经贸循环，使得投放者可以通过贸易过程回收投出去的财政资源，而非陷入纯消耗过程。在"全球经贸双循环"的结构下，西方国家与大陆世界的经贸循环规模很小，中国反倒与大陆世界有着很大规模的经贸循环。中国便成了大陆地区秩序重建所绕不开的枢纽，"全球经贸双循环"的经济结构由此开始浮现出其深刻的政治意义；这一结构里蕴含着中国的世界责任，也蕴含着中国的国家利益。在后冷战时期，中国的海陆中介属性或者说海陆枢纽属性，不再像冷战时期一样呈现为摩尼教秩序的平衡者，而是呈现为奥古斯丁秩序扩展的必须中介。[1] 中国作为世界秩序的构成性力量，其地位就通过这一新定位体现出来，它已经展现为中国的世界历史使命。但中国要想真正把握住这一新定位，仅仅有经贸循环做基础是远远不够的，这只是个必要条件，还需要有更多的其他必要条件作为支撑。前文已经部分地探讨过那些必要条件，本书后续部分会进一步展开探讨。[2]

2. 奥古斯丁秩序的精神悖反

反西方的力量需要获得自己的精神凝聚力与道德正当性辩护，曾被意识形态所压制的传统宗教及传统文化，在意识形态衰退的情况下，重新形成了巨大的影响力。世界因此开始陷入一种"文明的冲突"的状态。[3]

1　我曾有一论文对此问题进行了仔细讨论，参见施展《世界历史视野下的"一带一路"战略》，《俄罗斯研究》2015 年第 3 期；相关讨论亦可参见本书第八章第三节第一小节。

2　托马斯·巴尼特也提出了类似的思路，他将世界分为"核心国家"（对应于本书的"海洋世界"）与"断层国家"（对应于本书的"大陆国家"），核心国家又分为"老核心国家"（主要是西方国家）和"新核心国家"（主要是包括中国在内的新兴国家）。他把全球化进程比喻为一列火车，提出："老核心国家推动了新核心国家的起航，未来很有可能是新核心国家推动断层国家的起航。""老核心国家要引导，断层国家要跟随，但是必须由新核心国家掌握节奏，使得整列火车保持完整。"引文参见［美］托马斯·巴尼特《大视野大战略：缩小断层带的新思维》，第 189、164 页。

3　福山的老师亨廷顿在 1996 年出版的《文明的冲突与世界秩序的重建》一书中预言了这一点。福山的两卷本新著《政治秩序的起源》和《政治秩序与政治衰败》看似也放弃了《历史的终结及最后之人》当中的乐观态度。但刘擎先生认为福山前后著作中看起来的变化实际上是一以贯之的，他给出了一个令人信服的解释："如果说福山的成名作（主要依据黑格尔的历史哲学）是宣告自由民主制是历史的终点，那么他的两卷本著作力图（通过政治秩序的演变）阐明历史走向这一终点的复杂而崎岖的路径。"参见刘擎《道路崎岖但终点未变——福山〈政治秩序与政治衰败〉简评》，发表于"澎湃新闻"，网址 http://www.thepaper.cn/newsDetail_forward_1276176（最后访问时间 2017 年 3 月 15 日）。

多神世界开始在奥古斯丁秩序下面隐隐浮现，西方对此并未真正地有所准备，又一次精神悖反的过程于此展开。西方普世人权观的价值体系在冷战之后由于暂时丧失了真正的敌人，于是也就丧失了对真正深刻严肃的政治问题的思考，逐渐走上对政治的技术化讨论，日常政治的琐碎与轻巧遮蔽了非常政治的深刻与担当，理想在这一过程中也逐渐被建制化，形成过度的"政治正确"，从而走向异化。"文明的冲突"以一种特殊的方式，将严肃的政治问题重新带回人们的视野当中。如果说中国对世界秩序的冲击主要是在物质层面；伊斯兰教对世界秩序的冲击则主要是在精神层面和道德层面，它使得西方秩序的道德正当性本身遭遇挑战，并逼使世界直面"何谓政治"这个问题。非常政治有可能以这样一种方式被重新激活，它需要特殊的精神强度与思想强度才能被真正地面对。精神强度与思想强度并不是一回事，对问题的深刻反思需要思想的强度，面对决断时刻拥有行动的勇气则需要精神的强度。

在权利政治的时代重思"何谓政治"，需要先对权利观念进行辨析。对于权利的来源，至少有三种不同的认识。权利可能来自传统：基于经年累月的社会互动形成了人们普遍默认的惯例，这些惯例对人们的具体行为有实在的约束力，当它被法律化表达时，就成了"权利"。权利也可能来自理性：启蒙时代以来，理性要求将一切都置于自己的审视之下，各种现成事实并不因其作为事实便自动获得正当性，除非它们经过了理性辩诘而为自己争得了存在的资格，思想家们基于理性的建构确认了一些权利，它们会被具体化为一系列法律，作为评判现成事实的标准。权利还可能来自信仰：信徒们坚信自己与神之间的神圣契约，它规定了作为个体的人在世间的义务，也承诺了个体在世间的尊严，人世的法律不过是用来保障神所赐予的个体权利。这些不同的权利来源呈现出的法律外观可能很相似，但是其底层的动力机制是不一样的。当然，这些差别并不能通过对法条的分析而识别出来，它们更多是基于对政治哲学，以及对托克维尔所说的"民情"，即使法律能够活动起来的社会心理要素的分析而识别出来。

美国的权利观是基于信仰的。无论是《独立宣言》的开篇所言，造物主赐予个体不可被剥夺的权利，还是美国总统手按《圣经》宣誓的传统，抑或美元上印的"我们信仰上帝"，等等，它们都在提醒我们，清教精神贯穿于美国的政治哲学与民情，它以某种方式规定着美国人对世界的理解，以及对人的权利与义务的理解。[1] 它激励着美国人的开拓精神，也带来了美国人的傲慢自负。我们在美国所能发现的令人兴奋的东西与令人厌恶的东西，很多时候都是伴生于清教精神的，无法单独剥离开来看。以信仰为基础，美国人形成了一种有时显得不合时宜地固执的权利观，它对应着一种责任观，权利与责任都是不容置疑的。当然，更具体地说，这样一种以清教精神为基础的权利观，在美国的东西海岸等高度国际化的地方，相对来说已大为柔化，这些地方的民情有些近于下文要谈的欧陆的权利观了；美国其他顽固坚持地方自治、重视宗教价值的区域才是清教权利观存留更加稳固的地方。[2]

　　在欧洲方面，英国的权利观差不多是基于传统的，而欧陆国家的权利观则基于理性的反思。欧陆式的理性反思有一种自反性的效果，任何绝对的东西在反思面前都无法彻底站住脚，它会突破任何禁忌，因为禁忌在本质上也是一种非理性的存在。于是理性的反思，有可能令权利的扩展突破各种不容

1　清教有着强烈的犹太创世论伦理品性，严格遵奉上帝诫命，拒绝任何不是来自神命的东西。在非创世的宗教背景下，人们认为在个体之上还有着一种个体无法摆脱的命运，个人的最高德性在于对命运的顺应，对自我欲望的克服。清教则在创世论背景下否定命运与传统对人的束缚，强调上帝与人的约法；如若承认命运与传统对个人在绝对意义上的超越，无异于承认了在上帝之外另有一个神，连上帝的意志都无法克服它，这是不可接受的。所以，对清教徒而言，政治的基础是上帝赋予个体的道德责任——自由意志、自主决断、自我负责，而非命运与传统预先给定的框架。简单来说，在非创世论背景下的宗教看来，既定的命运是主宰，个体要顺从命运；在创世论背景下的清教看来，上帝所赋予个体的自由意志是主宰，个体要去创造命运（尽管天主教也是脱胎于犹太教并继承其创世论观念的，但在清教看来，它因各种历史原因而掺杂了过多的异教色彩，对创世论的坚持并不纯粹）。因此，清教伦理下的政治一定是个人主义的，而非集体主义的；个体性的道德责任一定表达为可穿透任何疆界、任何人群的普世价值，而非集体性的、以特定群体为依托的文明特殊性。它将世界作为一个无差别整体来看待，个体是权利的基础。逃离旧大陆去往北美新大陆的清教徒，在其登陆之前签订的《五月花号公约》，便是如此一种精神结构的表达。如此结成的政治秩序，也会形成其传统。这是对犹太教与清教的约法传统的继承，有着深刻的反抗气质，与旧世界的更具保守气质的传统大不相同。我对清教精神之于政治伦理的影响，曾有一小文做过更进一步的探讨，参见施展《清教精神与布尔人的迦南地》，《信睿》2012年9月。

2　关于美国内部逐渐形成的这种差别，相关讨论亦可参见刘苏里、于向东《美利坚的政治基础》，载刘苏里编《1+12：通向常识的道路》，中国文史出版社，2015年。

置疑的疆界，这种无止境的自由，使人的创造力获得了巨大的释放，是人文精神与艺术得以发展的最重要土壤；但同时它也带来一种相对主义的效果，权利似乎不是那么强固，它本身要经受不断的反思，在相对主义的情境之下，就可能导致政治意志的丧失与行动力量的缺乏。

欧陆式（不等于欧陆）的理性权利观，拥有思想的强度；美国式（不等于美国）的清教权利观，则拥有精神的强度。但是一种奇妙的辩证又在这里浮现出来。

欧洲的相对主义虽无力，却因其突破了各种不容置疑的理念疆界，而走向了实实在在的普世人权实践。它在近年来对穆斯林难民的接纳，甚至在一系列恐袭案之后也并未决意停步，正是一个极佳例证，因为欧洲在理念上无法将穆斯林排除在普世人权的承诺与保护之外。欧洲的这种决策有着深刻的人道主义气质，表达了一种极有价值的道德勇气。但是这种道德勇气的悖反是，欧洲有可能一方面因此背上负担不起的成本，一方面将恐怖主义问题内在化于欧洲自身，使得相对主义的权利观有走向自我否定的危险，成了一种事实上无法普世的普世主张。

美国的力量支撑着普遍主义帝国，面对难民的时候却呈现出一种防火墙式的格局，墙的这一边是普遍主义法权得以适用的地区，另一边则是不能适用的地区。普遍主义面对这种并不普遍的二元格局，可依凭对清教精神影响甚大的奥古斯丁神学来自我辩护。对美国来说，墙的两边只不过是善的存在与善的缺失的关系，缺失善的那一边尚不能适用普遍主义法权，并不是它在本质上不能适用，而是需要等待其完成对善的孕育，在此之前它是需要被隔离与规训的。这在某种意义上是拒绝普世的普世主张，却使得美国的政治决断所需支付的成本，能够比较容易地控制在可承受范围之内。

现代世界秩序需要为人类提供更多的可能性，这要求对各种禁忌的突破；但同时世界秩序也需要有力量维护自身，这又需要一种固执的不妥协。在今天看来，似乎历史已经做出裁定，就西方文明对世界秩序的意义而言，欧洲负责勾勒未来美景，美国负责提供当下保护。美国的普遍主义有着某种意义上的虚假性，需要欧洲为普遍主义正名；欧洲的普遍主义有着某种意义上的虚幻性，需要美国为其撑腰。旧大陆与新大陆，对世界历史有了不一样的责任。

单薄的日常政治视野，会让政治迷失在对细小问题的争论中，无法再直面更为根本的问题：人类需要思想强度来回答，自由与正义的本质究竟是什么？人类需要精神强度来回应，在自由与正义遭受威胁之际，它们如何保卫自身？这种威胁可能来自外部，但它同样可能来自内部，来自理想的异化，来自建制本身的蜕变。倘若丧失直面这些根本问题的勇气，自由会变得脆弱不堪，人类的前景会变得晦暗。在这个意义上，正是"文明的冲突"让人类的精神重新焕发活力，重新获得勇气，被建制化所异化的理想，也能够脱开建制的束缚，进行更为严肃的追求。

第四节　"文明的冲突"与普遍秩序的演化

一、伊斯兰世界的困境与反抗

"文明的冲突"在今天最突出地体现在伊斯兰世界所面对的一系列困境，它们进一步引发出很多反抗。一方面，伊斯兰世界的大部分国家都是基于两次世界大战后的非殖民化运动而形成的，其国界的划分基于此前的殖民历史以及大国的交易，而没有什么历史基础，更何况在伊斯兰教义看来，国家这种人为的建构物本身便无甚价值。另一方面，既有的有些国家，其政权的正当性也是存疑的。世俗化和民主制这两个现代国家的基本原则，在伊斯兰国家却处在两难困境当中。民主选举，则上台的往往是宗教性政党，世俗化遭遇挑战；坚持世俗化，则其担纲者往往就是以军队为后盾的强人统治、威权政体。伊斯兰国家的政治自主性始终要面临大国政治的约束，对大国来说，在世俗化与民主制不可兼得的情况下，天平便偏向了世俗化的一面。所以，我们可以看到，在阿尔及利亚、土耳其等国都有过若干次军人政变推翻大选选出的宗教性政党主导的政府的经历，而西方国家对此都采取了默认的态度。但威权政体既违背了伊斯兰教义里面对平等的要求，更违背了教义对统治者的要求。于是，这些政权在各种角度都有着政治正当性的残缺，民众心中郁积着深层次的不满，并会将这种不满进一步发展为对西方及其代表的现代世界秩序的敌视。

在经济层面上，从通行的衡量指标来看，伊斯兰世界的经济效率相对于西方世界与亚洲国家而言是比较低的，这既是穆斯林自身的经济伦理所致的结果，也是近代以来殖民经济的"中心－边缘"体系所致的结果。就经济伦理而言，基于清教伦理的现代资本主义经济的基本特征之一就是理性化经营、利润导向，以及将各种经济资源做同质化还原，换句话说，有不少在其他伦理中无法作为经济要素的对象，在清教伦理中可作为经济要素看待，于是各种经济要素的市场化程度便更高，相应地经济效率也更高；但是这种经济伦理忽视了"人"的需求，"人"被抽象化为劳动力要素，人的更复杂的精神与道德需要则被屏蔽在外。而清教以外其他文化的经济伦理，将"人"的需求放到了更重要的位置，其经济效率势必会低于清教资本主义经济；天主教[1]、伊斯兰教[2]乃至印度教、儒家文化都是如此，只不过它们对何谓人的需求的界定会有区别。

通行的经济指标是否代表衡量经济的恰切标准，是另一个问题，毕竟通行的指标里也没有作为道德动物的"人"的地位；但无疑通行指标可以较好地反映硬件意义上的综合国力，效率的不足意味着通过经济手段化解社会矛盾也会遇到瓶颈。反过来，清教伦理下的经济逻辑，在伊斯兰教看来又是伤害人性的（在很多其他宗教和文化看来也一样），于是这又演化为对西方的一种对抗性心理。

就殖民经济体系的影响而言，伊斯兰世界长期作为原材料和廉价劳动力的来源地，在世界贸易体系当中处于一种不利的地位——石油国家是特例，但伊斯兰国家不都是石油国家，并且石油国家也受制于国际资本市场。殖民经济体系的影响往往还会留下另外一个特征，就是飞地经济，亦即几个大城市的经济与世界经济之间有着高度联系，成为一种经济飞地，大城市之外的地区则仍处于传统经济当中，国家内部经济呈现二元化撕裂的状态。而经济

1　可参见本书第八章第三节第一小节的相关讨论。
2　伊斯兰经济学全面考量人的行为，把人类生活看作由多个相互支撑的子系统组合成的一个有机整体，经济子系统是其中的一个，但并不是核心的一个。经济子系统包括公正的司法和在现代经济中体现出的仁慈，但它对人们行为的影响是外在的。核心系统的构成包含着真主唯一性的基本信念、使徒穆罕默德和在审判日对人的问责，这些信念是各子系统的基础。参见［印］穆罕默德·穆丁因·汗、赛义德《伊斯兰经济观》，史敏译，宁夏人民出版社，2013年，第158-161页。

飞地的各种发财机会又往往被威权统治者所控制，以及被他们用来拉拢支持者，经济层面的撕裂便进一步加重了政治层面的合法性残缺。

再从社会层面来看，传统经济与传统社会结构及道德体系是高度嵌合在一起的，但飞地以外的传统经济地区也会逐渐遭遇现代经济的渗透并开始解体，相应地，传统社会与道德也会逐渐解体。这个过程在日趋加速，越来越多的年轻人从传统社会结构当中被抛出，却无法获得足够的就业机会，进而陷入困境；传统的道德体系对他们的约束也逐渐失灵，失业游荡的青年人更加无所适从。这与前面所说的政治正当性的残缺、经济层面的撕裂等结合在一块，带来了怨恨，蕴含着深刻的动荡基础。

这些结构性矛盾并不仅仅存在于伊斯兰世界，在第三世界国家也很常见。但局中人如何理解这些矛盾，则与不同的宗教－文化态度紧密相关。伊斯兰教当中既有温和向善的面相，又有激烈决不妥协的面相，哪种面相会呈现出来，要看它是在怎样的一种社会结构当中运行的。在传统社会的嵌合结构中，伊斯兰教劝人向善、友爱世人、热爱和平的一面会凸显出来。但是在被抛离于传统社会结构、孤独绝望的年轻人当中，决不妥协的面相便会更有吸引力，因为这个面相告诉他们，即使全世界都抛弃你了，神仍然与你在一起，他永远不会抛弃你。

马克斯·韦伯在其宗教社会学研究中曾提出"贱民民族"这样一种精神结构。[1] 所谓"贱民民族"，是指一群坚信自己是选民的人，神对其命运的许诺甚好，但其在现实当中的处境却相当糟糕。虔诚的信徒坚信神不会错误地许诺，自己的信仰也不会有错，那么唯一的可能就是这个世界错了，需要将错误的世界改造为正确的秩序。在那些决不妥协的年轻人身上有着同样的精神结构，我们可以想象，极端主义的主张，乃至发誓要推翻现行秩序、期待着善恶终极大决战的伊斯兰国对他们会有何种巨大的吸引力。

极端主义所遵奉的原教旨主张，[2] 在伊斯兰教历史上可以一直追溯到公元9

---

1 参见［德］马克斯·韦伯《韦伯作品集（Ⅷ）：宗教社会学》，康乐、简惠美译，广西师范大学出版社，2005年，第138-148页。

2 请读者不要混淆原教旨主义和极端主义，两者有重大区别。原教旨主义是一种神学派别，主张要严格依照字面解经，这是一种对待经义的态度，是要被严肃认真地理解的；极端主义是一种反社会行为，针对平民搞恐怖主义，是必须严厉打击的。虽然极端主义的罪行经常自称奉行的是某种原教旨主义，但我们绝对不能把这两个不同的事物混淆了。

世纪的宗教领袖罕百里，他开创了逊尼派的四大教法学派之一罕百里派，成为嗣后所有原教旨主义最重要的思想来源。当时阿拔斯帝国的最高统治者马蒙哈里发正力图用暴力强制推行自己所钟爱的神学派别，其更深层的目的是以此来掩盖自己得位不正之事。暴力强推的办法与正统伊斯兰教所推崇的强烈的平等主义相矛盾，后者坚信在安拉面前人人平等，人们只应服从安拉的命令，每个人都要对神负责；而马蒙的做法则隐含着对神意的窃据，要求每个人对哈里发负责。罕百里极力对抗哈里发的残暴统治，但哈里发是先知在世间的继承人，罕百里及其支持者反抗哈里发显然是没有正当性的，除非他们能够找到比哈里发还要高的正当性来为自己辩护。这个更高的正当性只能是来源于神，神意在《古兰经》和圣训里，于是罕百里要求信徒严格地依照经训来行事，绝不可依凭自己的理性对经训加以额外解释，妄揣神意以至窃夺神的位置，否则只能带来邪恶的专制，变得和马蒙哈里发没有区别。由此可以看到，原教旨主义在其起点上是弱者赖以反抗强者的精神武器，而不是通常所认为的冥顽不灵愚昧落后。

对极端主义所诉诸的群体而言，他们在现实世界当中感受到巨大的不公，却无能为力，在他们看来，现实世界就是个暴君。这些挫败者为自己寻求意义感与出路的努力，呈现为一种"贱民民族"的精神结构，形成对现实世界的深刻敌视。现实太强大了，贱民民族必须（至少是自视为）加倍虔诚才能支撑起其正义在握的信念，于是，这些人的生存困境逼迫着他们只能选择极端主义。他们敌视的对象既包括本国欠缺正当性的政权乃至国家本身，也包括对伊斯兰世界形成外部压力的西方世界，从本质上来说，他们敌视的是现代性本身。同时，由于这些人的理念以信仰为基础，是自我证成的，所以即便是失败也无法令其放弃信念，甚至会令其更加获得证成感，相信这正是拯救所必需的一个环节。于是，与其的战争就具有了一种终极性，这与通常的战争是完全不一样的。

虽然如此，恐怖主义的行为却并不是真正意义上的"文明的冲突"，而是文明与野蛮的冲突。文明与野蛮有着双重的不对等：一方面是力量上的不对等，另一方面是道德上的不对等。

在文明的道德标准下，它会自我抑制对力量的使用，于是反倒让野蛮一方获得机会，可以通过不对称战争占优。但文明不是没有力量，它只是需要在运用力量的时候获得充分的道德理据。野蛮的暴行，给了文明以充分的道德理据来运用自己的力量；同时，野蛮的暴行，也使得文明国家做出政治决断所需付出的政治成本降低。文明面对野蛮时，如何能够有效地回击野蛮，同时不使自己也因此堕落为野蛮，也就是说，如何真正地打一场正义战争，这是深刻的政治问题。随着恐怖主义对世界的挑战不断增加，对这种深刻问题的思考也即将复活。

对具体的恐怖主义行为、团体，乃至如伊斯兰国这样的行为体的消灭，对现代世界来说并不是很困难，它们所带来的直接损失也容易被消化，但这并不能将前文所述伊斯兰世界面临的结构性困境化解掉。恐怖主义的观念基础——极端主义思想从来给不出建设性的方案，但是它可以作为一个极为重要的识别标志，用来判断社会中是否存在着在现有框架内完全无法化解的冤屈愁苦。倘若所有的冤屈愁苦在既有框架内都能够得到有效化解，则极少有人会去选择极端主义，因为那就意味着完全放弃日常生活；但倘若冤屈愁苦在既有框架内无法得到化解，则极端主义必会对很多人形成吸引力，因为它为对既有秩序的挑战给出了最为有力的道德理由，并将此转化为一种深刻的宗教责任。

所以，极端主义在今天对世界构成了一个深刻的挑战，其外化出来的行为在表现为恐怖主义的时候是容易被征服的，因为文明世界的力量对野蛮有压倒性优势；但剥去恐怖主义的外衣，其内里所蕴含的精神挑战，才是现代世界所要面临的真正挑战。这将逼迫着现代世界去追问更本质性的问题：权利、自由与正义的本质究竟是什么？[1]

二、奥古斯丁秩序的二阶属性

普遍人权政治与普遍阶级政治，其普遍主义取向从原则上来说都可以超越于宗教纷争之外，给出覆盖所有人的秩序安排，因为它们都找到了不以宗教为前提的某种政治基础——或是基于道德自主性的个人主体，或是基于生

---

1 我对相关问题的思考，深受与"大观"学术小组诸位同人的讨论之惠。

产资料占有形式的阶级主体。而以宗教为基本前提的政治，虽然也有普遍主义取向，事实上却无法超越于宗教纷争覆盖所有人。这带来一个结果：在普遍阶级政治自我瓦解之后，所谓"文明的冲突"并不会将世界秩序引入下一种摩尼教秩序甚或多神秩序，而只会以普遍人权政治为基础转化为一种奥古斯丁秩序。[1] 因为任何以文明 / 宗教为基础构建的秩序想象，都无法给出能够覆盖非信徒的现实的秩序安排，不足以与普遍人权政治相并立。

　　原则上来说，普遍人权政治对自由与正义的承诺，只应通过一种程序正义来兑现，而不关乎实质正义；因为实质正义只能基于信念乃至信仰，相互间无法通约，不同的信仰者之间只有通过一种程序正义才能获得共同生活的基础。或者说，普遍人权政治应致力于通过程序正义，来收获"多种实质正义得以共存"这样一种超越于具体实质正义之上的抽象实质正义，我们或可以一个充满内在张力的名字来名之为"程序实质正义"，可以说这是程序正义与实质正义的某种合题。

　　在"文明的冲突"这样一个背景下，普遍人权政治又呈现出一种二阶属性。其高阶属性便是无关乎具体实质正义的、指向全人类的普遍程序正义，它必须被表达为一种普遍法权秩序，只有以现代的法权技术为基础，才能形成一种具有普遍扩展性、自治、自洽的法律系统，达成真正的"程序实质正义"。这样一种普遍法权秩序源于西方，其他文化系统中无法内生性地生成；但它是为全人类而存在的，一如现代数学由西方所发明，但属于全人类。然而，让这种法权秩序最初得以生成并拥有活力的精神要素，是内嵌在西方的宗教 - 文化传统中的，诸如基督教的如下预设——作为道德主体的个人拥有价值优先性——便是与其他文明有差异的。于是，源起于西方的法权秩序中又隐含着一种基督教的文化属性，它有一种将自己扩展到全世界的精神冲动，其动力机制不仅仅源自贸易激励，更源自基督教普世扩展的宗教冲动。这属于普遍人权政治的低阶属性，区别于高阶属性，我们可称之为"实质程序正义"，喻指它隐含着一种实质正义的预设。

　　在现实的世界秩序中，普遍人权政治作为一种奥古斯丁秩序，其高阶属

---

1 所谓普遍人权政治，是一种法权秩序；所谓奥古斯丁秩序，是描述给定法权秩序是如何定义自身与自身之外的空间的一种观念。可以说，奥古斯丁秩序是普遍人权政治的一种属性，但它与普遍人权政治不是一回事。

性表现为，它要将超越于西方之上、属于全人类的普遍人权政治扩及所有尚未被覆盖的地方。其低阶属性则表现为西方基督教世界努力扩展自己的秩序，并认为这就是普遍人权政治的扩展；对应地，还有与之对抗的伊斯兰世界的低阶奥古斯丁秩序，其眼中的世界分为有序的"伊斯兰之地"和无序的"战争之地"——它与基督教秩序之间可以构成某种并立关系，但与高阶秩序之间无法构成并立关系。正是若干种低阶秩序带来了"文明的冲突"，高阶秩序则应是在冲突中浮现的真正普遍秩序，或说"程序实质正义"。奥古斯丁秩序是一种未完成态，倘若从完成态的角度来解释，也可以说，普遍人权政治的高阶秩序应当是各种文明赖以共存的法权框架，它已远远超越了其起点处的基督教属性；其低阶秩序则应该是在高阶秩序之下，参与到各种文明及其所形成的秩序想象的互动与竞争之中。

　　高阶、低阶秩序之分，在理论上是没有问题的，但在实践中却会出现一个问题，即普遍人权政治之高阶秩序的扩展，其具体的历史过程会首先呈现为西方的低阶秩序的扩展——一方面是因为普遍人权政治首先出现于西方，一方面是因为西方在经济、技术、军事能力等方面的先进性；对西方的超越只有在这个过程中才会逐渐浮现。这就意味着理论上的高、低阶之分，属于长时段的区分，需要在时间维度下获得理解；在（短时段的）空间维度下，却很难直观地感受到那种区分，更多感受到的是高、低阶之边界的模糊，这种模糊在当下最直接地呈现为美国的世界性与国家性的冲突。[1]这样一种结构性困境，在冷战的摩尼教秩序时代，是很多非基督教国家选择社会主义或者偏向左翼政治的原因所在；在冷战之后的奥古斯丁秩序时代，是"文明的冲突"的原因所在——它们都是因对西方低阶秩序的拒绝，而走向了对高阶秩序的连带拒绝。

　　精神的悖反在继续呈现，各种文明在低阶秩序上的争论乃至冲突，带来

---

1 具体说来，即美国同时具有世界性与国家性的双重属性：其世界性的一面提供着全球公共品，在这个意义上美国就是世界本身；其国家性的一面则是美国不断利用自己主导全球秩序的身份而行利己之实，这会伤害所有其他国家的利益，在特定情况下，更会被解读为文化侵略。甚至同为西方盟友，也会对此有抵触，比如法国对美国文化的抵触。这种双重身份的冲突，与19世纪后期的世界霸主英国的逻辑非常相似，可参见第五章第一节第三小节的相关论述。

强化高阶秩序的结果。具体说来，各种反西方力量在低阶秩序上对抗西方秩序的努力，却让它们对西方秩序给出的一系列物质技术和法权技术有着更深的依赖，以便获得进行对抗所需的军事和经济力量，这种对抗努力便有着一种自我瓦解的效应。也正是在这个过程中，西方秩序逐渐嵌入反西方力量的自我秩序之中，获得了普遍化。西方秩序因此超越于西方之上，并在整合各种新要素的过程中被重新定义，成为属于全人类的秩序，高阶秩序反倒获得强化。而普遍人权政治对西方的超越过程，反过来也会使得西方自身感受到某种威胁，以致做一些内缩、自保的动作，比如近年来排外主义在西方的悄然复兴，导致了特朗普当选美国总统、英国谋划退欧、右翼力量在欧洲政坛兴起等事件。但这种内缩、自保只不过是西方内部再均衡的过程，并不会使它真的就此自我隔离于世界，因为这与其生存逻辑相反。

高阶秩序普遍化的过程没有终结之日，各种文明通过争论、冲突而获得的均衡及其变动过程，就会构成高阶秩序本身的演化过程；而高阶秩序因其高度抽象性，正需要通过诸多低阶秩序之间的具体争论与冲突，获得自己与现实的关联。从这个角度说，"文明的冲突"正是超越"文明的冲突"的前提。只不过，这个过程不会一蹴而就，也不一定是和平的。

三、普遍秩序的演化过程

1. 战争行为与警察行为的时 – 空结构变迁

"文明的冲突"可能会呈现为暴力过程；这些暴力本身的法律意涵与政治哲学意涵，在时间维度与空间维度的交错下，发生着深刻变迁。

以西方对伊拉克发动的两次海湾战争为例，从国际法的角度来看，这是国家间的暴力相向，当然属于战争行为。但从奥古斯丁秩序的角度来看，伊拉克作为一个具有固定空间属性的国家实体，其行为不是对普遍人权政治的整体性挑战，而是一个局部性的坏行为，所以海湾战争的政治哲学意涵呈现为一种警察行为；甚至可以说，这种警察行为，其对手并不是伊拉克，而是萨达姆，西方要通过对他的打击而让普遍人权政治的奥古斯丁秩序扩展到伊拉克去——实际扩展后果如何是另一个问题——所以对萨达姆的打击并不是普遍人权政治的自我保卫，而是秩序内部的一种行为矫正。

再来看看现代世界（包括一些伊斯兰国家在内）对恐怖主义发起的打击，从国际法的角度来看，恐怖主义组织并非国家实体，[1]所以现代世界对恐怖主义组织进行的暴力打击并非战争行为，而是警察行为。但从奥古斯丁秩序的角度来看，恐怖主义组织是对普遍人权政治本身发起挑战，并且正因为它们（包括伊斯兰国在内）不具备国家形态，其挑战才不受固定的空间局限，而弥散化为一种普遍挑战。从而，打击恐怖主义便是普遍人权政治针对其本质性敌人的暴力行为，是秩序的自我保卫，其政治哲学意义不再是警察行为，而是战争行为。

国际法权秩序以拥有固定领土、人口和宪制的国家为前提，其叙事表达为一种空间结构；奥古斯丁秩序以普遍人权政治的渐次扩展为基本特征，逐渐覆盖所有缺失"善"的地方，这种过程性的叙事包含着一种时间维度。两种秩序的交错，便形成了一种空间性与时间性的深刻张力。

近代早期以来形成的国际法权秩序，由于对各个国家做了均质化假设，不存在"善"的缺失的问题，其空间性在事实上遮蔽掉了奥古斯丁秩序的时间性，使得国家作为国际行为主体具有空间确定性，个体的权利边界在一般情况下也具有确定的明晰性，它们都可以获得明确的法律意涵。国际法理论和实践历经几个世纪的积累，已经有了丰富的价值论证和法律工具来处理相关的国际法问题；但这也一度让人们在理解国际政治上的战争行为与警察行为的时候，会出现一些特定的盲区。

冷战后国际人权法方面有一系列新的法律进展，诸如前南问题国际刑事法庭、卢旺达问题国际刑事法庭等国际刑事司法机构的设立又提供了大量重要的司法实践，奥古斯丁秩序在这个意义上开始扩展，并穿透国家主权。[2]这本来是秩序从成熟国家向失败国家的扩展，但是随着恐怖主义通过人员的自由流动而内在于成熟国家本身，失败国家的失序状态开始了一种逆向扩展；成熟国家的空间确定性及个体的权利边界也开始变得暧昧不清，国家主权以另一种方式被穿透，人们对问题的理解也出现了新的盲区，他们对社会安全

1　即便是其极致呈现伊斯兰国，所占据的物理空间也只是现成事实，并无国际法意义。
2　感谢许小亮先生在这方面与我的讨论所带来的启发。

的需求与对人权保障的需求之间开始出现矛盾。

奥古斯丁秩序的时间性格局，其原则就是要穿透国家的空间阻隔，努力实现人权政治的普遍扩展；但这一过程势必依赖于大国的推动，原则上无法避免大国的自利行为，这反过来使得各种反对大国政治的主张获得了道德基础，并且构成恐怖主义的诱因之一。这里就有了两个问题需要讨论，一是对恐怖主义的打击，其政治哲学意义会对既有的法权秩序构成何种挑战，二是如何抑制大国的自利行为。

就第一个问题而言，在政治哲学视角下会发现，对恐怖主义的打击将战争还原为一种非国家的行为。这种战争的对象不再是具有空间形态、可被清晰确认的敌对国家，而是没有固定形体、嵌在现代世界内部的恐怖主义组织，乃至于个人。现代社会是高度复杂的风险社会，面临着此前的主权国家所不会面临的一系列问题，这使得现代社会较之过去变得既更强大又更脆弱，"集体的生活方式、进步和控制能力、充分就业和对自然的开发这些典型的第一现代性的东西，如今已经被全球化、个体化、性别革命、不充分就业和全球风险（如生态危机和全球金融市场崩溃）等五个相互关联的过程暗中破坏了。（第二现代性的这五个过程——笔者注）……都是第一现代性的简单的、线性的、基于民族国家的工业现代化的成就无法预测的结果"[1]。第二现代性使得个人也能对国家造成巨大威胁，甚或形成对普遍人权政治的本质性挑战，近年来的一系列恐怖袭击都是例证。形成于第一现代性时期的国际法权秩序，在应对这些第二现代性的问题时，会遭遇一系列困境。因为针对恐怖主义的这种"战争"[2]，既可能发生在国家外部，也可能发生在国家内部，其对象与目标都不大容易通过既有法权规则获得确定，传统国际法所勾勒出的国家间的空间分隔，意义于此变得很含糊。

恐怖主义是一种现代游击战，其本质特征是模糊掉了军人与平民的区别，模糊掉了战时与平时的区别，模糊掉了本国与外国的区别，基于分布式的决策机制，来与集中式决策的反恐安保机制玩猫捉老鼠的游戏。分布式对集中式，这就已经决定了后者永远无法制定出足够有效的策略来应对前者的挑战；

---

1 ［德］乌尔里希·贝克：《世界风险社会》，吴英姿、孙淑敏译，南京大学出版社，2004年，第2页。
2 在现有通行的国际法意义上它并不是战争，所以加上引号。

除非后者的策略生成也是一种分布式的过程。战争空间结构的变化与决策机制的变化，都意味着战争法权的意义也必须发生重大变迁。

在这样一个过程中，国家主权在战争法权意义上被穿透，就像在诸如WTO之类的法律规范中，国家主权会在贸易规则意义上被穿透一样。这些都是传统的主权理论所无法理解的现象，其背后的政治哲学意义是我们必须认真反思的，这可能构成未来的世界秩序之哲学基础。在反恐"战争"中，**战争的载体与战争的理由相分离**，一如在中世纪欧洲的宗教战争中，战争的载体多是"国家"[1]，但战争理由并非国家理由而是宗教理由。宗教战争在近代早期结束，促成了国际法法理的重大发展，以号称"最后一场宗教战争、第一场国家间战争"的三十年战争为契机，通过《威斯特发里亚和约》，形成了规范现代战争的国际法；到了今天，面对"文明的冲突"，某种宗教性又浮现出来，国际法法理很可能又一次走到了重大变革与发展的关头。普遍秩序，或说奥古斯丁高阶秩序的演化，就在这样一个过程中具体展开。[2]

2. 伊斯兰世界的演化可能性

这种秩序演化，会需要也会催生伊斯兰世界内部的宗教改革，解决伊斯兰世界的宗教与政治之间的张力问题。咨诸历史，真正伟大的宗教改革，一定同时是一场伟大的社会运动，而不是局限在精英的小圈子里。近年来一系列恐袭案过后，我们都能看到伊斯兰温和派对极端主义的谴责，但都是精英小圈子的表态，并未能够形成伟大的社会运动。这也就意味着，即便温和派的主张更加理性，但是它并没有行动的力量，一旦伊斯兰世界面临的结构性矛盾问题激化，有动员力的还是极端主义派别。伟大的伊斯兰宗教改革家的出现可遇而不可求，未来我们可能将不得不长期面对一个更加动荡的世界；我们只能定性地说，"文明的冲突"、国际法法理的发展、奥古斯丁高阶秩序的演化，会对伊斯兰改革家的出现构成一个外部的催化力量。

伊斯兰宗教改革的可能困境之一，与其对偶像崇拜的决绝态度有关。伊斯兰教将一神教当中拒绝偶像崇拜的原则贯彻得极为彻底，有一些在天主教、

---

1 中世纪时期的各种政治行为主体在法权意义上与今天的国家大不一样，所以也为其加上引号。

2 我在相关问题上的思考，深受与"大观"学术小组诸位同人讨论的启发；这些问题也是我们学术小组诸位同人后续进一步研究的主题之一。

东正教看来仅仅只是用来象征神的慈爱等意涵的人物形象，在伊斯兰教看来也都属偶像，需要被清除掉。在伊斯兰教诞生之前，阿拉伯半岛上除了一部分人信奉基督教、犹太教，流行的更多是各种类型的拜物教。这些拜物教适合于分散的部落生态，但是由其所形成的共同体意识会仅仅囿于狭小的部落之中，无法形成具有普遍性的意识，也难以形成统一的动员力。穆罕默德横空出世后，通过天启将已经在半岛上流传的一神教原则向前推衍，信徒的眼光迅即超越了狭隘的部落范畴，信仰共同体超越了血缘共同体，一种具有普遍性的动员力因此得以成立。通过打碎偶像并清除各种怪力乱神，穆斯林的生活世界被祛魅而走向了理性化，整个宇宙在穆斯林眼中开始呈现出统一秩序。穆斯林要通过对这统一秩序的研究与思考证明真主的伟大，于是有了中世纪伊斯兰帝国伟大的科学与文化发展。然而，随着近代以来世界的世俗化进程，一种悖反开始浮现了。世俗化之后，那些雕像、装饰，甚至是曾经有着某种偶像崇拜特征的形象，都被人们做了新的解释，人们转而用审美的眼光看待它们——毕竟，它们究竟是偶像还是审美，首先在于人们如何理解它们。而伊斯兰教并未接受这种新的视角，"形象"对它来说仍然是"偶像"，对"形象－偶像"的禁忌一如既往。这就带来一个结果，原本在禁绝偶像崇拜当中对世界进行了祛魅的穆斯林，却由于这种不通融的视角而走向了对世界的再"入魅"：字面上的教义成为严格的标准，几乎一切事物都要首先从其宗教属性上进行理解。教义对世界的全面解释以及对生活的全面指导，使得所有的一切都被嵌合在一套完整的解释体系当中，整合为通贯的实质正义，神圣与凡俗的边界难以确定地划出，这使得伊斯兰教难以应对"脱嵌"的世界。于是它对西方世界的反抗，如果呈现为伊斯兰的政治方案的话，便很难成功。

　　所以，我们也可以做个大胆的想象，伊斯兰世界对现代世界的回应，必须通过一种迂回的方式才有望成功。这种迂回就是，在满足后文会深入探讨的两个条件的前提下，伊斯兰世界进入一种纯粹的世俗政治。这种政治可以土耳其国父凯末尔为例——凯末尔虽然是个穆斯林，但他却是以非穆斯林的方式进行统治的。这种政治为穆斯林提供了基本的政治－法权秩序，使其与其他区域在统一的国际法权秩序上联系起来。

　　这种世俗政治需要有一种良善的意图与效果，此一良善效果的实现，则需要两个相应安排来匹配。

第一个相应安排，是政治从社会层面全面收手，将社会还给伊斯兰。随着世界经济的发展，世界正面临着从"以生产为中心的政治"到"以分配为中心的政治"的转型，[1] 伊斯兰教有着丰富的关于分配正义的思考与传统，可以通过伊斯兰金融、伊斯兰社会主义等，在伊斯兰世界的社会层面推动这样一种转型的完成。非穆斯林的统治所提供的政治 - 法权秩序，则作为穆斯林群体与世界相交往的界面，对外可以参与到全球政治与经济新议程中，对内则为伊斯兰的社会撑起一片自治的空间。所谓将社会还给伊斯兰，具体的法权安排可以是：与私法相关的事务，国家内部有两套法院系统——世俗法院系统和教法法院系统，后者就依照沙利亚法的规则来管理，民众在具体的法律事务中，自主决定接受哪套法院系统的管辖；但是与公法相关的事务，包括刑法、行政法等，则统一为一套世俗的法院系统来管辖；宪法作为超越于部门公法和私法之上的整体规则基础，我们也可以看到其二阶属性——从对外和对所有国民的角度而言，它是个纯粹世俗法，从对部分国民的角度而言，它又能以特定方式形成对沙利亚法的兼容。

紧跟着，就要有第二个相应安排，即成立伊斯兰教法国际，由它来作为世俗国家内部教法法院的最高上诉机构。[2] 之所以要成立这种教法国际，是因为在伊斯兰教看来，安拉是真正的主权者，是最高的立法者，国家则是个正当性高度存疑的建制，由国家通过立法来划定人们的行为边界是有疑问的，行为边界本身应该通过教法来划出。但是，一方面由于派别众多，教法本身并不统一，另一方面（逊尼派）国家相对于其宗教来说太过破碎，那么表达着人们对安拉主权之理解的教法，其司法过程就不能仅仅以国家为限，需要突破国家而成立教法国际；国家内部的教法法院，便应作为伊斯兰世界普遍的教法司法系统内部初审、再审的层级，由教法国际本身组成终审法院。不服从终审裁决的人，就会在宗教和世俗的双重意义上沦为需被惩罚的坏人，其行为无法在任何意义上获得正当性。

---

1 可参见第八章第三节的相关讨论。

2 下面的讨论主要针对逊尼派世界，什叶派世界有着另外一种逻辑。什叶派有着较为体系化的教阶制，有着公认的宗教权威，对神圣与凡俗之边界的划分，相对来说更容易达成内部共识。所以什叶派和逊尼派相比，在面对世俗世界时，相对容易化解其精神的内在紧张。

通过这样一种审级制的安排，**在案例的不断积累中，给愿意选择教法法院的人逐渐划出可以形成共识的神圣与凡俗之边界**；这种过程有些类似于天主教会通过大公会议对一些争议极大的信理进行裁定，进而形成共识的过程，只不过伊斯兰教法国际的司法过程会比大公会议漫长得多。**神圣与凡俗之边界的清晰化，可以化解虔信者面对世俗生活时的心理紧张，也可以让世俗化的穆斯林与未世俗化的穆斯林之间获得更好的互动关系**。教法国际当中的大法官乌莱玛以个人的身份而不以国别的身份被穆斯林信众选出，将（教法眼中）正当性不足的国家建制排除在外。这样一种伊斯兰教法国际的制度安排，有可能是伊斯兰教改革家得以出现的另一个重要基础。[1]

同时，如前所述，这种非穆斯林统治的良善性，更需要通过国际治理秩序真正的形式化来实现。真正的形式化是在非西方与西方的博弈过程当中逐渐磨合而成的，作为非西方的力量，中国与伊斯兰世界在这个意义上是盟友。中国与西方通过博弈不断地互相型构，改造着世界秩序当中"生产的政治"，两方因此共同主导物质秩序。伊斯兰世界与西方的博弈，则是通过其非穆斯林统治实现的，这是一种可以获得法权形式，从而形成规则积累的博弈过程——"文明的冲突"难以形成规则积累，必须也必将被超越。伊斯兰世界在政治层面成为中国与西方博弈的盟友，在社会层面，则通过伊斯兰的分配政治为世界呈现出人类生活之纯洁性的可能性。

于是，伊斯兰世界那些不愿世俗化的穆斯林，通过放弃自我统治而赢得更多的东西。他们将在一个物欲横流喧嚣不已的世界里，向人们呈现出内在平静的可能性；在一个无所顾忌缺乏敬畏的世界里，向人们呈现出对神的敬畏的可能性。在日益世俗化的世界，这样一群仍然坚守自己宗教信仰的人，时刻提醒着世人要自我节制，提醒着人们意识到理性的渺小，提醒着人们不得僭夺神的位置。伊斯兰将在这个过程中真正地影响这个世界，也成就自己。它进而成为启示人类命运的力量。这不是对人类命运做一种实体性的——表达出神的意志的——启示，而是它作为一种结构性、体系性的启示——人类必须作为体系的成员存在——从而启示人类的命运。

---

1 对伊斯兰问题的这种法权化安排的可能性的思考，我高度受益于与"大观"学术小组中诸位同人的反复讨论。这也将构成学术小组诸同人未来的研究主题之一。

3. 大国互动推动的秩序演化

前述种种构想属于中长期时段的事情；就中短期来说，我们不得不面对可能更加动荡的世界。这意味着对大国来说，推动奥古斯丁秩序扩展的责任变得更加重要，前述第二个问题，即如何抑制大国的自利行为，也就更形凸显。

奥古斯丁秩序的扩展与演化，很可能就是通过若干大国的互动与协作过程来实现的。如前一节所述，就中短期来说，由于欧洲的普世的虚幻性与美国的普世的虚假性，面对动荡它们会建起一个贴着美国的标签但满是欧洲开的旋转门的防火墙。海洋帝国有其生存逻辑，由于其特定的财政约束，它无法担纲起重任，将其主张的普遍秩序深入到亚欧大陆的腹地深处，防火墙便建在亚欧大陆的边缘地区。但倘若亚欧大陆内部的秩序无法安定下来，各种结构性困境长久无法化解，则流民将顺着旋转门继续进入欧洲以及世界其他地区，于是整体状况未必会比此前更好，甚至会更糟糕也未可知。那么，亚欧大陆的秩序又该如何安定呢？这只能在陆地大国的主导下完成，在可预见的未来就是中、俄两国了，但这两国真的能担负起这个责任吗？它们对责任的担负，目前的途径很可能是在与海洋国家协调的基础上，支持伊斯兰世界的一批威权主义国家。但这就又回到了伊斯兰世界结构性困境的局面，折腾了一圈回到起点。这样治标不治本，只能是等待着周期性动荡的到来。

但我们在这个过程中可以期待的是，在各种和平与暴力的互动过程当中，大陆国家会逐渐意识到自己的世界历史责任，并逐渐打开自己的世界主义之精神自觉。未来的世界治理秩序会逐渐演化出这样一种可能性：以美国搭建起来的形式为基础，形成一个全球治理司法化的形式框架；几个具有世界主义性格的超大国，在互动过程中逐渐形成一种超越于任何单一国家之上的治理机制。这样，高阶奥古斯丁秩序便会得到拓展。这与近代历史上民族主义性格的列强所主导的秩序不同，不会带来对世界的瓜分；也与纯粹美国主导的秩序不同，任何国家通过世界治理秩序谋私利的行为，都会在大国的互动过程中受到制约，从而达到去美国化的效果，化解掉大国自利的问题。美国与世界事务的关系在此过程中日益形式化，美国的主体性就消失在日益普遍化的世界公民体系之中，其他各超大国也相继进入这个普遍化的过程。

这时的全球治理本身就具备"世界政府"性质，既有国际法权秩序下的国家主权，也会被奥古斯丁秩序更深刻地穿透。这样一个过程，会使得伊斯兰世界当下所隐忍的怨恨，有相当一部分被消除掉，即便宗教改革仍未实现，伊斯兰教法国际仍未出现，极端主义本身的号召力也会大幅下降。就这样一个普遍秩序的演化过程而言，"全球经贸双循环"结构同样会构成其政治经济学基础，这种经贸结构使得世界秩序变得更有张力，更有演化性，也为大陆深处提供了更多的可能性。

目前只能对这个过程做如此一番极为粗线条的描述，很多事例看上去还不能支持这个可能性。但也有一些案例、危机、纷争处置正在一个更长的时间段内起作用，对更耐心的观察者来讲，这些迹象可以被看作一种趋势。由于中国的规模和文化，中国的成长及未来的演变只能从世界历史的总体活动中获得理解，它可以被表达为：未来的世界秩序是由中国加入这个秩序的过程所定义的，未来中国的成长也只能在这个过程中实现。这样一种历史过程，正呼唤着中国作为世界历史民族的精神自觉。[1]

---

1 世界秩序与中国秩序的相互定义，正是我所参与的"大观"学术小组多年来的研究方向所在。"大观"小组的系列研究都是在这样一种问题意识的背景下展开的，相关的成果结集为系列的《大观》丛刊（主要由法律出版社和广西师范大学出版社出版），以及《大观》文丛（均由广西师范大学出版社出版）。

第八章
世界历史民族的精神自觉

中国的历史在古代平民社会中进入到"伦理－官僚世界",陷于困局难以自我突破,因此西方的到来成为中国历史的一种内在需求,它刺激了中国历史再次启动,向前运动。中国在此过程中通过革命完成了自我重整,并逐渐在物质层面上充分释放了它作为超大规模国家的巨大潜力。

中国历史的精神现象学进程中一个更深刻的辩证发展过程就此展开,对新的"伦理－官僚世界"的超越仍未完成,但它已提供了自我超越的基础,它为中国提供了政治前提,使中国得以自主地深度参与到世界经济过程中。这个过程并不能自动地带来对"伦理－官僚世界"的超越,但它打开了进入深刻反思的突破口,使得经济过程的政治意涵有可能获得精神自觉。

这种深刻反思,最终将带来一种超越于"启蒙"之上的"精神解放",引领中国真正进入到"政治世界";正因"政治正确"而陷入一种新的观念绑架的西方世界,也会由此真正进入到"政治世界"。在此过程中,真实世界中的时间维度与空间维度,将超脱诸多意识形态的遮蔽,重新浮现出来;让政治的回归政治,经济的回归经济,社会的回归社会,文化的回归文化,人类进入一种普遍宪制的历史。中国作为世界历史民族的历史意义将因此获得实现,"中国的世界"与"世界的中国"将因此实现合题。

第一节　精神如何自觉?

一、哈耶克秩序与黑格尔秩序

中国历史至此已经历了三轮半的大循环,构成中国的精神现象学运动,呈现为自由的不断展开、不断具体化的过程。过程中经常会有反复,但这本就是精神现象学运动的题中之义,甚至正是它自我展开的方式。

精神现象学意义上的"自由"何谓?

一方面,它承认哈耶克意义上的自生秩序,"人类社会中存在着种种有序的结构,但它们是许多人的行动的产物,而不是人之设计的结果"[1]。也就是说,人类的自由无法纯理念性地存在,只有在一种合作秩序之中才能具体地展开,但这个秩序本身并不是人类设计所得,而是自生演化的结果;任何人为的设计,都无法脱离开自生秩序的约束,并以其为条件。

另一方面,它也表达为黑格尔意义上的自我意识,"只有……当意志并不欲望任何另外的、外在的、陌生的东西(因为当它这样欲望的时候,它是依赖的),而只欲望它自己的时候——欲望那意志的时候,'意志'才是自由的。绝对的'意志'就是欲望成为自由的意志。自己欲望自己的'意志',乃是一切'权利和义务'的基础"[2]。只有这样,人类的精神才能从以外部世界为参照系、被外部世界所决定,转变为以自我为参照系,变得自主、自觉。

这里所谓"自我",并不是以自己为中心的"自我",而是达到了深刻的自我理解的"自我",它深刻理解到自我与世界的内在一致性。这种内在一致性就在于,自我活动于世界之中,世界是自我的存在条件,是历史的不断展开,它通过自我的活动而获得不断充实。自我与世界的内在一致性,是特殊

---

1 [英]弗里德利希·冯·哈耶克:《法律、立法与自由》第一卷,邓正来、张守东、李静冰译,中国大百科全书出版社,2000年,第56页。

2 [德]黑格尔:《历史哲学》,第454页。

性与普遍性的合题。倘若没有对这种内在一致性的理解，则自我面对世界的时候会持久地保持一种攫取的姿态，世界对自我也会处在一种持久的压制状态，自我意识的内容将被攫取对象及压制状态所定义，从而丧失真正的自我。但充满辩证意味的是，正是这样一种攫取与压制过程，导致了自我的异化及反思，对内在一致性的理解才得以展开；否则精神会永远处在寂死状态，无法进行严肃的思考，无法实现自我意识真正的充实，自由也就成了一个纯粹理念性的东西，无法外化为人类的本质。

用另一种方式来表达就是，自生秩序是一切人为秩序的根本约束条件，任何人为的政治秩序，亦即国家，对内势必要面对社会和市场的自生秩序，对外则除了要面对世界市场的自生秩序，还要面对其他国家与本国的不断博弈。博弈过程本身也是一个自生秩序，它构成一些基本原则，人为的政治秩序无论在对内方面还是对外方面，都无法违背。但自生秩序更多的是作为人为秩序的生存场域存在的，它本身并不能自动地给出现实的政治秩序，后者需要有一种人为建构的努力。对国家的人为建构通过制宪过程完成，而成功的制宪有个前提，即该宪制共同体的自我意识应该获得真实体认与表达。只有这样，该宪法才能有序安顿共同体内部的诸种要素，并帮助共同体恰切理解它与外部世界的关系。

在这个意义上，哈耶克式的自生秩序，就如人类社会的汪洋大海，其高低起伏超越了大海中任何一个部分的意愿；而黑格尔式的自我意识，就像这个大海上的一艘航船，它必须服从大海的逻辑，但是航船若要正常行驶，同样要有自己内部的规矩，而这个规矩虽是人为设立的，却又必须以对大海逻辑的理解为前提。没有航船，大海上的风浪将自生自灭；有了航船，乘风破浪的勇敢行为才赋予风浪以意义。自生秩序与建构秩序于此形成合题。

哈耶克式的自生秩序，与普通法有着高度的亲和性，英美普通法国家的政治逻辑更容易顺应自生秩序。这个背景下所说的自由，依存于普通法为人们所确立的抽象行为规则，它并不内蕴着对实体价值的特定承诺（对实体自由的追求），而仅以无差别的程序正义为旨归；或者说实体自由从属于法律所保障的程序自由。

普通法的基本特征之一是"王在法下"，欧陆国家在近代以前都有类似的法律秩序。因为这种法律秩序实际上是包括国王在内的诸多贵族彼此之间博

第八章　世界历史民族的精神自觉　　473

弈磨合均衡出来的结果，国王是博弈的局中人，当然在法之下；博弈局面的维续，以国王没有能力实质性地击败贵族为前提。但是到了近代之后，法国国王率先击败了本国贵族，"王在法下"的硬前提不再存在；其秩序遂转为"王在法上"，法律不再是博弈均衡的结果，而是作为主权者的国王基于立法理性行使其立法意志的结果，作为最高行政长官的国王则服从该法律的约束。革命后，国王的主权者位置被人民所替代，但是"主权者在法上"的秩序逻辑不会改变。

主权者的立法意志（严格说来，是制宪意义上的立法意志）所依凭的基本前提是共同体的自我意识的表达，即该共同体首先要回答"我是谁"这个问题，其中内含着对一套价值体系的追求，呈现为一种实体价值 - 实体自由，否则该共同体无法形成精神凝聚力；在这个逻辑下，法律所保障的程序自由开始从属于实体自由。嗣后欧陆国家的政治史，就变成了通过革命争夺立法权的历史，实体自由也在这个过程中不断被重新定义。人们再也无法回到普通法的状态了，因为那种状态以共同体内部特定的、较为弥散化的权力分布结构为前提，而它随着绝对主义国家的建立已不可逆地改变了。其后续结果就是，欧陆国家的自由与宪制，一定是通过建构理性表达的，而无法再以自生秩序来表达；建构理性所可能带来的危险，只能通过自生秩序来获得被动约束。所谓被动约束，通常表现为建构秩序因其傲慢乃至狂妄，挑战了作为自身生存条件的自生秩序，以至走向自我否定；失败后的再一次建构，会基于对此前历史的反思而有着更多的自我节制，建构理性在此过程中走向成熟。这样一种过程一定会伴随着巨大的成本，但似乎是个无法避免的命运。欧陆国家的政治建构不断地被革命颠覆，革命对新秩序的建构又可能被再一次革命所颠覆；共同体的自我意识在此过程中不断充实、重构。

因此，对英美国家来说，精神自觉是在其普通法持续演化的过程中，在其经济通过国民个体微观性地扩展到全世界的过程中，自然地浮现出来的；对欧陆国家来说，精神自觉则需要通过一种特别的（经常呈现为暴力的）历史过程与思辨过程才能浮现，表现为某种建构理性，这一特征在几乎一切大陆国家都是同样的，也可以说是大陆国家的命运。[1]

1　相关讨论亦可参见本书第五章第一节第三小节。

二、施米特问题

共同体的自我意识，必须通过制宪权的行使，落实为宪制国家这样一种法权形式；共同体所体认与追求的价值，通过该种法权体系在日常活动中获得具体保护。接踵而至的问题便是，倘若该法权体系本身遭到威胁，它该如何保护自己？

施米特对此提出了一个引起很多争议的主张。他认为政治的根本在于共同体的自我决断，决断其所认准的生存方式，这个决断通过制宪权而表达为宪法。施米特在此基础上区分了作为统一整体的"宪法"（绝对的宪法）与作为具体细则的"宪法律"（相对的宪法）。对宪法的保障，就是对共同体所认准的自我生存方式的保障，它从根本上意味着对"绝对的宪法"的保障，"宪法的不容侵犯并不意味着，一切个别的宪法律都不容侵犯；为了维护整体的宪法，有必要设置一个不可逾越的障碍，但这种障碍并不及于一切个别的宪法法规。如果谁持相反的看法，就会陷入荒谬的境地，因为那样做的实际结果无异于将个别法律置于整体的政治存在形式之上，从而将非常状态的意义和目标完全颠倒了"[1]。

以此为基础，施米特提出了委托专政权的问题，这集中体现在他对《魏玛宪法》第四十八条[2]的解释上。有人严厉批判这一宪法条款，认为其中蕴含着对人民基本权利的侵犯与威胁，是宪法的自我否定。对此施米特回应道："（这

---

1 ［德］卡尔·施米特：《宪法学说》，刘锋译，上海人民出版社，2005 年，第 31 页。关于绝对的"宪法"与相对的"宪法律"之别，参见该书第 3-24 页。

2 该条规定："联邦大总统，对于联邦中某一邦，如不尽其依照联邦宪法或联邦法律所规定之义务时，得用兵力强制之。联邦大总统于德意志联邦内之公共安宁及秩序，视为有被扰乱或危害时，为恢复公共安宁及秩序起见，得取必要之处置，必要时更得使用兵力，以求达此目的。联邦大总统得临时将本法一一四（人身自由）、一一五（居所不受侵犯）、一一七（书信秘密）、一一八（言论自由，尤其是出版自由）、一二三（集会自由）、一二四（结社自由）及一五三条（私有财产）所规定之基本权利之全部或一部停止之。本条第一第二两项规定之处置。但此项处置得由联邦大总统或联邦国会之请求而废止之。其详细，另以联邦法律规定之。"（括号中的解释文字系我依照施米特对该诸条款的总结所加）

种批判）将真正意义上的宪法与一切个别的宪法法规等量齐观了……总统的委托专政权旨在捍卫公共安全和秩序，亦即现行宪法。捍卫宪法与捍卫个别的宪法法规根本不是一回事，正如宪法的不容侵犯与个别宪法法规的不容侵犯不是一回事一样。如果一切个别的宪法法规甚至对非常权力来说也是'不容侵犯的'，那就会导致这样一个后果：为了捍卫形式和相对意义上的宪法律而不去捍卫实定和实质意义上的宪法。"[1]

施米特提出的是一个经常会让人不快，但是非常深刻的真问题。宪法政治不仅仅是制定完毕一纸宪法就能运转的，面对宪制的敌人时，它必须有力量保卫自己，否则宪法真的就只是一纸空文。那么，谁有能力保卫宪法？谁让它在危急时刻有行动的能力？保卫宪法的力量如何不会再反噬宪法本身？这是一系列极为困难的问题，其困难性不仅仅在于问题本身，还在于人们必须拥有直面问题的勇气：自由主义的起点，似乎是不那么自由主义的，处于无法用自由主义与否来刻画的状态。早期的自由主义开创者们无疑具有这种勇气，他们的理论建构必须直面这些问题；但是到了20世纪，在自由主义政治已经运行良久之后，人们丧失了这种勇气，往往用对枝节问题的关注，让自己获得道德满足感，却回避了真正的问题所在，这会让自由陷入真正的危机。

施米特所说的委托专政权，对谁在危急时刻拥有行动能力给出了答案。但是，这仍然无法避免行动者对宪法本身的反噬，也无法避免国家被狭隘民族主义所绑架。

因此，在最终极意义上来说，对宪法的守护，来自人民，来自社会，来自一个政治成熟的民族。所谓政治成熟，在于这个民族能够意识到自我与世界的内在一致性，从而在真正意义上理解自己的长远利益，并且以此作为判断一般国家利益的根本标准。这个民族需要通过自我教育来逐渐达到政治成熟，这会通过内、外两个途径实现。就外部途径来说，这个民族需要在与世界的深刻交往中，在世界秩序从安全、经济等多个层面对国家主权的穿透中，逐渐体会到自我与世界的内在一致性。就内部途径而言，这个民族的社会自组织能力需要获得足够的发展。倘若欠缺社会自组织能力，则一方面，这个民族会在社会各群体利益的高度分化中走上尖锐的内部对抗，无从获得内

1［德］卡尔·施米特：《宪法学说》，第125-126页。

在统一性；另一方面，这个民族又会在对统一性的渴求，以及对一个能够解决所有问题的整体性方案的极度渴求中走向民粹化，从而将宪法变为几页废纸。

民族在内外两个方向上的自我教育，是个长期的事业，绝不可能一蹴而就。尤其是对转型中的后发国家来说，自我教育的过程本身也需要在特定的宪制安排当中才能真实展开，这个宪制安排很可能会是一种具有过渡性、内在具有时间和方向指向性的基本法的框架。[1] 它的过渡性，指向民族真正的自我制宪、自我立法。前文所述从古代的宪法制到现代的宪法典的变迁，只有在这个过程中才能够完成，所谓民族的精神自觉，也只有在这个过程中才能够真正实现。对于中国这样一个超大规模国家，这样一个潜在的世界历史民族，这更不会是个轻松愉悦的过程。所谓中国现代转型的"历史三峡"，其题中之义也应当包含着这个自我教育的过程。

第二节　大国的自我超越 [2]

一、实力、理想、制度

人类历史上只有少数几个民族可以称作世界历史民族，或者说具有世界历史民族潜能，其中包括盎格鲁－撒克逊民族、德意志民族、法兰西民族、俄罗斯民族，以及中华民族。所谓世界历史民族，不在于它可以统治其他民族，而在于它作为世界秩序的自变量，有能力理解到自身与世界的内在一致性，能在自我意识的展开中把握世界历史的命运，从而引领人类的普遍自觉。这种命运与自觉，就是自由的普遍实现与展开。

1　二战后联邦德国的《德意志联邦共和国基本法》，在这方面可以给人非常大的启发。同时亦可参见本书第六章第五节最后部分的讨论。

2　本节文字的主体部分，我曾以《超越民族主义：世界领导性国家的历史经验》为题发表于《文化纵横》2013 年第 3 期。

地理大发现以来，人类历史才真正展开为具有普遍联系的世界历史；嗣后每一个时代的领导性国家，都堪称世界历史民族。咨诸历史，我们可以看到世界秩序的变迁，伴随着其领导性国家的变迁；变迁的过程隐隐透露着世界历史的一些基本逻辑。

基辛格曾评论道："几乎是某种自然定律，每一世纪似乎总会出现一个有实力、有意志且有知识与道德动力，希图根据其本身的价值观来塑造整个国际体系的国家。"所谓实力，是指国家力量的物质层面，包括经济实力、军事实力等；所谓知识与道德动力（可统称为理想）则是指国家力量的精神层面，包括该国所拥有的世界秩序观念以及它所奉行的价值观等。实力与理想是互为倚靠的两个要素。没有实力作为支撑，理想只能是空想；没有理想作为引导，实力将会蜕化为暴力。理想赋予实力以方向，是一种能动性要素；实力使得理想发展为现实，是理想的约束性要素。此外，还需要制度作为实力与理想的中介性要素。制度可将理想转化为具体的政策，以实力为依托使其获得实行；同时，适当的制度，还能使理想所面临的物质约束性边界在政策制定中获得反映，弥合理想所需实力与现实所拥实力之间的差距。比如，法国的路易十四和拿破仑，由于大权操于君主一人之手，君主的野心绑架了国家的理想，以致其无边的野心无法在政策制定过程中受到约束，超过了实力允许的边界，最后导致法国大败亏输；而英国的议会制度拥有较为复杂的政策形成机制，各种利益的声音都有机会得到表达，实力的边界便在此过程中反映出来，亦可对领导人的野心构成约束，使英国成为一个有节制的霸主，如此才得长久。

一个时代的领导性国家，会在实力、理想、制度这三种要素上都具有超越于民族主义之上的世界主义性格。就实力要素而言，领导性国家在经济上应是世界的领导力量，同时在军事上应是世界强国，以提供具有普遍性的和平秩序。就制度要素而言，其军事强权所支撑的应当是一种具有开放性的、普遍主义的规则秩序，普遍适用于所有国家；如果其支撑的不是一个开放性秩序而是封闭性秩序，则其他支持开放性秩序的竞争者将会击败它，因为开放性秩序会在全世界获得盟友，而封闭性秩序则是将世界上的大部分地区当作对手。同时，领导性国家的内政秩序应与这种世界秩序之间保持内外通贯的关系，世界秩序成为其内政秩序的某种外化，如此才不至于使内政与外交之间扞格不入，无法执行一贯的政策。更进一步，在内政方面还要能够形成有效的动员机制，将民意基础整合为政策表达，形成国家内部的合力。就精神要素而言，领导性国家要能够秉持一种超越于本国之上、表达出时代精神的普遍性价值追求，以此为其所支撑的世界秩序进行伦理辩护，使得该秩序成为可欲的，从而在维护该秩序方面形成某种国际共识。在具体的国际政治实践中，领导性国家的国家利益一定是通过这个普遍主义秩序而实现的，也只有通过该普遍主义秩序，才能最大化其国家利益。

由于领导性国家所支撑秩序的开放性，挑战者可以在其给定的秩序中成长起来，于是领导性国家可能会更迭。而挑战者国家一定是先成为世界经济当中的领导性、构成性力量，在经济层面上具备世界主义品性。经济的成长通常伴随民族主义情绪的兴起，这是个关键的时候，如果该国在这一阶段能够完成其精神层面的世界主义转向——我们可称之为精神解放，亦即在精神层面上完成对本国的超越，便有可能成为全面的领导性国家。如果它无法实现精神层面的自我超越，最终可能会在民族主义的激动之中，走向四面树敌的状态，甚至走向毁灭。实力与理想两个层面的世界主义转型，伴随于该国制度的逐渐调整，从内政层面的民意整合机制的建立，到内政秩序与国际秩序的通贯性的形成，该国才能最终成为真正的新科领导性国家。

二、海洋秩序与陆地秩序

地理大发现以来，穿插于世界秩序变迁的有海上争霸和陆地争霸两条线索。**海上争霸是塑造全球秩序的主线，陆地争霸则是塑造区域秩序的主线。**这两种霸权不只是地缘不同，更是在其生存原则上内蕴着深刻的差别。简单来说，**海洋霸主所建立的必须是自由秩序，陆地霸主则不一定。**

国际法之父格劳秀斯提出，不同于陆地，由于海洋无法被"实际占有"，从而不能在上面设置主权，故"大海不识主权者"，它只能作为全人类的"共有物"存在，海洋天然是自由的；而贸易自由属于自然法，贸易权不能被哪个国家所垄断，自由的海洋因此也天然是为自由贸易敞开的。[1]

---

1 参见［荷］格劳秀斯《论海洋自由：或荷兰参与东印度贸易的权利》。

这里蕴含着海权的两个基本逻辑。一个逻辑是，任何试图将海洋（公海）进行垄断封闭的努力，都只能落于失败。海面上无法设置隘口，无法设定边界，试图封闭海洋的国家只能依靠自己舰队不间断、无缝隙的巡航。但海洋过于广袤，这种巡航在技术上是不可能做到的。大航海的先行者西班牙、葡萄牙两国曾试图封闭海洋，但这既会因无缝隙巡航之累难以维系，也会因为政策无法落实而威信丧尽，最后败下阵来。之后所有的海洋霸主都采取了海洋自由的政策。另一个逻辑是，海权只能是独霸的。陆地上可以设置防御阵地，可能出现相持战，对峙双方相持不下划界而治；公海上却无法设置防御阵地，从而不存在相持战，一旦在公海上打起来必定是歼灭战，歼灭掉敌方的远洋力量，将其还原为近海防御的力量。因此，公海上是独霸的结构，任何海上多强的结构都只是不稳定的过渡阶段而非常态，但这种过渡阶段可能预示着某种霸权转移过程。海战对国家财政能力的需求是相当高的，这导致只有岛国才能作为海洋霸主存在，因其无须再供养一支庞大的陆军，其在海军建设方面的财政自由度是最高的。

公海联通全球，这个独霸的海洋霸主也必定是一个全球霸主国家；但是由于海洋的自由本性，这个国家对海洋的垄断实则是对海上安全秩序掌控权的垄断，而不会是对海洋贸易航线与海外贸易权的垄断。若存在对贸易权的垄断，绝不会是因为政治原因（霸主国的海洋垄断），而只会是因为经济原因（霸主国超强的经济实力）。试图以政治或军事手段垄断航线与贸易，是对海洋霸主生存原则的违背，是自我否定。所以，霸主国反倒会促动自由贸易的发展，以使自己从中获得更大的利益；其对海洋安全的垄断（或说提供），实际上成为一种全球公共品，可为所有国家共享。对海洋霸主来说，其生存线在于海洋安全，其财富线在于以本土的经济实力支撑起来的海外贸易，生存与财富在某种意义上可以合并为一条线。有了对这条线的掌握，对海外领土的实际占有便并不成为必须，国家的财政自由度更高。由于霸主所提供的是一个普遍开放的秩序规则，从法权上来说，这是一种平等的秩序，天然没有差序格局，因为任何差序格局的维系都需要霸主做出其无法承担的投入，与其生存原则相违背。但是，这并不妨碍在实际的经贸循环中存在差序格局。

因此，这个全球帝国一定是个具有开放品性的自由帝国。它提供了具有普遍性的海上安全以及自由贸易秩序，就这个普遍秩序下的具体贸易过程而言，虽然各国有着同等的机会，但霸主国占据最大份额，并在规则生成过程中拥有更大的影响力，其国家利益在此中获得了实现。海洋霸主的生存原则逼迫着它在实力、制度两个层面都必须具有世界主义品性，故精神层面的世界主义转向便有了基本前提。在某种意义上可以说，**海洋国家的世界主义转型，是物质引导精神**。

陆地霸主则不一样。它始终面临着陆上强邻所带来的生存压力；由于陆战原则上的相持特性，这种压力可以说是一种宿命。因此，陆地国家的生存线在于陆上安全，其财富线则端视其具体的经济结构，两条线无法像海洋国家一样大致合并，国家的财政自由度便受到压缩，无力再去海上争霸。陆地霸主国家只能建立起以陆地为基础的区域秩序，这种秩序并不必然是开放的，也不必然是平等无差序的。陆地霸主在实力和制度两个层面上的世界主义转型不一定像海洋国家那样会自发出现；相反，它更加有可能将自己超国界的力量转化为一种放大版的民族主义，试图对周边国家进行压制，以邻国为代价来巩固自身的霸权。这种做法会激起邻国联合起来对抗它，甚至引来作为全球霸主的海洋国家来共同对抗、击败它。

陆地霸主若能在跌倒后实现精神的世界主义转型，此后其超国界的实力会使其转化为一个区域合作秩序的引导者，建立起超越本国的区域制度，从而成为区域性的领导国家。若其不能进行精神转型，则只能再次经历失败的痛苦。因此，与海洋国家相反，**陆地国家的世界主义转型，很可能是精神引导物质**。

世界历史的进程便是在海洋霸主与陆地霸主的对抗、均衡与自我超越中展开的。

三、海洋霸主的自我超越：从英国到美国

英国从 18 世纪中期开始直到 20 世纪初期，都是无可争议的海洋霸主。这个霸主地位是它从荷兰手里抢来的，荷兰在其鼎盛时期，商船吨位占了欧洲商船总吨位的四分之三，以此垄断了东西方海上贸易，积累了巨额财富。

英国为打破荷兰的海上贸易垄断地位，在 1651 年颁布了《航海条例》，规定只有英国或其殖民地所拥有、制造的船只可以运装英国殖民地的货物，

其他国家制造的产品，必须经由英国本土，而不能直接运销殖民地。英国于此挑战的并不是作为抽象原则的海洋自由，而是自由的海洋上荷兰人在商船上的垄断地位。这种挑战带来了绵延的战争，英国既要与荷兰争斗，又要与同样觊觎海上霸主地位的法国争斗。最终，城邦规模的荷兰败给了国家规模的英国；在与法国的争斗中，英国的岛国地位又被证明是一种无法超越的先天优势，它可以资助陆上盟友对抗法国的陆地霸权，自己则放手在海外行动。最终在 1756—1763 年的"七年战争"中，英国彻底毁灭了法国的海上帝国，成为独霸的海上霸主。

成立于 1694 年的英格兰银行，对英法争霸的战局有着巨大影响。它在成立后不久便成为英国国债的最大买家，极大地便利了英国政府的战争筹款工作，使得综合国力相对较弱的英国能够比法国更容易筹到战款，最终将法国拖垮。作为私人银行，英格兰银行必须考虑风险收益比，它之所以敢于大量购买英国国债，很重要的一个原因在于英国的制度转型所带来的信用基础。1689 年的光荣革命，在英国稳定地确立起议会与君主共治的结构，但在英国人看来，这也不是什么颠覆性的革命，只不过是恢复了"英格兰古老的自由"。革命后的议会掌握财政权，国王掌握行政权。在英国，发行国债的决策要通过议会批准，这意味着发行出来的国债有着可靠的国家财政能力做担保；而在法国，由于君主专制制度，国债的发行由君主决定，只以君主本人的筹款能力为担保，风险远高于英国。[1] 英国自由的内政制度使得其国际战略得以顺畅展开，在此已经显示出其世界主义转型的潜力。

"七年战争"结束后没多久，英国开始了工业革命。到 19 世纪中期，英国成为世界工厂，继军事之后，其经济也成为世界性的领导力量。

工业革命深刻地改变了英国的社会结构和财富分配结构。此前，土地阶层、商业阶层和金融阶层是英国社会中最有力量的群体。包括后两个阶层在内，这些人多半都有贵族身份，都是大地主，他们掌控着议会，操控国家的大政方针。《航海条例》正是在商业和金融阶层的联手下获得了通过，并一直延续下来。1815 年，在土地阶层的推动下，英国又通过了《谷物法》，规定只有

---

1 相关的历史过程，可参见［英］沃尔特·白芝浩《伦巴第街：货币市场记述》，沈国华译，上海财经大学出版社，2008 年。

国产谷物的平均价达到或超过某种限度时方可进口，以保护农业经营者免受外国廉价谷物的竞争。这两部法律对新兴的工业阶层都是不利的。《航海条例》所带来的航运垄断，提高了制造业对外贸易的物流成本；《谷物法》则提高了英国的谷物价格，进而提高了自由劳动力的成本。工业阶层亟欲改变不利条件，对他们来说最直接的办法就是进入议会，通过议会程序来推翻这两部法律。

在工业阶层的不断抗争和努力下，1831 年英国进行了议会改革，工业阶层终于在议会中有了自己的代言人。这次议会改革最根本的变化在于，将选举资格从基于特定的土地保有权[1]改为基于财产权，以年纳税额作为基本衡量标准；在财产权标准面前，传统的等级身份差异被转化为阶级身份差异，异质化的臣民身份转向均质化的国民身份，从传统的等级政治向现代的大众政治的转型，就此打开了出口。第一次议会改革的口子一开，后续的改革就不那么困难了。1867 年、1884 年英国又经历了两次议会改革，使得议会内部的人员构成更能够反映英国社会的变迁，更能够聚合民意。在此过程中，1846 年《谷物法》被废除，1849 年《航海条例》被废除，到 19 世纪中期英国确立了单方面自由贸易政策。英国的商业资本、金融资本也在悄悄转型，逐渐与工业资本合流，土地阶层不再垄断政治。资本的无界、流动性原则终于战胜了土地的有界、固定性原则，英国在制度层面的世界主义转型也完成了。

伴随着工业革命，一场精神革命也在英国发生，这就是起于 18 世纪中后期的苏格兰启蒙运动，它促成了英国在精神层面的世界主义转向。亚当·斯密的政治经济学以全球为其思考单位，他提出，全球普遍市场的运行，最终会展开为一个世界历史过程。通过不断的商业交互与技术传播，包括对亚非

1　梅特兰曾经谈到英国的土地保有权与英国公法之间的复杂关联："除非对财产法有所了解，否则仍然不可能完全理解我们现代的公法。大部分或所有属于'公'范畴的权利和义务与土地保有不可分割地纠缠在一起，而全部的公共管理制度（财政的、军事的、司法的）都只是私有财产权法律的一部分。""在中世纪，地产权法是一切公法的基础。你们可能已经注意到了土地保有体制是如何为国王提供军队和财政收入的——民众因为保有土地而向国王提供军事义务，他们因为保有土地而向国王支付协助金、土地继承金和免服兵役税，国王也因土地保有而获得了财源丰厚的监护权、婚姻监护权和土地复归权——他是全国最高和最终极的领主。但土地保有的影响并不止于此，司法制度和议会制度也受到土地保有制的深刻影响。"参见［英］梅特兰《英格兰宪政史》，第 16-17、27 页。

等地落后民族的传播，最终带来人类对自由的普遍享有。这样一种论证，使得后来英国所推行的自由贸易获得了高度的伦理正当性，其支撑的全球普遍秩序被承认为一个可欲的秩序。英国成为一个全方位世界主义的领导性国家，英国的国家利益也正在这一世界主义转型中获得了最大的实现。[1]

到19世纪后期，发生了以电力、内燃机、化工等产业为主导的第二次工业革命。英国在这些领域没有优势，逐渐将制造业龙头的地位让给了美国和德国。但伦敦仍然是世界金融中心，掌控着国际金本位，从而掌握了国际经贸秩序的根本；帝国海军仍然是世界海洋和平的保障。英国仍旧是世界霸主，美国和德国正是在英国给定的规则秩序内崛起的。

就地缘结构而言，美国是一个超级岛国，它也拥有成为海洋霸主的潜力。但美国本身又是大陆规模的国家，庞大的内部市场使其经济有着相当的自给性；再加上其清教立国精神，拒绝旧大陆"不道德"的均势政治，奉行孤立主义政策，力图构筑一种新的理想政治，迟迟不愿与外部世界发生政治联系。因此，美国的经济力量一直未能为其带来相匹配的国际政治影响力。

第一个转折点发生在第一次世界大战。大战使得美国一跃成为世界最大的债权国，拥有了世界上最大规模的黄金储备，其经济开始有了一种世界主义品性；美国的军队成为决定欧洲战场命运的力量；在凡尔赛和会上，威尔逊总统提出的民族自决和集体安全理念获得了普遍的赞许，美国一跃掌握了世界伦理的制高点，其在国家理想上遂也有了一种世界主义品性。吊诡的是，这种世界主义伦理同样来源于清教精神。清教徒自视为上帝选民，孤芳自赏，在自己尚弱小时，他们宁愿孤立起来，以免被邪恶的旧世界所玷污；但是清教徒也有一种普世情结，希望把自己的价值推广到全世界，以消除旧世界的邪恶，一俟自己的力量足够，便会迸发出强烈的世界主义热情。

但是威尔逊总统并没有找到一个合适的国际制度框架，来作为其理想与实力的中介性要素。他所设计的国际联盟方案没有独立的行动力，被英法的意志所劫持，集体安全的精神丧失掉了；他殚精竭虑斡旋出来的《凡尔赛和约》，对他所推动的民族自决原则半心半意，又对战后秩序没有一个可行的安排，更兼对德国过分苛刻以至丧失正当性。这些问题使得在国际上，威尔逊提出

1　相关的讨论，亦可参见本书第五章第一节第三小节、第六章第二节第一小节的相关内容。

的各种主张的道义上的真诚性大受质疑;在国内,国会又质疑威尔逊,认为他把美国引入旧世界的均势政治之中,遂拒绝批准《凡尔赛和约》。这一系列挫败,使得美国在精神上再转回到孤立主义,并未完成世界主义转向。

真正的转折点来自第二次世界大战。二战前期美国仍抱守孤立主义,但《租借法案》已经彰显出其作为"民主国家兵工厂"的巨大经济潜力;到正式参战后,美国的巨大生产能力马力全开,令其他所有国家相形见绌;战后初期,美国的工业产量占资本主义世界的一半以上。战争也使得美国成为真正的海洋霸主。战后所建立的关贸总协定、国际货币基金组织、世界银行、联合国等一系列国际制度和组织,使得美国所欲想的、具有理想主义色彩的世界新秩序获得了可行的制度框架。不久后冷战爆发,美国面对的不再是搞均势政治的旧世界,而是另一个抱持普遍主义精神,却与美国的理念尖锐对立的阵营,这又将清教徒的普遍主义热情强烈地激发出来。美国的国际战略与国民的精神冲动于此形成共振,构成一个巨大的动员力量,内政外交于是联立起来。美国的世界主义转向就此实现。

四、陆地霸主的自我超越:以德国为例

德国是列强当中的后来者,迟至 1871 年才完成统一。然而一旦完成统一,德国的发展便走上了快车道。它在军事实力上已然是欧陆第一强国,在经济上也颇有后来居上之势。德国引领了第二次工业革命,其重工业水平罕有其匹,一跃成为欧陆第一强国,经济力量也具有了超国界的意义。凯恩斯曾评论道,一战前"欧洲的经济体系是以德国为中心支柱建立起来的,德国以外的欧洲的繁荣主要依赖于德国的繁荣和德国的企业。……莱茵河以东的所有欧洲国家都并入了德国的工业轨道,它们的经济生活也相应地被调整了"[1]。

德国的迅猛崛起仿佛兑现了大半个世纪之前德意志民族主义的承诺。中世纪以来,德意志更多的是个地理概念而非政治概念,它处在分裂破碎的状态当中,屡受外敌入侵,生灵迭遭涂炭。法国大革命开创了民族主义的时代,在德

---

1 [英] 约翰·梅纳德·凯恩斯:《和约的经济后果》,第 13-14 页。

国激起了深刻的民族主义思考。在法国入侵的背景下，费希特吹响令德意志民族精神觉醒的号角："只有德意志人，只有这种本原的、不在任意组合中消失的人，才真正是一个民族，才有权期望做 个民族；只有这样的人才能对自己的民族有真正的和合理的爱。"[1] 德国浪漫派诸哲则到民间、到传统中，寻找德意志的生命元力所在，从中辨读出德意志引领人类的可能性。破碎的德意志，就这样先在思想中成为统一的实体，此亦可为大陆国家"精神引导物质"的一个例证。

德国的经济崛起，也并不是到统一后才开始的，而是在 19 世纪 30 年代成立德意志关税同盟之际即已打下基础。1840 年，由英国派出对普鲁士的商业同盟进行调查的约翰·鲍林博士，在其调查报告中列举了他认为德国超过英国的工业和工艺技术，包括冶金工业、金属加工业，以及大大受益于德国较好的科技知识及教育的化工行业等。[2]

德国政治经济学家李斯特是关税同盟的重要推动者之一，他从理论上批判亚当·斯密的经济学为一种空洞的学说，因为它只从个人与世界主义这两个角度出发，忽视了国家这个中介。李斯特看到了亚当·斯密所主张的普遍自由贸易秩序背后深藏着英国的国家利益，所以他反其道而行之，提出"国家为了民族的最高利益，不但有理由而且有责任对商业（它本身是无害的）也加以某种约束和限制"[3]。这是民族主义的经济学表达，它向下一直影响到马克斯·韦伯早期的经济学思考。韦伯曾明确提出："民族国家无非是民族权力的世俗组织。在这种民族国家中，就像在其他民族国家中一样，经济政策的终极价值标准就是'国家理由'。"[4]

19 世纪后期，德国通过民族主义的经济政策实现了崛起，拥有了超民族的影响力，但其所构造的经济圈始终只能作为英国主导的全球经贸秩序下面的一个次级结构。第二次工业革命中的德国只是在工业运行状况上超过英国，就附加值的生产而言，德国企业界为了实现相近甚至还略小的经济附加值增

---

1 ［德］费希特：《对德意志民族的演讲》，梁志学、沈真、李理译，辽宁教育出版社，2003 年，第 108 页。

2 参见［英］克拉潘《1815—1914 法国和德国的经济发展》，傅梦弼译，商务印书馆，1965 年，第 122–124 页。

3 ［德］弗里德里希·李斯特：《政治经济学的国民体系》，第 146 页。

4 ［德］马克斯·韦伯：《民族国家与经济政策》，第 93 页。

长，不得不以比英国快差不多三倍的速度扩大其工业产量。[1] 英国依凭自己对全球资本和贸易秩序的掌控，轻轻松松地获取利润，令德国苦恼不堪。

对德国来说，此时最优策略是，利用其超国界的经济和军事影响力，在欧洲大陆领导建设平等、开放的区域秩序，形成超德意志的普遍性框架。这个区域秩序在世界经贸秩序中占有巨大份额，因此有能力对英国主导的全球经贸秩序进行不声不响的改造；德国便可以和平的方式对英国所攫取的超额利润进行再分配，并承担起自己的世界责任。

然而德国要做到这一点，前提是它的精神必须实现世界主义转型，实现自我超越，超越过去赖以成功的民族主义政策。这种精神转型需要两个条件。一是知识群体的精神解放，他们要能够公开地辩论并表达出这种转型的必要性，以及指出其方向。另一是国内制度的相应转型，通过宪政改革使得更多的人能够真正地参与到政治活动当中，在具体的政治实践中培养起国民的政治成熟度，使其有政治辨识力，同时使得具体的政策形成机制可以约束领导人的过分野心；而不是像俾斯麦的统治手段那样，以大量的社会福利法案来收买下层民众，将其选票掌握在自己的手中，以驯服议会，独握权柄。

历史现实是，转型所需的这两个条件在当时的德国都不具备。一俟俾斯麦下台，他的后继者没有能力像他那样"同时玩五个球"，欠缺政治成熟度的德意志便在民族主义狂热的激动下，转向对"阳光下的地盘"的攫取。在国际政治层面，组建了撕裂普遍空间秩序、以对抗性为目的的同盟体系；在国际经济层面，努力构造非普遍性的关税体系，以及诸多双边清算体系。这些努力的逻辑终点，是一个以德国为中心的等级国际结构。这令其周边国家恐惧不已，它们只好引来支撑着开放性体系的全球霸主国家与其对抗。最后，德意志两次走向自我毁灭。

德国的第二次自我毁灭更加彻底，也激起了德国人更为深刻的反思。战后成立的联邦德国，在冷战背景下面对着两个必须同时实现的任务：一是国家重建，二是取得世界的信任。如果仍以民族主义观念来引导的话，这两个任务彼此矛盾，结果会哪一个都无法实现。

---

1 参见［意］杰奥瓦尼·阿锐基《漫长的20世纪：金钱、权力与我们社会的根源》，第315-319页。

联邦德国首任总理阿登纳清晰地意识到这个问题，并大胆地提出了一个超德意志的欧洲框架，德国的重建必须以这个框架为前提。阿登纳就此引领德国开始了其精神层面的世界主义转型。他后来回忆道："我们过去由于战争而负罪深重；现在，我们德国人不是更有责任，要用我们全部精神的、道德的以及经济的力量，为这一个（联合起来的——笔者注）欧洲的诞生，为使这个欧洲成为和平的因素而奋斗吗？"[1]阿登纳更进一步设想了以德国和法国为"欧洲合众国"引擎的欧洲一体化进程，以使欧洲有能力应对冷战的挑战，从而奠立欧洲特殊的历史地位。阿登纳的远见带来了德国与欧洲的和解，启动了欧洲联合的进程。此后，德国不再是德国人的德国，而是欧洲人的德国，德意志在欧洲架构内重新定义了自身。看似不可能的双重任务，就这样实现了。

与德国自我超越的精神转型并行，法国也出现了这种精神转型。二战行将结束之际，科耶夫向戴高乐提交了《法国国是纲要》一文，文中提出，二战证明：一个民族国家再优秀，也不可能有效维系自身的地位了。未来是帝国的时代，盎格鲁－撒克逊的新教－资本主义帝国和苏维埃帝国将统领世界。法国若不能实现某种超越民族主义的精神转型，领导欧洲国家建立起一个超越于法国之上的拉丁天主教帝国，则法国和欧洲都将沦入二流甚至三流的境地；而一旦能够引领欧洲完成这种联合，新的帝国将成为美苏之外的第三力量，成为维护世界和平的关键要素，以及人类文化的一个重要涵养之所。[2]这篇文献在相当程度上为后来的欧洲联合奠立了伦理基础，科耶夫也成为法国参与欧洲联合的谈判代表。在阿登纳苦苦思索联邦德国与法国更具体的和解方案之际，正是法国外长舒曼率先提出了建立欧洲煤钢联营的"舒曼计划"。[3]两个引擎国家同步实现世界主义转向，是欧洲联合能够成功的一个前提。大陆国家的世界主义转向很难孤立完成，它一定是在一个更大的结构当中实现的。

更进一步，欧洲联合的理想不是二战后才出现的，至少可以追溯到法国思

---

1 ［德］康拉德·阿登纳:《阿登纳回忆录》第一卷（1945—1953），上海人民出版社，1976年，第376页。

2 参见［法］亚历山大·科耶夫《法国国是纲要》，载邱立波编译《科耶夫的新拉丁帝国》。

3 阿登纳回忆，舒曼在就该计划写来的私人信件中提到，他的建议所要达到的不仅仅是经济性目的，更是重大的政治性目的；阿登纳评价"舒曼计划"为"完全符合我长久以来所主张的关于欧洲基础工业联营的设想"。参见［德］康拉德·阿登纳《阿登纳回忆录》第一卷（1945—1953），第373-374页。

想家圣皮埃尔在 18 世纪初所提出的欧洲联邦的主张。如果说欧洲联合是一个国家间的契约的话，其致命问题在于一直找不到一个公认的第三方执行人，对违约方施以惩戒，以作为契约执行的担保，如果各国面对违约可自力救济，则相当于没有联合。故而，欧洲联合长期以来只能作为梦想存在。到了冷战时期，美国作为一个第三方执行人出现了，欧洲联合才成为现实。所以，可以说陆地霸主实现转型后所推动建立的区域秩序，仍是全球霸主所给定的全球秩序下的次级结构。只不过，此时无论顶层结构还是次级结构，都已经是开放、自由的秩序，从而可以相互渗透，进而形成融合关系，其间的等级界限便也消弭了。[1]

阿登纳和戴高乐等政治家所开启的努力，使得欧洲各国都成为欧洲取向而非本国取向的国家。随着各国实力的变迁，到 2008 年金融危机之后，我们已经可以看到，德国成为欧洲的德国，而欧洲也已成为德国的欧洲。德国在今天对欧洲的影响力比历史上任何时候都大，但欧洲人对其也还是充满了信任。德国的国家利益正是在这样一种对自我的超越当中，获得了真正的实现。

咨诸历史，无论海洋国家还是大陆国家，其作为世界历史民族的精神自觉，一定都会通过自我超越，将自己虚化为秩序的背景，而真正地成就自身。不同的地缘处境，可能会让其踏上这条路的节奏有所差别，走过来的成本也可能会有所差别，但最终都一定会来到这里。

第三节　"中国的世界"与"世界的中国"的合题

中国的体量决定了，它天然是个世界历史民族。中国古代史是超越于中原、草原等诸多要素之上的东亚大陆的体系史，以中原为经济和文化重心，以草原为军事重心，以过渡地带为整合诸要素的制度重心，在复杂的互动过程中

---

1 这样一种顶层结构与次级结构相互开放、互相渗透的政治经济秩序，卡赞斯坦称为"多孔化"秩序，它是我们理解后冷战时代世界政治、经济秩序的一个重要向度。参见［美］彼得·卡赞斯坦《地区构成的世界：美国帝权中的亚洲和欧洲》，秦亚青、魏玲译，北京大学出版社，2007 年。

拉动起包括陆地与海洋在内的整个东亚的经济政治秩序，并被表达为"天下"秩序。西方在近代的到来，使得东亚的天下秩序被还原为区域秩序，被整个世界秩序所吸收；中国则开始努力重构自身，同时苦苦寻找新的精神表达。

经历了无数苦难的历程与无数勇气和理想的积淀，今天的中国在物质意义上再次成为世界体系的自变量，但中国对此仍未拥有足够的精神自觉。世界历史民族都是通过超越自我而成就自我，让自己成为整体的背景条件。今天，中国也必须完成自我超越，而且必须是个双重超越。中华民族要实现自我超越，成为世界秩序的背景条件；汉民族也要自我超越，成为中华民族的背景条件。这一系列超越过程，最终需要在一种法权形式中获得其稳定性。中华民族在今天终于走到了"历史三峡"的这一步，我们可以畅想，此前的转型历史，如何能够获得其法权形式，完成这个世界历史民族的完整的精神自觉。

这种精神自觉，可以让我们对"何谓中国"这一问题，在规范性意义上给出如下回答，即，**从全球格局来看，中国是世界秩序当中的海陆枢纽，从国家格局来看，中国内在地是个体系；中国正是因其内在的体系性，而成就了其外在的海陆枢纽地位。**作为体系的中国，仿若世界海-陆秩序的全息缩影，通过历史的演化与现代的整合，凝为多元一体的共同体，并以其超大规模性而获得足够的动能，打通内、外两重秩序，将人类秩序联为一体。

一、中国作为世界秩序的海陆枢纽

1. 第三世界的流民化

中国作为世界秩序的中介性要素，作为海洋世界与大陆世界的中介性存在，在毛泽东时代，通过"三个世界"理论获得了精神性的表达；在改革开放时代，则在"全球经贸双循环"的结构里发展为物质性的现实。

仔细观察会发现，这两个时代的中介性不仅仅是精神与物质上的区别。"三个世界"提出于冷战的摩尼教秩序时期，海洋世界与大陆世界在彼时是两种强大的秩序，中国作为彼此角力的双方之外的第三方，提供一种均衡力量。"全球经贸双循环"形成于冷战后的奥古斯丁秩序时期，海洋世界的秩序扩展开始遭遇生存逻辑的极限，而大陆世界则陷入失序状态。这里的"大陆世界"

所涵括的不再仅仅是地缘意义上的"大陆",而是秩序缺失这个意义上的"大陆",主要指当下诸多秩序疲弱、流民动荡的地区。因此中国不再是作为均衡力量存在,而是作为普遍秩序向失序地区扩展的必要中介存在。[1]

失序"大陆"的流民化,与世界经济秩序的变迁之间有着复杂的联动关系。前文已述,中国的超大规模人口,在古代社会也面临周期性的流民动荡之威胁。尤其是在传统帝国的后期,过剩的人口扼杀掉了技术进步的可能性,中国经济陷入内卷化的状态,结果只有外延型增长,没有内涵型增长,终将面临更加严重的流民威胁。但是,过剩人口只在中国作为封闭经济体的情况下才构成严重的问题,一旦中国加入开放经济,在其能够完成政治上的自我整合的前提下,其低廉的劳动力成本反将构成中国的巨大竞争优势。[2]

晚清以来,中国一直苦于无法完成自我整合,一方面无法真正解决流民问题,一方面其廉价劳动力只能流散到世界上去,为他人所用,这段历史催生了庞大的海外华人世界。经历艰难曲折的革命历程,中国终于完成了自我整合,重新加入世界市场,早年流散出去的海外华人在这时成了反哺中国的重要力量,其投资对中国经济的崛起起到了重要作用,庞大的人口规模至此终于转化为中国的竞争优势。

中国的流民问题在世界市场这个背景下获得了解决,与此相应的是第三世界更严重的流民化。中国举世无双的生产成本控制能力,使其低成本制成品如水银泻地无孔不入,甚至出现在非洲国家最偏远的地摊上。[3] 东南亚被整合到中国的供应链网络当中,则要另当别论。原本还在工业化的道路上艰难努力的第三世界诸国,遇到了无法应对的挑战,其工业多半失败;而其社会结构在努力工业化的过程中已经被改变,进城的人无法获得就业,又不愿再回到乡下去,传统乡村的基层社会也遭遇着更大的冲击;经济上的一系列困境更令财政陷于困窘,国家能力大幅下降,秩序开始溃败。实际上,在"中心-

---

1 张笑宇博士的著作《重建大陆:反思五百年的世界秩序》(广西师范大学出版社,2015年),对失序的"大陆"地区秩序重建的可能性,从政治哲学角度做了很精彩的分析。相关讨论亦可参见本书第七章第三节第二小节。

2 参见本书第五章第一节第一小节的相关论述。

3 我曾在非洲国家的偏远地摊上见到当地人在贩卖中国生产的书包、拖鞋等,这意味着这些低技术含量、低价值的产品哪怕从中国运过来也比在本地生产要更划算,这是极具深意的现象。

边缘"的结构下，它们的工业化努力本来也很有可能失败，进口替代的经济政策基本没有成功的；但当下的失败，伴随着世界经济秩序的变迁，便更引人注目。所有这些问题都导致了更加严重的流民化。这在有些地方会令国家陷入毒品经济、黑帮经济，有些地方还会再叠加上"文明的冲突"中各种宗教性的动员效应，导致今天世界上的一系列动荡。

由于中国的超大规模，中国对解决这些问题有特殊的责任。作为世界性的国家，中国的利益也是世界性的，倘若中国放任无视世界经济秩序变迁的这些外部效应，则第三世界的流民也必将反噬中国自身，中国的海外利益将严重受损，中国内部也可能遭遇特殊困境。因此，世界主义的精神转向也成为中国保护国家利益的一种必须，民族主义的狭隘视野便到了一个必须被突破的阶段。

2. 从"生产的政治"到"分配的政治"的转型

世界主义的转向，需要我们对现代世界秩序的基本逻辑及其未来走向的可能性有所判断。现代世界秩序的拓展是在英美资本主义秩序的主导下展开的，英美资本主义的经济伦理具有浓重的清教色彩。但是随着资本主义的发展，这种经济伦理正面临着挑战。这至少有两方面的意涵。

第一，清教伦理所推动的资本主义经济能够不断发展的前提，是有一个远远大于该清教经济体的市场存在。因为清教伦理用严苛的道德标准要求信徒，他们必须努力工作以荣耀上帝，这是一种宗教责任；同时他们又必须生活节俭，否则努力工作只不过是被奢侈生活的物欲所激励，背弃了其宗教责任。这样一种"努力挣又努力节俭"的生活态度，使得其利润积累效率非常之高，远非其他宗教信徒的经济活动可比，也使得其生产远远大于消费。因此，清教经济伦理高超的经济效率，以非清教的外部市场为前提。一旦这个市场被填满，便需继续开发新的市场，否则理性资本主义的生产秩序将难以维系，这也就是马克思所说的资本主义的内在矛盾。到了后冷战时代，外部市场逐渐被开拓完毕，这意味着依从清教伦理的经济模式走到了尽头。

第二，清教伦理强调犹太一神教的传统，对此岸世界进行了彻底的祛魅。此岸世界的各种价值都被均质化，彻底地消弭掉了天主教曾经很重视的等级责任伦理。于是，所有人都要同等地参与竞争，所有人都要服从同样的成败标准。在竞争中处于不利地位的人群，清教视其失败为被上帝抛弃的标志，而非外在条件不济所致。这同样推动了清教经济体的迅速发展，使其效率超过其他经济体，最终使其发展起来的资本秩序涵盖了所有其他经济体，并将许多非清教的地方置于竞争中的不利地位。面对那些竞争失败的人群的悲惨状况，简单地用"被上帝抛弃"来解释，在伦理上是很有欠缺的，这带来一种"伦理成本"，但这种欠缺在清教经济伦理内部是无法进行弥补的。

总而言之，可以说清教经济伦理是一种以生产为核心的经济伦理，其所有的法权设置都围绕于此，其所转化出的制度安排可以称为"生产的政治"，过程中产生的问题可以用更繁荣的发展来消化掉。在其逻辑走到尽头之后，试图再靠发展来消化问题已行不通，此时需要新的经济伦理来置换掉它；新的伦理还需要将自己外化为一种"分配的政治"，以解决"生产的政治"所带来的问题。

在近代西方历史上，有另一种经济伦理一直在对清教经济伦理进行批判，那就是天主教经济伦理。天主教经济伦理认为经济的出发点应当是满足人类的需求，而不是营利。对个人来说，保证与其身份相当的收入，构成收入的极限。从事经营活动的人不允许只为自己而追求个人目的，他是社会的成员，因此他必须将自己的职业看作职责并加以履行，他必须始终考虑到公共福利。社会因此形成有机的等级划分，这是必须尊重的差别。[1] 所以，天主教经济伦理着重于以下几个原则：一是人格尊严，人应当作为目的存在，清教模式的极度祛魅对人是危险的，经济的最终目标不在其本身，而应当是人性的绝对目标，即应使得人类能够习得上帝之仁爱；二是合理价格、合理竞争，不得因过度的理性计算而导致过高的伦理成本，如有必要，政府可以进行干预；三是团结互助，天主教并不认为人类是分散独立的个体性存在，而是认为所有人构成一个大的共同体，应从这样一个总体性的角度来思考前述诸种成本问题，尤其是这个共同体还是个时间性的共同体，当代人要为后代人考虑；四是等级责任伦理，天主教认为人的先天禀赋、后天机遇不同，不能做齐一化要求，责任是与能力相匹配的，拥有更强能力者，理应负起更多的责任。二战后，德国发展道路的选择，与对天主教经济伦理的反思有着深刻关系。[2]

在有外部市场空间存在的情况下，清教经济伦理的效率远胜于天主教经济伦理，后者在中世纪时维系了一个温情融融却又迟缓停滞的西方经济世界，

---

1 参见［德］席林《天主教经济伦理学》，顾仁明译，中国人民大学出版社，2003年，第57-58页。

2 参见［德］席林《天主教经济伦理学》，《中译本导言》，第9-13页。

在进入近代以后便逐渐被清教伦理压制住了。清教经济伦理推动着资本主义经济的高效率发展，在不断寻求更大市场的过程中，导致世界市场空间逐渐闭合，它开始面临自身无法克服的结构性矛盾，此时天主教经济伦理的价值重新显现出来。

伊斯兰教的教义中同样有关于"分配的政治"的深刻思考，但伊斯兰世界的经济与天主教世界的经济，都不足以支撑起对世界经济秩序的重构工作，这个工作需由奉行着市场经济的中国来完成。在资本主义盟主美国逐渐将其经济金融化之后，世界实体经济转移到中国，并且可能经由中国的生产，经由中国对各种市场的开发，而完成使世界市场闭合的工作。在此过程中，以中国为首的工业生产向世界施加的环境成本、资源成本等，也到了必须加以审视，改弦更张的地步。世界需要另一种经济伦理、秩序原则的指引。中国的传统文化也有对作为共同体的集体责任伦理，以及等级责任伦理的深刻考虑，其诸多原则与其他关注"分配的政治"的文化伦理之间存在相当的共鸣性。中国完全可以将其中的精神原则抽取出来，作为东西方共同的伦理财富加以阐发，一方面由此对自己的发展模式进行反思，另一方面更作为一种新的世界意义之倡导者而存在，提出"分配的政治"的问题。

这样一种"分配的政治"不是以单个国家为单位，而是以全球为单位；其目标应该是以中国为中介，将海洋世界的各种经济发展，通过贸易红利转移的方式，转化为向失序地区的秩序投放，以便帮助这些流民动荡的"大陆"地区重建秩序。这样一种新的世界秩序安排的现实可能性，就在于"全球经贸双循环"结构的浮现，贸易红利的转移也正是在这结构里完成的。[1]

向"分配的政治"的转型，并不是要取消现有的国际政治和经济的治理秩序，任何试图一揽子给出对全球秩序进行全面改造的方案，必定是不可实行的方案。"分配的政治"应当以承认现有国际治理秩序的历史正当性为前提，发起一系列谈判，对现有秩序进行渐进性改造，使其逐渐能够适应新的格局与需求。而转型的方向，绝不是失序的"大陆"地区通过走上工业化道路来完成现代化，而是通过秩序的输入，让"大陆"地区获得足够的资源以建立有当地特色的政治、经济与社会秩序，向世界呈现出另外一种生活样态的可

1　可参见本书第七章第二节第一小节的相关讨论。

能性，为资本主义秩序当中的人类保留一块可供参照与反思的心灵净土。

在这样一个过程中，中国将与世界相互塑造，开拓出外交创造性实践的巨大空间，更深刻地实践中国的国际责任。它是中国和平崛起的具象化，是中国获得自己的普遍性意义的基础。中国的世界政治地位，正是在这样一个过程中才可以被定义；中国的国家利益，也正是在这样一个过程中才能被识别出来。若要努力收获这一切，必须要有超越于民族主义之上的普遍主义视野。如此，中国的全新战略才能表达出一个大国对世界责任的切实担当。待中国做到这一点，中国的崛起将充分呈现出其建设性效应。

在这个过程中，也可以看到中国的另一重世界历史意义。前文仔细讨论过，游牧及农耕的共生关系是古代欧亚大陆上一种很普遍的秩序生成机制；游牧－农耕的过渡地带，往往成为新秩序的生成点所在，这种过渡地带未必拥有精神的原创性，但它拥有对两种经济政治生态系统的理解，从而能够形成超越于双方之上的普遍秩序。对今天的世界而言，政治哲学意义上的"海洋"与"大陆"，也会有一个过渡地带；原则上来说，此过渡地带也应该成为世界新秩序的生成点所在。中国作为"全球经贸双循环"结构中的结点，在物质意义上已经完全成为这种过渡地带。这意味着一种巨大的战略机会，中国必须清晰地理解此一战略机会，在精神层面上把握住自己对世界秩序的构成性意义，才能更好地实现其建设性作用。

因此，中国急需一种精神层面的解放。咨诸人类历史，这样一种精神解放，将伴随着对国家的自我意识的重新理解。

二、中国秩序作为世界秩序的全息缩影

1. 中国秩序作为一个全息缩影

中国作为一个世界性的国家，尤其是其处在"海洋"与"大陆"的过渡地带这样一种政治哲学和历史哲学地位，其内部秩序应是世界秩序的某种全息缩影。古代的中国，曾经就是个世界；当下的中国，则应反映世界。只有这样，它才能真正实践其"世界中介"这样一种历史使命。

就中国的内部秩序而言，我们可以看到其三大亚区域："海洋"——东南沿

海乃至海外华人世界，"大陆"——内陆边疆地区，以及中介地带——庞大的中原地区。这里的"海洋""大陆""中介地带"，都不是物理空间意义上的表达，更多的是一种政治哲学和历史哲学意义上的表达，虽然它们与物理空间有很多重叠关系。从比较简单的结构来说，三大亚区域的关系是：东南沿海近年来所汇聚起来的资本，结合于中原地区的庞大人口资源，使得庞大的供应链网络能够形成并运转起来，形成庞大的国家财政能力；国家通过二次分配的方式，将这些财政能力向内陆边疆地区转移，以帮助当地实现自我发展。进一步细致分析的话，会发现每一个亚区域都有着更为复杂、丰富的政治、经济、社会结构。

2. 中国的海洋亚区域

就中国的海洋区域而言，我们至少可以看到三个值得注意的向度。一是东南沿海与世界市场之间的紧密关系，二是南洋地区作为世界资本进入中国的必要中介，三是新一代华人移民将中国经济内在化于世界。

东南沿海在西方制造业外包的大潮中，深度嵌于全球经济。而东南沿海的经济繁荣，在改革开放之初依赖于海外华人，尤其是南洋地区华人的投资。前文已述，[1]这种投资的原动力之一，是南洋华人与其祖籍地之间千丝万缕的联系，南洋因此成为海洋世界与中国庞大人口（政治哲学与历史哲学意义上的"中原"）互动演化出新秩序的必要中介。如今，主导南洋资本秩序的香港和新加坡的资本市场仍然是中国企业重要的融资地，以及国民财富的重要理财地。香港与新加坡的这种地位，与两地所通行的普通法系有直接关系。

从法律规则和司法过程两个角度来讲，普通法系相较于大陆法系，对投资者权益的保护更为完善，普通法系下的会计准则也更有利于对投资者权益的保护。因此，在普通法系地区的直接融资机制，即债市和股市的规模，要远大于大陆法系地区的。大陆法系地区演化出一些替代性的办法，来弥补对投资者权益保护的欠缺，途径之一就是所有权的集中。就资本市场而言，其结果就是，间接融资机制（银行）的规模会更大。[2]直接、间接两种融资机制，对全球资本的吸引力以及经济效率的影响力很不一样。世界上最重要的股票市

---

1 参见本书第一章第六节，第五章第二节第二小节的相关论述。

2 参见 Rafael La Porta, Florencio Lopez-de-Silanes, Andrei Shleifer, Robert W.Vishny, "Law and Finance", *The Journal of Political Economy*, Vol.106, No.6（Dec., 1998）, pp.1113-1155。

场、期货市场等直接融资市场，都在普通法地区，如纽约、伦敦、香港、新加坡。普通法地区的资本市场更加活跃，市场深度更大，对国际经济和国际贸易的影响力也更大。而不同国家的商人在进行国际贸易时，如果在适用哪一方的法律上难以达成共识，双方的妥协办法，除了适用国际公约，就是适用第三国法律，非英美的当事人经常会选择适用普通法系的英国法、美国纽约州法等。几乎可以说，整个海洋世界与国际经济秩序的底层法律逻辑就是普通法的逻辑。

所以，作为华人世界少有的施行普通法的地区，香港与新加坡天然地成为中国经济与世界资本市场联系的重要中介。作为西方资本与华人资本的交汇点，它们发展成了世界性的金融中心。尤其是香港，它有着一种重要的二元性。一方面，它是中国这个大陆法国家不可分割的领土，另一方面，它又和整个海洋世界分享着同样的普通法体系。通过香港，中国就有了一个与海洋世界形成无缝对接的接口，可以对国际资本市场形成巨大投射力，反过来中国也可以通过香港，从国际资本市场汲取巨大的力量。[1] 我们因此要问，中国的自我意识应当如何——它需要如何理解本国与世界，以及整个国家与国家内部的海洋亚区域的关系，才能让这种资本交汇点成为中国的力量所在，而不是相反？

中国的海外新移民——主要来自东南沿海地区如温州、福清等地——则以另一种方式使得中国经济内在化于世界经济当中。日本的 NHK 电视台在 2011 年播放过一部自制纪录片《意大利品牌中国人造：在时尚之都经商的华人》，其中呈现的内容十分值得玩味。佛罗伦萨附近的意大利老牌纺织工业城市普拉托（Prato），在 2000 年之后，当地的中国人开始激增，到纪录片制作之时已经达到当地人口的四分之一。早年到此的中国人在当地开办了大量的服装工厂，新来的中国偷渡客是工厂的廉价工人，工厂的设计师则是从意大利工厂高价挖过来的，产品以意大利品牌的名义在欧洲销售。纪录片称此为"欧盟关税区下面的中国"。我在欧洲调研时也看到了完全类似的状况。偷渡到意大利的中国人，在当地形成了完整的高度专业化分工的服装产业链，有人专门负责布料的供给，有人专门负责做剪裁，有人专门负责缝制，然后还有人负责

---

1 再版注：这段文字最初写于 2017 年。2020 年以来香港的一系列变化，让我对香港的这种评价可能要更为谨慎一些。

完成面向全欧洲的分销。所有的过程、环节都是由在欧洲的中国人完成的，但是这个衣服的标志是 Made in Italy（意大利制造）。欧洲的中低端服装业以这种匿名的方式被中国人垄断了。此经济活动的产出会被计入意大利的 GDP，而其收入有相当部分可能被转回中国。中国人的经济以这样一种隐匿的方式实现了向全世界的扩张，在非洲、拉美，同样可以看到类似的扩张在展开当中。

　　纪录片中还呈现出了海外中国人另一种有趣的努力。一位在普拉托已经颇有成就的华人，为了帮助中国人更好地融入意大利，缓和当地意大利人与华人的矛盾，转而寻找渠道将意大利的高端时尚品牌引入中国，与中国的境内渠道商进行联系与合作。这样一种努力意味着会带来一种新的均衡结果。当地的意大利人之所以陷入困境，是因为在低端产品上竞争不过中国人，而在有比较优势的高端产品上却无法打开更大的市场。在意大利的中国人则刚好拥有能够帮其进入中国这个广阔市场的能力。由在意大利的中国人来填补意大利的低端市场；他们再反过来牵线，帮助意大利人获得在中国的高端市场。这样的分工格局，使得世界市场更加均衡，商品的流动性更强，也意味着国界在经济层面的消除。[1]

1　在美国方面也有一些类似的有趣案例。比如近年来有一些中国的移动端 APP（应用软件），把美国老师与中国孩子一对一地撮合在一块，通过在线视频对话的方式教中国孩子学习英语。到 2017 年下半年，这些 APP 在中美两国都已经有了数十万的注册用户，未来还有巨大发展空间。这是一种非常值得重视的商业现象。本来，这种面对面的教学模式需要教师和学生共处同一物理空间，是一种无法出口的本地化服务业，但是由于互联网的介入，物理空间的限制被打破了，这样一种服务业便能够出口到中国了。实际当中的效果也非常好，在这些 APP 上注册的美国教师的收入基本上都翻番了。前文（第七章第二节第二小节）曾经谈到，美国在创新部门之外的传统产业遇到一些困境；在这种新模式下，传统服务业也能出口了，困境获得了突破的可能性，而且在这个商业模式之外，还有各种各样的想象空间。值得提出的是，中国市场的超大规模性，使得很多种在别的国家无法成立的商业模式（尤其是互联网商业模式）在中国成为可能；前述在线视频英语教学，既是互联网应用层面上的一种重要的商业模式创新，也依托于中国市场的规模性特征才成为可能（相关讨论亦可见本书第七章第二节第一小节）。于是，中美之间的贸易均衡有了新的突破口，我们也可以观察到，中国与美国在微观经济过程当中的一种更加深刻的相互塑造作用。当然，光是在线视频英语教学这样一种服务业输出，还远远无法解决美国传统产业的困境，但这个案例却能让我们开启更大的想象力，让我们看到过去无法出现的可能性。感谢徐小平先生与我的讨论在这方面带来的启发。

　　再版注：本脚注上述文字写于 2017 年，2021 年以来的一些变化，让我在应用这个案例的时候需要更加谨慎一些。但是这个案例背后所反映的国际政治经济学逻辑，在我看来仍然是成立的，只不过可能会换成别的商业载体。

在所有这些过程中，我们都可以看到中国的又一种深刻的海洋性面相。通过个人的行为，实现国家利益的扩展，这也是西方海洋国家在早年的发展史；真正的国家活力，正是在这种自主的微观过程中得以实现的。可以说，无论中国在观念上如何，具体的中国人的经济活动，正在以不以任何人的主观意志为转移的方式向全世界弥散。这个弥散大局已成，是不可逆转的。中国经济与外部世界的高度弥散性关系，使得我们必须进一步发问：中国的自我意识如何才能反映这种现实的格局？这个微观的弥散过程已经引发了一系列的规则破坏与挑战，势必会导入持续的谈判与博弈，这既包括国家间层面的谈判、博弈，也包括纪录片中提到的海外中国人与当地人之间的谈判、博弈。它需要在一种什么样的对中国与世界关系的理解中，才能逐渐地被理解、被处理？

3. 中国的大陆亚区域

中国的内陆边疆地区，都属于其大陆亚区域。这些地方地域广大，人口稀少，资源丰富，生态脆弱，精神世界丰富。因此，大陆亚区域与海洋亚区域有着巨大差异，这些差异以深刻的方式提醒着我们，中国是作为一个体系，而不是作为一个均质民族国家存在的。

所谓以中国为中心的供应链网络，实际上很大程度以中国东南沿海为中心。这个网络可以把东南亚的很多区域整合进来，却难以将中国的大陆亚区域整合进来。因为供应链网络的效率就在于其高度的集聚性，在于其物流的高效性，东南沿海及东南亚可以比较容易地整合在一起，但是大陆亚区域则由于人口稀少、物流成本高，而无法被整合进来。结果之一就是，中国内部的大陆亚区域，其发展是不会通过一般意义上的工业化来实现的。

在工业方面，大陆亚区域有比较优势的产业，主要是资源相关产业，这些产业的特征在于高资本、高利润、高技术及管理要求，以及与这几"高"构成对比的低就业。这种产业特征意味着当地的一般百姓无法通过该产业获得福利分享，而资源相关产业带来的另一"高"——高污染，对当地脆弱的生态所形成的负面效应，却要由当地百姓来承受。这些问题无法通过经济的发展自然消化掉，必须通过国家内部的"分配的政治"才能应对。其中包括国家财政转移支付、资源产业的利润分配向当地的更大倾斜等，以便让当地获得更大的财力来保护生态，提升当地的民生水平。

所谓提升当地民生水平，不能简单地以物质财富来进行单向度的衡量。

实际上，中国的大陆亚区域是精神资源丰富的地方，基于这些传统的精神资源，当地都有其"分配正义"的观念，这与东部地区的观念区别很大。一方面，对这些"分配正义"的理解，是前述"分配的政治"能够更有效实行的一个前提。另一方面，这些传统的精神资源，也让当地对何谓"有意义的生活"有着与东部地区大不相同的理解。如果简单地用物质财富来作为民生的衡量标准，无疑会忽视当地更重视的精神向度。

大陆亚区域对中国的政治哲学和历史哲学的意义，不在于当地通过工业发展来实现现代化，而在于当地能够基于其丰富的精神资源，在一种平和宁静淡泊的生活中，于中国内部向国人呈现出另一种生存样态的可能性。在一个物欲横流的经济体中，大陆亚区域为中国保留了一块精神的净地；当地的诸多传统精神资源，未必会吸引其他汲汲于世俗功利的国人的皈依，但会让人们在物质世界当中看到心灵获得内在平静的可能性，从而促使人们返回自己的内心。这对中国来说是一笔巨大的财富。

大陆亚区域也会在这个过程中，真正地影响中国，成就自己，成为启示中国命运的力量，不是对中国命运做一种实体性的（亦即某种彼岸性的）启示，而是作为一种结构性、体系性的启示——中国本身必须作为一个体系方能获得理解，也才能成就中国所应担当的世界历史命运。

中国的自我意识如能形成此种自觉，则其大陆亚区域将再获得一种中介性的身份。作为整体的中国，是人类海洋世界与大陆世界的中介，大陆亚区域则是作为体系的中国与大陆世界之间的中介，并成为中国向更广阔的大陆世界传播影响力的重要前沿。

4. 世界历史民族的质料因与形式因

作为一个世界历史民族，中华民族最根本的前提条件在于其质料因。质料因的超大规模特征，使得对中国的分析天然需要以全球为单位。通行的各种理论都是以给定的、差不多被视为常量的外部秩序为前提，来分析特定对象的；但超大规模意味着中国的活动会重新定义外部秩序本身，常量不再，通行理论在讨论中国问题时将遭遇特殊困境。

中国的超大规模性在于其中原地区的庞大人口，在于其海洋亚区域的庞大供应链，在于其大陆亚区域的庞大地理。自古代平民社会以来，中华帝国以中原地区的庞大散沙化人口和财富为基础，对任何割据性力量形成的压倒性优势，已确保了持久的分裂割据状态不可能再出现。在帝国强盛时期，中华帝国还有余力向外扩展到其统治半径的极限，形成高度多元的庞大政治体。转型的中国继承了这样一个高度多元的政治体，其赖以杜绝割据与分裂的硬约束条件也同样被继承了下来。因此，这样一个国家，它所面临的最根本问题，是如何实现其民族的精神解放，将其世界历史民族性真实有效地打开；只有这样，其内在的多元复合结构，才会转化为丰厚的财富，而不是相反。

中国的世界历史民族性，需要勇于开拓的激情，我们在那些敞开想象力、积极创新的经济群体中，在那些海外新移民的身上，能够看到其具象化的存在；需要有丰富的人力资源作为创造财富的最根本基础，我们在那些任劳任怨的庞大劳动者群体身上，能够看到其具象化的存在；需要有丰富的内心世界，我们在儒家的温情、道家的空灵、佛家的洒脱中，在大陆亚区域丰富的精神资源中，以及在 20 世纪的民族苦难所磨砺出的革命激情中，能够看到其具象化的存在。

然而，这种种多元性，在当前更多的是作为现成的存在，仍有待被更有效地整合进统一的规范性秩序当中，否则多元性的价值便难以获得充分释放。多元要素的统一性只有获得一个法权形式的有效表达，方能使质料因获得形式因的整合。

而对形式因的追求，将在一个历史过程中表达为中国与世界的合题，表达为普遍宪制的生成。

三、生成中的世界与普遍宪制

1. 生成中的世界 [1]

狭隘民族主义的视野，使我们无法恰当地理解世界，看不到中国在世界秩序中的结构性意义；也无法恰当地理解自身，看不到中国自身作为一个体系的意义。这双重的盲区，实际上是同一枚硬币的两面，那么，对这双重问

1　本小节和下一小节的部分内容的探讨，亦可参见于向东、施展《从"民族意识"到"民族精神"——外交哲学对谈之六》，《文化纵横》2014 年第 1 期。

题的解决，也应当是同一个过程；或者说，真实地理解世界，与真实地理解自己，也是同一枚硬币的两面。

狭隘民族主义对自身与世界都抱持着强烈的前置观念，将"自我"和"他者"理解为不可被穿透、不可被还原的致密体。而实际的世界处于不断的生成过程中，是一个历史的而非观念的世界。尤其是近代以来的世界，是一个随着工业技术和贸易网络的出现而出现的新世界，伴随技术和贸易的发展而发展，处于不断变化、不断生成新内容的历史过程中。中国在近代以来深度地参与到这一历史过程中，与世界形成了深刻的相互生成、相互塑造的关系。这个生成中的世界，有着无限的扩张性以吞噬吸纳各种各样"自我"的主体性，将它们都纳入进程当中；任何国家与民族，都不过是这个进程的变量——即便它是其中最重要的变量，也只是这个进程的一个构成性部分。现实当中的每个国家都是一种多孔化结构，国与国之间深刻地相互依赖、相互穿透。从商业史经验来说，国家层面和全球层面的法律－经济架构，有可通约性。单个国家的经济政策，自然会有各种自利的经济民族主义行为，但只要它立基于这种可通约性，其自利行为都有外部溢出效益。这种微观活动形成的经验具有普遍主义倾向，杰出的政治人物就在于能够找到表达这种普遍性的宣传方式，以此形成有实践基础的对民众的动员。

这样的政治动员会诉诸民众对本国的特殊情感，但这种情感并不会发展为对他者的拒斥关系。因为它能意识到，真实的世界是一个多种主体性普遍联系的世界，在普遍联系的历史经验的基础上演化出各种规则和网络，并且不断地把这些规则积累为经验。没有只存在于观念中的虚幻的主体性，只有存在于普遍联系中的主体性，民族的精神性存在正是生长于这种普遍联系之中的。对这个生成中的世界的理解，打破了那个稳定固化的"他者"的幻象，"自我"与"他者"绝对对立的世界消失了，从而超越基于"自我"与"他者"之对抗关系的民族意识。在这种世界进程中，民族的自我认识就恢复了它的历史主体性，它不是在对峙关系中确定自我的观念，而是在世界的生成过程中实现民族的主体性。它把世界理解为民族的自我实现，把民族理解为世界的普遍联系。

对这样一个正在展开、生成中的世界，我们对其应有一种实践论的认识方法，就是在中国参与这个正在展开的世界历史过程中，所形成的认识方法。世界不是一个给定的、有待我们去认识的对象，而是有待我们去实践的对象，是民族自我实现的条件，是正在进行中的过程。这样一种对民族与世界之关系的理解，也可称为历史性的世界主义。在这种世界主义眼中，世界每天都是新的，都在创造中，它没有允诺一个未来世界的框架，也没有关于这个未来世界构造的知识，而是认为任何历史主体的经验都是这个生成中的世界的组成部分，它的全部知识都只蕴含在生成的历史经验中。它排斥脱离历史经验的观念规划，既不认为世界是可以规划的，也不认为观念具有规划功能。换句话说，观念只能作为道德戒律，而不能作为历史的引导。

这个"生成中的世界"早在西方扩张的时代就开始了。它在今天被我们意识到，固然是因为中国辉煌的经济记录，但中国的经济成功恰恰是在这个早已开始，并已主导世界历史走向的"生成中的世界"中取得的。当中国加入这个过程后，世界历史确实为之一变，可以称之为基于中国成长的"生成中的世界"了。这样的世界历史应该在我们民族的自我意识中呈现为实践的过程，呈现为民族自主性的自我证实。

2. "林肯论辩"式的认识方法

我们可以借喻式地，将这种对世界历史与政治秩序的认识方法，称作"林肯论辩"式的认识方法。在南北战争前和战争中，林肯与他的同事和对手们就奴隶制问题以及由此引发的美国宪法危机进行了一系列的政治辩论。辩论的当事人均为当时重要的政治人物，论辩的主题是政治的哲学基础和神学基础；但这并不是一种抽象的思辨过程，论辩所指向的是政治行为特别是立法行为，与传统欧陆政治家纯粹基于利益交换的令人眼花缭乱的政治操作有着巨大的区别。初看上去，"林肯论辩"中争论的内容似乎是很具体的黑人自由权，但深入理解的话，是普遍意义上的自由秩序。林肯们对关乎秩序根基的哲学和神学的论辩，刻画了一系列对现存规则的挑战与反思，展示了他们对未来成长的欲求及相应的智慧和技艺。[1]

"林肯论辩"有虚、实两种意涵。实指的"林肯论辩"，在美国的非常政治时刻呈现出一种普遍主义的观念，它为日常政治奠定基本的价值取向。虚指的"林肯论辩"，可以英美国家日常政治当中的议会辩论为代表。"实指论辩"

---

[1] "林肯论辩"的相关历史及其政治学意涵，可参见［美］雅法《分裂之家危机：对林肯－道格拉斯论辩中诸问题的阐释》，韩锐译，华东师范大学出版社，2007年；［美］雅法《自由的新生：林肯与内战的来临》，谭安奎译，华东师范大学出版社，2008年。

所奠立的价值取向，其内容并不是一成不变的，它要不断地经受考验，并在此过程中继续通过激烈的论辩而更新自己的生命力。后来罗斯福新政过程中的论辩，越战过程中的论辩，甚至今天美国两党的政策论辩，都在更新着它的生命力。而"虚指论辩"看上去往往是些琐碎的物质利益争论，但正是这种琐碎，才约束着"实指论辩"中所争论的价值并不是一些凌空蹈虚的想象，而是有着坚实的实践基础，这些价值会在琐碎的争论中被具体化为一系列的程序正义，作为"虚指论辩"的制度条件。对政治及秩序的这种"虚实结合"的认识与实践方式，堪为世界之普遍联系的全息缩影。

这些浩如烟海的议会纪事看上去似乎已然去政治化，一如施米特所批判的英美政治是去政治化的技术统治，但实际上它指向着一种更大的政治，它在构造一种普遍秩序。在这样一个过程中，对法权的发现与政治的实践，是一而二、二而一的事情，是一种真正意义上的"知行合一"，政治认识的过程基于政治实践的过程，政治实践的过程又在不断地推动着新的政治认识的过程。这个互动的过程没有终结，它始终在不断地运动、不断地生成。可以说，"林肯论辩"是政治的存在方式和生成过程。把历史拉长来看，这种经验主义的历史观与政治观在英语国家发展起来，并逐渐覆盖了那些抱持观念论的历史政治观的地方。

中国的经济持续不断地深度融入全世界，由于中国的超大规模体量，我们纯粹内政的行为也会产生巨大的外部性效应。这些都使得我们过去对世界的认知模式遭遇严重挑战，无法从真正意义上理解自身与世界。倘若始终无法获得"林肯论辩"式的认知与理解方式，中国将无法理解外部世界的正常诉求，即便是外部世界发起谈判的请求，也可能会被中国视为围堵而遭拒斥。

可以说，此时的中国需要的是一场"精神解放"运动，而不仅仅是一场启蒙。这里的所谓启蒙，是指在蒙昧的状态下开眼看世界；所谓精神解放，是指在根本上改变对世界的认知方式。**启蒙可能带来大量的信息，但只有精神解放才能帮助我们去理解这些信息的意义为何。**因为，任何信息都只有在特定的认知框架下，才会呈现出其意义，没有脱离开认知框架存在的赤裸信息；同样的信息，在不同的认知框架下会有完全不同的意义，**而所谓精神解放，就是要反思乃至重构我们的认知框架。所以，精神解放是无法简单地通过另一次启蒙来完成的，**因为这很难突破观念论的结构，只会让我们落入新一阶的将民族理解为致密体的误区。"林肯论辩"的意义正是在这个背景下浮现出来的，它有两重意涵：第一，我们需要有历史政治观上的转变，对世界秩序进行全新的理解与实践；第二，中国需要在精神层面上进入不断自我解放的过程，它可以通过林肯论辩的方式进行。新的历史政治观在此论辩中浮现出来。

视野进一步打开的话，可以说，在世界层面上也需要开展国际交涉的"林肯论辩"。欧洲历史在这方面可以给我们启示。二战前欧陆的民族主义都是观念论的历史政治观，它们都指向特殊主义的、割裂普遍空间的世界秩序想象，这些致密体之间的理念关系是"命运对决"，无法进入"林肯论辩"。二战后的欧洲统一进程，终于超越了那种特殊主义的秩序观，欧洲内部的安全问题不再成其为问题，于是一种"林肯论辩"的过程在欧洲框架下展开了——从早期舒曼、莫内关于欧共体的声辩，科尔关于德国统一的应急设计，到德斯坦领导的欧洲宪法讨论，再到近年哈贝马斯对欧盟的警示演说，林林总总。经贸过程走上了与政治过程合一的进程。这段历史可能是未来世界历史发展的某种小规模预演。至此，我们的讨论进入到了一种基于普遍视角的世界历史哲学，中国的自我意识要在这个层次下再获审视。通过认识论意义上的"林肯论辩"形成新的历史政治观，是全球化的历史实践，是某种意义上无从避免的宿命。一如塞涅卡所说："愿意的人，命运领着走；不愿意的人，命运拖着走。"

就世界秩序而言，还有着超越于欧洲乃至西方之上的更深一层的普遍性，这就需要"林肯论辩"在几个世界历史民族之间继续展开。它将重构这些世界历史主体的自我意识，世界秩序最终进入一种去主体的主体间性的进程之中。这样一种论辩，将是对中国的全球历史意识的发现过程，会促成中国的精神解放。它既要在中国内部展开，也要在中国与世界之间，尤其是中美之间展开，这里涉及的不仅是中国发现自己的全球历史意识的问题，也涉及美国的全球历史意识的重构问题。

对美国来讲，它面对着怎么消化中国乃至伊斯兰世界的挑战的问题。消化的第一步当然是理解对方，而这种理解不可能纯粹观念运动式地完成，它一定要进入一种"林肯论辩"的过程才可能展开。在这个理解、消化的过程中，美国将改变自己，改变自己的文明样式，改革自己的政治存在方式。中国也一样，在与美国相处的过程中，改变自己，达到那样一种变化。这是一个真正宏阔的世界历史过程。从中我们可以看到人类的意识如何从彼此茫然无知，到彼此深存误解，最后彼此实现和解，达致一种普遍秩序。

在这个动态的过程中，中国被还原为世界历史的一个环节，美国也被还原为世界历史的一个环节。这个世界历史过程的完成，表现为世界秩序的普遍司法化。现代政治的意识形态所构造出来的政治空间，在"林肯论辩"的时间维度之展开中，形成一种真正的普遍秩序。在此普遍秩序中，国家变成财政单位，变成社会福利组织单位，民族成为多样化的文化形态，变成日常生活方式。

这是对同时包含着时间与空间之双重维度的古典帝国的某种回归。作为空间存在的国家，在"林肯论辩"的时间维度中与世界不断互动，与世界秩序共同演化；"宪法典"叙事中对时间维度的屏蔽，共产主义叙事中对空间维度的屏蔽，因此而全部获得突破。古典帝国"政治的归政治、经济的归经济"，这回还可以加上"文化的归文化"。民族国家作为一个基本的政治单位，其政治性消散于普遍秩序之中，民族国家时期构建起来的列强体制，也就渐渐退缩在诸历史主体的普遍联系之中而被彻底克服；对历史的叙述，终能祛除政治的遮蔽，作为历史而回归。

这样一个过程，就是人类普遍宪制展开的过程。中国经济崛起对世界秩序的冲击以及对中国自身的改造，带来了普遍宪制展开的可能性。其过程不会一马平川，必定多有反复，这也是"林肯论辩"的常态，但从长线来说，其方向不会有变。这在更深的意义上吁求着中国精神格局的转型，以便从自觉意识上让中国与整个世界历史进程逐渐融合在一起。当我们达到这个转变的时候，就消除了民族精神分裂和精神内战的可能性，从而成为一个精神饱满的民族，一个自我实现了的民族。

在这样一个过程中，也只有在这样一个过程中，这个民族内部的自我立法和自我治理，才有可能最终完成。

基于对这样一种生成中的世界的理解，中国会将自己的现代转型最终落实为宪制，在制度层面上将自己的内政秩序与国际秩序联立起来，从而在实力、理想、制度三个层面上完成自己的世界主义转型。这个过程会进一步推动人类普遍宪制的展开过程。中国的宪制不可能通过一次简单的立宪活动实现，因为其内涵远超一部简单的宪法典。它必须能够结构性地反映中国与世界的关系；反映中国作为世界之全息缩影的现实；将中国复杂多样的现实统合在统一的法权秩序当中，既承认超大规模国家内部地方主义的正当性，又不导向国家的分裂；在技术上使一个超大规模国家的日常政治既能有效运作，又不至于丧失对人民的代表性；对于中国的悠久历史、澎湃的革命史以及人类现代政治文明的优秀成果，都能吸收并表达在宪制的理想当中。

对这个宪制不能做法典化的理解，而需要做历史性的理解，但它又必须呈现为法典化的形式。这样才有可能让前述所有这些彼此之间经常有着巨大张力的要素，都在这个自由宪制中获得其表达；才能对前文反复讨论的世界政治与国家政治当中的时间维度与空间维度之间的张力给出恰当的安顿，让中国与世界的共同演化过程，通过该宪制作为制度性界面，而获得恰当的表达。[1]

一旦获得对这些意义的理解，中国的视界中将会展开一片前所未有的时空天地。从某种意义上可以说，中国近代以来的历史，就是不断努力克服自己的内在失衡的历史。这种失衡在精神与物质两个层面都深刻地存在着；到了今天我们可以看到，内在失衡以及世界的失衡，实际上是同一个过程。中国内部的困境，必须在全球秩序重构的框架下，通过中国的世界主义化来化解；中国的外部困境，也必须通过中国对自我意识的重新表达来获得突破。中国的失衡需要通过一个宪制过程来驯化，世界的失衡同样需要在一个普遍宪制过程中被驯化。

现代政治在其初起之际是以意识形态为其正当性基石的。意识形态直接塑造着人们对世界的想象，一种观念的而非实践的政治理念便被建立了起来。它的极端表现，是用"观念"取代过去的"宗教"，将政治再绑架进入一种"伦理－官僚世界"，形成一种对民族的致密体认识，这在现代呈现为韦伯所痛恨的"理性的铁笼"。两次世界大战的源起，与这种观念对政治的绑架有着深刻关联。今天，去政治化的世界将再一次面临被观念所绑架的危险。在一个因为各种世界层面的失衡与挑战而被打开的"林肯论辩"的过程中，异化了的"伦理－官僚世界"将再次获得机会形成自我突破，真正进入"政治世界"；而中

---

1 亦可参见本书第六章第五节第三小节的相关讨论。

国本身也将在这个过程中突破自己的历史，进入"政治世界"。

　　咨诸中国的历史，我们发现其在若干轮的大循环中，内在地包含着一个自由的展开过程。中国的古代历史便是这种自由的现实展开过程，但它到了古代后期却走向了自己的悖反，以至于无法兑现自己的轴心文明对人性与尊严的承诺，从而内在地吁求着外部力量的到来。到了近代，中国与外部世界通过各种形式的互动乃至互构，而朝向自由法权，其间经历了艰难的转型历程。今天，实现了经济崛起的中国，已经在用自己的力量深刻影响着世界法权。虽然从长线看，"世界潮流，浩浩荡荡，顺之则昌，逆之则亡"；但从中短线看，中国如何看待自己，将在深刻的意义上，决定世界如何向前演化。

　　归根结底，中国作为一个世界历史民族，决定了，世界的自由将以中国的自由为前提。

增补
未来秩序导论

2018 年，美国总统特朗普上任后不久，便对中国发起大规模贸易战。

20 世纪 60 年代到 80 年代，美国与欧洲、日本都发生过多次贸易战，美国在过程中虽会付出代价，也会在相当程度上达成政策目标。但 2018 年与中国的这场贸易战，其结果与诸方的预判相去甚远。时间相隔三十余年，贸易战的结果有如此大的差别，它隐隐在提示人们注意世界秩序的一些深层变化：政治空间与经济空间很可能不再是一致的了。

2020 年，疫情开始席卷全球。

大疫当前，各国理应携手合作，但此前几年彼此间的深深猜忌，让合作变得越来越困难。贸易战当中，各国争执的焦点之一在于穿透国界的数据，病毒则是又一种穿透国界的力量，但是抗疫的政策又是以国家为基础运行的。贸易战也许更多还是在使用成本杠杆，抗疫过程里各国间的龃龉，使得安全杠杆加入了进来；面对安全考虑，成本考虑就会退让到第二位。政治空间、经济空间、数字空间、健康空间，各种结构差别巨大的空间彼此交错，使秩序变得更加混沌不堪。

2022 年，俄乌之间爆发二战以来欧洲规模最大的战争。

俄乌战争的走向不断地出人意料。其中关于军事和地缘政治的问题，因写作此段文字时距离事情发生还太近，无法看清；但作为数字时代的第一场大规模战争，它还是能让人们看到很多全新的事物。其中很值得探讨的一点便是，战争作为政治的延续，在传统战争时代，政治是以线下的物理空间为前提的，而在数字时代，政治空间却不再仅仅在线下，线上空间的政治性在很多时候变得更加重要。在线上空间，国家与个人在力量上的绝对差距差不多被夷平，都仅仅是个账号而已，于是在这里，政治也不再是以往那种意义上的政治了。钢铁洪流在这里不再起作用，网络共识成为一种新的洪流，影响着线下的政治决策，影响着士气，影响着战争。

五百年前，旧世界的陆地上正在发生一系列不可逆的变化，城邦开始退场，领土国家开始兴起，常备军开始出现，宗教改革撕裂了欧洲，奥斯曼土耳其虎视于东方。同时，海洋上正在展开一个全新的空间秩序，其中的秩序逻辑与此前人们所熟知的陆地秩序迥然不同，一系列东西在海洋上都要被重新定义。此后的世界秩序中，海陆关系成为其中的主轴，海洋和陆地也在秩序演化中不断地重塑着自身，人类由此走向一个更加广阔的空间，也迎来更加激烈的冲突。

今天很可能像五百年前一样，传统的线下秩序正在发生一系列不可逆的变化，同时，全新的线上秩序也正在崛起，一系列东西在线上都要被重新定义。线上的数字世界与线下的传统世界，也会彼此互构着影响对方，它们之间的关系很可能会构成未来秩序的主轴。

人类走向海洋一百余年之后，国际法之父、荷兰思想家格劳秀斯在17世纪初发现了海洋秩序的奥秘，也在这一背景下梳理了陆地秩序的新逻辑，现代国际秩序的法理和伦理基础由此浮现。

今天的人们也急需一种格劳秀斯式的思考，去发现未来秩序的可能性。这种思考的前提，是对当下的一系列变化进行深入的探查。

第一节　传统秩序的重构：政治空间与经济空间的分离 [1]

一、"科斯定理"的推论

本书在第七章中仔细讨论过中国供应链网络的成长。供应链网络的成长中包含着一个衍生逻辑，就是企业的组织形态会发生重要变化。

---

1 关于这一节的内容，更加完整系统的讨论参见施展《溢出：中国制造未来史》。

　　罗纳德·科斯在其 1937 年发表的著名论文《企业的本质》当中提出，经济活动中的资源配置有两种机制：一是基于市场的价格机制，一是由企业家作为资源协调者的组织机制。基于市场的价格机制因为各种不确定性而有交易成本，故而人们会建立企业，企业家可通过企业内部的协调而更有效率地配置资源；这可以消减市场当中的交易成本，但要付出企业内部的组织成本。随着企业规模的扩大，组织成本的曲线不断上升，所削减的交易成本的曲线不断下降，两条曲线的相交处，便是企业规模的均衡点；没达到均衡点之前，企业仍未达其最高效率，超过均衡点之后，企业则开始损失效率。

　　把这个分析框架放到供应链网络上，便会注意到，西方国家的上游公司有大规模外包的需求，由此拉动起中国的供应链网络，而后者作为外包的承包方，必须确保能够迅速迭代自己的生产过程，以便跟上上游迅速迭代的产品创新。如果企业内部的生产部门太多，部门复杂度过高，要快速迭代其生产过程，多部门协作的组织成本便会快速上升，组织成本与交易成本的曲线会更早地相交。在这种情况下，企业会选择裁撤内部的一些生产部门（或者将它们独立出去成为新的企业），通过外部的市场化机制来实现合作。可以说，企业内部的组织成本是企业内部部门复杂度的一个函数，降低部门复杂度便能降低组织成本。

　　打个比方：要生产一件复杂产品可能需要 100 道工序，过去有 70 道工序是在一个工厂内部完成的，只不过是分布在 70 个车间，由企业内部的指令来协调合作关系；到了今天，为了降低部门复杂度，以便能快速迭代生产流程，有可能这 70 个车间中的大部分以各种方式独立出去（或是被裁撤），基于不同的组合变成了 50 个工厂，与通过其他途径形成的几千甚至几万个工厂一起，形成供应链网络，由市场机制来协调合作关系。

　　过去，由那 70 个车间组成的一个工厂处在一个国家之内，在贸易战中要共同地面对关税的压力；今天，重新组合的 50 个工厂，实际上融在一个更大的供应链网络当中，而网络可能分布在多个国家，不同生产环节的工厂在贸易战中承受的关税压力是不一样的。其中大量中间环节的工厂，产品不会销往西方的终端用户，而是销往下游的工厂。这些中间环节的工厂不直接面对贸易战的压力，它们便没有跨国迁移的动力；只有生产终端产品的工厂才有跨国迁移的动力，但它们不会迁移到离上游供应商过远的地方，以免物流成本过高。所以，贸易战可能在局部改变其中某些工厂的地理布局，但较难实质性地改变整个供应链网络的大空间布局，因为具体的工厂要依托一个更大的生态系统才能更有效运行。

另一组数据能够验证这个理论推演。

20世纪90年代，国际贸易中有70%是制成品贸易，这就意味着，绝大部分制成品还是在单个国家内部完成生产的，当时处于贸易全球化的阶段；到2010年，国际贸易中的40%是制成品贸易，60%是零部件、原材料等中间品的贸易；到2018年，国际贸易中70%以上都是中间品贸易，制成品贸易下降到不足30%，这就意味着，绝大部分制成品都是横跨多个国家完成生产的，世界已进入生产全球化的阶段。[1]

一件复杂产品，从其最初的原材料到最终的成品，包括其中所有生产环节的物理空间，我们姑且称之为经济空间。在三十多年前的贸易全球化阶段，企业家们所主导的经济空间与国家所主导的政治空间还是大致重合的；但到了今天的生产全球化阶段，经济空间已经与政治空间高度不重合了。这还仅仅是就实体经济而言，[2]如果考虑到各种服务贸易（近些年来，全球服务贸易差不多是每五年翻一番）以及互联网产业，则经济空间更是早就脱离开政治空间，形成了具有很强独立性的运行逻辑。

贸易战是通过关税等政策进行的，关税的作用边界以政治空间为前提。所以，在三十多年前，贸易战能在相当程度上达到其政策目标；但在今天，基于关税的贸易战，就很难再达到其政策目标。

二、全球经贸复合双循环

中美贸易战当中，有大量企业在向东南亚，尤其是越南转移，很多人认为这里有可能接替中国成为下一个世界工厂。在对东南亚进行实地调研之后，

1　数据援引自黄奇帆先生2019年4月9日在复旦大学的演讲《新时代，国际贸易新格局、新趋势》。

2　之所以这里聚焦在实体经济层面，因为这是中国在今天的世界上拥有最大比较优势的层面，也是本书第七章所阐释的"全球经贸双循环"结构的前提所在。

我提出，所谓"中国制造业向东南亚转移"，并非转移，而是"溢出"，我还进一步对本书第七章提出的"全球经贸双循环"假说进行了迭代，将其发展为一种"全球经贸复合双循环"假说。

对假说的迭代源自对后发国家发展路径的类型学思考，以越南为代表的东南亚可以被纳入此一类型学当中来观察。

观察历史上的后发国家，可以类型化地归纳出两种发展路径，分别是日本、韩国的路径和澳大利亚、加拿大的路径。日、韩路径的特征是日、韩有着自己完整的工业体系，澳、加路径中，澳、加则没有自己完整的工业体系。这当然不会阻碍澳、加成为富裕国家，但前提是它们要主动把自己的经济嵌入美国主导的经济秩序当中，在其中寻找到一个能发挥自己比较优势的特定位置，在相当程度上放弃经济的自主性，进而放弃安全自主性。日、韩这样有完整工业体系的国家，有着相当程度的经济自主性；虽然这两国现在还是嵌入在美国的安全秩序中，但做个极端的假想，如果它们遇到特殊情况，需要在安全上自主，它们迅速发展起自主性的能力肯定远远好过澳、加。

那么，越南未来发展所走的更可能是日、韩路径，还是澳、加路径？目前看起来，答案很可能是这样的：在技术条件不出现实质性跃迁的情况下，越南难以发展起完整的工业体系，主要原因在于越南面对的国际安全环境当中的一种结构性困境。

要解释这个问题，需要先来看一下日、韩的完整工业体系是怎么发展起来的。

要发展出完整工业体系，就必须发展出相当于工业经济当中基础设施的产业，即重化工业。没有重化工业就没有现代工业经济所必需的原材料生产能力和机器生产能力，在底层工业基础上必须依托于其他国家。

但就后发国家来说，依照市场经济的逻辑，重化工业并不是一种很好的投资。重化工业是资本密集型的产业，投资规模巨大，回收周期较长，又没有创新经济的那种高利润率，对资本匮乏的后发国家来说，发展重化工业就不符合市场环境中的比较优势。另外，以重化工业的资本规模而言，它吸纳就业的能力相对也较低，[1] 而后发国家通常都处于劳动力过剩的状态，这就让这些地方发展重化工业进一步不符合市场逻辑。

但一个国家关注的并不仅仅是经济问题，还有国家安全问题。如果它的安全环境不是太好，它就会从国家安全的角度出发来思考本国的经济结构问题，有可能会选择不顾市场规律，由国家主导来推动重化工业的发展。这种推动方式通常都会带来国民福利的损失，极端情况下甚至会扭曲、败坏掉这个国家的社会，因此就需要一种制度安排，来消化掉这些问题；否则，国家会被卷入糟糕的状况当中，被迫经历痛苦的涅槃才能重生。

日本、韩国都经历了这样的发展过程。它们都是由国家扶持一些大财阀来发展重化工业，这带来了国民福利的巨大损失，之后又经过一种痛苦的过程——或是战争，或是巨大的经济危机——修复因为财阀制度所带来的问题。[2]

再对比一下澳、加两国，它们不会去追求自己的完整工业体系，这有着历史传统与安全环境两个层面的原因。

从历史传统来说，它们都是英国传统下形成的大社会、小政府的国家，社会自生秩序是国家内部更加主导性的力量。另一方面，澳、加、英、美都是盎格鲁－撒克逊国家，民间有着千丝万缕的联系，澳、加与英、美经济秩序的嵌合关系，是自然而然的结果，没有什么困难不适的过程。就安全环境而言，澳、加的条件也是很好的，远远不像日、韩那样面临各种各样复杂的国际环境。

这些都使得澳、加没有发展自主经济体系的强烈需求，简单地嵌合在英、美的经济秩序当中，发挥自己的比较优势即可，其发展历程都比日、韩要更简单。

有了这些比较，就可以对两个路径做一种类型学的提炼了。[3]

---

1 据学者对中国经济发展的统计，在中国经济以轻工业为主的发展阶段，GDP 每增加一个百分点，就能安置 300 万人就业；而在重化工业阶段，GDP 每增加一个百分点，能安置的就业人数则下降到了 70 万人。参见刘世锦《我国进入新的重化工业阶段及其对宏观经济的影响》，《经济学动态》，2004 年第 11 期。
2 关于财阀问题，我颇为受益于与对外经济贸易大学刘庆彬教授的讨论。
3 这段类型学的思考，我颇为受益于与张笑宇博士的讨论。

1. 在我们所讨论的意义上，各种经济、产业部门，可以划分为两种：一种是不在国家的政治关注范围内的，这种产业各国通常都会将其交予市场；一种是在国家的政治关注范围内的，这种产业则会被国家以非市场化的政策进行扶持。扶持政策在根本上并不能改变市场的逻辑，只是会改变该国内部小环境的均衡，而小环境运转得如何，还是要受制于世界市场这个大环境。

2. 不同国家其政治关注的范围与重心是不一样的，进而在不同国家会形成两种经济发展路径，一种是以市场导向为主的，一种是以政策扶持导向为主的。政治关注的范围与重心在哪里，取决于该国的国际安全环境。

3. 对以政策扶持导向为主的国家来说，给定其政治关注范围后，哪些产业部门会被纳入政策扶持的范围，既与工业经济的体系结构相关，也与时代相关。所谓体系结构，是指工业经济中的基础设施性产业，欠缺这种产业就难以发展起完整工业体系；因此诸如重化工业之类的产业，可能获得扶持。所谓时代，划分标准是推动不同梯次工业革命的核心技术，即从这些技术中衍生出的产业，对国民经济具有基础性的拉动效应；比如第三次工业革命时期的电子技术，以及由此衍生出的计算机相关产业，再比如当今的第四次工业革命时期的信息技术，以及由此衍生出的通信相关产业，等等，也可能获得扶持。

4. 以政策扶持导向为主的国家，会因为政府的一系列非市场化的努力，而带来资源配置的各种扭曲，进而带来国民福利的损失，造成社会的不公，潜藏着动荡的可能性。因此需要有相应的制度安排，以便化解掉这些负面效应。但政策扶持过程经常会带来政府与财阀的捆绑关系，所以恰当的制度安排经常是危机倒逼的结果。

做了这一系列分析，再来看一下越南面对的国际安全环境的结构性困境。

在地缘环境上，越南紧邻中国，因此，它有着一种与生俱来的焦虑感，这是越南人做任何决策时的第一前提。这种焦虑是无法靠努力发展化解的，毕竟中国有压倒性的体量优势。要化解这种焦虑，越南唯有与另一大国联盟，就是美国。

面对中国产生的焦虑感，会让越南有动力去发展自己完整的工业体系，它会有一种走日、韩路径的内在冲动。那么，越南就需要发展重化工业，需要通过国家主导的一系列经济政策来推动，通过扶持国有企业或者财阀来落实。

但是，要与美国联盟，就必须接受一系列自由贸易协定对越南经济政策的约束，接受对国企以及对不符合市场原则的经济政策的限制等。冷战时代，政治因素压倒了经济因素，所以当年韩国可以用各种非市场的手段扶持大财阀，却并不影响与美国的盟友关系；但是在21世纪，一个国家是否走市场导向的经济路径，是美国用来识别盟友身份的政治标签。

越南如果走当年韩国的路径，便很可能会被踢出那些自由贸易协定，它借助西方化解自己地缘政治焦虑的努力就会失败。如果不走那条路径，越南的重化工业在自由市场的演化中就难以发展起来，越南就无法拥有自己的完整工业体系。这就是越南面临的一种结构性困境。

在这种处境下，越南最有可能的路径是，继续深化与美、欧、日等国的自由贸易关系，这是保障自己获得外部支持、化解"中国焦虑"的基础。然而，这也就意味着越南大概率只能顺应世界市场上的比较优势，把自己嵌合在一个恰当的位置。这是一种初看上去有些怪异的状况：正因为它面临着日、韩处境，所以很可能走得更接近澳、加路径。

就目前越南的比较优势而言，也有一种双元特性。它比较可能在贸易上嵌合在美国体系中，在生产上嵌合在中国体系中。于是，越南的制造业发展也就更加成为中国供应链网络的外溢，同时也成为中国供应链网络通达世界市场的一个重要中介。

越南与中国在生产上的这种嵌合关系，会在产业秩序的环环相扣中形成分工逻辑。此处所说的产业秩序，姑且不太准确地用近代史以来的几次工业革命来指代。每一次工业革命当中的核心产业，在初起之际都是有超额利润的，但是随着技术的不断扩散，这个产业的效益会下降到平均利润率的水平，并且构成下一次工业革命产业的基础设施。第三次工业革命的电子技术产业，其生产能力以第二次工业革命的重化工业产业为前提；第四次工业革命的信息技术产业，信息经济的硬件生产又以第三次工业革命的电子技术产业为前提。

基于前面的一系列分析，就可以对"全球经贸双循环"结构假说，做进一步的发展。但要先强调一下，以下所谈论的产业，基本上还是在中低端意义上的，高端部分仍然是由西方世界主导的。

第二次工业革命的重化工业产业，需要有国家意志的推动，并且这些产业又是对规模效应比较敏感的，所以它们大致是终局于中国的。由于第三次工业革命的电子技术产业对重化工业有依赖性，使得中国在电子产业上同样有巨大优势，但并不排除其中有些环节，尤其是对供应链依赖相对较低的环节，会向其他国家，尤其是东南亚国家转移。没有完整产业结构的国家，完全可以通过国际贸易与其他国家形成国际协作关系，借助其他国家的产业秩序作支撑，发展本国有比较优势的产业，中国与东南亚国家之间很可能就是这种关系。

第四次工业革命的信息技术产业，其革命进程还正在发展当中，创新是其核心动力。这一轮创新是由两条腿来支撑的：一条腿是技术创新，它依赖的首先是足够自由的经济生态环境和法律生态环境，美国在这方面有着明显优势；一条腿是商业模式创新，它依赖的首先是足够大的市场规模，美国和中国在这方面各擅胜场。而信息技术的运行对物理硬件有依赖，仍然需要重化工业和电子技术产业所提供的硬件制造能力，中国在这方面有优势。不过这些制造业也会因应信息技术的演化，而开始改变自己的企业组织形式。

综上所述，"全球经贸复合双循环"假说，可被勾勒为一种多层级的结构。

第二次工业革命的重化工产业，中国大致能占据枢纽地位。

第三次工业革命的电子技术产业，则会有一系列的产业环节（而不是整个产业）从中国转移到东南亚。在这个意义上，中国与东南亚甚至是整个东亚制造业集聚区加在一起，共同占据枢纽地位；但中国在其中有较强的主导性，这根植于中国的供应链网络的规模，以及中国在重化工产业上的优势。

第四次工业革命的信息技术产业，是美国主导的，中国在其中也有一定的影响力。但中国的影响力都是处在从属性地位的。一方面，信息技术的最核心技术，无论是硬件还是软件，都掌握在美国公司手里；另一方面，信息技术会推动国际法权秩序发生一系列变迁，进而倒逼很多国内法权秩序、企业和社会组织形态发生一系列变迁，美国在法权规则制定方面有着太多优势。

用一个图来更直观地表示，"全球经贸复合双循环"结构大致就是下面的样子。

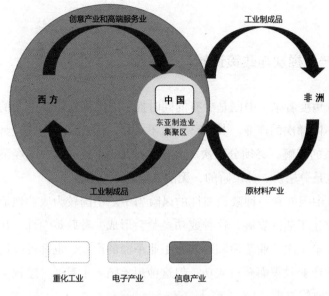

全球经贸复合双循环结构

　　基于中国（及东南亚）的"枢纽"地位，以及"全球经贸复合双循环"这两个假说，我们还可以识别出两种类型的全球双循环。一种与政策无关，纯粹是由中国基于市场过程而形成的一系列比较优势带来的，我们姑且称之为"全球双循环A"；另一种是由于政策干预——人为改变特定的要素价格，令中国形成相对于其他国家的不对称竞争优势——而形成的全球双循环结构，我们姑且称之为"全球双循环B"。

　　全球双循环A源于市场过程，在相当程度上基于中国民间的动能，这是中国真正的比较优势所在，也是全球经济治理秩序在改革时需要顺应的。内外政治层面的各种不确定性，会对全球双循环A有所扰动，导致它出现某些变形，但随着技术、公司和制造业等逻辑的演化，民间社会的经济秩序演化路径和主权国家经济－贸易政策所构想的路径会走上越来越不同的两个方向。

　　再来看全球双循环B。一旦政策干预被撤销，全球双循环B是有可能坍缩的，所以贸易战有可能改变它。从另一角度来看，如果全球双循环B真的坍缩，会有助于恢复被扭曲的要素价格，对中国的国民福利是有好处的。在对全球双循环做出两种类型的区分后，我们有必要重新审视贸易战及其影响。基于这一系列分析，我们又可以从新的角度来观察中国的各种经济政策。

三、产业梯次与政策逻辑

从全球角度看来，中国是少有的同时拥有全部四次工业革命的产业的国家，但是不同梯次的产业，其经济逻辑不一样。因此，对中国经济及其与世界经济关系的理解，必须分层次、分位阶地展开；进而，中国经济所需要的政策逻辑也是分层次、分位阶的，无法笼统划一地处理。

然而，中国处在一种政策惯性的风险当中。中国较为成功地依凭国家意志推动了重化工业的发展，这种成功经验会形成一种政策惯性，让国家本能性地想象，第三次工业革命和第四次工业革命的产业，也都可以仿照第二次工业革命的产业政策而获得成功。但这种想象陷入了盲区，忽视了产业秩序当中的不同政策需求。

尤其是第四次工业革命的信息技术产业，对主权国家有着强大的穿透力，很可能需要一种新的去国家化的分布式组织技术，才能够有效地回应这种技术在政治、社会等各方面的挑战。重化工业时代的政策逻辑，根本无法匹配信息技术时代的需求。但这并不代表中国只需要匹配信息技术产业的政策就足够了，这种理解同样陷入了盲区。中国所需要的，很可能是一种有更多层次、更加具有复合性的政策，但这种政策的形成，首先要基于对不同梯次产业逻辑的恰切理解。

在这种多层次、复合性的政策当中，针对第二、第三次工业革命产业的政策，更多的应该是守成性的。原因在于，这些产业构成第四次工业革命产业的基础设施，中国在这些产业领域已经是当仁不让的世界工厂；而它们目前多半已落入效益仅为平均利润率的阶段，能够带来正常的经济回报，能够提供很多的就业，但不能期待它们带来太多额外的东西，守成性的政策因此是合适的。如果政府在这些领域有着过度进取的政策，大概率是资源的低效率使用，进而带来国民福利的损失。

而针对第四次工业革命产业的政策，则应该是更富创造性的。但是这里所谓的创造性，很可能表现为政府退居幕后，民间力量更多地站到台前。因为第四次工业革命所需要的分布式组织技术，现在我们还无法说清楚它具体会是什么样子；但我们可以知道，政府更擅长的是集中式的组织技术，而分布式的组织天然地适合以民间力量为主演化出来。我们在这个问题上还可以对跨国的民间力量抱有更多期待，因为信息技术对国界的穿透性，需要一种有跨国视野的民间力量，参与到新的秩序以及新的法权原则的演化生成过程当中。

四、安全与成本 [1]

前面所讨论的一切都是以日常状态为前提的，在这种情况下，人们首先会从成本角度考虑问题。但是 2020 年以来的疫情把世界推入了某种非常状态，在这种状态里，安全问题会成为第一考虑，成本问题就成为次级考虑了。

这里所谓的安全问题首先还不是关乎生死，而是关乎人们的价值观念。在对价值问题的思考中，最根本的是要回答一个问题，就是"我是谁"。这种追问中的"我"不是生物性的存在，而是价值性的存在。"我"是由我所珍视的一系列价值构成的，我要通过对这些价值的各种实践，获得"自我"意义的充实感。

这些价值就体现在人们的日常生活方式当中。人们对它经常是日用而不知的，但如果生活方式被触动、被改变，人们就会知觉到了，因为这会引起一种严重地被冒犯的感觉。所以，价值观并不是一种抽象的存在，它很具体地体现在人们所珍视的生活方式中；一个人珍视什么样的生活方式，就决定了他会怎样回答"我是谁"这个问题。疫情严重地改变了人们的生活方式，在这种情况下，既有的各种价值排序都可能遭遇严重的挑战，全世界都是如此。

对很多国家来说，早在疫情之前，人们所珍视的生活方式就已经开始受到挑战了；贸易战实际上也与此相关。这次贸易战背后的价值观冲突，与冷战时期大不一样。冷战时期的两大阵营各自有一套价值观，并坚信它代表着人类历史的未来方向。两套价值观尖锐对抗，但是两大阵营在经济层面上是近乎相互隔离的，一方无法在经济层面上影响到另一方，经济活动没有直接的政治效应。

今天，世界各国之间在经济层面上的相互依赖、相互渗透，达到了前所

1　本小节的讨论有相当部分摘自施展《破茧：隔离、信任与未来》，湖南文艺出版社，
　　2021 年。

未有的程度。一个国家的经济政策有可能通过贸易过程的传导，深刻影响其他国家所熟悉、所珍视的生活方式，从而间接地引起价值观的冲突。经济活动于是就有了深刻的政治效应。这种政治效应会激活对手国——今天主要是西方世界——在对外政策上的一系列行动，贸易战只是其中之一。这也是中国仅仅靠更多地进口西方国家的商品无法在实质意义上化解贸易战的原因。

西方世界想要的，是改变一些非市场机制，消除人为形成的不对称竞争优势，形成一种真正市场化的竞争机制。如果这些目标都达不到，那么西方世界就可能会想办法把中国排除在贸易圈之外，否则，那些不对称竞争优势就可能通过贸易过程传导出来，进而深刻改变西方世界所珍视的生活方式，这会对其价值观构成一种真正深刻的挑战。

这种深层的价值观冲突在贸易战中还没有太表现出来，但已经掩映在其背后了。到了疫情当中，这种价值观冲突开始深刻地表现出来，中国与西方之间的互不信任也更深了。

当各国之间基本的信任关系还在的时候，人们都是从成本的角度来考虑问题的；可一旦基本信任关系被破坏，人们就会转而从安全的角度来考虑问题了。此前的贸易战中，利益之争的成分大于价值之争，也就还未侵蚀到基本信任关系；可一旦没有了基本信任，西方国家就可能会不惜代价重建与安全相关的产业，这会带来极为深远的连锁反应，仍在持续的贸易战便可能走向"脱钩"。

要强调的是，刚刚说的这些更多的是在分析中国可以改进的地方，这绝不是说其他国家没问题。但是在这种时候过多地指责别国意义不大，这就好比做生意时遇到麻烦，好的管理层不会把精力放在指责竞争对手上，而会反思自己是否本应做得更好。这样才能让自己在竞争中真正地掌握主动权；至于对手的问题，如果真是问题，市场迟早会给它教训的。

要解释清楚西方国家可能"不惜代价重建与安全相关的产业"，得先看一下中国与西方各自在制造业上的结构性位置。就全球制造业而言，中国的比较优势在于中低端制造业，西方的比较优势是高端制造业。中低端制造业的竞争力基础在于成本优势，而高端制造业的竞争力基础在于技术优势。技术优势是难以被超越的，而成本优势则只有在不涉及安全问题的前提下，才是不能被超越的；一旦涉及安全问题，成本优势就不复存在了。

那么，究竟什么是与安全相关的产业呢？这个问题没有固定的答案。它既与技术有关，因为技术会改变"安全"的意涵，也与基本信任关系相关，这会改变人们对"安全"的感知。

过去，与安全相关的产业主要是军工类的产业。西方国家的制造业再怎么往外移，这些产业也仍然在他们自己手里，因为这种产业是不能从成本角度来考虑的。但是今天，与安全相关的产业很可能就不只是军工产业了。西方对安全问题的界定是会动态变化的，与中西方之间的信任程度有重要的关联。互不信任的程度越深，安全问题的边界就会越宽。这会压低西方的经济效率，压缩中国的市场空间，是个双输的局面。但并不是说因为是双输，这种可能性就不会出现。熟悉博弈论的人都知道"囚徒困境"，在囚徒困境中，两个理性的人，最终选择出的结果从整体看却是不理性的。

如果西方真的重建生产体系了（尽管目前这还不是个大概率事件，但绝对是个不容忽视的小概率事件），可能会怎样呢？我们可以简单地做一下沙盘模拟实验。

首先，有一点可以确认，就是对与安全相关的产业的定义的边界即便扩大，最终也不会特别大。一个原因是，无论边界怎么扩大，绝大部分产品仍然仅仅是日常消费品，与安全相关的永远是一小部分，在总的制造业当中的占比仍然不是特别大。正因为比例不是特别大，西方国家在"不惜代价"重建时，也才付得起这个代价。

中国在全球产业链中占到主体的，还是那种与安全无关的日常消费产品。所以，从中短期来看，西方即便重建与安全相关的产业，对中国制造业也不会形成太大的压力。但从长期来看，中国则面临着重大隐忧。那些与安全相关的产业，即便西方重建了起来，中国的相关产业也并不会就此消失，毕竟庞大的国内市场还在，结果很可能会形成两套平行的生产体系，从中会进一步演化出两套平行的技术路线。

重要的是，与安全相关的产业往往都是技术演化的前沿领域，我们今天看到的很多非常重要的核心技术，比如集成电路、互联网，都是美苏冷战时期从军工企业中率先发展起来的，后来逐渐扩散到民用领域，成就了我们今天看到的一系列重要的技术发展。两套平行的技术路线对未来经济发展的拉动力，就要看它们各自的创新迭代效率了；遗憾的是，中国在这种技术创新迭代的效率上很可能与西方有较大差距。

　　要注意的是，这里所说的技术创新不是"从 1 到 N"的创新，而是"从 0 到 1"的创新。这两种创新所需要的条件是不一样的。"从 1 到 N"的创新，需要的首先是庞大的市场，以及大规模的组织技术，中国在这两方面有着优势；中国在各种技术应用及商业模式方面拥有强大的创新能力，与此直接相关。所以，中国的优势在于可以迅速把一项技术落地，并且凭借巨大的市场优势把产品卖成"白菜价"。"从 0 到 1"的创新，需要的则是发达的基础研究、自由的研究环境、能够吸引高端人才源源不断到来的制度条件以及广泛的国际交流。在这几方面，西方比中国有更大的优势；真正原创性的创新能力主要出现在西方，与此直接相关。

　　"从 0 到 1"的创新具有引领性，"从 1 到 N"的创新则主要是跟随性的，两者对经济的拉动方式和效应是大不一样的。中国有很多网民说我们可以自力更生、自主研发，就像在新中国成立之初的那二三十年一样。然而，只有在那些非引领性、非前沿领域中，自力更生才是可能的；在前沿领域的引领性尖端技术上，靠自力更生是根本不行的。

　　把各种制度环境放在一边，仅从纯技术角度举一个例子。比如，材料科学是现在的前沿技术领域之一。2011 年，美国宣布了一个"材料基因组计划"，把已知的 10000 多种材料的数据数字化，通过人工智能学习，开始模拟各种材料组合的性能。这就极大地提升了新材料的研发效率，科学家已经用这个办法发现了很多新材料。

　　于是，材料科学的发展速度便和人工智能的发展密切相关。人工智能的发展，除了需要足够数量的程序员、工程师之外，还需要两大基础：数据和算法。中国在数据规模方面有较大的优势，美国则在算法方面有较大优势；而驱动人工智能发展的根本还是算法。算法的根本，则是基础性的数学研究，这种数学研究和奥数完全是两回事，中国在这方面还差得很远。

　　另外，将基础数学转化为算法还依托于一系列编程语言。现在，国际上有一些开源代码社区，这是全球性的程序员社区，是程序员们追踪软件技术趋势最好的窗口。如果中国跟国际上形成技术隔离了，就意味着跟这些全球趋势也隔离了。中国当然还是可以用这些代码来开发，但很可能不再能获得授权进行使用了，由此所生产的使用这些系统的产品就只能在国内销售，没法销售到国际上去。这样一来，产品的市场就会被大幅压缩，但企业还是那么多，国内的竞争就会变得极为激烈，最终大家只能拼价格。惨烈的价格战又会大幅压缩企业利润，从而蚕食掉企业的后续研发能力，形成一个恶性循环。

这个案例以非常粗糙的方式呈现出，"从 0 到 1"的技术迭代背后依托着怎样复杂的系统。中国只有在开放的环境中才能够紧紧跟上世界技术前沿的脚步，否则，在技术迭代上大概率会被西方甩开。

于是，虽然从中短期来看，中国的经济会继续发展，但这更多是量的膨胀，而较少是"从 0 到 1"的创新所牵引的质的跃迁。到了十几二十年后，西方完成了技术迭代，进入下一代技术，而中国的技术迭代能力跟不上，中西方有了技术代差，中国经济的大麻烦才会真正到来。

值得提出的是，当今正处在第四次工业革命的时代，信息技术是这次工业革命的核心产业；而在信息经济时代，最有价值的资产是数据。这就意味着，如果信任严重丧失，西方一定会把与信息经济及数据相关的产业都定义为与安全相关的产业。中国的优势在于重化工业（第二次工业革命的核心产业）和电子产业（第三次工业革命的核心产业），但这两次工业革命中兴起的产业都相当于信息技术产业的基础设施，它们的意义和演化逻辑是被信息技术产业反向定义的。中国在信息产业上并没有什么难以被替代的优势，有些关键领域还大大落后于西方。如果中国和西方在信息技术产业上的技术也脱钩了，那么前面说的"十几二十年"这个时间周期可能还会缩短。

五、"枢纽"的演化：中国与中国人

在安全考虑下，中国与西方形成两套平行生产体系，这是对一种极端情况的沙盘，这种可能性当然存在，但进展不会很快，因为即便启动了，制造业体系的构建也是相当花时间的事情。在该极端情况出现之前，现阶段更可能出现的状况是，高端领域的生产环节发生脱钩，比如 2022 年 10 月份以来美国发布的针对中国的一系列芯片业管制措施，显然会导致这些领域的强脱钩，但在整体经济循环上，却有可能更加挂钩；同时，各国的各种安全考量对企业经营造成压力，中国企业家大规模出海，并逐渐形成一个超国界的生产和商业网络。

　　下面把这种可能性再做个思想沙盘。先来解释一下高端领域强脱钩、整体循环更挂钩的逻辑。

　　今天已经进入第四次工业革命的时代，数字技术会对各种产业进行全方位的改造，芯片是其中的核心。相应地，它也会被美国确定为与安全相关的产业；尤其是可以进行人工智能（AI）算法训练的高端芯片，是技术和经济竞争中的核心。美国的一系列对华芯片管制措施，主要针对的就是这类高端芯片。相关措施如果顺利实施，会为中国的技术进步设定一个天花板；高端芯片的设计、生产是个极为复杂的系统性产业，不是仅仅靠大量投资就能实现的，可预见未来，中国是很难逾越这个天花板的。

　　但是由此会产生又一个很有趣的经济学效应。高端领域的强脱钩，会让美国在这些方面的比较优势越来越大，相应地就会让美国在中低端领域的比较劣势越来越大。所谓的"比较劣势"，不是与中国比，而是与自己比，美国在中低端领域的投资会变得越来越不划算。也就是说，美国在高端领域的优势会对其中低端领域的产业有挤出效应。

　　然而，高端领域的产品，主要不是面向终端用户（toC）的，而是面向下游厂商（toB）的，芯片卖给终端用户是没有用的，它必须被组装为手机才能卖给用户。把芯片组装进手机，这些属于中低端生产环节；而美国在这方面的比较劣势，就意味着它需要与在中低端领域有比较优势的国家相合作，才能完成整体的经济循环。当然，更准确来说，这并不是国家间的合作，而是各种公司间的合作；国家的各种政策，会改变具体公司所面临的成本函数，推动着公司在全球空间分布的演化，高端的会更汇聚在美国，中低端的则更汇聚在其他国家。

　　进一步的问题是，中低端生产环节目前是主体在中国，未来中国是否还能保得住这一地位？要观察这一问题，中国的超大规模性又是一个需要纳入考虑的变量。近年来，在技术能力所及范围内，中国的中低端制造业能把各种产品都做到非常低的价格，一个重要原因就是超大规模的产能，能把单品的生产成本极大地摊薄下去。竞争对手如果没有这么大规模，就无法摊薄成本，只能在生产环节中寻找不那么依赖规模效应的特定生态位去发展，才有竞争力；对手要想也发展到这么大规模的话，世界市场是难以消化掉如此之大的产能的，它们如此发展起来的机会也就不会太大。

　　这就意味着，现阶段来看，生产环节当中特定生态位上的企业，是能够从中国迁移走的，但是整体生态则很难迁移走，因为没有哪个地方有如此体量能够承接这么大规模的中低端制造业。结果就是，高端领域的生产，中美越脱钩，整体经济循环上反倒可能越挂钩，只不过与之前相比，挂钩的结构会发生变化。在这个过程中，中国的企业会因为技术天花板的压制，被迫陷入非常残酷的内卷性竞争，残酷的内卷可能引发很多社会问题；另一方面，这种内卷同样会让其他国家的企业面临更加残酷的国际竞争，大规模迁移也就变得进一步艰难。

　　就具体的中国企业家来说，可能会面临一种更加复杂的抉择局面。中美之间的对抗性意味着高度的国际政治不确定性，对未来的预期难以稳定下来。因此，向海外的迁移就会成为一个重要选项，只要将企业布局拓展到其他国家，就有机会规避掉很多国际政治不确定性带来的经营风险。国家主导的政治空间与企业家所主导的经济空间的不一致，在这里反倒可能是对企业家有利的，他们因此获得了辗转腾挪的空间。

　　这些出海的企业家，会带来新一波的"下南洋"。19世纪下南洋的中国人，主要是穷苦阶层外出讨生活；新一波下南洋的中国人，则是在国际政治不确定性的驱动下，带着资本、技术、市场、人才外出，并与迁入地的经济形成复杂的互动，促成整个环中国海地区经济的进一步融合。就其中的制造类企业而言，它们的生产过程仍会与中国本土的庞大供应链网络有各种复杂的分工-合作关系，一如前文所谈的"溢出"状态。整个供应链的生产环节中，对国际政治不确定性不敏感的部分，也是主体部分，仍然会留在中国；对不确定性敏感的部分，则很可能随着新一波下南洋的中国人而散播到海外。

　　在这种情况下，"全球经贸双循环"结构下的"枢纽"就会发生一种结构性的演化，它有一半仍依托在中国这片土地上，还有一半则依托在那些新下南洋的海外中国人身上。前面所谓"整体循环越挂钩"，这些海外中国人及其产业很可能会成为重要的中介载体。不只如此，他们还有可能形成国际政治上的一个重要缓冲，在其对某些生产环节的迁移过程中，无意中让与安全相关的经济布局演化为某种中美两国都能接受的折衷状态，从而将一些国际政治问题在无形中消化掉，让前面沙盘中所构想的"两套平行生产体系"成为不必要。这里面有着朝向未来的一系列可能性，但要真的打开这些可能性，还需要一系列朝向未来的精神自觉的浮现。

关于"枢纽"的结构性演化的讨论仍然把目光聚焦在制造业。把视野再拓宽一些就会注意到，随着区块链技术和类似于 GPT[1] 的人工智能技术的崛起，信息技术产业很可能正在发生更加深远的变化。这些技术都有着某种分布式特征，在价值观上都有着更强的选择亲和性，很多问题在此过程中可能会被重新定义。

第二节 数字空间的崛起

一、作为"部落城"的区块链

1969 年，阿帕网的出现，宣告了互联网的诞生。这里孕育着一系列的可能性，在后续的 Web1.0 时代、Web2.0 时代，以及今天正在到来的 Web3.0 时代陆续展开。

1990 年有了 HTTP 协议，人类进入 Web1.0 的时代。此时的互联网仍然是个单向提供静态内容的平台，内容的生产与分发是集中式的，但人类倏然间发现自己可以穿越时间与空间的限制，阅读到极为丰富的内容，隔空下载到需要的东西，这已经是一场巨大的革命。

进入 21 世纪，社交媒体的出现，让人类进入 Web2.0 的时代。人们在网上不再是单向地、被动地等着平台提供内容，而是开始可以自主地创作内容，并在人与人的网络交互中，不断生成新的意义。内容的生产变为分布式的，但 Web2.0 的平台管理仍是集中式的。

21 世纪的第二个十年，Web3.0 开始出现，进入 21 世纪 20 年代开始产生

---

1 全称为 Generative Pre-trained Transformer，即生成型预训练变换模型，是一种自回归语言模型，其目的是通过深度学习，生成人类可以理解的自然语言。

巨大的影响力。直到今天，Web3.0 的技术仍然不够成熟，还在继续发展中，但其分布式的逻辑又是一场巨大的革命：不仅内容的生产是分布式的，连平台本身也要成为分布式的。未来，它会把传统的秩序逻辑完全颠覆掉，形成一个脱离于任何集中式力量控制的全新空间。

Web3.0 的核心技术是区块链的公有链技术。[1] 公有链比较早的，也是最有名的应用是比特币，后来又逐渐发展出一系列令人眼花缭乱的区块链应用，但最底层的原理与比特币是一致的，就是分布式记账技术。

自比特币出现以来，很多人觉得它难以理解，认为这是疯狂的、无理性的炒作，包括投资界大神巴菲特、芒格都在痛斥比特币。因为比特币似乎没什么物理性的基础，所以人们觉得它是沙上建塔，终究会在热闹过后沦为一层泡沫。出现这样的认知完全可以理解，因为人类真的已经航行入一片陌生的海域。

要解释清楚这个问题，就得再展开来说一说比特币更底层的逻辑。很多人没有注意到，比特币实际上是一种副产品，产生比特币的是记账活动，而这一记账活动所依赖的就是区块链技术。人们都熟悉中本聪这个名字，他被称为比特币之父，尽管没有人知道他到底是谁；但还有两个美国人没有中本聪那么出名，却开发出了更基础的技术，他们是区块链之父，分别叫斯托内塔（Scott Stornetta）和哈珀（Stuart Haber），他们在 20 世纪 90 年代初开发出区块链，直到差不多 20 年之后，中本聪想出来在区块链上开发出比特币这样一种应用。

区块链技术解决了一个至关重要的问题，就是信任机制的问题，这是人类秩序得以成立的底层奥秘之一。所以得先来解释一下区块链。

在 90 年代初，刚刚开始有一些关于交易记录的文档被电子化，从斯坦福大学博士毕业参加工作不久的斯托内塔很快就意识到，如何确保那些文档记录的真实性和准确性，是个值得回应的问题。他找到一个精通密码学的同事哈珀，跟他一起研究这个问题。我们无须去搞懂密码学的细节，只要知道密码学在这里仅仅是一种技术，是用来实现特定的制度功能的，所以我们要去

---

1 区块链分为公有链、联盟链、私有链几种，其中公有链从生产到管理都是纯分布式的，联盟链和私有链则在管理层面仍是集中式的。后文如无特别注明，所谈的区块链都是指公有链。

关注的是，密码技术被设计在怎样的一种制度里面来执行。

斯托内塔和哈珀两个人共同研究了几个月之后，找出一个保障文档真实性的解决方案，但这个方案需要一个第三方来监管，以保证不会有人恶意篡改数字文档。问题是，如果这个第三方自己恶意篡改了文档该怎么办？这就仍然是把记录的准确性寄托在人性的善意上，但考验人性的方案从来是走不远的，所以这个方案并不令人满意。

两人继续研究，看是否有不需要第三方监管的方案。研究了很久都不得要领，哈珀认为很可能这是个在本质上无解的事情，那就索性从数学上来证明它无解。出乎意料的是，正是在证明问题无解的过程中发现了解。

发现的过程很有趣。他们俩意识到，为了防止有人篡改数字文档，就需要有人来监管他，对第一个人来说问题很好解决，把第二个人拉入伙就行；制度设计者应该能想到这一点，就得再找第三个人来监管；前两个人再把第三个人拉入伙就行；制度设计者也得想到这一点，那就又需要第四个人来监管……依此类推下去就会发现，不得不找到世界上的最后一个人来做监管人，如果那个人也被拉入伙了，就彻底没的监管了。这个问题因此无解。

但是问题到了这一步，峰回路转。所有人都入伙实际上就相当于所有人都没入伙。篡改文档是为了坑害别人，所有人都入了伙，就没人可以坑了，到了这一步也就不需要监管了。也就是说，一旦让所有人都成为见证人，那么也就不会有人去篡改了，因为篡改就必须瞒着要被坑害的人，可是所有人都在见证，也就无从隐瞒。

让所有人都成为见证人，实际上就是所有人都参与对数字文档的记录，或者用一个更常见的说法，参与记账。这就形成了一个公共账本，同时每个人手上都有一个账本的备份，任何人都可以随时查阅。这样一套制度设计，通过密码学技术把它实现出来，就是区块链的技术原型。

由于区块链的存在使得人们之间达成的任何合作协议，参与方都无法翻脸不认、赖账了事，就能够促成陌生人之间基于区块链的直接合作，把相互之间的信任成本降到零，或者说，成本仅仅相当于运行区块链时所消耗的电费。

这在过去是完全无法想象的。所以，区块链远不只是一套密码学技术，实际上它的精髓是背后的制度设计，它有着深刻的政治哲学意涵，带来了一种前所未有的人类合作机制，提供了对囚徒困境的 C 选项。

博弈论当中著名的囚徒困境表明，人与人之间要想合作起来，而不是相互背叛，有多么困难，因为率先背叛的人会获得额外收益，这就让人有动力去背叛。要想破解囚徒困境，在过去只有两个选项。A 选项是反复多次博弈，为了未来更大的收益，人们会放弃通过背叛获得一次性收益的冲动，但反复多次博弈以熟人社会为前提；在大规模陌生人社会中，反复多次博弈的机会很少，多数交易都是一次性的，A 选项便无法再解决背叛问题，于是有了 B 选项。在 B 选项中要有个强大的第三方执行人，它会对背叛者做出严厉惩罚，惩罚带来的损失远远大于背叛带来的收益，人们也就不会背叛了。在现实社会中，政府就是这个强大的第三方。

这也是斯托内塔和哈珀一开始陷入的困境，他们觉得无法离开这个第三方。但是把问题推到极致之后，发现问题反而被取消了，当每个人都是第三方的时候，就不需要额外的第三方了，于是陌生人社会当中的囚徒困境有了 C 选项这个新的解，陌生人也可以在零信任的基础上合作起来了。因为我跟陌生人之间的合作 - 背叛关系不可擦除、不可篡改地记录在所有人都能看到的账本中，就相当于在陌生人社会中达成熟人社会的效应，这对人类秩序而言是场巨大的革命性颠覆。

但这里还有一个问题，每个人都是第三方，就意味着每个人都要记账，可是记账活动是要付出精力成本的，这就又考验人性了。每个人都会希望其他人记账，自己可以省事偷懒，结果就又变成没有人记账，区块链刚刚给人类燃起的希望又破灭了。

好的制度绝不是靠考验人性成立的，而是要基于对人性的理解与把握才成立。中本聪在区块链上加上了一个重要的制度设计，就是记账的人可以获得一个独一无二的字符串作为奖励，这就是数字货币。只要有人在区块链上上传了交易记录，就会有人主动来为此记账，并获得区块链上发行的数字货币；越多人参与记账，这个区块链上的合作就越是可信任，于是就越有人愿意到上面来活动，上来活动的人越多，这个链上发行的数字货币就越有价值，也就会激励越多人来参与记账，于是又会吸引更多人来链上活动。只要初始能够启动起来，之后就会形成正循环，整个区块链生态就越来越有活力。

所以，以比特币为代表的各种数字货币，是让发行该数字币的区块链生态能够运动起来的发动机，数字货币与公有链是共生不可分的存在。没有公有链就不会衍生出币，没有币就没人记账，这个链上无法建立信任，链也就活不下去。比特币确实没有物理性的基础，因为比特币的基础就是人与人之间的互动合作关系，在这个意义上可以说，比特币的基础就是社会本身。比特币的基础不是物理性的，但比物理性的存在更有活力，某种意义上也更加永存。

区块链生态只要能够运转起来，就会催生一种史上前所未见的人类秩序演化逻辑，一种真正的去中心化、去中介化的秩序。过去我们所熟悉的大部分秩序逻辑，都会被超越。

就当下而言，区块链的世界刚刚浮现，当今社会的主流人群还属于区块链世界的移民（甚至更多的人因为不理解而不想移民）。但是一代人之后，区块链世界的原住民会开始成为这个社会的中坚力量了，到那个时候有可能在区块链上完成的经济活动占了经济活动的绝大部分。

作为区块链世界的移民，也许觉得那个世界难以理解，这就有点类似于智能手机刚刚诞生时，我们无法想象自己要办的绝大部分事情都可以在手机上完成。一旦大部分活动都在区块链上完成，那么链上发布的数字货币也就会成为经济当中的主要货币形式，现有的法定货币反倒可能成为补充性的存在。今天我们还是以美元作为包括比特币在内的各种数字货币的计价标准，有可能二十年后就是以数字货币作为美元的计价标准了。

再换个场景想象一下，智能手机出现前，传统的电信服务商画地为牢，拨打国际长途还是个普通人不大容易承受的消费；但是之后短短几年，智能手机、社交软件把电信商画出的边界给取消了，形成了一种全新的空间秩序，人们可以随时随地随意通话。

区块链对世界的改变，会比那些社交软件所带来的改变深远得多。它在我们眼前展开了一个全新的空间秩序，二十年后，数字空间可能会成为人类秩序的主流，物理秩序反倒是补充。这种变化就有些类似于如今在社交软件上的通话成为主流，基于传统电信商的通话反倒成为补充；区别在于，新的空间根本就不会局限在通话这个领域中，而是会弥散到人类的各种活动领域。

这种新空间的基础不再是物理空间，而是人们之间的共识。区块链在根本上就是一群有共识的人基于密码学技术而形成的一种共同体，密码学因此而开始表现出其深刻的政治哲学属性。

区块链英文叫 blockchain，中文更有寓意的名字应该就译成"部落城"，部落、城邦的生命力本就是基于群体共识的；每一条区块链，都聚合起一个具有共识的部落城，区块链就是载着这个部落城驶向新空间的航船。一种技术只要能够找到足够多有共识的人来使用，就会成为大势所趋，不会被任何其他力量实质性扭转。区块链很可能正带来在我们眼前缓缓展开的空间大发现。

不过，区块链所带来的数字空间，和物理空间中的经济节奏是相反的。在物理空间中，先是实体经济发展到一定程度，金融等服务于实体经济的产业才会发展出来；区块链空间当中，实体经济还远未发展，各种类型的类金融产业已经发展得如火如荼。因为"部落城"当中的人们相信，区块链上迟早会发展出实体产业，既然如此，现在就需要提早在金融层面卡位。

这些卡位的努力带来一系列乱象，以至于今天人们在 Web3.0 世界中看到大量的欺骗和泡沫。然而，回看地理大发现会意识到，大航海时代的初期，海洋实际上是属于海盗的世界，但正是这个海盗时代，打开了一个更加伟大的世界和时代。

今天看到的区块链上的各种乱象，就像是部落城的海盗时代，一个更加伟大的世界和时代，会在此中孕育出来。

二、价值观决定着区块链的生死

区块链在本质上是个共识社区，公有链和该链所发行的数字货币是共生关系；有了链才会有币，有了币，链才会有活力。这个链－币共生体就是个共识社区，决定这条链/共识社区生死的底层基础，是该链/共识社区的价值观，链上的一系列具体算法，只不过是对其价值观的某种数学化表达而已。

要说清楚这个问题，得先简单说一下分布式记账是怎么操作的，因为价值观是在记账过程中被具体表达的。分布式记账行为和所谓的挖币（挖矿）行为是并行的，对该过程的极粗略勾勒如下。

首先，区块链上每个连入的设备都是一个节点。节点分两种，一种是记账的节点（矿工），一种是想要让人记账的节点（普通节点）；普通节点上的人希望有第三方帮助记一份不可篡改的账，以便让交易的对手方可以信任自己。任何人都可以随意选择想要做什么节点，也可以随意转换，还可以选择同时做两个身份，只要他愿意。

普通节点完成一笔交易后，想要把交易记录储存在区块链上，或者他想要把任意某个东西储存到区块链上，就会把那个记录或文档对应的哈希值发到链上。所谓哈希值，是指通过哈希算法，可以给任意一个电子文档生成一个独一无二的字符串，哪怕有人对文档内容做了一丁点改动，再算出来的哈希值也会不一样；如果有人复制了某电子文档，新文档与原文档哪怕内容完全一样，但是由于文档特征值（比如创建日期、创建地址之类）不一样，算出来的哈希值也不一样了。所以哈希值是确保电子文档真实性、唯一性的可靠凭证。

普通节点在链上发布一个哈希值，这将在整个链上全网广播，请求矿工帮忙记账。记账节点（也就是矿工）在记账的时候要同时做两件事情：一是记录那些账目（各种哈希值），一是做一道非常难的数学题。题的来源由该链的算法自动生成，一道题解出来了，链会自动生成下一道题。

矿工们做题是为了争夺记账的资格，谁先把题做出来了，就会把答案在链上全网广播，其他矿工看到了马上就会来验算。这道题要解出来特别难，但验算很容易，只要有 51% 的矿工（更准确地说，有 51% 的投票权）确认这个答案是对的，也就是达成"51% 共识"，率先解出来的人就获得了这个币，其他矿工则赶快去做下一道题。而率先解出题的那个人，他所记的账就打成了一个包，其中的账目也就被大家所公认了，打成的这个包，就是一个区块。每个区块也都会生成一个哈希值，下一个区块的开头记录的就是上一个区块的哈希值，区块彼此之间是一个一个前后相继的，形成一个链条，这就是区块链。

区块链账本会在所有矿工的服务器上都留存一份，普通节点如果愿意，也可以随时下载完整账本，不想下载的话，也可以在该链的网址上随时查阅所有账本。除非有 51% 的矿工同意，否则账本不可更改。只要矿工数量够多，并且其物理所在高度分散，那么要更改账本就要去说服 51% 的矿工，这在操作上几乎就是不可能的。也就是说，只要一个东西上链了，它的真实性、唯一性虽然在理论上仍然存在被篡改的可能性，但在实际操作上几乎可以保证无法被篡改。

但要注意了，这里说的是"几乎"，也就是说，在实操上也不能百分百确保。关键就是，要保证不会有超过 51% 的矿工被同一个力量控制，只要分布性能够保证，那么这条链就是可信的。

新的问题是，以什么为标准来计算"51%"呢？这就涉及该链上共识机制的设计了。从根本上来说，具体一条区块链上的共识机制的设计，决定了该链的可信性；这个机制设计就与计算机技术、密码学技术没有关系了，是个纯粹的政治学和法学问题；而在底层引导机制设计的基础思路的，则是这条链上的价值观。

目前的主流共识机制设计，从大的角度来说分有两种，一种是 POW（proof of work），另一种是 POS（proof of stake）。

POW 就是比拼算力，基于算力标准来确定那 51%。这种机制设计会导致矿工大规模上设备，变成设备军备竞赛，矿工间比拼的是资本实力。军备竞赛的结果，有可能是这条链的算力被掌握在三到四家寡头的手里，正常情况下不会少于三家，这又与公有链的一个独特机理有关。人们之所以愿意到链上来活动，是因为这条链上的账本无法更改，活动是可信的，一旦有人控制了 51% 的算力，就可以随意更改账本了，人们很快就会发现这条链上的活动不再可信，于是一哄而散，辛苦积累到 51% 算力的人，手里数字货币的价值会瞬间清零；因为数字货币是否有价值，是由有多少人愿意信任这条链决定的，人们如果对该链的可信性不再有共识，都走掉了，币的价值也就清零了。

这种机理决定了公有链天然具有一种分布式、反控制机制，如果有人花了很大成本控制了一条链，成功之日就是失败之时，因为这条链已经变得一文不值了。所以寡头可能会努力去控制 49% 的算力，但它不会再去多搞两个百分点到 51%，否则之前的所有努力都白费了。

虽然 POW 机制不会导向一家独大的集中式控制，但寡头机制也还是让人对这种链的分布式状态心存疑虑，万一寡头们联起手来呢？这对区块链的分布式初衷而言是个风险。于是，又发展出 POS 机制，这种共识机制是基于矿工所掌握的权益（stake），来确定投票权的标准，来识别那 51%。

POS 机制正在成为主流的共识机制，但其中一个很核心的问题是，究竟什么才是权益？这背后有一系列衍生问题：这个链上是只有一种权益还是可以有多种权益？凭什么以这种方式设定权益？矿工们要达成共识的时候，不同权益的投票权重怎么规定？投票程序如何展开？……可以列出很多值得追问的问题。

对这些问题的回应，就构成了这条链上的共识机制设计。这些共识机制设计的背后，都是纯粹的政治学、法学和哲学问题，反映的是这个链／共识社区的价值观。基于前面所说，可以看到链上的共识机制至少分为三个层次。

操作层。矿工们在解题过程中，对某个矿工解出来的答案要达成 51% 的共识。

规则层。以什么为权益来设定那 51%？不同权益的权重百分比如何设置？这也需要共识，具体取决于共识机制的设计；在这个共识达成之后，链上的人就会去积累相应权益。

价值层。凭什么可以基于那些作为权益？凭什么是那种权重百分比？这背后涉及价值观的取向，对该价值观不认同的人，很可能也就不到这条链上来了，在这条链上活动的人，可以默认为他们都认同该价值观。在某链初起之际，还没太多人上来活动，该链的价值观取向是由一个相对较小的群体，也就是最初的发起者设定的，该价值观取向在相当程度上决定着这条链在日后会吸引多少人上来活动。该链要想确保有长期活力，在其共识机制进行后续迭代的时候，就需要尽可能扩展在价值层上参与共识投票的人群的范围，确保链上共识机制的分布式，才能确保链的可信性，从而确保活力。

规则层和价值层的共识，在诸多节点投票的时候，应该基于简单多数还是绝对多数？是单次表决还是多次表决？提案机制如何生成？节点的投票资格如何设立？……所有这一系列问题，全都是纯粹的共识机制设计问题，与技术本身没有关系。

一旦这些设计完成，一条区块链就可以开始运作了。理想状态下，区块链的起点首先是个价值层的共识社区；有了价值层的共识，会再落实为规则层的机制设计；有了规则层的共识，会再进入矿工在操作层挖矿时的 51% 共识。当然，现在真实的区块链当中，很多并不符合这个理想状态，但是未来有生命力的区块链大概会越来越向理想状态靠拢。

价值层本身不是算法决定的，但在规则层和操作层中，会把价值层的各种价值取向转化为具体的算法；算法中对各种参数的设定，背后所反映的都是价值观。

打个比方，一个链上的 POS 共识机制，可能设定为：链上有 101 个矿工节点，它们是从 1001 个备选节点当中选出来的。依据什么原则来选出那 101 个矿工节点呢？其中有一部分矿工节点是基于各备选节点手中持有的该链发行的数字货币的多少排序而选出的，比如 1001 个备选节点中的前 50 个数字货币持有者，就可以成为矿工节点，这就相当于资本是权益；还要再选出 51 个矿工节点，就在剩下的 951 个备选节点当中随机选出，此时就相当于人头是权益。那么，这条链在其初始参数设定中，到底规定了多大比例的矿工节点基于资本选出，多大比例的矿工节点基于人头选出，这些参数的设定背后反映的就是链的最初发起者的价值观，反映着他对自由、平等之类不同价值的优先级排序。

具体一条区块链能否存活，取决于它的共识机制设计能否聚拢足够多有共识的人，并且这些人还可以在区块链的运行过程中，通过不断地达成新的共识，来动态调整各种共识机制。新共识该如何达成，也需要有一整套的程序机制来保证。所有这些机制的设计，背后都是价值观在支撑与引导。

区块链 / "部落城" 因此就是一群达成了共识的人共同建设起来的一个自组织、自驱动、自演化的部落、城邦。它穿透国界，无影无形，无所在又无所不在。

一条链开始运行后，它需要尽可能快地脱离其最初开发者的控制，进入所有参与者共享共治的一个状态。如果它不能脱离最初开发者的控制，这个链上的活动的可信性就存疑，也就没多少人愿意上来活动，这个链也就死了。因此，链的活力甚至是其存活性，与链的分布式治理机制，是共生关系。只要它不再是分布式，链就很容易死掉。而能够存活的链，其初始开发者仅仅是共识社区的最初倡议者，他可能手上有着比别人更多一些的该链发行的数字货币，仅此而已，其他的一切都要受制于这个链上的共享共治体系。

在区块链的运作过程中，需要往前迭代治理机制或者软件系统。有可能在某一个迭代点上，人们无法达成共识，比如有 58% 的人同意用 A 方案迭代，26% 的人同意用 B 方案迭代，16% 的人同意用 C 方案；那么少数地位的人有两个选项，或者放弃自己的想法，加入多数派，或者觉得自己这个方案聚拢起来的人也足够多，大家都想坚持，那么就在这个点上按照自己的方案往前走，跟多数派分道扬镳。

这就是区块链上的分叉，颇为类似于基督教在 1054 年分叉出东正教、天主教，1517 年又分叉出新教。大家对何为原始经典有共识，但是对如何释经不再有共识，那就分叉好了。链上经常会出现分叉，如果分出来的那个叉上面能够聚拢足够多的人形成共识，就会是一个新的共识社区／一条新链如火如荼地运转下去。如果分的叉上人气凋敝，也就自生自灭了。

链和它上面发行的数字货币是共生关系。数字货币仅仅是一堆字符串，本身并没有任何实体依托。但是在共识社区中，人们会接受以数字货币作为信用载体，或者说，作为人们共识的载体符号。只要有共识，载体符号是什么并无所谓，黄金、纸币、贝壳、玻璃球、数字符号，都是可以的。

区别在于，不同的载体符号其共识的来源不一样。纸币背后的共识，来自国家机器的强力担保，自上而下强制接受，以主权国家对疆域内的有效统治为基础。数字货币背后的共识，则来自区块链共识社区的自我演化、自我认同，是自下而上的自演化机制，以分布式参与者的共识为基础。

比特币属于第一代区块链，仅仅有记账功能。以太坊属于第二代区块链，它本身已经是个操作系统，在操作系统上可以开发各种智能合约；对应着理解就是，以太坊相当于安卓，那些智能合约就相当于在安卓系统上运行的各种手机 APP。

由于区块链上交易记录的不可篡改性，越来越多的人愿意在区块链上来完成交易。这大致可以想象成，我们今天有越来越多的活动都是通过手机 APP 完成的，手机 APP 成了我们与真实世界之间的连接通道，同时手机也自演化出一个数字世界。如果区块链上的活动越来越多，也就会有越来越多的支付是通过数字货币来完成的；就像今天的年轻人在游戏社区内会用各种游戏代币来交易、支付一样，对他们来说，只要是在游戏社区内活动，游戏代币和法定货币就没有什么区别。

所有这些都意味着一种全新的秩序逻辑正在浮现，一种新的"空间大发现"已箭在弦上。

三、元宇宙、隐私计算与未来

这个新空间的具体形态，可能就是元宇宙。

这里所要讨论的并不是当下可见的各种近乎炒概念的"元宇宙",而是元宇宙的理想型（ideal type）。理想型所勾勒的并不是现实中会存在的样态,而是对现实样态的底层逻辑所做的抽象；理想型很可能不会真的实现,但现实会持续地朝它的方向演化。所以,看清楚理想型的逻辑,可以帮助我们看清现实的演化路径。前面对区块链与数字货币的讨论,实际上也是基于理想型的讨论。

2021 年被称作"元宇宙元年",但此时很像是 20 世纪 90 年代末期互联网泡沫的时候。当时互联网的概念火爆非常,太多人也都以各种方式投入进去,很多人没有意识到,互联网意味着未来,但并不是当时的那些互联网公司意味着未来；到底谁会笑到未来,需要等泡沫破灭,一片尸山血海之后,才能初步看出眉目。

元宇宙当然意味着未来,但未来未必属于当下我们所看到的这些概念感十足的元宇宙。咨诸历史可知,任何一种技术,如果不能匹配上时代的巨大需求,就不会有什么商业机会,比如最早的互联网实际上出现在苏联,可它并没有匹配上恰当的需求,因其根本就不是市场化的,最后也就湮灭在历史中了。元宇宙之所以意味着未来,很可能是因为它匹配上了人工智能和机器人带来的技术进步,由此导致人类就业结构的一种时代性剧变。

随着技术的进步,以及人力成本的提高,在生产领域中,人工智能和机器人对人的替代,正在快速、深入地展开,在不远的将来,很可能会带来人类历史上前所未有的一种就业结构。我们可以定性地说,农业经济时代技术低下,资源不足,难以支撑太多人有超出维生需求之外的消费,所以当时可能是 95% 的人生产,5% 的人消费；工业经济时代,技术进步带来丰沛的资源,可以支撑 95% 的人生产,95% 的人消费；未来则有可能是 5% 的人生产,95% 的人消费。未来的所谓"95% 的人"仅仅是个意象,其实哪怕仅仅是三分之一的人不再生产,也是个巨大的变化。这些人不是不想生产,而是没有机会生产,工作机会都被机器人抢走了。他们没机会生产,没有收入,也就没有消费能力,那么有机会生产的人实际上也没什么可生产的了,因为社会的消费能力萎缩了。

除非,这些不再生产的人其消费行为本身就等于生产,否则整个社会的经济循环就断掉了。什么情况下才会让消费行为本身就等于生产呢？在数字经济当中便是如此。哪怕一个人什么都不干，天天躺在床上刷社交媒体，他也在不停地生产数据，此时他的消费行为本身就是生产。数据就是数字经济当中的石油，每个网民都是分布式的油田。

当然，躺在床上刷社交媒体所产生的数据，价值不高。未来必须要找到一种场景，在其中基于消费活动而生产数据的效率足够高、量足够大、数据足够差异化，其数据才有价值。元宇宙便提供了这样一种场景，因此它一定意味着未来，这不是因为它酷炫，而是因为它是让经济循环能够继续下去的必须。

理想型的元宇宙，并不是当下我们所看到的各种游戏。它之所以主要呈现为游戏的样态，只不过是因为它击中了人性，进入了新事物最容易被人接受的一个赛道；而真正的元宇宙，可以构建起一个完整的平行线上世界，人们在线上可以复刻线下世界，还可以创造出线下根本无法想象的新的世界和玩法，那里面有着无尽的想象空间。各种服务都可以在线上展开，服务于线上服务的二阶服务也会大量地涌现，甚至二阶乃至更高阶服务逐渐会占据更大的比例，发展为一个庞大的经济循环系统，并由此反向拉动线下的经济演化。

人们在元宇宙中会有一个独立于线下的数字人格，在线上获得自己平行的主体空间。这个数字人格可以有多个分身，但是所有分身的底层又都对应着那个唯一的数字人格，其他人看不到那个底层人格，只能看到表面的分身，也无法将诸多分身彼此间一一对应，不知道那个叫"肿头龙"的账号和叫"为情所困"的账号，实际上是同一个数字人格所披的不同马甲。但是在区块链和隐私计算的技术加持下，人们却可以充分信任这个不知道其底细的分身，从而可以放心地与其交往、交易。[1]

由于隐私计算，系统平台是能够将分身与底层人格对应上，以便在区块链上确认其信用的；同时系统平台却仅仅知道这个底层人格的信用，仍然不知道他究竟是谁，从而能充分地保障其隐私。这种听上去匪夷所思的技术，基于隐私计算中的重要算法"零知识证明"，也就是证明者能够在不向验证者提供任何有用信息的情况下，使验证者相信某个论断是正确的。

---

1 在隐私计算的问题上，感谢孙立林先生及其团队对我的启发，特此致谢。

　　零知识证明的一个简单模型便是，有一个带入口的不透明环形通道，通道深处与入口相对的位置有一扇锁着的门，Alice（爱丽丝）要在不向 Bob（鲍勃）出示任何证据的情况下，证明自己手里有那扇门的钥匙。证明方法是，Alice 先走到入口，从通道任意方向的半环走到 Bob 看不见的深处，Bob 再来到入口，要 Alice 从指定方向的半环走出来。但即便 Alice 能从正确的半环走出来，也无法证明自己有钥匙，因为她有可能刚好就是从 Bob 所要求的那半环走进去的。可是如果两人如此反复验证足够多的次数，每一次 Alice 都能从正确的半环走出来，就可以证明她确实有钥匙，因为她每次都刚好走入 Bob 所要求的那半环的概率是在指数级下降的，验证次数足够多之后，概率便小得可以忽略不计，如果仍然不放心，再多验证几次便是。如此一来，Alice 无须向 Bob 出示钥匙的任何证据，仍然能够向他证明自己有那把钥匙。

　　隐私计算把这样一种验证方法转化为算法，便可以让系统（Bob）在不知道那个数字人格（Alice）是谁的情况下，仍然确认（verification）他或她的信用（trust）。这里要略微多加解释的是，零知识证明进行的是数学意义上的确认，通过计算复杂性来实现；信用则是一个社会学意义上的属性，表明那个人格的可信任度。隐私计算解决的是一个数学问题，但其社会学效应则取决于人们在算法基础上所做的制度设计。

　　隐私计算于此有着深刻的政治哲学意涵。它可以使人既匿名（是对全世界，包括任何权威、任何平台在内，都匿名）又有信用，这是在过往的秩序当中无法实现的。线下世界里，信用从来都是与真实身份相捆绑的，即便这个真实身份对公众是匿名的，但对系统是实名的，否则，这个人的信用便无从验证，他也有很大可能去作奸犯科；在线上世界里，则一个人只需要有个唯一的数字人格，所有的信用都对应于这个人格，同时在这个人格上架设大量的数字分身，让自己匿名化，系统则可以在零知识证明的算法支撑下，既挖掘不出这个数字人格是谁——他甚至对系统都是匿名的——又能够确认他的信用。

　　人们在数字世界里的身份便是一种多层级的结构，底层是对全世界都彻底匿名的数字人格，所有的信用信息都依托于这个人格，在公有链上不可篡改地被记录着，因此他虽然匿名却也会节制自己不去作奸犯科；表层是人们可以看到的分身账号，而且是多个分身账号，日常的活动是以分身账号作为交互界面的，在不同的事情和场景中可以使用不同的分身账号，但每一个分身账号的行为都会被记录到那个底层人格的信用上去。没人知道打交道的对方究竟是谁，但人们又都可以放心地彼此交往。

这样的一种系统，显然也不是现在那些数字巨头所推动的元宇宙能够保障的。当下的数字巨头们所推动的元宇宙，仍然是集中式的平台。它们就是自己所营造的元宇宙当中的上帝，这个上帝能够对这个元宇宙进行创世，也就能够毁世。数字巨头们所运营的元宇宙不是基于公有链——基于公有链则巨头们会对其丧失掌控——那个宇宙中的数字人格便不是真匿名的，而是可以被巨头们所掌握的，这就毁掉了人们对其"匿名－信用"的信任，也是一种特定意义的毁世。这就不是一种真正有自在生命力的元宇宙。

真正有自在生命力的元宇宙，必须是真正分布式的，而不能是集中式的，它也必须是基于公有链技术的；在这样的元宇宙里没有一个上帝，如果说有的话，上帝就是这条链上或者说这个元宇宙当中的用户全体，正是用户的群体共识让这个元宇宙获得生命活力。

待到这种基于区块链的分布式的元宇宙出现，那些数字巨头所构建的集中式的元宇宙，才会主动地节制自己毁世的冲动，以免用户都流失掉。到了那时，集中式元宇宙与分布式元宇宙会占据各自的生态位，前者有更高的效率，后者有更高的自在生命力，用户基于不同的价值排序各取所需，或者同一个用户在不同的场景中各取所需，新的数字秩序才可能会真正演化出来。

这样的一个（理想型）元宇宙，数字货币天然是其中的支付手段，区块链构成驱动这一切的技术基础，每一个具体的用户则在通过自己的活动生产数据，而源源不断地为其提供燃料。

四、道可 DAO

分布式元宇宙的组织形式（至少是其形式之一），很可能不再是人们所熟悉的公司形式，而是基于 DAO（Decentralized Autonomous Organization，去中心化自治组织）的一种分布式组织。公有链－隐私计算－DAO，三位一体的结合，可能会构成未来（理想型）元宇宙世界的秩序基础。

公司这种组织形式最早可以追溯到古罗马时期，但现代形态的公司是伴随着地理大发现之后的远洋贸易而形成的，17世纪初英国和荷兰的商人分别成立的东印度公司，是其肇始。

就我们的讨论而言，现代公司有两个特征值得关注：一是其集中式的组织形态，一是其所面临的代理人风险。

现代公司要注册为一个法人，由法人来承担起一系列的权利和义务。这里就有了双重的集中式组织形态。第一重是，公司本身依其章程便是集中式组织的，不过公司还要面对其他公司的外部竞争，竞争过程是分布式的；更重要的是第二重，"法人"这个身份是基于其注册地的法律而获得的，法律的效力来自主权国家的执行，所以公司又要面对国家这个集中式力量的管辖。对公司来说，国家的管辖权是双刃剑：一方面，国家会为其提供法律保障；另一方面，国家也会对其构成一系列的管制。

现代公司的一个特征是所有权和经营权的分离，公司的所有者未必有能力或有兴趣具体去经营业务，为保障公司业务的持续稳定，所有者会把它委托给专业的代理人来经营。代理人风险就此浮现，代理人本应代表公司所有者的利益，但也可能会利用代理身份为自己牟利。如何有效地对代理人进行监督，是公司治理中的一个重要问题。

实际上，公司只不过是人们找到办法结合在一起，基于彼此分工而持续地经营业务的组织形态。公司需要注册为法人，是因为在囚徒困境下，需要有第三方强力执行人来为这个组织提供一种法律形态，以厘定组织内部、外部的各种权责关系，并为内、外各种合作关系的履行提供担保。相应地，第三方执行人会为自己提供的这些服务收费，也就是税收；不过第三方执行人往往会倾向于征收超过其服务价值的费用。

如果能够找到一种机制，在人们为了共同完成某件事情结合起来的时候，可以清晰地划定内、外的各种权责关系，并且会自动执行，那么就无须第三方执行人来担保，人们也无须注册为法人就可以经营业务了；同时，因为任务都是自动执行的，代理人风险的问题也就被取消了。

（理想型）DAO能够满足这些要求。

在社交媒体上，人们有机会以各种方式找到志同道合的人，愿意一起来做一件值得做的事情；这些人有可能分处世界上多个国家或地区，彼此在线下永远没有机会见到。为了完成那个目标，这些人需要分头去寻找一些资源，一起设计分工结构以及相互间的合作机制，然后把这些管理和运营规则编写为智能合约，放到公有链上去。

每个人在合作中所需分担的任务，智能合约都会自动执行，所应获得的收益，也会自动分配；算法保证了权利与责任的确定性，第三方执行人因此变得不必要。如果因为智能合约的设计有漏洞，有人利用规则不当牟利，其行为在链上也都是可追溯的，会伤害其数字人格的信用，从而也就抑制了其采取不当行为的冲动，代理人风险因此被消化。

由此一来，在DAO上合作起来的人不需要注册为一个法人机构，也能完成过去需要通过公司才能完成的事情；他们也不会再向第三方执行人交纳那些服务的费用。这些人可能散布在世界上相距遥远的地方，高度分布式、去中心化地合作着，一种完全不同于传统政治空间和经济空间的新空间结构就浮现出来。如果有集中式的组织想对其进行控制，也无从下手：物理上找不到这些人在哪儿，技术上又无法摧毁公有链上分布式存储的智能合约。

DAO以公有链为技术基础，当然也就具备了公有链的一系列特征。价值观同样会是（理想型）DAO的核心竞争力，只不过此时价值观不是一种抽象理念，而是以那个要共同完成的事情为载体。智能合约把完成事情的过程分解为一系列规则，这些规则也可以基于社区共识来进行迭代；社区本身的分布式特征，使得DAO会具有高度的传播性和互动性，并且会有着很强的涌现性。

公有链是靠其上所发行的数字货币来获得活力的，DAO上面的激励机制也是基于这个DAO所发行的通证（token，可以理解为广义的数字币），并且因此也能够做到正义与利益同构——这个事情在价值观上越有吸引力，参与进来的人越多，这个DAO所发行的通证（币）的价值就越高。

相应地，元宇宙里所谓"消费等于生产"，其分配机制也就可以设计出来了。DAO里面可以为各种数据生产提供回报，数据的价格会跟随市场动态波动，算法可以保证这一点。一个DAO上关于数据价格的算法，也可基于社区共识而迭代，以便吸引更多的人参与这个DAO；多个DAO彼此之间的竞争，会让DAO发展得更健康，也会进一步形成更好的价格发现机制。而在所有这些过程里，数字货币天然就适合作为支付手段。[1]

前述新数字空间的崛起，打开了与传统空间截然不同的一种空间结构，国家在这个世界中似乎没有一个明确的地位。但国家不会就此消失，毕竟线上仅仅是提供了一种新的组织机制，改变了人与人之间的结构关系，但具体的实体产品还是要在线下空间来完成生产的，而国家在线下空间所拥有的暴力能力，仍然会持续存在。

但国家的暴力能力依赖于财政能力，随着线上世界的扩展，国家的财政能力会出现质的变化；所以线下空间的国家不可能再是原来的样子了，它会与线上世界发生一种互构的关系，相互重新定义。如同地理大发现之后，陆地秩序仍然存在，但它与海洋秩序发生互构，相互之间重新定义了一样。

线上空间与线下空间的关系，也许应当是我们思考未来秩序的一个主轴。

第三节　未来秩序的隐喻

一、第一场元宇宙战争

2022 年初，俄乌之间发生战争。战争进程很快便显示出它与以往战争的一些重大差别。这场战争同时在线上线下展开，线下与线上高度融合、相互塑造，并且都呈现出高度的分布式特征，简直就是一场充满隐喻的（象征性的）元宇宙战争。

1618—1648 年在欧洲发生的"三十年战争"，被称作最后一场宗教战争

---

1 我在《破茧：隔离、信任与未来》一书的第三部分，曾仔细做过一个思想沙盘，提出数字世界天然是穿透任何国界，构成一种全新空间秩序的，因此对这个空间的治理，无法以国家为主导来展开；我进一步构想出一个"全球数字治理联盟"的治理机制，仔细探讨了它的政治经济学机理、法理逻辑以及伦理基础，并构想出其宪制架构的可能形态。本书中不拟复述关于"全球数字治理联盟"的构想，仅仅想指出：那种治理架构是可以通过 DAO 而构建起来的。

和第一场国家间战争。三十年战争的动因是宗教之争，但其结果是现代国家秩序与国家观念的诞生。我们今天对国家和战争在政治和法理上的理解，都源自三十年战争之后所建立的威斯特发里亚体系。

仿照着历史，未来也许会说这场俄乌战争是最后一场国家间战争和第一场元宇宙战争。

这场战争的元宇宙气质，首先表现在它是第一场在社交媒体上的全球围观下进行的战争；战争是政治的延续，这场战争背后的政治斡旋也是在社交媒体上的全球围观下展开的。作为围观者，我们不需要知道（也不可能知道）深层的博弈过程，只要看到社交媒体上所呈现的各种表象就够了——在社交媒体时代，表象即本质。

从微观层面来看，社交媒体上有着各种分布式的、实时的战场分享，各种具体个人，无论是哪一方阵营的生死、悲欢，都呈现在全世界的注视之下。从宏观层面来看，各国的政治态度实时地在网络上传播、不断更新，尤其是在战争初起之际，这种情况更为明显。战争开始后第三天（北京时间 2022 年 2 月 27 日）凌晨，俄国被禁止使用 SWIFT，但此前的两天里社交媒体上人们不停地在围观与讨论，到底是哪个国家在不支持制裁俄罗斯，这个国家出于什么考虑不支持，同时会展示其他国家的百姓宁愿付出代价也要支持，以便对这个国家施加道德压力。各国政府就像在拳台上被全世界围观着读秒，过往的外交博弈所需要的从容的时间和空间，都不存在了。

国家层面的这种处境变化，有些类似于一战爆发前的状态。在一战前的几百年里，各国外交的终极手段之一是宣布本国进行军事动员，对对手做出最大强度的威胁；当时的交通和通信条件很差，军事动员得几个月的时间才能完成，这几个月来得及完成外交斡旋，所以军事动员更经常是做个样子。一战爆发前各国还是用这办法，但那会儿有了电报和铁路，军事动员很快就完成了，外交斡旋来不及完成，但没人敢让已经动员起来的军队再回去，结果就打起来了。过去可用的行为模式，今天不可行了，因为技术已经让环境不可逆地改变了，于是必须发展出新的行为模式，政治决策的逻辑和机制都得变化。

社交媒体彻底穿透国界。各国政府不仅被本国选民读秒，也被全球公众读秒，全球公众的反应还会和本国选民形成不断互动、互塑的过程。政治家们要考虑的要素，跟过去完全不一样了。

社交媒体上的围观，又让这场战争给普通人的观感，跟以往战争相比出现一个颠覆性变化。对普通百姓而言，在以往的战争中，国家是一个很具体的存在，因为人们总能在各种媒体宣传中看到它；战场是一个很抽象的存在，战场上具体一个战士的生死、具体一个平民的遭遇，极难被人们看到。但是这次在社交媒体上的围观当中，战场变成了很具体的存在，人们可以看到一个个具体的平民、双方战士的微观状态，可以很直接地共情；对比之下，国家反倒像是个抽象的存在，因为媒体宣传不再是过去那样集中式、单向度、时间节奏可控地传播的，而是分布式、多向度、实时性传播的，各种大词很容易在分布式传播中被消解掉，难有过去的效果。

在传统时代，国家领导人的形象被单向传播与塑造，领导人越是有某种高高在上的神秘性，这种塑造就越容易达成效果；哪怕是要塑造领导人的在场感，也得是一种抽象的在场感，因为具体的在场感会消解神秘性（黑格尔说过，仆人眼中无英雄，因为仆人太常见到英雄的常人一面），对国家的敬畏可能会被连带消解。但是在社交媒体时代，人们看到的越来越多的是微观个体的生死情仇，则领导人越是有个体性的在场感，越少神秘性，就越是能获得人们的共情与欢呼。

领导人的这种在场感，说穿了就是一种表演。政治上要"把朋友搞得多多的，把敌人搞得少少的"，需要能讲出好故事，还需要能够表演好这个故事。但是传统时代的表演，是影院大银幕，观众只能单向地观看演员；而社交媒体时代的表演，是小舞台话剧，观众和演员在无缝互动。传统的领导人往往是对大银幕表演驾轻就熟，但是对小舞台话剧可能就找不到感觉；元宇宙当中的领导人，则需要能够谙熟小舞台话剧的表演风格，乌克兰总统泽连斯基是情景喜剧演员出身，把自己对小舞台的驾驭能力充分发挥了出来，有了出人意料的效果。

传统领导人的银幕大，但基于特定的传统媒体，往往限制在本国范围内，传播范围小；社交媒体的舞台小，但其平台是穿透国界、被全球同时观看的，传播范围大。"大"和"小"的意涵，在社交媒体上完全颠倒了，从而政治也就被重新定义了。

在小舞台上，观众的叫好声是参与到演员的表演状态当中的，在这个意义上可以说，观众直接参与到了创作当中。在俄乌战争期间，也确实有很多网友创作了关于各方的各种段子，与泽连斯基、马斯克、卡德罗夫等人形成各种互动关系。观众通过参与分布式创作，构成了一个不断动态演化的场域，泽连斯基的形象与观众的创作在这个场域中动态互构着，他的人格化形象（而非高高在上的神秘莫测的形象）也就会变得更加生动具体，并随着事态的演化而不断迭代。

于是，从元宇宙的角度看，这场战争变成了一场以全球为舞台，又以全球为创作室的分布式小舞台话剧，观众与编剧乃至观众与演员的边界都被模糊掉了。可能会有越来越多的人来分布式参与，擅长利用社交媒体的领导人，就能以其为效果放大器，使自己成为一种摇滚明星式的存在。这个过程中，这种分布式创作的政治戏剧完全穿透了政治国家这个舞台边界，把政治从一种集体属性的事情还原为一种个体属性的事情，人们要看到的是具体的人，而不是抽象的象征。这样一种变化就使得未来的政治很可能属于大大的小舞台，而不再属于小小的大银幕了。因为，只有在那个大大的小舞台上，用户才能够有分布式参与的机会，参与机会决定着用户的流向。

在元宇宙中，政治被还原为个体属性的事情，政治的意涵就完全变了，相应地，作为"政治的延伸"的战争，其意涵也完全变了。战争伦理、政治伦理都会发生深度的变化，不可能再是过去的样子了，而伦理逻辑构成了行为逻辑的约束和指引。

社交媒体让战场变得前所未有地具体，在人们可以极为直观地看到具体士兵的生死痛苦时，传统式的大规模正面战争，很可能在新的战争伦理中越来越难以获得支持，战争会变得越来越像警察行为。

警察行为与战争行为有两个重要区别。第一，原则上来说，警察行为要对平民零误伤，战争行为则没那么强的要求。要想做到原则上零误伤，就需要一种空天战的系统性能力，需要多重技术的整合能力，绝不是拥有几件尖端武器就能完成的事情；于是，发动正义战争的技术门槛就会变得很高，只有极少数国家有技术能力发动这种意义上的正义战争。正义战争塑造着世界政治的形态，任何战争都要经过内政博弈才能获得拨款，世界政治就会成为这极少数国家内政的外化；如何防止它们内政的（可能）败坏影响到世界政治，就成为新的问题，这可能需要一系列政治伦理、观念秩序与制度设计上的演化。第二，警察行为是执行公认的规则，战争行为则不以公认规则为前提。战争行为警察化，则意味着对公认规则的制定能力／对战争伦理的建构能力会变得越来越重要，而在社交媒体时代，制定公共规则/建构战争伦理只能在分布式的环境下展开，政治家的表演能力也会变得越来越重要。

战争伦理是价值观在战争领域中的具体表达。初看上去，价值观就是言辞而已，仿佛飘忽不定的一团气，但正是指向分布式秩序的价值观，能把线下永远没有机会见面的个体在线上分布式地动员起来，形成集体行动，变成一种无所在又无所不在的力量，不断地形塑着当事各方的行为边界，这是前所未见的。这些价值观会进一步形塑战争伦理，战争伦理在本质上定义着何谓正义战争，告诉军人为何而战，它在实质上影响着士气。在双方的武器装备不存在过于悬殊的差距的情况下，士气是决定战争胜负的关键。

所以，在形塑战争伦理的意义上，元宇宙并不是个噱头，并不是一团缥缈的气。在分布式时代，这种"气"的力量是超出传统时代的想象的；元宇宙就是属于气的时代，它会反向塑造传统时代的水、土、火。

元宇宙不会仅仅是个线上的平行世界，它会是线上线下融合的一种互构性、过程性存在。再来看看俄乌这场元宇宙战争中线下的部分，它也以各种方式呈现着元宇宙的分布式特征。

乌克兰的战法跟过去大不一样。乌克兰在近年的军改中，解散了乌军的营以上作战单位，基本作战单元变得极为分布式、扁平化，同时大力强化指挥系统的信息化智能化水平。乌军指挥系统仿佛就是一个超级中台，基于后台综合而来的空天信息，指挥前台那些分布式的小作战单位灵活出击，用价值几十万美元的标枪导弹、毒刺导弹，打掉俄军价值几百万美元甚至几千万美元的坦克、飞机。乌军尽量避免集中式的正面决战，把战争变成了分布式的碎割，一种高度不对称的以小打大战争。乌军内线作战，在战场上是低成本、低补给需求，在战争指挥系统上则是高成本、高技术需求；俄军的处境则正好相反。

这种新的战法所依托的战争理念——分布式、信息化、智能化，让俄国的类似二战式大兵团决战的战法显得非常笨拙过时。乌军的组织形态，让它不适合对外出击的战争，但适合本土自卫的战争，而其背后所对应的战争理念及政治理念，也跟分布式的价值观相匹配，线下与线上有着观念层面和组织层面的同构性；这背后又依托着线上、线下同构的高技术、信息化平台。技术本身是中性的，但是技术的不同特征，经常会与某种特定取向的价值观、组织逻辑有共振性，从而利于特定的价值观和组织形态的传播，这在历史上屡见不鲜，（此处所说的象征性的）元宇宙不过是个新的案例。

这种组织逻辑也把民众充分动员起来。民众可以通过社交媒体，把民间所能得到的前方信息分享给乌军。这样的做法把战争在线上线下打通，让对手在更大程度上面对无所在又无所不在的力量，难以应对。战争中还有网友开发网站，让乌克兰难民和愿意接收难民的欧洲家庭可以在网站上迅速地找到彼此。这就仿佛是一个战争版的 Airbnb（爱彼迎），只是它把共享经济变成了共担灾难，分布式价值观则能极大地激励人们参与此事。

线上能够改变行为的边界，但是硬碰硬还是得看线下。未来的元宇宙也是一样，线上会重新定义线下，但线上也不可能脱离开线下的各种反向约束力，线上线下会是相互塑造的过程。俄乌战争居然给了这样一个未来的测试版让我们观察与思考，这一切都很元宇宙。

二、多层次主权秩序

从俄乌战争中可以解读出诸多隐喻，寓示着未来的一种多层次主权秩序。当然，下面的讨论也都是在"理想型"的意义上，离变成现实还有不小距离，但这种讨论可以帮我们厘清思路，探究未来秩序的可能演化逻辑。

近代以来，"主权"概念首先会被我们应用于对"国家"的理解，主权国家对内拥有最高权力，对外独立自主。对内对外双重属性的隐含前提是，在线下空间，国家相对于非国家的组织和个人具有绝对的力量优势，集中式的组织逻辑也因此而顺理成章。

但在线上空间，国家－组织－个人之间在力量上的等级差别几乎被夷平，国家在这里也仅仅是个账号，与个人在力量上几乎是平等的，甚至在某种意义上还存在劣势。国家账号在线上空间的活动，需要通过其官僚系统来策划、管理、发布，整个运作过程是一种集中式的逻辑，其反应速度是无法与灵活快速的组织和个人账号相比的。

现代国家的一个基本属性就是在其领土上"对合法使用暴力拥有垄断地位"。但在线上空间，力量的等级差别不再，则对暴力的垄断也不再，也就是说，我们在线下空间所熟悉的基于国家的"政治"，在线上空间是不存在的。[1]

在公有链-隐私计算-DAO三位一体的基础上，线上会形成一种"主权个人"的秩序，[2]此外还会有"主权组织"，与线下的主权国家并行，形成一种多层次的主权秩序。

对当代人来说，这样一种秩序似乎很难想象。但实际上，今天的主权国家秩序是在1648年《威斯特发里亚和约》之后才在欧洲地区建构出来，之后逐渐扩展到世界其他地区的，至今还不到400年；此前更加久远的历史中，欧洲的土地上并没有一种能够在领土上垄断合法暴力的政治体存在，合法暴力是弥散在社会中各种阶层与群体当中的，当时本就是多层次主权秩序。[3]

到近代早期，欧洲的君主们逐渐找到办法，打败了疆域内那些手握暴力、桀骜不驯的贵族，垄断了在国土上合法使用暴力的资格。之后，各国又基于主权理论而将此一事实转化出法律正当性，基于条约体系将其延展为一种国际秩序，曾经的多层次主权秩序坍缩为"国家"这种单一玩家的主权秩序。

君主能够打败贵族的关键在于，他们找到了独立于土地之外的财政来源，也就是来自商人的贷款。君主们以此为基础建立起大规模常备军，纵马驰骋的勇武封建贵族不是大规模常备军的对手，遂被君主垄断了合法暴力的使用权。

商人们愿意借贷给君主的原因，在于君主承诺保护商人们的财产权，保护他们免受各种暴力的任意伤害。在这个意义上可以说，谁拥有保护财产的能力，谁就会拥有主权。人们要为君主提供的保护付费，也就是缴纳税收。由此会有一个反向的推论，如果人们的财产无须君主的保护，人们也就不会愿意为保护这些财产而付费（交税）；但是君主在垄断了合法暴力之后，也就垄断了伤害人们财产的机会，在这个意义上，他可以用这种伤害能力来要挟，仍然要求人们付费。那么，如果有些财产可以摆脱君主的保护/伤害（保护

---

1 说得更准确一点，是在基于公有链的Web3.0分布式数字空间当中，传统意义上的"政治"不存在了；Web2.0仍是集中式管理，那么对特定意义上"暴力"的垄断便仍然是存在的。

2 关于"主权个人"的讨论，我受到James Dale Davidson, Lord William Rees-Mogg, *The Sovereign Individual*: *Mastering the Transition to the Information Age*（Touchstone Book, 2020）一书的很多启发。

3 准确来说，这里所说的"主权"，并不是近代西方主权论中所建构出的法理（de jure）意义上的"主权"，而是指一种具有充分自主性的事实（de facto）状态，后文关于多重主权的具体讨论，都是在这种意义上展开的。

和伤害的前提都是暴力，它们在此是一体两面的事情），人们便不会为保护这些财产付费，在由这些财产所构成的领域中，人们也就仍然保有自己的主权。

此前的数百年间，能摆脱君主的保护/伤害的财产非常罕见（如果不是没有的话），因此主权国家这种秩序也就差不多成了单一秩序。但是，在公有链－隐私计算－DAO三位一体所构造的数字空间里，财产在其中分布式地存在，被分布式的共识社区所确认，却又无影无踪，没有实体形态，宛若一团气，但只要共识社区存在，它就无法被摧毁。集中式的力量——无论是国家还是组织——既无法为它加持，也无法对它进行伤害。

于是，在这些财产的领域中，主权个人就会浮现出来。所谓"主权个人"未必真是个自然人，更准确地说，它在数字空间里是个作为权利主体的数字人格，具体某个数字人格的背后，可能是个自然人，可能是个组织，也可能是个国家，它们彼此之间在力量上相差不大，也都有着自主性，可以被笼统视作广义主权个人。基于广义主权个人的活动而形成的数字空间，在不久的将来会构成一个庞大的经济空间，其规模很可能会超过线下的经济空间。

但数字空间仍然需要硬件的支撑，自然人的生活也仍然需要各种实物，对这些实体产品的生产过程必须在线下完成。线下秩序是会面对各种暴力的，主权国家作为合法暴力的垄断者，便仍然能够主导这一世界的秩序。但由于线下经济的规模已经小于线上经济的，对主权国家来说，其所能够影响从而能够征税的财富规模，相较过去便会大幅缩水，它的财政能力也会大幅缩水，主权国家因此势必要重构自己的行为边界。实际上，主权国家会在此过程中被重新定义，一如在地理大发现之后，海洋世界凭借其更高的成长性，发展出强大的经济、政治和军事力量，陆地世界也因此被重新定义。

对硬件、实物的生产，是要由企业、公司来组织的，而在公有链/DAO的基础上，企业、公司也都会被重新定义。基于产品特性的不同，有些产品可能纯靠DAO所形成的协作机制，便可以分布式地完成生产，无须注册为法人的公司来组织。有些产品则仍然需要企业进行大规模的组织才能完成生产，但其生产过程可能被分解为大量的环节，依托于庞大、复杂的供应链网络，分布在不同的地区乃至国家，一如本章第一节所述；这类产品的生产过程里，会有大量的法人企业参与，这些企业是集中式组织的，但它们彼此之间的协作关系，很可能也会通过DAO组织起来，也就是说集中式企业被分布式地组织起来。

　　无论是前述哪一种的 DAO，因其分布性组织机制，其线上部分无影无形，其线下部分也能够迅速地变形、迁移、重组，都能在相当程度上保持相对于主权国家的自主性，从而成为一种"主权组织"。这些主权组织进行着线下的实体生产，同时又是以线上的方式来获得需求并组织生产过程的，它们便成为衔接线上、线下两个世界的接口。

　　主权组织以 DAO 的方式组织起来，会符合"正义与利益同构"这一特征。但在这里何谓"正义"，可能又会受到主权个人的深刻影响。

　　从人类学视角来观察会发现，人类之所以在自然界中能够站到食物链最顶端，是因为人类能够进行大规模合作。人类与那些社会性动物在合作方面有重大区别，社会性动物仅仅是基于本能在合作，这种合作必须有助于其生物基因的延续，以血统为基础，因此合作规模受制于生殖能力；人类则有一种讲故事的能力，通过故事可以形成文化基因，共享文化基因的人，即便没有血统关联，也会形成彼此认同并合作，合作规模便不受生殖能力限制，可以大大扩展。人类因此获得远超其他动物的能力，站到食物链顶端。所以，讲故事的能力是让人成其为人的基础，人类最源初的故事形态就是宗教，它提供了人们对"正义"认知的底层范式。[1]

　　故事带来合作，合作规模的提升带来能力的提升，所以从一个角度来说，人类的历史就是各种故事的竞争史；如果一个故事无法带来足够有效率的合作，共享这个故事的人群就会在竞争中失败，这个故事也就消亡掉了。反过来看，如果一种新出现的合作机制很有效率，它也很可能会推动故事的演化，也就是推动关于"正义"叙事的演化。

　　公有链 - 隐私计算 -DAO 带来前所未有的分布式组织机制，其中的活力并非基于自上而下的叙述与传播，而是基于大量主权个人自下而上的共识机制，形成有高度扩展性的自组织秩序，相应地，这种自组织秩序也就会成为一种重要的动力机制，推动"正义"叙事的演化。

　　准确来说，区块链世界中的"正义"叙事不会是凭空构建起来的，而是仍会依托从古典时代流传下来的各种"正义"叙事；真正在演化的，很可能是对

---

1 社会学三大奠基人之一爱弥尔·涂尔干分析宗教对于社会凝聚的核心作用，实际上就是在谈这种讲故事的能力。参见［法］爱弥尔·涂尔干《宗教生活的基本形式》。

既有"正义"叙事的解释。现实中会有各种竞争性的解释出现，构成本章第二节中所谈到的区块链上的价值层共识，这些竞争性解释／价值层共识会再落实为一系列的规则层共识，这些共识都要依靠主权个人在线上的投票机制决定。

由此继续推衍，主权个人的共识促成正义观的演化，而 DAO 要架设在公有链上，需要符合链上的正义观，才能吸引到足够多的人来加入这个 DAO。所以，主权组织的正义观是基于主权个人的共识机制而获得基础的。

对主权国家来说，它的财政根基来自线下的实体经济，但实体经济的实际运行过程，有相当大的部分是由主权组织跨国界运行起来的。主权组织面对主权国家就有了较强的谈判能力，以争取对自身更加友好的政策。

由此一来，多层次主权秩序中就会形成若干种生态位。

主权个人就像气，不依托任何物理空间，可以穿透一切边界，无所在又无所不在，看似缥缈，却是涵育、生成正义标准的基础。

主权组织就像水，需要物理空间作为载体，但它具有高度的流动性，也会依据环境的变化而迅速改变自己的形状，水和气还可以相互转化，也相互影响。

主权国家就像土，它依托于具体的物理空间，有着坚硬的外壳。相比于土，气和水很柔弱，土会影响它们的性状，尤其是水的性状，但如果没有气和水，土便无法孕育生命，只能沦为无机质的存在。

总结一下就是，主权个人形成新的正义观，主权组织被此所引导，它们构成未来最大部分的经济空间，与主权国家之间有交互关系，但又不会被主权国家所束缚，因此主权国家会被前两者反向规范。

前面的讨论都是从光明一面出发的，没有论及其中很可能也会蕴含的暗黑一面。

比如，主权个人基于公有链而参与到伦理秩序的迭代当中，其庞大的共识群体可能会以共识洪流取代现代战争中的钢铁洪流，对现实构成一种"世界裁决"；但共识洪流同样可能带来新的"文明的冲突"，这种冲突本身也具有分布式特征，冲突的烈度未必很大，却可能会更加深远漫长。

再比如，犯罪组织也可能会依托这些分布式技术来作恶，而这些犯罪行为是无法靠集中式的力量来应对的。因为分布式组织的演化速度会远远高过集中式组织的决策速度，只有靠自发演化出的分布式反犯罪组织，才能应对分布式犯罪组织；而主权个人、主权组织都会愿意向那些反犯罪组织付费，它们也就一定会演化出来。

此处不拟细致讨论对这些暗黑面的应对，只想提出另一个值得关注的问题，就是如果依照既有的分配机制，多层次主权秩序背后可能意味着今天难以想象的贫富分化程度。

原因在于，数字世界的造富速度根本不是传统的工业时代所能想象的，一如工业时代的巨量财富是农业时代所难以想象的一样。令人目眩的造富速度，往往是因技术跃迁所带来的全新财富形式，既有的法律和伦理都还无法规范它，于是通常会伴随极不均衡的财富分配，这会在现实世界和数字世界中都引发可怕的撕裂。所以，未来的正义观当中必须包含新的分配正义机制，相应地，也需要对权利观的一系列新界定。

这在历史上并不新鲜。从农业经济到工业经济的转型过程中，就出现过这些观念和制度的转型。

在农业经济时代，由于技术落后、生产效率低下、产品匮乏，等级制因此成为财富分配的一种重要社会机制。由此可以确保在资源匮乏的情况下，强者（比如领主）手中仍能掌握足够的财产以维系秩序；而强者的财产权上又附加着一系列对弱者（比如农奴）的照料义务，强者不能抛开这些义务任意支配财产，否则就会丧失强者的荣誉和地位；相应地，弱者也有为强者提供服务的义务。强者和弱者之间有着错综复杂的、非均质化的权利－义务关系。这些权责关系会通过一系列法律形态表达出来，这就是农业经济时代的个人权利。

在工业经济时代，生产效率有了极大提高，产品大为丰富。工业经济高效发展的条件之一就是降低交易成本，要做到这一点就需要厘清各种产权边界。此前，领主与农奴在一块土地上分别拥有的复杂财产权利关系被革命夷平，产权关系变得清晰简单、均质化；等级制不再存在，每个人获得了以同等姿态面对消费市场的权利。以此为基础，各种原则都会获得一系列法律形态的表达，包括对财产权益的界定方式，这就是工业经济时代的个人权利。

在数字世界的 Web2.0 时代，我们就已经见识了互联网上太多莫名其妙火起来的人或事，他们可因此获得巨额回报；但他们的成功可能很快又会莫名其妙地崩塌，成功与失败都是基于偶然。这种偶然性在 Web3.0 时代可能会出现得更加频繁，也就摧毁了工业经济时代"一分耕耘一分收获"的逻辑。

再进一步，在 Web3.0 时代，作为主权个人的专家，对整个秩序的重要性可能会上升到前所未有的程度。公有链上的三层共识机制——价值层（公有链的价值观设定、表达）、规则层（智能合约在规则意义上该如何设计）、操作层（合约该如何转化为高效率的算法），每一层都需要不同领域的专家来参与乃至主导。一条成功的公有链会转化出惊人的收益，专家们在其中当然也会获得相当大的份额。顶级专家作为意见领袖，在未来的多层次主权秩序当中的影响力，甚至有可能会大过很多国家。

在这种情况下，如果法律秩序及分配逻辑不能提供某种对冲偶然性的办法，任由它发展下去，以及，主权个人之间如果不能形成某种新的团结机制，都很可能会引发严重的社会问题。为了应对这些风险，产权的界定方式以及财富的分配方式一定也会发生极为深刻的变化，法律形态因此也会发生深刻变化，所有这些又都会受到区块链上新正义观的深刻影响。这就是信息经济时代的个人权利。

不同的时代，"个人权利"的深层内涵没有变化，都是对个人尊严的关注以及对正义的公共秩序的维护；但是随着技术条件的变迁，那些深层内涵应该具体呈现为怎样的法律形态，一定会发生深刻变化。工业经济时代的秩序逻辑，我们可称之为"生产的政治"，未来的数字时代的秩序逻辑，很可能会转化为一种"分配的政治"。[1]

咨诸历史，从农业经济时代到工业经济时代的"个人权利"的法律演化，是通过政治革命实现的；从工业经济时代到信息经济时代的"个人权利"的法律演化，也难免会在各种危机的倒逼中实现。

从这些角度看，今天我们所面临的重重危机与困境，有可能是未来秩序生成前夜的系列阵痛。只是我们不知道，这些阵痛究竟会有多久；就像我们也不知道，真正的未来会有多么炫目。

---

1 本书第七章中便讨论过从"生产的政治"到"分配的政治"的转型，但那还是在传统经济的条件下。数字世界当中，这种转型的需求可能更为强烈，其所实现的途径，以及所要依从的价值观念系统，都可能大不一样了。我在《破茧：隔离、信任与未来》（湖南文艺出版社，2021 年）一书中的第三部分，曾经仔细讨论过数字世界中"分配的政治"的更深层机理。

参 考 资 料

中文著作

阿信:《用生命爱中国——柏格理传》,大象出版社,2009年。

巴拉吉尼玛等编:《千年风云第一人:世界名人眼中的成吉思汗》,民族出版社,2003年。

郭松义、李新达、杨珍:《中国政治制度通史·第十卷·清代》,白钢主编,人民出版社,1996年。

包尔汉:《新疆五十年:包尔汉回忆录》,中国文史出版社,1994年。

包刚升:《民主崩溃的政治学》,商务印书馆,2014年。

曹树基:《中国人口史·第五卷清时期》,葛剑雄主编,复旦大学出版社,2001年。

陈庆英、高淑芬主编:《西藏通史》,中州古籍出版社,2003年。

陈端洪:《制宪权与根本法》,中国法制出版社,2010年。

陈寅恪:《魏晋南北朝史讲演录》,万绳楠整理,贵州人民出版社,2007年。

陈寅恪:《隋唐制度渊源略论稿·唐代政治史述论稿》,商务印书馆,2011年。

陈寅恪:《金明馆丛稿初编》,生活·读书·新知三联书店,2001年。

陈寅恪:《金明馆丛稿二编》,生活·读书·新知三联书店,2001年。

陈永发:《中国共产革命七十年》,台北:联经出版事业公司,1998年。

程念祺:《国家力量与中国经济的历史变迁》,新星出版社,2006年。

崔向东:《汉代豪族研究》,崇文书局,2003年。

邓小平:《邓小平文选》,人民出版社,1994年。

丁笃本:《中亚通史·现代卷》,新疆人民出版社,2004年。

樊超:《合作与共赢:蜜月期的中国与美国》,世界知识出版社,2016年。

费孝通:《费孝通学术论著自选集》,北京师范学院出版社,1992年。

费孝通:《乡土中国·生育制度》,北京大学出版社,1998年。

傅海波、崔瑞德编:《剑桥中国辽西夏金元史》,史卫民译,中国社会科学出版社,1998年。

傅斯年:《傅斯年全集》第七册,台北:联经出版事业公司,1980年。

高鸿钧、鲁楠、余盛峰主编:《法律全球化:中国与世界》,清华大学出版社,2014年。

高全喜:《立宪时刻:论〈清帝逊位诏书〉》,广西师范大学出版社,2011年。

高全喜:《政治宪法学纲要》,中央编译出版社,2014年。

高宗武:《高宗武回忆录》,陶恒生译,中国大百科全书出版社,2009年。

葛剑雄:《中国人口发展史》,福建人民出版社,1991年。

葛兆光:《想象异域:读李朝朝鲜汉文燕行文献札记》,中华书局,2014年。

葛兆光:《宅兹中国:重建有关"中国"的历史论述》,中华书局,2011年。

葛兆光:《中国思想史》(第二版),复旦大学出版社,2013年。

郭小丽:《俄罗斯的弥赛亚意识》,人民出版社,2009年。

韩茂莉:《中国历史地理十五讲》,北京大学出版社,2015年。

韩昇:《东亚世界形成史论》,复旦大学出版社,2009年。

何芳川主编:《中外文化交流史》,国际文化出版公司,2008年。

何忠礼:《宋代政治史》,浙江大学出版社,2007年。

侯家驹:《中国经济史》,新星出版社,2010年。

胡赤军:《近代中国东北经济开发的国际背景(1896—1931)》,商务印书馆,2011年。

黄道炫:《张力与限界:中央苏区的革命(1933—1934)》,社会科学文献出版社,2011年。

黄建华、苏北海:《哈密、吐鲁番维吾尔王历史(清朝至民国)》,新疆大学出版社,1993年。

[美]黄仁宇:《我相信中国的前途》,中华书局,2015年。

[美]黄仁宇:《中国大历史》,生活·读书·新知三联书店,1997年。

[美]黄宗智:《华北的小农经济与社会变迁》,中华书局,2000年。

[美]黄宗智:《长江三角洲小农家庭与乡村发展》,中华书局,2000年。

冀朝鼎:《中国历史上的基本经济区与水利事业的发展》,朱诗鳌译,中国社会科学出版社,1981年。

蒋百里:《国防论》,商务印书馆,1945年。

蒋廷黻:《中国近代史》,上海古籍出版社,1999年。

金观涛、刘青峰:《观念史研究:中国现代重要政治术语的形成》,法律出版社,2009年。

金观涛、刘青峰:《开放中的变迁:再论中国社会超稳定结构》,法律出版社,2011年。

柯志明:《番头家:清代台湾族群政治与熟番地权》,台北:"中央研究院"社会学研究所,2001年。

赖骏楠:《国际法与晚清中国:文本、事件与政治》,上海人民出版社,2015年。

李安宅:《藏族宗教史之实地研究》,上海人民出版社,2005年。

李碧妍:《危机与重构:唐帝国及其地方诸侯》,北京师范大学出版社,2015年。

李大钊:《李大钊选集》,人民出版社,1959年。

李恩涵:《北伐前后的"革命外交"(1925—1931)》,台北:"中央研究院"近代史研究所,1993年。

李开元:《汉帝国的建立与刘邦集团》,生活·读书·新知三联书店,2000年。

李维汉:《回忆与研究》,中共党史资料出版社,1986年。

李小云等:《小农为基础的农业发展:中国与非洲的比较分析》,社会科学文献出版社,2010年。

梁启超:《李鸿章》,何卓恩评注,湖北人民出版社,2004年。

梁启超:《梁启超文集》,陈书良选编,北京燕山出版社,1997年。

梁永勉主编:《中国农业科学技术史稿》,农业出版社,1989年。

林满红:《银线:19世纪的世界与中国》,詹庆华、林满红等译,江苏人民出版社,2011年。

林学忠:《从万国公法到公法外交:晚清国际法的传入、诠释与应用》,上海古籍出版社,2009年。

刘凤云、刘文鹏编:《清朝的国家认同——"新清史"研究与争鸣》,中国人民大学出版社,2010年。

刘建平:《战后中日关系:"不正常"历史的过程与结构》,社会科学文献出版社,2010年。

刘海峰、李兵:《中国科举史》,东方出版中心,2006年。

刘鸿武、沈蓓莉主编:《非洲非政府组织与中非关系》,世界知识出版社,2009年。

刘梦溪主编:《中国现代学术经典·顾颉刚卷》,河北教育出版社,1996年。

刘浦江:《正统与华夷:中国传统政治文化研究》,中华书局,2017年。

鲁西奇:《中国历史的空间结构》,广西师范大学出版社,2014年。

罗建波:《通向复兴之路:非盟与非洲一体化研究》,中国社会科学出版社,2010年。

罗新:《黑毡上的北魏皇帝》,海豚出版社,2014年。

罗新:《漫长的余生》,北京日报出版社,2022年。

罗志田:《乱世潜流:民族主义与民国政治》,上海古籍出版社,2001年。

吕昭义:《英属印度与中国西南边疆(1774—1911年)》,中国社会科学出版社,1996年。

马大正:《新疆史鉴》,新疆人民出版社,2006年。

满志敏:《中国历史时期气候变化研究》,山东教育出版社,2009年。

茅海建:《天朝的崩溃:鸦片战争再研究》,生活·读书·新知三联书店,1997年。

毛泽东:《毛泽东选集》(合订本),人民出版社,1964年。

毛泽东:《毛泽东外交文选》,中华人民共和国外交部、中共中央文献研究室编,中央文献出版社,
　　1994年。

内蒙古自治区政协文史和学习委员会编:《内蒙古文史资料》第五十辑,内蒙古政协文史书店发行,
　　1997年。

泮伟江:《一个普通法的故事:英格兰政体的奥秘》,广西师范大学出版社,2015年。

彭树智、黄杨文:《中东国家通史·阿富汗卷》,商务印书馆,2000年。

彭信威:《中国货币史》,上海人民出版社,2007年。

钱乘旦、许洁明:《英国通史》,上海社会科学院出版社,2002年。

邱立波主编:《在非洲发现中国》,广西师范大学出版社,2015年。

仇鹿鸣:《魏晋之际的政治权力与家族网络》,上海古籍出版社,2012年。

瞿同祖:《瞿同祖法学论著集》,中国政法大学出版社,2004年。

饶宗颐:《中国史学上之正统论》,上海远东出版社,1996年。

任剑涛:《建国之惑:留学精英与现代政治的误解》,中国政法大学出版社,2012年。

山东省金融学会:《北海银行五十周年纪念文集》,1988年。

山东省钱币学会编:《北海银行暨鲁西银行货币图录》,齐鲁书社,1998年。

沈卫荣、侯浩然:《文本与历史:藏传佛教历史叙事的形成和汉藏佛学研究的建构》,中国藏学出版社,
　　2016年。

沈志华主编:《苏联历史档案选编》,社会科学文献出版社,2002年。

沈志华、李丹慧:《战后中苏关系若干问题研究:来自中俄双方的档案文献》,人民出版社,2006年。

沈志华主编:《中苏关系史纲:1917—1991年中苏关系若干问题再探讨》,社会科学文献出版社,
　　2011年。

史念海:《中国历史人口地理和历史经济地理》,台湾学生书局,1991年。

施展:《破茧:隔离、信任与未来》,湖南文艺出版社,2021年。

舒运国:《非洲史研究入门》,北京大学出版社,2012年。

苏力:《法治及其本土资源》,中国政法大学出版社,1996年。

苏秉琦:《苏秉琦考古学论述选集》,文物出版社,1984年。

孙昉:《西北哥老会与辛亥革命》,中国致公出版社,2011年。

孙中山:《三民主义》,北新书局,1927年。

唐德刚:《晚清七十年》,岳麓书社,1999年。

唐晓峰:《从混沌到秩序:中国上古地理思想史述论》,中华书局,2010年。

陶文钊、杨奎松、王建朗:《抗日战争时期中国对外关系》,中国社会科学出版社,2009年。

田余庆:《东晋门阀政治》,北京大学出版社,1996年。

田余庆:《秦汉魏晋史探微》(重订本),中华书局,2004年。

田余庆:《拓跋史探》,生活·读书·新知三联书店,2003年。

汪晖:《现代中国思想的兴起》,生活·读书·新知三联书店,2004年。

汪晖:《东西之间的"西藏问题"(外二篇)》,生活·读书·新知三联书店,2011年。

王汎森:《权力的毛细管作用:清代的思想、学术与心态》,北京大学出版社,2015年。

王国维:《王国维论学集》,傅杰编校,中国社会科学出版社,1997年。

王觉非:《近代英国史》,南京大学出版社,1997年。

王明珂:《华夏边缘:历史记忆与族群认同》,社会科学文献出版社,2006年。

王明珂:《游牧者的抉择:面对汉帝国的北亚游牧部族》,广西师范大学出版社,2008年。

王奇生：《党员、党权与党争：1924—1949 年中国国民党的组织形态》，华文出版社，2010 年。

王小甫：《唐、吐蕃、大食政治关系史》，北京大学出版社，1992 年。

王兴国：《郭嵩焘评传》，南京大学出版社，1998 年。

王远大：《近代俄国与中国西藏》，生活·读书·新知三联书店，1993 年。

王媛媛：《从波斯到中国：摩尼教在中亚和中国的传播》，中华书局，2012 年。

魏良弢：《喀喇汗王朝史稿》，新疆人民出版社，1986 年。

温春来：《从"异域"到"旧疆"：宋至清贵州西北部地区的制度、开发与认同》，生活·读书·新知
三联书店，2008 年。

乌兰夫：《乌兰夫回忆录》，中共党史资料出版社，1989 年。

萧功秦：《危机中的变革：清末现代化进程中的激进与保守》，上海三联书店，1999 年。

萧公权：《近代中国与新世界：康有为变法与大同思想研究》，汪荣祖译，江苏人民出版社，1997 年。

萧公权：《中国政治思想史》，辽宁教育出版社，1998 年。

谢国桢：《明清之际党社运动考》，辽宁教育出版社，1998 年。

辛德勇：《制造汉武帝：由汉武帝晚年政治形象的塑造看〈资治通鉴〉的历史构建》，生活·读书·新
知三联书店，2015 年。

徐公肃、邱瑾璋：《上海公共租界制度》，载《上海公共租界史稿》，上海人民出版社，1980 年。

许纪霖：《家国天下：现代中国的个人、国家与世界认同》，上海人民出版社，2017 年。

许纪霖、陈达凯主编：《中国现代化史·第一卷 1800—1949》，学林出版社，2006 年。

许倬云：《万古江河：中国历史文化的转折与开展》，上海文艺出版社，2006 年。

许倬云：《西周史》（增订本），生活·读书·新知三联书店，1994 年。

薛暮桥：《薛暮桥回忆录》，天津人民出版社，2006 年。

阎步克：《波峰与波谷：秦汉魏晋南北朝的政治文明》，北京大学出版社，2009 年。

阎步克：《士大夫政治演生史稿》，北京大学出版社，1996 年。

杨国强：《义理与事功之间的徊徨》，生活·读书·新知三联书店，2008 年。

阳海清等编：《辛亥革命稀见史料汇编》，中华全国图书馆文献缩微复制中心，1997 年。

杨宽：《西周史》，上海人民出版社，2003 年。

杨奎松：《"中间地带"的革命：国际大背景下看中共成功之道》，山西人民出版社，2010 年。

杨奎松：《毛泽东与莫斯科的恩恩怨怨》，江西人民出版社，1999 年。

杨乃坤、曹延洵：《近代东北经济问题研究（1916—1945）》，辽宁大学出版社，2005 年。

杨念群：《何处是"江南"：清朝正统观的确立与士林精神世界的变异》，生活·读书·新知三联书店，
2010 年。

姚大力：《北方民族史十论》，广西师范大学出版社，2007 年。

姚大力：《蒙元制度与政治文化》，北京大学出版社，2011 年。

叶参、陈邦直、党庠周合编：《郑孝胥传》，《民国丛书》（第一编），上海书店出版社，1989 年。

余太山主编：《西域通史》，中州古籍出版社，2003 年。

昝涛：《现代国家与民族建构：20 世纪前期土耳其民族主义研究》，生活·读书·新知三联书店，2011 年。

札奇斯钦：《蒙古与西藏历史关系之研究》，台北：正中书局，1978 年。

章百家、牛军主编：《冷战与中国》，世界知识出版社，2002 年。

张光直：《古代中国考古学》，印群译，辽宁教育出版社，2002 年。

张广志：《西周史与西周文明》，上海科学技术文献出版社，2007 年。

张海鹏主编：《中国近代通史》，江苏人民出版社，2006 年。

张军、范子英、方红生：《登顶比赛：理解中国经济发展的机制》，北京大学出版社，2015 年。

张荣铮等：《钦定理藩部则例》，天津古籍出版社，1998 年。

张坦：《"窄门"前的石门坎》，云南教育出版社，1992 年。

张五常:《中国的经济制度:中国经济改革三十年》,中信出版社,2009年。

张笑宇:《重建大陆:反思五百年的世界秩序》,广西师范大学出版社,2015年。

张枬、王忍之编:《辛亥革命前十年间时论选集》,生活·读书·新知三联书店,1960年。

张亚辉:《宫廷与寺院——1780年六世班禅朝觐事件的历史人类学考察》,中国藏学出版社,2016年。

张之洞:《劝学篇》,华夏出版社,2002年。

章炳麟(太炎):《訄书》,华夏出版社,2002年。

赵鼎新:《东周战争与儒法国家的诞生》,夏江旗译,华东师范大学出版社,2006年。

赵冈、陈钟毅:《中国经济制度史论》,新星出版社,2006年。

赵冈、陈钟毅:《中国土地制度史》,新星出版社,2006年。

赵汀阳:《惠此中国:作为一个神性概念的中国》,中信出版社,2016年。

赵汀阳:《天下体系:世界制度哲学导论》,江苏教育出版社,2005年。

赵云田主编:《北疆通史》,中州古籍出版社,2003年。

中共中央文献研究室编:《建国以来重要文献选编》(第一册),中央文献出版社,1992年。

中国社会科学院近代史研究所民国史研究室、四川师范大学历史文化学院合编:《一九四〇年代的中国》,社会科学文献出版社,2009年。

周飞舟:《以利为利:财政关系与地方政府行为》,上海三联书店,2012年。

周振鹤:《中国历史政治地理十六讲》,中华书局,2013年。

朱嘉明:《从自由到垄断:中国货币经济两千年》,台北:远流出版公司,2012年。

朱小平:《金融危机中的美国、中国与世界》,新星出版社,2009年。

译著

[伊朗]阿德尔,怡赫里亚尔主编:《中亚文明史》第六卷,吴强、许勤华译,中国对外翻译出版公司,2013年。

[德]阿登纳,康拉德:《阿登纳回忆录》第一卷(1945—1953),上海人民出版社,1976年。

[美]阿克塞尔罗德,罗伯特:《合作的进化》,吴坚忠译,上海人民出版社,2007年。

[美]阿伦特,汉娜:《论革命》,陈周旺译,译林出版社,2007年。

[意]阿锐基,杰奥瓦尼:《漫长的20世纪:金钱、权力与我们社会的根源》,姚乃强、严维明、韩振荣译,江苏人民出版社,2001年。

[意]阿瑞吉,乔万尼、西尔弗,贝弗里:《现代世界体系的混沌与治理》,生活·读书·新知三联书店,王宇洁译,2006年。

[意]阿里吉,乔万尼:《亚当·斯密在北京:21世纪的谱系》,路爱国、许安结、黄平译,社会科学文献出版社,2009年。

[美]艾肯格林,巴里:《资本全球化:国际货币体系史》,彭兴韵译,上海人民出版社,2009年。

[美]埃特曼,托马斯:《利维坦的诞生:中世纪及现代早期欧洲的国家与政权建设》,郭台辉译,上海人民出版社,2010年。

[美]安德特,本尼迪克特:《比较的幽灵:民族主义、东南亚与世界》,甘会斌译,译林出版社,2012年。

[美]安德森,本尼迪克特:《想象的共同体:民族主义的起源与散布》,吴叡人译,上海人民出版社,2005年。

[美]安德森,克里斯:《长尾理论》,乔江涛译,中信出版社,2006年。

[英]安德森,佩里:《绝对主义国家的系谱》,刘北城、龚晓庄译,上海人民出版社,2001年。

[古罗马]奥古斯丁:《忏悔录》,周士良译,1963年。

[古罗马]奥古斯丁:《论信望爱》,许一新译,生活·读书·新知三联书店,2009年。

[美]巴菲尔德,托马斯:《危险的边疆:游牧帝国与中国》,袁剑译,江苏人民出版社,2011年。

［俄］巴尔托里德，维、［法］伯希和等：《中亚简史（外一种）》，耿世民译，中华书局，2005 年。

［苏］巴托尔德，威廉：《中亚突厥史十二讲》，罗致平译，中国社会出版社，1984 年。

［美］巴尼特，托马斯：《大视野大战略：缩小断层带的新思维》，孙学峰、徐进等译，世界知识出版社，
　　2009 年。

［美］巴尼特，托马斯：《五角大楼的新地图：21 世纪的战争与和平》，王长斌、汤学武、谢静珍译，
　　东方出版社，2007 年。

［美］巴泽尔，约拉姆：《国家理论：经济权利、法律权利与国家范围》，钱勇、曾咏梅译，上海财经
　　大学出版社，2006 年。

［美］白桂思：《吐蕃在中亚：中古早期吐蕃、突厥、大食、唐朝争夺史》，付建河译，新疆人民出版社，
　　2012 年。

［英］白芝浩，沃尔特：《伦巴第街：货币市场记述》，沈国华译，上海财经大学出版社，2008 年。

［英］白芝浩，沃尔特：《英国宪法》，夏彦才译，商务印书馆，2005 年。

［奥］鲍威尔，奥托：《鲍威尔言论》，中共中央马克思恩格斯列宁斯大林著作编译局资料室编，生活·读
　　书·新知三联书店，1978 年。

［美］贝茨，罗伯特·H.：《热带非洲的市场与国家：农业政策的政治基础》，曹海军、唐吉洪译，吉
　　林出版集团，2011 年。

［德］贝克，乌尔里希：《世界风险社会》，吴英姿、孙淑敏译，南京大学出版社，2004 年。

［俄］别尔嘉耶夫，尼古拉：《俄罗斯的命运》，汪剑钊译，云南人民出版社，1999 年。

［日］滨下武志：《中国、东亚与全球经济：区域和历史的视角》，王玉茹、赵劲松、张玮译，社会科
　　学文献出版社，2009 年。

［日］滨下武志：《中国近代经济史研究》，高淑娟、孙彬译，江苏人民出版社，2006 年。

［法］博丹，让著、［美］富兰克林，朱利安·H. 编：《主权论》，李卫海、钱俊文译，北京大学出版社，
　　2008 年。

［美］伯尔曼，哈罗德·J.：《法律与革命——西方法律传统的形成》，贺卫方、高鸿钧、张志铭、夏勇译，
　　中国大百科全书出版社，1993 年。

［古希腊］柏拉图：《理想国》，郭斌和、张竹明译，商务印书馆，1986 年。

［英］波兰尼，卡尔：《大转型：我们时代的政治与经济起源》，刘阳、冯钢译，浙江人民出版社，2007 年。

［美］布莱福特，W.：《“五月花号公约”签订始末》，王军伟译，华东师范大学出版社，2006 年。

［英］布莱克斯通，威廉：《英国法释义》第一卷，游云庭、缪苗译，上海人民出版社，2006 年。

［美］布罗萨加姆，黛博拉：《龙的礼物：中国在非洲的真实故事》，沈晓雷、高明秀译，社会科学文
　　献出版社，2012 年。

［古罗马］查士丁尼：《法学总论：法学阶梯》，张企泰译，商务印书馆，1989 年。

［日］川本芳昭：《中华的崩溃与扩大：魏晋南北朝》，余晓潮译，广西师范大学出版社，2014 年。

［日］川岛真：《中国近代外交的形成》，田建国译，北京大学出版社，2012 年。

［英］崔瑞德编：《剑桥中国隋唐史》，中国社会科学出版社，1990 年。

［美］戴维森：《从瓦解到新生：土耳其的现代化历程》，张增健、刘同舜译，学林出版社，1996 年。

［英］戴维逊，巴兹尔：《现代非洲史：对一个新社会的探索》，舒展、李力清译，中国社会科学出版社，
　　1989 年。

［英］道金斯，理查德：《自私的基因》，卢允中、张岱云、陈复加、罗小舟译，中信出版社，2012 年。

［英］邓巴，罗宾：《你需要多少朋友：神秘的邓巴数字与遗传密码》，马睿、朱邦芊译，中信出版社，
　　2011 年。

［美］蒂利，查尔斯：《强制、资本和欧洲国家（公元 990—1992 年）》，魏洪钟译，上海人民出版社，
　　2007 年。

［美］狄宇宙：《古代中国与其强邻：东亚历史上游牧力量的兴起》，贺严、高书文译，中国社会科学

出版社，2010年。

［日］东亚研究所编：《异民族统治中国史》，韩润棠、张廷兰、王维平等译，商务印书馆，1964年。

［美］杜赞奇：《从民族国家拯救历史：民族主义话语与中国现代史研究》，王宪明、高继美、李海燕、李点译，江苏人民出版社，2009年。

［德］费希特：《对德意志民族的演讲》，梁志学、沈真、李理译，辽宁教育出版社，2003年。

［美］费正清、刘广京编：《剑桥中国晚清史·上卷》，中国社会科学院历史研究所编译室译，中国社会科学出版社，2006年。

［苏］弗拉基米洛夫，彼得：《延安日记》，吕文镜等译，东方出版社，2004年。

［美］弗里德曼，米尔顿：《货币的祸害：货币史片段》，安佳译，商务印书馆，2006年。

［美］福山，弗朗西斯：《历史的终结及最后之人》，黄胜强等译，中国社会科学出版社，2003年。

［美］福山，弗朗西斯：《政治秩序的起源：从前人类时代到法国大革命》，毛俊杰译，广西师范大学出版社，2012年。

［美］福山，弗朗西斯：《政治秩序与政治衰败：从工业革命到民主全球化》，毛俊杰译，广西师范大学出版社，2015年。

［荷］格劳秀斯，胡果：《论海洋自由：或荷兰参与东印度贸易的权利》，马忠法译，上海人民出版社，2005年。

［美］戈尔德施密特，小阿瑟、戴维森，劳伦斯：《中东史》，哈全安、刘志华译，东方出版中心，2010年。

［法］格鲁塞，勒内：《草原帝国》，蓝琪译，商务印书馆，1998年。

［美］戈兹曼，威廉·N.、［美］罗文霍斯特，K.哥特编著：《价值起源》，王宇、王文玉译，万卷出版公司，2010年。

［日］宫崎市定：《宫崎市定中国史》，焦堃、瞿柘如译，浙江人民出版社，2015年。

［日］宫脇淳子：《最后的游牧帝国：准噶尔部的兴亡》，晓克译，内蒙古人民出版社，2005年。

［日］谷川道雄：《隋唐帝国形成史论》，李济沧译，上海古籍出版社，2004年。

［日］谷川道雄：《中国中世社会与共同体》，马彪译，中华书局，2004年。

［英］哈耶克，弗里德利希·冯：《法律、立法与自由》，邓正来、张守东、李静冰译，中国大百科全书出版社，2000年。

［英］哈耶克，弗里德利希·冯：《自由秩序原理》，邓正来译，生活·读书·新知三联书店，1997年。

［突尼斯］赫勒敦，伊本：《历史绪论》，李振中译，宁夏人民出版社，2015年。

［美］何伟亚：《怀柔远人：马嘎尔尼使华的中英礼仪冲突》，邓常春译，社会科学文献出版社，2002年。

［美］何伟亚：《英国的课业：19世纪中国的帝国主义教程》，刘天路、邓红风译，社会科学文献出版社，2013年。

［德］黑格尔：《精神现象学》，贺麟、王玖兴译，商务印书馆，1979年。

［德］黑格尔：《历史哲学》，王造时译，上海书店出版社，1999年。

［日］黑田明伸：《货币制度的世界史》，何平译，中国人民大学出版社，2007年。

［美］亨廷顿，塞缪尔·P.：《变化社会中的政治秩序》，王冠华等译，生活·读书·新知三联书店，1989年。

［美］亨廷顿，塞缪尔·P.：《文明的冲突与世界秩序的重建》，周琪、刘绯、张立平、王圆译，新华出版社，2002年。

胡滨选译：《英国蓝皮书有关辛亥革命资料选译》，中华书局，1984年。

［英］霍布斯，托马斯：《利维坦》，黎思复、黎廷弼译，商务印书馆，1985年。

［英］霍普柯克，彼得：《大博弈》，张望、岸青译，中国青年出版社，2015年。

［俄］季什科夫，瓦利里：《苏联及其解体后的族性、民族主义及冲突：炽热的头脑》，姜德顺译，中央民族大学出版社，2009年。

［美］基辛格，亨利：《大外交》，顾淑馨、林添贵译，海南出版社，1998年。

［美］基辛格，亨利：《论中国》，中信出版社，胡利平等译，2012年。

［英］吉登斯，安东尼：《民族－国家与暴力》，胡宗泽、赵力涛、王铭铭译，生活·读书·新知三联书店，1998 年。

［英］吉登斯，安东尼：《现代性的后果》，田禾译，译林出版社，2000 年。

［法］吉普鲁，弗朗索瓦：《亚洲的地中海》，龚华燕、龙雪飞译，新世纪出版社，2014 年。

［美］吉尔平，罗伯特：《世界政治中的战争与变革》，宋新宁、杜建平译，上海人民出版社，2007 年。

［美］加迪斯，约翰·刘易斯：《长和平：冷战史考察》，潘亚玲译，上海人民出版社，2011 年。

［日］加藤繁：《中国经济史考证》，吴杰译，中华书局，2012 年。

［美］杰克逊，约翰·H.：《国家主权与 WTO：变化中的国际法基础》，赵龙跃、左海聪、盛建明译，社会科学文献出版社，2009 年。

［美］金德尔伯格，查尔斯·P.：《世界经济霸权：1500—1990》，高祖贵译，商务印书馆，2003 年。

［美］金德尔伯格，查尔斯·P.：《西欧金融史》，徐子健、何建雄、朱忠译，中国金融出版社，2010 年。

［加拿大］金里卡，威尔：《多元文化公民权：一种有关少数族群权利的自由主义理论》，杨立峰译，上海译文出版社，2009 年。

［美］卡赞斯坦，彼得：《地区构成的世界：美国帝权中的亚洲和欧洲》，秦亚青、魏玲译，北京大学出版社，2007 年。

［英］凯杜里，埃里：《民族主义》，张明明译，中央编译出版社，2002 年。

［英］凯恩斯，约翰·梅纳德：《就业、利息和货币通论》，高鸿业译，商务印书馆，1999 年。

［英］凯恩斯，约翰·梅纳德：《和约的经济后果》，张军、贾晓屹译，华夏出版社，2008 年。

［英］凯恩斯，约翰·梅纳德：《预言与劝说》，赵波、包晓闻译，江苏人民出版社，1997 年。

［奥］凯尔森，H.：《共产主义的法律理论》，王名扬译，中国法制出版社，2004 年。

［美］凯利，凯文：《失控：全人类的最终命运和结局》，东西文库译，新星出版社，2010 年。

［德］康德，伊曼努尔：《历史理性批判文集》，何兆武译，商务印书馆，1990 年。

［英］克拉潘：《1815—1914 年法国和德国的经济发展》，傅梦弼译，商务印书馆，1965 年。

［美］克鲁格曼，保罗：《萧条经济学的回归》，朱文晖、王玉清译，中国人民大学出版社，1999 年。

［美］克鲁格曼，保罗、奥伯斯法尔德，茅瑞斯：《国际经济学：理论与政策》（第八版），黄卫平、胡玫、宋晓恒、王洪斌译，中国人民大学出版社，2013 年。

［美］科斯，罗纳德·哈里、王宁：《变革中国：市场经济的中国之路》，徐尧、李哲民译，中信出版社，2013 年。

［法］科耶夫，亚历山大：《法国国是纲要》，载《科耶夫的新拉丁帝国》，邱立波编译，华夏出版社，2008 年。

［美］孔飞力：《他者中的华人：中国近现代移民史》，李明欢译，江苏人民出版社，2016 年。

［美］孔华润主编：《剑桥美国对外关系史》上卷，周桂银、杨光海、石斌、刘飞涛译，新华出版社，2004 年。

［美］拉铁摩尔，欧文：《中国的亚洲内陆边疆》，唐晓峰译，江苏人民出版社，2005 年。

［美］拉詹，拉古拉迈：《断层线：全球经济潜在的危机》，刘念、蒋宗强、孙倩译，中信出版社，2011 年。

［英］李嘉图，大卫：《李嘉图著作和通信集》第一卷，彼罗·斯拉法主编，郭大力、王亚南译，商务印书馆，1962 年。

［德］李斯特，弗里德里希：《政治经济学的国民体系》，陈万煦译，商务印书馆，1961 年。

［美］梁赞诺夫斯基，尼古拉、［美］斯坦伯格，马克：《俄罗斯史》（第八版），杨烨、卿文辉、王毅主译，上海人民出版社，2013 年。

［俄］列宁：《列宁选集》，中共中央马克思恩格斯列宁斯大林著作编译局编译，人民出版社，1995 年。

［法］列维－斯特劳斯，克洛德：《野性的思维》，李幼蒸译，商务印书馆，1997 年。

［美］刘金，迈克尔：《俄国在中亚》，陈尧光译，商务印书馆，1965 年。

［美］刘禾：《帝国的话语政治：从近代中西冲突看现代世界秩序的形成》，杨立华等译，生活·读书·新

知三联书店，2009 年。

［英］刘易斯，伯纳德：《穆斯林发现欧洲：天下大国的视野转换》，李中文译，生活·读书·新知三联书店，2013 年。

［美］刘子健：《中国转向内在：两宋之际的文化内向》，赵冬梅译，江苏人民出版社，2002 年。

［美］罗德里克，丹尼：《全球化的悖论》，廖丽华译，中国人民大学出版社，2011 年。

［美］洛夫乔伊，阿瑟·O.：《存在巨链：对一个观念的历史的研究》，张传有、高秉江译，商务印书馆，2015 年。

［英］鲁宾逊，弗朗西斯：《剑桥插图伊斯兰世界史》，安维华、钱雪梅译，世界知识出版社，2005 年。

［美］鲁杰，约翰：《多边主义》，苏长和等译，浙江人民出版社，2003 年。

［法］卢梭，让－雅克：《论人类不平等的起源和基础》，李常山译，商务印书馆，1997 年。

［法］卢梭，让－雅克：《社会契约论》，何兆武译，商务印书馆，1980 年。

［英］洛克，约翰：《政府论》下篇，叶启芳、瞿菊农译，商务印书馆，1964 年。

［美］罗尔斯，约翰：《万民法》，张晓辉等译，吉林人民出版社，2001 年。

［美］罗尔斯，约翰：《政治自由主义》，万俊人译，译林出版社，2000 年。

［美］马汉，阿尔弗雷德·塞尔：《亚洲问题及其对国际政治的影响》，范祥涛译，上海三联书店，2007 年。

［德］马克思，卡尔、恩格斯，弗里德里希：《马克思恩格斯选集》（第二版），中共中央马克思恩格斯列宁斯大林著作编译局编译，人民出版社，1995 年。

［英］马林诺夫斯基，布罗尼斯拉夫：《西太平洋上的航海者》，张云江译，中国社会科学出版社，2009 年。

［英］马歇尔，阿尔弗雷德：《经济学原理》上卷，朱志泰译，《经济学原理》下卷，陈良璧译，商务印书馆，1965 年。

［英］麦金德，哈：《历史的地理枢纽》，林尔蔚、陈江译，商务印书馆，1985 年。

［意］麦克里尼，阿尔贝托：《非洲的民主与发展面临的挑战：尼日利亚总统奥卢塞贡·奥巴桑乔访谈录》，李福胜译，中国人民大学出版社，2007 年。

［英］梅特兰：《普通法的诉讼形式》，王云霞、马海峰、彭蕾译，商务印书馆，2009 年。

［英］梅特兰：《英格兰宪政史》，李红海译，中国政法大学出版社，2010 年。

［日］妹尾达彦：《长安的都市规划》，高兵兵译，三秦出版社，2012 年。

［法］孟德斯鸠：《论法的精神》，张雁深译，商务印书馆，1961 年。

［德］蒙森，沃尔夫冈·J.：《马克斯·韦伯与德国政治：1890—1920》，阎克文译，中信出版社，2016 年。

［美］米华健，J.A.：《嘉峪关外：1759—1864 年新疆的经济、民族和清帝国》，贾建飞译，国家清史编纂委员会编译组刊印。

［美］摩根索，汉斯：《国家间政治：权力斗争与和平》，肯尼思·汤普森、戴维·克林顿修订，徐昕、郝望、李保平译，北京大学出版社，2006 年。

［赞比亚］莫约，丹比萨：《援助的死亡》，王涛、杨惠等译，世界知识出版社，2010 年。

［南非］姆贝基，莫列齐编：《变革的拥护者：如何克服非洲的诸多挑战》，董志雄译，上海人民出版社，2012 年。

［印］汗，穆罕默德·穆丁因、赛义德：《伊斯兰经济观》，史敏译，宁夏人民出版社，2013 年。

［美］诺思，道格拉斯·C.：《经济史上的结构和变革》，厉以平译，商务印书馆，1992 年。

［美］诺思，道格拉斯·C.、托马斯，罗伯斯：《西方世界的兴起》，厉以平等译，华夏出版社，1999 年。

［美］庞德，罗斯科：《普通法的精神》，唐前宏、廖湘文、高雪原译，法律出版社，2001 年。

［美］皮茨，珍妮弗：《转向帝国：英法帝国自由主义的兴起》，金毅、许鸿艳译，江苏人民出版社，2012 年。

［日］平势隆郎：《从城市国家到中华：殷周 春秋战国》，周洁译，广西师范大学出版社，2014 年。

［日］气贺泽保规：《绚烂的世界帝国：隋唐时代》，广西师范大学出版社，2014 年。

［美］塞诺，丹尼斯：《丹尼斯·塞诺内亚研究文选》，北京大学历史系民族史教研室译，中华书局，

2006 年。

［印］森，阿马蒂亚：《贫困与饥荒》，王宇、王文玉译，商务印书馆，2001 年。

［日］杉山正明：《忽必烈的挑战》，周俊宇译，社会科学文献出版社，2013 年。

［日］杉山正明：《疾驰的草原征服者》，乌兰、乌日娜译，广西师范大学出版社，2014 年。

［日］杉山正明：《游牧民的世界史》，黄美蓉译，中华工商联合出版社，2014 年。

［日］上田信：《海与帝国：明清时代》，高莹莹译，广西师范大学出版社，2014 年。

［美］施坚雅：《城市与地方体系层级》，叶光庭等译，《中华帝国晚期的城市》，施坚雅主编，中华书局，
　　2000 年。

［德］施米特，卡尔：《陆地与海洋——古今之"法"变》，林国基、周敏译，华东师范大学出版社，
　　2006 年。

［德］施米特，卡尔：《宪法学说》，刘锋译，上海人民出版社，2005 年。

［德］施米特，卡尔：《政治的概念》，刘宗坤等译，上海人民出版社，2003 年。

［美］施特劳斯，列奥：《自然权利与历史》，彭刚译，生活·读书·新知三联书店，2003 年。

［日］石川祯浩：《中国共产党成立史》，袁广泉译，中国社会科学出版社，2006 年。

［美］史景迁：《太平天国》，朱庆葆等译，广西师范大学出版社，2011 年。

［苏］斯大林：《斯大林选集》，中共中央马克思恩格斯列宁斯大林著作编译局编译，人民出版社，
　　1979 年。

［英］斯基德尔斯基，罗伯特：《凯恩斯传》，相蓝欣、储英义译，生活·读书·新知三联书店，2006 年。

［美］斯科特，詹姆士：《逃避统治的艺术：东南亚高地的无政府主义历史》，王晓毅译，生活·读书·新
　　知三联书店，2016 年。

［英］斯密，亚当：《国民财富的性质和原因的研究》，郭大力、王亚南译，商务印书馆，1972 年。

［英］斯托纳，小詹姆斯·R.：《普通法与自由主义理论：柯克、霍布斯及美国宪政主义之诸源头》，
　　姚中秋译，北京大学出版社，2005 年。

［苏］苏科院历史所编：《苏联民族—国家建设史》，赵常庆、鲁爱珍、邢万金、简隆德译，商务印书馆，
　　1997 年。

［美］塔克，理查德：《战争与和平的权利：从格劳秀斯到康德的政治思想与国际秩序》，罗炯等译，
　　译林出版社，2009 年。

［新］塔林，尼古拉斯主编：《剑桥东南亚史》下卷，贺圣达等译，云南人民出版社，2003 年。

［日］田家康：《气候文明史：改变世界的 8 万年气候变迁》，范春飚译，东方出版社，2012 年。

［法］涂尔干，埃米尔：《社会分工论》，渠东译，生活·读书·新知三联书店，2000 年。

［法］涂尔干，爱弥尔：《宗教生活的基本形式》，渠东、汲喆译，上海人民出版社，2006 年。

［意］图齐、［德］海西希：《西藏和蒙古的宗教》，耿昇译，天津古籍出版社，1989 年。

［俄］托洛茨基，列夫：《斯大林评传》，齐干译，东方出版社，1998 年。

［澳大利亚］王赓武：《东南亚与华人：王赓武教授论文选集》，姚楠编译，中国友谊出版公司，1987 年。

［日］王柯：《民族与国家：中国多民族统一国家思想的系谱》，冯谊光译，中国社会科学出版社，2001 年。

［德］韦伯，马克斯：《法律社会学》，康乐、简惠美译，广西师范大学出版社，2005 年。

［德］韦伯，马克斯：《经济与社会》，阎克文译，上海人民出版社，2010 年。

［德］韦伯，马克斯：《民族国家与经济政策》，甘阳等译，生活·读书·新知三联书店，1997 年。

［德］韦伯，马克斯：《韦伯政治著作选》，［英］彼得·拉斯曼、［英］罗纳德·斯佩尔斯编，阎克文译，
　　东方出版社，2009 年。

［德］韦伯，马克斯：《学术与政治》，冯克利译，生活·读书·新知三联书店，2005 年。

［德］韦伯，马克斯：《支配社会学》，康乐、简惠美译，广西师范大学出版社，2010 年。

［德］韦伯，马克斯：《宗教社会学》，康乐、简惠美译，广西师范大学出版社，2011 年。

［荷］维恩，罗尔·范德：《非洲怎么了：解读一个富饶而贫困的大陆》，赵自勇、张庆海译，广东人

民出版社，2009 年。

［荷］韦瑟林，H.L.：《欧洲殖民帝国：1815—1919》，夏岩等译，中国社会科学出版社，2012 年。

［美］维特，约翰：《法律与新教：路德改革的法律教导》，钟瑞华译，中国法制出版社，2013 年。

［美］维特，约翰：《权利的变革：早期加尔文教中的法律、宗教和人权》，苗文龙、袁瑜琤、刘莉译，
　　中国法制出版社，2011 年。

［法］魏义天：《粟特商人史》，王睿译，广西师范大学出版社，2012 年。

［美］沃尔泽，迈克尔：《正义与非正义战争：通过历史实例的道德论证》，任辉献译，江苏人民出版社，
　　2008 年。

［美］沃勒斯坦，伊曼纽尔：《现代世界体系》第一卷，尤来寅等译，高等教育出版社，1998 年。

［德］席林：《天主教经济伦理学》，顾仁明译，中国人民大学出版社，2003 年。

［美］希提，菲利浦：《阿拉伯通史》（第十版），马坚译，新世界出版社，2015 年。

［日］小岛毅：《中国思想与宗教的奔流：宋朝》，何晓毅译，广西师范大学出版社，2014 年。

［美］熊彼特，约瑟夫：《经济发展理论》，何畏、易家详译，商务印书馆，1990 年。

［瑞士］许靖华：《气候创造历史》，甘锡安译，生活·读书·新知三联书店，2014 年。

［美］徐中约：《中国近代史》，计秋枫、朱庆葆译，香港中文大学出版社，2002 年。

［古希腊］亚里士多德：《政治学》，吴寿彭译，商务印书馆，1965 年。

［美］雅法，哈里：《分裂之家危机：对林肯－道格拉斯论辩中诸问题的阐释》，韩锐译，华东师范大
　　学出版社，2007 年。

［美］雅法，哈里：《自由的新生：林肯与内战的来临》，谭安奎译，华东师范大学出版社，2008 年。

［美］伊肯伯里，约翰：《大战胜利之后：制度、战略约束与战后秩序重建》，门洪华译，北京大学出
　　版社，2008 年。

［孟加拉］尤努斯，穆罕默德：《穷人的银行家》，吴士宏译，生活·读书·新知三联书店，2012 年。

［日］羽田亨：《西域文明史概论》，耿世民译，中华书局，2005 年。

［日］羽田正：《"伊斯兰世界"概念的形成》，刘丽娇、朱莉丽译，上海古籍出版社，2012 年。

［伊朗］扎林库伯，阿卜杜·侯赛因：《波斯帝国史》，张鸿年译，复旦大学出版社，2011 年。

［美］周策纵：《五四运动史》，陈永明等译，岳麓书社，1999 年。

［日］竹内好：《近代的超克》，孙歌编，李冬木、赵京华、孙歌译，生活·读书·新知三联书店，2005 年。

中文论文

蔡孟翰：《从宗族到民族——"东亚民族主义"的形成与原理》，载《思想史》第 4 期，台北：联经
　　出版事业公司，2015 年 4 月。

陈树强：《辛亥革命时期南洋华人支援起义经费之研究》，载辛亥革命与南洋华人研讨会论文集编辑
　　委员会编《辛亥革命与南洋华人研讨会论文集》，1986 年。

储竞争：《英雄崇拜与国族建构：国族关怀下的成陵西迁及祭祀》，《青海民族研究》2014 年第 1 期。

丁晓杰：《日本善邻协会兴亚义塾始末论述》，《内蒙古大学学报（人文社会科学版）》2007 年第 5 期。

房建昌：《日本兴亚院蒙疆连络部与蒙古善邻协会西北研究所始末及其对西北少数民族的调查研究》，
　　《西北民族研究》2002 年第 3 期。

甘阳：《走向"政治民族"》，《读书》2003 年第 4 期。

高全喜：《试论〈江楚会奏变法三折〉的宪制意义》，《法学评论》2016 年第 4 期。

高全喜、田飞龙：《协商与代表：政协的宪法角色及其变迁》，《华东政法大学学报》2013 年第 5 期。

郭绍敏：《大变局：帝制、共和与近代中国国家转型——〈清帝退位诏书〉的宪政意涵》，《中外法学》
　　2011 年第 5 期。

侯建新：《"封建主义"概念辨析》，《中国社会科学》2005 年第 6 期。

侯杨方：《美洲作物造就了康乾盛世？》，《南方周末》2013 年 11 月 2 日。

黄达远：《"长城－天山"商路与近代中国国家建构的东西轴线——兼对拉铁摩尔的"区域研究法"的探讨与应用》，《新疆师范大学学报（哲学社会科学版）》2015 年第 6 期。

蒋永敬：《辛亥前南洋华人对孙中山先生革命运动之支援》，载辛亥革命与南洋华人研讨会论文集编辑委员会编《辛亥革命与南洋华人研讨会论文集》，1986 年。

康鹏：《辽代五京体制研究》，北京大学历史系博士论文，2007 年 12 月。

[美] 孔飞力：《华人的外迁及回归》，谭旭译，载《东方历史评论》第 2 辑，广西师范大学出版社，2013 年。

李光耀：《邓小平决策对越自卫反击战内情》，《看世界》2009 年第 3 期。

李国芳：《中共民族区域自治制度的形成——以建立内蒙古自治政府为例》，《近代史研究》2012 年第 6 期。

李昕升：《美洲作物与人口增长——兼论"美洲作物决定论"的来龙去脉》，《中国经济史研究》2020 年第 3 期。

李昕升、王思明：《清至民国美洲作物生产指标估计》，《清史研究》2017 年第 3 期。

李永晶：《日本精神史论纲——近现代日本的自我意识分析，或，中日关系的思想史解读》（未刊稿）。

李筠：《英国国家建构论纲》，载《大观》第 7 辑，法律出版社，2011 年。

李云峰、曹敏：《抗日时期的国民政府与西北开发》，《抗日战争研究》2003 年第 3 期。

林国华：《西洋正义战争学说简述——从奥古斯丁到维多利亚》，《学术月刊》2015 年第 2 期。

刘浦江：《德运之争与辽金王朝的正统性问题》，《中国社会科学》2004 年第 2 期。

刘浦江：《辽金的佛教政策及其社会影响》，《佛学研究》，1996 年。

刘浦江：《女真的汉化道路与大金帝国的覆亡》，载袁行霈主编《国学研究》第七卷，北京大学出版社，2000 年。

刘擎：《道路崎岖但终点未变——福山〈政治秩序与政治衰败〉简评》，发表于"澎湃新闻"，2014 年 11 月 7 日。

刘苏里、于向东：《美利坚的政治基础》，载刘苏里编《1+12：通向常识的道路》，中国文史出版社，2015 年。

刘增合：《左宗棠西征筹饷与清廷战时财政调控》，《近代史研究》2017 年第 2 期。

鲁楠：《作为世界经济宪法的 WTO——中国入世之路的回顾与展望》，《文化纵横》2012 年第 4 期。

邱立波：《从湘军到党军（1850—1950）——军事历史－哲学视野下的中国现代国家建构》，《学术月刊》2014 年第 9 期。

[美] 施坚雅：《中国历史的结构》，新之译，载《史林》1986 年第 3 期（Compiled in *The Journal of Asian Studies*, Issue 2, 1985）

施展：《阿富汗的宿命与帝国地理》，载《大观》第 8 辑，法律出版社，2012 年。

施展：《从"贫困的形式"到"精神的解放"——"世界历史视野下的非洲与中国"会议发凡》，载《大观》第 12 辑，广西师范大学出版社，2015 年。

施展：《欧亚？帝国？欧亚合众国！》，载《大观》第 3 辑，法律出版社，2010 年。

施展：《清教精神与布尔人的迦南地》，《信睿》，2012 年 9 月。

施展：《伊斯坦布尔的文明转型——土耳其政治札记》，《文化纵横》2015 年第 3 期。

施展：《超越民族主义——世界领导性国家的历史经验》，《文化纵横》2013 年第 3 期。

施展：《世界历史视野下的"一带一路"战略》，《俄罗斯研究》2015 年第 3 期。

魏道儒：《辽代佛教的基本情况和特点》，《佛学研究》2008 年。

魏明孔：《西北民族贸易述论——以茶马互市为中心》，《中国经济史研究》2001 年第 4 期。

谢怀筑：《人民币在南部非洲实现国际化的战略构想及方案设计》，载《大观》第 12 辑，广西师范大学出版社，2015 年。

许知远、方璐:《金山、南洋与离散中国》,载《东方历史评论》第 2 辑,广西师范大学出版社,2013 年。

俞菁慧:《〈周礼〉"比闾什伍"与王安石保甲经制研究》,《中国史研究》2016 年第 2 期。

于向东、刘苏里:《世界秩序中的中国》,载《大观》第 9 辑,法律出版社, 2012 年。

于向东、施展:《中国外交的形式主义与神秘主义——世界格局视野下的中国外交》,《文化纵横》
　　2012 年第 4 期。

于向东、施展:《外交哲学的知识基础——世界格局视野下的中国外交之二》,《文化纵横》2012 年
　　第 5 期。

于向东、施展:《民族主义与超大规模国家的视野——世界格局视野下的中国外交之三》,《文化纵横》
　　2013 年第 1 期。

于向东、施展:《全球贸易双循环结构与世界秩序——外交哲学对谈之四》,《文化纵横》2013 年第 5 期。

于向东、施展:《从"民族意识"到"民族精神"——外交哲学对谈之六》,《文化纵横》2014 年第 1 期。
　　(注:应为"之五",刊物中误作"之六")

张光直:《论"中国文明的起源"》,《文物》2004 年第 1 期。

张亚辉:《六世班禅朝觐事件中的空间与礼仪》,《中国藏学》2013 年第 1 期。

张永:《从"十八星旗"到"五色旗"——辛亥革命时期从汉族国家到五族共和国家的建国模式转变》,
　　《北京大学学报(哲学社会科学版)》2002 年第 2 期。

张振江:《二战期间的中国大国地位:现实与神话》,载《大观》第 7 辑,法律出版社, 2011 年。

章永乐:《多民族国家传统的接续与共和宪政的困境——重审清帝逊位系列诏书》,《清史研究》2012
　　年第 2 期。

翟志勇:《八二宪法的生成与结构》,《华东政法大学学报》2012 年第 6 期。

翟志勇:《人民主权是一种法权结构与公民行动》,《学术月刊》2013 年第 10 期。

翟志勇:《国家主席、元首制与宪法危机》,《中外法学》2015 年第 2 期。

翟志勇:《宪法序言中的国家观与世界主义》,《探索与争鸣》2015 年第 5 期。

翟志勇:《最高国务会议与"五四宪法"的二元政体结构》,《政法论坛》2015 年第 1 期。

周林刚:《中国宪法序言正当化修辞的时间意识》,《中外法学》2016 年第 3 期。

周林刚:《我国宪法上的专政概念与平等原则》,《中国法律评论》2016 年第 4 期。

周林刚:《基本法的理念:论中国社会主义宪法传统》(未刊稿)。

竺可桢:《中国近五千年来气候变迁的初步研究》,《考古学报》1972 年第 1 期。

朱民:《亚洲金融资产骤增正酝酿巨大风险》,《证券时报》2013 年 1 月 16 日。

中文古典文献

《诗经》

《尚书》

《春秋三传》

《礼记》

《四书章句集注》

《荀子》

《韩非子》

《道德经》

《资治通鉴》

《国语》

《史记》

《汉书》

《三国志》

《晋书》

《魏书》

《周书》

《辽史》

《元史》

《明史》

《万历野获编》

《正统论》

《朱子语类》

《传习录》

《日知录》

《大义觉迷录》

英文著述与论文

S.Frederick Starr, *Lost Enlightenment: Central Asia's Golden Age from the Arab Conquest to Tamerlane*, Princeton University Press，2013.p.4.

James Dale Davidson，Lord William Rees-Mogg，*The Sovereign Individual：Mastering the Transition to the Information Age*，Touchstone Book，2020.

J.R.Seeley，*The Expansion of England*，Chicago：The University of Chicago Press，1971.

John Gallagher and Ronald Robinson，"The Imperialism of Free Trade"，*The Economic History Review*，（Vol.6，No.1）（August.，1953）.

Carl Schmitt, *The Nomos of the Earth*, trans. by G.L.Ulmen（New York：Telos Press Publishing），2006. p. 238.

Marsiglio of Padua，*On the Transfer of the Empire*，translated by Fiona Watson and Cary J.Nederman（帕多瓦的马西利乌斯：《"和平的保卫者"和"帝国的变迁"》（剑桥政治思想史原著系列［影印本］），中国政法大学出版社，2003 年）.

Mona Haddad，"Trade Integration in East Asia：the Role of China and Production Networks"，World Bank Policy Research Working Paper 4160，March 2007.

Henry Sanderson，Michael Forsythe，*China's Superbank：Debt*，*Oil and Influence-How China Development Bank is Rewriting the Rules of Finance*，New York：Bloomberg Press，2013.

Rafael La Porta，Florencio Lopez-de-Silanes，Andrei Shleifer，Robert W.Vishny，"Law and Finance"，*The Journal of Political Economy*，Vol.106，No.6（Dec.，1998），1113-1155.

Francisco de Vitoria,"On the American Indians",compiled in *Political Writings*（《维多利亚政治著作选》（剑桥政治思想史原著系列［影印本］），中国政法大学出版社，2003 年）.

其他文献

美国国家地理官方网站：http：//www.nationalgeographic.com/

中国国家统计局官方网站：http：//www.stats.gov.cn/

此参考资料挂一漏万，乞请海涵。如有重要遗漏，谨致歉意。

后 记

经过与诸多朋友多年的共同探讨与苦苦思考，经过大半年夜以继日的写作，这本书终于告一段落，可以写写后记，表达一下感激之情了。

我首先要感谢"大观"学术小组的诸位学术同人，在八年多的时间里从各个学科、各种角度对我进行的高强度思想刺激。这个学术小组的缘起是2009年4月，几位学界前辈带领若干青年学者召开了一个学术会议，讨论科耶夫的"新拉丁帝国"。当时我们都叹服于科耶夫敏锐的时代感与深邃的思想力，其著作在现时的中国语境下对我们的思考有着一种特殊的激发力。那次会议的开法与通常的学术会议截然不同，会后，每个参会者都感觉似乎隐约摸索到了一种新的知识生产机制，这种机制很可能会让我们对中国问题与世界问题的探讨获得一种全新的视野和方法。这种会议的新开法，是作为组织者的上海世界观察研究院在经历了几年的尝试之后摸索出来的。学界前辈刘吉老（20世纪90年代曾任中国社会科学院副院长），作为世观院的学术委员会主席，极力推动世观院发现和扶持青年学人，世观院的诸位领导及工作人员也大力支持。这些都给了我们难得的机会，让我们得以参与到一种全新的知识生产与创造过程中。

有了第一次会议的成功尝试，之后我们便以每个季度一次深度学术会议的频度，进行持续的共同讨论与研究，其间陆续又有新的青年学术同人加入，大家相互砥砺，至今已八年有余。这八年多来我们的研究成果集中体现在《大观》辑刊上（这也是"大观"学术小组的名称由来），也散见在其他各种刊物与媒体上。我们从科耶夫的"新拉丁帝国"出发，逐渐摸索到理解作为一个"世界历史民族"的中国的思想框架，将其总结为一句话就是：中国因加入世界秩序而崛起，世界秩序将因中国这个超大规模国家的加入而被重新定义，而中国也将在此过程的精神自觉中被反向地重新定义。此一中国与世界互构、重塑的历史过程，便是中国对其世界历史民族命运的实践。感谢"大观"学术小组的同人们，让我能够在八年的思考后写下这段话，他们是：于向东、严搏非、刘苏里、高全喜、刘擎、邱立波、李永晶、王利、谈火生、李筠、泮伟江、吴征宇、昝涛、翟志勇、周林刚、谢怀筑、林国华、张笑宇、许小亮（以加入"大观"小组的时间先后为序）。

我还要感谢许多经常与我进行各种学术探讨的师长以及朋友，我从他们那里受惠极丰，但人数实在太多，恕无法一一列举，想来各位师长及朋友也会见谅。

我要感谢周志兴先生和他的《领导者》杂志。我的思考能够形成这本书，其最初的雏形是两篇对话体的文章《东北观天下》和《西北望长安》，周志兴先生不以其为浅陋，慨然应允发表在《领导者》，激发了我进行后续写作的动力。我也要感谢《文化纵横》杂志，我有许多相关的思考曾经以简短文章的形式发表于此，引起过一些朋友的讨论，刺激我进行进一步的完善。我还要感谢好友盛立刚先生，他作为一位佛教徒的宽忍与认真，每每让我自愧不如，在我忙得不可开交之际，也正忙于照顾新生宝宝的立刚兄慨然允诺帮助我整理本书长长的参考资料，令我非常感激。

我要感谢所供职的外交学院。学校的领导和同事们给了我非常宽松的环境，让我无须去费心什么职场政治，而能够静下心来完成这样一本著作。走笔至此，想起2014年，我曾在与老领导朱立群教授一起出差的时候，与她谈起我正在做的这个研究，她对此非常支持，并经常与我交流新的进展。如今，书卷方成，斯人已去，唯愿此书不会令朱立群教授失望，能告慰她在天之灵。

我更要感谢我的太太，以及我的岳父母。此书动笔之际，女儿刚刚开始学步，待收笔之际，小女已能满地跑了。这个过程中，太太和岳父母完全纵容我做个甩手掌柜，不用做家务，不用带孩子；有了他们的辛苦甘劳，才让我有足够的精力在大半年的时间里完成五十多万字的书稿，这份亲情实难以回报，唯有感激。也要感谢我在老家的亲人，他们时时叮嘱我爱护身体，可惜我总是做得令人难以满意。

最后，还要感谢本书的策划人范新先生。他在我几年前刚刚发表今天看来已显浅薄的《东北观天下》一文时，便关注到了我的相关思考，并向我约定，未来若能成书，他愿意协助出版。此后的数年中我们也持续进行着关于此书之构想的交流。如今，拙著终于面世了，其中也有着范新兄的一份心血。

　　要感谢的人实在太多了，一篇短短的后记无法道尽。唯望此书能够对得起大家的支持与期待。

施展

2017 年 3 月 3 日